해커스경찰
신동욱
경찰헌법

실전동형모의고사

해커스

신동욱

약력

현 | 해커스경찰학원 헌법 강의
　　해커스공무원학원 헌법, 행정법 강의

전 | 경찰청 헌법특강, EBS 특강
　　경찰교육원 간부후보생 헌법특강
　　서울시교육청 핵심인재과정 헌법특강
　　교육부 평생교육진흥원 학점은행 교수
　　성균관대, 단국대, 전남대, 충북대 등 특강교수

저서

해커스경찰 신동욱 경찰헌법 실전동형모의고사
해커스경찰 신동욱 경찰헌법 최신 3개년 판례집
해커스경찰 신동욱 경찰헌법 진도별 문제풀이 500제
해커스경찰 신동욱 경찰헌법 쟁점별 기출지문 OX
해커스경찰 신동욱 경찰헌법 기출문제집
해커스경찰 신동욱 경찰헌법 핵심요약집
해커스경찰 신동욱 경찰헌법 기본서
해커스공무원 헌법 기본서
해커스공무원 헌법 조문해설집
해커스공무원 헌법 핵심요약집
해커스공무원 헌법 단원별 기출문제집
해커스공무원 헌법 핵심 기출 OX
해커스공무원 행정법총론 기본서
해커스공무원 행정법총론 조문해설집
해커스공무원 행정법총론 핵심요약집
해커스공무원 행정법총론 단원별 기출문제집
해커스공무원 행정법총론 사례형 기출 + 실전문제집
해커스공무원 행정법총론 핵심 기출 OX
해커스공무원 행정법총론 실전동형모의고사 1
해커스공무원 행정법총론 실전동형모의고사 2

서문

경찰헌법 시험에 맞는 적절한 난이도 그리고 무엇보다도 최고의 적중률을 염두에 두고 문제를 구성하였습니다. 한 두 문제로 당락이 좌우될 수 있는 시험현실에서 합격의 열쇠가 될 수 있는 단 한 문제를 건질 수만 있어도 소기의 목적을 달성할 수 있지 않을까 생각합니다. 엄선된 문제들로 구성되었기 때문에 시험을 앞둔 수험생들에게 단비와 같은 역할을 할 수 있으리라 기대합니다.

본 교재는 다음과 같은 특징을 가지고 있습니다.

첫째, 최신판례와 개정법령을 반영하였습니다.

둘째, 경찰헌법에 최적화된 적절한 난이도와 중요도를 반영하여 실전감각을 익힐 수 있도록 하였습니다.

셋째, 상세한 해설을 통해 본 교재를 통해서도 반복학습의 효과를 극대화하도록 하였습니다.

넷째, 적중률 높은 문제만을 엄선하여 고득점 합격에 도움이 되도록 하였습니다.

더불어 경찰공무원 시험 전문 **해커스경찰(police.Hackers.com)**에서 학원강의나 인터넷 동영상강의를 함께 이용하여 꾸준히 수강한다면 학습효과를 극대화할 수 있습니다.

아무쪼록 본 교재로 공부하는 모든 수험생들의 조기합격과 건강을 기원합니다.

2025년 7월
신동욱

목차

문제

1회 실전동형모의고사	8	7회 실전동형모의고사	62
2회 실전동형모의고사	16	8회 실전동형모의고사	72
3회 실전동형모의고사	24	9회 실전동형모의고사	82
4회 실전동형모의고사	32	10회 실전동형모의고사	90
5회 실전동형모의고사	42	11회 실전동형모의고사	100
6회 실전동형모의고사	52	12회 실전동형모의고사	110

정답 및 해설

1회	실전동형모의고사	122	**7회** 실전동형모의고사	178
2회	실전동형모의고사	131	**8회** 실전동형모의고사	186
3회	실전동형모의고사	140	**9회** 실전동형모의고사	194
4회	실전동형모의고사	149	**10회** 실전동형모의고사	203
5회	실전동형모의고사	159	**11회** 실전동형모의고사	212
6회	실전동형모의고사	169	**12회** 실전동형모의고사	221

해커스경찰
police.Hackers.com

2025 해커스경찰 신동욱 경찰헌법 실전동형모의고사

실전동형 모의고사

실전동형모의고사 **1**회	실전동형모의고사 **7**회
실전동형모의고사 **2**회	실전동형모의고사 **8**회
실전동형모의고사 **3**회	실전동형모의고사 **9**회
실전동형모의고사 **4**회	실전동형모의고사 **10**회
실전동형모의고사 **5**회	실전동형모의고사 **11**회
실전동형모의고사 **6**회	실전동형모의고사 **12**회

1회 실전동형모의고사

소요시간: _____ / 15분   맞힌 답의 개수: _____ / 20

문 1. 헌법의 개정에 관한 설명으로 옳은 것은 모두 몇 개인가? (다툼이 있는 경우 판례에 의함)

> ㉠ 헌법개정안은 국회 재적의원 과반수 또는 대통령의 발의로 제안되며, 제안된 헌법개정안은 대통령이 30일 이상의 기간으로 이를 공고할 수도 있다.
> ㉡ 헌법개정안은 국회가 의결한 후 30일 이내에 국민투표에 붙여 국회의원 선거권자 과반수의 투표와 투표자 과반수의 찬성을 얻어야 한다.
> ㉢ 헌법 제128조 제2항은 헌법개정의 한계를 규정한 조항이 아니라 헌법개정의 허용을 전제로 한 헌법개정의 효력을 제한하는 '헌법개정효력의 한계' 규정이다.
> ㉣ 국민투표에 의하여 확정된 현행 헌법의 성립과정과 헌법 제130조 제2항이 헌법의 개정을 국민투표에 의하여 확정하도록 하고 있으므로, 헌법은 그 전체로서 주권자인 국민의 결단 내지 국민적 합의의 결과라고 보아야 할 것으로, 헌법의 규정을 헌법재판소법 제68조 제1항 소정의 공권력 행사의 결과라고 볼 수 없다.

① 1개   ② 2개
③ 3개   ④ 4개

문 2. 헌법해석 및 합헌적 법률해석에 관한 설명으로 가장 적절하지 않은 것은? (다툼이 있는 경우 헌법재판소 판례에 의함)

① 헌법 제12조 제4항 본문에 규정된 "구속"을 형사절차상 구속뿐 아니라 행정절차상 구속까지 의미하는 것으로 해석하는 것은 문언해석의 한계를 넘는 것이다.
② 종업원의 위반행위에 대하여 양벌조항으로서 개인인 영업주에게도 동일하게 처벌하도록 규정하고 있는 보건범죄단속에 관한 특별조치법 규정에 그 문언상 명백한 의미와 달리 "종업원의 범죄행위에 대해 영업주의 선임감독상의 과실(기타 영업주의 귀책사유)이 인정되는 경우"라는 요건을 추가하여 해석하는 것은 문언상 가능한 범위를 넘어서는 해석으로서 허용되지 않는다.
③ 합헌적 법률해석은 법률에 대한 특정한 해석방법을 위헌적인 것으로 배제함으로써 실질적으로 '해석에 의한 법률의 부분적 폐지'를 의미하므로, 법률에 대하여 실질적인 일부위헌선언을 함으로써 법률을 수정하는 권한은 규범통제에 관한 독점적인 권한을 부여받은 헌법재판소에 유보되어야 한다.
④ 합헌적 법률해석은 어디까지나 법률조항의 문언과 목적에 비추어 가능한 범위 안에서의 해석을 전제로 하는 것이고, 법률조항의 문구 및 그로부터 추단되는 입법자의 명백한 의사에도 불구하고 문언상 가능한 해석의 범위를 넘어 다른 의미로 해석할 수는 없다.

문 3. 국적에 관한 설명으로 가장 적절하지 않은 것은? (다툼이 있는 경우 판례에 의함)

① 국적법 조항 중 거짓이나 그 밖의 부정한 방법으로 국적회복허가를 받은 사람에 대하여 그 허가를 취소할 수 있도록 규정한 부분은 과잉금지원칙에 위배하여 거주·이전의 자유 및 행복추구권을 침해하지 아니한다.
② 1978.6.14.부터 1998.6.13. 사이에 태어난 모계출생자(모가 대한민국 국민이거나 모가 사망할 당시에 모가 대한민국 국민이었던 자)가 대한민국 국적을 취득할 수 있는 특례를 두면서 2004.12.31.까지 국적취득신고를 한 경우에만 대한민국 국적을 취득하도록 한 국적법 조항은, 모계출생자가 권리를 남용할 가능성을 억제하기 위하여 특례기간을 2004.12.31.까지로 한정하고 있는바, 이를 불합리하다고 볼 수 없고 평등원칙에 위배되지 않는다.
③ 국적법 조항 중 "외국에 주소가 있는 경우"는 입법취지 및 사전적 의미 등을 고려할 때 다른 나라에 생활근거가 있는 경우를 뜻함이 명확하므로 명확성원칙에 위배되지 아니한다.
④ 복수국적자가 외국에 주소가 있는 경우에만 국적이탈을 신고할 수 있도록 정한 국적법 조항은 복수국적자에게 과도한 불이익을 발생시켜 과잉금지원칙에 위배되어 국적이탈의 자유를 침해한다.

문 4. 위헌정당해산제도에 관한 헌법재판소의 판시내용과 설명으로 옳은 것을 모두 고른 것은?

㉠ 정당의 목적이나 활동이 민주적 기본질서에 위배될 때에는 정부는 국무회의의 심의를 거쳐 헌법재판소에 그 해산을 제소할 수 있고 당해 정당의 해산은 헌법재판소 재판관 6인 이상의 찬성으로 결정된다.
㉡ 정당해산심판에 있어서는 피청구인의 활동을 정지하는 가처분이 인정되지 않는다.
㉢ 정당의 해산을 명하는 헌법재판소의 결정은 정부가 정당법에 따라 집행한다.
㉣ 정당해산결정에 대해서는 재심을 허용하지 아니함으로써 얻을 수 있는 법적 안정성의 이익이 재심을 허용함으로써 얻을 수 있는 구체적 타당성의 이익보다 더 중하므로 재심에 의한 불복방법이 허용될 수 없다.
㉤ 헌법재판소의 정당해산결정이 있는 경우 그 정당 소속 국회의원의 의원직은 당선 방식을 불문하고 모두 상실된다.

① ㉠, ㉡
② ㉠, ㉤
③ ㉡, ㉢
④ ㉢, ㉣

문 5. 기본권의 갈등에 관한 설명으로 가장 적절하지 않은 것은? (다툼이 있는 경우 판례에 의함)

① 종교단체가 일정규모 이상의 양로시설을 설치하고자 하는 경우 신고하도록 의무를 부담시키는 것은 종교단체의 종교의 자유와 인간다운 생활을 할 권리를 제한한다.
② 친양자 입양을 성립시키기 위해 친생부모의 동의를 요하도록 하는 경우 가족생활에 관한 친생부모의 기본권과 친양자가 될 자의 기본권이 충돌하게 된다.
③ 행복추구권은 다른 기본권에 대한 보충적 기본권으로서의 성격을 지니므로, 공무담임권이라는 우선적으로 적용되는 기본권이 존재하여 그 침해 여부를 판단하는 이상, 행복추구권 침해 여부를 독자적으로 판단할 필요가 없다.
④ 종립학교의 종교교육의 자유와 학생의 소극적 종교행위의 자유가 충돌하는 경우 종립학교는 원칙적으로 학생의 종교의 자유를 고려한 대책을 마련하는 등의 조치를 취하는 속에서 종교교육의 자유를 누린다.

문 6. 기본권의 제한에 관한 설명으로 가장 적절한 것은? (다툼이 있는 경우 판례에 의함)

① 방송사업자가 구 방송법상 심의규정을 위반한 경우 방송통신위원회로 하여금 전문성과 독립성을 갖춘 방송통신심의위원회의 심의를 거쳐 '시청자에 대한 사과'를 명할 수 있도록 규정한 것은 침해의 최소성 원칙에 위배되지 않는다.
② 형법상 자기낙태죄 조항은 태아의 생명을 보호하기 위한 것으로서 그 입법목적이 정당하고, 낙태를 방지하기 위하여 임신한 여성의 낙태를 형사처벌하는 것은 이러한 입법목적을 달성하는데 적합한 수단이다.
③ 긴급재정경제명령은 평상시의 헌법 질서에 따른 권력행사 방법으로서는 대처할 수 없는 재정·경제상의 국가위기 상황에 처하여 이를 극복하기 위하여 발동되는 비상입법조치라는 속성상 기본권 제한의 한계로서의 과잉금지원칙의 준수가 요구되지 않는다.
④ 감염병예방법에 근거한 집합제한 조치로 인하여 일반음식점 영업이 제한되어 영업이익이 감소된 경우, 일반음식점 운영자가 소유하는 영업 시설·장비 등에 대한 구체적인 사용·수익 및 처분권한을 제한받는 것이므로 보상규정의 부재는 일반음식점 운영자의 재산권을 제한한다고 볼 수 있다.

문 7. 헌법 제10조에 관한 설명으로 옳은 것을 모두 고른 것은? (다툼이 있는 경우 판례에 의함)

㉠ 범죄사실에 관한 보도 과정에서 대상자의 실명 공개에 대한 공공의 이익이 대상자의 명예나 사생활의 비밀에 관한 이익보다 우월하다고 인정되어 실명에 의한 보도가 허용되는 경우에는, 비록 대상자의 의사에 반하여 그의 실명이 공개되었다고 하더라도 그의 성명권이 위법하게 침해되었다고 할 수 없다.
㉡ 헌법 제10조로부터 도출되는 일반적 인격권에는 개인의 명예에 관한 권리도 포함되며, 여기서 말하는 '명예'는 사람이나 그 인격에 대한 '사회적 평가', 즉 객관적·외부적 가치평가뿐만 아니라 단순히 주관적·내면적인 명예감정까지 포함한다.
㉢ 국가에게 태아의 생명을 보호할 의무가 있다고 하더라도 생명의 연속적 발전과정에 대하여 생명이라는 공통요소만을 이유로 하여 언제나 동일한 법적 효과를 부여하여야 하므로, 국가가 생명을 보호하는 입법적 조치를 취함에 있어 인간생명의 발달단계에 따라 그 보호정도나 보호수단을 달리하는 것은 불가능하다.
㉣ 민사재판에 당사자로 출석하는 수형자에 대하여 사복착용을 불허하는 것은 수형자의 인격권을 침해하지 아니한다.

① ㉠, ㉡
② ㉠, ㉣
③ ㉡, ㉢
④ ㉢, ㉣

문 8. 평등권에 관한 설명으로 가장 적절하지 않은 것은? (다툼이 있는 경우 판례에 의함)

① 국가유공자의 유족 중 보상을 받을 자녀의 순위를 정함에 있어 협의로 지정되거나 주로 부양한 자녀가 없는 경우 나이가 많은 자녀를 선순위 유족으로 정하는 국가유공자법 제13조 제2항 제3호 전문 전단 중 '자녀 중 나이가 많은 사람을 선순위자로 정하는 부분'은 평등원칙에 위반된다.

② 병원·치과병원·종합병원과 달리 정신병원의 경우에는 한의사를 두어 한의과 진료과목을 추가로 설치·운영할 수 있다고 규정하지 아니한 의료법 제43조 제1항은 합리적 이유 없이 차별하는 것으로서 평등권을 침해한다.

③ 실업급여에 관한 고용보험법의 적용에 있어 '65세 이후에 새로이 고용된 자'를 그 적용대상에서 배제한 고용보험법(2013.6.4. 법률 제11864호로 개정된 것)은 65세 이후 고용된 사람의 평등권을 침해하지 않는다.

④ 이미 국립묘지에 안장된 사람의 배우자만을 합장대상으로 규정하고 있어, 국가유공자등보다 먼저 사망한 배우자를 국가유공자등보다 나중에 사망한 국가유공자등의 배우자와 달리 취급하는 것은 아무런 합리적인 이유가 없으므로 평등권을 침해한다.

문 9. 신체의 자유에 관한 설명으로 가장 적절하지 않은 것은? (다툼이 있는 경우 헌법재판소 판례에 의함)

① 헌법 제12조 제1항의 적법절차원칙은 형사소송절차에 국한되지 않고 모든 국가작용 전반에 대하여 적용되므로, 전투경찰순경의 인신구금을 내용으로 하는 영창처분에 있어서도 적법절차원칙이 준수되어야 한다.

② 감염병의심자라고 하여 감염병 전파의 위험성이 모두 동일하다고 할 수 없음에도, 감염병 전파의 구체적 위험이 있는지 여부를 구별하지 아니한 채 격리조치를 위반한 감염병의심자를 모두 처벌대상으로 삼고 있는 것은 과잉금지원칙에 위반되어 신체의 자유를 침해한다.

③ 보안처분이라 하더라도 형벌적 성격이 강하여 신체의 자유를 박탈하거나 박탈에 준하는 정도로 신체의 자유를 제한하는 경우에는 형벌불소급의 원칙이 적용된다.

④ 무죄추정의 원칙상 금지되는 '불이익'은 비단 형사절차 내에서의 불이익뿐만 아니라 기타 일반 법생활 영역에서의 기본권 제한과 같은 경우에도 적용된다.

문 10. 이중처벌금지원칙에 관한 설명으로 가장 적절하지 않은 것은? (다툼이 있는 경우 판례에 의함)

① 신상정보 공개·고지명령은 형벌과는 목적이나 심사대상 등을 달리하는 보안처분에 해당하므로 동일한 범죄행위에 대하여 형벌이 부과된 이후 다시 신상정보 공개·고지명령이 선고 및 집행된다고 하여 이중처벌금지원칙에 위반된다고 할 수 없다.
② 양도담보 채권자가 이전등기시 채권관계를 기재한 서면을 제출하지 않은 경우, 형사처벌 이외에 과징금을 부과하는 것은 범죄에 대하여 국가가 형벌권을 실행하는 '과벌'에 해당하지 않는다.
③ 일정한 성폭력범죄를 범한 사람에게 유죄판결을 선고하는 경우 성폭력치료프로그램 이수명령을 병과하도록 한 것은 그 목적이 과거의 범죄행위에 대한 제재로서 대상자의 건전한 사회복귀 및 범죄예방과 사회보호에 있어 형벌과 본질적 차이가 나지 않는 보안처분에 해당하므로, 동일한 범죄행위에 대하여 형벌과 병과될 경우 이중처벌금지원칙에 위배된다.
④ 보호관찰이나 사회봉사 또는 수강을 조건으로 집행유예를 선고받은 자의 집행유예가 취소되는 경우 사회봉사 등 의무를 이행하였는지 여부와 관계없이 유예되었던 본형 전부를 집행하는 것은 이중처벌금지원칙에 위반되지 아니한다.

문 11. 표현의 자유에 관한 헌법재판소의 판시내용으로 가장 적절하지 않은 것은?

① 대한민국을 모욕할 목적을 가지고 국기를 손상·제거·오욕하는 행위를 국기모독죄로 처벌하는 것은 표현내용을 규제하는 것이 아니라 일정한 표현방법을 규제하는 것으로서 과잉금지원칙에 위배되어 표현의 자유를 침해한다고 볼 수 없다.
② 공직선거법상 대통령선거·국회의원선거·지방선거가 순차적으로 맞물려 돌아가는 현실에서 선거일 전 180일부터 선거일까지 장기간 광고물을 설치·게시하는 행위를 금지·처벌하는 것은 후보자와 일반 유권자의 정치적 표현의 자유를 과도하게 제한하는 것이다.
③ 국민보호와 공공안전을 위한 테러방지법 제17조 제3항 중 '가입 권유'에 관한 부분은 표현의 자유를 침해한다고 볼 수 없다.
④ 타인에게 경제적 대가를 지급하고 변호사를 광고·홍보·소개하는 행위를 금지하는 '변호사 광고에 관한 규정'은 과잉금지원칙에 위배되어 표현의 자유를 침해한다.

문 12. 재산권에 관한 헌법재판소의 판시내용으로 가장 적절하지 않은 것은?

① '주택의 수'를 기준으로 '조정대상지역 내 1세대 3주택 이상' 또는 '조정대상지역 외 1세대 4주택 이상'의 주택 취득에 대하여 12%의 세율을 적용하는 것은 '투기'와 '투자'의 구별 없이 무차별적으로 다주택자의 주택 취득에 대하여 취득세를 중과하는 것이어서 과잉금지원칙에 반하여 재산권을 침해한다.
② 댐건설관리법은 댐사용권을 물권으로 보며 댐건설관리법에 특별한 규정이 있는 경우를 제외하고는 '부동산에 관한 규정'을 준용하도록 하고 있으므로 댐사용권은 사적유용성 및 그에 대한 원칙적 처분권을 내포하는 재산가치 있는 구체적 권리로서 헌법상 재산권 보장의 대상이 된다.
③ 분묘기지권의 시효취득에 관한 관습법에 따라 토지소유자가 분묘의 수호·관리에 필요한 상당한 범위 내에서 분묘기지가 된 토지 부분에 대한 소유권의 행사를 제한받게 되었더라도, 이를 과잉금지원칙에 위배되어 토지소유자의 재산권을 침해한다고 볼 수 없다.
④ 법률조항에 의한 재산권 제한이 헌법 제23조 제1항, 제2항에 근거한 재산권의 내용과 한계를 정한 것인지, 아니면 헌법 제23조 제3항에 근거한 재산권의 수용을 정한 것인지를 판단함에 있어서는 전체적인 재산권 제한의 효과를 종합적이고 유기적으로 파악하여 그 제한의 성격을 이해하여야 한다.

문 13. 양심의 자유에 관한 설명으로 가장 적절한 것은? (다툼이 있는 경우 판례에 의함)

① 입영기피자에 대한 형사처벌은 '양심에 따른 행동을 할 자유', 즉 '작위에 의한 양심실현의 자유'를 제한하는 것이다.
② 법위반사실의 공표명령은 양심의 자유의 보호영역에 해당한다.
③ 양심적 병역거부는 실상 당사자의 '양심에 따른' 혹은 '양심을 이유로 한' 병역거부를 가리키는 것이며 병역거부가 '도덕적이고 정당하다'라는 의미도 갖는다.
④ 헌법상 양심의 자유에 의해 보호받는 '양심'으로 인정할 것인지의 판단은 그것이 깊고, 확고하며, 진실된 것인지 여부에 따르게 되므로, 양심적 병역거부를 주장하는 사람은 자신의 '양심'을 외부로 표명하여 증명할 최소한의 의무를 진다.

문 14. 직업의 자유에 관한 설명으로 가장 적절하지 않은 것은? (다툼이 있는 경우 판례에 의함)

① 소송사건의 대리인인 변호사라 하더라도 소송계속 사실 소명자료를 제출하지 못하면 수형자와 변호사 접견을 하지 못하도록 규정한 '형의 집행 및 수용자의 처우에 관한 법률 시행규칙' 제29조의2 제1항 제2호 중 '수형자 접견'에 관한 부분은 변호사의 직업수행의 자유를 침해한다.
② 변호사의 자격이 있는 자에게 더 이상 세무사 자격을 부여하지 않는 구 세무사법 제3조는 시행일 이후 변호사 자격을 취득한 자들의 직업선택의 자유를 침해하지 아니한다.
③ 택시운전자격을 취득한 자가 아동·청소년에 대한 위계에 의한 추행죄를 범하여 금고 이상의 형의 집행유예를 선고받은 경우 그 자격을 필요적으로 취소하도록 하는 규정은 직업의 자유를 침해하지 아니한다.
④ 강제추행죄로 벌금형이 확정된 체육지도자의 자격을 필요적으로 취소하도록 한 구 국민체육진흥법 제12조 제1항 단서 제4호 중 '제11조의5 제4호 가목의 성폭력범죄 가운데 형법 제298조(강제추행)의 죄를 저지른 사람으로서 벌금형이 확정된 사람'에 관한 부분은 강제추행죄로 벌금형이 확정된 체육지도자의 직업선택의 자유를 침해한다.

문 15. 청원권에 관한 설명으로 가장 적절한 것은?

① 법률·명령·조례·규칙 등의 제정·개정 또는 폐지에 대하여 청원기관에 청원할 수 있다.
② 국민은 법령에 따라 행정권한을 위임 또는 위탁받은 개인에게 청원을 제출할 수 없다.
③ 현행 헌법규정에 의하면 청원은 문서 또는 구두(口頭)로 할 수 있다.
④ 허위의 사실로 타인으로 하여금 형사처분 또는 징계처분을 받게 하는 사항이나 사인간의 권리관계 또는 개인의 사생활에 관한 사항은 청원을 수리하지 아니한다.

문 16. 재판청구권에 관한 설명으로 가장 적절하지 않은 것은? (다툼이 있는 경우 판례에 의함)

① 소액사건은 소액사건심판법이 절차의 신속성과 경제성에 중점을 두어 규정한 심리절차의 특칙에 따라 소송당사자가 소송절차를 남용할 가능성이 다른 민사사건에 비하여 크다고 할 수 있는바, 소송기록에 의하여 청구가 이유 없음이 명백한 때 법원이 변론 없이 청구를 기각할 수 있도록 규정한 소액사건심판법 조항은 소액사건에서 남소를 방지하고 이러한 소송을 신속히 종결하고자 필요적 변론 원칙의 예외를 규정한 것이므로 재판청구권의 본질적 내용을 침해한다고 볼 수 없다.
② 기피신청에 대한 결정이 확정되기 전에 기피신청을 당한 법관으로 하여금 소송절차를 정지하지 않고 종국판결을 선고할 수 있도록 하는 민사소송법 제48조 단서 중 '종국판결을 선고하거나'에 관한 부분은 공정한 재판을 받을 권리를 침해한다.
③ 간이기각제도는 형사소송절차의 신속성이라는 공익을 달성하는 데 필요하고 적절한 방법으로써 즉시항고에 의한 불복도 가능하므로, 소송의 지연을 목적으로 함이 명백한 기피신청의 경우 그 신청을 받은 법원 또는 법관이 결정으로 기각할 수 있도록 한 형사소송법 제20조 제1항은 공정한 재판을 받을 권리를 침해하지 아니한다.
④ '사형, 무기 또는 10년 이상의 징역이나 금고가 선고된 사건'에 한하여 중대한 사실오인 또는 양형부당을 이유로 한 상고를 허용한 형사소송법(1963.12.13. 법률 제1500호로 개정된 것) 제383조 제4호는 재판청구권을 침해하지 아니한다.

문 17. 재판절차진술권에 관한 설명으로 가장 적절하지 않은 것은? (다툼이 있는 경우 판례에 의함)

① 직계혈족, 배우자, 동거친족, 동거가족 또는 그 배우자간의 권리행사방해죄에 대해 법관으로 하여금 여러 사정을 전혀 고려할 수 없도록 하고 획일적으로 형면제 판결을 선고하도록 하는 형법 조항은 형사피해자가 법관에게 적절한 형벌권을 행사하여 줄 것을 청구할 수 없도록 하는 것으로서 입법재량을 일탈하여 현저히 불합리하거나 불공정하므로 형사피해자의 재판절차진술권을 침해한다.
② 헌법 제27조 제5항에 정한 형사피해자의 개념은 반드시 형사실체법상의 보호법익을 기준으로 한 피해자개념에 한정하여 결정할 것이 아니라, 형사실체법상으로는 직접적인 보호법익의 향유주체로 해석되지 않는 자라 하더라도 문제된 범죄행위로 말미암아 법률상 불이익을 받게 되는 자의 뜻으로 이해하여야 한다.
③ 재정신청에 대한 결정을 할 때 구두변론 실시 여부를 법관의 재량에 맡기고 있는 형사소송법 조항은 재정신청절차를 신속하고 원활하게 진행함으로써 관계 당사자 사이의 법률관계를 확정하여 사회 안정을 도모한다는 공익보다 재정신청인이 받게 되는 불이익이 크다고 볼 수 있으므로 피해자의 재판절차진술권을 침해한다.
④ 공정거래위원회는 독점규제 및 공정거래에 관한 법률이 추구하는 법 목적에 비추어 행위의 위법성과 가벌성이 중대하고 피해의 정도가 현저하여 형벌을 적용하지 아니하면 법 목적의 실현이 불가능하다고 봄이 객관적으로 상당한 사안에 있어서 당연히 고발을 하여야 할 의무가 있고, 이러한 작위의무에 위반한 고발권의 불행사는 명백히 자의적인 것으로서 피해자의 재판절차진술권을 침해하는 것이다.

문 18. 교육을 받을 권리에 관한 설명으로 가장 적절하지 않은 것은? (다툼이 있는 경우 판례에 의함)

① 사립학교법상 교비회계의 세입·세출에 관한 사항을 대통령령으로 정하도록 한 규정은 포괄위임금지원칙에 위반되지 않는다.
② 대학수학능력시험의 문항 수 기준 70%를 한국교육방송공사 교재와 연계하여 출제하는 것이 대학수학능력시험을 준비하는 자들의 능력에 따라 균등하게 교육을 받을 권리를 직접 제한한다고 보기는 어렵다.
③ 부모의 자녀교육권은 기본권의 주체인 부모의 자기결정권이라는 의미에서 보장되는 자유일 뿐만 아니라 자녀의 보호와 인격발현을 위하여 부여되는 기본권이다.
④ 검정고시 응시자격을 제한하는 것은, 국민의 교육받을 권리 중 그 의사와 능력에 따라 균등하게 교육받을 것을 국가로부터 방해받지 않을 권리를 제한하는 것이다.

문 19. 근로의 권리에 관한 설명으로 가장 적절하지 않은 것은? (다툼이 있는 경우 판례에 의함)

① 여성 근로자에 대한 특별한 보호가 현행 헌법에 명시적으로 규정되어 있다.
② 노동조합 및 노동관계조정법 그리고 대법원 판례는 해고된 자는 설사 해고의 효력을 다투고 있다고 할지라도 근로자의 지위에 있지 않다고 해석하고 있다.
③ 근로조건의 기준은 인간의 존엄성을 보장하도록 법률로 정한다는 것이 헌법의 명시적인 입장이다.
④ '가구 내 고용활동'에 대해서는 근로자퇴직급여보장법을 적용하지 않도록 규정한 같은 법 제3조 단서 중 '가구 내 고용활동' 부분은 합리적 이유가 있는 차별로서 평등원칙에 위배되지 아니한다.

문 20. 환경권에 관한 설명으로 가장 적절하지 않은 것은? (다툼이 있는 경우 헌법재판소 판례에 의함)

① 헌법 제35조 제1항은 국민의 환경권의 보장, 국가와 국민의 환경보전의무를 규정하고 있는데, 이는 국가뿐만 아니라 국민도 오염방지와 오염된 환경의 개선에 관한 책임을 부담함을 의미한다.
② 정부가 '국가 온실가스 배출량을 2030년까지 2018년의 국가 온실가스 배출량 대비 35퍼센트 이상의 범위에서 대통령령으로 정하는 비율만큼 감축하는 것'을 '중장기 국가 온실가스 감축 목표'로 하도록 규정한 기후위기 대응을 위한 탄소중립·녹색성장기본법 제8조 제1항이 환경권을 침해하는 것은 아니다.
③ 비사업용자동차의 타인광고를 제한하는 것은, 자동차 이용 광고물의 난립을 방지하여 도시미관과 도로안전 등을 확보함으로써 국민이 안전하고 쾌적한 환경에서 생활할 수 있도록 하기 위한 것이다.
④ 보조금 지원을 받아 배출가스저감장치를 부착한 자동차소유자가 자동차 등록을 말소하려면 배출가스저감장치 등을 서울특별시장등에게 반납하여야 한다고 규정한 구 수도권 대기환경개선에 관한 특별법 규정 중 '배출가스저감장치'에 관한 부분은 지역주민의 건강을 보호하고 쾌적한 생활환경을 조성하기 위한 것이다.

2회 실전동형모의고사

소요시간: _____ / 15분   맞힌 답의 개수: _____ / 20

문 1. 대한민국 헌정사에 관한 설명으로 가장 적절하지 않은 것은?

① 제5차 헌법개정(1962년 헌법)에서는 정부형태가 의원내각제에서 대통령제로 환원되었으며, 인간존엄성 규정이 신설되었다.
② 제1차 헌법개정(1952년 헌법)에서는 대통령과 부통령의 직선제, 양원제 국회 등이 도입되었다.
③ 현행헌법(1987년 헌법)에서는 헌법재판소제도가 부활하고, 1972년에 폐지된 표현의 자유에 대한 허가와 검열금지 규정이 부활하였다.
④ 제8차 헌법개정(1980년 헌법)에서는 행복추구권과 무죄추정원칙 그리고 적법절차조항이 도입되었다.

문 2. 문화국가의 원리에 관한 설명으로 가장 적절하지 않은 것은? (다툼이 있는 경우 판례에 의함)

① 우리나라는 건국헌법 이래 문화국가의 원리를 헌법의 기본원리로 채택하고 있다.
② 헌법은 제9조에서 "문화의 영역에 있어서 각인의 기회를 균등히" 할 것을 선언하고 있을 뿐 아니라, 국가에게 전통문화의 계승 발전과 민족문화의 창달을 위하여 노력할 의무를 지우고 있다.
③ 헌법 제9조의 규정취지와 민족문화유산의 본질에 비추어 볼 때, 국가가 민족문화유산을 보호하고자 하는 경우 이에 관한 헌법적 보호법익은 '민족문화유산의 존속' 그 자체를 보장하는 것이고, 원칙적으로 민족문화유산의 훼손등에 관한 가치보상이 있는지 여부는 이러한 헌법적 보호법익과 직접적인 관련이 없다.
④ 국가는 학교교육에 관한 한, 교육제도의 형성에 관한 폭넓은 권한을 가지고 있지만, 학교교육 밖의 사적인 교육영역에서는 원칙적으로 부모의 자녀교육권이 우위를 차지하고, 국가 또한 헌법이 지향하는 문화국가이념에 비추어, 학교교육과 같은 제도교육 외에 사적인 교육의 영역에서도 사인의 교육을 지원하고 장려해야 할 의무가 있으므로 사적인 교육영역에 대한 국가의 규율권한에는 한계가 있다.

문 3. 신뢰보호원칙에 관한 설명으로 가장 적절하지 <u>않은</u> 것은? (다툼이 있는 경우 판례에 의함)

① 일반적으로 과거에 시작된 구성요건사항에 대한 신뢰는 더 보호될 가치가 있는 것이므로 부진정 소급입법의 신뢰보호의 원칙에 대한 심사는 장래 입법의 경우보다 일반적으로 더 강화되어야 한다.
② 친일재산의 취득 경위에 내포된 민족배반적 성격, 대한민국임시정부의 법통 계승을 선언한 헌법 전문 등에 비추어 친일반민족행위자측으로서는 친일재산의 소급적 박탈을 충분히 예상할 수 있었고, 친일재산 환수 문제는 그 시대적 배경에 비추어 역사적으로 매우 이례적인 공동체적 과업이므로 이러한 소급입법의 합헌성을 인정한다고 하더라도 이를 계기로 진정소급입법이 빈번하게 발생할 것이라는 우려는 충분히 불식될 수 있다.
③ 사법연수원의 소정 과정을 마치더라도 바로 판사임용자격을 취득할 수 없고 일정 기간 이상의 법조경력을 갖추어야 판사로 임용될 수 있도록 한 법원조직법 개정조항은, 동법 개정 시점에 이미 사법연수원에 입소하여 사법연수원생의 신분을 갖고 있었던 자나 합격하였지만 아직 입소하지 않은 자에게 사법연수원을 수료하는 해의 판사임용에 지원하는 경우에 적용되는 한 신뢰보호의 원칙에 위반된다.
④ 국세관련 경력공무원 중 구법규정상의 자격부여요건을 충족한 자들에게만 세무사 자격이 부여되도록 규정한 개정된 세무사법 규정은 관련자들의 신뢰이익을 침해한 것이다.

문 4. 정당제도에 관한 설명으로 가장 적절하지 <u>않은</u> 것은? (다툼이 있는 경우 판례에 의함)

① 1980년 제8차 헌법개정에서 국가는 법률이 정하는 바에 의하여 정당의 운영에 필요한 자금을 보조할 수 있다고 규정하였다.
② 정당의 법적 지위는 적어도 그 소유재산의 귀속관계에 있어서는 법인격 없는 사단(社團)으로 보아야 하고, 중앙당과 지구당과의 복합적 구조에 비추어 정당의 지구당은 단순한 중앙당의 하부조직이 아니라 어느 정도의 독자성을 가진 단체로서 역시 법인격 없는 사단에 해당한다.
③ 위헌정당해산제도의 실효성을 확보하기 위하여 헌법재판소의 위헌정당 해산결정에 따라 해산된 정당 소속 비례대표 지방의회의원은 해산결정 시 의원의 지위를 상실한다.
④ "누구든지 2 이상의 정당의 당원이 되지 못한다."라고 규정하고 있는 정당법 조항은 정당의 정체성을 보존하고 정당 간의 위법·부당한 간섭을 방지함으로써 정당정치를 보호·육성하기 위한 것으로서, 정당 당원의 정당 가입·활동의 자유를 침해한다고 할 수 없다.

문 5. 기본권 제한에 관한 설명으로 가장 적절하지 않은 것은? (다툼이 있는 경우 판례에 의함)

① 국가공무원법 제66조 제1항 본문 중 '그 밖에 공무 외의 일을 위한 집단행위'는 '공익에 반하는 목적을 위하여 직무전념의무를 해태하는 등의 영향을 가져오거나, 공무에 대한 국민의 신뢰에 손상을 가져올 수 있는 공무원 다수의 결집된 행위'를 말하는 것으로 한정 해석되므로 명확성원칙에 위반되지 않는다.

② 비상계엄이 선포된 경우, 영장제도와 언론·출판·집회·결사의 자유에 대한 특별한 조치를 통하여 기본권 제한을 할 수 있는 명시적인 헌법상 근거가 존재한다.

③ 입법자가 선택한 수단보다 국민의 기본권을 덜 침해하는 수단이 존재하더라도 그 다른 수단이 효과 측면에서 입법자가 선택한 수단과 동등하거나 유사하다고 단정할 만한 명백한 근거가 없는 이상, 과잉금지원칙에 위반된다고는 할 수 없다.

④ 보험사기를 이유로 체포된 공인이 아닌 피의자를 수사기관이 기자들에게 경찰서 내에서 수갑을 차고 얼굴을 드러낸 상태에서 조사받는 모습을 촬영할 수 있도록 허용한 행위는 피의자의 재범방지 및 범죄예방을 위한 것으로 목적의 정당성이 인정된다.

문 6. 기본권 보호의무에 관한 설명으로 가장 적절하지 않은 것은? (다툼이 있는 경우 헌법재판소 판례에 의함)

① 국가는 개인이 가지는 불가침의 기본적 인권을 확인하고 이를 보장할 의무를 지기에, 적어도 생명·신체의 보호와 같은 중요한 기본권적 법익 침해에 대해서는 그것이 국가가 아닌 제3자로서의 사인에 의해서 유발된 것이라고 하더라도 국가가 적극적인 보호의 의무를 진다.

② 국가의 기본권보호의무로부터 태아의 출생 전에, 또한 태아가 살아서 출생할 것인가와는 무관하게, 태아를 위하여 민법상 일반적 권리능력을 인정하여야 한다는 헌법적 요청이 도출된다.

③ 국가가 국민의 건강하고 쾌적한 환경에서 생활할 권리에 대한 보호의무를 다하지 않았는지의 여부를 헌법재판소가 심사할 때에는 국가가 이를 보호하기 위하여 적어도 적절하고 효율적인 최소한의 보호조치를 취하였는가 하는, 이른바 과소보호금지원칙의 위반 여부를 기준으로 삼아야 한다.

④ 국가의 보호의무를 어떻게 실현하여야 할 것인가 하는 문제는 원칙적으로 권력분립과 민주주의의 원칙에 따라 국민에 의하여 직접 민주적 정당성을 부여받고 자신의 결정에 대하여 정치적 책임을 지는 입법자의 책임범위에 속하므로, 헌법재판소는 단지 제한적으로만 보호의무의 이행을 심사할 수 있다.

문 7. 헌법 제10조에 관한 설명으로 가장 적절하지 않은 것은? (다툼이 있는 경우 헌법재판소 판례에 의함)

① 자기결정권에는 여성이 그의 존엄한 인격권을 바탕으로 하여 자율적으로 자신의 생활영역을 형성해 나갈 수 있는 권리가 포함되고, 여기에는 임신한 여성이 자신의 신체를 임신상태로 유지하여 출산할 것인지 여부에 대하여 결정할 수 있는 권리가 포함되어 있다.
② 언어와 그 언어를 표기하는 방식인 글자는 정신생활의 필수적인 도구이며 타인과의 소통을 위한 가장 기본적인 수단인바, 한자를 의사소통의 수단으로 사용하는 것은 행복추구권에서 파생되는 일반적 행동의 자유 내지 개성의 자유로운 발현의 한 내용이다.
③ 일반적 행동자유권에는 위험한 생활방식으로 살아갈 권리도 포함되므로, 좌석안전띠를 매지 않을 자유는 헌법 제10조의 행복추구권에서 나오는 일반적 행동자유권의 보호영역에 속한다.
④ 전동킥보드에 대하여 최대속도는 시속 25km 이내로 제한하여야 한다는 안전기준을 둔 것은 헌법 제10조의 행복추구권에서 파생되는 소비자의 자기결정권을 제한할 뿐, 일반적 행동자유권까지 제한하는 것은 아니다.

문 8. 일반적 행동자유권에 관한 설명으로 가장 적절하지 않은 것은? (다툼이 있는 경우 판례에 의함)

① '금융실명거래 및 비밀보장에 관한 법률' 제4조 제4항 본문 중 '제1항 제1호의 법원의 제출명령에 따라 거래정보등을 알게 된 자는 그 알게 된 거래정보등을 그 목적 외의 용도로 이용하여서는 아니 된다.' 부분은 일반적 행동자유권을 침해하지 않는다.
② 의료분쟁 조정신청의 대상인 의료사고가 사망에 해당하는 경우 구체적 사안의 개별성과 특수성을 고려하지 않고 자동적으로 조정절차가 개시되도록 한 법률조항은 보건의료인의 일반적 행동의 자유를 침해한다.
③ 자신이 속한 부분사회의 자치적 운영에 참여하는 것은 사회공동체의 유지, 발전을 위하여 필요한 행위로서 특정한 기본권의 보호범위에 들어가지 않는 경우에는 일반적 행동자유권의 대상이 된다.
④ 병역의무의 이행으로서의 현역병 복무는 국가가 간섭하지 않으면 자유롭게 할 수 있는 행위에 속하지 않으므로, 현역병으로 복무할 권리가 일반적 행동자유권에 포함된다고 할 수 없다.

문 9. 평등권에 관한 설명으로 가장 적절하지 않은 것은? (다툼이 있는 경우 판례에 의함)

① 성폭력범죄 피해자가 국민참여재판을 원하지 아니하는 경우 법원이 국민참여재판 배제결정을 할 수 있도록 규정한 '국민의 형사재판 참여에 관한 법률'이 평등원칙에 위배되지 않는다.
② 공익신고자 보호법상 보상금의 의의와 목적을 고려하면 공익신고 유도 필요성에 차이가 있는 내부 공익신고자와 외부 공익신고자를 달리 취급하는 것은 합리성을 인정할 수 있다.
③ 기타 위계에 의한 업무방해죄의 법정형은 행위 태양에 비추어 죄질이 더 중하다고 할 수 있는 위력에 의한 업무방해죄와 동일하게 규정되어 있고, 심지어 폭행 또는 협박을 수단으로 한 공무집행방해죄보다도 더 중하게 규정되어 있어 평등원칙에 위반된다.
④ 초·중등학교 교원에 대하여는 정당가입을 금지하면서 대학교원에게는 허용하는 것은 기초적인 지식전달, 연구기능 등 직무의 본질이 서로 다른 점을 고려한 합리적 차별이므로 평등원칙에 반하지 아니한다.

문 10. 명확성원칙에 관한 설명으로 옳지 않은 것은 모두 몇 개인가? (다툼이 있는 경우 판례에 의함)

> ㉠ 누구든지 이 법의 규정에 의한 공개장소에서의 연설·대담장소에서 기타 어떠한 방법으로도 연설·대담장소 등의 질서를 문란하게 하는 행위를 금지하고 있는 공직선거법 조항 중 '기타 어떠한 방법으로도' 부분은 죄형법정주의 명확성원칙에 위배된다.
> ㉡ 건설업자가 부정한 방법으로 건설업의 등록을 한 경우, 건설업 등록을 필요적으로 말소하도록 규정한 건설산업기본법 조항 중 '부정한 방법'의 개념은 모호하여 법률해석을 통하여 구체화될 수 없으므로 명확성원칙에 위배된다.
> ㉢ 정당방위와 같은 위법성 조각사유 규정은 구성요건 조항에 대한 소극적 한계를 정하고 있는 규정이므로 명확성원칙이 적용되기는 하나, 적극적으로 범죄 성립을 정하는 구성요건 규정은 아니므로 죄형법정주의가 요구하는 정도의 명확성원칙이 적용된다고는 할 수 없다.
> ㉣ 규율대상인 대전제(일반조항)를 규정함과 동시에 거기에 해당하는 구체적 개별 사례들을 예시적으로 규정하는 예시적 입법형식이 명확성원칙에 위배되지 않으려면, 일반조항 자체가 구체적인 예시들을 포괄할 수 있는 의미를 담고 있는 개념이어야 하지만, 예시한 구체적인 사례들이 그 자체로 일반조항의 해석을 위한 판단지침까지 내포하고 있어야 하는 것은 아니다.
> ㉤ 사용자가 근로자에 대하여 '정당한 이유' 없이 해고 등을 한 경우 처벌하도록 한 근로기준법 조항은 일반인이 법률전문가의 도움을 받지 않고서는 '정당한 이유'에 무엇이 해당하는지 예측하기 어려우므로 명확성원칙에 위배된다.

① 2개 ② 3개
③ 4개 ④ 5개

문 11. 적법절차원칙에 관한 설명으로 가장 적절하지 않은 것은? (다툼이 있는 경우 판례에 의함)

① 강제퇴거명령을 받은 사람을 보호할 수 있도록 하면서 보호기간의 상한을 마련하지 아니한 출입국관리법 조항에 의한 보호는 형사절차상 '체포 또는 구속'에 준하는 것으로 볼 수 있는 점을 고려하면, 보호의 개시 또는 연장 단계에서 그 집행기관인 출입국관리공무원으로부터 독립되고 중립적인 지위에 있는 기관이 보호의 타당성을 심사하여 이를 통제할 수 있어야 한다.
② 수뢰죄를 범하여 금고 이상의 형의 선고유예를 받은 국가공무원은 별도의 징계절차를 거치지 아니하고 당연퇴직되도록 한 국가공무원법 조항은 적법절차원칙에 위반되지 않는다.
③ 효율적인 수사와 정보수집의 신속성, 밀행성 등의 필요성을 고려하여 사전에 정보주체인 이용자에게 그 내역을 통지하도록 하는 것이 적절하지 않다면 수사기관 등이 통신자료를 취득한 이후에 수사 등 정보수집의 목적에 방해가 되지 않는 범위 내에서 통신자료의 취득사실을 이용자에게 통지하는 것이 얼마든지 가능함에도, 전기통신사업법 조항이 통신자료 취득에 대한 사후통지절차를 두지 않은 것은 적법절차원칙에 위배된다.
④ 범칙금 통고처분을 받고도 납부기간 이내에 범칙금을 납부하지 아니한 사람에 대하여 행정청에 대한 이의제기나 의견진술 등의 기회를 주지 않고 경찰서장이 곧바로 즉결심판을 청구하도록 한 것은 적법절차원칙에 위배된다.

문 12. 개인정보자기결정권에 관한 설명으로 가장 적절하지 않은 것은? (다툼이 있는 경우는 판례에 의함)

① 거짓이나 그 밖의 부정한 방법으로 보조금을 교부받거나 보조금을 유용한 어린이집 운영정지, 폐쇄명령 또는 과징금처분을 받은 어린이집에 대해 그 위반사실을 공표하도록 규정한 구 영유아보육법 조항은 개인정보자기결정권을 침해한다.

② 야당 소속 후보자 지지 혹은 정부 비판은 정치적 견해로서 개인의 인격주체성을 특정짓는 개인정보에 해당하고, 그것이 지지 선언 등의 형식으로 공개적으로 이루어진 것이라고 하더라도 여전히 개인정보자기결정권의 보호범위 내에 속한다.

③ 법무부장관으로 하여금 신상정보 등록의 원인이 된 성범죄로 벌금형을 선고받은 사람의 등록정보를 10년간 보존·관리하도록 규정한 성폭력처벌법 제45조 제1항 본문 제4호는 과잉금지원칙을 위반하여 개인정보자기결정권을 침해하지 않는다.

④ 소년에 대한 수사경력자료의 삭제와 보존기간에 대하여 규정하면서 법원에서 불처분결정된 소년부송치 사건에 대하여 규정하지 않은 구 형의 실효 등에 관한 법률의 규정은 과잉금지원칙을 위반하여 소년부송치 후 불처분결정을 받은 자의 개인정보자기결정권을 침해한다.

문 13. 종교의 자유에 관한 설명으로 가장 적절하지 않은 것은? (다툼이 있는 경우 판례에 의함)

① 육군훈련소장이 훈련병들로 하여금 육군훈련소 내 종교 시설에서 개최되는 개신교, 불교, 천주교, 원불교 종교행사 중 하나에 참석하도록 강제한 행위는 특정 종교를 우대하는 것으로 정교분리원칙에 위배된다.

② 금치처분을 받은 자에게 금치처분 기간 중 종교상담을 통한 종교활동을 제외하고, 종교의식 또는 종교행사 참석을 금지하는 법조항은 이러한 불이익이 규율 준수를 통하여 수용질서를 유지한다는 공익에 비하여 크다 할 수 없으므로 해당 수용자의 종교의 자유를 침해하지 않는다.

③ 통계청장이 인구주택총조사의 방문 면접조사를 실시하면서 담당 조사원을 통해 응답자에게 '종교가 있는지 여부'와 '있다면 구체적인 종교명이 무엇인지'를 묻는 조사 항목들에 응답할 것을 요구한 행위는, 특정 종교를 믿는다는 이유로 불이익을 주거나 종교적 확신에 반하는 행위를 강요하는 결과가 된다.

④ 종교단체에서 구호활동의 일환으로 운영하는 양로시설에 대해서도 양로시설의 설치에 신고의무를 부과하고 그 위반행위를 처벌하는 법률조항은, 일정 규모 이상의 양로시설에서는 안전사고나 인권침해 피해 정도가 커질 수 있어 예외 없이 신고의무를 부과할 필요가 있다는 점에서 종교의 자유를 침해하지 않는다.

문 14. 집회의 자유에 관한 설명으로 가장 적절하지 않은 것은? (다툼이 있는 경우 판례에 의함)

① 집회장소가 바로 집회의 목적과 효과에 대하여 중요한 의미를 갖기 때문에, 누구나 '어떤 장소에서' 자신이 계획한 집회를 할 것인가를 원칙적으로 자유롭게 결정할 수 있어야만 집회의 자유가 비로소 효과적으로 보장되는 것이다.
② 집회의 자유는 다수의 의견을 국정에 반영하는 창구로서 그 중요성을 더해가고 있다는 점에서 다수의 보호를 위한 중요한 기본권이다.
③ 집회의 자유는 집회를 통하여 형성된 의사를 집단적으로 표현하고 이를 통하여 불특정다수인의 의사에 영향을 줄 자유를 포함하지만, 집회의 자유의 보장 대상은 평화적, 비폭력적 집회에 한정된다.
④ 광고도 사상·지식·정보 등을 불특정다수인에게 전파하는 것으로서 언론·출판의 자유에 의한 보호를 받는 대상이 됨은 물론이고, 상업적 광고표현 또한 보호의 대상이 된다.

문 15. 재산권에 관한 설명으로 가장 적절하지 않은 것은? (다툼이 있는 경우 헌법재판소 판례에 의함)

① 골프장 입장행위에 대하여 1명 1회 입장마다 1만 2천 원의 개별소비세를 골프장 경영자에게 부과하는 개별소비세법 제1조 제3항 제4호는 과잉금지원칙에 위반되어 재산권을 침해한다.
② 금품비위를 저지른 지방공무원에게 신분상 불이익을 주는 징계처분과는 별도로 그 금품비위금액의 최대 5배 내의 범위에서 징계부가금을 부과하는 것은 지방공무원의 재산권을 침해하는 것이라고 할 수 없다.
③ 경북대학교 총장임용후보자선거의 후보자로 등록하려면 3,000만 원의 기탁금을 납부하고 제1차 투표에서 유효투표수의 100분의 15 이상을 득표한 경우에는 기탁금 전액을, 100분의 10 이상 100분의 15 미만을 득표한 경우에는 기탁금 반액을 반환하고, 반환되지 않은 기탁금은 경북대학교발전기금에 귀속하도록 정한 경북대학교 총장임용후보자 선정 규정의 해당 조항은 재산권을 침해하지 않는다.
④ 선출직 공무원으로서 받게 되는 보수가 기존의 연금에 미치지 못하는 경우에도 연금 전액의 지급을 정지하도록 정한 구 공무원연금법 규정 중 '지방의회의원'에 관한 부분은 과잉금지원칙에 위배되어 재산권을 침해한다.

문 16. 직업의 자유에 관한 헌법재판소의 판시내용으로 가장 적절하지 않은 것은?

① 측량업의 등록을 한 측량업자가 등록기준에 미달하게 된 경우 측량업의 등록을 필요적으로 취소하도록 규정한 구 측량·수로조사 및 지적에 관한 법률 조항은 과잉금지원칙에 위배되어 직업의 자유를 침해한다.
② 택시운송사업 운전업무 종사자격을 취득한 자가 친족관계인 사람을 강제추행하여 금고 이상의 실형을 선고받은 경우 그 택시운전자격을 취소하도록 규정한 여객자동차 운수사업법 조항은 과잉금지원칙에 위배되어 헌법상 직업선택의 자유를 침해한다고 할 수 없다.
③ 거짓이나 그 밖의 부정한 수단으로 운전면허를 받은 경우 모든 범위의 운전면허를 필요적으로 취소하도록 한 도로교통법 조항은 과잉금지원칙에 반하여 직업의 자유를 침해한다.
④ '약사 또는 한약사가 아닌 자연인'의 약국 개설을 금지하고 위반 시 형사처벌하는 약사법 조항은 과잉금지원칙에 반하여 직업의 자유를 침해한다고 할 수 없다.

문 17. 재판청구권에 관한 설명으로 가장 적절하지 않은 것은? (다툼이 있는 경우 판례에 의함)

① 특허무효심결에 대한 소(訴)는 심결의 등본을 송달받은 날로부터 30일 이내에 제기하도록 규정한 특허법 조항은 재판청구권을 침해하지 않는다.
② 심급제도가 몇 개의 심급으로 형성되어야 하는가에 관하여 헌법이 전혀 규정하는 바가 없으므로, 이는 입법자의 광범위한 형성권에 맡겨져 있는 것이며, 모든 구제절차나 법적 분쟁에서 반드시 보장되는 것은 아니다.
③ 특수임무수행 등으로 인하여 입은 피해에 대해 특수임무수행자보상심의회의 보상금 등 지급결정에 대해 동의한 때에는 재판상 화해가 성립된다고 보는 특수임무수행자 보상에 관한 법률 조항은 재판청구권을 침해한다.
④ 헌법은 "군인 또는 군무원이 아닌 국민은 대한민국의 영역 안에서는 중대한 군사상 기밀·초병·초소·유독음식물공급·포로·군용물에 관한 죄 중 법률이 정한 경우와 비상계엄이 선포된 경우를 제외하고는 군사법원의 재판을 받지 아니한다."라고 규정하고 있다.

문 18. 사회적 기본권에 관한 설명으로 가장 적절하지 않은 것은? (다툼이 있는 경우 판례에 의함)

① 업무상 질병으로 인한 업무상 재해에 있어 업무와 재해 사이의 상당인과관계에 대한 입증책임을 이를 주장하는 근로자나 그 유족에게 부담시키는 산업재해보상보험법 규정이 근로자나 그 유족의 사회보장수급권을 침해한다고 볼 수 없다.
② 교도소 수용자들의 자살을 방지하기 위하여 독거실 내 화장실 창문에 안전철망을 설치한 행위는 수형자의 환경권을 침해하지 않는다.
③ 유족연금수급권은 그 급여의 사유가 발생한 날로부터 5년간 이를 행사하지 아니하면 시효로 인하여 소멸하도록 규정한 구 군인연금법 조항은 유족연금수급권자의 인간다운 생활을 할 권리를 침해한다고 볼 수 없다.
④ 육아휴직 급여의 일부인 사후지급금을 육아휴직 종료 후 해당 사업장에 복귀하여 6개월간 계속 근무한 경우에 지급하도록 규정한 사후지급금 조항은 해당 사업장에 복귀하지 아니한 육아휴직 급여수급권자인 청구인의 인간다운 생활을 할 권리를 침해한다.

문 19. 근로의 권리에 관한 설명으로 가장 적절하지 않은 것은? (다툼이 있는 경우 판례에 의함)

① 근로의 권리는 근로자를 개인의 차원에서 보호하기 위한 권리로서 개인인 근로자가 근로의 권리의 주체가 되는 것이고, 노동조합은 그 주체가 될 수 없다.
② 근로의 권리는 '일할 자리에 관한 권리'만이 아니라 '일할 환경에 관한 권리'도 함께 내포하고 있다.
③ 축산업 근로자들에게 육체적·정신적 휴식을 보장하고 장시간 노동에 대한 경제적 보상을 해야 할 필요성이 요청됨에도 동물의 사육 사업 근로자에 대하여 근로시간 및 휴일 규정의 적용을 제외하도록 한 것은 근로의 권리를 침해한다.
④ 근로기준법 조항이 근로연도 중도퇴직자의 중도퇴직 전 근로에 대해 유급휴가를 보장하지 않음으로써 청구인의 근로의 권리를 침해하는지 여부는 이것이 현저히 불합리하여 헌법상 용인될 수 있는 재량의 범위를 명백히 일탈하고 있는지 여부에 달려 있다고 할 수 있다.

문 20. 국민의 기본의무에 관한 설명으로 옳은 것을 모두 고른 것은? (다툼이 있는 경우 판례에 의함)

㉠ 헌법 규정상 모든 국민은 그 보호하는 자녀에게 고등교육과 법률이 정하는 교육을 받게 할 의무를 진다.
㉡ 학교운영지원비를 학교회계 세입항목에 포함시키도록 하는 구 초·중등교육법 제30조의2 제2항 제2호 중 중학교 학생으로부터 징수하는 것에 관한 부분은 의무교육의 무상원칙에 위배되어 헌법에 위반된다.
㉢ 향토예비군설치법에 따라 예비군훈련소집에 응하여 훈련을 받는 것은 국민이 마땅히 하여야 할 의무를 다하는 것일 뿐 국가나 공익목적을 위하여 특별한 희생을 하는 것이라고 할 수 없다.
㉣ 납세의무자인 국민은 자신이 납부한 세금을 국가가 효율적으로 사용하는지 여부를 감시하고 이에 대하여 이의를 제기하거나 잘못 사용되는 세금에 대하여 그 사용을 중지할 것을 요구할 수 있는 헌법상의 권리를 가진다.

① ㉠, ㉡
② ㉠, ㉢
③ ㉡, ㉢
④ ㉢, ㉣

3회 실전동형모의고사

문 1. 관습헌법에 관한 설명으로 가장 적절하지 <u>않은</u> 것은? (다툼이 있는 경우 판례에 의함)

① 관습헌법이 성립하기 위하여서는 관습이 성립하는 사항이 단지 법률로 정할 사항이 아니라 반드시 헌법에 의하여 규율되어 법률에 대하여 효력상 우위를 가져야 할 만큼 헌법적으로 중요한 기본적 사항이 되어야 한다.
② 헌법 제1조 제2항에 따라 국민이 대한민국의 주권자이며, 국민은 최고의 헌법제정권력이기 때문에 성문헌법의 제·개정에 참여할 뿐만 아니라 헌법전에 포함되지 아니한 헌법사항을 필요에 따라 관습의 형태로 직접 형성할 수 있다.
③ 국가를 대표하는 대통령과 민주주의적 통치원리에 핵심적 역할을 하는 의회의 소재지를 정하는 문제는 국가의 정체성을 표현하는 형식적 헌법사항이다.
④ 관습헌법은 일반적인 헌법사항에 해당하는 내용 중에서도 특히 국가의 기본적이고 핵심적인 사항으로서 법률에 의하여 규율하는 것이 적합하지 아니한 사항을 대상으로 한다.

문 2. 국적에 관한 설명으로 가장 적절하지 <u>않은</u> 것은? (다툼이 있는 경우 판례에 의함)

① 대한민국 국적을 취득한 외국인으로서 외국 국적을 가지고 있는 자는 대한민국 국적을 취득한 날부터 1년 내에 그 외국 국적을 포기하여야 하며, 이를 이행하지 아니하여 대한민국 국적을 상실한 자가 그 후 1년 내에 그 외국 국적을 포기하면 법무부장관에게 신고함으로써 대한민국 국적을 재취득할 수 있다.
② 대한민국의 국민으로서 외국인과의 혼인으로 그 배우자의 국적을 취득하게 된 자는 그 외국국적을 취득한 때부터 6개월 내에 법무부장관에게 대한민국의 국적을 보유할 의사가 있다는 뜻을 신고하지 아니하면 그 외국 국적을 취득한 때로부터 소급하여 대한민국 국적을 상실한 것으로 본다.
③ '품행이 단정할 것'이라는 외국인의 귀화허가요건은 '귀화신청자를 대한민국의 새로운 구성원으로 받아들이는 데 지장이 없을 만한 품성과 행실을 갖춘 것'을 의미하므로 명확성원칙에 위배되지 않는다.
④ 출생 당시에 모가 자녀에게 외국 국적을 취득하게 할 목적으로 외국에서 체류 중이었던 사실이 인정되는 자는 대한민국에서 외국 국적을 행사하지 않겠다는 서약을 한 후 대한민국 국적을 선택한다는 뜻을 신고할 수 있다.

문 3. 신뢰보호원칙에 관한 설명으로 옳은 것은 모두 몇 개인가? (다툼이 있는 경우 판례에 의함)

> ㉠ 위헌인 법률일지라도 해당 법률에 대한 헌법재판소의 위헌 결정이 있기 전까지는 합헌성이 추정되므로 합헌적인 법률에 기초한 신뢰이익과 동일한 정도의 보호, 즉 '헌법에서 유래하는 국가의 보호의무'까지 요청된다.
> ㉡ 취업지원 실시기관 채용시험의 가점 적용대상에서 보국수훈자의 자녀를 제외하는 내용으로 법을 개정하면서, 가까운 장래에 보국수훈자의 자녀가 되어 채용시험의 가점을 받게 될 것이라는 신뢰를 장기간 형성해 온 사람에 대하여 경과조치를 두지 않은 국가유공자 등 예우 및 지원에 관한 법률 부칙조항은 신뢰보호원칙에 위배되지 않는다.
> ㉢ 구 법령에 따라 폐자동차재활용업 등록을 한 자에게도 3년 이내에 등록기준을 갖추도록 한 전기·전자제품 및 자동차의 자원순환에 관한 법률 시행령 부칙조항에서 정한 3년의 유예기간은 법령의 개정으로 인한 상황변화에 적절히 대처하기에는 지나치게 짧다고 할 수 있으므로 신뢰보호원칙에 위배된다.
> ㉣ 댐사용권의 취소·변경 처분을 할 경우 국가는 댐사용권자가 납부한 부담금이나 납부금의 일부를 반환하도록 하고, 반환할 금액은 대통령령에서 정하는 상각액을 뺀 금액을 초과하지 못하도록 규정한 구 댐건설 및 주변지역지원 등에 관한 법률 조항을 이미 댐사용권을 취득하여 행사하고 있던 댐사용권자에 적용하더라도, 댐사용권의 존속에 대한 댐사용권자의 신뢰이익보다 다목적댐을 통한 수자원의 합리적 개발·이용이라는 공익적 가치가 매우 크다고 볼 수 있어 신뢰보호원칙에 위배되지 않는다.
> ㉤ 여러 개의 의료기관을 운영할 수 있을 것이라는 의료인의 구법 질서에 대한 신뢰는 헌법상 보호가치가 있는 신뢰이므로, 이후 해당 의료법 조항이 의료인은 어떠한 명목으로도 둘 이상의 의료기관을 운영할 수 없다는 내용으로 개정되었다면 신뢰보호원칙에 위배된다.

① 1개 ② 2개
③ 3개 ④ 4개

문 4. 경제질서에 관한 설명으로 가장 적절하지 않은 것은? (다툼이 있는 경우 판례에 의함)

① 헌법 제119조 제1항에 비추어 볼 때 개인의 사적 거래에 대한 공법적 규제는 사후적·구체적 규제보다는 사전적·일반적 규제방식을 택하여 국민의 거래자유를 최대한 보장하여야 한다.
② 국민연금제도는 상호부조의 원리에 입각한 사회연대성에 기초하여 소득재분배의 기능을 함으로써 사회적 시장경제질서에 부합하는 제도이므로, 국민연금에 가입을 강제하는 법률조항은 헌법의 시장경제질서에 위배되지 않는다.
③ 헌법 제119조 이하의 경제에 관한 장은 경제영역에서의 국가목표를 명시적으로 규정함으로써 국가가 경제정책을 통하여 달성하여야 할 '공익'을 구체화하는 동시에 헌법 제37조 제2항에 규정된 '공공복리'를 구체화하고 있다.
④ 헌법이 보장하는 소비자보호운동은 소비자의 제반 권익을 증진할 목적으로 이루어지는 구체적 활동을 의미하는 것으로, 단체를 통한 활동뿐만 아니라 하나 또는 그 이상의 소비자가 동일한 목표로 함께 의사를 합치하여 벌이는 운동도 포함한다.

문 5. 기본권의 주체에 관한 설명으로 옳은 것은 모두 몇 개인가? (다툼이 있는 경우 판례에 의함)

> ㉠ 법률이 교섭단체를 구성한 정당에 정책연구위원을 두도록 하여 그렇지 못한 정당을 차별화하는 경우 교섭단체를 구성하지 못한 정당은 기본권을 침해받을 가능성이 있다.
> ㉡ 사자(死者)에 대한 사회적 명예와 평가의 훼손은 사자와의 관계를 통하여 스스로의 인격상을 형성하고 명예를 지켜온 그들 후손의 인격권, 즉 유족의 명예 또는 유족의 사자에 대한 경애추모의 정을 침해한다.
> ㉢ 공법인은 기본권의 수범자로서 국민의 기본권을 보호 내지 실현하여야 할 책임과 의무를 지닐 뿐이므로 기본권의 주체가 될 여지가 없다.
> ㉣ 기본권 주체성의 인정 문제와 기본권 제한의 정도는 별개의 문제이므로 외국인에게 근로의 권리에 대한 기본권 주체성을 인정한다는 것이 곧바로 우리 국민과 동일한 수준의 보장을 한다는 것을 의미하는 것은 아니다.

① 1개
② 2개
③ 3개
④ 4개

문 6. 기본권의 경합과 충돌에 관한 설명으로 가장 적절하지 <u>않은</u> 것은? (다툼이 있는 경우 판례에 의함)

① 기본권의 충돌이란 하나의 동일한 사건에서 복수의 기본권주체가 서로 대립적인 이익을 가지고 국가에 대하여 자신의 기본권을 주장하는 경우를 말한다.
② 하나의 규제로 인해 여러 기본권이 동시에 제약을 받는 기본권경합의 경우에는 기본권침해를 주장하는 청구인의 의도 및 기본권을 제한하는 입법자의 객관적 동기 등을 참작하여 사안과 가장 밀접한 관계에 있고 또 침해의 정도가 큰 주된 기본권을 중심으로 해서 그 제한의 한계를 따져 보아야 할 것이다.
③ 수탁자가 신탁재산을 고유재산으로 하거나 이에 관하여 권리를 취득하는 것을 금지한 구 신탁법 해당 조항은 신탁회사 및 신탁업자의 영업의 자유와 함께 계약의 자유를 각각 제한함으로써 기본권 경합을 야기한다.
④ 친양자의 입양을 청구하기 위해 친생부모의 친권상실, 사망 기타 동의할 수 없는 사유가 없는 한 친생부모의 동의를 반드시 요하도록 한 구 민법 해당 조항과 관련하여 헌법재판소는 친생부모의 기본권과 친양자가 될 자의 기본권이 경합하는 영역으로 보았다.

문 7. 평등권 및 평등원칙에 관한 설명으로 가장 적절하지 않은 것은? (다툼이 있는 경우 판례에 의함)

① 반의사불벌죄에서 처벌을 원하는 의사표시의 철회 시한을 제1심 판결선고 전까지로 제한한 데에는 합리적인 이유가 있다고 볼 수 있으므로, 평등원칙에 위배되지 아니한다.
② 검찰항고권자를 고소인·고발인으로 한정하여 고소하지 않은 범죄피해자는 피의자에 대한 검사의 불기소처분에 불복하더라도 이를 검찰항고를 통하여 다툴 수 없게 하는 것은 합리적 이유가 있는 차별이며 평등권을 침해하지 않는다.
③ 원판결의 근거가 된 가중처벌규정에 대하여 헌법재판소의 위헌결정이 있었음을 이유로 개시된 재심절차에서, 공소장의 교환적 변경을 통해 위헌결정된 가중처벌규정보다 법정형이 가벼운 처벌규정으로 적용법조가 변경되어 피고인이 무죄판결을 받지는 않았으나 원판결보다 가벼운 형으로 유죄판결이 확정됨에 따라 원판결에 따른 구금형 집행이 재심판결에서 선고된 형을 초과하게 된 경우, 재심판결에서 선고된 형을 초과하여 집행된 구금에 대하여 보상요건을 규정하지 아니한 '형사보상 및 명예회복에 관한 법률' 제26조 제1항은 평등권을 침해한다.
④ 공직자윤리법 부칙조항으로 인해 혼인한 남성 등록의무자와 일부 혼인한 여성 등록의무자 간에 등록대상재산의 범위에 차이가 발생하게 된 것이 평등원칙에 위배되는지에 대해서는 자의금지원칙에 따른 심사를 행하여야 한다.

문 8. 혼인과 가족생활에 관한 설명으로 옳은 것은 모두 몇 개인가? (다툼이 있는 경우 판례에 의함)

㉠ 장래 가족의 구성원이 될 태아의 성별 정보에 대한 접근을 국가로부터 방해받지 않을 부모의 권리는 헌법 제21조 제1항으로부터 도출되는 알권리에 의하여 보호된다.
㉡ '혼인 중 여자와 남편 아닌 남자 사이에서 출생한 자녀에 대한 생부의 출생신고'를 허용하도록 규정하지 아니한 가족관계의 등록 등에 관한 법률 조항은 혼인 외 출생자에 대한 생부의 양육권을 직접 제한하지만 과잉금지원칙에 위배되지 않는다.
㉢ 헌법 제36조 제1항에 규정된 혼인과 가족생활의 보장은 소극적으로는 국가권력의 부당한 침해에 대한 개인의 주관적 방어권으로서 국가권력이 혼인과 가정이란 사적인 영역을 침해하는 것을 금지하면서, 적극적으로는 혼인과 가정을 제3자 등으로부터 보호해야 할 뿐만 아니라 개인의 존엄과 양성의 평등을 바탕으로 성립되고 유지되는 혼인·가족제도를 실현해야 할 국가의 과제를 부과하고 있음을 의미한다.
㉣ 헌법 제34조 및 제36조가 가족생활을 보호하고 청소년의 복지향상을 위해 노력할 과제를 국가에 부여하고 있으므로, 이러한 헌법조항의 해석만으로도 양육비 대지급제 등 양육비의 이행을 실효적으로 담보하기 위한 구체적 제도에 대한 입법의무가 도출된다.
㉤ 태어난 즉시 '출생등록될 권리'는 '출생 후 아동이 보호를 받을 수 있을 최대한 빠른 시점'에 아동의 출생과 관련된 기본적인 정보를 국가가 관리할 수 있도록 등록할 권리로서, 자유로운 인격실현을 보장하는 자유권적 성격과 아동의 건강한 성장과 발달을 보장하는 사회적 기본권의 성격을 함께 지닌 헌법에 명시되지 아니한 독자적 기본권이다.

① 1개 ② 2개
③ 3개 ④ 4개

문 9. 영장주의에 관한 설명으로 가장 적절하지 않은 것은? (다툼이 있는 경우 판례에 의함)

① 범죄의 피의자로 입건된 사람들에게 경찰공무원이나 검사의 신문을 받으면서 자신의 신원을 밝히지 않고 지문채취에 불응하는 경우 형사처벌을 통하여 지문채취를 강제하는 법률조항은 영장주의에 위배되지 아니한다.
② 기지국 수사를 허용하는 통신사실 확인자료 제공요청은 통신비밀보호법이 규정하는 강제처분에 해당하므로, 법관이 발부한 영장에 의하지 않고 관할 지방법원 또는 지원의 허가만 받으면 이를 가능하게 한 것은 영장주의에 위반된다.
③ 대통령이 행정부 수반의 지위에서 영장주의의 예외에 해당하는 사유가 없음에도 독립된 헌법기관인 선거관리위원회에 대하여 병력을 동원하여 영장 없는 압수·수색을 하도록 지시한 것은 영장주의를 위반한 것이다.
④ 관계행정청이 등급분류를 받지 아니하거나 등급분류를 받은 게임물과 다른 내용의 게임물을 발견한 경우 관계공무원으로 하여금 이를 수거·폐기하게 할 수 있도록 한 법률조항은 급박한 상황에 대처하기 위한 것으로서 그 불가피성과 정당성이 충분히 인정되는 경우이므로, 영장 없는 수거를 인정하더라도 영장주의에 위배되는 것으로 볼 수 없다.

문 10. 변호인의 조력을 받을 권리에 관한 설명으로 가장 적절하지 않은 것은? (다툼이 있는 경우 판례에 의함)

① 코로나바이러스감염증-19의 교정시설 내부로의 확산을 방지하기 위해서 미결수용자인 청구인과 변호인의 접견을 일반접견실에서 실시하도록 한 행위는 변호인의 조력을 받을 권리를 침해하지 않는다.
② 인천국제공항에서 난민인정신청을 하였으나 난민인정심사불회부결정을 받은 외국인을 인천국제공항 송환대기실에서 약 5개월째 수용하고 환승구역으로의 출입을 막은 상태에서 변호인의 접견신청을 거부한 것은 변호인의 조력을 받을 권리를 침해한 것이다.
③ 교도소장이 금지물품 동봉 여부를 확인하기 위하여 미결수용자와 같은 지위에 있는 수형자의 변호인이 위 수형자에게 보낸 서신을 개봉한 후 교부한 행위는 검열금지규정의 실효성을 담보할 수 없기 때문에 수형자의 변호인의 조력을 받을 권리를 침해한다.
④ 불구속 피의자나 피고인의 경우 형사소송법상 특별한 명문의 규정이 없더라도 스스로 선임한 변호인의 조력을 받기 위하여 변호인을 옆에 두고 조언과 상담을 구하는 것은 수사절차의 개시에서부터 재판절차의 종료에 이르기까지 언제나 가능하다.

문 11. 직업의 자유에 관한 설명으로 가장 적절하지 않은 것은? (다툼이 있는 경우 판례에 의함)

① 변호사 등록을 신청하는 자에게 등록료 100만 원을 납부하도록 정한 대한변호사협회의 변호사 등록등에 관한 규칙 조항은 변호사 등록을 하고자 하는 청구인의 직업의 자유를 침해한다.
② 국민권익위원회 심사보호국 소속 5급 이하 7급 이상의 일반직공무원으로 하여금 퇴직일부터 3년간 취업심사대상기관에 취업할 수 없도록 한 공직자윤리법 및 동법 시행령 조항은 과잉금지원칙에 위배되어 직업선택의 자유를 침해하지 않는다.
③ 출석주의를 완화하여 최초의 전자등기신청 전에 한 차례 사용자등록을 하도록 한 부동산등기규칙 조항은 법무사인 청구인들의 직업선택의 자유를 침해하지 않는다.
④ 세무사법 위반으로 벌금형을 받은 세무사의 등록을 필요적으로 취소하도록 한 세무사법 조항은 세무사인 청구인의 직업선택의 자유를 침해하지 않는다.

문 12. 사생활의 비밀과 자유 및 개인정보자기결정권에 관한 설명으로 가장 적절하지 않은 것은? (다툼이 있는 경우 판례에 의함)

① 13세 이상 16세 미만의 사람에 대하여 간음 또는 추행을 한 19세 이상의 자를 강간죄, 유사강간죄, 강제추행죄의 예에 따라 처벌하도록 한 형법 조항은 개인의 성생활이라는 내밀한 사적 생활영역에서의 행위를 제한하므로 사생활의 비밀과 자유를 제한한다.
② 국가가 경찰공무원에 대해 사유재산에 관한 정보를 등록하게 하는 것은 사유재산에 관한 사적 영역의 자유로운 형성과 설계를 제한하는 것이므로, 사생활의 비밀과 자유를 제한한다.
③ 변호사의 업무는 다른 어느 직업적 활동보다도 강한 공공성을 내포한다는 점을 감안할 때, 변호사의 업무와 관련된 수임사건의 건수 및 수임액은 변호사의 내밀한 개인적 영역에 속하는 것이라고 보기 어렵다.
④ 거짓이나 그 밖의 부정한 방법으로 보조금을 교부받은 어린이집에 대하여 그 대표자 또는 원장의 의사와 관계없이 어린이집의 명칭, 종류, 주소, 대표자 또는 어린이집 원장의 성명 등을 공표하도록 하는 것은 개인정보자기결정권에 대한 과도한 제한이다.

문 13. 재산권에 관한 설명으로 가장 적절하지 않은 것은? (다툼이 있는 경우 판례에 의함)

① 민법 조항에 따른 유류분제도는 피상속인의 증여나 유증에 의한 자유로운 재산처분을 제한하고, 피상속인으로부터 증여나 유증을 받았다는 이유로 유류분반환청구의 상대방이 되는 자의 재산권을 역시 제한한다.
② 민사법정이율을 연 5%로 고정하고 있는 민법 제379조는 과잉금지원칙에 위배되어 채무자의 재산권을 침해하지 않는다.
③ 가축전염병 예방법상 가축의 살처분으로 인한 재산권 제약은 가축 소유자가 수인해야 하는 사회적 제약에 속하나, 권리자에게 수인의 한계를 넘어 가혹한 부담이 발생하는 예외적인 경우에는 이를 완화하는 보상규정을 두어야 한다.
④ 법무법인 구성원의 지분을 압류한 채권자가 영업년도말에 그 구성원을 퇴사시킬 수 있도록 규정한 변호사법 규정은 과잉금지원칙에 위반되어 법무법인의 재산권을 침해한다.

문 14. 언론·출판의 자유에 관한 설명으로 가장 적절하지 않은 것은? (다툼이 있는 경우 판례에 의함)

① 미결수용자의 규율위반행위 등에 대한 제재로서 금치처분과 함께 금치기간 중 신문과 자비구매도서의 열람을 제한하고 있는 형의 집행 및 수용자의 처우에 관한 법률 조항은 최장 30일의 기간 내에서만 신문이나 도서의 열람을 금지하고 열람을 금지하는 대상에 수용시설 내 비치된 도서는 포함시키지 않고 있으므로 미결수용자의 알 권리를 과도하게 제한한다고 보기 어렵다.
② 일간신문의 지배주주가 뉴스통신 법인의 주식 또는 지분의 2분의 1 이상을 취득 또는 소유하지 못하도록 함으로써 이종 미디어 간의 결합을 규제하는 신문법 조항은 언론의 다양성을 보장하기 위한 필요한 한도 내의 제한이라고 할 것이어서 신문의 자유를 침해한다고 할 수 없다.
③ 인터넷신문의 언론으로서의 신뢰성을 제고하기 위해 5인 이상의 취재 및 편집 인력을 정식으로 고용하도록 강제하고, 이에 대한 확인을 위하여 국민연금 등 가입사실을 확인하는 것은 직업의 자유를 침해한다.
④ 학교 구성원으로 하여금 성별 등의 사유를 이유로 차별적 언사나 행동, 혐오적 표현 등을 통해 다른 사람의 인권을 침해하지 못하도록 한 서울특별시 학생인권조례 규정은 학교 구성원들의 표현의 자유를 침해한 것이라고 볼 수 없다.

문 15. 표현의 자유에 관한 설명으로 옳지 <u>않은</u> 것을 모두 고른 것은? (다툼이 있는 경우 헌법재판소 판례에 의함)

> ㉠ 방송사 외부에 있는 자가 방송편성에 관계된 자에게 방송편성에 관해 특정한 요구를 하는 등의 방법으로, 방송편성에 관한 자유롭고 독립적인 의사결정에 영향을 미칠 수 있는 행위 일체를 금지하고 이를 위반한 자를 처벌하는 것은 시청자의 건전한 방송 비판 내지 의견제시까지 처벌대상으로 삼는 것으로 시청자들의 표현의 자유를 침해한다.
> ㉡ 공무원이 선거에서 특정정당 또는 특정인을 지지하기 위하여 타인에게 정당에 가입하도록 권유운동을 한 경우 형사처벌하는 것은 정치적 표현의 자유를 침해한다.
> ㉢ 사람을 비방할 목적으로 정보통신망을 통하여 공공연하게 거짓의 사실을 드러내어 다른 사람의 명예를 훼손한 자를 형사처벌하는 것은 표현의 자유를 침해하지 않는다.
> ㉣ 초·중등학교의 교육공무원이 정치단체의 결성에 관여하거나 이에 가입하는 행위를 금지한 국가공무원법 조항 중 '그 밖의 정치단체'에 관한 부분은 정치적 표현의 자유를 침해하지 않는다.
> ㉤ 선거운동기간 중 당해 홈페이지 게시판 등에 정당·후보자에 대한 지지·반대 등의 정보를 게시하는 경우 인터넷언론사로 하여금 실명을 확인받는 기술적 조치를 하도록 하는 것은 게시판 등 이용자의 익명표현의 자유를 침해한다.

① ㉠, ㉡, ㉣
② ㉠, ㉡, ㉤
③ ㉠, ㉢, ㉤
④ ㉡, ㉢, ㉣

문 16. 평등권 혹은 평등원칙에 관한 설명으로 가장 적절한 것은? (다툼이 있는 경우 판례에 의함)

① 특별교통수단에 있어 표준휠체어만을 기준으로 휠체어 고정설비의 안전기준을 정하고 있는 교통약자의 이동편의 증진법 시행규칙 조항은 표준휠체어를 이용할 수 없는 장애인의 평등권을 침해한다.
② 여러 체육시설 가운데 회원제로 운영되는 골프장의 이용자만을 국민체육진흥법상 국민체육진흥계정 조성에 관한 조세 외적 부담을 져야 할 책임이 있는 집단으로 선정한 것은 평등원칙에 위배되지 않는다.
③ 육아휴직 급여의 일부인 사후지급금을 육아휴직 종료 후 해당 사업장에 복귀하여 6개월간 계속 근무한 경우에 지급하도록 한 것은 육아휴직 종료 후 6개월 이상 계속 근무한 자와 그렇지 아니한 자를 합리적 이유 없이 차별하므로 평등권을 침해한다.
④ 국가유공자 등 예우 및 지원에 관한 법률에서 6·25 전몰군경자녀에게 6·25전몰군경자녀수당을 지급하면서 수급권자를 1명에 한정하고 나이가 많은 자를 우선하도록 정한 것은 나이가 적은 6·25전몰군경자녀의 평등권을 침해하지 않는다.

문 17. 알 권리 및 정보공개청구권에 관한 설명으로 가장 적절하지 <u>않은</u> 것은? (다툼이 있는 경우 판례에 의함)

① 변호사시험 성적 공개청구기간을 변호사시험법 시행일로부터 6개월 내로 제한하는 동법 부칙 조항은 청구인의 정보공개청구권을 침해한다.
② 신문의 편집인 등으로 하여금 아동보호사건에 관련된 아동학대행위자를 특정하여 파악할 수 있는 인적 사항 등을 신문 등 출판물에 싣거나 방송매체를 통하여 방송할 수 없도록 하는 아동학대범죄의 처벌 등에 관한 특례법 제35조 제2항 중 '아동학대행위자'에 관한 부분은 국민의 알 권리를 침해한다.
③ 회계보고된 자료의 열람기간을 3월간으로 제한한 정치자금법 조항은 청구인의 알 권리를 침해한다.
④ 재판이 확정되면 속기록 등을 폐기하도록 규정한 형사소송규칙 제39조가 청구인의 알 권리를 침해하였다고 볼 수 없다.

문 18. 범죄피해자구조청구권에 관한 설명으로 가장 적절하지 않은 것은? (다툼이 있는 경우 판례에 의함)

① 구조피해자나 유족이 해당 구조대상 범죄피해를 원인으로 하여 국가배상법이나 그 밖의 법령에 따른 급여 등을 받을 수 있는 경우에는 대통령령으로 정하는 바에 따라 구조금을 지급하지 아니한다.
② 범죄피해구조금은 국가의 재정에 기반을 두고 있는 바, 구조금에 대한 청구권 행사대상을 우선적으로 대한민국의 영역 안의 범죄피해에 한정하고, 향후 해외에서 발생한 범죄피해의 경우에도 구조를 하는 방향으로 운영하는 것은 입법형성의 재량의 범위 내라고 할 것이다.
③ 범죄피해자 보호법에 제척기간을 범죄피해가 발생한 날부터 5년으로 정하는 것은, 5년이라는 기간이 지나치게 단기이며 불합리하여 범죄피해자의 구조청구권 행사를 현저히 곤란하게 하거나 사실상 불합리하게 하는 것으로 볼 수 있다.
④ 범죄피해구조금의 지급신청은 해당 구조대상 범죄피해의 발생을 안 날부터 3년이 지나거나 해당 구조대상 범죄피해가 발생한 날부터 10년이 지나면 할 수 없다.

문 19. 인간다운 생활을 할 권리에 관한 설명으로 가장 적절하지 않은 것은? (다툼이 있는 경우 판례에 의함)

① 인간다운 생활을 할 권리에 관한 헌법상 규정은 모든 국가기관을 기속하지만, 그 기속의 의미는 적극적·형성적 활동을 하는 입법부 또는 행정부의 경우와 헌법재판에 의한 사법적 통제기능을 하는 헌법재판소에 있어서 동일하지 아니하다.
② 사적자치에 의해 규율되는 사인 사이의 법률관계에서 계약갱신을 요구할 수 있는 권리나 보증금을 우선하여 변제받을 수 있는 권리 등은 헌법 제34조의 인간다운 생활을 할 권리의 보호대상에 포함된다.
③ 인간다운 생활을 할 권리로부터 인간의 존엄에 상응하는 '최소한의 물질적인 생활'의 유지에 필요한 급부를 요구할 수 있는 구체적인 권리가 상황에 따라서는 직접 도출될 수 있다고 할 수는 있어도, 직접 그 이상의 급부를 내용으로 하는 구체적인 권리를 발생케 한다고 볼 수는 없다.
④ 국가는 노인과 청소년의 복지향상을 위한 정책을 실시할 의무를 진다.

문 20. 사회적 기본권에 관한 설명으로 가장 적절하지 않은 것은? (다툼이 있는 경우 판례에 의함)

① 업무상 질병으로 인한 업무상 재해에 있어 업무와 재해 사이의 상당인과관계에 대한 입증책임을 이를 주장하는 근로자나 그 유족에게 부담시키는 산업재해보상보험법 규정이 근로자나 그 유족의 사회보장수급권을 침해한다고 볼 수 없다.
② 교도소 수용자들의 자살을 방지하기 위하여 독거실 내 화장실 창문에 안전철망을 설치한 행위는 수형자의 환경권을 침해하지 않는다.
③ 유족연금수급권은 그 급여의 사유가 발생한 날로부터 5년간 이를 행사하지 아니하면 시효로 인하여 소멸하도록 규정한 구 군인연금법 조항은 유족연금수급권자의 인간다운 생활을 할 권리를 침해한다고 볼 수 없다.
④ 보건복지부장관이 최저생계비를 고시함에 있어서 장애인가구와 비장애인가구를 구분하지 않고 일률적으로 동일한 최저생계비를 적용한 것은 생활능력 없는 장애인가구 구성원의 평등권을 침해하였다.

4회 실전동형모의고사

소요시간: ___ / 15분   맞힌 답의 개수: ___ / 20

문 1. 대한민국 헌정사에 관한 설명으로 옳은 것은 모두 몇 개인가?

> ㉠ 제헌헌법은 대통령이 사고로 인하여 직무를 수행할 수 없을 때에는 국무총리가 그 권한을 대행하도록 규정하였다.
> ㉡ 1960.6.15. 개정헌법(제2공화국 헌법)은 국회를 민의원과 참의원으로 구성하도록 함으로써 양원제를 채택하였다.
> ㉢ 1972.12.27. 개정헌법(유신헌법)은 대통령의 임기를 7년으로 정하면서, 통일주체국민회의에서 간접선거로 대통령을 선출하도록 하였다.
> ㉣ 1980.10.27. 개정헌법(제5공화국 헌법)은 대통령의 임기를 6년으로 정하면서, 대통령선거는 대통령선거인단에 의한 간접선거방식으로 규정하였다.
> ㉤ 1987.10.29. 개정헌법(현행 헌법)은 국군의 정치적 중립성과 범죄피해자구조청구권을 규정하였다.

① 1개 ② 2개
③ 3개 ④ 4개

문 2. 헌법의 기본원리에 관한 설명으로 가장 적절하지 않은 것은? (다툼이 있는 경우 판례에 의함)

① 사회국가의 원리는 자유민주적 기본질서의 범위 내에서 이루어져야 하고, 국민 개인의 자유와 창의를 보완하는 범위 내에서 이루어지는 내재적 한계를 지니고 있다.
② 헌법의 기본원리는 헌법의 이념적 기초인 동시에 헌법을 지배하는 지도원리로서 입법이나 정책결정의 방향을 제시하며, 구체적 기본권을 도출하는 근거가 되고 기본권의 해석 및 기본권 제한 입법의 합헌성 심사에 있어 해석기준의 하나로 작용한다.
③ 자기책임원리는 자기결정권의 한계논리로서 책임부담의 근거로 기능하는 동시에, 자기가 결정하지 않은 것이나 결정할 수 없는 것에 대하여는 책임을 지지 않고 책임부담의 범위도 스스로 결정한 결과 내지 그와 상관관계가 있는 부분에 국한됨을 의미하는 책임의 한정원리로 기능한다.
④ 민주주의 원리는 개인의 자율적 판단능력을 존중하고 사회의 자율적인 의사결정이 궁극적으로 올바른 방향으로 전개될 것이라는 신뢰를 바탕으로 하고 있다.

문 3. 외국인과 재외국민에 관한 설명으로 가장 적절하지 않은 것은? (다툼이 있는 경우 판례에 의함)

① 외국인만으로 구성된 가구 중 영주권자 및 결혼이민자만을 긴급재난지원금 지급대상에 포함시키고 난민인정자를 제외한 것은 인간다운 생활할 권리를 제한하지만 과잉금지원칙에 위배되지 않는다.

② 재외국민을 보호할 국가의 의무에 의하여 재외국민이 거류국에 있는 동안 받는 보호는 조약 기타 일반적으로 승인된 국제법규와 당해 거류국의 법령에 의하여 누릴 수 있는 모든 분야에서의 정당한 대우를 받도록 거류국과의 관계에서 국가가 하는 외교적 보호와 국외거주 국민에 대하여 정치적인 고려에서 특별히 법률로써 정하여 베푸는 법률·문화·교육 기타 제반영역에서의 지원을 뜻하는 것이다.

③ 1993년 12월 31일 이전에 출생한 사람들에 대한 예외를 두지 않고 재외국민 2세의 지위를 상실할 수 있도록 규정한 병역법 시행령 조항은, 출생년도를 기준으로 한 특례가 앞으로도 지속될 것이라는 신뢰에 대하여 보호가치가 인정된다고 볼 수 없고 병역의무의 평등한 이행을 확보하기 위하여 출생년도와 상관없이 모든 재외국민 2세를 동일하게 취급하는 것은 합리적인 이유가 있으므로, 청구인들의 평등권을 침해하지 아니한다.

④ 주민등록이 되어 있지 않고 국내거소신고도 하지 않은 재외국민이라도 추상적 위험이나 선거기술상 이유로 국민투표권을 박탈할 수 없다.

문 4. 선거에 관한 설명으로 옳은 것을 모두 고른 것은? (다툼이 있는 경우 판례에 의함)

㉠ 누구든지 선거기간 중 선거에 영향을 미치게 하기 위하여 '그 밖의 집회나 모임'을 개최할 수 없도록 하고, 이를 위반하는 자를 처벌하는 공직선거법 조항은 정치적 표현의 자유를 침해하지 않는다.

㉡ 당선되거나 되게 하거나 되지 못하게 할 목적으로 공연히 사실을 적시하여 후보자가 되고자 하는 자를 비방한 자를 처벌하는 공직선거법 조항은 죄형법정주의 명확성원칙에 위배되지는 않으나, 과잉금지원칙에 위배되어 정치적 표현의 자유를 침해한다.

㉢ 1년 이상의 징역형을 선고받고 그 집행이 종료되지 아니한 사람의 선거권을 제한하는 공직선거법 조항은 과실범, 고의범 등 범죄의 종류를 불문하고 침해된 법익의 내용을 불문하며 형 집행 중에 이루어지는 재량적 행정처분인 가석방 여부를 고려하지 않으므로 선거권을 침해한다.

㉣ 공직선거법상 지방공사 상근직원에 대하여 일체의 선거운동을 금지하는 것은 선거운동의 자유를 중대하게 제한하는 정도에 비하여 선거의 공정성 및 형평성의 확보라는 공익에 기여하는 바가 크지 않으므로, 지방공사 상근직원의 선거운동의 자유를 침해한다.

㉤ 기본적으로 사법인적인 성격을 지니는 농협중앙회의 중앙회장선거에서 회장을 선출하거나 선거운동을 하는 것은 헌법에 의하여 보호되는 선거권의 범위에 포함된다.

① ㉠, ㉡   ② ㉡, ㉣
③ ㉡, ㉤   ④ ㉠, ㉢, ㉣

문 5. 혼인과 가족생활의 보호에 관한 설명으로 가장 적절하지 <u>않은</u> 것은? (다툼이 있는 경우 판례에 의함)

① 1세대 3주택 이상에 해당하는 주택에 대하여 양도소득세 중과세를 규정하고 있는 구 소득세법 조항이 혼인이나 가족생활을 근거로 부부 등 가족이 있는 자를 혼인하지 아니한 자 등에 비하여 차별 취급하는 것이라면 비례의 원칙에 의한 심사에 의하여 정당화되지 않는 한 헌법 제36조 제1항에 위반된다.

② 입법자는 계속적·포괄적 생활공동체, 당사자의 의사와 관계없는 친족 등 신분관계의 형성과 확장가능성, 구성원 상호간의 이타적 유대관계의 성격이나 상호신뢰·협력의 중요성, 시대와 사회의 변화에 따른 공동체의 다양성 증진 및 인식·기능의 변화 등을 두루 고려하여, 사회의 기초단위이자 구성원을 보호하고 부양하는 자율적 공동체로서의 가족의 순기능이 더욱 고양될 수 있도록 혼인과 가정을 보호해야 한다.

③ 혼인한 남성 등록의무자는 본인의 직계존·비속의 재산을 등록하도록 하면서, 개정 전 공직자윤리법 조항에 따라 이미 재산등록을 한 혼인한 여성 등록의무자에게만 배우자의 직계존·비속의 재산을 등록하도록 예외를 규정한 공직자윤리법 부칙조항은 성별에 의한 차별금지 및 혼인과 가족생활에서의 양성의 평등을 천명하고 있는 헌법에 정면으로 위배되는 것으로 그 목적의 정당성을 발견할 수 없다.

④ 입양신고 시 신고사건 본인이 시·읍·면에 출석하지 아니하는 경우에는 신고사건 본인의 신분증명서를 제시하도록 한 가족관계의 등록 등에 관한 법률 해당 조항 전문 중 '신고 사건 본인의 주민등록증·운전면허증·여권, 그 밖에 대법원규칙으로 정하는 신분증명서를 제시하거나' 부분은 입양신고서의 기재사항은 일방 당사자의 신분증명서를 가지고 있다면 손쉽게 가족관계증명서를 발급받아 알 수 있어 진정한 입양의 합의가 존재한다는 점을 담보할 수 없으므로 입양당사자의 가족생활의 자유를 침해한다.

문 6. 외국인의 기본권에 관한 설명으로 옳은 것은 모두 몇 개인가? (다툼이 있는 경우 판례에 의함)

㉠ 국민건강보험법상 지역가입자인 국내체류 외국인이 보험료를 체납한 경우에는 그 체납기간이나 체납횟수 등과 관계없이 국민건강보험공단이 1회 체납만으로도 다음달부터 곧바로 체납한 보험료를 완납할 때까지 보험급여를 하지 않도록 내국인등과 달리 규정한 것은 평등권을 침해한다.

㉡ 강제퇴거명령을 받은 외국인을 대한민국 밖으로 송환할 수 있을 때까지 보호시설에 인치·수용할 수 있도록 하면서 그 보호기간의 상한을 마련하지 아니한 출입국관리법 조항은 피보호자의 신체의 자유를 침해한다.

㉢ 인천국제공항에서 난민인정신청을 하였으나 난민인정심사불회부결정을 받은 외국인을 인천국제공항 송환대기실에 약 5개월째 수용하고 환승구역으로의 출입을 막은 것은 헌법 제12조 제4항 본문에 규정된 '구속'에 해당하며, 구속 상태에서 변호인의 접견신청을 거부한 것은 변호인의 조력을 받을 권리를 침해한다.

㉣ 외국인근로자의 고용 등에 관한 법률에서 외국인근로자를 고용한 사업 또는 사업장의 사용자는 외국인근로자의 출국 등에 따른 퇴직금 지급을 위하여 외국인근로자를 피보험자로 하는 보험 또는 신탁에 가입하도록 규정하고 있는데, 이 출국만기보험금은 퇴직금의 성질을 가지고 있어서 그 지급시기에 관한 것은 근로의 권리 중에서 근로조건의 문제이므로 외국인근로자에게 기본권 주체성이 인정되지 않는다.

㉤ 코로나19 확산으로 경제적 타격을 입은 국민들을 지원하기 위한 긴급재난지원금 가구구성 및 이의신청 처리기준(2차)이 긴급재난지원금 지급 대상인 '외국인만으로 구성된 가구'에 '영주권자 및 결혼이민자'는 포함시키면서 '난민인정자'를 제외한 것은 합리적 이유 없는 차별이므로 난민인정자의 평등권을 침해한다.

① 2개 ② 3개
③ 4개 ④ 5개

문 7. 기본권의 제3자적 효력(기본권의 대사인적 효력)에 관한 설명으로 가장 적절하지 않은 것은? (다툼이 있는 경우 판례에 의함)

① 헌법상의 기본권은 제1차적으로 개인의 자유로운 영역을 공권력의 침해로부터 보호하기 위한 방어적 권리이지만 다른 한편으로 헌법의 기본적인 결단인 객관적인 가치질서를 구체화한 것으로서, 사법을 포함한 모든 법 영역에 그 영향을 미치는 것이므로 사인간의 사적인 법률관계도 헌법상의 기본권 규정에 적합하게 규율되어야 한다.

② 기본권 규정은 그 성질상 사법관계에 직접 적용될 수 있는 예외적인 것을 제외하고는 사법상의 일반원칙을 규정한 민법 제2조(신의성실), 제103조(반사회질서의 법률행위), 제750조(불법행위의 내용), 제751조(재산 이외의 손해의 배상) 등의 내용을 형성하고 그 해석 기준이 되어 간접적으로 사법관계에 효력을 미치게 된다.

③ 사적 단체를 포함하여 사회공동체 내에서 개인이 성별에 따른 불합리한 차별을 받지 아니하고 자신의 희망과 소양에 따라 다양한 사회적·경제적 활동을 영위하는 것은 그 인격권 실현의 본질적 부분에 해당하므로 평등권이라는 기본권의 침해도 민법 제750조(불법행위의 내용)의 일반규정을 통하여 사법상 보호되는 인격적 법익침해의 형태로 구체화되어 논하여질 수 있지만, 그 위법성 인정을 위하여는 사인간의 평등권 보호에 관한 별개의 입법이 있어야 한다.

④ 사적 단체는 사적 자치의 원칙 내지 결사의 자유에 따라 그 단체의 형성과 조직, 운영을 자유롭게 할 수 있으므로, 사적 단체가 그 성격이나 목적에 비추어 그 구성원을 성별에 따라 달리 취급하는 것이 일반적으로 금지된다고 할 수는 없다.

문 8. 평등권에 관한 설명으로 가장 적절하지 않은 것은? (다툼이 있는 경우 판례에 의함)

① 경상국립대학교의 교원, 직원 및 조교, 학생에게 총장선거권을 부여한 '경상국립대학교 총장임용후보자 선정에 관한 규정' 제12조 제1항 본문이 같은 대학의 강사인 청구인들에게 총장선거권을 부정하는 것은 평등권을 침해한다.

② 과거 전통적으로 남녀의 생활관계가 일정한 형태로 형성되어 왔다는 사실이나 관념에 기인하는 차별, 즉 성역할에 관한 고정관념에 기초한 차별은 허용되지 않는다.

③ 내국인등 지역가입자와 달리 외국인 지역가입자가 보험료를 체납한 경우에는 다음 달부터 곧바로 보험급여를 제한하는 국민건강보험법 조항은, 외국인 지역가입자에 대하여 체납횟수와 경제적 사정 등을 전혀 고려하지 않고 예외 없이 1회의 보험료 체납 사실만으로도 보험급여를 제한하고 있어 외국인 지역가입자의 평등권을 합리적 이유 없이 침해한다.

④ 특별시장·광역시장·특별자치시장·도지사·특별자치도지사 선거의 예비후보자를 후원회지정권자에서 제외하고 있는 정치자금법 조항은 이들 예비후보자의 평등권을 침해한다.

문 9. 사생활의 비밀과 자유에 관한 설명으로 가장 적절하지 <u>않은</u> 것은? (다툼이 있는 경우 판례에 의함)

① 금융감독원의 4급 이상 직원에 대하여 사유재산에 관한 정보인 재산사항을 등록하도록 한 공직자윤리법의 재산등록 조항은, 그들의 비리유혹을 억제하고 업무집행의 투명성을 확보하여 국민의 신뢰를 제고하며 궁극적으로 금융기관의 검사 및 감독이라는 공적 업무에 종사하는 금융감독원 직원의 책임성을 확보하려는 것으로 그 공익이 중대하므로, 사생활의 비밀과 자유를 침해하지 않는다.
② 특정인의 사생활 등을 조사하는 일을 업으로 하는 행위를 금지한 것은 이를 업으로 하려는 자의 사생활의 자유를 제한하는 것이다.
③ 성기구의 판매 행위를 제한할 경우 성기구를 사용하려는 소비자는 성기구를 구하는 것이 불가능하거나 매우 어려워 결국 성기구를 이용하여 성적 만족을 얻으려는 사람의 은밀한 내적 영역에 대한 기본권인 사생활의 비밀과 자유가 제한된다고 볼 수 있다.
④ 공판정에서 진술을 하는 피고인·증인 등도 인간으로서의 존엄과 가치를 가지며, 사생활의 비밀과 자유를 침해받지 아니할 권리를 가지고 있으므로, 본인이 비밀로 하고자 하는 사적인 사항이 일반에 공개되지 아니하고 자신의 인격적 징표가 타인에 의하여 일방적으로 이용당하지 아니할 권리가 있다.

문 10. 집회의 자유에 관한 설명으로 가장 적절하지 <u>않은</u> 것은? (다툼이 있는 경우 판례에 의함)

① 중앙선거관리위원회는 경계 지점으로부터 100미터 이내의 장소에서 옥외집회 또는 시위를 금지하는 대상기관이 아니다.
② 집회 및 시위에 관한 법률이 옥외집회와 옥내집회를 구분하는 이유는, 옥외집회의 경우 외부세계, 즉 다른 기본권의 주체와 직접적으로 접촉할 가능성으로 인하여 옥내집회와 비교할 때 법익충돌의 위험성이 크다는 점에서 집회의 자유의 행사방법과 절차에 관하여 보다 자세하게 규율할 필요가 있기 때문이다.
③ 헌법 제21조 제2항에서 규정한 집회의 허가제 금지는 헌법 자체에서 직접 집회의 자유에 대한 제한의 한계를 명시한 것이므로 기본권 제한에 관한 일반적 법률유보조항인 헌법 제37조 제2항에 앞서서, 우선적이고 제1차적인 위헌심사기준이 되어야 한다.
④ 집회의 금지와 해산은 집회의 자유를 보다 적게 제한하는 다른 수단, 즉 조건을 붙여 집회를 금지하는 가능성을 모두 소진한 후에 비로소 고려될 수 있는 최종적인 수단이다.

문 11. 적법절차원칙에 관한 설명으로 가장 적절하지 않은 것은? (다툼이 있는 경우 판례에 의함)

① 강제퇴거명령을 받은 사람을 보호할 수 있도록 하면서 보호기간의 상한을 마련하지 아니한 출입국관리법 제63조 제1항은 적법절차원칙에 위배된다.
② 토지 등 소유자의 100분의 30 이상이 정비예정구역의 해제를 요청하는 경우 특별시장 등 해제권자로 하여금 지방도시계획위원회의 심의를 거쳐 정비예정구역의 지정을 해제할 수 있도록 한 구 도시 및 주거환경정비법 조항 중 '정비예정구역'에 관한 부분은 토지등 소유자에게는 정비계획의 입안을 제안할 수 있는 방법이 없는 점 등을 종합적으로 고려하면 적법절차원칙에 위반된다.
③ 치료감호 가종료 시 3년의 보호관찰이 시작되도록 한 치료감호 등에 관한 법률 조항은 3년의 보호관찰기간 종료 전이라도 6개월마다 치료감호의 종료 여부 심사를 치료감호심의위원회에 신청할 수 있고, 그 신청에 관한 치료감호심의위원회의 기각결정에 불복하는 경우 행정소송을 제기하여 법관에 의한 재판을 받을 수 있다는 점 등을 고려하면 적법절차원칙에 반하지 않는다.
④ 수사기관 등이 전기통신사업자에게 이용자의 성명 등 통신자료의 열람이나 제출을 요청할 수 있도록 한 전기통신사업법 제83조 제3항 중 '검사 또는 수사관서의 장(군수사기관의 장을 포함한다), 정보수사기관의 장의 수사, 형의 집행 또는 국가안전보장에 대한 위해방지를 위한 정보수집을 위한 통신자료제공요청'에 관한 부분은 통신자료 취득에 대한 사후통지절차를 두지 않아 적법절차원칙에 위배된다.

문 12. 재산권에 관한 설명으로 가장 적절하지 않은 것은? (다툼이 있는 경우 판례에 의함)

① 가축전염병 예방법에 따른 가축의 살처분으로 인한 재산권의 제약은 가축의 소유자가 수인해야 하는 사회적 제약의 범위에 속하나, 권리자에게 수인의 한계를 넘어 가혹한 부담이 발생하는 예외적인 경우에는 이를 완화하는 보상규정을 두어야 하고, 그 방법에 관하여는 입법자에게 광범위한 형성의 자유가 부여된다.
② 광업권자는 도로 등 일정한 장소에서는 관할 관청의 허가나 소유자 또는 이해관계인의 승낙이 없으면 광물을 채굴할 수 없도록 규정한 구 광업법 조항은 이미 형성된 구체적인 재산권을 공익을 위하여 개별적·구체적으로 박탈하거나 제한하는 것으로서 보상을 요하는 헌법 제23조 제3항의 수용·사용 또는 제한을 규정한 것이다.
③ 의료급여기관이 의료법 제33조 제2항을 위반하였다는 사실을 수사기관의 수사결과로 확인한 경우 시장·군수·구청장으로 하여금 해당 의료급여기관이 청구한 의료급여비용의 지급을 보류할 수 있도록 규정한 의료급여법 조항 중 '의료법 제33조 제2항'에 관한 부분은 과잉금지원칙에 반하여 의료급여기관 개설자의 재산권을 침해한다.
④ 토지구획정리사업에 있어 학교교지를 환지처분의 공고가 있은 다음 날에 국가 등에 귀속되게 하되, 유상으로 귀속되도록 한 구 토지구획정리사업법 제63조 중 '학교교지'에 관한 부분은 과잉금지원칙에 위배되어 사업시행자의 재산권을 침해한다고 할 수 없다.

문 13. 공무담임권에 관한 설명으로 가장 적절하지 않은 것은? (다툼이 있는 경우 판례에 의함)

① 과거 3년 이내의 당원 경력을 법관 임용 결격사유로 정한 법원조직법 제43조 제1항 제5호 중 '당원의 신분을 상실한 날부터 3년이 경과되지 아니한 사람'에 관한 부분은 공무담임권을 침해한다.
② 공무담임권의 보호영역에는 공직취임의 기회의 자의적인 배제뿐 아니라, 공무원 신분의 부당한 박탈까지 포함되는 것이라고 할 것인데, 전자는 후자보다 당해 국민의 법적 지위에 미치는 영향이 더욱 크다.
③ 판사와 검사의 임용자격을 각각 변호사 자격이 있는 자로 제한하는 법원조직법 제42조 제2항과 검찰청법 제29조 제2호는 변호사시험과 별도로 판·검사 교육후보자로 선발하는 시험 및 국가가 실시하는 교육과정을 거쳐 판·검사로 임용되는 별개의 제도를 도입하지 않았다 하여 공무담임권을 침해하였다고 볼 수 없다.
④ 공무원이 금고 이상의 형의 집행유예 판결을 받은 경우 당연퇴직하도록 규정한 구 지방공무원법 조항 중 해당 부분은 과잉금지원칙에 위배되어 공무담임권을 침해한다고 볼 수 없다.

문 14. 영장주의에 관한 설명으로 가장 적절하지 않은 것은? (다툼이 있는 경우 판례에 의함)

① 헌법상 비상계엄이 선포된 경우에는 특별한 조치로서 영장주의의 예외를 인정하고 있으므로, 수사기관의 강제처분이 영장 없이 이루어지는 경우에 법관에 의한 사후심사도 배제될 수 있다.
② 긴급체포한 피의자를 구속하고자 할 때에는 48시간 이내에 구속영장을 청구하되, 그렇지 않은 경우 사후 영장청구 없이 피의자를 즉시 석방하도록 한 형사소송법 제200조의4 제1항 및 제2항은 헌법상 영장주의에 위반되지 아니한다.
③ 피청구인 김포시장이 2015년 7월 3일 피청구인 김포경찰서장에게 피의자인 청구인들의 이름, 생년월일, 전화번호, 주소를 제공한 행위는 영장주의가 적용되지 않는다.
④ 체포영장을 집행하는 경우 필요한 때에는 타인의 주거 등에서 피의자 수사를 할 수 있도록 한 형사소송법 제216조 제1항 제1호 중 제200조의2에 관한 부분은 체포영장이 발부된 피의자가 타인의 주거 등에 소재할 개연성은 소명되나, 수색에 앞서 영장을 발부받기 어려운 긴급한 사정이 인정되지 않는 경우에도 영장 없이 피의자 수색을 할 수 있다는 것이므로 영장주의에 위반된다.

문 15. 재판청구권에 관한 설명으로 가장 적절하지 않은 것은? (다툼이 있는 경우 판례에 의함)

① 대법원이 법관에 대한 징계처분 취소청구소송을 단심으로 재판하는 경우에는 사실확정도 대법원의 권한에 속하여 법관에 의한 사실확정의 기회가 박탈되었다고 볼 수 없다.
② 전자문서 등재사실을 통지한 날부터 1주 이내에 확인하지 아니하는 때에는 통지한 날부터 1주가 지난 날에 송달된 것으로 보는 '민사소송 등에서의 전자문서 이용 등에 관한 법률' 제11조 제4항 단서는 재판청구권을 침해하지 않는다.
③ 사법보좌관에 의한 소송비용액 확정결정절차를 규정한 법원조직법 조항 중 "민사소송법(동법이 준용되는 경우를 포함한다)상의 소송비용액 확정결정절차에서의 법원의 사무" 부분은 법관에 의한 사실확정과 법률해석의 기회를 보장하고 있으므로 헌법 제27조 제1항에 위반된다고 할 수 없다.
④ 수형자와 소송대리인인 변호사의 접견을 일반 접견에 포함시켜 시간은 30분 이내로, 횟수는 월 4회로 제한한 구 형의 집행 및 수용자의 처우에 관한 법률 시행령 해당 조항들은 입법목적 달성에 필요한 범위를 넘어 수형자와 변호사 사이의 접견권을 지나치게 제한한다고 볼 수 없으므로 청구인의 재판청구권을 침해하지 않는다.

문 16. 개인정보자기결정권에 관한 설명으로 가장 적절한 것은? (다툼이 있는 경우 판례에 의함)

① 법무부장관은 변호사시험 합격자가 결정되면 즉시 명단을 공고하여야 한다고 규정한 변호사시험법 제11조 중 '명단공고' 부분은 합격자 공고 후에 누구나 언제든지 이를 검색, 확인할 수 있고, 합격자 명단이 언론 기사나 인터넷 게시물 등에 인용되어 널리 전파될 수도 있어서 이러한 사익침해 상황은 시간이 흘러도 해소되지 않으므로 과잉금지원칙에 위배되어 청구인들의 개인정보자기결정권을 침해한다.
② 감염병 전파 차단을 위한 개인정보 수집의 수권조항인 구 감염병의 예방 및 관리에 관한 법률 해당 조항은 정보수집의 목적 및 대상이 제한되어 있으나, 관련 규정에서 절차적 통제장치를 마련하지 못하여 정보의 남용 가능성이 있어 정보주체의 개인정보자기결정권을 침해한다.
③ 무효인 혼인의 기록사항 전체에 하나의 선을 긋고, 말소 내용과 사유를 각 해당 사항란에 기재하는 방식의 정정 표시는 청구인의 인격주체성을 식별할 수 있게 하는 개인정보에 해당하고, 이와 같은 정보를 보존하는 가족관계등록부의 재작성에 관한 사무처리지침 조항 중 해당 부분은 청구인의 개인정보자기결정권을 제한한다.
④ 주민등록증에 지문을 수록하도록 한 구 주민등록법 제24조 제2항 본문 중 '지문(指紋)'에 관한 부분은, 주민등록증의 수록사항의 하나로 지문을 규정하고 있을 뿐 "오른손 엄지손가락 지문"이라고 특정한 바가 없으므로, 과잉금지원칙을 위반하여 개인정보자기결정권을 침해한다.

문 17. 헌법 제21조 제2항의 허가 및 검열에 관한 설명으로 가장 적절한 것은? (다툼이 있는 경우 판례에 의함)

① 건강기능식품의 기능성 광고는 인체의 구조 및 기능에 대하여 보건용도에 유용한 효과를 준다는 기능성 등에 관한 정보를 널리 알려 해당 건강기능식품의 소비를 촉진시키기 위한 상업광고에 불과하므로 헌법 제21조 제2항의 사전검열 금지 대상이 아니다.

② 의료기기와 관련하여 심의를 받지 아니하거나 심의 받은 내용과 다른 내용의 광고를 하는 것을 금지하고, 이를 위반한 경우 행정제재와 형벌을 부과하도록 한 의료기기법 조항들의 해당 부분은 헌법 제21조 제2항의 사전검열금지원칙에 위반된다.

③ 국내 주재 외교기관 인근의 옥외집회 또는 시위를 예외적으로 허용하는 구 집회 및 시위에 관한 법률 제11조 제4호 중 '국내 주재 외국의 외교기관'에 관한 부분은 행정청이 주체가 되어 집회의 허용 여부를 사전에 결정하는 것이므로 헌법 제21조 제2항의 허가제금지에 위배된다.

④ 구 신문 등의 진흥에 관한 법률 제9조 제1항 중 인터넷신문에 관한 부분이 인터넷신문의 명칭, 발행인과 편집인의 인적사항, 발행소 소재지, 발행목적과 발행내용, 발행 구분(무가 또는 유가) 등 인터넷신문의 외형적이고 객관적 사항을 제한적으로 등록하도록 하는 것은 인터넷신문의 내용을 심사·선별하여 사전에 통제하기 위한 규정이 명백하므로 헌법 제21조 제2항에 위배된다.

문 18. 직업의 자유에 관한 설명으로 옳고 그름의 표시(○, ×)가 바르게 된 것은? (다툼이 있는 경우 판례에 의함)

㉠ 금고 이상의 형의 집행유예선고를 받고 그 유예기간 중에 있는 자에 대하여 특수경비원이 될 수 없도록 규정한 구 경비업법 조항은 민간근로자인 특수경비원에게 공무원과 같은 수준의 준법의무 내지 성실의무를 요구하여 지나치게 공익만을 우선하는 것이므로 직업의 자유를 침해한다.

㉡ 성폭력범죄의 처벌 등에 관한 특례법의 성폭력범죄에 해당하는 형법상 강제추행죄를 범하여 금고 이상의 형의 집행유예를 선고받고 그 집행유예기간 중에 있는 사람에 대하여 택시운전자격을 필요적으로 취소하도록 하고 있는 여객자동차 운수사업법 조항은 직업의 자유를 침해하지 않는다.

㉢ 아동학대관련범죄로 벌금형이 확정된 날부터 10년이 지나지 아니한 사람은 어린이집을 설치·운영하거나 어린이집에 근무할 수 없도록 한 영유아보육법 조항은 사전에 영유아를 아동학대의 위험으로부터 철저히 보호해야 할 필요성이 인정되므로 직업의 자유를 침해하지 않는다.

㉣ 가축사육의 제한이 필요하다고 인정되는 지역에 대해 해당 지방자치단체의 조례로 정하는 바에 따라 가축사육제한구역을 지정·고시할 수 있도록 규정하고 있는 가축분뇨의 관리 및 이용에 관한 법률 조항은 사실상 특정 지역에서 축산업 종사를 금지한 것으로, 직업수행의 자유를 형해화하여 직업의 자유를 침해한다.

㉤ 간행물 판매자에게 정가 판매 의무를 부과하고, 가격할인의 범위를 가격할인과 경제상의 이익을 합하여 정가의 15퍼센트 이하로 제한하는 출판문화산업 진흥법 조항은 이로 인하여 전체적인 소비자후생이 제한되는 정도가 크지 않으므로 직업의 자유를 침해하지 않는다.

① ㉠(○), ㉡(○), ㉢(○), ㉣(○), ㉤(○)
② ㉠(×), ㉡(○), ㉢(○), ㉣(○), ㉤(×)
③ ㉠(○), ㉡(×), ㉢(×), ㉣(○), ㉤(×)
④ ㉠(×), ㉡(○), ㉢(×), ㉣(×), ㉤(○)

문 19. 교육을 받을 권리에 관한 설명으로 가장 적절하지 않은 것은? (다툼이 있는 경우 판례에 의함)

① 사립학교법상 교비회계의 세입·세출에 관한 사항을 대통령령으로 정하도록 한 규정은 포괄위임금지원칙에 위반되지 않는다.
② 대학수학능력시험의 문항 수 기준 70%를 한국교육방송공사 교재와 연계하여 출제하는 것이 대학수학능력시험을 준비하는 자들의 능력에 따라 균등하게 교육을 받을 권리를 직접 제한한다고 보기는 어렵다.
③ 부모의 자녀교육권은 기본권의 주체인 부모의 자기결정권이라는 의미에서 보장되는 자유일 뿐만 아니라 자녀의 보호와 인격발현을 위하여 부여되는 기본권이다.
④ 검정고시 응시자격을 제한하는 것은, 국민의 교육받을 권리 중 그 의사와 능력에 따라 균등하게 교육받을 것을 국가로부터 방해받지 않을 권리를 제한하는 것이다.

문 20. 환경권에 관한 설명으로 가장 적절하지 않은 것은? (다툼이 있는 경우 판례에 의함)

① 독서실과 같이 정온을 요하는 사업장의 실내소음 규제기준을 만들어야 할 입법의무가 헌법의 해석상 곧바로 도출된다고 보기는 어렵다.
② 비사업용자동차의 타인광고를 제한하는 것은, 자동차 이용 광고물의 난립을 방지하여 도시미관과 도로 안전 등을 확보함으로써, 국민이 안전하고 쾌적한 환경에서 생활할 수 있도록 하기 위한 것이다.
③ 학교시설에서의 유해중금속 등 유해물질의 예방 및 관리 기준을 규정한 학교보건법 시행규칙 조항에 마사토 운동장에 대한 규정을 두지 아니한 것이 당시 마사토 운동장이 설치된 고등학교에 재학 중이던 학생의 환경권을 침해하지 아니한다.
④ 구 동물보호법상 동물장묘업 등록에 관하여 장사 등에 관한 법률 제17조 외에 다른 지역적 제한사유를 규정하지 않은 것은 환경권을 보호해야 하는 입법자의 의무를 과소하게 이행한 것이다.

문 1. 정당에 관한 설명으로 가장 적절하지 않은 것은? (다툼이 있는 경우 판례에 의함)

① 정당의 법적 성격은 일반적으로 사적·정치적 결사 내지는 법인격 없는 사단으로 파악되고 있지만, 국민의 정치적 의사형성에 중간 매개체적 역할을 수행하고 있으므로 공권력 행사의 주체가 될 수 있다.
② 정당해산심판의 사유 중 민주적 기본질서에 위배된다는 것은 민주사회의 불가결한 요소인 정당의 존립을 제약해야 할 만큼 그 정당의 목적이나 활동이 우리 사회의 민주적 기본질서에 대하여 실질적인 해악을 끼칠 수 있는 구체적 위험성을 초래하는 경우를 의미한다.
③ 헌법재판소의 해산결정에 의해 해산된 정당의 잔여재산은 국고에 귀속되나, 정당이 자진해산한 경우 잔여재산은 당헌이 정하는 바에 따라 처분하고, 처분되지 않은 재산은 국고에 귀속된다.
④ 헌법재판소의 위헌정당 해산결정으로 해산된 정당 소속의 국회의원의 의원직은 당선방식을 불문하고 모두 상실되어야 하나, 위헌정당 소속 비례대표지방의회의원은 의원직을 유지한다.

문 2. 소급입법금지원칙에 관한 설명으로 가장 적절하지 않은 것은? (다툼이 있는 경우 판례에 의함)

① 구 수도권 대기환경개선에 관한 특별법 조항은, 특정경유자동차에 배출가스저감장치를 부착하여 운행하고 있는 소유자에 대하여 위 조항의 개정 이후 '폐차나 수출 등을 위한 자동차등록의 말소'라는 별도의 요건사실이 충족되는 경우에 배출가스저감장치를 반납하도록 하고 있는데, 이는 부진정소급입법에 해당한다.
② 1억 원 이상의 벌금형을 선고받는 자에 대하여 노역장유치기간의 하한을 중하게 변경한 형법 조항을 시행일 이후 최초로 공소제기되는 경우부터 적용하여 범죄행위 당시보다 불이익하게 소급 적용한 동법 부칙조항은 형벌불소급원칙에 위배된다.
③ 공무원이 '직무와 관련 없는 과실로 인한 경우' 및 '소속상관의 정당한 직무상의 명령에 따르다가 과실로 인한 경우'를 제외하고 재직 중의 사유로 금고 이상의 형을 받은 경우, 퇴직급여 등을 감액하도록 규정한 구 공무원연금법 조항을 다음 해부터 적용하도록 규정한 동법 부칙조항은 진정소급입법에 해당하지 않는다.
④ 1945.9.25. 및 1945.12.6. 각각 공포된 재조선미국육군사령부군정청 법령 중, 1945.8.9. 이후 일본인 소유의 재산에 대하여 성립된 거래를 전부 무효로 한 조항과 그 대상이 되는 재산을 1945.9.25.로 소급하여 전부 미군정청의 소유가 되도록 한 조항은 부진정소급입법에 해당하므로 헌법에 위반되지 않는다.

문 3. 보통선거원칙에 관한 헌법재판소의 판시내용과 설명으로 옳지 않은 것을 모두 고른 것은?

> ㉠ 헌법 제41조 제1항 및 제67조 제1항은 국회의원 및 대통령 선거에 관한 헌법상 일반원칙으로 보통·평등·직접·비밀·자유선거원칙을 직접 규정하고 있다.
> ㉡ 국내에 주민등록이 되어 있는 국민에 대해서만 선거권을 인정하고 국내에 주민등록이 되어 있지 아니한 재외국민에 대해서 선거권을 인정하고 있지 않은 구 공직선거및부정방지법 제37조 제1항은 부진정입법부작위에 해당한다.
> ㉢ 집행유예자와 수형자에 대하여 선거권을 제한하는 것은 과잉금지원칙에 위배하여 선거권을 침해한다고 할 수 없다.
> ㉣ 선거인명부에 오를 자격이 있는 국내거주자에 대해서만 부재자신고를 허용함으로써 재외국민과 단기해외체류자 등 국외거주자 전부의 국정선거권을 부인하고 있는 구 공직선거법 조항은 정당한 입법목적을 갖추지 못한 것으로 헌법 제37조 제2항에 위반하여 국외거주자의 선거권과 평등권을 침해하고 보통선거원칙에도 위반된다.
> ㉤ 국민투표는 국가의 중요정책이나 헌법개정안에 대해 주권자로서의 국민이 그 승인 여부를 결정하는 절차인데, 주권자인 국민의 지위에 아무런 영향을 미칠 수 없는 주민등록 여부만을 기준으로 하여, 주민등록을 할 수 없는 재외국민의 국민투표권 행사를 전면적으로 배제하고 있는 국민투표법 조항은 헌법 제37조 제2항의 과잉금지원칙에 위반되어 국민투표권을 침해한다.

① ㉠, ㉢
② ㉠, ㉣
③ ㉠, ㉢, ㉤
④ ㉡, ㉣, ㉤

문 4. 기본권의 경합과 충돌에 관한 설명으로 가장 적절하지 않은 것은? (다툼이 있는 경우 헌법재판소 판례에 의함)

① 보호영역으로서의 '선거운동'의 자유가 문제되는 경우 표현의 자유 및 선거권과 일반적 행동자유권으로서의 행복추구권은 서로 특별관계에 있어 기본권의 내용상 특별성을 갖는 표현의 자유 및 선거권이 우선 적용된다.
② 상하의 위계질서가 있는 기본권끼리 충돌하는 경우에는 상위기본권우선의 원칙에 따라 하위기본권이 제한될 수 있으므로, 결국 혐연권은 흡연권을 침해하지 않는 한에서 인정되어야 한다.
③ 반론권은 보도기관이 사실에 대한 보도과정에서 타인의 인격권 및 사생활의 비밀과 자유에 대한 중대한 침해가 될 직접적 위험을 초래하게 되는 경우 이러한 법익을 보호하기 위한 적극적 요청에 의하여 마련된 제도인 것이지 언론의 자유를 제한하기 위한 소극적 필요에서 마련된 것은 아니기 때문에 이에 따른 보도기관이 누리는 언론의 자유에 대한 제약의 문제는 결국 피해자의 반론권과 서로 충돌하는 관계에 있다.
④ 사인간 기본권 충돌의 경우 입법자에 의한 규제와 개입은 개별 기본권 주체에 대한 기본권 제한의 방식으로 흔하게 나타나며, 노사관계의 경우에도 국가의 개입이 기본권을 침해하는지 여부가 문제 될 수는 있으나, 사적 계약관계라는 이유로 국가가 개입할 수 없다고 볼 것은 아니다.

문 5. 헌법재판소가 과잉금지원칙 심사를 하면서 목적의 정당성이 부인된다고 판단한 것은 모두 몇 개인가? (다툼이 있는 경우 판례에 의함)

> ㉠ 혼인을 빙자하여 음행의 상습 없는 부녀를 기망하여 간음한 자를 처벌하는 형법 조항
> ㉡ 경비업을 경영하고 있는 자들이나 다른 업종을 경영하면서 새로이 경비업에 진출하고자 하는 자들로 하여금, 경비업을 전문으로 하는 별개의 법인을 설립하지 않는 한 경비업과 그 밖의 업종을 겸영하지 못하도록 금지하고 있는 경비업법 조항
> ㉢ 검찰수사관이 피의자신문에 참여한 변호인에게 피의자 후방에 앉으라고 요구한 행위
> ㉣ 야당 후보 지지나 정부 비판적 정치 표현행위에 동참한 전력이 있는 문화예술인이나 단체를 정부의 문화예술 지원사업에서 배제하도록 지시한 행위
> ㉤ 주민등록을 요건으로 재외국민의 국정선거권을 제한하는 공직선거법 조항

① 2개　　② 3개
③ 4개　　④ 5개

문 6. 헌법재판소가 책임과 형벌 사이의 비례원칙에 관해 판단한 내용으로 가장 적절하지 않은 것은? (다툼이 있는 경우 판례에 의함)

① 형사법상 책임원칙은 형벌은 범행의 경중과 행위자의 책임 사이에 비례성을 갖추어야 하고 특별한 이유로 형을 가중하는 경우에도 형벌의 양은 행위자의 책임의 정도를 초과해서는 안 된다는 것을 의미한다.
② 상관을 살해한 경우 사형만을 유일한 법정형으로 규정하고 있는 군형법 조항은 책임과 형벌 사이의 비례원칙에 위배된다.
③ 예비군대원 본인의 부재시 예비군훈련 소집통지서를 수령한 같은 세대 내의 가족 중 성년자가 정당한 사유없이 소집통지서를 본인에게 전달하지 아니한 경우 형사처벌을 하는 예비군법 조항은 책임과 형벌 사이의 비례원칙에 위배되지 않는다.
④ 초·중등학교 교원이 자신이 보호하는 아동에 대하여 아동학대범죄를 범한 때에는 그 죄에 정한 형의 2분의 1까지 가중하여 처벌하도록 한 아동학대범죄의 처벌 등에 관한 특례법 조항은 책임과 형벌 사이의 비례원칙에 위배되지 않는다.

문 7. 유류분제도에 관한 헌법재판소의 결정 내용으로 가장 적절하지 않은 것은?

① 유류분제도는 피상속인의 증여나 유증에 의한 자유로운 재산처분을 제한하고, 피상속인으로부터 증여나 유증을 받았다는 이유로 유류분반환청구의 상대방이 되는 자의 재산권을 역시 제한한다.
② 유류분상실사유를 별도로 규정하지 아니한 민법 제1112조 제1호부터 제3호 및 형제자매의 유류분을 규정한 민법 제1112조 제4호가 재산권을 침해하여 헌법에 위반된다.
③ 기여분에 관한 민법 제1008조의2를 유류분에 준용하는 규정을 두고 있지 않은 민법 제1118조는, 피상속인을 오랜 기간 부양하거나 상속재산형성에 기여한 기여상속인이 기여의 대가로 받은 증여재산을 비기여상속인에게 반환하여야 하는 부당한 상황을 발생시키고, 기여상속인에게 보상을 하려고 한 피상속인의 의사를 부정하는 불합리한 결과를 초래하는 등 현저히 불합리하므로 기본권 제한입법의 한계를 일탈하여 헌법에 위반된다.
④ 민법 제1112조 제1호부터 제4호와 기여분에 관한 제1008조의2를 유류분에 준용하는 규정을 두지 아니한 민법 제1118조에 대하여 위헌결정을 선고하여 효력을 상실시키면, 법적 혼란이나 공백 등이 발생할 우려가 있으므로, 위 조항들에 대하여는 계속적용을 명하는 헌법불합치결정을 하였다.

문 8. 혼인 및 가족제도에 관한 설명으로 가장 적절하지 않은 것은? (다툼이 있는 경우 헌법재판소 판례에 의함)

① 민법 시행 이전의 "여호주가 사망하거나 출가하여 호주상속이 없이 절가된 경우, 유산은 그 절가된 가(家)의 가족이 승계하고 가족이 없을 때는 출가녀(出家女)가 승계한다"라는 구 관습법이 절가된 가의 유산 귀속순위를 정함에 있어 합리적 이유 없이 출가한 여성을 그 가적에 남아 있는 가족과 차별하여 평등원칙에 위배되었다고 볼 수 없다.

② 8촌 이내의 혈족 사이에서는 혼인할 수 없도록 하는 민법 조항 및 이를 위반한 혼인을 무효로 하는 민법 조항은 가족질서를 보호하고 유지한다는 공익이 매우 중요하므로 법익균형성에 위반되지 아니하므로 혼인의 자유를 침해하지 않는다.

③ 혼인 종료 후 300일 이내에 출생한 자를 전남편의 친생자로 추정하는 민법 제844조 제2항 중 "혼인관계종료의 날로부터 300일 내에 출생한 자"에 관한 부분은 모가 가정생활과 신분관계에서 누려야 할 인격권, 혼인과 가족생활에 관한 기본권을 침해한다.

④ 민법 조항에 중혼을 혼인취소의 사유로 정하면서 그 취소청구권의 제척기간 또는 소멸사유를 규정하지 않았더라도 현저히 입법재량의 범위를 일탈하여 후혼배우자의 인격권 및 행복추구권을 침해하지 아니한다.

문 9. 적법절차원칙에 관한 설명으로 가장 적절하지 않은 것은? (다툼이 있는 경우 판례에 의함)

① 국회의 탄핵소추절차는 국회와 대통령이라는 헌법기관 사이의 문제이고, 국회의 탄핵소추의결에 의하여 사인으로서의 대통령의 기본권이 침해되는 것이 아니라, 국가기관으로서의 대통령의 권한행사가 정지되는 것이므로 적법절차의 원칙이 직접 적용되지 않는다.

② 전투경찰순경의 인신구금을 내용으로 하는 영창처분에 대하여 영장주의가 적용될 여지는 없으나, 적법절차원칙은 준수되어야 한다.

③ 적법절차의 원칙은 헌법조항에 규정된 형사절차상의 제한된 범위내에서만 적용되는 것이 아니라 국가작용으로서 기본권 제한과 관련되든 관련되지 않든 모든 입법작용 및 행정작용에도 광범위하게 적용된다.

④ 법관이 아닌 행정부 소속기관으로 치료감호심의위원회를 두고 보호감호의 관리 및 집행에 관한 사항을 심사·결정하도록 한 것은 위원회의 구성, 심사절차 및 심사대상 등을 고려할 필요 없이 그 자체로 적법절차원칙에 위배된다.

문 10. 헌법상 영장주의에 관한 설명으로 가장 적절하지 않은 것은? (다툼이 있는 경우 판례에 의함)

① 영장주의란 형사절차와 관련하여 체포·구속·압수 등의 강제처분을 함에 있어서는 사법권 독립에 의하여 그 신분이 보장되는 법관이 발부한 영장에 의하지 않으면 아니된다는 원칙이고, 따라서 영장주의의 본질은 신체의 자유를 침해하는 강제처분을 함에 있어서는 중립적인 법관이 구체적 판단을 거쳐 발부한 영장에 의하여야만 한다는 데에 있다.

② 숨을 호흡측정기에 한두 번 불어 넣는 방식으로 행하여지는 음주측정은 그 성질상 강제될 수 있는 것이 아니고 당사자의 자발적 협조가 필수적인 것이므로 영장을 필요로 하는 강제처분이라 할 수 없다.

③ 기지국 수사를 허용하는 통신사실 확인자료 제공요청은 법원의 허가를 받으면, 해당 가입자의 동의나 승낙을 얻지 아니하고도 제3자인 전기통신사업자에게 해당 가입자에 관한 통신사실 확인자료의 제공을 요청할 수 있도록 하는 수사방법으로, 통신비밀보호법이 규정하는 강제처분에 해당하여 헌법상 영장주의가 적용되므로, 영장이 아닌 법원의 허가를 받도록 하고 있는 동법 조항은 헌법상 영장주의에 위배된다.

④ 전기통신사업법은 수사기관 등이 전기통신사업자에 대하여 통신자료의 제공을 요청할 수 있는 권한을 부여하면서 전기통신사업자에게 수사기관 등의 통신자료 제공요청에 응하거나 협조하여야 할 의무를 부과하지 않으며, 달리 전기통신사업자의 통신자료 제공을 강제할 수 있는 수단을 마련하고 있지 아니하므로, 동법에 따른 통신자료 제공요청은 강제력이 개입되지 아니한 임의수사에 해당하고 이를 통한 수사기관 등의 통신자료 취득에는 영장주의가 적용되지 아니한다.

문 11. 변호인의 조력을 받을 권리에 관한 설명으로 가장 적절하지 않은 것은? (다툼이 있는 경우 판례에 의함)

① 접촉차단시설이 설치되지 않은 장소에서의 수용자 접견 대상을 소송사건의 대리인인 변호사로 한정한 구 형의 집행 및 수용자의 처우에 관한 법률 시행령 조항은, 그로 인해 접견의 상대방인 수용자의 재판청구권이 제한되는 효과도 함께 고려하면 수용자의 대리인이 되려는 변호사의 직업수행의 자유와 수용자의 변호인의 조력을 받을 권리를 침해한다.

② '변호인이 되려는 자'의 접견교통권은 피의자 등을 조력하기 위한 핵심적인 부분으로서, 피의자 등이 가지는 헌법상의 기본권인 '변호인이 되려는 자'와의 접견교통권과 표리의 관계에 있어, 피의자 등이 가지는 '변호인이 되려는 자'의 조력을 받을 권리가 실질적으로 확보되기 위해서는 '변호인이 되려는 자'의 접견교통권 역시 헌법상 기본권으로서 보장되어야 한다.

③ 수사서류에 대한 법원의 열람·등사 허용 결정이 있음에도 검사가 열람·등사를 거부하는 경우 수사서류 각각에 대하여 검사가 열람·등사를 거부할 정당한 사유가 있는지를 심사할 필요 없이 그 거부행위 자체로써 청구인의 변호인의 조력을 받을 권리를 침해하는 것이 되고, 이는 법원의 수사서류에 대한 열람·등사 허용 결정이 있음에도 검사가 해당 서류에 대한 열람만을 허용하고 등사를 거부하는 경우에도 마찬가지이다.

④ 교도소장이 금지물품 동봉 여부를 확인하기 위하여 미결수용자와 같은 지위에 있는 수형자의 변호인이 위 수형자에게 보낸 서신을 개봉한 후 교부한 행위는 교정사고를 미연에 방지하고 교정시설의 안전과 질서 유지를 위한 것으로, 금지물품이 들어 있는지를 확인하기 위하여 서신을 개봉하는 것만으로는 미결수용자와 같은 지위에 있는 수형자의 변호인의 조력을 받을 권리를 침해하지 않는다.

문 12. 사생활의 비밀과 자유에 관한 설명으로 가장 적절하지 않은 것은? (다툼이 있는 경우 판례에 의함)

① 금융감독원의 4급 이상 직원에 대하여 사유재산에 관한 정보인 재산사항을 등록하도록 한 공직자윤리법의 재산등록 조항은, 그들의 비리유혹을 억제하고 업무집행의 투명성을 확보하여 국민의 신뢰를 제고하며 궁극적으로 금융기관의 검사 및 감독이라는 공적 업무에 종사하는 금융감독원 직원의 책임성을 확보하려는 것으로 그 공익이 중대하므로, 사생활의 비밀과 자유를 침해하지 않는다.

② 특정인의 사생활 등을 조사하는 일을 업으로 하는 행위를 금지한 것은 이를 업으로 하려는 자의 사생활의 자유를 제한하는 것이다.

③ 성기구의 판매 행위를 제한할 경우 성기구를 사용하려는 소비자는 성기구를 구하는 것이 불가능하거나 매우 어려워 결국 성기구를 이용하여 성적 만족을 얻으려는 사람의 은밀한 내적 영역에 대한 기본권인 사생활의 비밀과 자유가 제한된다고 볼 수 있다.

④ 공판정에서 진술을 하는 피고인·증인 등도 인간으로서의 존엄과 가치를 가지며, 사생활의 비밀과 자유를 침해받지 아니할 권리를 가지고 있으므로, 본인이 비밀로 하고자 하는 사적인 사항이 일반에 공개되지 아니하고 자신의 인격적 징표가 타인에 의하여 일방적으로 이용당하지 아니할 권리가 있다.

문 13. 결사의 자유에 관한 설명으로 가장 적절하지 않은 것은? (다툼이 있는 경우 헌법재판소 판례에 의함)

① 농업협동조합중앙회(이하 '농협중앙회') 회장선거의 관리를 농협중앙회의 자율에 맡기지 않고 선거관리위원회법에 따른 중앙선거관리위원회에 의무적으로 위탁하도록 한 농업협동조합법 조항은 농협중앙회 및 회원조합의 결사의 자유를 침해한다고 볼 수 없다.

② 상호신용금고의 임원과 과점주주로 하여금 상호신용금고의 예금 등과 관련된 채무에 대하여 상호신용금고와 연대하여 책임을 지도록 하고 있는 상호신용금고법 조항이 임원과 과점주주의 연대변제책임이란 조건하에서만 금고를 설립할 수 있도록 규정한다고 해서, 이를 사법상의 단체를 자유롭게 결성하고 운영하는 자유를 제한하는 것으로 볼 수는 없다.

③ 조합장선거에서 후보자가 아닌 사람의 선거운동을 금지하는 공공단체등 위탁선거에 관한 법률 조항은, 조합장선거의 과열과 혼탁을 방지함으로써 선거의 공정성을 담보하고자 하는 것으로서, 조합장선거의 후보자 및 선거인인 조합원의 결사의 자유 등 기본권을 침해하지 아니한다.

④ 선거운동 기간 외에는 중소기업중앙회 회장선거에 관한 선거운동을 제한하는 중소기업협동조합법 조항은, 선거 후유증을 초래할 위험을 방지하기 위한 것으로, 선거운동 기간 동안의 선거운동만으로도 선거에 관한 정보획득, 교환 및 의사결정에 충분하다고 볼 수 있으므로 조합원의 결사의 자유를 침해하지 않는다.

문 14. 재산권에 관한 설명으로 옳은 것을 모두 고른 것은? (다툼이 있는 경우 판례에 의함)

> ㉠ 주택임대차보호법상 임차인 보호 규정들이 임대인의 재산권을 침해하는지 여부를 심사함에 있어서는 비례의 원칙을 기준으로 심사하되, 보다 강화된 심사기준을 적용하여야 할 것이다.
> ㉡ 채무자가 이자제한법상 최고이자율을 초과하는 이자를 임의로 지급한 경우, 원본에 충당되고 남은 금액이 있는 때에는 채권자에게 그 반환을 청구할 수 있도록 규정한 이자제한법은 과잉금지원칙에 위배되어 채권자의 계약의 자유와 재산권을 침해하지 않는다.
> ㉢ 상사법정이율을 연 6%로 고정하고 있는 상법 제54조는 과잉금지원칙에 위배되어 채무자의 재산권을 침해하지 않는다.
> ㉣ 거주자가 건물을 신축하고 그 신축한 건물의 취득일부터 5년 이내에 해당 건물을 양도하는 경우로서 환산가액을 그 취득가액으로 하는 경우 양도소득 결정세액에 더하여 가산세를 부과하도록 하는 구 소득세법 조항은 재산권을 침해한다.
> ㉤ 공무원연금법에서 19세 미만인 자녀에 대하여 아무런 제한 없이 퇴직유족연금일시금을 선택할 수 있게 하고 또 그 금액도 다른 유족과 동일한 계산식에 따라 산출하게 한 것은 다른 유족의 재산권을 침해한다.

① ㉠, ㉣ ② ㉠, ㉤
③ ㉡, ㉢ ④ ㉠, ㉡, ㉣

문 15. 직업의 자유에 관한 설명으로 가장 적절하지 않은 것은? (다툼이 있는 경우 판례에 의함)

① 근로기준법상 근로시간에 대한 주 52시간 상한제 조항은 연장근로 시간에 관한 사용자와 근로자 간의 계약 내용을 제한한다는 측면에서는 사용자와 근로자의 계약의 자유를 제한하고, 직업의 자유를 제한하는 것은 아니다.
② 시내버스운송사업자가 사업계획 가운데 운행대수 또는 운행횟수를 증감하려는 때에는 국토교통부장관 또는 시·도지사의 인가를 받거나 신고하도록 하고 이를 위반한 경우 처벌하는 여객자동차 운수사업법 조항은 시내버스운송사업자의 직업수행의 자유를 침해한다고 볼 수 없다.
③ 사업주로부터 위임을 받아 고용보험 및 산재보험에 관한 보험사무를 대행할 수 있는 기관의 자격을 일정한 기준을 충족하는 단체 또는 법인, 공인노무사, 세무사로 한정하고 있는 고용보험 및 산업재해 보상보험의 보험료징수 등에 관한 법률 조항은 개인 공인회계사의 직업의 자유를 침해한다고 볼 수 없다.
④ 교육환경 보호에 관한 법률상의 상대보호구역에서 게임산업진흥에 관한 법률상의 '복합유통게임제공업' 시설을 갖추고 영업을 하는 것을 원칙적으로 금지하는 것은 교육환경보호구역 안의 토지나 건물의 임차인 내지 복합유통게임 제공업을 영위하고자 하는 자의 직업수행의 자유를 침해하지 아니한다.

문 16. 재판청구권에 관한 설명으로 가장 적절하지 않은 것은? (다툼이 있는 경우 판례에 의함)

① 금전채무의 이행을 명하는 판결을 선고할 경우 대통령령으로 정하는 높은 이율로 손해배상액을 산정하도록 규정하고 있는 '소송촉진 등에 관한 특례법' 제3조 제1항 본문은 과잉금지원칙에 위배되어 채무자의 재판받을 권리를 침해하지 않는다.
② 입법자가 행정심판을 전심절차가 아니라 종심절차로 규정함으로써 정식재판의 기회를 배제하거나, 어떤 행정심판을 필요적 전심절차로 규정하면서도 그 절차에 사법절차가 준용되지 않는다면 이는 재판청구권을 보장하고 있는 헌법 제27조에 위반된다.
③ 지방공무원이 면직처분에 대해 불복할 경우 행정소송 제기에 앞서 반드시 소청심사를 거치도록 한 지방공무원법 조항은 시간적, 절차적으로 합리적인 범위를 벗어나 재판청구권을 제한한다고 볼 수 있으므로 지방공무원의 재판청구권을 침해한다.
④ 형의 선고와 함께 소송비용 부담의 재판을 받은 피고인이 '빈곤'을 이유로 해서만 집행면제를 신청할 수 있도록 한 형사소송법 제487조 중 제186조 제1항 본문에 따른 소송비용에 관한 부분은 피고인의 재판청구권을 침해하지 아니한다.

문 17. 통신의 비밀과 자유에 관한 설명으로 가장 적절하지 않은 것은? (다툼이 있는 경우 판례에 의함)

① 통신비밀보호법 제13조 제1항 중 '검사 또는 사법경찰관은 수사를 위하여 필요한 경우 전기통신사업법에 의한 전기통신사업자에게 제2조 제11호 가목 내지 라목의 통신사실 확인자료의 열람이나 제출을 요청할 수 있다' 부분은 전기통신가입자의 통신의 자유를 침해하지 않는다.
② 인터넷회선 감청은 서버에 저장된 정보가 아니라, 인터넷상에서 발신되어 수신되기까지의 과정 중에 수집되는 정보, 즉 전송 중인 정보의 수집을 위한 수사이므로, 압수·수색과 구별된다.
③ 온라인서비스제공자가 자신이 관리하는 정보통신망에서 아동·청소년이용음란물을 발견하기 위하여 대통령령으로 정하는 조치를 취하지 아니하거나 발견된 아동·청소년이용음란물을 즉시 삭제하고, 전송을 방지 또는 중단하는 기술적인 조치를 취하지 아니한 경우 처벌하는 아동·청소년의 성보호에 관한 법률 제17조 제1항은 서비스이용자의 통신의 비밀을 침해하지 않는다.
④ 방송통신심의위원회가 주식회사 ○○ 외 9개 정보통신서비스제공자 등에 대하여 895개 웹사이트에 대한 접속차단의 시정을 요구한 행위는 정보통신서비스이용자의 통신의 비밀을 침해하지 않는다.

문 18. 개인정보자기결정권에 관한 설명으로 가장 적절한 것은? (다툼이 있는 경우 대법원 판례 및 헌법재판소 결정에 의함)

① '혼인무효사유가 한쪽 당사자나 제3자의 범죄행위로 인한 경우'에 한하여 가족관계등록부 재작성을 허용한 규정에 의하여 혼인의사의 합의가 없음을 원인으로 혼인무효판결을 받은 경우에도 정정된 가족관계등록부가 그대로 보존되도록 하는 것은 과잉금지원칙에 반하여 개인정보자기결정권을 침해한다.
② 인터넷언론사가 선거운동기간 중 당해 홈페이지 게시판에 정당·후보자에 대한 지지·반대 정보를 게시하는 경우 실명을 확인받는 기술적 조치를 하도록 하고, 이를 이행하지 않은 경우 과태료를 부과하도록 한 구 공직선거법 해당 조항은 게시판 이용자의 개인정보자기결정권을 침해한 것으로 볼 수 없다.
③ 정보주체의 배우자나 직계혈족이 정보주체의 위임 없이도 정보주체의 가족관계 상세증명서의 교부 청구를 할 수 있도록 규정한 것은 과잉금지원칙에 위반되어 개인정보자기결정권을 침해한다.
④ 강제추행죄로 벌금형을 선고받은 사람의 신상정보를 10년 동안 보존·관리하도록 규정한 것은 과잉금지원칙에 반하여 개인정보자기결정권을 침해하지 아니한다.

문 19. 인간다운 생활을 할 권리에 관한 설명으로 가장 적절한 것은? (다툼이 있는 경우 판례에 의함)

① 인간다운 생활을 할 권리는 인간의 존엄에 상응하는 최소한의 물질적인 생활의 유지에 필요한 급부를 요구할 수 있는 권리를 의미하는데, 국가가 행하는 최저생활보장수준이 그 재량의 범위를 명백히 일탈하였는지 여부는 특정한 법률에 의한 생계급여만을 가지고 판단하여야 하는 것이지, 다른 법령에서의 각종 급여를 총괄한 수준으로 판단하여야 하는 것은 아니다.
② 사적자치에 의해 규율되는 사인 사이의 법률관계에서 계약갱신을 요구할 수 있는 권리나 보증금을 우선하여 변제받을 수 있는 권리 등은 헌법 제34조의 인간다운 생활을 할 권리의 보호대상에 포함된다.
③ 국가에게 헌법 제34조에 의하여 장애인의 복지를 위하여 노력을 해야 할 의무가 있다는 것은 장애인도 인간다운 생활을 누릴 수 있는 정의로운 사회질서를 형성해야 할 국가의 일반적인 의무를 뜻하는 것이다.
④ 구치소에 수용 중인 자의 경우 수용시설의 예산이 부족하여 적절한 의료적 처우를 받지 못하는 것이 현실이고 경제활동을 할 수 없어 의료비의 자비 부담이 어려움에도 불구하고, 국민기초생활 보장법에 따른 보장의 기본단위인 '개별가구'에서 제외하여 의료급여 수급 자격을 부여하지 않기로 한 입법자의 판단은 구치소에 수용 중인 자들의 인간다운 생활을 할 권리를 침해한다.

문 20. 환경권에 관한 설명으로 가장 적절하지 않은 것은? (다툼이 있는 경우 판례에 의함)

① 환경권은 건강하고 쾌적한 생활을 유지하는 조건으로서 양호한 환경을 향유할 권리이고, 생명·신체의 자유를 보호하는 토대를 이루며, 궁극적으로 '삶의 질' 확보를 목표로 하는 권리이다.

② 환경권을 행사함에 있어 국민은 국가로부터 건강하고 쾌적한 환경을 향유할 수 있는 자유를 침해당하지 않을 권리를 행사할 수 있고, 일정한 경우 국가에 대하여 건강하고 쾌적한 환경에서 생활할 수 있도록 요구할 수 있는 권리가 인정되기도 하므로 환경권은 종합적 기본권으로서의 성격을 지닌다.

③ '건강하고 쾌적한 환경에서 생활할 권리'를 보장하는 헌법 제35조 제1항의 환경권 보호대상이 되는 환경에는 자연환경뿐만 아니라 인공적 환경과 같은 생활환경도 포함된다.

④ 헌법 제35조 제1항은 환경정책에 관한 국가적 규제와 조정을 뒷받침하는 헌법적 근거이므로, 여기에서 대기오염으로 인한 국민건강 및 환경에 대한 위해를 방지하여야 할 국가의 구체적 작위의무가 도출된다.

6회 실전동형모의고사

소요시간: _____ / 15분   맞힌 답의 개수: _____ / 20

문 1. 헌법 전문(前文)에 관한 설명으로 가장 적절한 것은? (다툼이 있는 경우 판례에 의함)

① 헌법은 전문에서 "3·1운동으로 건립된 대한민국 임시정부의 법통"의 계승을 천명하고 있으나, 일제강점기에 일본군위안부로 강제 동원되어 인간의 존엄과 가치가 말살된 상태에서 장기간 비극적인 삶을 영위하였던 피해자들의 훼손된 인간의 존엄과 가치를 회복시켜야 할 의무는 우리 헌법이 제정되기 전의 일이므로 정부가 국민에 대하여 부담하는 보호의무에 속하지 않는다.
② 헌법 전문에 기재된 3·1정신은 우리나라 헌법의 연혁적·이념적 기초로서 헌법이나 법률해석에서의 해석기준으로 작용한다고 할 수 있고, 그에 기하여 곧바로 국민의 개별적 기본권성을 도출해낼 수 있다.
③ 헌법은 전문에서 유구한 역사와 전통에 빛나는 우리 대한국민은 3·1운동으로 건립된 대한민국 임시정부의 법통을 계승한다고 규정하고 있음에도 불구하고 일제강점기 일본의 한반도 지배는 규범적인 관점에서 불법적인 강점에 지나지 않는다고 할 수는 없다.
④ 헌법은 국가유공자 인정에 관하여 명문 규정을 두고 있지 않으나, 전문에서 "3·1운동으로 건립된 대한민국임시정부의 법통을 계승"한다고 선언하고 있으므로 국가는 일제로부터 조국의 자주독립을 위하여 공헌한 독립유공자와 그 유족에 대하여는 응분의 예우를 하여야 할 헌법적 의무를 지닌다.

문 2. 신뢰보호원칙과 소급입법금지원칙에 관한 설명으로 가장 적절하지 않은 것은? (다툼이 있는 경우 판례에 의함)

① 법률에 따른 개인의 행위가 단지 법률이 반사적으로 부여하는 기회의 활용을 넘어서 국가에 의하여 일정 방향으로 유인된 것이라면 특별히 보호가치가 있는 신뢰이익이 인정될 수 있고, 원칙적으로 개인의 신뢰보호가 국가의 법률개정이익에 우선된다고 볼 여지가 있다.
② 부진정소급입법에 있어서는 소급효를 요구하는 공익상의 사유와 신뢰보호의 요청 사이의 교량과정에서 신뢰보호의 관점이 입법자의 형성권에 제한을 가하게 되므로 원칙적으로 허용되지 않는다.
③ 진정소급입법이 허용되는 예외적인 경우로는 일반적으로 국민이 소급입법을 예상할 수 있었거나 법적 상태가 불확실하고 혼란스러워 보호할 만한 신뢰이익이 적은 경우와 소급입법에 의한 당사자의 손실이 없거나 아주 경미한 경우 그리고 신뢰보호의 요청에 우선하는 심히 중대한 공익상의 사유가 소급입법을 정당화하는 경우를 들 수 있다.
④ 신법이 피적용자에게 유리한 경우에는 이른바 시혜적인 소급입법이 가능하지만 이를 입법자의 의무라고는 할 수 없고, 그러한 소급입법을 할 것인지의 여부는 입법재량의 문제로서 그 판단은 일차적으로 입법기관에 맡겨져 있으며, 이와 같은 시혜적 조치를 할 것인가 하는 문제는 국민의 권리를 제한하거나 새로운 의무를 부과하는 경우와는 달리 입법자에게 보다 광범위한 입법형성의 자유가 인정된다.

문 3. 책임과 형벌 간의 관계에 있어서 준수되어야 할 비례원칙에 관한 헌법재판소의 판시내용으로 가장 적절하지 않은 것은?

① 정신적인 장애로 항거불능·항거곤란 상태에 있음을 이용하여 사람을 간음한 사람을 무기 또는 7년 이상의 징역에 처한다고 규정하여 집행유예를 선고할 수 없도록 한 성폭력범죄의 처벌 등에 관한 특례법 조항은 책임과 형벌의 비례원칙에 위배되지 아니한다.
② 법인의 대리인·사용인 기타의 종업원이 그 법인의 업무에 관하여 근로자가 노동조합을 조직 또는 운영하는 것을 지배하거나 이에 개입하는 행위를 한 때에는 그 법인에 대하여도 벌금형을 과하도록 한 노동조합 및 노동관계조정법 조항은 종업원 등이 저지른 행위의 결과에 대한 법인의 독자적인 책임에 관하여 전혀 규정하지 않은 채, 단순히 법인이 고용한 종업원 등이 업무에 관하여 범죄행위를 하였다는 이유만으로 법인에 대하여 형벌을 부과하도록 정하고 있는바, 헌법상 법치국가원리로부터 도출되는 책임주의원칙에 위배된다.
③ 자동차의 운전자는 고속도로 등에서 자동차의 고장 등 부득이한 사정이 있는 경우를 제외하고는 갓길(도로법에 따른 길어깨를 말한다)로 통행하여서는 아니 된다고 규정하고 이를 위반한 사람은 20만 원 이하의 벌금이나 구류 또는 과료에 처한다고 규정한 구 도로교통법 조항은 책임과 형벌 사이의 비례원칙에 위배된다.
④ 밀수입 예비행위를 본죄에 준하여 처벌하도록 규정한 특정범죄 가중처벌 등에 관한 법률 조항은 구체적 행위의 개별성과 고유성을 고려한 양형판단의 가능성을 배제하는 가혹한 형벌로서 책임과 형벌 사이의 비례의 원칙에 위배된다.

문 4. 기본권의 제한과 한계에 관한 설명으로 가장 적절하지 않은 것은? (다툼이 있는 경우 판례에 의함)

① 운전면허를 받은 사람이 자동차 등을 이용하여 범죄행위를 한 경우 범죄행위의 심각성 및 범죄행위의 기여 정도와는 관계없이 필수적으로 운전면허를 취소하도록 하는 것은 기본권 제한에 있어서 최소침해성의 원칙에 위반된다.
② 경찰서장이 동시에 접수한 두 개의 옥외집회 신고서를 상호충돌을 피한다는 이유로 모두 반려한 행위는 법률의 근거없이 집회의 자유를 침해한 것으로서 헌법에 위반된다.
③ 식품에 숙취해소 효과가 있음에도 불구하고, '숙취해소' 표시를 금지하고 있는 식품등의표시기준은 광고표현의 자유를 침해한다.
④ 입법자는 기본권행사의 '여부'에 관한 규제로써 공익을 실현할 수 있는가를 시도하고 이러한 방법으로는 공익달성이 어렵다고 판단되는 경우에 비로소 그 다음 단계인 기본권행사의 '방법'에 관한 규제를 선택해야 한다.

문 5. 사회보장제도에 관한 설명으로 가장 적절하지 않은 것은? (다툼이 있는 경우 판례에 의함)

① 공무원연금법상 퇴직연금수급권은 경제적 가치가 있는 권리로서 헌법 제23조에 의하여 보장되는 재산권으로서의 성격을 가진다고 할 수 있는데, 다만 그 구체적인 급여의 내용, 기여금의 액수 등을 형성하는 데에 있어서는 직업공무원제도나 사회보험원리에 입각한 사회보장적 급여로서의 성격으로 인하여 일반적인 재산권에 비하여 입법자에게 상대적으로 보다 폭넓은 재량이 헌법상 허용된다고 볼 수 있다.

② 금고 이상의 형을 받았다는 이유만으로 이미 공직에서 퇴출당할 공무원에게 더 나아가 일률적으로 그 생존의 기초가 될 퇴직급여 등까지 반드시 감액하도록 규정한다면 그 법률조항은 침해되는 사익에 비해 지나치게 공익만을 강조한 입법이라고 아니할 수 없다.

③ 공적부조방식에 의하여 재원을 조성하여 반대급부로 노후생활을 보장하는 강제저축 프로그램으로서의 국민연금제도는 상호부조의 원리에 입각한 사회연대성에 기초하여 고소득계층에서 저소득층으로 국민 간에 소득분배의 기능을 함으로써 헌법상 사유재산제도에 위배되지 않는다.

④ 장해급여제도는 본질적으로 소득재분배를 위한 제도가 아니고, 손해배상 내지 손실보상적 급부인 점에 그 본질이 있는 것으로, 산업재해보상보험이 갖는 두 가지 성격 중 사회보장적 급부로서의 성격은 상대적으로 약하고 재산권적인 보호의 필요성은 보다 강하다고 볼 수 있어 다른 사회보험수급권에 비하여 보다 엄격한 보호가 필요하다.

문 6. 혼인과 가족생활의 보장에 관한 설명으로 가장 적절하지 않은 것은? (다툼이 있는 경우 판례에 의함)

① 헌법은 제정 당시부터 평등원칙과 남녀평등을 일반적으로 천명하는 것에 덧붙여 특별히 혼인의 남녀동권(男女同權)을 헌법적 혼인질서의 기초로 선언하였다.

② 중혼취소청구권의 소멸사유나 제척기간을 두지 않고 언제든지 중혼을 취소할 수 있게 하는 것은 헌법 제36조 제1항의 규정에 의하여 국가에 부과된 개인의 존엄과 양성의 평등을 기초로 한 혼인과 가족생활의 유지·보장의무 이행과 직접적으로 관련되므로, 더 나아가 과잉금지원칙 위배 여부를 판단하여야 한다.

③ 헌법 제36조 제1항에서 규정하는 '혼인'이란 양성이 평등하고 존엄한 개인으로서 자유로운 의사의 합치에 의하여 생활공동체를 이루는 것으로서 법적으로 승인받은 것을 말하므로, 법적으로 승인되지 아니한 사실혼은 헌법 제36조 제1항의 보호범위에 포함된다고 보기 어렵다.

④ '부모가 자녀의 이름을 지을 자유'는 혼인과 가족생활을 보장하는 헌법 제36조 제1항과 행복추구권을 보장하는 헌법 제10조에 의하여 보호받는다.

문 7. 통신의 자유에 관한 설명으로 옳고 그름의 표시(○, ×)가 바르게 된 것은? (다툼이 있는 경우 판례에 의함)

㉠ 통신제한조치기간의 연장을 허가함에 있어 총연장기간 또는 총연장횟수의 제한을 두지 않은 것은, 주요 범죄 내지 국가안위를 위협하는 음모나 조직화된 집단범죄의 음모가 있는 경우 장기간에 걸친 지속적인 수사가 필요하고 그 증거수집을 위하여 지속적인 통신제한조치가 허용될 필요가 있기 때문이므로, 통신의 자유를 침해하지 않는다.
㉡ 통신의 자유란 통신수단을 자유로이 이용하여 의사소통할 권리이고, 이러한 '통신수단의 자유로운 이용'에는 자신의 인적 사항을 누구에게도 밝히지 않는 상태로 통신수단을 이용할 자유, 즉 통신수단의 익명성 보장도 포함된다.
㉢ 헌법 제18조는 통신의 비밀보호를 그 핵심내용으로 하는 통신의 자유를 기본권으로 보장하고 있는데, 자유로운 의사소통은 통신내용의 비밀을 보장하는 것뿐만 아니라 통신관여자의 인적 동일성·통신장소·통신횟수·통신시간 등 통신의 외형을 구성하는 통신이용의 전반적 상황의 비밀까지도 보장한다.
㉣ 인터넷회선을 통하여 흐르는 전기신호 형태의 '패킷'을 중간에 확보한 다음 재조합 기술을 거쳐 그 내용을 파악하는 이른바 '패킷감청'의 방식으로 이루어지는 인터넷회선감청은 개인의 통신의 자유를 침해하지만, 사생활의 비밀과 자유와는 직접적인 관련성이 없다.

① ㉠(○), ㉡(○), ㉢(○), ㉣(×)
② ㉠(○), ㉡(○), ㉢(×), ㉣(×)
③ ㉠(×), ㉡(○), ㉢(○), ㉣(○)
④ ㉠(×), ㉡(○), ㉢(○), ㉣(×)

문 8. 집회 및 결사의 자유에 관한 설명으로 가장 적절하지 않은 것은? (다툼이 있는 경우 판례에 의함)

① 대통령 관저의 경계 지점으로부터 100미터 이내의 장소에서는 옥외집회 또는 시위를 금지하고 위반 시 형사처벌한다고 규정한 구 집회 및 시위에 관한 법률은 대통령과 그 가족의 신변 안전 및 주거 평온을 확보하고, 대통령의 원활한 직무수행을 보장함으로써, 궁극적으로는 대통령의 헌법적 기능 보호를 목적으로 하므로 헌법에 위반되지 아니한다.
② 관할 경찰서장이 9회에 걸쳐 옥외집회신고서를 반려한 행위는 공권력의 행사로서 헌법소원의 대상이 되고, 법률의 근거 없이 청구인들의 집회의 자유를 침해한 것으로서 헌법상 법률유보원칙에 위반된다.
③ 각급 법원 인근에서의 옥외집회·시위를 금지하고 있는 법률조항에는 위헌적인 부분과 합헌적인 부분이 공존하고 있는데, 입법자로 하여금 어떠한 경우 옥외집회·시위가 허용된다고 할 것인지를 정하도록 하는 것이 입법재량을 존중하는 것이다.
④ 집회의 자유는 집회를 통하여 형성된 의사를 집단적으로 표현하고 이를 통하여 불특정 다수인의 의사에 영향을 줄 자유를 포함한다.

문 9. 종교의 자유에 관한 설명으로 옳은 것을 모두 고른 것은? (다툼이 있는 경우 판례에 의함)

> ㉠ 전통사찰의 등록 후에 발생한 사법상 금전채권을 가진 일반 채권자가 전통사찰 소유의 전법(傳法)용 경내지의 건조물 등에 대하여 압류하는 것을 금지하는 법률조항은 종교의 자유의 내용 중 어떠한 것도 제한하지 않는다.
> ㉡ 국가 또는 지방자치단체 외의 자가 양로시설을 설치하고자 하는 경우 신고하도록 규정하고 이를 위반한 경우 처벌하는 노인복지법 조항을 종교단체에서 구호활동의 일환으로 운영하는 양로시설에도 적용하는 것은, 종교의 특수성을 몰각하는 것으로 종교의 자유를 침해한다.
> ㉢ 종교활동은 헌법상 종교의 자유와 정교분리원칙에 의하여 국가의 간섭으로부터 그 자유가 보장되어 있으므로, 국가기관인 법원은 종교단체 내부관계에 관한 사항에 대하여는 그것이 일반 국민으로서의 권리의무나 법률관계를 규율하는 것이 아닌 이상 원칙적으로 그 실체적인 심리판단을 하지 아니함으로써 당해 종교단체의 자율권을 최대한 보장하여야 한다.
> ㉣ 종교적 행위의 자유에는 종교적인 확신에 따라 행동하고 교리에 따라 생활할 수 있는 자유와 소극적으로는 자신의 종교적인 확신에 반하는 행위를 강요당하지 않을 자유 그리고 선교의 자유, 종교교육의 자유 등이 포함된다.

① ㉠, ㉡
② ㉡, ㉣
③ ㉢, ㉣
④ ㉠, ㉢, ㉣

문 10. 집회·결사의 자유에 관한 설명으로 옳지 않은 것을 모두 고른 것은? (다툼이 있는 경우 판례에 의함)

> ㉠ 집회 및 시위에 관한 법률은 국무총리, 국회의장, 대법원장, 헌법재판소장 공관에 대해 100미터 이내의 장소에서의 옥외집회 또는 시위 금지를 규정하면서 일체의 예외를 두지 않고 있다.
> ㉡ 각급법원 경계 지점으로부터 100미터 이내 장소에서의 모든 옥외집회를 금지하는 것은 집회의 자유를 침해한다.
> ㉢ 집회의 자유는 표현의 자유와 더불어 민주적 공동체가 기능하기 위하여 불가결한 근본요소에 속하므로, 폭력을 사용한 의견의 강요라고 하여 헌법적으로 보호되지 않는다 볼 수 없다.
> ㉣ 집회의 자유는 국가가 개인의 집회참가행위를 감시하고 그에 대한 정보를 수집함으로써 집회에 참가하고자 하는 자로 하여금 불이익을 두려워하여 미리 집회참가를 포기하도록 집회참가의사를 약화시키는 것 등 집회의 자유행사에 영향을 미치는 모든 조치를 금지한다.

① ㉠, ㉡
② ㉠, ㉢
③ ㉡, ㉢
④ ㉢, ㉣

문 11. 재산권에 관한 설명으로 옳은 것을 모두 고른 것은? (다툼이 있는 경우 판례에 의함)

> ㉠ 사회부조와 같이 국가의 일방적인 급부에 대한 권리는 재산권의 보호대상에서 제외되고, 단지 사회법상의 지위가 자신의 급부에 대한 등가물에 해당하는 경우에 한하여 사법상의 재산권과 유사한 정도로 보호받아야 할 공법상의 권리가 인정된다.
> ㉡ 헌법이 규정한 '정당한 보상'이란 손실보상의 원인이 되는 재산권의 침해가 기존의 법질서 안에서 개인의 재산권에 대한 개별적인 침해인 경우에 원칙적으로 피수용재산의 객관적인 재산가치를 완전하게 보상하는 것을 의미한다.
> ㉢ 최저임금을 인상하는 내용의 고시는 근로자에게 지급하여야 할 임금 증가, 생산성 저하, 이윤 감소 등 사업자에게 불이익을 겪게 할 우려가 있으므로 사업자의 재산권을 제한한다.
> ㉣ 헌법 제23조 제3항은 재산권 수용의 주체를 한정하지 않고 있는바, 그 수용의 주체가 국가 등에 한정되어야 하는지, 아니면 민간기업에도 허용될 수 있는지 여부에 대하여 헌법이라는 규범적 층위에서는 구체적으로 결정된 내용이 없다는 것을 의미하므로, 수용의 주체를 국가 등 공적 기관에 한정하여 해석할 이유가 없다.

① ㉠, ㉡
② ㉠, ㉢
③ ㉡, ㉣
④ ㉠, ㉡, ㉣

문 12. 표현의 자유에 관한 설명으로 옳은 것은 모두 몇 개인가? (다툼이 있는 경우 판례에 의함)

> ㉠ 남북합의서 위반행위로서 전단 등 살포를 하여 국민의 생명·신체에 위해를 끼치거나 심각한 위험을 발생시키는 것을 금지하는 남북관계 발전에 관한 법률 제24조 제1항 제3호 및 이에 위반한 경우 처벌하는 같은 법 제25조 중 제24조 제1항 제3호에 관한 부분은 전단을 살포하려는 자의 표현의 자유를 침해한다고 볼 수 없다.
> ㉡ 사회복무요원이 정당 가입을 할 수 없도록 규정한 병역법 제33조 제2항 본문 제2호 중 '그 밖의 정치단체에 가입하는 등 정치적 목적을 지닌 행위'에 관한 부분은 사회복무요원의 정치적 표현의 자유를 침해한다.
> ㉢ 누구든지 선거일 전 180일부터 선거일까지 선거에 영향을 미치게 하기 위하여 화환을 설치하는 것을 금지하는 공직선거법 규정은 정치적 표현의 자유를 침해한다고 볼 수 없다.
> ㉣ 공공기관등이 게시판을 설치·운영하려면 그 게시판 이용자의 본인 확인을 위한 방법 및 절차의 마련 등 대통령령으로 정하는 필요한 조치를 하도록 정한 정보통신망 이용촉진 및 정보보호 등에 관한 법률 제44조의5 제1항 제1호는 게시판이용자의 익명표현의 자유를 침해한다.
> ㉤ 사생활의 비밀의 보호 필요성을 고려할 때 공연히 사실을 적시하여 사람의 명예를 훼손한 자를 처벌하도록 규정한 형법 제307조 제1항 중 '진실한 것으로서 사생활의 비밀에 해당하지 아니한' 사실 적시에 관한 부분은 헌법상 표현의 자유에 위반된다.

① 0개
② 1개
③ 2개
④ 3개

문 13. 근로기본권에 관한 설명으로 가장 적절하지 않은 것은? (다툼이 있는 경우 판례에 의함)

① 월급근로자로서 6개월이 되지 못한 자를 해고예고제도의 적용 예외 사유로 규정하고 있는 근로기준법 규정은 근무기간이 6개월 미만인 월급근로자의 근로의 권리를 침해한다.
② 지방의회의원이 지방공사 직원의 직을 겸할 수 없도록 규정하고 있는 지방자치법 제35조 제1항 제5호 중 '지방공사의 직원'에 관한 부분은 지방의회의원에 당선된 지방공사 직원의 근로의 권리를 제한한다고 볼 수 없다.
③ 매월 1회 이상 정기적으로 지급하는 상여금 등 및 복리후생비의 일부를 최저임금에 산입하도록 규정한 최저임금법 제6조 제4항 제2호, 제3호 나목 및 최저임금법 부칙 제2조는 근로자의 근로의 권리를 침해한다고 볼 수 없다.
④ 헌법 제33조 제2항이 공무원인 근로자는 '법률이 정하는 자'에 한하여 노동3권을 향유할 수 있다고 규정하고 있어, 공무원의 노동3권은 제한적으로 인정되지만 헌법 제37조 제2항의 과잉금지원칙은 준수되어야 한다.

문 14. 종교의 자유에 관한 설명으로 가장 적절하지 않은 것은? (다툼이 있는 경우 판례에 의함)

① 신앙의 자유는 그 자체가 내심의 자유의 핵심이므로 법률로써도 이를 침해할 수 없는 반면, 종교적 행위의 자유와 종교적 집회·결사의 자유는 신앙의 자유와는 달리 절대적 자유가 아니므로 질서유지, 공공복리 등을 위하여 제한할 수 있다.
② 육군훈련소장이 훈련병들로 하여금 육군훈련소 내 종교행사에 참석하도록 한 행위는 국가가 종교를 군사력 강화라는 목적을 달성하기 위한 수단으로 전락시키거나, 반대로 종교단체가 군대라는 국가권력에 개입하여 선교행위를 하는 등 영향력을 행사할 수 있는 기회를 제공하므로, 국가와 종교의 밀접한 결합을 초래한다는 점에서 정교분리원칙에 위배된다.
③ 국가 또는 지방자치단체 외의 자가 양로시설을 설치하고자 하는 경우 신고하도록 규정하고 이를 위반한 경우 처벌하는 노인복지법 제33조 제2항 중 제32조 제1항 제1호의 '양로시설'에 관한 부분 및 노인복지법 제57조 제1항 중 제33조 제2항의 '양로시설'에 관한 부분은 종교단체에서 구호활동의 일환으로 운영하는 양로시설도 예외를 인정함이 없이 신고의무를 부과하고 이를 위반할 경우 형사처벌을 하는 것으로서 과잉금지원칙에 위배되어 종교의 자유를 침해한다.
④ 구치소장이 구치소 내 미결수용자를 대상으로 한 개신교 종교행사를 4주에 1회, 일요일이 아닌 요일에 실시한 행위는 미결수용자의 종교의 자유를 침해하지 않는다.

문 15. 거주·이전의 자유에 관한 설명으로 가장 적절한 것은? (다툼이 있는 경우 판례에 의함)

① 여행금지국가로 고시된 사정을 알면서도 외교부장관으로부터 예외적 여권사용 등의 허가를 받지 않고 여행금지국가를 방문하는 등의 행위를 형사처벌하는 여권법 조항은 여권사용 등 허가 신청인의 거주·이전의 자유를 침해한다.
② 법무부장관으로 하여금 거짓이나 그 밖의 부정한 방법으로 귀화허가를 받은 자에 대하여 그 허가를 취소할 수 있도록 규정하면서도 그 취소권의 행사 기간을 따로 정하고 있지 아니한 국적법 조항은 귀화허가가 취소되는 당사자의 거주·이전의 자유를 침해하지 아니한다.
③ 병역법령에 의할 때 예외적인 경우가 아니면 27세까지만 징집 연기가 가능하다는 점을 고려하여, 병역준비역에 대하여 27세를 초과하지 않는 범위에서만 단기 국외여행을 허가하도록 규정하는 것은 단기 국외여행허가를 받고자 하는 27세가 넘은 병역준비역의 거주·이전의 자유를 침해한다.
④ 이륜차의 고속도로 통행 제한은 거주·이전의 자유를 제한하는 것이고, 행복추구권에서 우러나오는 일반적 행동의 자유를 제한하는 것은 아니다.

문 16. 양심의 자유에 관한 설명으로 가장 적절하지 않은 것은? (다툼이 있는 경우 판례에 의함)

① 음주측정요구에 응하여야 할 것인지에 대한 고민은 선과 악의 범주에 관한 진지한 윤리적 결정을 위한 고민이라 할 수 없고, 그 고민 끝에 어쩔 수 없이 음주측정요구에 응하였다 하여 내면적으로 구축된 인간양심이 왜곡·굴절된다고 할 수 없으므로 음주측정요구가 양심의 자유를 침해하는 것이라고 할 수 없다.
② 국가의 존립과 안전을 위한 불가결한 헌법적 가치를 담고 있는 국방의 의무와 개인의 인격과 존엄의 기초가 되는 양심의 자유가 서로 충돌하는 경우, 입법자는 두 가치를 양립시킬 수 있는 조화점을 최대한 모색해야 하고, 그것이 불가능해 부득이 어느 하나의 헌법적 가치를 후퇴시킬 수밖에 없는 경우에도 그 목적에 비례하는 범위 내에 그쳐야 한다.
③ 자신의 인격권이나 명예권을 보호하기 위하여 자신의 태도나 입장을 외부에 설명하거나 해명하는 행위는 단순한 생각이나 의견, 사상이나 확신 등의 표현행위라고 볼 수 있어, 그 행위가 선거에 영향을 미치게 하기 위한 것이라는 이유로 이를 하지 못하게 된다 하더라도 양심의 자유의 보호영역에 포괄되지 아니한다.
④ 취업규칙에서 사용자가 사고나 비위행위 등을 저지른 근로자에게 시말서를 제출하도록 명령할 수 있다고 규정하는 경우, 그 시말서가 단순히 사건의 경위를 보고하는 데 그치지 않고 '자신의 잘못을 반성하고 사죄한다는 내용'이 포함된 사죄문 또는 반성문의 의미를 가지고 있다 할지라도 이를 두고 양심의 자유를 침해하였다고 볼 수는 없다.

문 17. 공무담임권에 관한 설명으로 가장 적절하지 않은 것은? (다툼이 있는 경우 판례에 의함)

① 선출직 공무원의 공무담임권은 선거를 전제로 하는 대의제의 원리에 의하여 발생하는 것이므로 공직의 취임이나 상실에 관련된 어떠한 법률조항이 대의제의 본질에 반한다면 이는 공무담임권도 침해하는 것이라고 볼 수 있다.
② 수뢰죄를 범하여 금고 이상의 형의 선고유예를 받은 국가공무원을 당연퇴직하도록 하는 국가공무원법 조항은 해당 공무원의 공무담임권을 침해하지 않는다.
③ 군인사법상 부사관으로 최초로 임용되는 사람의 최고연령을 27세로 정한 부분은, 계급과 연령의 역전현상이 현재도 존재하고 상위 계급인 장교의 경우 27세의 연령상한에 상당한 예외가 존재하는 점 등을 고려할 때 부사관 지원자의 공무담임권을 침해한다.
④ 공직선거 및 교육감선거 입후보 시 선거일 전 90일까지 교원직을 그만두도록 하는 공직선거법 및 지방교육자치에 관한 법률 조항은 교원이 그 신분을 지니는 한 계속적으로 직무에 전념할 수 있도록 하기 위한 것으로 교원의 공무담임권을 침해하지 않는다.

문 18. 언론·출판의 자유에 관한 설명으로 가장 적절하지 않은 것은? (다툼이 있는 경우 판례에 의함)

① 비의료인의 의료에 관한 광고를 금지하고 처벌하는 의료법 조항은 국민의 생명권과 건강권을 보호하고 국민의 보건에 관한 국가의 보호의무를 이행하기 위하여 필요한 최소한도 내의 제한이라고 할 것이므로, 비의료인의 표현의 자유를 침해하지 않는다.
② 사전허가금지의 대상은 언론·출판의 자유의 내재적 본질인 표현의 내용을 보장하는 것뿐만 아니라, 언론·출판을 위해 필요한 물적 시설이나 언론기업의 주체인 기업인으로서의 활동까지 포함된다.
③ 인터넷신문사업자에게 취재 인력 3명 이상을 포함하여 취재 및 편집 인력 5명 이상을 상시적으로 고용할 것을 요구하는 것은 소규모 인터넷신문이 언론으로서 활동할 수 있는 기회 자체를 원천적으로 봉쇄할 수 있음에 비하여, 인터넷신문의 신뢰도 제고라는 입법목적의 효과는 불확실하다는 점에서 과잉금지원칙에 위배되어 언론의 자유를 침해한다.
④ 표현의 자유는 사상 또는 의견을 자유롭게 표명할 자유와 그것을 전파할 자유를 의미하는 것으로서, 그러한 의사의 자유로운 표명과 전파의 자유에는 자신의 신원을 누구에게도 밝히지 아니한 채 익명 또는 가명으로 자신의 사상이나 견해를 표명하고 전파할 익명표현의 자유도 포함된다.

문 19. 재심 제도에 관한 설명으로 가장 적절하지 않은 것은? (다툼이 있는 경우 대법원 판례 및 헌법재판소 결정에 의함)

① 재심은 판결에 대한 불복방법의 하나인 점에서는 상소와 마찬가지라고 할 수 있지만, 상소와는 달리 확정판결에 대한 불복방법이고 확정판결에 대한 법적 안정성의 요청은 미확정판결에 대한 그것보다 훨씬 크기 때문에 상소보다 더 예외적으로 인정되어야 한다.
② 행정소송은 진정한 권리자의 이익보다 거래안전을 우선시하기 위한 사정판결 등의 제도를 갖추고 있는 등 확정판결에 대한 법적 안정성이 강하게 요구되므로, 형사소송과 마찬가지로 재심제기기간을 30일로 한 것이 합리적인 이유 없는 자의적인 입법이라고 할 수 없다.
③ 재심사유 중 대리권의 흠이 있다고 인정되는 경우는 일반적으로 당사자 본인 또는 법정대리인이 모르는 사이에 소송이 진행되어 피해를 보는 경우이므로, 확정판결에 관여할 계기나 기회를 갖지 못한 당사자에게 확정판결의 효력이 미치도록 하는 것은 현저히 부당하고, 따라서 재심의 제기기간을 제한할 필요성이 작다고 할 수 있다.
④ 어떤 사유를 재심사유로 정하여 재심을 허용할 것인가, 재심에 있어 제소기간을 둘 것인가 및 어떠한 종류의 소에 대한 확정판결의 재심에 제소기간을 둘 것인가 등은 모두 입법자가 확정판결에 대한 법적 안정성, 재판의 신속·적정성, 법원의 업무부담 등을 고려하여 결정하여야 할 입법정책의 문제이다.

문 20. 교육을 받을 권리에 관한 설명으로 가장 적절한 것은? (다툼이 있는 경우 판례에 의함)

① 헌법 제31조 제1항에서 보장되는 교육의 기회균등권은 '특히 경제적 약자가 실질적인 평등교육을 받을 수 있도록 국가가 적극적 정책을 실현해야 한다는 것'을 의미하므로 이로부터 국민이 직접 실질적 평등교육을 위한 교육비를 청구할 권리가 도출된다고 할 수 있다.
② 부모의 자녀교육권은 기본권의 주체인 부모의 자기결정권이라는 의미에서 보장되는 자유일 뿐만 아니라 자녀의 보호와 인격발현을 위하여 부여되는 기본권이다.
③ 한자를 국어과목에서 분리하여 초등학교 재량에 따라 선택적으로 가르치도록 하는 것은, 국어교과의 내용으로 한자를 배우고 일정 시간 이상 필수적으로 한자교육을 받음으로써 교육적 성장과 발전을 통해 자아를 실현하고자 하는 학생들의 자유로운 인격발현권을 제한하기는 하나 학부모의 자녀교육권을 제한하는 것은 아니다.
④ 교원의 지위를 포함한 교육제도 등의 법정주의를 규정하고 있는 헌법 제31조 제6항은 교원의 기본권 보장 내지 지위보장뿐만 아니라 교원의 기본권을 제한하는 근거가 될 수도 있다.

7회 실전동형모의고사

소요시간: _____ / 15분   맞힌 답의 개수: _____ / 20

문 1. 헌법상 영토와 평화통일에 관한 설명으로 가장 적절하지 <u>않은</u> 것은? (다툼이 있는 경우 판례에 의함)

① 대한민국의 영토에 관한 조항은 1948년 헌법 당시부터 존재하였다.
② '남북사이의 화해와 불가침 및 교류·협력에 관한 합의서'는 남북관계를 "나라와 나라 사이의 관계가 아닌 통일을 지향하는 과정에서 잠정적으로 형성되는 특수관계"임을 전제로 하여 이루어진 합의문서인바, 이는 한민족공동체 내부의 특수관계를 바탕으로 한 당국간의 합의로서 남북당국의 성의있는 이행을 상호 약속하는 일종의 공동성명 또는 신사협정에 준하는 성격을 가짐에 불과하다.
③ 대한민국의 영해는 기선으로부터 측정하여 그 바깥쪽 24해리의 선까지에 이르는 수역으로 하나, 대통령령으로 정하는 바에 따라 일정수역의 경우에는 24해리 이내에서 영해의 범위를 따로 정할 수 있다.
④ 조선인을 부친으로 하여 출생한 자는 북한법의 규정에 따라 북한국적을 취득하여 중국 주재 북한대사관으로부터 북한의 해외공민증을 발급받은 경우라도, 그가 대한민국 국적을 취득하고 이를 유지함에 있어 아무런 영향을 끼칠 수 없으므로 국적회복절차를 거치지 않아도 된다.

문 2. 국제법존중주의에 관한 설명으로 가장 적절한 것은? (다툼이 있는 경우 판례에 의함)

① 국제법존중주의는 국제법과 국내법의 동등한 효력을 인정한다는 취지인바, '유엔 시민적·정치적 권리규약 위원회'가 국가보안법의 폐지나 개정을 권고하였으므로 국가보안법 제7조 제1항 중 '찬양·고무·선전 또는 이에 동조한 자'에 관한 부분은 국제법존중주의에 위배된다.
② 국제노동기구협약 제135호 기업의 근로자 대표에게 제공되는 보호 및 편의에 관한 협약 제2조 제1항은 근로자대표가 직무를 신속·능률적으로 수행할 수 있도록 기업으로부터 적절한 편의가 제공되어야 한다고 규정하고 있는바, 노조전임자 급여 금지, '근로시간 면제 제도' 및 노동조합이 이를 위반하여 급여 지급을 요구하고 이를 관철할 목적의 쟁의행위를 하는 것을 금지하는 노동조합 및 노동관계조정법 해당 조항들은 위 협약에 배치되므로 국제법존중주의 원칙에 위배된다.
③ 우리 헌법에서 명시적으로 입법위임을 하고 있거나 우리 헌법의 해석상 입법의무가 발생하는 경우가 아니더라도, 국제인권규범이 명시적으로 입법을 요구하고 있거나 국제인권규범의 해석상 국가의 기본권보장의무가 인정되는 경우에는 곧바로 국가의 입법의무가 도출된다.
④ 국제법존중주의는 우리나라가 가입한 조약과 일반적으로 승인된 국제법규가 국내법과 같은 효력을 가진다는 것으로서 조약이나 국제법규가 국내법에 우선한다는 것은 아니다.

문 3. 사회국가원리에 관한 설명으로 가장 적절한 것은? (다툼이 있는 경우 판례에 의함)

① 헌법은 사회보장·사회복지의 증진과 관련한 국가의 의무를 명문으로 규정한 바 없으므로, 이에 관한 국가의 의무는 해석상으로만 인정될 뿐이다.
② 사회국가원리를 구현하기 위해서는 국민의 자유와 권리를 일정 부분 제한할 수밖에 없으므로, 국민의 자유와 권리의 본질적 내용까지도 침해할 수 있다.
③ 사회국가란 사회정의의 이념을 헌법에 수용한 국가, 즉 사회현상에 대하여 방관적인 국가가 아니라 경제·사회·문화의 모든 영역에서 정의로운 사회질서의 형성을 위하여 사회현상에 관여하고 간섭하고 분배하고 조정하는 국가이다.
④ 사회적 법치국가이념을 추구하는 자유민주국가에서는 공직제도를 사회국가의 실현수단으로 인정하지 않으므로, 현대민주주의 국가에 있어 사회국가원리에 입각한 공직제도는 상정하기 어렵다.

문 4. 지방자치에 관한 설명으로 가장 적절하지 않은 것은? (다툼이 있는 경우 판례에 의함)

① 지방자치제도의 보장은 지방자치단체에 의한 자치행정을 일반적으로 보장한다는 것뿐이고, 마치 국가가 영토고권을 가지는 것과 마찬가지로 지방자치단체에게 자신의 관할구역 내에 속하는 영토·영해·영공을 자유로이 관리하고 관할구역 내의 사람과 물건을 독점적·배타적으로 지배할 수 있는 권리가 부여되어 있다고 할 수는 없다.
② 광역지방자치단체가 기초지방자치단체의 자치사무에 대한 감사에 착수하기 위해서는 자치사무에 관하여 특정한 법령위반행위가 확인되었거나 위법행위가 있었으리라는 합리적 의심이 가능한 경우이어야 하고 그 감사대상을 특정하여야 한다.
③ 집회 또는 시위를 하기 위하여 인천애(愛)뜰 중 잔디마당과 그 경계 내 부지에 대한 사용허가 신청을 한 경우 인천광역시장이 이를 허가할 수 없도록 제한하는 인천애뜰의 사용 및 관리에 관한 조례는 지방자치법에 근거하여 인천광역시가 인천애뜰의 사용 및 관리에 필요한 사항을 규율하기 위하여 제정되었으므로 법률유보원칙에 위배되지 않는다.
④ 조례의 제정권자인 지방의회는 선거를 통해서 그 지역적인 민주적 정당성을 지니고 있는 주민의 대표기관이고, 헌법이 지방자치단체에 대해 포괄적인 자치권을 보장하고 있다고 하더라도, 자치조례에 대한 법률의 위임 역시 법규명령에 대한 법률의 위임과 같이 반드시 구체적으로 범위를 정하여 하여야 하며 포괄적인 위임은 허용되지 아니한다.

문 5. 기본권 제한의 일반원칙에 관한 설명으로 가장 적절하지 않은 것은? (다툼이 있는 경우 판례에 의함)

① 오늘날 법률유보원칙은 단순히 행정작용이 법률에 근거를 두기만 하면 충분한 것이 아니라, 국가공동체와 그 구성원에게 기본적이고도 중요한 의미를 갖는 영역, 특히 국민의 기본권실현에 관련된 영역에 있어서는 행정에 맡길 것이 아니라 국민의 대표자인 입법자 스스로 그 본질적 사항에 대하여 결정하여야 한다는 요구까지 내포하는 것으로 이해하여야 한다.
② 개별사건법률은 개별사건에만 적용되는 것이므로 원칙적으로 평등원칙에 위배되는 자의적인 규정이라는 강한 의심을 불러일으키지만, 위헌 여부는 그 형식만으로 가려지는 것이 아니라, 나아가 평등의 원칙이 추구하는 실질적 내용이 정당한지 아닌지를 따져야 비로소 가려진다.
③ 기본권 제한에 관한 법률유보의 원칙은 '법률에 근거한 규율'을 요청하는 것이 아니라 '법률에 의한 규율'을 요청하는 것이므로, 기본권의 제한의 형식은 반드시 법률의 형식이어야 한다.
④ 법문언이 해석을 통해서, 즉 법관의 보충적인 가치판단을 통해서 그 의미내용을 확인해 낼 수 있고, 그러한 보충적 해석이 해석자의 개인적인 취향에 따라 좌우될 가능성이 없다면 명확성의 원칙에 반한다고 할 수 없다.

문 6. 헌법재판소가 과잉금지원칙 심사를 하면서 수단의 적합성이 부정된다고 판단한 것은 모두 몇 개인가? (다툼이 있는 경우 판례에 의함)

> ㉠ 변호사의 수형자 접견시 '소송계속 사실 소명자료'를 제출하도록 한 형의 집행 및 수용자의 처우에 관한 법률 시행규칙
> ㉡ 변호사시험 성적을 합격자에게 공개하지 않도록 규정한 변호사시험법
> ㉢ 대가수수 광고를 금지한 대한변호사협회의 변호사 광고에 관한 규정
> ㉣ 세무사 자격 보유 변호사를 세무조정업무에서 전면적으로 배제시킨 소득세법
> ㉤ 초·중등 교원은 그 밖의 정치단체의 결성에 관여하거나 가입할 수 없도록 한 국가공무원법

① 2개　　② 3개
③ 4개　　④ 5개

문 7. 기본권의 대사인적 효력에 관한 설명으로 가장 적절하지 않은 것은? (다툼이 있는 경우 판례에 의함)

① 기본권은 사법(私法)을 포함한 모든 법 영역에 그 영향을 미치는 것이므로 사인간의 사적인 법률관계도 헌법상의 기본권 규정에 적합하게 규율되어야 한다.
② 기본권 규정은 그 성질상 사법관계에 직접 적용될 수 있는 예외적인 것을 제외하고는 사법상의 일반원칙을 규정한 민법 제2조, 제103조, 제750조, 제751조 등의 내용을 형성하고 그 해석 기준이 되어 직접적으로 사법관계에 효력을 미치게 된다.
③ 항공운송업을 영위하는 회사가 취업규칙에서 소속 직원들이 수염을 기르지 못하도록 일률적·전면적으로 강제하는 것은 항공기의 조종을 책임지는 기장의 일반적 행동자유권을 침해한다.
④ 종립학교가 고등학교 평준화정책에 따라 강제배정된 학생들을 상대로 학교와 다른 신앙을 가진 학생의 기본권을 고려하지 않은 것은 학생의 종교에 관한 인격적 법익을 침해하는 위법한 행위이다.

문 8. 헌법 제10조에 관한 설명으로 옳고 그름의 표시(○, ×)가 바르게 된 것은? (다툼이 있는 경우 판례에 의함)

> ㉠ 행복추구권을 통해 국민은 행복을 추구하기 위하여 필요한 급부를 국가에게 적극적으로 요구할 수 있다.
> ㉡ 부모의 자녀교육권은 기본권의 주체인 부모의 자기결정권이라는 의미에서 보장되는 자유가 아니라, 자녀의 보호와 인격발현을 위하여 부여되는 기본권이다.
> ㉢ 일반적 행동자유권은 가치있는 행동만을 그 보호영역으로 하지만, 예외적인 경우에는 위험한 스포츠를 즐길 권리와 같은 위험한 생활방식으로 살아갈 권리도 그 보호영역에 포함된다.
> ㉣ 법인도 법인의 목적과 사회적 기능에 비추어 볼 때 그 성질에 반하지 않는 범위 내에서 인격권의 한 내용인 사회적 신용이나 명예 등의 주체가 될 수 있다.

① ㉠(×), ㉡(○), ㉢(×), ㉣(○)
② ㉠(×), ㉡(○), ㉢(○), ㉣(×)
③ ㉠(○), ㉡(×), ㉢(×), ㉣(○)
④ ㉠(×), ㉡(×), ㉢(○), ㉣(○)

문 9. 평등원칙 및 평등권에 관한 설명으로 가장 적절한 것은? (다툼이 있는 경우 대법원 판례 및 헌법재판소 결정에 의함)

① 사업주가 제공하거나 그에 준하는 교통수단을 이용하여 출퇴근하던 중에 산업재해보상보험 가입 근로자가 입은 재해를 업무상 재해로 인정하는 것과 달리, 도보나 자기 소유 교통수단 또는 대중교통수단 등을 이용하여 출퇴근하는 산업재해보상보험 가입 근로자가 사업주의 지배관리 아래 있다고 볼 수 없는 통상적 경로와 방법으로 출퇴근하던 중에 입은 재해를 업무상 재해로 인정하지 않는 것은 자의적 차별로 평등원칙에 위배된다.
② 일정한 범위의 공공기관 및 공기업으로 하여금 매년 정원의 100분의 3 이상씩 15세 이상 34세 이하의 청년 미취업자를 채용하도록 한 것은, 합리적 이유 없이 능력주의 내지 성적주의를 배제한 채 단순히 생물학적인 나이를 기준으로 특정 연령층에게 특혜를 부여함으로써 35세 이상 미취업자들의 평등권을 침해한다.
③ 대한민국 국적을 가지고 있는 영유아 중에서 재외국민인 영유아를 보육료·양육수당의 지원대상에서 제외하는 보건복지부 지침은 국내에 거주하면서 재외국민 영유아를 양육하는 부모들을 합리적 이유 없이 차별하는 것이 아니다.
④ 대한민국 국민인 남자에 한하여 병역의무를 부과하는 구 병역법(1983.12.31. 법률 제3696호로 개정되고, 2009.6.9. 법률 제9754호로 개정되기 전의 것) 조항은 우리 헌법이 특별히 명시적으로 차별을 금지하는 사유인 '성별'을 기준으로 병역의무를 부과하는 것이므로 이 조항이 평등권을 침해하는지 여부는 자의금지원칙이 아닌 엄격한 심사기준에 따라 심사하여야 한다.

문 10. 신체의 자유에 관한 설명으로 가장 적절하지 <u>않은</u> 것은? (다툼이 있는 경우 판례에 의함)

① 무죄추정의 원칙상 금지되는 '불이익'은 유죄를 근거로 그에 대하여 사회적 비난 내지 기타 응보적 의미의 차별 취급을 가하는 유죄 인정의 효과로서의 불이익을 의미한다.
② 적법절차의 원칙은 국가작용으로서 기본권 제한과 관련되든 아니든 모든 입법작용 및 행정작용에도 광범위하게 적용되는 것이다.
③ '감염병의 예방 및 관리에 관한 법률' 제49조 제1항 제14호에 따라 감염병의심자를 적당한 장소에 일정한 기간 격리시키는 조치를 위반한 자를 1년 이하의 징역 또는 1천만 원 이하의 벌금에 처한다고 규정한 '감염병의 예방 및 관리에 관한 법률'은 과잉금지원칙에 반하여 신체의 자유를 침해한다.
④ 헌법 제13조 제3항의 연좌제금지는 친족의 행위와 본인 간에 실질적으로 의미 있는 아무런 관련성을 인정할 수 없음에도 불구하고 오로지 친족이라는 사유 그 자체만으로 불이익한 처우를 가하는 경우에만 적용된다.

문 11. 변호인의 조력을 받을 권리에 관한 설명으로 가장 적절하지 <u>않은</u> 것은? (다툼이 있는 경우 판례에 의함)

① 형사절차가 종료되어 교정시설에 수용 중인 수형자가 형사사건의 변호인이 아닌 민사사건, 행정사건, 헌법소원사건 등에서 변호사와 접견할 경우에는 원칙적으로 헌법상 변호인의 조력을 받을 권리의 주체가 될 수 없다.
② 헌법 제12조 제4항은 단서에서 "다만, 형사피고인이 스스로 변호인을 구할 수 없을 때에는 법률이 정하는 바에 의하여 국가가 변호인을 붙인다."라고 규정하여 그 주체를 피고인으로 한정하고 있으나, 그 본문은 "누구든지 체포 또는 구속을 당한 때에는 즉시 변호인의 조력을 받을 권리를 가진다."라고 규정하고 있으며, 단서에 의해 본문의 내용을 제한할 수는 없으므로, 국선변호인의 조력을 받을 권리는 피고인뿐 아니라 체포 또는 구속을 당한 피의자에게도 인정된다.
③ 변호인의 조력을 받을 권리는 성질상 인간의 권리에 해당하므로 외국인도 그 주체가 된다.
④ 변호인 선임을 위하여 피의자·피고인이 가지는 '변호인이 되려는 자'와의 접견교통권은 헌법상 기본권으로 보호되어야 하고, '변호인이 되려는 자'의 접견교통권은 피의자·피고인을 조력하기 위한 핵심적인 부분으로서, 피의자·피고인이 가지는 헌법상의 기본권인 '변호인이 되려는 자'와의 접견교통권과 표리의 관계에 있으므로, '변호인이 되려는 자'의 접견교통권 역시 헌법상 기본권으로서 보장되어야 한다.

문 12. 거주·이전의 자유에 관한 설명으로 가장 적절한 것은? (다툼이 있는 경우 판례에 의함)

① 법인이 과밀억제권역 내에 본점의 사업용 부동산으로 건축물을 신축하여 이를 취득하는 경우 취득세를 중과세하는 구 지방세법 해당 조항 본문 중 "본점의 사업용 부동산을 취득하는 경우"에 관한 부분은 인구유입이나 경제력집중 효과에 관한 판단을 전적으로 배제한 것이므로 거주·이전의 자유를 침해한다.
② 법무부령이 정하는 금액 이상의 추징금을 납부하지 아니한 자의 출국을 금지할 수 있도록 한 출입국관리법 조항은 거주·이전의 자유 중 출국의 자유를 제한하는 것은 아니다.
③ 지방병무청장으로 하여금 병역준비역에 대하여 27세를 초과하지 않는 범위에서 단기 국외여행을 허가하도록 한 구 병역의무자 국외여행 업무처리 규정 해당 조항 중 '병역준비역의 단기 국외여행 허가기간을 27세까지로 정한 부분'은 27세가 넘은 병역준비역인 청구인의 거주·이전의 자유를 침해한다.
④ 구 도시 및 주거환경정비법 제40조 제1항 본문이 수용개시일까지 토지 등의 인도의무를 정하는 공익사업을 위한 토지 등의 취득 및 보상에 관한 법률 제43조를 주거용 건축물 소유자에 준용하는 부분은 청구인들의 거주·이전의 자유를 침해한다고 볼 수 없다.

문 13. 양심의 자유에 관한 설명으로 가장 적절한 것은? (다툼이 있는 경우 판례에 의함)

① 가해학생에 대한 조치로 피해학생에 대하여 서면사과를 하도록 규정한 것은 내심의 윤리적 판단·감정 내지 의사의 표현으로 외부에서 강제할 수 있는 성질의 것이 아닌 '사과'를 강제하는 것으로 가해학생의 양심의 자유를 침해한다.
② 이적표현물을 소지하거나 취득하는 행위는 내심의 영역에서 양심을 형성하고 양심상의 결정을 내리는 과정에서 지식정보를 습득하거나 보관하는 행위로 양심형성의 자유의 보호영역에 속하므로, 이를 통해 형성된 양심적 결정이 외부로 표현되고 실현되지 아니한 단계에서 이를 처벌하는 것은 허용되지 아니한다.
③ '시민적 및 정치적 권리에 관한 국제규약'의 조약상 기구인 자유권규약위원회의 견해는 규약을 해석함에 있어 중요한 참고기준이 되고, 규약 당사국은 그 견해를 존중하여야 하며, 특히 우리나라는 자유권규약을 비준하였으므로, 양심적 병역거부를 이유로 유죄판결을 받은 청구인들에 대하여 자유권규약위원회가 채택한 견해에 따라 전과기록 말소 및 충분한 보상을 포함한 청구인들에 대한 효과적인 구제조치를 이행하는 법률을 제정하지 아니한 입법부작위는 헌법에 위반된다.
④ 육군 장교가 민간법원에서 약식명령을 받아 확정되면 자진신고하는 것은, 개인의 인격형성에 관계되는 내심의 가치적·윤리적 판단이 개입될 여지가 없는 단순한 사실관계의 확인에 불과하므로 헌법 제19조에 의하여 보호되는 양심에 포함되지 아니한다.

문 14. 재산권에 관한 설명으로 옳고 그름의 표시(○, ×)가 바르게 된 것은? (다툼이 있는 경우 판례에 의함)

> ㉠ 국토의 계획 및 이용에 관한 법률상 문화재와 문화적으로 보존가치가 큰 건축물 등의 미관을 유지·관리하기 위해 필요한 지구를 지정하여 그 지정목적에 부합하지 않는 토지이용을 제한하는 조항들은, 입법자가 '토지재산권에 관한 권리와 의무를 일반·추상적으로 확정하는' 헌법 제23조 제1항 및 제2항의 재산권의 내용과 한계에 관한 규정이자 재산권의 사회적 제약을 구체화하는 규정이다.
> ㉡ 수분양자가 아닌 개발사업자를 부과대상으로 하는 구 학교용지 확보 등에 관한 특례법상 학교용지부담금은 교육의 기회를 균등하게 보장하여야 한다는 공익과 개발사업자의 재산적 이익이라는 사익을 적절히 형량하고 있으므로, 개발사업자의 재산권을 침해하지 않는다.
> ㉢ 주택건설사업에서 사업계획승인을 받은 민간사업주체가 주택건설대지면적의 95퍼센트 이상의 사용권원을 확보한 경우 그 민간사업자로 하여금 사용권원을 확보하지 못한 대지의 모든 소유자에게 시가(市價)로 매도청구를 할 수 있도록 한 주택법 조항은 재산권을 침해하지 않는다.
> ㉣ 선거범죄로 당선이 무효로 된 자에게 이미 반환받은 기탁금과 보전받은 선거비용을 반환하도록 한 구 공직선거법 조항은 당선무효인의 재산권을 침해한다.
> ㉤ 분묘기지권에 관한 관습법 중 '분묘기지권의 존속기간에 관하여 당사자 사이에 약정이 있는 등 특별한 사정이 없는 경우에는 권리자가 분묘의 수호와 봉사를 계속하는 한 그 분묘가 존속하고 있는 동안은 분묘기지권은 존속한다'라는 부분은 토지소유자의 재산권을 침해하지 않는다.

① ㉠(○), ㉡(○), ㉢(○), ㉣(○), ㉤(○)
② ㉠(○), ㉡(○), ㉢(○), ㉣(×), ㉤(○)
③ ㉠(×), ㉡(×), ㉢(×), ㉣(○), ㉤(○)
④ ㉠(○), ㉡(×), ㉢(○), ㉣(○), ㉤(○)

문 15. 형사보상청구권에 관한 설명으로 가장 적절하지 <u>않</u>은 것은? (다툼이 있는 경우 판례에 의함)

① 보상청구는 대리인을 통하여서도 할 수 있다.
② 보상청구는 무죄재판을 한 법원의 상급법원에 대하여 하여야 한다.
③ 형사피의자 또는 형사피고인으로서 구금되었던 자가 법률이 정하는 불기소처분을 받거나 무죄판결을 받은 때에는 법률이 정하는 바에 의하여 국가에 정당한 보상을 청구할 수 있다.
④ 형사피고인의 형사보상청구권은 제헌헌법에서 처음으로 규정되었고, 현행헌법에서 이를 형사피의자까지 확대하였다.

문 16. 국가배상청구권에 관한 설명으로 가장 적절하지 <u>않</u>은 것은? (다툼이 있는 경우 판례에 의함)

① 국가배상법은 외국인이 피해자인 경우에는 해당 국가와 상호보증이 있을 때에만 국가배상법을 적용한다고 규정하고 있다.
② 보상금 등의 지급결정에 동의한 때 "민주화운동과 관련하여 입은 피해"에 대해 재판상 화해의 성립을 간주하는 구 민주화운동 관련자 명예회복 및 보상 등에 관한 법률 조항은 적극적·소극적 손해에 관한 부분에 있어서 민주화운동 관련자와 유족의 국가배상청구권을 침해한다.
③ 공무원이 직무수행 중 불법행위로 타인에게 손해를 입힌 경우에 국가나 지방자치단체가 국가배상책임을 부담하는 외에 공무원 개인도 고의 또는 중과실이 있는 경우에는 불법행위로 인한 손해배상책임을 지지만, 공무원에게 경과실이 있을 뿐인 경우에는 공무원 개인은 불법행위로 인한 손해배상책임을 부담하지 아니한다.
④ 국가배상법은 법치국가원리에 따라 국가의 공권력 행사는 적법해야 함을 전제로 모든 공무원의 직무행위상 불법행위로 발생한 손해에 대해 국가가 책임지도록 규정한 것이므로, 동법 제2조(배상책임)의 의미와 목적을 살펴볼 때 법관과 다른 공무원은 본질적으로 다른 집단이라고 볼 수는 없다.

문 17. 근로의 권리 및 근로3권에 관한 설명으로 가장 적절하지 <u>않은</u> 것은? (다툼이 있는 경우 판례에 의함)

① 헌법 제32조 근로의 권리는 근로자를 개인의 차원에서 보호하기 위한 권리로서 개인인 근로자가 근로의 권리의 주체가 되는 것이고, 노동조합은 그 주체가 될 수 없다.
② 근로관계 종료 전 사용자로 하여금 근로자에게 해고예고를 하도록 하는 것은 개별 근로자의 근로조건이라 할 수 없으므로 해고예고에 관한 권리는 근로의 권리의 내용에 포함되지 않는다.
③ 근로자의 단결권이 근로자 단결체로서 사용자와의 관계에서 특별한 보호를 받아야 할 경우에는 근로3권에 관한 헌법 제33조가 우선적으로 적용되지만, 그렇지 않은 통상의 결사 일반에 대한 문제일 경우에는 헌법 제21조 제2항이 적용되므로 노동조합에도 헌법 제21조 제2항의 결사에 대한 허가제금지 원칙이 적용된다.
④ 사인 간 기본권 충돌의 경우 입법자에 의한 규제와 개입은 개별 기본권 주체에 대한 기본권 제한의 방식으로 흔하게 나타나며, 근로계약이 사적 계약관계라는 이유로 국가가 개입할 수 없다고 볼 것은 아니다.

문 18. 책임과 형벌 간의 비례원칙에 관한 설명으로 가장 적절하지 <u>않은</u> 것은? (다툼이 있는 경우 판례에 의함)

① 음주운전 금지규정을 2회 이상 위반한 사람을 형사처벌하는 구 도로교통법(2018.12.24. 법률 제16037호로 개정되고, 2020.6.9. 법률 제17371호로 개정되기 전의 것) 해당 조항 중 관련 부분은 과거 위반 전력과 재범 사이에 시간적 제한을 두지 않고 과거 위반 전력, 혈중알코올농도 등을 고려할 때 위험성이 비교적 낮은 재범 음주운전행위에도 동일한 법정형을 적용하여 책임과 형벌 간의 비례원칙에 위반된다.
② 주거침입죄를 범한 사람이 강제추행죄 또는 준강제추행죄를 범한 경우에 법정형의 하한을 징역 5년으로 정한 구 성폭력범죄의 처벌 등에 관한 특례법(2012.12.28. 법률 제11556호로 전부개정된 것) 해당 규정은 책임과 형벌 간의 비례원칙에 위반된다.
③ 가짜석유제품을 제조 또는 판매하여 조세를 포탈한 경우 '사기나 그 밖의 부정한 행위' 유무와 관계없이 형사처벌하는 한편, 법정형을 5년 이하의 징역 또는 포탈한 세액의 5배 이하의 벌금으로 정한 조세범 처벌법의 해당 조항은 책임과 형벌 간의 비례원칙에 위배되지 않는다.
④ 폭행죄로 2회 이상 징역형을 받은 사람이 다시 같은 죄를 범하여 누범으로 처벌하는 경우 가중처벌하도록 규정한 폭력행위 등 처벌에 관한 법률 해당 조항은 책임과 형벌 간의 비례원칙에 위배되지 않는다.

문 19. 교육을 받을 권리에 관한 설명으로 가장 적절하지 않은 것은? (다툼이 있는 경우 헌법재판소 판례에 의함)

① '2021학년도 대학입학전형기본사항' 중 재외국민 특별전형 지원자격 가운데 학생 부모의 해외체류요건 부분은 부모의 해외체류 가능성을 기준으로 학생의 지원자격을 인정함으로써 균등하게 교육받을 권리를 침해한다.
② 헌법 제31조 제1항과 제6항은 변호사시험을 준비하는 법학전문대학원 졸업생에 대해 법학전문대학원에서의 보수교육을 시행하도록 하는 내용의 구체적이고 명시적인 입법의무를 입법자에게 부여하고 있다고 볼 수 없다.
③ 서울대학교 총장의 '2022학년도 대학 신입학생 정시모집('나군') 안내' 중 수능 성적에 최대 2점의 교과이수 가산점을 부여하고, 2020년 2월 이전 고등학교 졸업자에게 모집단위별 지원자의 가산점 분포를 고려하여 모집단위 내 수능점수 순위에 상응하는 가산점을 부여하도록 한 부분은 균등하게 교육받을 권리를 침해하는 것이라고 볼 수 없다.
④ 국가는 국민의 교육을 받을 권리라는 기본권을 보장하고 의무교육을 시행하기 위하여 적기에 적절한 학교교지를 확보하여야 할 의무가 있다는 점 및 이를 고려하여 학교교지에 대하여는 유상으로 취득하도록 하는 점에 비추어 보면, 학교교지의 조성·개발에 소요된 비용 역시 국가 등이 부담하는 것이 상당하다.

문 20. 근로3권에 관한 설명으로 가장 적절하지 않은 것은? (다툼이 있는 경우 헌법재판소 판례에 의함)

① 교원의 노동조합 설립 및 운영 등에 관한 법률의 적용을 받는 교원의 범위를 초·중등학교에 재직 중인 교원으로 한정하고 있는 같은 법 제2조는 전국교직원노동조합 및 해직 교원들의 단결권을 침해하지 아니한다.
② 사용자가 노동조합의 운영비를 원조하는 행위를 부당노동행위로 금지하는 노동조합 및 노동관계조정법 제81조 제4호 중 '노동조합의 운영비를 원조하는 행위'에 관한 부분은 단서에서 정한 두 가지 예외를 제외한 일체의 운영비 원조 행위를 금지함으로써 노동조합의 자주성을 저해할 위험이 없는 경우까지 금지하고 있으므로, 입법목적달성을 위한 적합한 수단이라고 볼 수 없다.
③ 하나의 사업 또는 사업장에 복수 노동조합이 존재하는 경우 '교섭대표노동조합'을 정하여 교섭을 요구하도록 하는 노동조합 및 노동관계조정법 제29조 제2항은 과잉금지원칙을 위반하여 단체교섭권을 침해한다.
④ 국가비상사태하에서 근로자의 단체교섭권 및 단체행동권을 제한한 구 국가보위에 관한 특별조치법 조항 중 해당 부분은 단체교섭권·단체행동권의 행사요건 및 한계 등에 관한 기본적 사항조차 법률에서 정하지 아니한 채, 그 허용 여부를 주무관청의 조정결정에 포괄적으로 위임하고 이에 위반할 경우 형사처벌하도록 하고 있는바, 이는 근로3권의 본질적 내용을 침해하는 것이다.

MEMO

8회 실전동형모의고사

소요시간: _____ / 15분   맞힌 답의 개수: _____ / 20

문 1. 대한민국 헌법의 역사에 관한 설명으로 옳은 것을 모두 고른 것은?

> ㉠ 1948년 제헌헌법은 국무원을 대통령과 국무총리 기타의 국무위원으로 조직되는 합의체로서 대통령의 권한에 속한 중요 국책을 의결하는 기구로 규정하였다.
> ㉡ 1960년 헌법(제3차 개정헌법)은 대통령의 임기를 5년으로 하고 재선에 의하여 1차에 한해 중임할 수 있도록 규정하였다.
> ㉢ 1962년 헌법(제5차 개정헌법)은 대통령이 국회의 동의를 얻어 국무총리를 임명하도록 하였다.
> ㉣ 1972년 헌법(제7차 개정헌법)은 국회 외에 통일주체국민회의를 두고, 여기에 대통령 선출권 및 국회의원 3분의 1 선출권을 부여하였다.
> ㉤ 1980년 헌법(제8차 개정헌법)은 국회가 국무총리 또는 국무위원에 대하여 개별적으로 그 해임을 의결할 수 있도록 하되, 국무총리에 대한 해임의결은 국회가 임명동의를 한 후 1년 이내에는 할 수 없도록 하였다.

① ㉢, ㉣
② ㉠, ㉡, ㉣
③ ㉠, ㉡, ㉢, ㉤
④ ㉠, ㉡, ㉣, ㉤

문 2. 정당제도 및 정당해산심판에 관한 설명으로 옳은 것은 모두 몇 개인가? (다툼이 있는 경우 대법원 판례 및 헌법재판소 결정에 의함)

> ㉠ 헌법 제8조 제4항에서 말하는 민주적 기본질서의 위배란, 정당의 목적이나 활동이 우리 사회의 민주적 기본질서에 대하여 실질적인 해악을 끼칠 수 있는 구체적 위험성을 초래하는 경우뿐만 아니라 민주적 기본질서에 대한 단순한 위반이나 저촉까지도 포함하는 넓은 개념이다.
> ㉡ 헌법 제8조 제2항은 정당의 목적·조직과 활동이 민주적일 것을 요구하고 있으므로, 정당의 등록신청을 받은 관할 선거관리위원회는 정당의 이념적 목적이 민주적 기본질서에 반한다고 인정되는 경우 그 등록을 거부할 수 있다.
> ㉢ 정당해산심판절차에서는 정당해산심판의 성질에 반하지 않는 한도에서 헌법재판소법 제40조에 따라 민사소송에 관한 법령이 준용될 수 있지만, 민사소송에 관한 법령이 준용되지 않아 법률의 공백이 생기는 부분에 대하여는 헌법재판소가 정당해산심판의 성질에 맞는 절차를 창설할 수 있다.
> ㉣ 대통령이 실체적요건과 절차적요건을 갖추지 않은 비상계엄을 선포하고 '계엄사령부 포고령'을 통하여 정당의 활동 및 일체의 정치활동을 금지한 것은 정당의 자유를 침해하는 것이다.
> ㉤ 정당의 등록요건으로 '5 이상의 시·도당과 각 시·도당 1,000명 이상의 당원'을 요구하는 구 정당법 해당 규정은 이른바 군소정당과 신생정당의 정당정치 참여를 원천적으로 봉쇄하는 것으로서, 헌법 제8조 제1항의 정당설립의 자유를 침해하는 것이다.

① 0개   ② 1개
③ 2개   ④ 3개

문 3. 선거운동에 관한 설명으로 옳지 않은 것은 모두 몇 개인가? (다툼이 있는 경우 판례에 의함)

> ㉠ 지방공사 상근직원의 선거운동을 금지하고 이를 위반한 자를 처벌하는 공직선거법 해당 조항은 지방공사 상근직원의 선거운동의 자유를 침해하지 않는다.
> ㉡ 종교단체 내에서의 직무상 행위를 이용하여 그 구성원에 대한 선거운동을 금지하고 이를 위반한 자를 처벌하는 공직선거법 해당 조항은 선거운동 등 정치적 표현의 자유를 침해하지 않는다.
> ㉢ 누구든지 선거일 전 180일부터 선거일까지 선거에 영향을 미치게 하기 위하여 화환을 설치하는 행위를 금지하는 구 공직선거법 해당 조항은 정치적 표현의 자유를 침해하지 않는다.
> ㉣ 일정기간 동안 선거에 영향을 미치게 하기 위한 벽보 게시, 인쇄물 배부·게시를 금지하는 구 공직선거법 해당 조항은 정치적 표현의 자유를 침해하지 않는다.
> ㉤ 선거운동기간 중 어깨띠 등 표시물을 사용한 선거운동을 금지하고, 이를 위반한 경우 처벌하는 구 공직선거법 해당 조항은 정치적 표현의 자유를 침해하지 않는다.

① 2개 ② 3개
③ 4개 ④ 5개

문 4. 일반적 행동자유권에 관한 설명으로 옳고 그름의 표시(○, ×)가 바르게 된 것은? (다툼이 있는 경우 판례에 의함)

> ㉠ 일반적 행동자유권은 모든 행위를 할 자유와 행위를 하지 않을 자유로 그 보호영역에는 개인의 생활방식과 취미에 관한 사항도 포함되지만, 사회적으로 가치 있는 행동만 그 보호영역으로 하므로 위험한 스포츠를 즐길 권리와 같은 위험한 생활방식으로 살아갈 권리는 보호영역에 속하지 않는다.
> ㉡ 자동차 운전자가 좌석안전띠를 매지 않을 자유는 일반적 행동자유권의 보호영역에 속하지 않는다.
> ㉢ 술에 취한 상태로 도로 외의 곳에서 운전할 자유는 일반적 행동자유권의 보호영역에 속한다.
> ㉣ 일반 공중에게 개방된 장소인 서울광장을 개별적으로 통행하거나 서울광장에서 여가활동이나 문화활동을 하는 것은 일반적 행동자유권의 내용으로 보장된다.

① ㉠(×), ㉡(×), ㉢(○), ㉣(○)
② ㉠(○), ㉡(×), ㉢(○), ㉣(○)
③ ㉠(○), ㉡(○), ㉢(×), ㉣(×)
④ ㉠(×), ㉡(○), ㉢(×), ㉣(×)

문 5. 죄형법정주의에 관한 설명으로 가장 적절하지 않은 것은? (다툼이 있는 경우 판례에 의함)

① 죄형법정주의는 무엇이 처벌될 행위인가를 국민이 예측가능한 형식으로 정하도록 하여 개인의 법적 안정성을 보호하고 성문의 형벌법규에 의한 실정법질서를 확립하여 국가형벌권의 자의적행사로부터 개인의 자유와 권리를 보장하려는 법치국가 형법의 기본원칙이다.
② '신고하지 아니한 시위에 대하여 관할 경찰관서장이 해산명령을 발한 경우에, 시위 참가자가 해산명령을 받고도 지체 없이 해산하지 아니한 행위'를 징역 또는 벌금·구류 또는 과료로 처벌하는 집회 및 시위에 관한 법률 조항이 해산명령의 발령 여부를 관할 경찰관서장의 재량에 맡기고 있는 것은 구성요건의 실질적 내용을 전적으로 관할 경찰관서장에게 위임한 것으로 죄형법정주의의 법률주의에 위반된다.
③ 처벌법규의 구성요건이 다소 광범위하여 어떤 범위에서는 법관의 보충적인 해석을 필요로 하는 개념을 사용하였다고 하더라도 헌법이 요구하는 처벌법규의 명확성에 반드시 배치되는 것이라고는 볼 수 없다.
④ 형벌조항에도 법규범의 흠결을 보완하고 변화하는 사회에 대한 법규범의 적응력을 확보하기 위하여 예시적 입법형식은 가능하고, 예시적 입법형식이 법률명확성의 원칙에 위배되지 않으려면 예시한 구체적인 사례(개개 구성요건)들이 그 자체로 일반조항의 해석을 위한 판단지침을 내포하고 있어야 하고, 그 일반조항 자체가 그러한 구체적인 예시들을 포괄할 수 있는 의미를 담고 있는 개념이어야 한다.

문 6. 이중처벌금지원칙에 관한 설명으로 가장 적절하지 않은 것은? (다툼이 있는 경우 판례에 의함)

① 헌법재판소는 공무원의 징계 사유가 공금 횡령인 경우에는 해당 징계 외에 공금 횡령액의 5배 내의 징계부가금을 부과하도록 한 지방공무원법 조항에 대하여, 징계부가금이 제재적 성격을 지니고 있더라도 이를 헌법 제13조 제1항에서 말하는 '처벌'에 해당한다고 볼 수 없으므로 이중처벌금지원칙에 위배되지 않는다고 판단하였다.
② 헌법재판소는 일정한 성폭력범죄를 범한 사람에 대하여 유죄판결을 선고하면서 성폭력 치료프로그램의 이수명령을 병과하도록 한 성폭력범죄의 처벌 등에 관한 특례법 조항에 대하여, 이 조항에 의한 이수명령은 보안처분에 해당하므로 이중처벌금지원칙에 위반되지 않는다고 판단하였다.
③ 헌법재판소는 특정 범죄자에 대하여 위치추적 전자장치를 부착할 수 있도록 한 구 특정 범죄자에 대한 위치추적 전자장치 부착 등에 관한 법률 조항에 대하여, 이 조항에 의한 전자장치 부착은 보안처분에 해당하므로 이중처벌금지원칙에 위반되지 않는다고 판단하였다.
④ 헌법재판소는 보호감호와 형벌은 다 같이 신체의 자유를 박탈하는 수용처분이라는 점에서 집행상 뚜렷한 구분이 되지 않기 때문에 형벌과 보호감호를 서로 병과하여 선고하는 것은 이중처벌금지원칙에 위반된다고 판단하였다.

문 7. 형벌불소급원칙에 관한 설명으로 가장 적절하지 않은 것은? (다툼이 있는 경우 판례에 의함)

① 우리 헌법이 규정한 형벌불소급의 원칙은 '행위의 가벌성'에 관한 것이기 때문에 소추가능성에만 연관될 뿐이고 가벌성에는 영향을 미치지 않는 공소시효에 관한 규정은 원칙적으로 그 효력범위에 포함되지 않는다.
② 형벌불소급원칙에서 의미하는 '처벌'은 단지 형법에 규정되어 있는 형식적 의미의 형벌 유형에 국한되지 않으므로 구 사회보호법상 보호감호처분에도 형벌불소급의 원칙이 적용된다.
③ 노역장유치는 벌금형에 부수적으로 부과되는 환형처분으로서, 그 실질은 신체의 자유를 박탈하여 징역형과 유사한 형벌적 성격을 가지고 있으므로, 형벌불소급원칙의 적용대상이 된다.
④ 성범죄자가 일정한 직종에 종사하지 못하게 하는 취업제한제도로 인하여 기본권 제한의 효과가 발생하는 이상 취업제한에 관한 규정에도 형벌불소급의 원칙이 적용된다.

문 8. 개인정보자기결정권에 관한 설명으로 옳은 것은 모두 몇 개인가? (다툼이 있는 경우 판례에 의함)

㉠ '혼인무효사유가 한쪽 당사자나 제3자의 범죄행위로 인한 경우'에 한하여 가족관계등록부 재작성을 허용한 규정에 의하여 혼인의사의 합의가 없음을 원인으로 혼인무효판결을 받은 경우에도 정정된 가족관계등록부가 그대로 보존되도록 하는 것은 과잉금지원칙에 반하여 개인정보자기결정권을 침해한다.
㉡ 인터넷언론사가 선거운동기간 중 당해 홈페이지 게시판에 정당·후보자에 대한 지지·반대 정보를 게시하는 경우 실명을 확인받는 기술적 조치를 하도록 하고, 이를 이행하지 않은 경우 과태료를 부과하도록 한 구 공직선거법 해당 조항은 게시판 이용자의 개인정보자기결정권을 침해한 것으로 볼 수 없다.
㉢ 지지 선언 등의 형식으로 공개적으로 이루어진 정치적 견해에 관한 정보도 개인정보자기결정권의 보호범위에 포함된다.
㉣ 강제추행죄로 벌금형을 선고받은 사람의 신상정보를 10년 동안 보존·관리하도록 규정한 것은 과잉금지원칙에 반하여 개인정보자기결정권을 침해하지 아니한다.
㉤ 정보주체의 배우자나 직계혈족이 정보주체의 위임 없이도 정보주체의 가족관계 상세증명서의 교부 청구를 할 수 있도록 규정한 것은 과잉금지원칙에 위반되어 개인정보자기결정권을 침해한다.

① 1개 ② 2개
③ 3개 ④ 4개

문 9. 경찰이 경찰청예규인 채증활동규칙에 따라 집회참가자를 촬영한 행위에 관한 설명으로 가장 적절하지 <u>않</u>은 것은? (다툼이 있는 경우 판례에 의함)

① 채증활동규칙은 집회·시위 현장에서 불법행위의 증거자료를 확보하기 위해 행정조직의 내부에서 상급행정기관이 하급행정기관에 대하여 발령한 내부 기준으로 행정규칙이지만 직접 집회참가자들의 기본권을 제한하므로 이에 대한 헌법소원심판청구는 기본권 침해의 직접성 요건을 충족하였다.
② 경찰의 촬영행위는 개인정보자기결정권의 보호대상이 되는 신체, 특정인의 집회·시위 참가 여부 및 그 일시·장소 등의 개인정보를 정보주체의 동의 없이 수집하였다는 점에서 개인정보자기결정권을 제한할 수 있다.
③ 근접촬영과 달리 먼 거리에서 집회·시위 현장을 전체적으로 촬영하는 소위 조망촬영이 기본권을 덜 침해하는 방법이라는 주장도 있으나, 최근 기술의 발달로 조망촬영과 근접촬영 사이에 기본권 침해라는 결과에 있어서 차이가 있다고 보기 어려워, 경찰이 집회·시위에 대해 조망촬영이 아닌 근접촬영을 하였다는 이유만으로 헌법에 위반되는 것은 아니다.
④ 옥외집회·시위에 대한 경찰의 촬영행위에 의해 취득한 자료는 '개인정보'의 보호에 관한 일반법인 개인정보 보호법이 적용될 수 있다.

문 10. 명확성의 원칙에 관한 설명으로 옳지 않은 것은 모두 몇 개인가? (다툼이 있는 경우 판례에 의함)

> ㉠ 개인정보처리자로부터 개인정보를 제공받은 자가 개인정보를 제공받은 목적 외의 용도로 이용하는 것을 금지하는 '개인정보 보호법' 제19조 중 '제공받은 목적 외의 용도로 이용' 부분은 명확성원칙에 위반된다.
> ㉡ "감염인은 혈액 또는 체액을 통하여 다른 사람에게 전파매개행위를 하여서는 아니 된다."고 규정한 후천성면역결핍증예방법 해당 조항 중 '전파매개행위'는 타인을 인체면역결핍바이러스에 감염시킬 가능성이 있는 행위에 국한될 것임을 예측할 수 있어 명확성원칙에 반하지 않는다.
> ㉢ 납세의무자가 체납처분의 집행을 면탈할 목적으로 그 재산을 은닉·탈루하거나 거짓 계약을 하였을 때 형사처벌하는 조세범 처벌법 해당 조항 중 '납세의무자가 체납처분의 집행을 면탈할 목적으로' 부분은 죄형법정주의의 명확성원칙에 위반되지 않는다.
> ㉣ 전시·사변 등 국가비상사태에 있어서 전투에 종사하는 자에 대하여 각령(閣令)이 정하는 바에 의하여 전투근무수당을 지급하도록 한 구 군인보수법 해당 조항 중 '전시·사변 등 국가비상사태' 부분은 각 문언 자체의 의미 등에 비추어 명확성 원칙에 위반되지 않는다.
> ㉤ 공직선거법의 '누구든지 종교적인 기관·단체 등의 조직내에서의 직무상 행위를 이용하여 그 구성원에 대하여 선거운동을 하거나 하게 할 수 없다'라는 규정 중 '직무상 행위를 이용하여' 부분은 죄형법정주의의 명확성원칙에 위반된다.

① 1개 ② 2개
③ 3개 ④ 4개

문 11. 사생활의 비밀과 자유에 관한 설명으로 가장 적절하지 않은 것은? (다툼이 있는 경우 헌법재판소 판례에 의함)

① 청소년유해물건 중 청소년의 심신을 심각하게 손상시킬 우려가 있는 성 관련 물건을 대통령령으로 정하는 기준에 따라 청소년보호위원회가 결정하고 여성가족부장관이 고시하도록 하여, 요철식 특수콘돔(GAT-101) 등을 청소년에게 판매하지 못하도록 한 청소년 보호법 조항은 청소년의 사생활의 비밀과 자유를 침해하지 않는다.
② 공직자의 자질·도덕성·청렴성에 관한 사실은 그 내용이 개인적인사생활에 관한 것이라 할지라도 순수한 사생활의 영역에 있다고 보기 어려워, 이에 대한 문제제기 내지 비판은 허용되어야 한다.
③ 4급 이상 공무원들의 병역 면제사유인 질병명을 관보와 인터넷을 통해 공개하도록 하는 것은, 공적 관심의 정도가 약한 4급 이상의 공무원들까지 대상으로 삼아 모든 질병명을 아무런 예외 없이 공개토록 한 것으로, 해당 공무원들의 사생활의 비밀과 자유를 침해하는 것이다.
④ 인체면역결핍 바이러스에 감염된 사람이 혈액 또는 체액을 통하여 다른 사람에게 전파매개행위를 하는 것을 처벌하는 후천성면역결핍증예방법 조항은, 감염인 중에서도 의료인의 처방에 따른 치료법을 성실히 이행하는 감염인의 전파매개행위까지도 예외 없이 처벌함으로써 이들의 사생활의 자유를 침해한다.

문 12. 통신의 비밀과 자유에 관한 설명으로 가장 적절하지 않은 것은? (다툼이 있는 경우 판례에 의함)

① 인터넷개인방송의 방송자가 비밀번호를 설정하는 등으로 비공개 조치를 취한 후 방송을 송출하는 경우, 방송자로부터 허가를 받지 못한 제3자가 비공개 조치가 된 인터넷개인방송을 비정상적인 방법으로 시청·녹화한 것은 통신비밀보호법상의 감청에 해당하지 않는다.
② 대화에 원래부터 참여하지 않는 제3자가 일반 공중이 알 수 있도록 공개되지 않은 타인 간의 발언을 녹음하는 것은 특별한 사정이 없는 한 통신비밀보호법 제3조 제1항에 위반된다.
③ 방송통신심의위원회가 정보통신서비스제공자 등에 대하여 특정 웹사이트에 대한 접속차단의 시정을 요구한 것은, 불법정보 등의 유통을 차단함으로써 정보통신에서의 건전한 문화를 창달하고 정보통신의 올바른 이용환경을 조성하고자 하는 것으로서, 정보통신서비스제공자의 통신의 비밀과 자유를 침해하지 아니한다.
④ 통신의 자유란 통신수단을 자유로이 이용하여 의사소통할 권리이며, '통신수단의 자유로운 이용'에는 자신의 인적 사항을 누구에게도 밝히지 않는 상태로 통신수단을 이용할 자유, 즉 통신수단의 익명성 보장도 포함된다.

문 13. 집회 및 시위에 관한 법률(이하 '집시법'이라 함)상 집회에 관한 설명으로 가장 적절하지 않은 것은? (다툼이 있는 경우 판례에 의함)

① 집회신고를 하지 아니하였다는 이유만으로 그 옥외집회를 헌법의 보호범위를 벗어나 개최가 허용되지 않는 집회라고 단정할 수 없다.
② 미신고 옥외집회에 대해 과태료가 아니라 행정형벌을 과하도록 한 것은 과잉형벌에 해당한다.
③ 집시법에서 미신고 옥외집회를 해산명령 대상으로 정하면서 별도의 해산요건을 규정하고 있지 않더라도, 옥외집회로 인하여 타인의 법익이나 공공의 안녕질서에 대한 직접적인 위험이 명백하게 초래된 경우에 한하여 해산을 명할 수 있다.
④ 2인이 모인 집회도 집시법의 규제 대상이 된다.

문 14. 직업의 자유에 관한 설명으로 가장 적절한 것은? (다툼이 있는 경우 판례에 의함)

① 탐정 유사 명칭의 사용 금지를 규정한 신용정보의 이용 및 보호에 관한 법률 해당 규정이 탐정업 유사직역에 종사하면서 탐정 명칭을 사용하지 못하게 하는 것은 직업수행의 자유를 침해한다.
② 임원이 금고 이상의 형을 선고받은 경우 법인의 건설업 등록을 필요적으로 말소하도록 규정한 구 건설산업기본법 해당 규정 가운데 법인에 관한 부분은 건설업자인 법인 등록이 말소되는 중대한 피해를 입게 되는 반면 심판대상조항이 공익달성에 기여하는 바는 크지 않으므로 직업수행의 자유를 침해한다.
③ 대통령이 비상계엄을 선포하고 발령한 계엄포고령을 통해 의료현장을 이탈한 모든 의료인으로 하여금 48시간 내에 본업에 복귀하도록 한 것은 의료인의 직업의 자유를 침해하지 않는다.
④ 변호사의 자격이 있는 자에게 더 이상 세무사 자격을 부여하지 않는 구 세무사법 해당 조항은 시행일 이후 변호사 자격을 취득한 사람들의 직업선택의 자유를 침해한다.

문 15. 형사보상에 관한 설명으로 가장 적절하지 않은 것은? (다툼이 있는 경우 판례에 의함)

① 헌법상 형사보상청구권은 국가의 형사사법절차에 내재하는 불가피한 위험에 의하여 국민의 신체의 자유에 관하여 형사사법기관의 귀책사유로 인해 피해가 발생한 경우 국가에 대하여 정당한 보상을 청구할 수 있는 권리로서, 실질적으로 국민의 재판청구권과 밀접하게 관련된 중대한 기본권이다.
② 판결 주문에서 무죄가 선고된 경우뿐만 아니라 판결 이유에서 무죄로 판단된 경우에도 미결구금 가운데 무죄로 판단된 부분의 수사와 심리에 필요하였다고 인정된 부분에 관하여는 보상을 청구할 수 있다.
③ 원판결의 근거가 된 가중처벌규정에 대하여 헌법재판소의 위헌결정이 있었음을 이유로 개시된 재심절차에서, 공소장의 교환적 변경을 통해 위헌결정된 가중처벌규정보다 법정형이 가벼운 처벌규정으로 적용법조가 변경되어 피고인이 무죄판결을 받지는 않았으나 원판결보다 가벼운 형으로 유죄판결이 확정됨에 따라 원판결에 따른 구금형 집행이 재심판결에서 선고된 형을 초과하게 된 경우, 재심판결에서 선고된 형을 초과하여 집행된 구금에 대하여 보상요건을 규정하지 아니한 형사보상 및 명예회복에 관한 법률 제26조 제1항은 평등권을 침해한다.
④ 피고인이 대통령긴급조치 제9호 위반으로 제1, 2심에서 유죄판결을 선고받고 상고하여 상고심에서 구속집행이 정지된 한편 대통령긴급조치 제9호가 해제됨에 따라 면소판결을 받아 확정된 다음 사망한 경우 피고인의 처는 형사보상을 청구할 수 있다.

문 16. 범죄피해자구조청구권에 관한 설명으로 가장 적절하지 않은 것은? (다툼이 있는 경우 헌법재판소 판례에 의함)

① 범죄피해자구조청구권이라 함은 타인의 범죄행위로 말미암아 생명을 잃거나 신체상의 피해를 입은 국민이나 그 유족이 가해자로부터 충분한 피해배상을 받지 못한 경우에 국가에 대하여 일정한 보상을 청구할 수 있는 권리이며, 그 법적 성격은 생존권적 기본권으로서의 성격을 가지는 청구권적 기본권이다.
② 구 범죄피해자구조법 조항에서 범죄피해가 발생한 날부터 5년이 경과한 경우에는 구조금의 지급신청을 할 수 없다고 규정한 것은 오늘날 여러 정보에 대한 접근이 용이해진 점 등에 비추어 보면 합리적인 이유가 있다고 할 것이어서 평등원칙에 위반되지 아니한다.
③ 범죄피해자 보호법에 따르면 "범죄피해자"란 타인의 범죄행위로 피해를 당한 사람과 그 배우자(사실상의 혼인관계를 제외한다), 4촌 이내의 직계혈족 및 형제자매를 말한다.
④ 범죄피해자 보호법상 구조피해자나 유족이 해당 구조대상 범죄피해를 원인으로 하여 국가배상법이나 그 밖의 법령에 따른 급여 등을 받을 수 있는 경우에는 대통령령으로 정하는 바에 따라 구조금을 지급하지 아니한다.

문 17. 인간다운 생활을 할 권리에 관한 설명으로 가장 적절하지 않은 것은? (다툼이 있는 경우 헌법재판소 판례에 의함)

① 공영방송은 사회·문화·경제적 약자나 소외계층이 마땅히 누려야 할 문화에 대한 접근기회를 보장하여 인간다운 생활을 할 권리를 실현하는 기능을 수행하므로 우리 헌법상 그 존립가치와 책무가 크다.
② 재요양을 받는 경우에 재요양 당시의 임금을 기준으로 휴업급여를 산정하도록 한 구 산업재해보상보험법 조항은 진폐 근로자의 인간다운 생활을 할 권리를 침해하지 아니한다.
③ 공무원에게 재해보상을 위하여 실시되는 급여의 종류로 휴업급여 또는 상병보상연금 규정을 두고 있지 않은 공무원 재해보상법 제8조가 인간다운 생활을 할 권리를 침해할 정도에 이르렀다고 할 수는 없다.
④ 자동차사고 피해가족 중 유자녀에 대한 대출을 규정한 구 자동차손해배상 보장법 시행령 조항 중 '유자녀의 경우에는 생계유지 및 학업을 위한 자금의 대출' 부분은, 대출을 신청한 법정대리인이 상환의무를 부담하지 않으므로, 유자녀의 아동으로서의 인간다운 생활을 할 권리를 침해한다.

문 18. 환경권에 관한 설명으로 가장 적절하지 <u>않은</u> 것은? (다툼이 있는 경우 헌법재판소 판례에 의함)

① 환경침해는 사인에 의해서 빈번하게 유발되므로 입법자가 그 허용범위에 관해 정할 필요가 있다는 점, 환경피해는 생명·신체의 보호와 같은 중요한 기본권적 법익 침해로 이어질 수 있다는 점 등을 고려할 때, 일정한 경우 국가는 사인인 제3자에 의한 국민의 환경권 침해에 대해서도 적극적으로 기본권 보호조치를 취할 의무를 진다.

② 구 동물보호법 제33조 제3항 제5호가 동물장묘업 등록에 관하여 장사 등에 관한 법률 제17조 외에 다른 지역적 제한사유를 규정하지 않았다는 사정만으로 동물장묘시설에 관한 건축신고가 이루어진 지역에 사는 청구인들의 환경권을 보호하기 위한 입법자의 의무를 과소하게 이행하였다고 평가할 수는 없다.

③ 헌법 제35조 제1항은 국민의 환경권의 보장, 국가와 국민의 환경보전의무를 규정하고 있는데, 이는 국가뿐만 아니라 국민도 오염방지와 오염된 환경의 개선에 관한 책임을 부담함을 의미한다.

④ 학교시설에서의 유해중금속 등 유해물질의 예방 및 관리 기준을 규정한 학교보건법 시행규칙 해당 조항에 마사토 운동장에 대한 규정을 두지 아니한 것은 과잉금지원칙에 위반하여 마사토 운동장이 설치된 고등학교에 재학 중이던 학생인 청구인의 환경권을 침해하지 아니한다.

문 19. 직업의 자유에 관한 설명으로 가장 적절하지 <u>않은</u> 것은? (다툼이 있는 경우 판례에 의함)

① 어떠한 직업분야에 관한 자격제도를 만들면서 그 자격요건을 어떻게 설정할 것인가에 관하여는 그 입법재량의 폭이 좁다 할 것이므로, 과잉금지원칙을 적용함에 있어서는 다른 방법으로 직업선택의 자유를 제한하는 경우에 비하여 보다 엄격한 심사가 필요하다.

② '특정범죄 가중처벌 등에 관한 법률' 제5조의9 제2항의 보복범죄를 범하여 징역형의 집행유예를 선고받은 자에 대하여 택시운전자격을 필요적으로 취소하는 '여객자동차 운수사업법' 조항은 직업선택의 자유를 침해한다고 할 수 없다.

③ 헌법 제15조에서 보장하는 '직업'이란 생활의 기본적 수요를 충족시키기 위하여 행하는 계속적인 소득활동을 의미하고, 성매매는 그것이 가지는 사회적 유해성과는 별개로 성판매자의 입장에서 생활의 기본적 수요를 충족하기 위한 소득활동에 해당함을 부인할 수 없다 할 것이므로, 성매매를 한 자를 형사처벌하도록 한 규정은 성판매자의 직업선택의 자유를 제한하고 있다.

④ 직장선택의 자유는 원하는 직장을 제공하여 줄 것을 청구하거나 한 번 선택한 직장의 존속보호를 청구할 권리를 보장하지 않으나, 국가는 직장선택의 자유로부터 나오는 객관적 보호의무, 즉 사용자에 의한 해고로부터 근로자를 보호할 의무를 진다.

문 20. 다음 설명 중 가장 적절하지 <u>않은</u> 것은? (다툼이 있는 경우 판례에 의함)

① 비용보상청구권의 제척기간을 무죄판결이 확정된 날부터 6개월 이내로 규정한 구 군사법원법 해당 조항은 헌법에 위반된다.

② 누구든지 금융회사 등에 종사하는 자에게 타인의 금융거래의 내용에 관한 정보 또는 자료를 요구하는 것을 금지하고, 이를 위반 시 형사처벌하는 금융실명거래 및 비밀보장에 관한 법률 해당 조항은 공익에 비하여 지나치게 국민의 일반적 행동자유권을 제한한다.

③ 임신 32주 이전에 태아의 성별을 고지하는 것을 금지하는 의료법 해당 조항은 낙태로 나아갈 의도가 없는 부모까지 규제하여 기본권을 제한하는 과도한 입법으로 부모가 태아의 성별 정보에 대한 접근을 방해받지 않을 권리를 침해한다.

④ 남북합의서 위반행위로서 전단 등 살포를 하여 국민의 생명·신체에 위해를 끼치거나 심각한 위험을 발생시키는 것을 금지하고, 이를 위반한 경우 처벌하도록 하는 남북관계 발전에 관한 법률 해당 조항은 접경지역 주민의 생명과 신체의 안전을 확보하여야 할 공익이 침해되는 사익보다 더 작다고 볼 수 없으므로 표현의 자유를 침해한다고 볼 수 없다.

9회 실전동형모의고사

소요시간: _____ / 15분   맞힌 답의 개수: _____ / 20

문 1. 합헌적 법률해석에 관한 헌법재판소의 판시내용과 설명으로 가장 적절하지 <u>않은</u> 것은?

① 법률에 대한 헌법합치적 해석이란 어떠한 법률이 다의적으로 해석될 가능성이 있을 경우, 위헌적 해석가능성은 배제하고, 합헌적 해석가능성을 택하여 법률의 효력을 유지시키는 해석방법이다.
② 헌법재판소에 의하면 구 상속세법 제18조 제1항 본문 중 '상속인'의 범위에 '상속개시 전에 피상속인으로부터 상속재산가액에 가산되는 재산을 증여받고 상속을 포기한 자'를 포함하지 않은 것은 상속을 승인한 자의 헌법상 재산권을 침해하는 것은 아니다.
③ 법률 또는 법률의 조항은 원칙적으로 가능한 범위 안에서 합헌적으로 해석함이 마땅하나 그 해석은 법의 문구와 목적에 따른 한계가 있다. 즉, 법률의 조항의 문구가 간직하고 있는 말의 뜻을 넘어서 말의 뜻이 완전히 다른 의미로 변질되지 아니하는 범위내이어야 한다는 문의적 한계와 입법권자가 그 법률의 제정으로써 추구하고자 하는 입법자의 명백한 의지와 입법의 목적을 헛되게 하는 내용으로 해석할 수 없다고 하는 법목적에 따른 한계가 바로 그것이다.
④ 헌법재판소에 의하면 민법 제764조 '명예회복에 적당한 처분'에 사죄광고를 포함시키는 것은 헌법에 위반된다.

문 2. 1962년 제5차 개정헌법의 내용으로 옳은 것을 모두 고른 것은?

> ㉠ 헌법부칙에 반민주행위자처벌을 위한 소급입법의 근거 마련
> ㉡ 인간의 존엄과 가치 조항 신설
> ㉢ 간접선거에 의한 임기 6년의 대통령제
> ㉣ 기본권 제한의 사유로 국가안전보장 추가

① ㉡   ② ㉣
③ ㉠, ㉢   ④ ㉡, ㉣

문 3. 국적에 관한 설명으로 가장 적절한 것은? (다툼이 있는 경우 판례에 의함)

① 대한민국의 민법상 미성년인 대한민국의 국민이 아닌 자는 대한민국 국민인 부 또는 모에 의하여 인지되고, 출생 당시에 그 부 또는 모가 대한민국의 국민이라는 요건을 모두 갖춘 때에 대한민국 국적을 취득한다.
② 대한민국 국적을 취득한 사실이 없는 외국인은 법무부장관의 귀화허가를 받아 대한민국 국적을 취득할 수 있으며, 법무부장관 앞에서 국민선서를 하고 귀화증서를 수여받은 때에 대한민국 국적을 취득한다.
③ 국적이탈 신고자에게 신고서에 '가족관계기록사항에 관한 증명서'를 첨부하여 제출하도록 규정한 국적법 시행규칙 제12조 제2항 제1호는 명확성원칙에 위배되고, 과잉금지원칙에 위배되어 국적이탈의 자유를 침해한다.
④ 대한민국 국적을 취득한 외국인으로서 외국 국적을 가지고 있는 자가 대한민국 국적을 취득한 날로부터 1년 내에 그 외국 국적을 포기하지 않아 국적을 상실한 경우 상실한 이후 2년 내에 그 외국 국적을 포기하면 대한민국 국적을 재취득할 수 있다.

문 4. 헌법상 경제질서에 관한 설명으로 가장 적절하지 않은 것은?

① 국가는 지역간의 균형있는 발전을 위하여 지역경제를 육성할 의무를 진다.
② 국민경제상 긴절한 필요로 인하여 법률이 정하는 경우에는 사영기업을 국유 또는 공유로 이전하거나 경영을 통제 또는 관리할 수 있다.
③ 광물 기타 중요한 지하자원·수산자원·풍력과 경제상 이용할 수 있는 자연력은 법률이 정하는 바에 의하여 일정한 기간 그 채취·개발 또는 이용을 특허할 수 있다.
④ 국가는 국토의 효율적이고 균형 있는 이용·개발과 보전을 위하여 법률이 정하는 바에 의하여 그에 관한 필요한 제한과 의무를 과할 수 있다.

문 5. 헌법재판소가 과잉금지원칙 심사를 하면서 수단의 적합성이 부정된다고 판단한 것은 모두 몇 개인가? (다툼이 있는 경우 판례에 의함)

- ㉠ 비례대표 지방의원 선거범죄로 당선무효이면 의석승계 제한사유로 규정한 공직선거법
- ㉡ 임신 32주 이전에 태아의 성별 고지를 금지하는 의료법
- ㉢ 육군훈련소장이 육군훈련소 내 종교행사에 참석하도록 한 행위
- ㉣ 사용자가 노동조합의 운영비 원조행위를 부당노동행위로 금지한 노동조합 및 노동관계조정법
- ㉤ 대한민국을 모욕할 목적으로 국기를 손상, 제거 또는 오욕한 자를 처벌하는 형법

① 2개 ② 3개
③ 4개 ④ 5개

문 6. 기본권의 주체에 관한 설명으로 가장 적절한 것은? (다툼이 있는 경우 판례에 의함)

① 자본주의 경제질서하에서 근로자가 기본적 생활수단을 확보하고 인간의 존엄성을 보장받기 위하여 최소한의 근로조건을 요구할 수 있는 권리는 사회권적 기본권으로서의 성질을 가지므로 외국인에 대해서는 기본권 주체성을 인정할 수 없다.
② 모든 인간은 헌법상 생명권의 주체가 되며 형성 중의 생명인 태아에게 생명권 주체성이 인정되므로, 수정 후 모체에 착상되기 전인 초기배아에 대해서도 기본권 주체성을 인정할 수 있다.
③ 변호인의 조력을 받을 권리는 성질상 인간의 권리에 해당하므로 외국인도 그 주체가 될 수 있다.
④ 국가 조직영역 내에서 공적 과제를 수행하는 대통령은 소속 정당을 위하여 정당활동을 할 수 있는 사인으로서의 지위를 가지는 경우에도 기본권 주체성을 갖는다고 할 수 없다.

문 7. 기본권 보호의무에 관한 설명으로 가장 적절하지 않은 것은? (다툼이 있는 경우 헌법재판소 판례에 의함)

① 공직선거법이 정온한 생활환경이 보장되어야 할 주거지역에서 출근 또는 등교 이전 및 퇴근 또는 하교 이후 시간대에 확성장치의 최고출력 내지 소음을 제한하는 등 사용시간과 사용지역에 따른 수인한도 내에서 확성장치의 최고출력 내지 소음 규제기준에 관한 규정을 두지 아니한 것은 헌법에 위반된다.
② 국가의 기본권 보호의무로부터 태아의 출생 전에, 또한 태아가 살아서 출생할 것인가와는 무관하게, 태아를 위하여 민법상 일반적 권리능력을 인정하여야 한다는 헌법적 요청이 도출된다.
③ 국가가 국민의 건강하고 쾌적한 환경에서 생활할 권리에 대한 보호의무를 다하지 않았는지의 여부를 헌법재판소가 심사할 때에는 국가가 이를 보호하기 위하여 적어도 적절하고 효율적인 최소한의 보호조치를 취하였는가 하는, 이른바 과소보호금지원칙의 위반 여부를 기준으로 삼아야 한다.
④ 국가의 보호의무를 어떻게 실현하여야 할 것인가 하는 문제는 원칙적으로 권력분립과 민주주의의 원칙에 따라 국민에 의하여 직접 민주적 정당성을 부여받고 자신의 결정에 대하여 정치적 책임을 지는 입법자의 책임범위에 속하므로, 헌법재판소는 단지 제한적으로만 보호의무의 이행을 심사할 수 있다.

문 8. 헌법 제10조에 관한 설명으로 가장 적절하지 않은 것은? (다툼이 있는 경우 헌법재판소 판례에 의함)

① 환자는 장차 죽음에 임박한 상태에 이를 경우에 대비하여 미리 의료인 등에게 연명치료 거부 또는 중단에 관한 의사를 밝히는 등의 방법으로 죽음에 임박한 상태에서 인간으로서의 존엄과 가치를 지키기 위하여 연명치료의 거부 또는 중단을 결정할 수 있고, 이 결정은 헌법상 기본권인 생명권의 한 내용으로서 보장된다.
② 언어와 그 언어를 표기하는 방식인 글자는 정신생활의 필수적인 도구이며 타인과의 소통을 위한 가장 기본적인 수단인바, 한자를 의사소통의 수단으로 사용하는 것은 행복추구권에서 파생되는 일반적 행동의 자유 내지 개성의 자유로운 발현의 한 내용이다.
③ 일반적 행동자유권에는 위험한 생활방식으로 살아갈 권리도 포함되므로, 좌석안전띠를 매지 않을 자유는 헌법 제10조의 행복추구권에서 나오는 일반적 행동자유권의 보호영역에 속한다.
④ 자기결정권에는 여성이 그의 존엄한 인격권을 바탕으로 하여 자율적으로 자신의 생활영역을 형성해 나갈 수 있는 권리가 포함되고, 여기에는 임신한 여성이 자신의 신체를 임신상태로 유지하여 출산할 것인지 여부에 대하여 결정할 수 있는 권리가 포함되어 있다.

문 9. 평등권 및 평등원칙에 관한 설명으로 가장 적절하지 않은 것은? (다툼이 있는 경우 헌법재판소 판례에 의함)

① 변호사보수의 소송비용 산입은 정당한 권리자의 재판청구권 보장과 합리적이고 적정한 사법제도 운용이라는 중대한 공익을 달성하기 위한 것이라는 점에서 변호사보수산입 조항이 경제력의 차이에 따라 당사자를 합리적 이유 없이 차별취급하여 평등원칙에 위반된다고 볼 수 없다.
② 주택법에 따른 주택건설사업에 대해서는 가구 수 증가와 상관없이 개발사업의 결과로 지어지는 전체 가구 수에 대하여 학교용지부담금을 부과하는 구 '학교용지 확보 등에 관한 특례법' 제5조 제1항 단서는 평등원칙에 위배되지 아니한다.
③ 일반적으로 차별이 정당한지 여부에 대해서는 자의성 여부를 심사하지만, 헌법에서 특별히 평등을 요구하고 있는 경우나 차별적 취급으로 인하여 관련 기본권에 대한 중대한 제한을 초래하게 된다면 입법형성권은 축소되어 보다 엄격한 심사척도가 적용된다.
④ 대한민국 국민인 남자에 한하여 병역의무를 부과한 병역법 규정은 국방의 의무 이행에 수반된 기본권 제약이 관련 기본권에 대한 중대한 제한을 초래하는 차별취급을 그 내용으로 하므로, 이 규정이 평등권을 침해하는지 여부는 엄격한 심사기준에 따라 판단하여야 한다.

문 10. 영장주의에 관한 설명으로 옳고 그름의 표시(○, ×)가 바르게 된 것은? (다툼이 있는 경우 판례에 의함)

> ㉠ 법원이 직권으로 발부하는 영장은 허가장으로서의 성질을 갖지만, 수사기관의 청구에 의하여 발부하는 구속영장은 명령장으로서의 성질을 갖는다.
> ㉡ 관계행정청이 등급분류를 받지 아니하거나 등급분류를 받은 게임물과 다른 내용의 게임물을 발견한 경우 관계공무원으로 하여금 이를 수거·폐기하게 할 수 있도록 한 법률조항은 급박한 상황에 대처하기 위한 것으로서 그 불가피성과 정당성이 충분히 인정되는 경우이므로, 영장 없는 수거를 인정하더라도 영장주의에 위배되는 것으로 볼 수 없다.
> ㉢ 형사재판이 계속 중인 국민의 출국을 금지하는 법무부장관의 출국금지결정은 영장주의가 적용되는 신체에 대하여 직접적으로 물리적 강제력을 수반하는 강제처분에 해당한다.
> ㉣ 교도소장이 마약류사범인 수형자에게 마약류반응검사를 위하여 소변을 받아 제출하게 한 행위는 신체에 대한 강제처분에 해당하므로 영장주의에 위배된다.

① ㉠(×), ㉡(○), ㉢(×), ㉣(×)
② ㉠(×), ㉡(○), ㉢(×), ㉣(○)
③ ㉠(×), ㉡(×), ㉢(○), ㉣(×)
④ ㉠(○), ㉡(×), ㉢(×), ㉣(×)

문 11. 종교의 자유에 관한 설명으로 가장 적절하지 않은 것은? (다툼이 있는 경우 헌법재판소 판례에 의함)

① 간호조무사 국가시험 실시 요일은 수험생들의 피해를 최소화할 수 있는 방안으로 결정하여야 하지만 연 2회 실시되는 간호조무사 국가시험을 모두 토요일에 실시한다고 하여 토요일에 종교적 의미를 부여하는 종교를 믿는 자의 종교의 자유를 침해하지 아니한다.
② 육군훈련소장이 훈련병들로 하여금 개신교, 천주교, 불교, 원불교 4개 종교의 종교행사 중 하나에 참석하도록 한 것이 그 자체로 종교적 행위의 외적 강제에 해당한다고 볼 수는 없다.
③ 종교시설의 건축행위에 대하여 기반시설부담금 부과를 제외하거나 감경하지 아니하였더라도, 종교의 자유를 침해하는 것이 아니다.
④ 구치소에 종교행사 공간이 1개뿐이고, 종교행사는 종교, 수형자와 미결수용자, 성별, 수용동 별로 진행되며, 미결수용자는 공범이나 동일사건 관련자가 있는 경우 이를 분리하여 참석하게 해야 하는 점을 고려하면 구치소장이 미결수용자 대상 종교행사를 4주에 1회 실시했더라도 종교의 자유를 과도하게 제한하였다고 보기 어렵다.

문 12. 개인정보자기결정권에 관한 설명으로 옳고 그름의 표시(○, ×)가 바르게 된 것은? (다툼이 있는 경우 판례에 의함)

> ㉠ 아동에게 성적 수치심을 주는 성희롱 등의 성적 학대행위를 하여 아동복지법을 위반하여 벌금형이 확정된 자도 신상정보등록대상자로 규정하고 그 등록정보의 보존기간을 10년으로 정한 성폭력범죄의 처벌 등에 관한 특례법 제42조는 개인정보자기결정권을 침해한다.
> ㉡ 게임물 관련사업자에게 게임물 이용자의 회원가입 시 본인인증을 할 수 있는 절차를 마련하도록 규정한 법조항은 개인정보자기결정권을 침해하지 아니한다.
> ㉢ 보안관찰처분대상자가 교도소 등에서 출소한 후 7일 이내에 출소사실을 신고하도록 하고 이를 위반하는 경우 처벌하는 법률조항은 보안관찰처분대상자의 불편이 크다거나 7일의 신고기간이 지나치게 짧다고 할 수 없으므로 개인정보자기결정권을 침해하지 아니한다.
> ㉣ 채취대상자가 사망할 때까지 디엔에이신원확인정보를 데이터베이스에 수록·관리할 수 있도록 규정한 법률조항은 대상범죄들로 인한 유죄판결이 확정되기만 하면 그 범죄의 경중과 재범의 위험성 등에 관한 아무런 고려 없이 획일적으로 적용되므로 개인정보자기결정권을 침해한다.
> ㉤ 거짓이나 그 밖의 부정한 방법으로 보조금을 교부받거나 보조금을 유용하여 어린이집 운영정지, 폐쇄명령 또는 과징금 처분을 받은 어린이집에 대하여 그 위반사실을 공표하도록 규정한 법률조항은 어린이집 설치·운영자의 유사한 위반행위를 예방하고 영유아 보호자들의 보육기관 선택권을 보장하기 위한 것으로서 개인정보자기결정권을 침해하지 아니한다.

① ㉠(×), ㉡(○), ㉢(○), ㉣(×), ㉤(○)
② ㉠(×), ㉡(×), ㉢(○), ㉣(○), ㉤(×)
③ ㉠(×), ㉡(○), ㉢(○), ㉣(○), ㉤(×)
④ ㉠(○), ㉡(×), ㉢(○), ㉣(×), ㉤(×)

문 13. 표현의 자유에 관한 설명으로 가장 적절하지 않은 것은? (다툼이 있는 경우 헌법재판소 판례에 의함)

① 광고도 사상·지식·정보 등을 불특정다수인에게 전파하는 것으로서 언론·출판의 자유에 의한 보호를 받는 대상이 됨은 물론이고, 상업적 광고표현 또한 보호의 대상이 된다.
② 집회의 자유는 집회를 통하여 형성된 의사를 집단적으로 표현하고 이를 통하여 불특정 다수인의 의사에 영향을 줄 자유를 포함하지만, 집회의 자유의 보장 대상은 평화적, 비폭력적 집회에 한정된다.
③ "언론·출판은 타인의 명예나 권리 또는 공중도덕이나 사회윤리를 침해하여서는 아니 된다."라고 규정한 헌법 제21조 제4항 전문은 언론·출판의 자유에 대한 제한의 요건을 명시한 것이 아니라 헌법상 표현의 자유의 보호영역에 대한 한계를 설정한 것이다.
④ 헌법 제21조 제2항의 '허가'는 '행정청이 주체가 되어 집회의 허용 여부를 사전에 결정하는 것'으로서 행정청에 의한 사전허가는 헌법상 금지되지만, 입법자가 법률로써 일반적으로 집회를 제한하는 것은 헌법상 '사전허가금지'에 해당하지 않는다.

문 14. 헌법상 재산권에 해당하는 것은 모두 몇 개인가? (다툼이 있는 경우 판례에 의함)

> ㉠ 의료급여수급권
> ㉡ 우편물의 지연 배달에 따른 손해배상청구권
> ㉢ 상공회의소의 의결권
> ㉣ 공제회가 관리·운용하는 학교안전공제 및 사고예방기금
> ㉤ 국민연금법상 사망일시금

① 1개   ② 2개
③ 3개   ④ 4개

문 15. 공무담임권에 관한 헌법재판소의 판시내용으로 가장 적절하지 <u>않은</u> 것은?

① 법무부장관이 2020. 7. 공고한 '2021년도 검사 임용 지원 안내' 중 '임용 대상' 가운데 '1. 신규 임용'에서 변호사자격을 취득하고 2021년 사회복무요원 소집해제 예정인 사람을 제외한 부분은 '법학전문대학원 졸업연도에 실시된 변호사시험에 불합격하여 사회복무요원으로 병역의무를 이행하던 중 변호사자격을 취득하고 2021년 소집해제 예정인 사람'의 공무담임권을 과잉금지원칙에 반하여 침해한다.

② 금고 이상의 형의 선고유예를 받은 경우 공무원직에서 당연히 퇴직하는 것으로 규정한 국가공무원법 조항은 금고 이상의 선고유예의 판결을 받은 모든 범죄를 포괄하여 규정하고 있을 뿐 아니라, 심지어 오늘날 누구에게나 위험이 상존하는 교통사고 관련 범죄 등 과실범의 경우마저 당연퇴직의 사유에서 제외하지 않고 있으므로 최소침해성의 원칙에 반하여 헌법 제25조의 공무담임권을 침해한다.

③ 관련 자격증 소지자에게 세무직 국가공무원 공개경쟁채용시험에서 일정한 가산점을 부여하는 구 공무원임용시험령 조항은 가산 대상 자격증을 소지하지 아니한 자의 공무담임권을 침해하지 아니한다.

④ 공무원이 징계처분을 받은 경우 대통령령등으로 정하는 기간 동안 승진임용 및 승급을 제한하는 국가공무원법 조항 중 공무원이 감봉처분을 받은 경우 12월간 승진임용을 제한하는 '승진임용'에 관한 부분 및 공무원임용령 제32조 제1항 제2호 나목은 공무담임권을 침해하지 않는다.

문 16. 재판청구권에 관한 설명으로 가장 적절하지 <u>않은</u> 것은? (다툼이 있는 경우 판례에 의함)

① 사법보좌관이 민사집행법에 따른 집행문 부여명령 절차에서의 법원의 사무를 처리할 수 있도록 규정한 것은 법관에 의한 재판을 받을 권리를 침해하여 헌법에 위반된다.

② 헌법은 피고인의 반대신문권을 미국이나 일본과 같이 헌법상의 기본권으로까지 규정하지는 않았으나, 형사소송법은 제161조의2에서 피고인의 반대신문권을 포함한 교호신문권을 명문으로 규정하여 피고인에게 불리한 증거에 대하여 반대신문할 수 있는 권리를 원칙적으로 보장하고 있는바, 이는 헌법 제12조 제1항, 제27조 제1항, 제3항 및 제4항에 의한 공정한 재판을 받을 권리를 구현한 것이다.

③ 국가보안법위반죄로 구속기소된 청구인의 변호인이 청구인의 변론준비를 위하여 피청구인인 검사에게 그가 보관중인 수사기록일체에 대한 열람·등사신청을 하였으나 피청구인은 국가기밀의 누설이나 증거인멸, 증인협박, 사생활침해의 우려 등 정당한 사유를 밝히지 아니한 채 이를 전부 거부한 것은 청구인의 신속·공정한 재판을 받을 권리와 변호인의 조력을 받을 권리를 침해하는 것으로 헌법에 위반된다 할 것이다.

④ 상고심에서 재판을 받을 권리를 헌법상 명문화한 규정이 없는 이상, 헌법 제27조에서 규정한 재판을 받을 권리에 모든 사건에 대해 상고심 재판을 받을 권리까지도 포함된다고 단정할 수 없고, 모든 사건에 대해 획일적으로 상고할 수 있게 할지 여부는 입법재량의 문제라고 할 것이므로 소액사건심판법 제3조가 소액사건에 대하여 상고의 이유를 제한하였다고 하여 그것만으로 재판청구권을 침해하였다고 볼 수 없다.

문 17. 사회적 기본권에 관한 설명으로 가장 적절하지 않은 것은? (다툼이 있는 경우 헌법재판소 판례에 의함)

① 공무원이거나 공무원이었던 사람이 재직 중의 사유로 금고 이상의 형을 받거나 형이 확정된 경우 퇴직급여 및 퇴직수당의 일부를 감액하여 지급함에 있어 그 이후 형의 선고의 효력을 상실하게 하는 특별사면 및 복권을 받은 경우를 달리 취급하는 규정을 두지 아니한 구 공무원연금법 규정은 인간다운 생활을 할 권리를 침해하지 않는다.
② 형의 집행 및 수용자의 처우에 관한 법률에 의한 교도소·구치소에 수용 중인 자는 당해 법률에 의하여 생계유지의 보호를 받고 있으므로 이러한 생계유지의 보호를 받고 있는 교도소·구치소에 수용 중인 자에 대하여 국민기초생활 보장법에 의한 중복적인 보장을 피하기 위하여 개별가구에서 제외키로 한 입법자의 판단은 인간다운 생활을 할 권리를 침해한다.
③ 재혼을 유족연금수급권 상실사유로 규정한 구 공무원 연금법 조항 중 '유족연금'에 관한 부분은 헌법에 위반되지 아니한다.
④ 국가가 인간다운 생활을 보장하기 위한 헌법적인 의무를 다하였는지의 여부가 사법적 심사의 대상이 된 경우에는, 국가가 생계보호에 관한 입법을 전혀 하지 아니하였다든가 그 내용이 현저히 불합리하여 헌법상 용인될 수 있는 재량의 범위를 명백히 일탈한 경우에 한하여 헌법에 위반된다고 할 수 있다.

문 18. 교육을 받을 권리에 관한 설명으로 가장 적절하지 않은 것은? (다툼이 있는 경우 판례에 의함)

① 고등학교 퇴학일부터 검정고시 공고일까지의 기간이 6개월 이상이 되지 않은 사람에게 고졸검정고시에 응시자격을 부여하지 않는 것이 교육을 받을 권리를 침해하는 것은 아니다.
② 헌법 제31조 제1항에서 실질적인 평등교육을 실현하여야 할 국가의 적극적인 의무가 인정되지만, 이러한 의무조항으로부터 국민이 직접 실질적 평등교육을 위한 교육비를 청구할 권리가 도출되는 것은 아니다.
③ 학교교육에 관한 한, 국가는 헌법 제31조에 의하여 부모의 교육권으로부터 원칙적으로 독립된 독자적인 교육권한을 부여받음으로써 부모의 교육권과 함께 자녀의 교육을 담당한다.
④ 국·공립학교와는 달리 사립학교의 경우에 학교운영위원회의 설치를 임의적인 사항으로 하는 것은 자의금지원칙 위반으로 평등권과 학부모의 교육참여권을 침해하는 것이다.

문 19. 헌법상 근로3권에 관한 설명으로 가장 적절한 것은? (다툼이 있는 경우 판례에 의함)

① 헌법 제33조 제1항이 "근로자는 근로조건의 향상을 위하여 자주적인 단결권, 단체교섭권, 단체행동권을 가진다"라고 규정하여 '단체협약체결권'을 명시하여 규정하고 있지 않다고 하더라도 '단체교섭권'에는 단체협약체결권이 포함되어 있다고 보아야 한다.
② 헌법재판소는 소방공무원을 노동조합 가입대상에서 제외한 공무원의 노동조합 설립 및 운영 등에 관한 법률 조항이 소방공무원들의 단결권을 침해한다고 판단하였다.
③ 교원의 노동조합 설립 및 운영 등에 관한 법률의 적용을 받는 교원의 범위를 초·중등학교에 재직 중인 교원으로 한정하고 있는 동법 조항은 과잉금지원칙에 위배된다.
④ 교육공무원이 아닌 대학 교원의 단결권을 인정하지 않는 것은 헌법에 위배되지만, 교육공무원인 대학 교원의 단결권을 인정하지 않는 것은 헌법에 위배되지 않는다.

문 20. 선거제도에 관한 설명으로 가장 적절하지 않은 것은? (다툼이 있는 경우 판례에 의함)

① 주민등록이 되어 있지 않고 국내거소신고도 하지 않은 재외국민에게 국회의원 재·보궐선거의 선거권을 부여하지 않는 공직선거법 조항은 재외국민의 선거권을 침해한다.
② 지방자치단체장과 지방의회의원에 대한 선거권도 헌법 제24조에 의하여 보호되는 기본권이다.
③ 1년 이상의 징역형을 선고받고 그 집행이 종료되지 않은 사람의 선거권을 제한하는 공직선거법 조항은 선거권을 침해하지 않는다.
④ 보통선거제도는 일정한 연령에 이르지 못한 국민에 대하여 선거권을 제한하는 것을 당연한 전제로 삼고 있고, 입법자가 선거권 행사연령을 정하는 것은 현저하게 불합리하고 불공정하지 않은 한 재량범위에 속한다.

10회 실전동형모의고사

소요시간: _____ / 15분 　　　맞힌 답의 개수: _____ / 20

문 1. 헌법개정에 관한 다음 설명 중 가장 적절하지 않은 것은?

① 현행 대한민국헌법은 1987년 개정에 의한 것이다.
② 헌법개정은 국회재적의원 과반수 또는 대통령의 발의로 제안된다.
③ 국회는 헌법개정안이 공고된 날로부터 60일 이내에 의결하여야 하며, 국회의 의결은 재적의원 3분의 2 이상의 찬성을 얻어야 한다.
④ 헌법개정안은 국회가 의결한 후 30일 이내에 국민투표에 붙여 국회의원선거권자 과반수의 찬성을 얻어야 한다.

문 2. 헌법해석에 관한 다음 설명 중 가장 적절하지 않은 것은? (다툼이 있는 경우 판례에 의함)

① 헌법의 기본원리는 헌법의 이념적 기초인 동시에 헌법을 지배하는 지도원리로서 입법이나 정책결정의 방향을 제시하며 공무원을 비롯한 모든 국민과 국가기관이 헌법을 존중하고 수호하도록 하는 지침이 되며, 구체적 기본권을 도출하는 근거로 될 수 있다.
② 헌법은 전문과 각 개별조항이 서로 밀접한 관련을 맺으면서 하나의 통일된 가치체계를 이루고 있는 것으로서, 이념적·논리적으로 규범 상호간의 우열을 인정할 수 있다 하더라도, 그것이 헌법의 어느 특정규정이 다른 규정의 효력을 전면적으로 부인할 수 있을 정도의 개별적 헌법규정 상호간에 효력상의 차등을 의미하는 것이라고는 볼 수 없다.
③ 헌법해석은 헌법이 담고 추구하는 이상과 이념에 따른 역사적, 사회적 요구를 올바르게 수용하여 헌법적 방향을 제시하는 헌법의 창조적 기능을 수행하여 국민의 욕구와 의식에 알맞은 실질적 국민주권의 실현을 보장하는 것이어야 한다.
④ 헌법재판소가 행하는 구체적 규범통제의 심사기준은 원칙적으로 규범이 제정될 당시의 헌법이 아니라 헌법재판을 할 당시에 규범적 효력을 가지는 헌법이다.

문 3. 대한민국 헌정사에 관한 설명으로 옳은 것은 모두 몇 개인가?

> ㉠ 1948년 제헌헌법은 국회 의결을 거쳐 국민투표로 확정되었다.
> ㉡ 1954년 제2차 개정헌법에서 국무총리제를 폐지하고, 헌법개정안에 대한 국민발안제도와 주권제약·영토변경에 대한 국민투표제도를 처음으로 규정하였다.
> ㉢ 1960년 제3차 개정헌법에서 최초로 양원제를 규정하였다.
> ㉣ 1969년 제6차 개정헌법에서 대통령의 임기는 4년으로 하고, 1차에 한하여 중임할 수 있도록 규정하였다.
> ㉤ 1980년 제8차 개정헌법에서 법원의 제청에 의한 법률의 위헌여부 심판, 탄핵의 심판, 정당의 해산 심판 및 법률이 정하는 헌법소원에 관한 심판을 헌법위원회가 관장하도록 규정하였다.

① 1개
② 2개
③ 3개
④ 4개

문 4. 지방자치제도에 관한 설명으로 가장 적절하지 않은 것은? (다툼이 있는 경우 헌법재판소 판례에 의함)

① 주민투표법 조항이 국가정책에 관한 주민투표를 주민투표소송에서 배제함으로써 지방자치단체의 주요 결정사항에 관한 주민투표의 경우와 달리 취급하는 것은 이는 양자 사이의 본질적인 차이를 감안하지 않은 자의적인 차별이므로, 청구인들의 평등권을 침해한 것이다.

② 헌법 제117조 제2항은 지방자치단체의 종류를 법률로 정하도록 규정하고 있을 뿐 지방자치단체의 종류 및 구조를 명시하고 있지 않으므로 이에 관한 사항은 기본적으로 입법자에게 위임된 것으로 볼 수 있어서 일정 지역 내의 지방자치단체인 시·군을 모두 폐지하여 지방자치단체의 중층구조를 단층화하는 것은 헌법상 지방자치제도의 보장에 위배되지 않는다.

③ 지방자치단체의 장이 '공소 제기된 후 구금상태에 있는 경우' 부단체장이 그 권한을 대행하도록 규정한 지방자치법 조항은 구속되어 있는 자치단체장의 물리적 부재상태로 말미암아 자치단체행정의 원활하고 계속적인 운영에 위험이 발생할 것이 명백하여 이를 미연에 방지하기 위하여 직무를 정지시키는 것이므로 무죄추정의 원칙에 위반되지 않는다.

④ 지방자치단체의 장이 '금고 이상의 형을 선고받고 그 형이 확정되지 아니한 경우' 부단체장이 그 권한을 대행하도록 규정한 지방자치법 조항은 '금고 이상의 형이 선고되었다'라는 사실만을 유일한 요건으로 하여, 형이 확정될 때까지의 불확정한 기간 동안 자치단체장으로서의 직무를 정지시키는 불이익을 가하고 있으므로, 무죄추정의 원칙에 위배된다.

문 5. 헌법에 명문규정은 없지만 기본권으로 인정되는 것은 모두 몇 개인가? (다툼이 있는 경우에 판례에 의함)

> ㉠ 개인정보자기결정권
> ㉡ 태어난 즉시 출생등록 될 권리
> ㉢ 초상권
> ㉣ 평화적 생존권
> ㉤ 부모의 자녀교육권
> ㉥ 장애인의 접근권

① 3개 ② 4개
③ 5개 ④ 6개

문 6. 일반적 행동자유권에 관한 설명으로 가장 적절하지 않은 것은? (다툼이 있는 경우 판례에 의함)

① 개인정보처리자로부터 개인정보를 제공받은 자가 개인정보를 제공받은 목적 외의 용도로 이용하는 것을 금지하는 '개인정보 보호법' 제19조 중 '제공받은 목적 외의 용도로 이용' 부분은 일반적 행동자유권을 침해하지 않는다.
② 이륜자동차 등이 일반도로에서 통행할 수 있는 차로를 오른쪽 차로만으로 규정한 것은 차량의 크기와 주행 특성이 상이한 대형차량과 동일한 차로를 이용하여 통행하게 되어 시야 확보가 쉽지 않고, 차로 변경이나 돌발적인 상황에 대한 즉각적인 대처 등이 어렵게 되어 교통사고의 원인이 될 수 있는 점 등을 고려하면 이륜자동차 등 운전자의 통행의 자유(일반적 행동의 자유)를 중대하게 제한한다.
③ 가사소송에서 본인출석주의를 규정한 가사소송법 조항은 소송당사자의 일반적 행동의 자유를 침해하지 않는다.
④ 공무원의 기부금품 모집을 금지하는 기부금품의 모집 및 사용에 관한 법률 조항은 과잉금지원칙에 부합하여 일반적 행동자유권을 침해하지 않는다.

문 7. 평등권에 관한 설명으로 가장 적절하지 않은 것은? (다툼이 있는 경우 판례에 의함)

① 독립유공자의 손자녀 중 1명에게만 보상금을 지급하도록 하면서 같은 순위의 손자녀가 2명 이상이면 생활수준과 관계없이 나이가 많은 손자녀를 우선하도록 한 것은 평등권을 침해한다.
② 주행속도가 승용자동차와 유사한 수준의 이륜자동차 등에 대하여도 일반도로에서 통행할 수 있는 차로를 제한하는 것은 일반도로의 모든 차로를 통행할 수 있는 승용자동차와 이륜자동차 등을 합리적 이유 없이 다르게 취급하여 평등권을 침해한다.
③ 대한민국 국민인 남성에 한하여 병역의무를 부과한 병역법 규정은 헌법이 특별히 양성평등을 요구하는 경우나 관련 기본권에 중대한 제한을 초래하는 경우의 차별취급을 그 내용으로 하고 있다고 보기 어렵다.
④ 부담금은 국민의 재산권을 제한하여 일반 국민이 아닌 특별한 의무자집단에 대하여 부과되는 특별한 재정책임으로, 평등원칙의 적용에 있어서 부담금의 문제는 합리성의 문제로서 자의금지원칙에 의한 심사대상이다.

문 8. 신체의 자유에 관한 설명으로 가장 적절하지 않은 것은? (다툼이 있는 경우 헌법재판소 판례에 의함)

① 헌법 제12조 제1항의 적법절차원칙은 형사소송절차에 국한되지 않고 모든 국가작용 전반에 대하여 적용되므로, 전투경찰순경의 인신구금을 내용으로 하는 영창처분에 있어서도 적법절차원칙이 준수되어야 한다.
② 동일한 범죄행위에 대하여 형벌과 보안처분이 병과된다고 하여 헌법 제13조 제1항 후단 소정의 이중처벌금지원칙에 위반된다고 할 수 없다.
③ 보안처분이라 하더라도 형벌적 성격이 강하여 신체의 자유를 박탈하거나 박탈에 준하는 정도로 신체의 자유를 제한하는 경우에는 형벌불소급의 원칙이 적용된다.
④ 형법 제37조 후단 경합범에 관하여 노역장 유치명령을 선고함에 있어 판결이 확정된 죄와 동시에 재판받을 경우와의 형평을 고려하여 노역장 유치기간의 하한에 관한 제한을 적용받지 않을 수 있도록 하는 예외조항을 두지 아니한 것은 벌금 미납자의 신체의 자유를 침해한다.

문 9. 신체의 자유에 관한 설명으로 옳지 않은 것을 모두 고른 것은? (다툼이 있는 경우 판례에 의함)

> ㉠ 외국에서 형의 전부 또는 일부의 집행을 받은 자에 대하여 형을 감경 또는 면제할 수 있도록 규정한 법률조항은 입법자의 입법형성권의 범위 내에 속하므로 신체의 자유를 침해하지 않는다.
> ㉡ 보안처분은 형벌과는 달리 행위자의 장래 재범위험성에 근거하는 것으로서 행위시가 아닌 재판시의 재범위험성 여부에 대한 판단에 따라 보안처분의 선고 여부가 결정되므로, 어떤 보안처분이 형벌적 성격이 강하여 신체의 자유 박탈에 준하는 정도로 신체의 자유를 제한한다 하더라도 형벌불소급원칙이 적용되지 않는다.
> ㉢ 인신보호법상 구제청구를 할 수 있는 피수용자의 범위에서 출입국관리법에 따라 보호된 외국인을 제외하는 것은 인신보호법에 따른 보호의 적부를 다툴 기회를 배제하고 있어 신체의 자유를 침해한다.
> ㉣ 강제퇴거명령을 받은 사람을 즉시 대한민국 밖으로 송환할 수 없으면 송환할 수 있을 때까지 보호시설에 보호할 수 있도록 규정한 법률조항은 행정의 편의성과 획일성만을 강조한 것으로 신체의 자유를 침해한다.
> ㉤ 변호인과의 접견교통권은 헌법 규정에 비추어 체포 또는 구속당한 피의자·피고인 자신에게만 한정되는 신체의 자유에 관한 기본권이지, 그 규정으로부터 변호인의 구속피의자·피고인에 대한 접견교통권까지 파생된다고 할 수는 없다.

① ㉡, ㉤
② ㉢, ㉣, ㉤
③ ㉠, ㉡, ㉢, ㉣
④ ㉠, ㉡, ㉢, ㉤

문 10. 직업의 자유에 관한 설명으로 가장 적절하지 않은 것은? (다툼이 있는 경우 헌법재판소 판례에 의함)

① 수형자인 의뢰인을 접견하는 변호사의 직업수행의 자유 제한에 대한 심사에 있어서는 변호사 자신의 직업 활동에 가해진 제한의 정도를 살펴보아야 할 뿐 아니라 접견의 상대방인 수형자의 재판청구권이 제한되는 효과도 함께 고려되어야 하므로, 그 심사의 강도는 일반적인 경우보다 엄격하게 해야 한다.
② 제1종 환경영향평가업자는 2022.7.1.부터 1명 이상의 환경영향평가사를 고용하도록 의무를 부과하여, 이를 불이행할 시 영업 정지나 등록 취소 등의 처분 등을 할 수 있도록 한 것은 과잉금지원칙에 반하여 청구인들의 직업의 자유를 침해한다.
③ 직업행사의 자유에 대한 제한에 있어서는 직업선택의 자유에 비하여 상대적으로 그 침해의 정도가 작다고 할 것이며, 이에 대하여는 공공복리 등 공익상의 이유로 비교적 넓은 법률상의 규제가 가능하지만, 그 경우에도 헌법 제37조 제2항에서 정한 한계인 과잉금지의 원칙은 지켜져야 한다.
④ 육계 또는 육용오리농가로 하여금 일제 입식 및 출하를 준수하도록 하고 입식제한기간을 14일 미만으로 축소하지 않도록 한 '가축전염병 예방법 시행규칙'은 직업수행의 자유를 침해하지 않는다.

문 11. 사생활의 비밀과 자유 및 개인정보자기결정권에 관한 설명으로 가장 적절하지 않은 것은? (다툼이 있는 경우 헌법재판소 판례에 의함)

① 사생활의 자유는 사회공동체의 일반적인 생활규범의 범위 내에서 사생활을 자유롭게 형성해 나가고 그 설계 및 내용에 대해서 외부로부터 간섭을 받지 아니할 권리이다.
② 사생활의 비밀과 자유에 의해 보호되는 대상에서 공적인 영역의 활동이 배제되는 것은 아니다.
③ 흡연권은 인간의 존엄과 행복추구권을 규정한 헌법 제10조와 사생활의 자유를 규정한 헌법 제17조에 의하여 뒷받침된다.
④ 개인정보의 종류와 성격, 정보처리의 방식과 내용 등에 따라 수권법률의 명확성 요구의 정도는 달라지고, 일반적으로 볼 때 개인의 인격에 밀접히 연관된 민감한 정보일수록 규범명확성의 요청은 더 강해진다고 할 수 있다.

문 12. 거주·이전의 자유에 관한 설명으로 가장 적절한 것은? (다툼이 있는 경우 판례에 의함)

① 거주·이전의 자유에는 국내에서의 거주·이전의 자유 외에도 국외 이주, 해외여행의 자유는 포함되나 귀국의 자유까지 포함되는 것은 아니다.
② 영내에 기거하는 군인은 그가 속한 세대의 거주지에서 등록하여야 한다고 규정하고 있는 주민등록법은 영내 기거 현역병의 거주·이전의 자유를 제한한다.
③ 형사재판에 계속 중인 사람에 대하여 출국을 금지할 수 있다고 규정한 출입국관리법은 과잉금지원칙에 위배되어 출국의 자유를 침해한다.
④ 북한 고위직 출신의 탈북 인사인 여권발급 신청인에 대하여 신변에 대한 위해 우려가 있다는 이유로 미국 방문을 위한 여권발급을 거부한 것은 거주·이전의 자유를 과도하게 제한하는 것이다.

문 13. 통신의 자유에 관한 헌법재판소의 판시내용으로 가장 적절하지 않은 것은?

① 교도소장이 수용자에게 온 서신을 개봉한 행위는 구 형의 집행 및 수용자의 처우에 관한 법률 및 구 형의 집행 및 수용자의 처우에 관한 법률 시행령 조항에 근거하여 수용자에게 온 서신의 봉투를 개봉하여 내용물을 확인한 행위로서 수용자의 통신의 자유를 침해하지 아니한다.
② 통신제한조치기간의 연장을 허가함에 있어 총연장기간 또는 총연장횟수의 제한을 두지 아니한 통신비밀보호법 조항은 통신의 비밀을 침해하여 헌법에 위반된다 할 것이다.
③ 전기통신역무제공에 관한 계약을 체결하는 경우 전기통신사업자로 하여금 가입자에게 본인임을 확인할 수 있는 증서 등을 제시하도록 요구하고 부정가입방지시스템 등을 이용하여 본인인지 여부를 확인하도록 한 전기통신사업법 조항은, 가입자의 인적 사항이라는 정보는 통신의 내용·상황과 관계없는 '비 내용적 정보'이며 휴대전화 통신계약 체결 단계에서는 아직 통신수단을 통하여 어떠한 의사소통이 이루어지는 것이 아니므로 통신의 비밀에 대한 제한이라 할 수는 없다.
④ 통신비밀보호법(2005.5.26. 법률 제7503호로 개정된 것) 제13조 제1항 중 '검사 또는 사법경찰관은 수사를 위하여 필요한 경우 전기통신사업법에 의한 전기통신사업자에게 제2조 제11호 가목 내지 라목의 통신사실 확인자료의 열람이나 제출을 요청할 수 있다'라는 부분은 과잉금지원칙에 위반되어 개인정보자기결정권과 통신의 자유를 침해하지 않는다.

문 14. 종교의 자유에 관한 설명으로 가장 적절하지 않은 것은? (다툼이 있는 경우 판례에 의함)

① 금치처분을 받은 자에게 금치처분 기간 중 종교상담을 통한 종교활동을 제외하고, 종교의식 또는 종교행사 참석을 금지하는 법조항은 이러한 불이익이 규율 준수를 통하여 수용질서를 유지한다는 공익에 비하여 크다 할 수 없으므로 해당 수용자의 종교의 자유를 침해하지 않는다.

② 양심적 병역거부는 인류의 평화적 공존에 대한 간절한 희망과 결단을 기반으로 하고 있다는 점에서, 특별히 병역을 면제받지 않은 양심적 병역거부자에게 병역이행을 강제하는 병역법 조항은 설령 종교적 신앙에 따라 병역을 거부하는 자에게 적용되는 경우에도 해당 종교인의 종교의 자유를 제한하지 않는다.

③ 통계청장이 인구주택총조사의 방문 면접조사를 실시하면서 담당 조사원을 통해 응답자에게 '종교가 있는지 여부'와 '있다면 구체적인 종교명이 무엇인지'를 묻는 조사 항목들에 응답할 것을 요구한 행위는, 통계의 기초자료로 활용하기 위한 조사 사항 중 하나로서 특정 종교를 믿는다는 이유로 불이익을 주거나 종교적 확신에 반하는 행위를 강요하기 위한 것이 아니다.

④ 종교단체에서 구호활동의 일환으로 운영하는 양로시설에 대해서도 양로시설의 설치에 신고의무를 부과하고 그 위반행위를 처벌하는 법률조항은, 일정 규모 이상의 양로시설에서는 안전사고나 인권침해 피해 정도가 커질 수 있어 예외 없이 신고의무를 부과할 필요가 있다는 점에서 종교의 자유를 침해하지 않는다.

문 15. 재판청구권에 관한 설명으로 옳고 그름의 표시(O, ×)가 바르게 된 것은? (다툼이 있는 경우 판례에 의함)

㉠ 법관에 대한 대법원장의 징계처분 취소청구소송을 대법원에 의한 단심재판에 의하도록 규정하였더라도, 이는 법관이라는 지위 및 법관에 대한 징계절차의 특수성을 감안하여 재판의 신속을 도모하기 위한 것으로서 그 합리성을 인정할 수 있으므로 이로 인하여 해당 법관의 재판청구권이 침해된다고 볼 수 없다.

㉡ 압수물은 공소사실을 입증하고자 하는 검사의 이익을 위해 존재하는 것이므로, 수사기관이 현행범 체포과정에서 압수하였지만 피고인의 소유권 포기가 없는 압수물을 임의로 폐기한 행위가 피고인의 공정한 재판을 받을 권리를 침해한다고 볼 수 없다.

㉢ 범죄인인도절차는 본질적으로 형사소송절차적 성격을 갖는 것이고 재판절차로서의 형사소송절차는 당연히 상급심에의 불복절차를 포함하는 것이므로, 범죄인인도심사를 서울고등법원의 전속관할로 하고 그 결정에 대하여 대법원에의 불복절차를 인정하지 않는 법률조항은 범죄인의 재판청구권을 침해한다.

㉣ 피고인에게 치료감호에 대한 재판절차에의 접근권을 부여하는 것이 피고인의 권리를 보다 효율적으로 보장하기 위하여 필요하다고 인정되므로 '피고인 스스로 치료감호를 청구할 수 있는 권리' 역시 재판청구권의 보호범위에 포함된다.

① ㉠(O), ㉡(O), ㉢(×), ㉣(O)
② ㉠(O), ㉡(×), ㉢(O), ㉣(×)
③ ㉠(O), ㉡(×), ㉢(×), ㉣(×)
④ ㉠(×), ㉡(×), ㉢(O), ㉣(O)

문 16. 양심의 자유에 관한 설명으로 가장 적절하지 않은 것은? (다툼이 있는 경우 헌법재판소 판례에 의함)

① 헌법이 보호하려는 양심은 어떤 일의 옳고 그름을 판단함에 있어서 그렇게 행동하지 아니하고는 자신의 인격적인 존재가치가 허물어지고 말 것이라는 강력하고 진지한 마음의 소리이지, 막연하고 추상적인 개념으로서의 양심이 아니다.
② 양심형성의 자유와 양심적 결정의 자유는 내심에 머무르는 한 절대적 자유라고 할 수 있지만, 양심실현의 자유는 타인의 기본권이나 다른 헌법적 질서와 저촉되는 경우 법률에 의하여 제한될 수 있는 상대적 자유라고 할 수 있다.
③ 양심의 자유에서 현실적으로 문제가 되는 것은 국가의 법질서나 사회의 도덕률에서 벗어나려는 소수의 양심이지만 양심상의 결정이 어떠한 종교관·세계관 또는 그 외의 가치체계에 기초하고 있는가와 관계없이, 모든 내용의 양심상의 결정이 양심의 자유에 의하여 보장된다고 할 수는 없다.
④ 병역종류조항에 대체복무제가 규정되지 않음으로 인하여 양심적 병역거부자가 감수하여야 하는 불이익은 심대하고, 이들에게 대체복무를 부과하는 것이 오히려 넓은 의미의 국가안보와 공익 실현에 더 도움이 된다는 점을 고려할 때, 병역종류조항은 기본권 제한의 한계를 초과하여 법익의 균형성 요건을 충족하지 못한다.

문 17. 재산권에 관한 설명으로 옳고 그름의 표시(○, ×)가 바르게 된 것은? (다툼이 있는 경우 판례에 의함)

㉠ 헌법 제13조 제2항은 "모든 국민은 소급입법에 의하여 … 재산권을 박탈당하지 아니한다."라고 규정하고 있는바, 여기서 소급입법은 진정소급효를 가지는 법률만 가리킨다.
㉡ 가축전염병 예방법상 살처분 명령은 이미 형성된 재산권을 개별적·구체적으로 박탈한다는 점에서, 가축 소유자가 수인해야 하는 사회적 제약의 범위를 벗어나는 것으로 보아야 한다.
㉢ 댐사용권을 취소·변경할 수 있도록 규정한 댐건설 및 주변지역지원 등에 관한 법률 조항은 이미 형성된 구체적인 재산권을 공익을 위하여 개별적이고 구체적으로 박탈·제한하는 것으로서 보상을 요하는 헌법 제23조 제3항의 수용·사용·제한을 규정한 것이라고 볼 수 없고, 적정한 수자원의 공급 및 수재방지 등 공익적 목적에서 건설되는 다목적댐에 관한 독점적 사용권인 댐사용권의 내용과 한계를 정하는 규정인 동시에 공익적 요청에 따른 재산권의 사회적 제약을 구체화하는 규정이라고 보아야 한다.
㉣ 종전 규정에 의한 폐기물재생처리신고업자의 사업이 개정 규정에 의한 폐기물중간처리업에 해당하는 경우, 영업을 계속하기 위하여는 법 시행일부터 1년 이내에 개정 규정에 의한 폐기물중간처리업의 허가를 받도록 하고 있는 구 폐기물관리법 부칙 규정으로 인해 사실상 폐업이 불가피하게 된 기존의 폐기물재생처리신고업자는 재산권 침해를 이유로 헌법 제23조 제3항에 따른 보상을 받을 수 있다.

① ㉠(×), ㉡(○), ㉢(○), ㉣(○)
② ㉠(○), ㉡(×), ㉢(×), ㉣(○)
③ ㉠(○), ㉡(×), ㉢(×), ㉣(×)
④ ㉠(○), ㉡(×), ㉢(○), ㉣(×)

문 18. 공무원제도에 관한 설명으로 가장 적절하지 않은 것은? (다툼이 있는 경우 헌법재판소 결정 및 대법원 판례에 의함)

① 공무원의 기부금모집을 금지하고 있는 국가공무원법 조항은 선거의 공정성을 확보하기 위한 것이라 하더라도 직급이나 직무의 성격에 대한 검토 혹은 기부금 상한액을 낮추는 방법 등에 대한 고려 없이 일률적으로 모든 공무원의 기부금 모집을 전면적으로 금지함으로써 과도한 제한을 초래하므로 공무원의 정치적 의사표현의 자유를 침해하는 것이다.

② 서울교통공사의 상근직원은 서울교통공사의 경영에 관여하거나 실질적인 영향력을 미칠 수 있는 권한이 있다고 인정하기 어려우므로, 당원이 아닌 자에게도 투표권을 부여하여 실시하는 당내경선에서 서울교통공사의 상근직원이 경선운동을 할 수 없도록 일률적으로 금지·처벌하는 것은 정치적 표현의 자유를 과도하게 제한하는 것이다.

③ 사실상 노무에 종사하는 공무원 중 대통령령 등이 정하는 자에 한하여 근로3권을 인정하는 국가공무원법 조항은, 근로3권이 보장되는 공무원의 범위를 사실상 노무에 종사하는 공무원으로 한정하고 있으나, 이는 헌법 제33조 제2항에 근거한 것으로, 전체국민의 공공복리와 사실상 노무에 종사하는 공무원의 직무의 내용, 노동조건 등을 고려해 보았을 때 입법자에게 허용된 입법재량권의 범위를 벗어난 것이라 할 수 없다.

④ 공무원의 정당가입이 허용된다면, 공무원의 정치적 행위가 직무 내의 것인지 직무 외의 것인지 구분하기 어려운 경우가 많고, 설사 공무원이 근무시간 외에 혹은 직무와 관련 없이 정당과 관련된 정치적 표현행위를 한다 하더라도 공무원의 정치적 중립성에 대한 국민의 기대와 신뢰는 유지되기 어렵다.

문 19. 근로의 권리에 관한 헌법재판소의 판시내용으로 가장 적절하지 않은 것은?

① 근로자 4명 이하 사용 사업장에 적용될 근로기준법 조항을 정하고 있는 근로기준법 시행령 조항이 정당한 이유 없는 해고를 금지하는 제23조 제1항과 노동위원회 구제절차에 관한 제28조 제1항을 근로자 4명 이하 사용 사업장에 적용되는 조항으로 나열하지 않은 것은, 근로자 4명 이하 사용 사업장에 종사하는 근로자의 근로의 권리를 침해한다.

② 동물의 사육 사업 근로자에 대하여 근로기준법 제4장에서 정한 근로시간 및 휴일 규정의 적용을 제외하도록 한 구 근로기준법 조항은 축산업에 종사하는 근로자의 근로의 권리를 침해하지 않는다.

③ 4주간을 평균하여 1주간의 소정근로시간이 15시간 미만인 근로자, 즉 이른바 '초단시간근로자'를 퇴직급여제도의 적용대상에서 제외하고 있는 근로자퇴직급여 보장법 조항은 근로조건의 기준은 인간의 존엄성을 보장하도록 법률로 정하도록 한 헌법 제32조 제3항에 위배되는 것으로 볼 수 없다.

④ 일용근로자로서 3개월을 계속 근무하지 아니한 자를 해고예고제도의 적용제외사유로 규정하고 있는 근로기준법 조항은 일용근로자의 근로의 권리를 침해한다고 보기 어렵다.

문 20. 근로3권에 관한 설명으로 가장 적절하지 <u>않은</u> 것은? (다툼이 있는 경우 판례에 의함)

① 국가기관이나 지방자치단체 이외의 곳에서 근무하는 청원경찰은 사용자인 청원주와의 고용계약에 의한 근로자일 뿐, 국민전체에 대한 봉사자로서 국민에 대하여 책임을 지며 그 신분과 정치적 중립성이 법률에 의해 보장되는 공무원 신분이 아니므로, 이러한 청원경찰에게는 기본적으로 근로3권이 보장되어야 한다.

② 고등교육법에서 규율하는 대학 교원들에게 단결권을 인정하지 않는 것은, 교원노조를 설립하거나 가입하여 활동할 수 있는 자격을 초·중등교원으로 한정함으로써 교육공무원 아닌 대학 교원에 대해서 근로기본권의 핵심인 단결권조차 부정한 것으로 목적의 정당성을 인정할 수 없고, 수단의 적합성도 인정할 수 없다.

③ 업무의 공공성과 특수성을 이유로, 공항·항만 등 국가중요시설의 경비업무를 담당하는 특수경비원에게 경비업무의 정상적인 운영을 저해하는 일체의 쟁의행위를 금지하는 것은, 단체행동권을 전면 박탈하는 것으로 과잉금지원칙에 위배된다.

④ 단결권에는 근로자단체가 존립하고 활동할 수 있는 집단적 단결권도 포함되므로, 교원노조를 설립하거나 그에 가입하여 활동할 수 있는 자격을 초·중등학교에 재직 중인 교원으로 한정하는 것은, 해직 교원이나 실업·구직 중에 있는 교원 및 이들을 조합원으로 하여 교원노조를 조직·구성하려고 하는 교원노조의 단결권을 제한하는 것이다.

MEMO

문 1. 역대 헌법에 관한 설명으로 가장 적절하지 않은 것은?

① 제헌헌법에서 모든 국민은 국가 각기관에 대하여 문서로써 청원을 할 권리가 있으며, 청원에 대하여 국가는 심사할 의무를 진다고 규정하였다.
② 1952년 제1차 헌법개정에서 단원제 국회가 규정되었고, 국무위원은 국무총리의 제청에 의하여 대통령이 임면한다고 규정하였다.
③ 1962년 제5차 헌법개정에서 중앙선거관리위원회는 대통령이 임명하는 2인, 국회에서 선출하는 2인과 대법원 판사회의에서 선출하는 5인의 위원으로 구성하고, 위원장은 위원 중에서 호선한다고 규정하였다.
④ 1980년 제8차 헌법개정에서 모든 국민은 깨끗한 환경에서 생활할 권리를 가지며, 국가와 국민은 환경보전을 위하여 노력하여야 한다고 규정하였다.

문 2. 신뢰보호원칙에 관한 설명으로 가장 적절하지 않은 것은? (다툼이 있는 경우 판례에 의함)

① 구 법령에 따라 폐자동차재활용업 등록을 한 자에게도 3년 이내에 등록기준을 갖추도록 한 전기·전자제품 및 자동차의 자원순환에 관한 법률 시행령 부칙 제3조 제1항 및 제2항 중 '3년' 부분은 신뢰보호원칙에 위배되어 그 등록을 한 자의 직업의 자유를 침해한다.
② 헌법재판소가 성인대상 성범죄자에 대하여 10년 동안 일률적으로 의료기관에의 취업제한 등을 하는 규정에 대하여 위헌결정을 한 뒤, 개정법 시행일 전까지 성인대상 성범죄로 형을 선고받아 그 형이 확정된 사람에 대해서 형의 종류 또는 형량에 따라 기간에 차등을 두어 의료기관에의 취업 등을 제한하는 아동·청소년의 성보호에 관한 법률 부칙 제5조 제1호는 신뢰보호원칙에 위배되지 아니한다.
③ 공익법인이 유예기한이 지난 후에도 보유기준을 초과하여 주식을 보유하는 경우 10년을 초과하지 않는 범위에서 매년 가산세를 부과하도록 정한 구 상속세 및 증여세법 제78조 제4항 중 제49조 제1항 제2호에 관한 부분은 신뢰보호원칙에 반하지 아니한다.
④ 무기징역의 집행 중에 있는 자의 가석방 요건을 종전의 '10년 이상'에서 '20년 이상' 형 집행 경과로 강화한 개정 형법 제72조 제1항을 형법 개정 당시에 이미 수용 중인 사람에게도 적용하는 형법 부칙 조항이 신뢰보호원칙에 위배되어 신체의 자유를 침해한다고 볼 수 없다.

문 3. 헌법상 경제질서에 관한 설명으로 옳지 않은 것을 모두 고른 것은? (다툼이 있는 경우 판례에 의함)

○ 입법자는 경제영역에서의 국가목표를 이루기 위하여 가능한 여러 정책 중 필요하다고 판단되는 경제정책을 선택할 수 있고, 입법자의 그러한 정책판단과 선택은 경제에 관한 국가적 규제·조정권한의 행사로서 존중되어야 하는 것이 원칙이다.
○ 택시운송사업자에게 운송수입금 전액 수납의무를 부과하는 것은 헌법 제126조에 의하여 원칙적으로 금지되는 기업 경영과 관련한 국가의 광범위한 감독과 통제 또는 관리에 해당되지 않는다.
○ 법령에 의한 인·허가 없이 장래의 경제적 손실을 금전 또는 유가증권으로 보전해 줄 것을 약정하고 회비 등의 명목으로 금전을 수입하는 행위를 금지하는 것은 사인 간의 사적 자치, 경제상의 자유와 창의를 존중함을 기본으로 하는 헌법 제119조 제1항의 경제질서에 어긋난다.
○ 농지의 임대차는 절대 금지되나, 농업생산성의 제고와 농지의 합리적인 이용을 위한 농지의 위탁경영은 법률이 정하는 바에 의하여 인정된다.
○ 소비자불매운동은 헌법이나 법률의 규정에 비추어 정당하게 평가되는 경우에만 법적 책임이 면제되므로, 물품 등의 공급자나 사업자 이외의 제3자를 상대로 하는 불매운동은 제3자의 권리를 부당하게 침해하지 않더라도 형사책임이나 민사책임이 면제되지 않는다.

① ㉠, ㉡, ㉢
② ㉠, ㉣, ㉤
③ ㉡, ㉢, ㉣
④ ㉢, ㉣, ㉤

문 4. 평등권에 관한 설명으로 가장 적절한 것은? (다툼이 있는 경우 헌법재판소 판례에 의함)

① 후원회를 설치·운영할 수 있는 자를 국회의원으로 한정하고 지방의회의원을 제외한 것은 지방의회의원의 평등권을 침해한다.
② 국가를 우대할 합리적인 이유가 있으므로 국가를 상대로 하는 당사자소송의 경우에는 가집행선고를 할 수 없다고 규정한 행정소송법 제43조는 평등원칙에 위배되지 않는다.
③ 정치자금법 규정이 단일 지역단위 선거구의 지역구국회의원인지 다수 지역단위 선거구의 지역구국회의원인지 여부에 차이를 두지 않고 정치자금법에서 정하지 아니한 방법으로 정치자금을 기부받은 경우 정치자금부정수수죄로 처벌하는 것이 불합리하므로 평등원칙에 반한다.
④ 근로자퇴직급여 보장법 제3조 단서가 가사사용인을 일반 근로자와 달리 근로자퇴직급여 보장법의 적용 범위에서 배제하고 있다 하더라도 합리적 이유가 있는 차별로서 평등원칙에 위배되지 아니한다.

문 5. 명확성원칙에 관한 설명으로 가장 적절하지 않은 것은? (다툼이 있는 경우 판례에 의함)

① 전기통신사업법 제83조 제3항에 규정된 '국가안전보장에 대한 위해를 방지하기 위한 정보수집'은 국가의 존립이나 헌법의 기본질서에 대한 위험을 방지하기 위한 목적을 달성함에 있어 요구되는 최소한의 범위 내에서의 정보수집을 의미하는 것으로 명확성원칙에 위배되지 않는다.

② 선거운동기간 중 당해 홈페이지 게시판 등에 정당·후보자에 대한 지지·반대 등의 정보를 게시하는 경우 실명을 확인받는 기술적 조치를 하도록 정한 공직선거법 조항 중 '인터넷언론사'는 공직선거법 및 관련 법령이 구체적으로 '인터넷언론사'의 범위를 정하고 있고, 중앙선거관리위원회가 설치·운영하는 인터넷선거보도심의위원회가 심의대상인 인터넷언론사를 결정하여 공개하는 점 등을 종합하면 명확성원칙에 반하지 않는다.

③ 국가공무원법 조항 중 초·중등교원인 교육공무원의 가입 등이 금지되는 '그 밖의 정치단체'에 관한 부분은 '특정 정당이나 특정 정치인을 지지·반대하는 단체로서 그 결성에 관여하거나 가입하는 경우 공무원의 정치적 중립성 및 교육의 정치적 중립성을 훼손할 가능성이 높은 단체'로 한정할 수 있어 명확성원칙에 반하지 않는다.

④ 의료인이 아닌 자의 문신시술업을 금지하고 처벌하는 의료법 조항 중 '의료행위'는, 의학적 전문지식을 기초로 하는 경험과 기능으로 진찰, 검안, 처방, 투약 또는 외과적 시술을 시행하여 하는 질병의 예방 또는 치료행위 이외에도 의료인이 행하지 아니하면 보건위생상 위해가 생길 우려가 있는 행위로 분명하게 해석되어 명확성원칙에 위배된다고 할 수 없다.

문 6. 영장주의에 관한 설명으로 옳지 않은 것은 모두 몇 개인가? (다툼이 있는 경우 판례에 의함)

㉠ 형사절차가 아니라 하더라도 실질적으로 수사기관에 의한 인신구속과 동일한 효과를 발생시키는 인신구금은 영장주의의 본질상 그 적용대상이 되어야 한다.

㉡ 헌법상 영장주의는 체포·구속·압수·수색 등 기본권을 제한하는 강제처분에 적용되므로, 강제력이 개입되지 않은 임의수사에 해당하는 수사기관 등의 통신자료 취득에는 영장주의가 적용되지 않는다.

㉢ 기지국 수사를 허용하는 통신사실 확인자료 제공요청은 법원의 허가에 의해 해당 가입자의 동의나 승낙을 얻지 아니하고도 제3자인 전기통신사업자에게 해당 가입자에 관한 통신사실 확인자료의 제공을 요청할 수 있도록 하는 수사방법이므로 헌법상 영장주의가 적용되지 않는다.

㉣ 체포영장을 발부받아 피의자를 체포하는 경우에 필요한 때에는 영장 없이 타인의 주거 등 내에서 피의자 수사를 할 수 있도록 한 형사소송법 조항은 별도로 영장을 발부받기 어려운 긴급한 사정이 있는지 여부를 구별하지 않고 피의자가 소재할 개연성만 소명되면 영장 없이 타인의 주거 등을 수색할 수 있도록 허용하고 있어 헌법 제16조의 영장주의에 위반된다.

㉤ 긴급체포한 피의자를 구속하고자 할 때에는 48시간 이내에 구속영장을 청구하되, 그렇지 않은 경우 사후 영장청구 없이 피의자를 즉시 석방하도록 한 형사소송법 조항은 헌법상 영장주의에 위반된다.

① 1개 ② 2개
③ 3개 ④ 4개

문 7. 죄형법정주의에 관한 설명으로 가장 적절하지 않은 것은? (다툼이 있는 경우 판례에 의함)

① 구 소방시설공사업법 제39조 중 '제36조 제3호에 해당하는 위반행위를 하면 그 행위자를 벌한다'에 관한 부분이 '처벌대상으로 규정하고 있는 행위자'에는 감리업자 이외에 실제 감리업무를 수행한 감리원도 포함되는지 여부가 불명확하므로 죄형법정주의의 명확성원칙에 위배된다.

② 자산유동화계획에 의하지 아니하고 여유자금을 투자한 자를 처벌하는 자산유동화에 관한 법률 제40조 제2호 중 '제22조의 규정에 위반하여 자산유동화계획에 의하지 아니하고 여유자금을 투자한 자' 부분은 죄형법정주의의 명확성원칙에 위배되지 않는다.

③ 납세의무자가 체납처분의 집행을 면탈할 목적으로 그 재산을 은닉·탈루하거나 거짓 계약을 하였을 때 형사처벌하는 조세범 처벌법 제7조 제1항 중 '납세의무자가 체납처분의 집행을 면탈할 목적으로' 부분은 죄형법정주의의 명확성원칙에 위배되지 않는다.

④ 종합문화재수리업을 하려는 자에게 요구되는 기술능력의 등록요건을 대통령령에 위임하고 있는 문화재수리 등에 관한 법률 제14조 제1항 문화재수리업 중 '종합문화재수리업'을 하려는 자의 '기술능력'에 관한 부분은 죄형법정주의에 위배되지 않는다.

문 8. 개인정보자기결정권에 관한 설명으로 가장 적절하지 않은 것은? (다툼이 있는 경우 헌법재판소 판례에 의함)

① 대통령의 지시로 문화체육관광부장관이 야당 소속 후보를 지지하였거나 정부에 비판적 활동을 한 문화예술인이나 단체를 정부의 문화예술 지원사업에서 배제할 목적으로 개인의 정치적 견해에 관한 정보를 수집·보유·이용한 행위는 개인정보자기결정권을 침해한다.

② 거짓이나 그 밖의 부정한 방법으로 보조금을 교부받거나 보조금을 유용하여 어린이집 운영정지, 폐쇄명령 또는 과징금 처분을 받은 어린이집에 대하여 그 위반사실을 공표하도록 한 구 영유아 보육법 해당 규정은 과잉금지원칙을 위반하여 개인정보자기결정권을 침해하지 않는다.

③ 보안관찰처분대상자가 교도소 등에서 출소한 후 7일 이내에 출소사실을 신고하도록 정한 구 보안관찰법 해당 규정 전문 중 출소 후 신고의무에 관한 부분은 개인정보자기결정권을 침해하지 않는다.

④ 소년에 대한 수사경력자료의 삭제와 보존기간에 대하여 규정하면서 법원에서 불처분결정된 소년부 송치 사건에 대하여 규정하지 않은 구 형의 실효 등에 관한 법률 해당 조항은 개인정보자기결정권을 침해하지 않는다.

문 9. 언론·출판의 자유에 관한 설명으로 가장 적절하지 않은 것은? (다툼이 있는 경우 판례에 의함)

① 상업광고는 표현의 자유의 보호영역에 속하지만 사상이나 지식에 관한 정치적·시민적 표현 행위와는 차이가 있으므로, 그 규제의 위헌여부는 완화된 기준인 자의금지원칙에 따라 심사한다.
② 헌법상 사전검열은 표현의 자유 보호대상이면 예외 없이 금지되므로, 건강기능식품의 기능성 광고는 인체의 구조 및 기능에 대하여 보건용도에 유용한 효과를 준다는 기능성 등에 관한 정보를 널리 알려 해당 건강기능식품의 소비를 촉진시키기 위한 상업광고이지만, 표현의 자유의 보호대상이 됨과 동시에 사전검열금지 대상도 된다.
③ '익명표현'은 표현의 자유를 행사하는 하나의 방법으로서 그 자체로 규제되어야 하는 것은 아니고, 부정적 효과가 발생하는 것이 예상되는 경우에 한하여 규제될 필요가 있다.
④ 선거운동기간 중 모든 익명표현을 사전적·포괄적으로 규율하는 것은 익명표현의 자유를 지나치게 제한한다.

문 10. 집회 및 결사의 자유에 관한 설명으로 가장 적절하지 않은 것은? (다툼이 있는 경우 헌법재판소 판례에 의함)

① 운송사업자로 구성된 협회로 하여금 연합회에 강제로 가입하게 하고 임의로 탈퇴할 수 없도록 하는 화물자동차 운수사업법의 해당 조항 중 '운송사업자로 구성된 협회'에 관한 부분은 결사의 자유를 침해한다고 볼 수 없다.
② "재판에 영향을 미칠 염려가 있거나 미치게 하기 위한 집회 또는 시위"를 금지하고 이를 위반한 자를 형사처벌하는 구 집회 및 시위에 관한 법률의 해당 조항은 집회의 자유를 침해하지 않는다.
③ 일반적으로 집회는 일정한 장소를 전제로 하여 특정 목적을 가진 다수인이 일시적으로 회합하는 것을 말하는 것으로 그 공동의 목적은 '내적인 유대 관계'로 족하고, 건전한 상식과 통상적인 법감정을 가진 사람이면 집회 및 시위에 관한 법률상 '집회'가 무엇을 의미하는지를 추론할 수 있으므로 '집회'의 개념이 불명확하다고 볼 수 없다.
④ 지역농협 이사 선거의 경우 전화·컴퓨터통신을 이용한 지지 호소의 선거운동방법을 금지하고, 이를 위반한 자를 처벌하는 구 농업협동조합법 규정은 결사의 자유를 침해한다.

문 11. 직업의 자유에 관한 설명으로 가장 적절하지 않은 것은? (다툼이 있는 경우 판례에 의함)

① 근로기준법상 근로시간에 대한 주 52시간 상한제 조항은 연장근로 시간에 관한 사용자와 근로자 간의 계약 내용을 제한한다는 측면에서는 사용자와 근로자의 계약의 자유를 제한하고, 근로자를 고용하여 재화나 용역을 제공하는 사용자의 활동을 제한한다는 측면에서는 직업의 자유를 제한한다.
② 중개법인의 임원이 공인중개사법을 위반하여 300만 원 이상의 벌금형의 선고를 받고 3년이 지나지 아니한 자에 해당하는 경우 중개법인의 등록을 필요적으로 취소하도록 하는 것은 해당 중개법인의 직업의 자유를 침해한다.
③ 사업주로부터 위임을 받아 고용보험 및 산재보험에 관한 보험사무를 대행할 수 있는 기관의 자격을 일정한 기준을 충족하는 단체 또는 법인, 공인노무사, 세무사로 한정하고 있는 고용보험 및 산업재해 보상보험의 보험료징수 등에 관한 법률 조항은 개인 공인회계사의 직업의 자유를 침해한다고 볼 수 없다.
④ 시내버스운송사업자가 사업계획 가운데 운행대수 또는 운행횟수를 증감하려는 때에는 국토교통부장관 또는 시·도지사의 인가를 받거나 신고하도록 하고 이를 위반한 경우 처벌하는 여객자동차 운수사업법 조항은 시내버스운송사업자의 직업수행의 자유를 침해한다고 볼 수 없다.

문 12. 형사보상청구권에 관한 설명으로 가장 적절하지 않은 것은? (다툼이 있는 경우 판례에 의함)

① 비용보상청구권의 제척기간을 무죄판결이 확정된 날부터 6개월로 제한한 구 형사소송법은 과잉금지원칙에 위반되어 청구인의 재판청구권 및 재산권을 침해하지 않는다.
② 형사소송법은 비용보상 청구를 무죄판결이 확정된 사실을 안 날부터 3년, 무죄판결이 확정된 때부터 5년 이내에 하여야 한다고 규정하고 있다.
③ 헌법 제28조는 '불기소처분을 받거나 무죄판결을 받은 때' 구금에 대한 형사보상을 청구할 수 있는 권리를 헌법상 기본권으로 명시하고 있으므로, 외형상·형식상으로 무죄재판이 없었다면 형사사법절차에 내재하는 불가피한 위험으로 인하여 국민의 신체의 자유에 관한 피해가 발생하였다 하더라도 형사보상청구권을 인정할 수 없다.
④ 형사보상은 국가배상과는 그 취지 자체가 상이하므로 형사보상절차로서 인과관계 있는 모든 손해를 보상하지 않는다고 하여 반드시 부당하다고 할 수 없다.

문 13. 근로의 권리에 관한 설명으로 가장 적절하지 않은 것은? (다툼이 있는 경우 판례에 의함)

① 헌법 제32조 제3항은 근로의 권리가 실효적인 것이 될 수 있도록 "근로조건의 기준은 인간의 존엄성을 보장하도록 법률로 정한다."라고 하여 근로조건 법정주의를 규정하고 있으나, 연차유급휴가에 관한 권리가 근로의 권리의 내용에 포함되는 것은 아니다.
② 해고예고제도는 근로관계 종료 전 사용자에게 근로자에 대한 해고예고를 하게 하는 것으로서 근로자의 인간 존엄성을 보장하기 위한 최소한도의 근로조건 가운데 하나에 해당하므로 근로의 권리의 내용에 포함된다.
③ 헌법 제32조 제3항의 근로조건 법정주의에서 근로조건이란 근로계약에 의하여 근로자가 근로를 제공하고 임금을 수령하는 데에 관한 조건들로서, 근로조건에 관한 기준을 법률로써 정한다는 것은 근로조건에 관하여 법률이 최저한의 제한을 설정한다는 의미이다.
④ 근로의 권리로부터 국가에 대한 직접적인 직장존속청구권을 도출할 수는 없지만, 사용자의 처분에 따른 직장상실에 대하여 최소한의 보호를 제공하여야 할 의무를 국가에 지우는 것으로 볼 수는 있다.

문 14. 정당해산에 관한 설명으로 가장 적절한 것은? (다툼이 있는 경우 판례에 의함)

① 헌법 제8조 제4항은 정당해산심판의 사유를 "정당의 목적이나 활동이 민주적 기본질서에 위배될 때"로 규정하고 있는데, 여기서 말하는 민주적 기본질서의 '위배'란, 민주적 기본질서에 대한 단순한 위반이나 저촉을 의미하는 것이다.
② 헌법재판소의 해산결정으로 정당이 해산되는 경우에 그 정당 소속 국회의원이 의원직을 상실하는지에 대하여 명문의 규정은 없으나 정당해산제도의 취지 등에 비추어 볼 때 헌법재판소의 정당해산결정이 있는 경우 그 정당 소속 국회의원의 의원직은 당선 방식을 불문하고 모두 상실되지 않는다.
③ 정당해산심판절차에는 헌법재판소법과 헌법재판소 심판규칙, 그리고 헌법재판의 성질에 반하지 않는 한도 내에서 형사소송에 관한 법령이 적용된다.
④ 헌법재판소의 결정에 의하여 해산된 정당의 명칭과 같은 명칭은 정당의 명칭으로 다시 사용하지 못한다.

문 15. 공무원제도 및 공무담임권에 관한 설명으로 가장 적절하지 않은 것은? (다툼이 있는 경우 판례에 의함)

① 경찰공무원이 자격정지 이상의 형의 선고유예를 받은 경우 공무원직에서 당연퇴직하도록 규정하고 있는 구 경찰공무원법 조항은 입법자의 입법형성재량의 범위 내에서 입법된 것이므로 공무담임권을 침해하지 않는다.
② 헌법 제7조가 정하고 있는 직업공무원제도는 공무원이 집권세력의 논공행상의 제물이 되는 엽관제도를 지양하며 정권교체에 따른 국가작용의 중단과 혼란을 예방하고 일관성 있는 공무수행의 독자성을 유지하기 위하여 헌법과 법률에 의하여 공무원의 신분이 보장되도록 하는 공직구조에 관한 제도로 공무원의 정치적 중립과 신분보장을 그 중추적 요소로 한다.
③ 지방자치단체의 직제가 폐지된 경우에 해당 공무원을 직권면직할 수 있도록 규정하고 있는 지방공무원법 조항은 직업공무원제도에 위반되지 않는다.
④ 직업공무원제도는 헌법이 보장하는 제도적 보장 중의 하나이므로 입법자는 직업공무원제도에 관하여 '최소한 보장'의 원칙의 한계 안에서 폭넓은 입법형성의 자유를 가진다.

문 16. 다음 사례와 관련된 판례의 내용으로 가장 적절하지 않은 것은? (다툼이 있는 경우에 판례에 의함)

> 장애인·노인·임산부 등의 편의증진 보장에 관한 법률(이하 '장애인등편의증진법'이라 한다) 제7조는 장애인 등이 일상생활에서 이동하거나 시설을 이용할 때 편리하게 하기 위한 시설과 설비(이하 '편의시설'이라 한다)를 설치할 의무를 부담하는 대상시설의 범위를 대통령령으로 정하도록 규정하고 있다.
> 그 위임에 따라 구 장애인·노인·임산부 등의 편의증진 보장에 관한 법률 시행령(2022.4.27. 대통령령 제32607호로 개정되기 전의 것, 이하 '구 장애인등편의증진법 시행령'이라 한다) 제3조 [별표 1] 제2호 (가)목의 (1)(이하 '이 사건 쟁점규정'이라 한다)은 공중이용시설 중 '수퍼마켓·일용품(식품·잡화·의류·완구·서적·건축자재·의약품·의료기기 등을 말한다) 등의 소매점'(이하 '소규모 소매점'이라 한다)에 대해서 그 바닥면적이 300㎡ 미만인 경우 편의시설 설치의무 대상시설에서 제외하는 것으로 규정하였다.
> 장애인등편의증진법과 같은 법 시행령이 1998.4.11. 시행된 이래로 이 사건 쟁점규정의 내용은 24년 넘게 동일하게 유지되었다.

① 장애인의 접근권은 헌법상 인간의 존엄과 가치 및 행복을 추구할 권리를 장애인에게도 동등하게 보장하고, 사회적 약자인 장애인이 인간다운 생활을 하는 데 필수적인 전제가 되는 권리로서, 비록 헌법에 명시되지는 않았으나 헌법 규정들로부터 도출되는 기본권으로서의 지위를 가진다.
② 장애인의 접근권이 접근에 대한 방해의 금지를 구하는 소극적·방어적인 수준을 넘어 비장애인과 동등한 수준의 접근을 보장할 수 있는 특정 시설과 설비를 설치할 것을 국가나 사인에게 적극적으로 요구할 수 있는 권리로 구체화되기 위해서는 이를 위한 법률이 필요하다 할 것이고, 국가는 제한된 재정 능력과 사회·경제적 발전 수준 등을 고려하여 장애인에 대한 접근권이 적절히 보장되도록 필요한 조치를 취할 의무가 있다.
③ 국회가 법률로 행정청에 특정한 사항을 위임했음에도 불구하고 행정청이 정당한 이유 없이 이를 이행하지 않는다면 권력분립의 원칙과 법치국가 또는 법치행정의 원칙에 위배되는 것으로서 위법함과 동시에 위헌적인 것이 되지만, 이는 행정청이 법률에서 대통령령으로 정하도록 위임받은 사항을 전혀 입법하지 않은 경우에 해당하고 그 법률이 위임한 사항을 불충분하게 규정함으로써 법률이 위임한 행정입법의무를 제대로 이행하지 않은 경우에는 해당되지 않는다.
④ 법률이 행정청에 대하여 행정입법을 할 재량을 부여하였다 하더라도, 그 재량을 부여한 취지와 목적에 비추어 행정청이 행정입법의 권한을 행사하지 아니한 것이 현저하게 합리성을 잃어 사회적 타당성이 없는 경우에는 그 부작위가 객관적 정당성을 상실하였다고 볼 수 있고, 객관적 정당성을 상실하였다고 볼 수 있는 경우에는 특별한 사정이 없으면 국가배상법 제2조 제1항에서 정한 공무원의 과실도 인정된다.

문 17. 국가인권위원회에 관한 설명으로 가장 적절하지 않은 것은? (다툼이 있는 경우 판례에 의함)

① 국가위원회는 인권의 보호와 향상에 중대한 영향을 미치는 재판이 계속 중인 경우 법원 또는 헌법재판소의 요청이 있거나 필요하다고 인정할 때에는 법원의 담당 재판부 또는 헌법재판소에 법률상의 사항에 관하여 의견을 제출할 수 있다.
② 국가인권위원회는 진정이 없는 경우에도 인권침해나 차별행위가 있다고 믿을 만한 상당한 근거가 있고 그 내용이 중대하다고 인정할 때에는 이를 직권으로 조사할 수 있다.
③ 국회의 입법 또는 법원, 헌법재판소의 재판에 의하여 헌법 제10조 내지 제22조에 보장된 인권을 침해당한 경우 그 인권침해를 당한 사람이나 단체는 국가인권위원회에 그 내용을 진정할 수 있다.
④ 진정의 원인이 된 사실이 범죄행위에 해당한다고 믿을 만한 상당한 이유가 있고, 그 혐의자의 도주 또는 증거의 인멸 등을 방지하기 위하여 필요하다고 인정할 경우에 국가인원위원회는 검찰총장 또는 관할 수사기관의 장에게 수사의 개시와 필요한 조치를 의뢰할 수 있다.

문 18. 평등원칙 위반 여부의 심사기준을 자의금지원칙과 비례원칙으로 나눌 때, 다음 중 비례원칙을 적용한 것은 모두 몇 개인가? (다툼이 있는 경우 판례에 의함)

> ㉠ 상이연금 수급자에 대한 공무원 재직기간 합산방법을 규정하지 않은 구 공무원연금법 조항
> ㉡ 교통사고처리특례법 조항 중 업무상 과실 또는 중대한 과실로 인한 교통사고로 말미암아 피해자로 하여금 중상해를 이르게 한 경우에 공소를 제기할 수 없도록 규정한 부분
> ㉢ 대한민국 국민인 남자에 한하여 병역의무를 부과한 구 병역법 조항
> ㉣ 혼인한 등록의무자 모두 배우자가 아닌 본인의 직계존·비속의 재산을 등록하도록 법조항이 개정되었음에도 불구하고, 개정 전 조항에 따라 이미 배우자의 직계존·비속의 재산을 등록한 혼인한 여성 등록의무자는 종전과 동일하게 계속해서 배우자의 직계존·비속의 재산을 등록하도록 규정한 공직자윤리법 조항
> ㉤ 자수를 필요적 형감면사유로 규정한 형법 각칙이나 특별법과 달리 임의적 형감면사유로 규정한 형법 조항

① 1개
② 2개
③ 3개
④ 4개

문 19. 공무담임권에 관한 설명으로 가장 적절하지 않은 것은? (다툼이 있는 경우 판례에 의함)

① 서울교통공사는 공익적인 업무를 수행하기 위한 지방공사이나, 서울특별시와 독립적인 공법인으로서 경영의 자율성이 보장되고, 서울교통공사의 직원의 신분도 지방공무원법이 아닌 지방공기업법과 정관에서 정한 바에 따르는 등, 서울교통공사의 직원이라는 직위가 헌법 제25조가 보장하는 공무담임권의 보호영역인 '공무'의 범위에는 해당하지 않는다.
② 향토예비군 지휘관이 금고 이상의 형의 선고유예를 받은 경우에는 그 직에서 당연해임되도록 규정하고 있는 구 향토예비군설치법시행규칙 조항은 범죄의 종류와 내용을 가리지 않고 모두 당연퇴직 사유로 정함으로써 공무담임권을 침해한다.
③ 공무담임권은 공직취임의 기회 균등뿐만 아니라 취임한 뒤 승진할 때에도 균등한 기회 제공을 요구하는 것은 아니다.
④ 국가공무원법 제33조 제6호의4 나목 중 아동복지법 제17조 제2호 가운데 '아동에게 성적 수치심을 주는 성희롱 등의 성적 학대행위로 형을 선고받아 그 형이 확정된 사람은 일반직 공무원으로 임용될 수 없도록 한 것'에 관한 부분은 제한의 범위가 지나치게 넓고 포괄적이다.

문 20. 재판청구권에 관한 설명으로 가장 적절하지 않은 것은? (다툼이 있는 경우 판례에 의함)

① 상속개시 후 인지 또는 재판의 확정에 의하여 공동상속인이 된 자의 상속분가액지급청구권의 제척기간을 정하고 있는 민법 제999조 제2항의 '상속권의 침해행위가 있는 날부터 10년' 중 민법 제1014조에 관한 부분은 재판청구권을 침해한다.

② 매각허가결정에 대한 소유자의 항고가 기각되면 공탁한 항고보증금을 돌려 줄 것을 요구하지 못하게 하는 것은 재판청구권을 침해한다.

③ 변호사보수산입 조항이 변호사보수를 소송비용에 산입하여 패소한 당사자의 부담으로 한 것은 정당한 권리행사를 위하여 소송을 제기하거나 부당한 제소에 대하여 응소하려는 당사자를 위하여 실효적 권리구제를 보장하고, 남소와 남상소를 방지하여 사법제도의 적정하고 합리적 운영을 도모하려는 데 취지가 있으므로 패소한 당사자의 재판을 받을 권리를 침해하지 아니한다.

④ 간이기각제도는 형사소송절차의 신속성이라는 공익을 달성하는 데 필요하고 적절한 방법으로써 즉시항고에 의한 불복도 가능하므로, 소송의 지연을 목적으로 함이 명백한 기피신청의 경우 그 신청을 받은 법원 또는 법관이 결정으로 기각할 수 있도록 한 형사소송법 제20조 제1항은 공정한 재판을 받을 권리를 침해하지 아니한다.

MEMO

12회 실전동형모의고사

소요시간: _____ / 15분   맞힌 답의 개수: _____ / 20

문 1. 헌법의 역사에 관한 설명으로 가장 적절한 것은?

① 1948년 헌법은 국가의 세입·세출의 결산, 국가 및 법률에 정한 단체의 회계 검사와 행정기관 및 공무원의 직무에 관한 감찰을 하기 위하여 대통령 소속 하에 감사원을 두도록 규정하였다.
② 1954년 헌법은 대통령이 사고로 인하여 직무를 수행할 수 없을 때에는 부통령이 그 권한을 대행하고, 대통령·부통령 모두 사고로 인하여 그 직무를 수행할 수 없을 때에는 국무총리가 그 권한을 대행하도록 규정하였다.
③ 1962년 헌법은 국회의원에 입후보하려면 소속 정당의 추천을 받도록 규정하였다.
④ 1980년 헌법은 국회가 국무총리 또는 국무위원에 대하여 개별적으로 그 해임을 건의할 수 있으나, 국무총리에 대한 해임건의는 국회가 임명동의를 한 후 1년 이내에는 할 수 없도록 규정하였다.

문 2. 국적에 관한 설명으로 가장 적절하지 않은 것은? (다툼이 있는 경우 헌법재판소 판례에 의함)

① 복수국적자는 18세가 되어 병역준비역에 편입된 때부터 3개월이 지나기 전이라면 자유롭게 국적을 이탈할 수 있고, 그 이후부터 병역의무가 해소되는 시점까지만 국적이탈이 금지되는 국적법 제12조 제2항은 입법자가 국방과 병역 형평이라는 헌법적 가치를 한 축으로, 국적이탈이라는 개인의 기본권적 가치를 다른 한 축으로 하여 어느 한쪽을 일방적으로 희생시키지 아니하고 나름의 조정과 형량을 한 결과이므로 과잉금지원칙에 위배되지 않는다.
② 대한민국의 민법상 성년이 되기 전에 외국인에게 입양된 후 외국 국적을 취득하고 외국에서 계속 거주하다가 국적법 제9조에 따라 국적회복허가를 받은 자는 대한민국 국적을 취득한 날부터 1년 내에 외국 국적을 포기하거나 법무부장관이 정하는 바에 따라 대한민국에서 외국 국적을 행사하지 아니하겠다는 뜻을 법무부장관에게 서약하여야 한다.
③ 외국 국적 포기 의무를 이행하지 않아서 대한민국 국적을 상실한 자가 그 후 1년 내에 그 외국 국적을 포기하면 법무부장관에게 신고함으로써 대한민국 국적을 재취득할 수 있다.
④ 중앙행정기관의 장이 복수국적자를 외국인과 동일하게 처우하는 내용으로 법령을 제정 또는 개정하려는 경우에는 미리 법무부장관과 협의하여야 한다.

문 3. 법치주의에 관한 설명으로 가장 적절하지 않은 것은? (다툼이 있는 경우 판례에 의함)

① 수신료 징수업무를 지정받은 자가 수신료를 징수하는 때, 그 고유업무와 관련된 고지행위와 결합하여 이를 행해서는 안 된다고 규정한 방송법 시행령 조항은 수신료의 구체적인 고지방법에 관한 규정인 바, 이를 법률에서 직접 정하지 않았다고 하여 의회유보원칙에 위반된다고 볼 수 없다.
② 민사법규는 행위규범의 측면이 강조되는 형벌법규와는 달리 기본적으로는 재판규범의 측면이 훨씬 강조되므로, 사회현실에 나타나는 여러 가지 현상에 관하여 일반적으로 흠결 없이 적용될 수 있도록 보다 추상적인 표현을 사용하는 것이 상대적으로 더 가능하다.
③ 새로운 법령에 의한 신뢰이익의 침해는 새로운 법령이 과거의 사실 또는 법률관계에 소급적용되는 경우에 한하여 문제되는 것은 아니고, 과거에 발생하였지만 완성되지 않고 진행 중인 사실 또는 법률관계 등을 새로운 법령이 규율함으로써 종전에 시행되던 법령의 존속에 대한 신뢰이익을 침해하게 되는 경우에도 신뢰보호의 원칙이 적용될 수 있다.
④ 교육제도 법정주의는 교육의 영역에서 본질적이고 중요한 결정은 입법자에게 유보되어야 한다는 의회유보의 원칙을 규정한 것으로 학교제도에 관한 포괄적인 국가의 규율권한을 부여한 것으로 볼 수는 없다.

문 4. 선거제도 및 선거권에 관한 설명으로 옳고 그름의 표시(○, ×)가 바르게 된 것은? (다툼이 있는 경우 판례에 의함)

㉠ 신체의 장애로 인하여 자신이 기표할 수 없는 선거인에 대해 투표보조인이 가족이 아닌 경우 반드시 투표보조인 2인을 동반하여서만 투표를 보조하게 할 수 있도록 정한 공직선거법 조항은 비밀선거의 원칙에 대한 예외를 정하고 있지만, 형사처벌을 통해 투표보조인이 선거인의 투표의 비밀을 침해하는 것을 방지하여 투표의 비밀이 유지되도록 하고 있으므로 선거권을 침해하지 않는다.
㉡ 선거운동기간 전에 개별적으로 대면하여 말로 하는 선거운동을 형사처벌하도록 한 구 공직선거법 조항은 정치적 표현의 자유를 침해한다.
㉢ 지역구국회의원선거에 있어서 당해 국회의원지역구에서 유효투표의 다수를 얻은 자를 당선인으로 결정하는 소선거구 다수대표제를 규정한 공직선거법 조항은 다른 선거제도를 배제하는 것으로서 평등권과 선거권을 침해한다.
㉣ 지방자치단체장 선거에서 각급선거방송토론위원회가 필수적으로 개최하는 대담·토론회에 대한 참석 기회는 모든 후보자에게 공평하게 주어져야 하므로 그 초청 자격을 제한하고 있는 공직선거법 조항은 후보자들의 선거운동의 기회균등원칙과 관련한 평등권을 침해한다.

① ㉠(○), ㉡(○), ㉢(×), ㉣(×)
② ㉠(○), ㉡(×), ㉢(○), ㉣(×)
③ ㉠(○), ㉡(○), ㉢(×), ㉣(○)
④ ㉠(×), ㉡(○), ㉢(○), ㉣(×)

문 5. 헌법상 국제질서에 관한 설명으로 가장 적절한 것은? (다툼이 있는 경우 판례에 의함)

① 이른바 한미주둔군지위협정(SOFA)은 비록 그 내용이 외국군대의 지위에 관한 것이고 국민에게 재정적 부담을 지우는 입법사항을 포함하고 있다 하더라도, 그 명칭이 협정으로 되어 있어 국회의 동의 없이 체결될 수 있는 행정협정에 해당한다.
② 이라크 파병 결정은 고도의 정치적 결단을 요하는 문제이므로, 그것이 헌법과 법률이 정한 절차를 준수했는지, 그리고 이라크 전쟁이 국제규범에 어긋나는 침략전쟁인지 등에 대하여 사법적 기준으로 심판하는 것은 자제되어야 한다.
③ 지급거절될 것을 예견하고 수표를 발행한 사람이 그 수표의 지급제시기일에 수표금이 지급되지 아니하게 한 경우 수표의 발행인을 처벌하는 것은, 계약상 의무의 이행불능만을 이유로 구금하는 것을 금지한 시민적 및 정치적 권리에 관한 국제규약에 정면으로 배치되지 않아 국제법 존중주의에 위배되지 않는다.
④ 헌법에 의하여 체결·공포된 조약과 달리 일반적으로 승인된 국제법규는 헌법절차에 의해서 승인되었다고 볼 수 없으므로 국내법과 같은 효력을 갖지 않는다.

문 6. 헌법상 책임주의원칙에 관한 설명으로 가장 적절하지 않은 것은? (다툼이 있는 경우 판례에 의함)

① 선박소유자가 고용한 선장이 선박소유자의 업무에 관하여 범죄행위를 하면 그 선박소유자에게도 동일한 벌금형을 과하도록 규정하고 있는 구 선박안전법 조항은 선장이 저지른 행위의 결과에 대해 선박소유자의 독자적인 책임에 관하여 전혀 규정하지 않은 채, 단순히 선박소유자가 고용한 선장이 업무에 관하여 범죄행위를 하였다는 이유만으로 선박소유자에 대하여 형사처벌을 과하고 있으므로 책임주의원칙에 위배된다.
② 건설업 등록을 하지 않은 건설공사 하수급인이 근로자에게 임금을 지급하지 못한 경우에, 하수급인의 직상 수급인에 대하여 하수급인과 연대하여 임금을 지급할 의무를 부과하고 직상 수급인이 그 의무를 이행하지 않으면 처벌하도록 한 근로기준법 조항은 자기책임원칙에 위배된다.
③ 각 중앙관서의 장이 경쟁의 공정한 집행 또는 계약의 적정한 이행을 해칠 염려가 있는 자 등에 대하여 2년 이내의 범위에서 대통령령이 정하는 바에 따라 입찰참가자격을 제한하도록 한 구 국가를 당사자로 하는 계약에 관한 법률 조항은, 부정당업자가 제재처분의 사유가 되는 행위의 책임을 자신에게 돌릴 수 없다는 점 등을 증명하여 제재처분에서 벗어날 수 있게 하므로 자기책임원칙에 위배되지 아니한다.
④ 국민건강보험공단이 사위 기타 부당한 방법으로 보험급여비용을 받은 요양기관에 대하여 급여비용에 상당하는 금액의 전부 또는 일부를 징수할 수 있도록 한 국민건강보험법 조항은, 요양기관이 그 피용자를 관리·감독할 주의의무를 다하였다고 하더라도 보험급여비용이 요양기관에 일단 귀속되었고 그 요양기관이 사위 기타 부당한 방법으로 보험급여비용을 지급받은 이상 부당이득반환의무가 있다는 것이므로 책임주의원칙에 어긋난다고 볼 수 없다.

문 7. 기본권의 주체에 관한 설명으로 가장 적절하지 않은 것은? (다툼이 있는 경우 판례에 의함)

① 고용허가를 받아 우리 사회에서 정당한 노동인력으로서 지위를 부여받은 외국인들은 직장선택의 자유와 근로의 권리 중 인간의 존엄성 보장에 필요한 최소한의 근로조건을 요구할 수 있는 '일할 환경에 관한 권리'가 보장된다.
② 특정 정당이 등록 취소된 이후에는 정당법상 정당으로 보호받을 수 없으며, 정당설립의 자유를 향유하는 기본권 주체가 될 수 없다.
③ 헌법 제31조 제4항이 규정하는 교육의 자주성 및 대학의 자율성은 대학에 부여된 헌법상 기본권인 대학의 자율권이므로 국립대학도 이러한 대학의 자율권의 주체로서 헌법소원심판의 청구인능력이 인정된다.
④ 형성 중인 생명인 태아에게는 생명에 대한 권리가 인정되어야 하나 모체에 착상되기 전 혹은 원시선이 나타나기 전의 수정란 상태의 초기배아에게는 생명권의 주체성을 인정할 수 없다.

문 8. 기본권의 충돌에 관한 설명으로 가장 적절하지 않은 것은? (다툼이 있는 경우 판례에 의함)

① 하나의 법률관계를 둘러싸고 두 기본권이 충돌하는 경우에는 구체적인 사안에서의 사정을 종합적으로 고려한 이익형량과 함께 양 기본권 사이의 실제적인 조화를 꾀하는 해석 등을 통하여 이를 해결해야 한다.
② 상하의 위계질서가 있는 기본권끼리 충돌하는 경우에는 상위기본권우선의 원칙에 따라 하위기본권이 제한될 수 있으므로, 흡연권과 혐연권 충돌 시 흡연권은 혐연권을 침해하지 않는 한에서 인정되어야 한다.
③ 인격권과 표현의 자유가 충돌하는 경우에는 헌법의 통일성을 유지하기 위하여 상충하는 기본권 모두가 최대한 그 기능과 효력을 나타낼 수 있도록 하는 조화로운 방법이 모색되어야 한다.
④ 개인적 단결권과 집단적 단결권이 충돌하는 경우 후자가 전자보다 더 중시된다고 할 수 있다.

문 9. 평등권에 관한 설명으로 가장 적절한 것은? (다툼이 있는 경우 판례에 의함)

① 내국인 및 영주(F-5)·결혼이민(F-6)의 체류자격을 가진 외국인과 달리 외국인 지역가입자에 대하여 납부할 월별보험료의 하한을 전년도 전체 가입자의 평균을 고려하여 정하는 구 장기체류 재외국민 및 외국인에 대한 건강보험적용기준 제6조 제1항에 의한 별표2 제1호 단서는 합리적인 이유 없이 외국인을 내국인 등과 달리 취급한 것으로서 평등권을 침해한다.
② 헌법재판소는 동물약국 개설자가 수의사 또는 수산질병관리사의 처방전 없이 판매할 수 없는 동물용 의약품을 규정한 처방대상 동물용 의약품 지정에 관한 규정 제3조가 의약분업이 이루어지지 않은 동물 분야에서 수의사가 동물용의약품에 대한 처방과 판매를 사실상 독점할 수 있도록 하여 동물약국 개설자의 직업수행의 자유를 침해하는지 여부를 판단하는 이상 평등권 침해 여부에 관하여는 따로 판단하지 아니하였다.
③ 확정판결의 기초가 된 민사나 형사의 판결, 그 밖의 재판 또는 행정처분이 다른 재판이나 행정처분에 따라 바뀌어 당사자가 행정소송의 확정판결에 대하여 재심을 제기하는 경우, 재심제기기간을 30일로 정한 민사소송법을 준용하는 행정소송법 제8조 제2항 중 민사소송법 제456조 제1항 가운데 제451조 제1항 제8호에 관한 부분을 준용하는 부분은 행정소송 당사자의 평등권을 침해한다.
④ 구 감염병의 예방 및 관리에 관한 법률 제70조 제1항에 감염병환자가 방문한 영업장의 폐쇄 등과 달리, 감염병의 예방을 위하여 집합제한 조치를 받은 영업장의 손실을 보상하는 규정을 두고 있지 않은 것은 평등권을 침해한다.

문 10. 신체의 자유에 관한 설명으로 가장 적절하지 않은 것은? (다툼이 있는 경우 판례에 의함)

① 감염병의심자를 적당한 장소에 일정한 기간 격리시키는 조치를 위반한 자를 1년 이하의 징역 또는 1천만 원 이하의 벌금에 처한다고 규정한 '감염병의 예방 및 관리에 관한 법률'은 과잉금지원칙에 반하여 신체의 자유를 침해하지 않는다.
② 강제퇴거명령을 받은 사람을 즉시 대한민국 밖으로 송환할 수 없는 경우에 송환할 수 있을 때까지 보호시설에 보호할 수 있도록 하여 보호기간 상한을 마련하지 아니한 출입국관리법 규정은 퇴거 명령을 받은 사람의 신체의 자유를 침해한다.
③ 정신성적 장애인을 치료감호시설에 수용하는 기간은 15년을 초과할 수 없다고 규정한 구 치료감호 등에 관한 법률 제16조 제2항 제1호 중 제2조 제1항 제3호에 해당하는 자에 관한 부분은 과잉금지원칙을 위반하여 정신성적 장애인의 신체의 자유를 침해한다.
④ 진술거부권은 형사절차에서만 보장되는 것은 아니고, 행정절차에서도 그 진술이 자기에게 형사상 불리한 경우에는 묵비권을 가지고 이를 강요받지 아니할 국민의 기본권으로 보장된다.

문 11. 입법부작위에 관한 설명으로 가장 적절한 것은? (다툼이 있는 경우 헌법재판소 결정 및 대법원 판례에 의함)

① 입법자가 불충분하게 규율한 이른바 부진정입법부작위에 대하여 헌법소원을 제기하려면 그것이 평등의 원칙에 위배된다는 등 헌법위반을 내세워 적극적인 헌법소원을 제기하여야 하며, 이 경우에는 기본권 침해 상태가 계속되고 있으므로 헌법재판소법 소정의 청구기간을 준수할 필요는 없다.
② 하위 행정입법의 제정 없이 상위 법령의 규정만으로도 법률의 집행이 이루어질 수 있는 경우라 하더라도 상위 법령이 행정입법에 위임하고 있다면 하위 행정입법을 하여야 할 헌법적 작위의무가 인정된다.
③ 법률에서 군법무관의 봉급과 그 밖의 보수를 법관 및 검사의 예에 준하여 지급하도록 하는 대통령령을 제정할 것을 규정하였다 하더라도, 군복무를 하고 있는 군장교들은 전투력의 확보를 위한 특수집단의 한 구성요소이므로 군조직 밖의 기준으로 군조직의 다른 요소와 분리시켜 기본적인 보수에 있어 우대적 차별을 하는 것은 불합리하므로, 대통령이 지금까지 해당 대통령령을 제정하지 않는다 하더라도 이는 군법무관의 재산권을 침해하지 아니한다.
④ 진정입법부작위에 대한 헌법소원은, 헌법에서 기본권보장을 위하여 법령에 명시적인 입법위임을 하였음에도 입법자가 이를 이행하지 아니한 경우이거나, 헌법해석상 특정인에게 구체적인 기본권이 생겨 이를 보장하기 위한 국가의 행위의무 내지 보호의무가 발생하였음이 명백함에도 불구하고 입법자가 아무런 입법조치를 취하지 아니한 경우에 한하여 허용된다.

문 12. 국가의 기본권 보호의무에 관한 설명으로 가장 적절하지 <u>않은</u> 것은? (다툼이 있는 경우 판례에 의함)

① 헌법재판소는 국가의 기본권 보호의무란 사인인 제3자에 의해 발생하는 생명이나 신체에 대한 침해로부터 이를 보호하여야 할 국가의 의무를 말하는 것으로, 국가가 직접 주방용오물분쇄기의 사용을 금지하여 개인의 기본권을 제한하는 경우에는 국가의 기본권 보호의무 위반 여부가 문제되지 않는다고 판단하였다.

② 선거운동을 위하여 확성장치를 허용하여야 할 공익적 필요성이 인정된다고 하더라도, 공직선거법이 주거지역에서의 최고출력 내지 소음을 제한하는 등 대상지역에 따른 수인한도 내에서 공직선거운동에 사용되는 확성장치의 최고출력 내지 소음 규제기준을 두고 있지 아니한 것은, 국민이 건강하고 쾌적하게 생활할 수 있는 양호한 주거환경을 유지하기 위하여 노력하여야 할 국가의 의무를 부과한 헌법 규정에 비추어 보면 국가의 기본권 보호의무를 과소하게 이행하고 있는 것이다.

③ 국가가 국민의 생명·신체의 안전에 대한 보호의무를 다하지 않았는지 여부를 헌법재판소가 심사할 때에는, 국가가 이를 보호하기 위한 최대한의 보호조치를 취하였는가 하는 이른바 '과소보호금지원칙'의 위반 여부를 기준으로 삼아야 한다.

④ 국가에게 태아의 생명을 보호할 의무가 있다고 하더라도 생명의 연속적 발전과정에 대하여 생명이라는 공통요소만을 이유로 하여 언제나 동일한 법적 효과를 부여하여야 하는 것은 아니므로 국가가 생명을 보호하는 입법적 조치를 취함에 있어 인간생명의 발달단계에 따라 그 보호정도나 보호수단을 달리하는 것은 불가능하지 않다.

문 13. 변호인의 조력을 받을 권리에 관한 설명으로 옳은 것을 모두 고른 것은? (다툼이 있는 경우 판례에 의함)

㉠ 난민인정심사불회부 결정을 받은 후 인천국제공항 송환대기실에 행정절차상 구속된 외국인의 변호인 접견신청을 인천공항출입국·외국인청장이 거부한 행위는 변호인의 조력을 받을 권리를 침해한 것이다.
㉡ 피의자 및 피고인이 가지는 변호인의 조력을 받을 권리가 실질적으로 확보되기 위해서는, 피의자 및 피고인에 대한 변호인의 조력할 권리의 핵심적인 부분도 헌법상 기본권으로서 보호되어야 한다.
㉢ 변호인 선임을 위하여 피의자 등이 가지는 '변호인이 되려는 자'와의 접견교통권은 헌법상 기본권으로 보호되어야 한다.
㉣ '변호인이 되려는 자'의 접견교통권은 피의자 등을 조력하기 위한 핵심적인 권리로서, 피의자 등이 가지는 '변호인이 되려는 자'의 조력을 받을 권리가 실질적으로 확보되기 위하여 법률상의 권리로 보장되어야 한다.

① ㉠, ㉡
② ㉡, ㉢
③ ㉠, ㉡, ㉢
④ ㉡, ㉢, ㉣

문 14. 개인정보자기결정권에 관한 헌법재판소의 판시내용으로 가장 적절하지 <u>않은</u> 것은?

① 정보주체의 배우자나 직계혈족이 정보주체의 위임 없이도 정보주체의 가족관계 상세증명서의 교부 청구를 할 수 있도록 한 것은 현재의 혼인 외에서 얻은 자녀 등에 관한 내밀한 개인정보를 정보주체의 의사에 반하여 배우자나 직계혈족에게 공개 당하게 되므로 개인정보자기결정권을 제한한다.
② 인간의 존엄과 가치, 행복추구권, 인격권, 사생활의 비밀과 자유는 그 보호영역이 개인정보자기결정권의 보호영역과 중첩되는 범위에서 관련되어 있고 특별한 사정이 없는 이상 개인정보자기결정권에 대한 침해 여부를 판단함으로써 이에 대한 판단이 함께 이루어진다.
③ 전기통신역무제공에 관한 계약을 체결하는 경우 전기통신사업자로 하여금 가입자에게 본인임을 확인할 수 있는 증서 등을 제시하도록 요구하고 부정가입방지시스템 등을 이용하여 본인인지 여부를 확인하도록 하였더라도 잠재적 범죄 피해 방지 및 통신망 질서 유지라는 더욱 중대한 공익의 달성 효과가 있으므로 개인정보자기결정권을 침해하지 않는다.
④ 효율적인 수사의 필요성을 고려하여 사전에 정보주체인 이용자에게 그 내역을 통지하지 않았는데 수사기관 등이 통신자료를 취득한 이후에도 수사 등 정보수집의 목적에 방해가 되지 않는 범위 내에서 통신자료의 취득사실을 이용자에게 통지하지 않았다면 적법절차원칙에 위배되지만 개인정보자기결정권을 침해하지 않는다.

문 15. 공무원제도 및 공무담임권에 관한 설명으로 가장 적절하지 <u>않은</u> 것은? (다툼이 있는 경우 판례에 의함)

① 헌법 제7조 제2항에서 공무원의 신분은 법률이 정하는 바에 의하여 보장된다고 규정함으로써 직업공무원제도에 따른 공무원 신분 법정주의를 천명하고 있을 뿐 징계처분 등을 받은 검사에 대하여 행정소송제도 외 추가적으로 소청절차를 마련해야 한다는 입법의무를 도출하기 어렵다.
② 직제가 폐지된 때에 공무원을 직권면직시킬 수 있도록 규정한 지방공무원법의 조항은 공무원의 귀책사유 없이도 그 신분을 박탈할 수 있도록 하여 신분보장을 중추적 요소로 하는 직업공무원제도에 위반된다.
③ 금고 이상의 형의 '선고유예'를 받은 경우에 공무원직에서 당연히 퇴직하는 것으로 정한 지방공무원법의 조항은 과실범의 경우마저 당연퇴직 사유에서 제외하지 않아 최소침해성의 원칙에 반하여 공무담임권을 침해한다.
④ 세무직 국가공무원 공개경쟁채용시험에서 일정한 가산점을 부여하는 제도는 가산 대상 자격증을 소지하지 아니한 사람들에 대하여는 공직으로의 진입에 장애를 초래하여 공무담임권을 제한하는 측면이 있지만, 전문적 업무 능력을 갖춘 사람을 우대하여 직업공무원제도의 능력주의를 구현하는 측면이 있으므로 과잉금지원칙 위반 여부를 심사할 때 이를 고려할 필요가 있다.

문 16. 혼인 및 가족제도에 관한 설명으로 가장 적절하지 않은 것은? (다툼이 있는 경우 헌법재판소 판례에 의함)

① 혼인 종료 후 300일 이내에 출생한 자를 전남편의 친생자로 추정하는 민법 제844조 제2항 중 "혼인관계종료의 날로부터 300일 내에 출생한 자"에 관한 부분은 모가 가정생활과 신분관계에서 누려야 할 인격권, 혼인과 가족생활에 관한 기본권을 침해한다.

② 피상속인에 대한 부양의무를 이행하지 않은 직계존속의 경우를 상속결격사유로 규정하지 않은 민법(2005. 3.31. 법률 제7427호로 개정된 것) 제1004조는 다른 상속인의 재산권을 침해한다.

③ 헌법 제36조 제1항은 혼인과 가족에 관련되는 공법 및 사법의 모든 영역에 영향을 미치는 헌법원리 내지 원칙규범으로서의 성격도 가지는데, 이는 적극적으로는 적절한 조치를 통해서 혼인과 가족을 지원하고 제삼자에 의한 침해 앞에서 혼인과 가족을 보호해야 할 국가의 과제를 포함하며, 소극적으로는 불이익을 야기하는 제한조치를 통해서 혼인과 가족을 차별하는 것을 금지해야 할 국가의 의무를 포함한다.

④ 민법 조항에 중혼을 혼인취소의 사유로 정하면서 그 취소청구권의 제척기간 또는 소멸사유를 규정하지 않았더라도 현저히 입법재량의 범위를 일탈하여 후혼배우자의 인격권 및 행복추구권을 침해하지 아니한다.

문 17. 표현의 자유에 관한 설명으로 가장 적절한 것은? (다툼이 있는 경우 판례에 의함)

① 남북합의서 위반행위로서 전단 등 살포를 하여 국민의 생명·신체에 위해를 끼치거나 심각한 위험을 발생시키는 것을 금지하는 남북관계 발전에 관한 법률 제24조 제1항 제3호 및 이에 위반한 경우 처벌하는 같은 법 제25조 중 제24조 제1항 제3호에 관한 부분은 전단을 살포하려는 자의 표현의 자유를 침해한다고 볼 수 없다.

② 사회복무요원이 정당 가입을 할 수 없도록 규정한 병역법 제33조 제2항 본문 제2호 중 '그 밖의 정치단체에 가입하는 등 정치적 목적을 지닌 행위'에 관한 부분은 사회복무요원의 정치적 표현의 자유를 침해한다.

③ 누구든지 선거일 전 180일부터 선거일까지 선거에 영향을 미치게 하기 위하여 화환을 설치하는 것을 금지하는 공직선거법 규정은 정치적 표현의 자유를 침해한다고 볼 수 없다.

④ 사생활의 비밀의 보호 필요성을 고려할 때 공연히 사실을 적시하여 사람의 명예를 훼손한 자를 처벌하도록 규정한 형법 제307조 제1항 중 '진실한 것으로서 사생활의 비밀에 해당하지 아니한' 사실 적시에 관한 부분은 헌법상 표현의 자유에 위반된다.

문 18. 재산권에 관한 설명으로 옳은 것을 모두 고른 것은? (다툼이 있는 경우 판례에 의함)

㉠ 주택임대차보호법상 임차인 보호 규정들이 임대인의 재산권을 침해하는지 여부를 심사함에 있어서는 비례의 원칙을 기준으로 심사하되, 보다 강화된 심사기준을 적용하여야 할 것이다.
㉡ 구 민간임대주택에 관한 특별법의 등록말소조항은 단기민간임대주택과 아파트 장기일반민간임대주택의 임대의무기간이 종료한 날 그 등록이 말소되도록 할 뿐이고, 종전임대사업자가 이미 받은 세제혜택 등을 박탈하는 내용이 없으므로 재산권이 제한된다고 볼 수 없다.
㉢ 매각허가결정에 대한 소유자의 항고가 기각되면 공탁한 항고보증금을 돌려 줄 것을 요구하지 못하므로, 재산권이라 할 수 있는 공탁물회수청구권이 제한되지만, 항고권 행사를 자유롭게 할 수 없다는 측면에서 심판대상조항과 가장 밀접하고 제한의 정도가 큰 주된 기본권은 재판청구권이다.
㉣ 거주자가 건물을 신축하고 그 신축한 건물의 취득일부터 5년 이내에 해당 건물을 양도하는 경우로서 환산가액을 그 취득가액으로 하는 경우 양도소득 결정세액에 더하여 가산세를 부과하도록 하는 구 소득세법 조항은 재산권을 침해한다.
㉤ 공무원연금법에서 19세 미만인 자녀에 대하여 아무런 제한 없이 퇴직유족연금일시금을 선택할 수 있게 하고 또 그 금액도 다른 유족과 동일한 계산식에 따라 산출하게 한 것은 다른 유족의 재산권을 침해한다.

① ㉠, ㉣
② ㉠, ㉤
③ ㉡, ㉢
④ ㉠, ㉡, ㉣

문 19. 근로기본권에 관한 설명으로 가장 적절하지 않은 것은? (다툼이 있는 경우 판례에 의함)

① 월급근로자로서 6개월이 되지 못한 자를 해고예고제도의 적용 예외 사유로 규정하고 있는 근로기준법 규정은 근무기간이 6개월 미만인 월급근로자의 근로의 권리를 침해한다.
② 지방의회의원이 지방공사 직원의 직을 겸할 수 없도록 규정하고 있는 지방자치법 제35조 제1항 제5호 중 '지방공사의 직원'에 관한 부분은 지방의회의원에 당선된 지방공사 직원의 근로의 권리를 제한한다고 볼 수 있다.
③ 매월 1회 이상 정기적으로 지급하는 상여금 등 및 복리후생비의 일부를 최저임금에 산입하도록 규정한 최저임금법 제6조 제4항 제2호, 제3호 나목 및 최저임금법 부칙 제2조는 근로자의 근로의 권리를 침해한다고 볼 수 없다.
④ 헌법 제33조 제2항이 공무원인 근로자는 '법률이 정하는 자'에 한하여 노동3권을 향유할 수 있다고 규정하고 있어, '법률이 정하는 자' 이외의 공무원은 노동3권의 주체가 되지 못하므로 노동3권이 인정됨을 전제로 하는 헌법 제37조 제2항의 과잉금지원칙은 적용될 수 없다.

문 20. 환경권에 관한 설명으로 가장 적절하지 <u>않은</u> 것은?
(다툼이 있는 경우 판례에 의함)

① 헌법 제35조 제1항은 환경정책에 관한 국가적 규제와 조정을 뒷받침하는 헌법적 근거가 되고, 따라서 이 규정으로부터 대기오염으로 인한 국민건강 및 환경에 대한 위해를 방지하여야 할 국가의 구체적인 의무가 도출될 수 있다.

② 국민은 국가로부터 건강하고 쾌적한 환경을 향유할 수 있는 자유를 침해당하지 않을 권리를 행사할 수 있고, 일정한 경우 국가에 대하여 건강하고 쾌적한 환경에서 생활할 수 있도록 요구할 수 있는 권리가 인정되기도 한다.

③ 헌법 제35조 제2항에 따라 환경권의 내용과 행사는 법률에 의해 구체적으로 정해지는데, 입법자는 환경권의 구체적인 실현에 있어 광범위한 형성의 자유를 가진다.

④ 환경권의 보호대상이 되는 환경에는 자연환경뿐만 아니라 인공적 환경과 같은 생활환경도 포함되므로 일상생활에서 악취, 오염된 공기 등을 제거·방지하여 쾌적한 환경에서 생활할 권리도 환경권의 한 내용을 구성한다.

해커스경찰
police.Hackers.com

2025 해커스경찰 신동욱 경찰헌법 실전동형모의고사

실전동형모의고사
정답 및 해설

실전동형모의고사 **1**회   실전동형모의고사 **7**회
실전동형모의고사 **2**회   실전동형모의고사 **8**회
실전동형모의고사 **3**회   실전동형모의고사 **9**회
실전동형모의고사 **4**회   실전동형모의고사 **10**회
실전동형모의고사 **5**회   실전동형모의고사 **11**회
실전동형모의고사 **6**회   실전동형모의고사 **12**회

1회 실전동형모의고사 정답 및 해설

정답

01	④	02	①	03	④	04	②	05	①
06	②	07	②	08	④	09	②	10	③
11	③	12	①	13	④	14	④	15	①
16	②	17	③	18	③	19	②	20	②

01
정답 ④

㉠ [O] 20일 이상의 기간이면 되기 때문에 30일 이상을 공고할 수도 있다. 30일 이상 하여야 한다고 표현하면 틀린 지문이 됨을 주의해야 한다.

> 헌법 제128조 ① 헌법개정은 국회재적의원 과반수 또는 대통령의 발의로 제안된다.
> 제129조 제안된 헌법개정안은 대통령이 20일 이상의 기간 이를 공고하여야 한다.

㉡ [O]
> 헌법 제130조 ② 헌법개정안은 국회가 의결한 후 30일 이내에 국민투표에 붙여 국회의원선거권자 과반수의 투표와 투표자 과반수의 찬성을 얻어야 한다.

㉢ [O] 헌법 제128조 제2항은 헌법개정을 금지하는 개정한계조항이 아니라 개정할 수 있지만 개정 당시 대통령에 대하여만 개정된 헌법의 효력을 제한하는 '헌법개정효력의 한계' 규정이다.

> 헌법 제128조 ② 대통령의 임기연장 또는 중임변경을 위한 헌법개정은 그 헌법개정 제안 당시의 대통령에 대하여는 효력이 없다.

㉣ [O] 헌법은 그 전체로서 주권자인 국민의 결단 내지 국민적 합의의 결과라고 보아야 할 것이므로, 헌법의 개별규정을 헌법재판소법 제68조 제1항 소정의 공권력 행사의 결과라고 볼 수도 없고, 따라서 국회가 헌법 제29조 제2항을 개정하지 아니하고 있는 것이 헌법재판소법 제68조 제1항 소정의 공권력의 불행사에 해당한다고 할 수 없다(헌재 1996.6.13, 94헌마118 등).

02
정답 ①

❶ [×] 헌법 제12조 제4항 본문의 문언 및 헌법 제12조의 조문 체계, 변호인 조력권의 속성, 헌법이 신체의 자유를 보장하는 취지를 종합하여 보면 헌법 제12조 제4항 본문에 규정된 "구속"은 사법절차에서 이루어진 구속뿐 아니라, 행정절차에서 이루어진 구속까지 포함하는 개념이다(헌재 2018.5.31, 2014헌마346).

② [O] 합헌적 법률해석은 어디까지나 법률조항의 문언과 목적에 비추어 가능한 범위 안에서의 해석을 전제로 하는 것이고, 법률조항의 문구 및 그로부터 추단되는 입법자의 명백한 의사에도 불구하고 문언상 가능한 해석의 범위를 넘어 다른 의미로 해석할 수는 없다. 따라서 이 사건 법률조항을 그 문언상 명백한 의미와 달리 "종업원의 범죄행위에 대해 영업주의 선임감독상의 과실(기타 영업주의 귀책사유)이 인정되는 경우"라는 요건을 추가하여 해석하는 것은 문언상 가능한 범위를 넘어서는 해석으로서 허용되지 않는다고 보아야 한다(헌재 2007.11.29, 2005헌가10).

③ [O] 합헌적 법률해석은 법률에 대한 특정한 해석방법을 위헌적인 것으로 배제함으로써 실질적으로 '해석에 의한 법률의 부분적 폐지'를 의미하므로, 법률에 대하여 실질적인 일부위헌선언을 함으로써 법률을 수정하는 권한은 규범통제에 관한 독점적인 권한을 부여받은 헌법재판소에 유보되어야 한다(헌재 2003.2.11, 2001헌마386).

④ [O] 합헌적 법률해석은 어디까지나 법률조항의 문언과 목적에 비추어 가능한 범위 안에서의 해석을 전제로 하는 것이고, 법률조항의 문구 및 그로부터 추단되는 입법자의 명백한 의사에도 불구하고 문언상 가능한 해석의 범위를 넘어 다른 의미로 해석할 수는 없다(헌재 1989.7.14, 88헌가5등).

03
정답 ④

① [O] 심판대상조항은 국적취득 과정에서 발생한 위법상태를 해소하여 국적 취득에 있어 진실성을 담보하고 사회구성원 사이의 신뢰를 확보하며 나아가 국가질서를 유지하고자 하는 것으로, 입법목적의 정당성이 인정된다. 국적 관련 행정의 주무관청인 법무부장관으로 하여금 거짓이나 그 밖의 부정한 방법에 의한 하자 있는 국적회복허가를 소급적으로 취소하게 하여 위법상태를 제거하는 것은 위와 같은 입법목적을 달성하기 위한 적합한 방법이라고 할 것이므로, 수단의 적합성도 인정된다. 심판대상조항은 침해의 최소성에 반하지 아니한다. 심판대상조항에 의하여 국적회복허가가 취소되면, 국적을 상실하게 되어 국내 체류의 곤란이나 종전의 생활관계 단절 등의 불이익을

받는 것은 사실이다. 그러나 국적은 국가의 근본요소 중 하나인 국민을 결정하는 기준이며 헌법 및 법률상 권리의 근거가 되는 것으로, 국적취득에 있어서 적법성의 확보는 사회구성원들 사이의 신뢰를 확보하고 국가질서를 유지하는 근간이 된다. 따라서 심판대상조항을 통해서 달성하고자 하는 공익이 위와 같이 제한되는 사익에 비해 훨씬 크다고 할 것이므로, 심판대상조항은 법익의 균형성도 갖추었다. 심판대상조항은 과잉금지원칙에 위배하여 거주·이전의 자유 및 행복추구권을 침해하지 아니한다(헌재 2020.2.27. 2017헌바434).

② [O] 심판대상조항은 특례의 적용을 받는 모계출생자가 그 권리를 조속히 행사하도록 하여 위 모계출생자의 국적·법률관계를 조속히 확정하고, 국가기관의 행정상 부담을 줄일 수 있도록 하며, 위 모계출생자가 권리를 남용할 가능성을 억제하기 위하여 특례기간을 2004.12.31.까지로 한정하고 있는바, 이를 불합리하다고 볼 수 없다. 또한 특례의 적용을 받는 모계출생자가 특례기간 내에 국적취득신고를 하지 못한 경우에도 그 사유가 천재지변 기타 불가항력적 사유에 의한 것이면 그 사유가 소멸한 때부터 3개월 내에 국적취득신고를 할 수 있고, 그 외에 다른 사정으로 국적취득신고를 하지 못한 경우에도 간이귀화 또는 특별귀화를 통하여 어렵지 않게 대한민국 국적을 취득할 수 있으므로, 심판대상조항은 특례의 적용을 받는 모계출생자와 출생으로 대한민국 국적을 취득하는 모계출생자를 합리적 사유 없이 차별하고 있다고 볼 수 없고, 따라서 평등원칙에 위배되지 않는다(헌재 2015.11.26. 2014헌바211).

③ [O] 국적법 제14조 제1항 본문의 '외국에 주소가 있는 경우'라는 표현은 입법취지 및 그에 사용된 단어의 사전적 의미 등을 고려할 때 다른 나라에 생활근거가 있는 경우를 뜻함이 명확하므로 명확성원칙에 위배되지 아니한다(헌재 2023.2.23. 2020헌바603).

❹ [×] 심판대상조항은 국가 공동체의 운영원리를 보호하고자 복수국적자의 기회주의적 국적이탈을 방지하기 위한 것으로, 더 완화된 대안을 찾아보기 어려운 점, 외국에 생활근거 없이 주로 국내에서 생활하며 대한민국과 유대관계를 형성한 자가 단지 법률상 외국 국적을 지니고 있다는 사정을 빌미로 국적을 이탈하려는 행위를 제한한다고 하여 과도한 불이익이 발생한다고 보기도 어려운 점 등을 고려할 때 심판대상조항은 과잉금지원칙에 위배되어 국적이탈의 자유를 침해하지 아니한다(헌재 2023.2.23. 2020헌바603).

04 정답 ②

㉠ [O]
> **헌법재판소법 제55조【정당해산심판의 청구】** 정당의 목적이나 활동이 민주적 기본질서에 위배될 때에는 정부는 국무회의의 심의를 거쳐 헌법재판소에 정당해산심판을 청구할 수 있다.
> **헌법 제113조** ① 헌법재판소에서 법률의 위헌결정, 탄핵의 결정, 정당해산의 결정 또는 헌법소원에 관한 인용결정을 할 때에는 재판관 6인 이상의 찬성이 있어야 한다.

㉡ [×]
> **헌법재판소법 제57조【가처분】** 헌법재판소는 정당해산심판의 청구를 받은 때에는 직권 또는 청구인의 신청에 의하여 종국결정의 선고 시까지 피청구인의 활동을 정지하는 결정을 할 수 있다.

㉢ [×]
> **헌법재판소법 제60조【결정의 집행】** 정당의 해산을 명하는 헌법재판소의 결정은 중앙선거관리위원회가 정당법에 따라 집행한다.

㉣ [×] 정당해산심판은 일반적 기속력과 대세적·법규적 효력을 가지는 법령에 대한 헌법재판소의 결정과 달리 원칙적으로 해당 정당에게만 그 효력이 미친다. 또 정당해산결정은 해당 정당의 해산에 그치지 않고 대체정당이나 유사정당의 설립까지 금지하는 효력을 가지므로, 오류가 드러난 결정을 바로잡지 못한다면 현 시점의 민주주의가 훼손되는 것에 그치지 않고 장래 세대의 정치적 의사결정에까지 부당한 제약을 초래할 수 있다. 따라서 정당해산심판절차에서는 재심을 허용하지 아니함으로써 얻을 수 있는 법적 안정성의 이익보다 재심을 허용함으로써 얻을 수 있는 구체적 타당성의 이익이 더 크므로 재심을 허용하여야 한다(헌재 2016.5.26. 2015헌아20).

㉤ [O] 헌법재판소의 해산결정으로 정당이 해산되는 경우에 그 정당 소속 국회의원이 의원직을 상실하는지에 대하여 명문의 규정은 없으나, 정당해산심판제도의 본질은 민주적 기본질서에 위배되는 정당을 정치적 의사형성과정에서 배제함으로써 국민을 보호하는 데에 있는데 해산정당 소속 국회의원의 의원직을 상실시키지 않는 경우 정당해산결정의 실효성을 확보할 수 없게 되므로, 이러한 정당해산제도의 취지 등에 비추어 볼 때 헌법재판소의 정당해산결정이 있는 경우 그 정당 소속 국회의원의 의원직은 당선 방식을 불문하고 모두 상실되어야 한다(헌재 2014.12.19. 2013헌다1).

05 정답 ①

❶ [×] 심판대상조항에 의하여 신고의 대상이 되는 양로시설에 종교단체가 운영하는 양로시설을 제외하지 않는 것은 자유로운 양로시설 운영을 통한 선교의 자유, 즉 종교의 자유 제한의 문제를 불러온다. 심판대상조항이 노인들의 거주·이전의 자유 및 인간다운 생활을 할 권리를 침해한다고 주장한다. 그러나 심판대상조항은 종교단체에서 운영하는 양로시설도 일정규모 이상의 경우 신고하도록 한 규정일 뿐, 거주·이전의 자유나 인간다운 생활을 할 권리의 제한을 불러온다고 볼 수 없으므로 이에 대해서는 별도로 판단하지 아니한다(헌재 2016.6.30. 2015헌바46).

② [O] 친양자 입양은 친생부모의 기본권과 친양자가 될 자의 기본권이 서로 대립·충돌하는 관계라고 볼 수 있다. 그리고 이들 기본권은 공히 가족생활에 대한 기본권으로서 그 서열이나 법익의 형량을 통하여 어느 한쪽의 기본권을 일방적으로 우선시키고 다른 쪽을 후퇴시키는 것은 부적절하다(헌재 2012.5.31. 2010헌바87).

③ [O] 행복추구권은 다른 기본권에 대한 보충적 기본권으로서의 성격을 지니므로, 공무담임권이라는 우선적으로 적용되는 기본권이 존재하여(청구인들이 주장하는 불행이란 결국 교원직

상실에서 연유하는 것에 불과하다) 그 침해여부를 판단하는 이상, 행복추구권 침해 여부를 독자적으로 판단할 필요가 없다(헌재 2000.12.14, 99헌마112 등).

④ [O] 고등학교 평준화정책에 따른 학교 강제배정제도가 위헌이 아니라고 하더라도 여전히 종립학교(종교단체가 설립한 사립학교)가 가지는 종교교육의 자유 및 운영의 자유와 학생들이 가지는 소극적 종교행위의 자유 및 소극적 신앙고백의 자유 사이에 충돌이 생기게 되는데, 이와 같이 하나의 법률관계를 둘러싸고 두 기본권이 충돌하는 경우에는 구체적인 사안에서의 사정을 종합적으로 고려한 이익형량과 함께 양 기본권 사이의 실제적인 조화를 꾀하는 해석 등을 통하여 이를 해결하여야 하고, 그 결과에 따라 정해지는 양 기본권 행사의 한계 등을 감안하여 그 행위의 최종적인 위법성 여부를 판단하여야 한다. … 비록 종립학교의 학교법인이 국·공립학교의 경우와는 달리 종교교육을 할 자유와 운영의 자유를 가진다고 하더라도, 그 종립학교가 공교육체계에 편입되어 있는 이상 원칙적으로 학생의 종교의 자유, 교육을 받을 권리를 고려한 대책을 마련하는 등의 조치를 취하는 속에서 그러한 자유를 누린다고 해석하여야 한다(대판 2010.4.22, 2008다38288).

06 정답 ②

① [X] 심의규정을 위반한 방송사업자에게 '주의 또는 경고'만으로도 반성을 촉구하고 언론사로서의 공적 책무에 대한 인식을 제고시킬 수 있고, 위 조치만으로도 심의규정에 위반하여 '주의 또는 경고'의 제재조치를 받은 사실을 공표하게 되어 이를 다른 방송사업자나 일반 국민에게 알리게 됨으로써 여론의 왜곡 형성 등을 방지하는 한편, 해당 방송사업자에게는 해당 프로그램의 신뢰도 하락에 따른 시청률 하락 등의 불이익을 줄 수 있다. 또한, '시청자에 대한 사과'에 대하여는 '명령'이 아닌 '권고'의 형태를 취할 수도 있다. 이와 같이 기본권을 보다 덜 제한하는 다른 수단에 의하더라도 이 사건 심판대상조항이 추구하는 목적을 달성할 수 있으므로 이 사건 심판대상조항은 침해의 최소성원칙에 위배된다. … 따라서 이 사건 심판대상조항은 과잉금지원칙에 위배되어 방송사업자의 인격권을 침해한다(헌재 2012.8.23, 2009헌가27).

❷ [O] 자기낙태죄 조항은 태아의 생명을 보호하기 위한 것으로서 그 입법목적이 정당하고, 낙태를 방지하기 위하여 임신한 여성의 낙태를 형사처벌하는 것은 이러한 입법목적을 달성하는 데 적합한 수단이다. … 자기낙태죄 조항은 입법목적을 달성하기 위하여 필요한 최소한의 정도를 넘어 임신한 여성의 자기결정권을 제한하고 있어 침해의 최소성을 갖추지 못하고 있으며, 법익균형성의 원칙도 위반하였다고 할 것이므로, 과잉금지원칙을 위반하여 임신한 여성의 자기결정권을 침해하는 위헌적인 규정이다(헌재 2019.4.11, 2017헌바127).

③ [X] 대통령의 긴급재정경제명령은 평상시의 헌법 질서에 따른 권력행사방법으로서는 대처할 수 없는 재정·경제상의 국가위기 상황에 처하여 이를 극복하기 위하여 발동되는 비상입법조치라는 속성으로부터 일시적이긴 하나 다소간 권력분립의 원칙과 개인의 기본권에 대한 침해를 가져오는 것은 어쩔 수 없는 것이다. … 즉, 긴급재정경제명령이 아래에서 보는 바와 같은 헌법 제76조 소정의 요건과 한계에 부합하는 것이라면 그 자체로 목적의 정당성, 수단의 적정성, 피해의 최소성, 법익의 균형성이라는 기본권제한의 한계로서의 과잉금지원칙을 준수하는 것이 되는 것이다. 그러므로 이 사건 긴급명령이 헌법 제76조가 정하고 있는 요건과 한계에 부합하는 것인지 살펴본다(헌재 1996.2.29, 93헌마186).

④ [X] 감염병예방법 제49조 제1항 제2호에 근거한 집합제한 조치로 인하여 청구인들의 일반음식점 영업이 제한되어 영업이익이 감소되었다 하더라도, 청구인들이 소유하는 영업 시설·장비 등에 대한 구체적인 사용·수익 및 처분권한을 제한받는 것은 아니므로, 보상규정의 부재가 청구인들의 재산권을 제한한다고 볼 수 없다(헌재 2023.6.29, 2020헌마1669).

07 정답 ②

㉠ [O] 개인은 자신의 성명의 표시 여부에 관하여 스스로 결정할 권리를 가지나, 성명의 표시행위가 공공의 이해에 관한 사실과 밀접불가분한 관계에 있고 그 목적 달성에 필요한 한도에 있으며 그 표현내용·방법이 부당한 것이 아닌 경우에는 그 성명의 표시는 위법하다고 볼 수 없다. 따라서 범죄사실에 관한 보도 과정에서 대상자의 실명 공개에 대한 공공의 이익이 대상자의 명예나 사생활의 비밀에 관한 이익보다 우월하다고 인정되어 실명에 의한 보도가 허용되는 경우에는, 비록 대상자의 의사에 반하여 그의 실명이 공개되었다고 하더라도 그의 성명권이 위법하게 침해되었다고 할 수 없다(대판 2009.9.10, 2007다71).

㉡ [X] 헌법 제10조로부터 도출되는 일반적 인격권에는 개인의 명예에 관한 권리도 포함되는바, 이때 '명예'는 사람이나 그 인격에 대한 '사회적 평가', 즉 객관적·외부적 가치평가를 말하는 것이지 단순히 주관적·내면적인 명예감정은 법적으로 보호받는 명예에 포함된다고 할 수 없다. 왜냐하면, 헌법이 인격권으로 보호하는 명예의 개념을 사회적·외부적 징표에 국한하지 않는다면 주관적이고 개별적인 내심의 명예감정까지 명예에 포함되어 모든 주관적 명예감정의 손상이 법적 분쟁화될 수 있기 때문이다(헌재 2010.11.25, 2009헌마147).

㉢ [X] 모든 인간은 헌법상 생명권의 주체가 되며, 형성 중의 생명인 태아에게도 생명에 대한 권리가 인정되어야 한다. 태아가 비록 그 생명의 유지를 위하여 모(母)에게 의존해야 하지만, 그 자체로 모(母)와 별개의 생명체이고, 특별한 사정이 없는 한, 인간으로 성장할 가능성이 크기 때문이다. 따라서 태아도 헌법상 생명권의 주체가 되며, 국가는 헌법 제10조 제2문에 따라 태아의 생명을 보호할 의무가 있다. … 생명의 전체적 과정에 대해 법질서가 언제나 동일한 법적 보호 내지 효과를 부여하고 있는 것은 아니다. 따라서 국가가 생명을 보호하는 입법적 조치를 취함에 있어 인간생명의 발달단계에 따라 그 보호정도나 보호수단을 달리하는 것은 불가능하지 않다(헌재 2019.4.11, 2017헌바127).

㉣ [O] 수형자가 민사법정에 출석하기까지 교도관이 반드시 동행하여야 하므로 수용자의 신분이 드러나게 되어 있어 재소자용 의류를 입었다는 이유로 인격권과 행복추구권이 제한되는 정도는 제한적이고, 형사법정 이외의 법정 출입 방식은 미결수용자와 교도관 전용 통로 및 시설이 존재하는 형사재판과 다르며, 계호의 방식과 정도도 확연히 다르다. 따라서 심판대상

조항이 민사재판에 출석하는 수형자에 대하여 사복착용을 허용하지 아니한 것은 청구인의 인격권과 행복추구권을 침해하지 아니한다(헌재 2015.12.23, 2013헌마712).

08 정답 ④

① [O] 국가유공자의 자녀 중 특별히 경제적으로 어려운 자가 있을 수 있는데, 이 사건 연장자우선조항은 이러한 개별적 사정은 전혀 고려하지 않고 나이 많음을 선순위 수급권자 선정의 최종 기준으로 삼고 있다. 이는 국가유공자 유족의 생활안정과 복지향상이라는 국가유공자법의 입법취지에 배치된다. 국가의 재정상 한계로 인하여 각종 보상의 총액이 일정액으로 제한될 수밖에 없다고 하더라도, 그 범위 내에서 생활보호의 필요성이 보다 큰 자녀에게 보상을 지급한다면, 국가유공자법의 입법취지를 살리면서도 국가의 과도한 재정부담을 피할 수 있다. 국가유공자 자녀의 생활수준과 경제적 능력은 재산과 소득을 고려해 등급으로 환산될 수 있고, 이러한 등급에 따라 국가유공자법상 보상을 지급하는 것에 절차상 큰 어려움이 있다고 할 수 없다. 그렇다면 이 사건 연장자우선조항은 국가유공자의 자녀 중 나이가 많은 자와 그렇지 않은 자를 합리적인 이유 없이 차별하므로, 평등원칙에 위반된다(헌재 2025.4.10, 2024헌가12등).

② [O] 정신병원 내에 한의과 진료과목을 설치·운영한다고 하더라도, 이는 종합병원·병원·치과병원에 한의과 진료과목이 설치·운영되는 경우와 마찬가지로 한의과 진료과목의 진료에 필요한 시설·장비가 갖추어진 상태에서 자격을 갖춘 한의사에 의하여 진료가 이루어지게 하면 된다. 따라서 이로 인하여 국민의 보건위생상 어떠한 위해가 생길 것이라고 보기 어려울 뿐만 아니라, 정신병원에 한의과 진료과목을 추가로 설치·운영하는 경우를 종합병원·병원·치과병원에 한의과 진료과목을 추가로 설치·운영하는 경우와 달리 볼 만한 이유 역시 존재하지 않는다. 심판대상조항이 정신병원을 운영하는 자를 종합병원·병원·치과병원을 운영하는 자와 달리 취급하는 데에 합리적인 이유가 있다고 볼 수 없다. 심판대상조항은 정신병원을 운영하는 청구인의 평등권을 침해한다(헌재 2025.1.23, 2021헌마886).

③ [O] '65세 이후 고용된 자'의 경우 고용보험법상 고용안정·직업능력개발사업의 지원대상에는 포함되지만, 실업급여의 지급 목적, 경제활동인구의 연령별 비율, 보험재정상태 등을 고려하여 '65세 이전에 고용된 자'와 달리 이직 시 실업급여를 지급하지 않는다고 해서 이를 합리적인 이유 없는 차별이라고 단정할 수 없다. '65세 이후 고용된 자'도 실업이라는 사회적 위험으로부터 보호되어야 할 필요성, 고령층의 경제활동인구 비율 증가 등을 고려하여 실업급여 지급대상을 확대하는 것이 바람직할 수 있으나, 보험재정이나 우리의 사회보장을 위한 전반적인 법률체계 등을 고려할 때 이를 한꺼번에 모두 해결하기는 어려우며, 단계적인 개선을 통하여 해결해 나가는 수밖에 없을 것이다. 이상에서 본 바와 같이, 심판대상조항이 '65세 이후 고용' 여부를 기준으로 실업급여 적용 여부를 달리한 것은 합리적 이유가 있다고 할 것이므로, 이로 인해 청구인의 평등권이 침해되었다고 보기 어렵다(헌재 2018.6.28, 2017헌마238).

❹ [×] 심판대상조항은 국가유공자등보다 배우자가 먼저 사망할 경우 그 배우자로 하여금 국립묘지에 안장조차 될 수 없도록 하고 있는 것이 아니다. 사설묘지 안치 후 합장이라는 별도의 절차를 거치기만 하면 국가유공자등보다 먼저 사망한 배우자도 국립묘지에 합장될 수 있다. 이러한 별도의 절차가 추가된다는 사정만으로 불합리한 차별이라고 보기는 어렵다.
그렇다면 국가유공자등이 사망한 뒤 안장이 완료된 경우에만 국가유공자등의 배우자를 합장할 수 있도록 하고, 국가유공자등이 안장되어 있지 아니한 동안에는 국가유공자등의 배우자를 안장의 대상으로 정하지 아니한 것이 현저히 자의적이라거나 불합리하다고 볼 수 없다. 따라서 심판대상조항은 청구인의 평등권을 침해하지 않는다(헌재 2025.2.27, 2023헌마147).

09 정답 ②

① [O] 헌법 제12조 제1항의 적법절차원칙은 형사소송절차에 국한되지 않고 모든 국가작용 전반에 대하여 적용되므로, 전투경찰순경의 인신구금을 내용으로 하는 영창처분에 있어서도 적법절차원칙이 준수되어야 한다(헌재 2016.3.31, 2013헌바190).

❷ [×] 감염병의심자의 실제 감염 여부 또는 문제된 격리 조치의 구체적 태양에 따른 감염병 전파 여부 등은 사후적으로 알 수 있는 사정에 해당하므로, 형벌이 아닌 과태료 등을 부과하는 방안이나 위와 같은 개별적인 사정에 근거해 가벌대상을 달리 하는 방안 등은 심판대상조항과 동일한 정도로 입법목적을 달성할 수 있는 실효적 대안이라고 볼 수 없다. 심판대상조항의 적용대상인 '감염병의심자'는 관련 조항에 따라 그 범위가 일정하게 제한되어 있고, 심판대상조항을 통해 격리 조치의 이행을 확보함으로써 감염병이 전파되지 않도록 할 공중보건상의 필요가 현저한 점 등을 고려하면 심판대상조항이 그 자체로 과도한 제한이라 보기도 어렵다. 이상의 사정들을 종합하여 보면, 심판대상조항이 과잉금지원칙에 위반되어 신체의 자유를 침해한다고 볼 수 없다(헌재 2025.4.10, 2021헌바329).

③ [O] 헌법재판소는 '보안처분이라 하더라도 형벌적 성격이 강하여 신체의 자유를 박탈하거나 박탈에 준하는 정도로 신체의 자유를 제한하는 경우에는 형벌불소급원칙이 적용된다.'고 판시하고 있다(헌재 2017.10.26, 2015헌바239 등).

④ [O] 무죄추정의 원칙상 금지되는 '불이익'이란 '범죄사실의 인정 또는 유죄를 전제로 그에 대하여 법률적·사실적 측면에서 유형·무형의 차별취급을 가하는 유죄인정의 효과로서의 불이익'을 뜻하고, 이는 비단 형사절차 내에서의 불이익뿐만 아니라 기타 일반 법생활 영역에서의 기본권 제한과 같은 경우에도 적용된다(헌재 2010.9.2, 2010헌마418).

10 정답 ③

① [O] 이중처벌은 처벌 또는 제재가 동일한 행위를 대상으로 거듭 행해질 때 발생하는 문제이다. 그런데 신상정보 공개·고지명령은 형벌과는 목적이나 심사대상 등을 달리하는 보안처분에 해당하므로, 동일한 범죄행위에 대하여 처벌금지의 원칙에 위반된다고 할 수 없다(헌재 2016.5.26, 2015헌바212).

② [O] 이 사건 과징금 부과조항에 따른 과징금은 양도담보를 명의신탁과 구별하여 명의신탁 규제의 실효성을 도모한다는 목적에서, 양도담보 채권자로 하여금 채권관계 서면을 제출하도록 강제하기 위하여 위반자에게 부과·징수하는 금전이라 할 수 있고, 이는 과거의 일정한 법률위반 행위에 대하여 제재를 과함을 목적으로 하는 행정벌과 구별되는 것이다. 따라서 이 사건 과징금 부과조항에 따른 과징금의 부과는 범죄에 대하여 국가가 형벌권을 실행하는 과벌에 해당하지 아니하므로, 헌법 제13조 제1항이 금지하는 이중처벌금지원칙에 위배되지 아니한다(헌재 2012.4.24, 2011헌바62).

❸ [×] 이수명령은 그 목적이 과거의 범죄행위에 대한 제재가 아니라 대상자의 건전한 사회복귀의 촉진 및 범죄예방과 사회보호에 있다는 점에서, 형벌과 본질적 차이가 있는 보안처분에 해당한다. 따라서 동일한 범죄행위에 대하여 이수명령이 형벌과 병과된다고 하여 이중처벌금지원칙에 위반된다고 할 수 없다(헌재 2016.12.29, 2016헌바153).

④ [O] 집행유예가 취소되는 경우에 부활되는 본형은 이미 판결이 확정된 동일한 사건에 대하여 다시 심판한 결과 부과되는 것이 아니라 동일한 심판작용을 거쳐 집행유예의 선고와 함께 선고되었던 것으로 일사부재리의 원칙과는 무관하다고 할 것이다. 가사 의무의 이행 부분이 부활되는 형기에 반영되지 아니함으로써 사실상 중첩적인 제재의 효과를 지닌다고 보더라도, 금지원칙에서 말하는 '처벌'로 보기 어렵다. 따라서 이 사건 법률조항은 이중처벌금지원칙에 위반되지 아니한다(헌재 2013.6.27, 2012헌바345 등).

11 정답 ③

① [O] 국가는 국가의 역사와 국민성, 이상 등을 응축하고 헌법이 보장하는 질서와 가치를 담아 국가의 정체성을 표현하는 국가의 대표적 상징물이다. 심판대상조항은 국가를 존중, 보호함으로써 국가의 권위와 체면을 지키고, 국민들이 국가에 대하여 가지는 존중의 감정을 보호하려는 목적에서 입법된 것이다. 심판대상조항은 국가가 가지는 고유의 상징성과 위상을 고려하여 일정한 표현방법을 규제하는 것에 불과하므로, 국기 모독 행위를 처벌한다고 하여 이를 정부나 정권, 구체적 국가기관이나 제도에 대한 비판을 허용하지 않거나 이를 곤란하게 하는 것으로 볼 수 없다. … 그러므로 심판대상조항은 과잉금지원칙에 위배되어 청구인의 표현의 자유를 침해한다고 볼 수 없고, 표현의 자유의 본질적 내용을 침해한다고도 할 수 없다(헌재 2019.12.27, 2016헌바96).

② [O] 공직선거법상 대통령선거, 국회의원선거, 지방선거가 순차적으로 맞물려 돌아가는 현실에 비추어 보면, 선거일 전 180일부터 선거일까지 장기간 동안 선거에 영향을 미치게 하기 위한 광고물의 설치·진열·게시 및 표시물의 착용을 금지·처벌하는 심판대상조항은 당초의 입법취지에서 벗어나 선거와 관련한 국민의 자유로운 목소리를 상시적으로 억압하는 결과를 초래할 수 있다. … 이는 입법목적 달성을 위하여 반드시 필요한 최소한의 범위를 넘어서 후보자 및 일반 유권자의 정치적 표현의 자유를 과도하게 제한하는 것으로서 침해의 최소성을 충족하지 못한다. … 심판대상조항은 과잉금지원칙에 반하여 정치적 표현의 자유를 침해하므로 헌법에 위반된다(헌재 2022.7.21, 2017헌가1 등).

❸ [×] '가입권유'조항에 대하여는 해당 부분에 관한 공소사실이 법원에서 무죄로 확정되었기 때문에 재판의 전제성이 인정되지 않는다는 이유로 부적법 각하하였다.
'가입선동'조항과 관련하여, ㉠ 관련 조항의 체계적 해석과 대법원 판례 등을 종합하면 명확히 해석되므로 죄형법정주의의 명확성원칙에 위반되지 않고, ㉡ 그 조항의 내용이 명확성의 원칙을 침해하지 않고 처벌의 정도도 과중하지 아니하여 결국 과잉금지원칙에 위반되지 않는다는 이유로 합헌으로 결정하였다(헌재 2025.1.23, 2019헌바317).

④ [O] 변호사광고에 대한 합리적 규제는 필요하지만, 광고표현이 지닌 기본권적 성질을 고려할 때 광고의 내용이나 방법적 측면에서 꼭 필요한 한계 외에는 폭넓게 광고를 허용하는 것이 바람직하다. 각종 매체를 통한 변호사 광고를 원칙적으로 허용하는 변호사법 제23조 제1항의 취지에 비추어 볼 때, 변호사 등이 다양한 매체의 광고업자에게 광고비를 지급하고 광고하는 것은 허용된다고 할 것인데, 이러한 행위를 일률적으로 금지하는 위 규정은 수단의 적합성을 인정하기 어렵다. … 위 규정으로 입법목적이 달성될 수 있을지 불분명한 반면, 변호사들이 광고업자에게 유상으로 광고를 의뢰하는 것이 사실상 금지되어 청구인들의 표현의 자유, 직업의 자유에 중대한 제한을 받게 되므로, 위 규정은 침해의 최소성 및 법익의 균형성도 갖추지 못하였다. 따라서 대가수수 광고금지규정은 과잉금지원칙에 위반되어 청구인들의 표현의 자유와 직업의 자유를 침해한다(헌재 2022.5.26, 2021헌마619).

12 정답 ①

❶ [×] 청구인들은 심판대상조항이 '투기'와 '투자'의 구별 없이 무차별적으로 다주택자의 주택 취득에 대하여 취득세를 중과하고 있다고 주장한다. 이론적으로는 합리성 유무, 자본 생산성 유무, 장기적 효용 창출성 유무 등의 기준으로 투기와 투자를 구별하는 견해가 있다. 하지만, 현실적으로는 양자의 구별이 쉽지 않고 특별히 부동산의 경우는 소비재와 투자재로서의 수요가 혼재되어 있어 투기와 투자의 구별이 불가능하다는 입장도 존재한다. 나아가, 조세 영역에서 위와 같이 구별이 난해하거나 심지어 불가능한 투기와 투자의 개념을 기준으로 심판대상조항의 적용 여부를 정하도록 하는 것은 그 규정내용이 지나치게 추상적이고 불명확하여 과세관청의 자의적인 해석과 집행을 초래할 염려가 있으므로 이는 오히려 조세법률주의의 내용 중 하나인 과세요건명확주의에 위반될 우려가 있다. 심판대상조항이 '투기'와 '투자'의 구별 없이 취득세를 중과하더라도 침해의 최소성을 벗어났다고 보기 어렵다. 심판대상조항이 추구하는 공익은 주택에 대한 투기수요 근절 및 서민들의 주거안정이며, 이로 인하여 침해받는 사익은 상대적 고율인 취득세율이 적용됨에 따라 부담하여야 하는 취득세액 증가분이 될 것이다. 심판대상조항이 추구하는 공익은 침해받는 사익에 비하여 크다고 할 것이므로 법익의 균형성 요건도 충족한다. 따라서 심판대상조항은 과잉금지원칙에 반하여 재산권을 침해하지 아니한다(헌재 2025.2.27, 2023헌바68등).

② [O] 댐건설관리법은 댐사용권을 물권(物權)으로 보며, 댐건설관리법에 특별한 규정이 있는 경우를 제외하고는 부동산에 관한

규정을 준용하도록 한다(제29조). 댐사용권은 등록부에 공시하고 저당권의 대상이 되며(제32조), 댐사용권자는 설정된 댐사용권의 범위 내에서 저수 또는 유수의 배타적 사용권을 가지고 해당 댐의 저수를 사용하는 자로부터 사용료를 받을 수 있다(제35조). 이와 같이 댐사용권은 사적유용성 및 그에 대한 원칙적 처분권을 내포하는 재산가치 있는 구체적 권리라고 할 것인바, 헌법 제23조에 의한 재산권 보장의 대상이 된다(헌재 2022.10.27, 2019헌바44).

③ [O] 비록 오늘날 전통적인 장묘문화에 일부 변화가 생겼다고 하더라도 우리 사회에는 분묘기지권의 기초가 된 매장문화가 여전히 자리 잡고 있고, 분묘를 모시는 자손들에게 분묘의 강제적 이장은 경제적 손실을 넘어 분묘를 매개로 형성된 정서적 애착관계 및 지역적 유대감의 상실로 이어질 수밖에 없으며, 이는 우리의 전통문화에도 배치되므로, 이 사건 관습법을 통해 분묘기지권을 보호해야 할 필요성은 여전히 존재한다. … 따라서 이 사건 관습법은 과잉금지원칙에 위배되어 토지소유자의 재산권을 침해한다고 볼 수 없다(헌재 2020.10.29, 2017헌바208).

④ [O] 심판대상조항에 의한 재산권 제한이 헌법 제23조 제1항, 제2항에 근거한 재산권의 내용과 한계를 정한 것인지, 아니면 헌법 제23조 제3항에 근거한 재산권의 수용을 정한 것인지를 판단함에 있어서는 그 대상이 된 재산권 하나하나에 대한 제한의 효과를 개별적으로 분석할 것이 아니라, 전체적인 재산권 제한의 효과를 종합적이고 유기적으로 파악하여 그 제한의 성격을 이해하여야 한다(헌재 2019.11.28, 2016헌마1115).

13 정답 ④

① [X] 양심상의 결정에 따라 입영을 거부하거나 소집에 불응하는 이 사건 청구인 등이 현재의 대법원 판례에 따라 처벌조항에 의하여 형벌을 부과받음으로써 양심에 반하는 행동을 강요받고 있으므로, 이 사건 법률조항은 '양심에 반하는 행동을 강요당하지 아니할 자유', 즉 '부작위에 의한 양심실현의 자유'를 제한하고 있다(헌재 2018.6.28, 2011헌바379 등).

② [X] 이 사건의 경우와 같이 경제규제법적 성격을 가진 공정거래법에 위반하였는지 여부에 있어서도 각 개인의 소신에 따라 어느 정도 가치판단이 개입될 수 있는 소지가 있고 그 한도에서 다소의 윤리적 도덕적 관련성을 가질 수도 있겠으나, 이러한 법률판단의 문제는 개인의 인격형성과는 무관하며, 대화와 토론을 통하여 가장 합리적인 것으로 그 내용이 동화되거나 수렴될 수 있는 포용성을 가지는 분야에 속한다고 할 것이므로 헌법 제19조에 의하여 보장되는 양심의 영역에 포함되지 아니한다(헌재 2002.1.31, 2001헌바43).

③ [X] 양심의 의미에 따를 때, '양심적' 병역거부는 실상 당사자의 '양심에 따른' 혹은 '양심을 이유로 한' 병역거부를 가리키는 것일 뿐이지 병역거부가 '도덕적이고 정당하다'는 의미는 아닌 것이다. 따라서 '양심적' 병역거부라는 용어를 사용한다고 하여 병역의무이행은 '비양심적'이 된다거나, 병역을 이행하는 거의 대부분의 병역의무자들과 병역의무이행이 국민의 숭고한 의무라고 생각하는 대다수 국민들이 '비양심적'인 사람들이 되는 것은 결코 아니다(헌재 2018.6.28, 2011헌바379 등).

④ [O] 특정한 내적인 확신 또는 신념이 양심으로 형성된 이상 그 내용 여하를 떠나 양심의 자유에 의해 보호되는 양심이 될 수 있으므로, 헌법상 양심의 자유에 의해 보호받는 '양심'으로 인정할 것인지의 판단은 그것이 깊고, 확고하며, 진실된 것인지 여부에 따르게 된다. 그리하여 양심적 병역거부를 주장하는 사람은 자신의 '양심'을 외부로 표명하여 증명할 최소한의 의무를 진다(헌재 2018.6.28, 2011헌바379 등).

14 정답 ④

① [O] 변호사접견에 '소송계속 사실을 소명할 수 있는 자료'의 제출을 요구함으로써 재심청구 전에는 변호사접견이 허용되지 않도록 규정한 심판대상조항은 과잉금지원칙에 위배되어 변호사인 청구인의 직업수행의 자유를 침해한다(헌재 2021.10.28, 2018헌마60).

② [O] 변호사 자격 소지자에 대한 세무사 자격 자동부여와 관련된 특혜시비를 없애고 세무사시험에 응시하는 일반 국민과의 형평을 도모함과 동시에 세무분야의 전문성을 제고함으로써 소비자에게 고품질의 세무서비스를 제공하고자 마련된 이 사건 법률조항의 입법목적은 정당하다. 또한 이 사건 법률조항이 변호사에 대한 세무사 자격 자동부여제도를 폐지한 것은 이러한 입법목적을 달성하기 위한 적합한 수단이다. 이상의 사정을 종합하여 보면, 세무사 자격시험에 합격한 사람에 대하여만 세무사 자격을 부여하는 이 사건 법률조항이 피해의 최소성 원칙에 반한다고 보기 어렵다. 이 사건 법률조항으로 인하여 변호사의 직무로서 세무대리를 하는 외에는 세무대리를 할 수 없게 되어 업무의 범위가 축소되는 불이익을 입었는바, 이러한 불이익이 이 사건 법률조항으로 달성하고자 하는 공익보다 크다고 볼 수 없으므로, 이 사건 법률조항은 법익의 균형성도 충족한다. 이 사건 법률조항이 과잉금지원칙에 반하여 청구인들의 직업선택의 자유를 침해한다고 볼 수 없다(헌재 2021.7.15, 2018헌마279).

③ [O] 대중교통에서 택시가 차지하는 비중, 교통수단으로서 택시의 특수성, 심판대상조항에 규정된 범죄의 중대성, 해당 범죄로 금고 이상의 형의 집행유예를 선고받은 사람에 대한 사회적 비난가능성 등을 종합하여 고려하면, 심판대상조항에 규정된 죄를 범하여 금고 이상의 형의 집행유예를 선고받은 사람의 택시운전자격을 임의적으로 취소할 수 있도록 규정하는 것만으로는 입법목적을 달성하는 데 충분하다고 보기 어렵다. 따라서 심판대상조항은 침해의 최소성을 충족한다. 심판대상조항으로 택시운전자격이 취소되더라도 집행유예기간이 지나면 다시 자격을 취득할 수 있으므로 택시운수종사자가 받는 불이익은 제한적인 반면, 아동·청소년에 대한 위계에 의한 추행죄를 범하여 금고 이상의 형의 집행유예를 선고받은 사람을 택시운송사업의 운전업무에서 배제하여 국민을 범죄로부터 보호하고 일반 공중의 여객운송서비스 이용에 대한 불안감을 해소하며, 도로교통에 관한 공공의 안전을 확보한다는 공익은 매우 중요하다. 이러한 점을 고려할 때 심판대상조항은 법익의 균형성도 충족한다. 따라서 심판대상조항이 과잉금지원칙에 반하여 택시운수종사자의 직업선택의 자유를 침해한다고 할 수 없다(헌재 2025.5.29, 2024헌바448).

❹ [×] 심판대상조항은 체육지도자 자격제도에 대한 공공의 신뢰를 보호하고 국민을 잠재적 성범죄로부터 보호하는 한편 건전한 스포츠 환경을 조성하기 위한 것이다. 강제추행죄는 상대방의 성적 자기결정권을 직접적으로 침해하는 범죄로 가해자에 대한 비난가능성이 높고, 범행의 내용이나 정도를 개별적으로 검토하여 임의적으로 자격을 취소하는 방법으로는 제도 운영의 투명성과 공정성을 기하기 어렵다. 일반 국민을 잠재적 성범죄로부터 보호할 필요성, 피해자의 효과적 대응이 어려운 전문체육분야의 특성 등을 고려하면, 체육지도자 자격의 필요적 취소에 관한 입법자의 판단이 현저히 불합리하다고 보기 어렵고, 법률에서 체육지도자 자격을 필요적으로 요구하는 분야 이외에는 체육지도자 자격이 취소되더라도 체육 종목 지도가 가능하므로, 이를 과도한 제한이라고 단정하기 어렵다. 또한 심판대상조항으로 인한 필요적 자격 취소의 불이익보다 체육활동을 하는 국민과 선수들을 보호하고 건전한 스포츠 환경을 조성하는 공익이 훨씬 더 중요하다. 따라서 심판대상조항은 과잉금지원칙에 위반하여 직업선택의 자유를 침해한다고 볼 수 없다(헌재 2024.8.29, 2023헌가10).

15 정답 ①

❶ [○]
> **청원법 제5조【청원사항】** 국민은 다음 각 호의 어느 하나에 해당하는 사항에 대하여 청원기관에 청원할 수 있다.
> 3. 법률·명령·조례·규칙 등의 제정·개정 또는 폐지

② [×]
> **청원법 제4조【청원기관】** 이 법에 따라 국민이 청원을 제출할 수 있는 기관(이하 "청원기관"이라 한다)은 다음 각 호와 같다.
> 3. 법령에 따라 행정권한을 가지고 있거나 행정권한을 위임 또는 위탁받은 법인·단체 또는 그 기관이나 개인

③ [×]
> **헌법 제26조** ① 모든 국민은 법률이 정하는 바에 의하여 국가기관에 문서로 청원할 권리를 가진다.

④ [×]
> **청원법 제6조【청원 처리의 예외】** 청원기관의 장은 청원이 다음 각 호의 어느 하나에 해당하는 경우에는 처리를 하지 아니할 수 있다. 이 경우 사유를 청원인(제11조제3항에 따른 공동청원의 경우에는 대표자를 말한다)에게 알려야 한다.
> 1. 국가기밀 또는 공무상 비밀에 관한 사항
> 2. 감사·수사·재판·행정심판·조정·중재 등 다른 법령에 의한 조사·불복 또는 구제절차가 진행 중인 사항
> 3. <u>허위의 사실로 타인으로 하여금 형사처분 또는 징계처분을 받게 하는 사항</u>
> 4. 허위의 사실로 국가기관 등의 명예를 실추시키는 사항
> 5. <u>사인간의 권리관계 또는 개인의 사생활에 관한 사항</u>
> 6. 청원인의 성명, 주소 등이 불분명하거나 청원내용이 불명확한 사항

16 정답 ②

① [○] 소액사건은 소액사건심판법이 절차의 신속성과 경제성에 중점을 두어 규정한 심리절차의 특칙에 따라 구술에 의한 소의 제기가 가능하고 배우자 또는 직계혈족 등이 법원의 허가 없이도 소송대리인이 될 수 있으며, 시·군법원의 관할에 해당하여 법원에 대한 접근성이 강화되어 있는바, 이와 같이 소송절차에 편의적인 규정에 따라 소송절차를 남용할 가능성이 다른 민사사건에 비하여 크다고 할 수 있다. … 심판대상조항은 남소를 방지하고 이러한 소송을 신속히 종결하고자 필요적 변론 원칙의 예외를 규정한 것이다. 이러한 사정들을 고려하여 보면, 심판대상조항이 재판청구권의 본질적 내용을 침해한다고 볼 수 없다(헌재 2021.6.24, 2019헌바133).

❷ [×] 사법자원은 한정되어 있기에, 기피신청과 같은 재판절차를 형성할 때에는 사법자원이 합리적으로 분배되도록 하는 것을 중요하게 고려할 수밖에 없고, 사법자원의 분배에 있어서는 재판의 적정과 신속이라는 상반되는 요청을 조화시킬 필요가 있다. 심판대상조항은 뒤늦게 제기되는 기피신청에 대해서는 재판절차의 정지 효과를 제한함으로써 분쟁 미해결 상태 장기화 등을 방지하여 재판의 공정과 신속을 도모하기 위한 것이므로, 사법자원 분배에 관한 입법형성권의 범위 내에 있다. 심판대상조항에 의하여 기피신청의 효과가 일부 제한되더라도 본안사건의 종국판결에 대한 불복 내지는 법관의 회피·제척제도와 같이, 공정한 재판을 받을 권리를 실효적으로 보장받기 위해 필요한 다른 절차들이 마련되어 있다. 따라서 심판대상조항은 청구인의 공정한 재판을 받을 권리를 침해하지 않는다(헌재 2024.8.29, 2021헌바146).

③ [○] 간이기각제도는 형사소송절차의 신속성이라는 공익을 달성하는 데 필요하고 적절한 방법으로써 즉시항고에 의한 불복도 가능하므로, 심판대상조항은 공정한 재판을 받을 권리를 침해하지 아니한다(헌재 2021.2.25, 2019헌바551).

④ [○] 한정된 사법자원을 효율적으로 분배하고 상고심 재판의 법률심 기능을 제고할 필요성이 있고, 당사자는 제1심과 제2심에서 사실오인이나 양형부당을 다툴 충분한 기회를 부여받고 있으므로, 심판대상조항은 입법형성권의 범위 내에 있어 재판청구권을 침해하지 아니한다(헌재 2020.7.16, 2020헌바14).

17 정답 ③

① [○] 심판대상조항은 재산범죄의 가해자와 피해자 사이의 일정한 친족관계를 요건으로 하여 일률적으로 형을 면제하도록 규정하고 있는바, 적용대상 친족의 범위가 지나치게 넓고, 심판대상조항이 준용되는 재산범죄들 가운데 불법성이 경미하다고 보기 어려운 경우가 있다는 점에서 제도적 취지에 부합하지 않는 결과를 초래할 우려가 있고, 미성년자나 질병, 장애 등으로 가족과 친족 사회 내에서 취약한 지위에 있는 구성원에 대한 경제적 착취를 용인할 우려가 있다. 그럼에도 법관으로 하여금 이러한 사정을 전혀 고려할 수 없도록 하고 획일적으로 형면제 판결을 선고하도록 한 심판대상조항은 형사피해자가 법관에게 적절한 형벌권을 행사하여줄 것을 청구할 수 없도록 하는 것으로서 입법재량을 일탈하여 현저히 불합리하거나 불공정하므로 형사피해자의 재판절차진술권을 침해한다

(헌재 2024.6.27, 2020헌마468 등).

② [O] 헌법 제27조 제5항에서 형사피해자의 재판절차진술권을 독립된 기본권으로 보장한 취지는 피해자 등에 의한 사인소추를 전면 배제하고 형사소추권을 검사에게 독점시키고 있는 현행 기소독점주의의 형사소송체계 아래에서 형사피해자로 하여금 당해 사건의 형사재판절차에 참여할 수 있는 청문의 기회를 부여함으로써 형사사법의 절차적 적정성을 확보하기 위한 것이므로, 위 헌법조항의 형사피해자의 개념은 반드시 형사실체법상의 보호법익을 기준으로 한 피해자개념에 한정하여 결정할 것이 아니라 형사실체법상으로는 직접적인 보호법익의 향유주체로 해석되지 않는 자라 하더라도 문제된 범죄행위로 말미암아 법률상 불이익을 받게 되는 자의 뜻으로 풀이하여야 할 것이다(헌재 1997.2.20, 96헌마76).

❸ [×] 재정신청절차의 효율적 진행과 법률관계의 신속한 확정으로 형사피해자와 피의자의 법적 안정성을 조화시킨다는 심판대상조항의 입법목적은 정당하고, 이를 위해 법관에게 재량을 부여한 입법수단도 적절하다. … 심판대상조항이 청구인의 재판절차진술권과 재판청구권을 침해한다고 볼 수 없다(헌재 2018.4.26, 2016헌마1043).

④ [O] 공정거래위원회는 심사의 결과 인정되는 공정거래법위반행위에 대하여 일응 고발을 할 것인가의 여부를 결정할 재량권을 갖는다고 보아야 할 것이나, 공정거래법이 추구하는 법목적에 비추어 행위의 위법성과 가벌성이 중대하고 피해의 정도가 현저하여 형벌을 적용하지 아니하면 법목적의 실현이 불가능하다고 봄이 객관적으로 상당한 사안에 있어서는 공정거래위원회로서는 그에 대하여 당연히 고발을 하여야 할 의무가 있고 이러한 작위의무에 위반한 고발권의 불행사는 명백히 자의적인 것으로서 당해 위반행위로 인한 피해자의 평등권과 재판절차진술권을 침해하는 것이라고 보아야 한다(헌재 1995.7.21, 94헌마136).

18 정답 ③

① [O] '교비회계의 세입'과 '교비회계의 세출' 항목은 기술적이고 세부적인 특성을 가지고 있어 그와 관련된 사항을 하위법령에서 정하도록 위임할 필요성이 인정되고, 이 사건 위임조항에서 위임하고 있는 '교비회계의 세입' 항목은 등록금이나 기부금, 학교시설 대여료나 이자수익 등과 같이 학생으로부터 징수하는 각종 금원과 학교시설이나 재산으로부터 발생하는 수익 등이 될 것이고, '교비회계의 세출' 항목은 학교의 운영이나 교육과 관련하여 지출하는 비용 등이 됨을 충분히 예측할 수 있다는 점에서, 이 사건 위임조항은 포괄위임금지원칙에 위반되지 아니한다(헌재 2023.8.31, 2021헌바180).

② [O] 청구인은 수능시험을 준비하는 사람들로서 심판대상계획에서 정한 출제 방향과 원칙에 영향을 받을 수밖에 없다. 따라서 수능시험을 준비하면서 무엇을 어떻게 공부하여야 할지에 관하여 스스로 결정할 자유가 심판대상계획에 따라 제한된다. 이는 자신의 교육에 관하여 스스로 결정할 권리, 즉 교육을 통한 자유로운 인격발현권을 제한받는 것으로 볼 수 있다. 청구인들은 심판대상계획으로 인해 교육을 받을 권리가 침해된다고 주장하지만, 심판대상계획이 헌법 제31조 제1항의 한편, 능력에 따라 균등하게 교육을 받을 권리를 직접 제한한다고 보기는 어렵다. … 심판대상계획이 과잉금지원칙에 위배하여 청구인의 자유로운 인격발현권을 침해한다고 볼 수 없다(헌재 2018.2.22, 2017헌마691).

❸ [×] 부모의 자녀교육권은 다른 기본권과는 달리, 기본권의 주체인 부모의 자기결정권이라는 의미에서 보장되는 자유가 아니라, 자녀의 보호와 인격발현을 위하여 부여되는 기본권이다. 다시 말하면, 부모의 자녀교육권은 자녀의 행복이란 관점에서 보장되는 것이며, 자녀의 행복이 부모의 교육에 있어서 그 방향을 결정하는 지침이 된다(헌재 2009.10.29, 2008헌마635).

④ [O] 검정고시 응시자격을 제한하는 것은, 국민의 교육받을 권리 중 그 의사와 능력에 따라 균등하게 교육받을 것을 국가로부터 방해받지 않을 권리, 즉 자유권적 기본권을 제한하는 것이므로, 그 제한에 대하여는 헌법 제37조 제2항의 비례원칙에 의한 심사, 즉 과잉금지원칙에 따른 심사를 받아야 할 것이다(헌재 2012.5.31, 2010헌마139 등).

19 정답 ②

① [O]
> 헌법 제32조 ④ 여자의 근로는 특별한 보호를 받으며, 고용·임금 및 근로조건에 있어서 부당한 차별을 받지 아니한다.

❷ [×] 근로자가 회사로부터 해고를 당하였다고 하더라도 상당한 기간 내에 노동위원회에 부당노동행위 구제신청을 하여 그 해고의 효력을 다투고 있었다면, 위 법규정의 취지에 비추어 노동조합원으로서의 지위를 상실하는 것이라고 볼 수 없다(대판 1992.3.31, 91다14413).

> 노동조합 및 노동관계조정법 제5조 【노동조합의 조직·가입·활동】 ③ 종사근로자인 조합원이 해고되어 노동위원회에 부당노동행위의 구제신청을 한 경우에는 중앙노동위원회의 재심판정이 있을 때까지는 종사근로자로 본다.

③ [O]
> 헌법 제32조 ③ 근로조건의 기준은 인간의 존엄성을 보장하도록 법률로 정한다.

④ [O] 가사사용인도 근로자에 해당하지만, 제공하는 근로가 가정이라는 사적 공간에서 이루어지는 특수성이 있다. 그런데 퇴직급여법은 사용자에게 여러 의무를 강제하고 국가가 사용자를 감독하고 위반 시 처벌하도록 규정하고 있다. 가구 내 고용활동에 대하여 다른 사업장과 동일하게 퇴직급여법을 적용할 경우 이용자 및 이용자 가족의 사생활을 침해할 우려가 있음은 물론 국가의 관리 감독이 제대로 이루어지기도 어렵다. … 이를 종합하면 심판대상조항이 가사사용인을 일반 근로자와 달리 퇴직급여법의 적용범위에서 배제하고 있다 하더라도 합리적 이유가 있는 차별로서 평등원칙에 위배되지 아니한다(헌재 2022.10.27, 2019헌바454).

20 정답 ②

① [O] 헌법 제35조 제1항은 국민의 환경권의 보장, 국가와 국민의 환경보전의무를 규정하고 있다. 이는 국가뿐만 아니라 국민도 오염방지와 오염된 환경의 개선에 관한 책임을 부담함을 의미한다(헌재 2012.8.23, 2010헌바28).

❷ [X] 탄소중립기본법 제8조 제1항에서 2031년부터 2049년까지의 감축목표에 관하여 어떤 형태의 정량적 기준도 제시하지 않은 것은, 같은 조 제4항의 온실가스 감축목표 재설정 주기나 범위 등 관련 법령의 체계를 살펴보더라도 2050년 탄소중립의 목표 시점에 이르기까지 점진적이고 지속적인 감축을 실효적으로 담보할 수 없으므로, 미래에 과중한 부담을 이전하는 방식으로 온실가스 감축목표를 규율한 것이다. 구체적인 감축목표를 정할 때 단기적일 수도 있는 정부의 상황 인식에만 의존하는 구조로는 온실가스 감축정책의 적극성 및 일관성을 담보하기 어렵다. 따라서 탄소중립기본법 제8조 제1항은 2031년부터 2049년까지의 감축목표에 대한 규율에 관하여 기후위기라는 위험상황에 상응하는 보호조치로서 필요한 최소한의 성격을 갖추지 못하였으므로 과소보호금지원칙을 위반하였다. 한편, 탄소중립기본법 제8조 제1항에서 2030년까지의 감축목표에 대하여 2030년을 목표연도로 한 2018년 대비 감축비율의 하한만 법률에서 정하였을 뿐, 구체적인 감축비율의 수치는 대통령령에 위임하고 감축의 경로는 정부가 설정하는 부문별 및 연도별 감축목표에 따르도록 한 것은 법률유보원칙을 위반한 것으로 볼 수 없다. 그러나 중장기적인 온실가스 감축목표와 감축경로를 계획할 때에는 매우 높은 수준의 사회적 합의가 필요하다는 점, 미래세대는 민주적 정치과정에 참여하는 것이 제약되어 있다는 점과 관련하여 입법자에게 더욱 구체적인 입법의무와 책임이 있음을 고려할 때, 2031년부터 2049년까지의 감축목표에 관하여 대강의 정량적 수준도 규정하지 않고 이에 관해 정부가 5년마다 정하도록 한 것은 의회유보원칙을 포함하는 법률유보원칙을 위반한 것이다. 결국 탄소중립기본법 제8조 제1항은 과소보호금지원칙 및 법률유보원칙에 반하여 기본권 보호의무를 위반하였으므로 청구인들의 환경권을 침해한다(헌재 2024.8.29, 2020헌마389).

③ [O] 심판대상조항이 비사업용자동차의 타인광고를 제한하는 것은, 자동차 이용 광고물의 난립을 방지하여 도시미관과 도로안전 등을 확보함으로써 국민이 안전하고 쾌적한 환경에서 생활할 수 있도록 하기 위한 것이다(헌재 2022.1.27, 2019헌마327).

④ [O] 심판대상조항으로써 달성하고자 하는 공익은 앞서 본 것처럼 대기환경개선에 소요되는 자원을 재활용하고 그에 투입되는 공적 예산을 절감하는 것에서 나아가 대기오염이 심각한 수도권지역의 대기환경을 개선하고, 대기오염원을 체계적으로 관리함으로써 지역주민의 건강을 보호하고 쾌적한 생활환경을 조성하는 것으로서, 위와 같은 공익의 중요성은 차량소유자가 가진 신뢰에 비하여 크다고 할 것이다(헌재 2019.12.27, 2015헌바45).

2회 실전동형모의고사 정답 및 해설

정답
p.16

01	④	02	②	03	③	04	③	05	④
06	②	07	④	08	②	09	③	10	④
11	④	12	①	13	③	14	②	15	①
16	①	17	③	18	④	19	③	20	③

01
정답 ④

① [O]
> **제5차 개정헌법(1962년)** 제8조 모든 국민은 인간으로서의 존엄과 가치를 가지며, 이를 위하여 국가는 국민의 기본적 인권을 최대한으로 보장할 의무를 진다.
> 제64조 ① 대통령은 국민의 보통·평등·직접·비밀선거에 의하여 선출한다. 다만, 대통령이 궐위된 경우에 잔임 기간이 2년 미만인 때에는 국회에서 선거한다.

② [O]
> **제1차 개정헌법(1952년)** 제31조 국회는 민의원과 참의원으로써 구성한다.
> 제53조 대통령과 부통령은 국민의 보통, 평등, 직접, 비밀투표에 의하여 각각 선거한다.

③ [O] (1) 현행 헌법(1987년)은 6월 민주화운동의 결과 대통령직선제를 주요내용으로 하는 헌법개정안이 국회에서 의결되어 국민투표로 확정되었으며, 헌법재판소가 부활하였다.
(2) 제3차 개정헌법(1960년)에서 언론·출판·집회·결사의 자유에 대한 사전허가 내지 검열의 금지를 처음으로 명문화하였다. 제7차 개정헌법(1972년)에서 언론·출판에 대한 허가나 검열을 금지하는 규정을 삭제하였으며 현행 헌법인 제9차 개정헌법(1987년)에서 제7차 개정헌법에서 삭제되었던 언론·출판에 대한 허가와 검열금지규정이 부활했다.

❹ [×] 1980년 제5공화국헌법은 통일주체국민회의를 폐지하였으며, 행복추구권, 사생활의 비밀과 자유, 무죄추정의 원칙, 환경권, 적정임금의 보장 등을 헌법상의 기본권으로 새로이 규정하였다. 적법절차 조항은 현행 헌법인 제9차 개정헌법(1987년)에서 도입되었다.

02
정답 ②

① [O] 우리나라는 건국헌법 이래 문화국가의 원리를 헌법의 기본원리로 채택하고 있다(헌재 2004.5.27, 2003헌가1).

❷ [×] 문화의 영역에 있어서 각인의 기회를 균등히 할 것은 헌법 제9조가 아닌 헌법 전문에 규정되어 있다.

> **헌법 전문** 유구한 역사와 전통에 빛나는 우리 대한국민은 3·1운동으로 건립된 대한민국임시정부의 법통과 불의에 항거한 4·19민주이념을 계승하고, 조국의 민주개혁과 평화적 통일의 사명에 입각하여 정의·인도와 동포애로써 민족의 단결을 공고히 하고, 모든 사회적 폐습과 불의를 타파하며, 자율과 조화를 바탕으로 자유민주적 기본질서를 더욱 확고히 하여 정치·경제·사회·<u>문화의 모든 영역에 있어서 각인의 기회를 균등히 하고</u>, 능력을 최고도로 발휘하게 하며, 자유와 권리에 따르는 책임과 의무를 완수하게 하여, 안으로는 국민생활의 균등한 향상을 기하고 밖으로는 항구적인 세계평화와 인류공영에 이바지함으로써 우리들과 우리들의 자손의 안전과 자유와 행복을 영원히 확보할 것을 다짐하면서 1948년 7월 12일에 제정되고 8차에 걸쳐 개정된 헌법을 이제 국회의 의결을 거쳐 국민투표에 의하여 개정한다.
> 1987년 10월 29일
> **제9조** 국가는 전통문화의 계승·발전과 민족문화의 창달에 노력하여야 한다.

③ [O] 법은 '국가는 전통문화의 계승·발전과 민족문화의 창달에 노력하여야 한다'라고 규정한 우리 헌법 제9조에 근거하여 제정된 것으로서, 국가의 문화재에 관한 사무를 관장하던 관할 행정관청이 어떤 사찰을 전통사찰로 지정하는 행위는 해당 사찰을 국가의 '보존공물(保存公物)'로 지정하는 처분에 해당한다고 보아야 한다. 또한, 헌법 제9조의 규정취지와 민족문화유산의 본질에 비추어 볼 때, 국가가 민족문화유산을 보호하고자 하는 경우 이에 관한 헌법적 보호법익은 '민족문화유산의 존속' 그 자체를 보장하는 것이고, 원칙적으로 민족문화유산의 훼손등에 관한 가치보상(價値補償)이 있는지 여부는 이러한 헌법적 보호법익과 직접적인 관련이 없다(헌재 2003.1.30, 2001헌바64).

④ [O] 사교육의 영역은 앞서 본 바와 같이 사회의 자율영역으로서, 자녀의 인격발현권·부모의 자녀교육권이 국가의 규율권한에 대하여 원칙적으로 우위를 차지한다. 사적으로 가르치고 배우는 행위 그 자체는 타인의 법익이나 공익을 침해하는 사회적으로 유해한 행위가 아니라 오히려 기본권적으로 보장된 행위이자 문화국가가 장려해야 할 행위이다. … 학교교육에 관

한, 국가는 교육제도의 형성에 관한 폭넓은 권한을 가지고 있지만, 학교교육 밖의 사적인 교육영역에서는 국가의 규율권한에는 한계가 있다(헌재 2000.4.27. 98헌가16).

03 정답 ③

① [O] 부진정 소급입법의 경우, 일반적으로 과거에 시작된 구성요건 사항에 대한 신뢰는 더 보호될 가치가 있는 것이므로, 신뢰보호의 원칙에 대한 심사는 장래 입법의 경우보다 일반적으로 더 강화되어야 한다(헌재 1995.10.26. 94헌바12).

② [O] 이 사건 귀속조항은 진정소급입법에 해당하지만, 진정소급입법이라 할지라도 예외적으로 국민이 소급입법을 예상할 수 있었던 경우와 같이 소급입법이 정당화되는 경우에는 허용될 수 있다. 친일재산의 취득 경위에 내포된 민족배반적 성격, 대한민국임시정부의 법통 계승을 선언한 헌법 전문 등에 비추어 친일반민족행위자측으로서는 친일재산의 소급적 박탈을 충분히 예상할 수 있었고, 친일재산 환수 문제는 그 시대적 배경에 비추어 역사적으로 매우 이례적인 공동체적 과업이므로 이러한 소급입법의 합헌성을 인정한다고 하더라도 이를 계기로 진정소급입법이 빈번하게 발생할 것이라는 우려는 충분히 불식될 수 있다. 따라서 이 사건 귀속조항은 진정소급입법에 해당하나 헌법 제13조 제2항에 반하지 않는다(헌재 2011.3.31. 2008헌바141 등).

❸ [×] 이 사건에서 청구인들의 신뢰이익에 대비되는 공익이 중대하고 장기적 관점에서 필요한 것이라 하더라도, 이 사건 심판대상조항을 이 사건 법원조직법 개정 당시 이미 사법연수원에 입소한 사람들에게도 반드시 시급히 적용해야 할 정도로 긴요하다고는 보기 어렵고, 종전 규정의 적용을 받게 된 사법연수원 2년차들과 개정 규정의 적용을 받게 된 사법연수원 1년차들인 청구인들 사이에 위 공익의 실현 관점에서 이들을 달리 볼 만한 합리적인 이유를 찾기도 어려우므로, 이 사건 심판대상 조항이 개정법 제42조 제2항을 법 개정 당시 이미 사법연수원에 입소한 사람들에게 적용되도록 한 것은 신뢰보호원칙에 반한다고 할 것이다(헌재 2012.11.29. 2011헌마786 등). 법원조직법 개정 당시 사법시험에 합격하였으나 아직 사법연수원에 입소하지 않은 청구인들에 대해서는 신뢰보호원칙에 위배되지 않는다고 하였다(헌재 2014.5.29. 2013헌마127등).

④ [O] 청구인들의 세무사자격 부여에 대한 신뢰는 보호할 필요성이 있는 합리적이고도 정당한 신뢰라 할 것이고, 개정법 제3조 등의 개정으로 말미암아 청구인들이 입게 된 불이익의 정도, 즉 신뢰이익의 침해정도는 중대하다고 아니할 수 없는 반면, 청구인들의 신뢰이익을 침해함으로써 일반응시자와의 형평을 제고한다는 공익은 위와 같은 신뢰이익 제한을 헌법적으로 정당화할 만한 사유라고 보기 어렵다. 그러므로 기존 국세관련 경력공무원 중 일부에게만 구법 규정을 적용하여 세무사자격이 부여되도록 규정한 위 세무사법 부칙 제3항은 충분한 공익적 목적이 인정되지 아니함에도 청구인들의 기대가치 내지 신뢰이익을 과도하게 침해한 것으로서 헌법에 위반된다(헌재 2001.9.27. 2000헌마152).

04 정답 ③

① [O] 제8차 개정헌법에 대한 옳은 내용이다.

> **제8차 개정헌법 제7조** ③ 정당은 법률이 정하는 바에 의하여 국가의 보호를 받으며, 국가는 법률이 정하는 바에 의하여 정당의 운영에 필요한 자금을 보조할 수 있다.

② [O] 또한 정당의 법적 지위는 적어도 그 소유재산의 귀속관계에 있어서는 법인격 없는 사단(社團)으로 보아야 하고, 중앙당과 지구당과의 복합적 구조에 비추어 정당의 지구당은 단순한 중앙당의 하부조직이 아니라 어느 정도의 독자성을 가진 단체로서 역시 법인격 없는 사단에 해당한다고 보아야 할 것이다(헌재 1993.7.29. 92헌마262).

❸ [×] 헌법재판소의 위헌정당 해산결정에 따라 해산된 정당 소속 비례대표 지방의회의원 갑이 공직선거법 제192조 제4항에 따라 지방의회의원직을 상실하는지가 문제 된 사안에서, 공직선거법 제192조 제4항은 소속 정당이 헌법재판소의 정당해산결정에 따라 해산된 경우 비례대표 지방의회의원의 퇴직을 규정하는 조항이라고 할 수 없어 갑이 비례대표 지방의회의원의 지위를 상실하지 않았다고 본 원심판단은 정당하다(대판 2021.4.29. 2016두39825).

④ [O] 심판대상조항은 정당의 정체성을 보존하고 정당 간의 위법·부당한 간섭을 방지함으로써 정당정치를 보호·육성하기 위한 것으로 볼 수 있다. 이러한 입법목적은 국민의 정치적 의사형성에 중대한 영향을 미치는 정당의 헌법적 기능을 보호하기 위한 것으로 정당하고, 복수 당적 보유를 금지하는 것은 입법목적 달성을 위한 적합한 수단에 해당한다. … 따라서 심판대상조항이 정당의 당원인 청구인들의 정당 가입·활동의 자유를 침해한다고 할 수 없다(헌재 2022.3.31. 2020헌마1729).

05 정답 ④

① [O] 이 사건 국가공무원법 규정의 '공무 외의 일을 위한 집단 행위'는 언론·출판·집회·결사의 자유를 보장하고 있는 헌법 제21조 제1항과 국가공무원법의 입법취지, 국가공무원법상 공무원의 성실의무와 직무전념의무 등을 종합적으로 고려할 때, '공익에 반하는 목적을 위하여 직무전념의무를 해태하는 등의 영향을 가져오거나, 공무에 대한 국민의 신뢰에 손상을 가져올 수 있는 공무원 다수의 결집된 행위'를 말하는 것으로 한정 해석되므로 명확성원칙에 위반된다고 볼 수 없다(헌재 2014.8.28. 2011헌바32 등).

② [O]

> **헌법 제77조** ③ 비상계엄이 선포된 때에는 법률이 정하는 바에 의하여 영장제도, 언론·출판·집회·결사의 자유, 정부나 법원의 권한에 관하여 특별한 조치를 할 수 있다.

③ [O] 과잉금지원칙의 한 내용인 '최소침해의 원칙'이라는 것은 어디까지나 입법목적의 달성에 있어 동일한 효과를 나타내는 수단 중에서 되도록 당사자의 기본권을 덜 침해하는 수단을 채택하라는 헌법적 요구인바, 입법자가 택한 수단보다 국민의 기본권을 덜 침해하는 수단이 존재하더라도 그 다른 수단이 효과 측면에서 입법자가 선택한 수단과 동등하거나 유사하다고 단정할 만한 명백한 근거가 없는 이상, 그것이 과잉금지원

칙에 반한다고 할 수는 없다(헌재 2012.8.23, 2010헌가65).
❹ [×] 피청구인은 기자들에게 청구인이 경찰서 내에서 수갑을 차고 얼굴을 드러낸 상태에서 조사받는 모습을 촬영할 수 있도록 허용하였는데, 청구인에 대한 이러한 수사 장면을 공개 및 촬영하게 할 어떠한 공익 목적도 인정하기 어려우므로 촬영허용행위는 목적의 정당성이 인정되지 아니한다. … 또한 촬영허용행위는 언론 보도를 보다 실감나게 하기 위한 목적 외에 어떠한 공익도 인정할 수 없는 반면, 청구인은 피의자로서 얼굴이 공개되어 초상권을 비롯한 인격권에 대한 중대한 제한을 받았고, 촬영한 것이 언론에 보도될 경우 범인으로서의 낙인 효과와 그 파급효는 매우 가혹하여 법익균형성도 인정되지 아니하므로, 촬영허용행위는 과잉금지원칙에 위반되어 청구인의 인격권을 침해하였다(헌재 2014.3.27, 2012헌마652).

06　　　　　　　　　　　　　　　　　　　　정답 ②

① [O] 헌법 제10조의 규정에 의하면, 국가는 개인이 가지는 불가침의 기본적 인권을 확인하고 이를 보장할 의무를 지고 기본권은 공동체의 객관적 가치질서로서의 성격을 가지므로, 적어도 생명·신체의 보호와 같은 중요한 기본권적 법익 침해에 대해서는 그것이 국가가 아닌 제3자로서의 사인에 의해서 유발된 것이라고 하더라도 국가가 적극적인 보호의 의무를 진다(헌재 2019.12.27, 2018헌마730).
❷ [×] 태아는 형성 중의 인간으로서 생명을 보유하고 있으므로 국가는 태아를 위하여 각종 보호조치들을 마련해야 할 의무가 있다. 하지만 그와 같은 국가의 기본권 보호의무로부터 태아의 출생 전에, 또한 태아가 살아서 출생할 것인가와는 무관하게, 태아를 위하여 민법상 일반적 권리능력까지도 인정하여야 한다는 헌법적 요청이 도출되지는 않는다(헌재 2008.7.31, 2004헌바81).
③ [O] 국가가 국민의 건강하고 쾌적한 환경에서 생활할 권리에 대한 보호의무를 다하지 않았는지 여부를 헌법재판소가 심사할 때에는 국가가 이를 보호하기 위하여 적어도 적절하고 효율적인 최소한의 보호조치를 취하였는가 하는 이른바 '과소보호금지원칙'의 위반 여부를 기준으로 삼아야 한다(헌재 2019.12.27, 2018헌마730).
④ [O] 국가가 국민의 건강하고 쾌적한 환경에서 생활할 권리를 보호할 의무를 진다고 하더라도, 국가의 기본권 보호의무를 입법자가 어떻게 실현하여야 할 것인가 하는 문제는 원칙적으로 권력분립과 민주주의의 원칙에 따라 국민에 의하여 직접 민주적 정당성을 부여받고 자신의 결정에 대하여 정치적 책임을 지는 입법자의 책임범위에 속한다. 헌법재판소는 단지 제한적으로만 입법자에 의한 보호의무의 이행을 심사할 수 있다(헌재 2020.3.26, 2017헌마1281).

07　　　　　　　　　　　　　　　　　　　　정답 ④

① [O] 자기결정권은 인간의 존엄성을 실현하기 위한 수단으로서 인간이 자신의 생활영역에서 인격의 발현과 삶의 방식에 관한 근본적인 결정을 자율적으로 내릴 수 있는 권리다. … 따라서 자기결정권에는 여성이 그의 존엄한 인격권을 바탕으로 하여 자율적으로 자신의 생활영역을 형성해 나갈 수 있는 권리가 포함되고, 여기에는 임신한 여성이 자신의 신체를 임신상태로 유지하여 출산할 것인지 여부에 대하여 결정할 수 있는 권리가 포함되어 있다(헌재 2019.4.11, 2017헌바127).
② [O] 헌법 제10조 전문은 "모든 국민은 인간으로서의 존엄과 가치를 가지며, 행복을 추구할 권리를 가진다."고 규정하여 행복추구권을 보장하고, 이러한 행복추구권은 일반적인 행동자유권과 개성의 자유로운 발현권을 포함한다. 언어와 그 언어를 표기하는 방식인 글자는 정신생활의 필수적인 도구이며 타인과의 소통을 위한 가장 기본적인 수단인바, 한자를 의사소통의 수단으로 사용하는 것은 행복추구권에서 파생되는 일반적 행동의 자유 내지 개성의 자유로운 발현의 한 내용이다(헌재 2016.11.24, 2012헌마854).
③ [O] 일반적 행동자유권은 모든 행위를 할 자유와 행위를 하지 않을 자유로 가치있는 행동만 그 보호영역으로 하는 것은 아닌 것으로, 그 보호영역에는 개인의 생활방식과 취미에 관한 사항도 포함되며, 여기에는 위험한 스포츠를 즐길 권리와 같은 위험한 생활방식으로 살아갈 권리도 포함된다. 따라서 좌석안전띠를 매지 않을 자유는 헌법 제10조의 행복추구권에서 나오는 일반적 행동자유권의 보호영역에 속한다(헌재 2003.10.30, 2002헌마518).
❹ [×] 심판대상조항은 소비자가 자신의 의사에 따라 자유롭게 제품을 선택하는 것을 제약함으로써 헌법 제10조의 행복추구권에서 파생되는 소비자의 자기결정권을 제한하고, 나아가 헌법 제10조의 행복추구권에서 파생되는 일반적 행동자유권도 함께 제한한다. … 심판대상조항은 과잉금지원칙을 위반하여 소비자의 자기결정권 및 일반적 행동자유권을 침해하지 아니한다(헌재 2020.2.27, 2017헌마1339).

08　　　　　　　　　　　　　　　　　　　　정답 ②

① [O] 금융실명법조항은 거래정보등의 비밀을 보장하기 위하여 법원의 제출명령에 따라 거래정보등을 알게 된 자가 그 알게 된 거래정보등을 그 목적 외의 용도로 이용하는 행위를 금지하고 있으므로, 그 입법목적의 정당성 및 수단의 적합성이 인정된다. 금융실명법조항에 따른 일반적 행동자유권의 제한이 그 입법목적 달성을 위하여 필요한 정도를 넘어 과도한 것이라고 보기 어려우므로, 금융실명법조항은 침해의 최소성이 인정된다. 금융실명법조항에 의하여 법원의 제출명령에 따라 거래정보등을 알게 된 자가 그 알게 된 거래정보등을 당해 소송사건의 법적 분쟁을 해결하고자 하는 목적으로만 사용할 수 있고, 다른 목적으로는 사용할 수 없게 됨으로써 일반적 행동자유권이 제한되는 정도는 크다고 볼 수 없는 반면, 금융실명법조항이 달성하고자 하는 거래정보등의 비밀보장이라는 공익은 매우 중대하므로, 금융실명법조항은 법익의 균형성도 갖추었다. 금융실명법조항은 과잉금지원칙에 반하여 일반적 행동자유권을 침해하지 않는다(헌재 2025.4.10, 2019헌바519).
❷ [×] 심판대상조항은 사망의 결과가 발생한 경우 조정절차가 자동적으로 개시되도록 함으로써 의료분쟁 조정제도를 활성화하고 제도의 실효성을 제고하며, 사망이라는 중한 결과로 인한 피해를 신속·공정하게 구제하고, 환자와 보건의료인 양 당사자가 소송 외의 분쟁해결수단을 적극 활용할 수 있도록 하여

의료분쟁에 따른 부담을 완화하고 이를 신속·공정하게 해결하기 위한 것으로서 그 목적이 정당하고, 수단의 적합성 또한 인정된다. … 따라서 심판대상조항은 청구인의 일반적 행동의 자유를 침해하지 아니한다(헌재 2021.5.27. 2019헌마321).

③ [O] 자신이 속한 부분사회의 자치적 운영에 참여하는 것은 사회공동체의 유지, 발전을 위하여 필요한 행위로서 특정한 기본권의 보호범위에 들어가지 않는 경우에는 일반적 행동자유권의 대상이 되므로, 사적 자치의 영역에 국가가 개입하여 법령으로 자치활동의 목적이나 절차, 그 방식 또는 내용을 규율함으로써 일부 구성원들의 자치활동에 대한 참여를 제한한다면 해당 구성원들의 일반적 행동자유권이 침해될 가능성이 있다(헌재 2015.7.30. 2012헌마957).

④ [O] 헌법 제10조의 행복추구권에서 파생되는 일반적 행동자유권은 모든 행위를 하거나 하지 않을 자유를 내용으로 하나, 그 보호대상으로서의 행동이란 국가가 간섭하지 않으면 자유롭게 할 수 있는 행위 내지 활동을 의미하고, 이를 국가권력이 가로막거나 강제하는 경우 자유권의 침해로서 논의될 수 있다 할 것인데, 병역의무의 이행으로서의 현역병 복무는 국가가 간섭하지 않으면 자유롭게 할 수 있는 행위에 속하지 않으므로, 현역병으로 복무할 권리가 일반적 행동자유권에 포함된다고 할 수도 없다(헌재 2010.12.28. 2008헌마527).

09 정답 ③

① [O] 다수의 배심원이 참여하는 국민참여재판으로 성폭력범죄에 대한 재판이 진행되는 경우, 재판 진행 과정에서 피해자의 신상이 공개될 가능성이 높고 피해자의 인격이나 명예가 손상되거나 사생활에 관한 비밀이 침해되며, 성적 수치심이나 공포감이 유발되는 등 추가적인 피해가 발생할 우려가 존재한다. 심판대상조항이 피해자 등의 의사를 고려하여 국민참여재판 배제결정을 할 수 있도록 규정한 것은 위와 같은 성폭력범죄 및 그에 관한 재판의 특수성을 고려한 것으로 합리적인 근거가 있다. 또한 법원은 구체적인 사건에서 성폭력범죄 피해자 또는 법정대리인의 의사뿐 아니라 그 밖의 여러 요소들까지 종합하여 신중한 판단에 의해 국민참여재판 배제결정을 하게 되므로, 심판대상조항이 성폭력범죄를 다른 형사 사건과 달리 피해자 등의 의사만을 고려하여 국민참여재판 배제결정을 할 수 있도록 한다고 볼 수도 없다. 따라서 심판대상조항은 평등원칙에 위배되지 아니한다(헌재 2025.2.27. 2023헌바155).

② [O] 공익침해행위의 효율적인 발각과 규명을 위해서는 내부 공익신고가 필수적인데, 내부 공익신고자는 조직 내에서 배신자라는 오명을 쓰기 쉬우며, 공익신고로 인하여 신분상, 경제상 불이익을 받을 개연성이 높다. 이 때문에 보상금이라는 경제적 지원조치를 통해 내부 공익신고를 적극적으로 유도할 필요성이 인정된다. 반면, '내부 공익신고자가 아닌 공익신고자'는 공익신고로 인해 불이익을 입을 개연성이 높지 않기 때문에 공익신고 유도를 위한 보상금 지급이 필수적이라 보기 어렵다. '공익신고자 보호법'상 보상금의 의의와 목적을 고려하면, 이와 같이 공익신고 유도 필요성에 있어 차이가 있는 내부 공익신고자와 외부 공익신고자를 달리 취급하는 것에 합리성을 인정할 수 있다. … 이 사건 법률조항이 평등원칙에 위배된다고 볼 수 없다(헌재 2021.5.27. 2018헌바127).

❸ [X] 심판대상조항과 위력에 의한 업무방해죄는 그 행위 수단에 차이가 있으나, 궁극적으로 보호하고자 하는 법익은 사람의 경제적·사회적 활동의 안전과 자유로 동일하고, 구성요건으로 요구받는 업무방해의 수준도 다르지 않으며, 위력에 의한 경우가 위계에 의한 경우에 비해 법익 침해가 더 중하다고 일률적으로 말할 수도 없다. 양 죄의 형벌을 비교하면서 단순히 행위 수단이 되는 부분만을 떼어내어 평가할 수는 없는 것이고, 죄질과 보호법익이 크게 다르다고 보기 어려운 두 죄의 법정형을 동일하게 규정하였다고 하여 이를 평등원칙에 반한다고 볼 수는 없다. 공무집행방해죄는 국가기능으로서의 공무 그 자체, 즉 공무원에 의하여 수행되는 국가 또는 공공기관의 기능을 보호법익으로 하는 반면, 업무방해죄는 일반적으로 사람의 경제적·사회적 활동의 안전과 자유를 보호하기 위한 것이므로, 양 죄는 보호법익이나 죄질이 다르고 법정형을 정함에 있어서 고려해야 할 여러 가지 요소도 근본적으로 다르다. 따라서 양 죄의 구성요건 가운데 범행 수단이 되는 행위 태양만을 분리하여 죄의 경중을 논할 수는 없고, 양 죄의 법정형을 평면적으로 비교하여 평등원칙 위반 여부를 판단할 수도 없다 할 것이며, 그 밖에 심판대상조항이 현저히 형벌체계의 균형성을 상실하였다고 볼만한 사정도 찾아보기 어렵다(헌재 2025.2.27. 2021헌바187).

④ [O] 현행 교육법령은, 초·중등학교의 교원 즉 교사는 법령이 정하는 바에 따라 학생을 교육하는 자이고, 반면에 대학의 교원은 학생을 교육·지도하고 학문을 연구하되 학문연구만을 전담할 수 있다고 하여 양자의 직무를 달리 규정하고 있다. … 그렇다면 초·중등학교 교원에 대해서는 정당가입과 선거운동의 자유를 금지하면서 대학교원에게는 이를 허용한다 하더라도, 이는 양자간 직무의 본질이나 내용 그리고 근무태양이 다른 점을 고려할 때 합리적인 차별이라고 할 것이므로 청구인이 주장하듯 헌법상의 평등권을 침해한 것이라고 할 수 없다(헌재 2004.3.25. 2001헌마710).

10 정답 ④

㉠ [X] 심판대상조항의 입법취지와 목적, 다른 공직선거법 규정과의 관계, 문언적 의미 등을 종합하면, '기타 어떠한 방법으로도'가 연설·대담을 방해할 정도에 이르지 않더라도 자유롭고 평온한 분위기를 깨뜨려 후보자 등과 선거인 사이에 원활한 소통을 저해하거나 사고가 발생할 우려가 있는 모든 행위태양을 의미한다는 것을 알 수 있다. 따라서 심판대상조항은 죄형법정주의의 명확성원칙에 위배되지 않는다(헌재 2023.5.25. 2019헌가13).

㉡ [X] 건설산업기본법 조항 중 '부정한 방법'이란, 실제로는 기술능력·자본금·시설·장비 등에 관하여 법령이 정한 건설업 등록요건을 갖추지 못하였음에도 자본금의 납입을 가장하거나 허위신고를 통하여 기술능력이나 시설, 장비 등의 보유를 가장하는 수단을 사용함으로써 등록요건을 충족시킨 것처럼 위장하여 등록하는 방법을 말하는 것으로 그 내용이 충분히 구체화되고 제한된다고 판단된다. 따라서 이 사건 법률조항에 규정된 '부정한 방법'의 개념이 약간의 모호함에도 불구하고 법률해석을 통하여 충분히 구체화될 수 있고, 이로써 행정청과 법원의 자의적인 법적용을 배제하는 객관적인 기준을 제

공하고 있으므로 이 사건 조항은 법률의 명확성원칙에 위반되지 않는다(헌재 2004.7.15, 2003헌바35 등).
- ㉢ [×] 정당방위 규정은 법 각칙 전체의 구성요건 조항에 대한 소극적 한계를 정하고 있는 규정으로서, 한편으로는 위법성을 조각시켜 범죄의 성립을 부정하는 기능을 하지만, 다른 한편으로는 정당방위가 인정되지 않는 경우 위법한 행위로서 범죄의 성립을 인정하게 하는 기능을 하므로 적극적으로 범죄 성립을 정하는 구성요건 규정은 아니라 하더라도 죄형법정주의가 요구하는 명확성 원칙이 적용된다(헌재 2001.6.28, 99헌바31).
- ㉣ [×] 예시적 입법형식의 경우, 구성요건의 대전제인 일반조항의 내용이 지나치게 포괄적이어서 법관의 자의적인 해석을 통하여 그 적용범위를 확장할 가능성이 있다면 죄형법정주의의 원칙에 위배될 수 있다. 따라서 예시적 입법형식이 법률 명확성의 원칙에 위배되지 않으려면, 예시한 개별적인 구성요건이 그 자체로 일반조항의 해석을 위한 판단지침을 내포하고 있어야 할 뿐만 아니라, 그 일반조항 자체가 그러한 구체적인 예시를 포괄할 수 있는 의미를 담고 있는 개념이 되어야 한다(헌재 2009.7.30, 2007헌마718).
- ㉤ [×] 이 사건 법률조항은 비록 법문상으로는 "정당한 이유"라는 일반추상적 용어를 사용하고 있으나 일반인이라도 법률전문가의 도움을 받아 무엇이 금지되는 것인지 여부에 관하여 예측하는 것이 가능한 정도라 할 것이어서 수범자인 사용자가 해고에 관하여 자신의 행위를 결정해 나가기에 충분한 기준이 될 정도의 의미내용을 가지고 있다. 그렇다면 이 사건 법률조항이 형사처벌의 대상이 되는 해고의 기준을 일반추상적 개념인 "정당한 이유"의 유무에 두고 있기는 하지만, 그 의미에 대하여 법적 자문을 고려한 예견가능성이 있고, 집행자의 자의가 배제될 정도로 의미가 확립되어 있으며, 입법 기술적으로도 개선가능성이 있다는 특별한 사정이 보이지 아니하므로 헌법상 명확성의 원칙에 반하지 아니한다(헌재 2005.3.31, 2003헌바12).

11 정답 ④

① [O] 심판대상조항에 의한 보호는 신체의 자유를 제한하는 정도가 박탈에 이르러 형사절차상 '체포 또는 구속'에 준하는 것으로 볼 수 있는 점을 고려하면, 보호의 개시 또는 연장 단계에서 그 집행기관인 출입국관리공무원으로부터 독립되고 중립적인 지위에 있는 기관이 보호의 타당성을 심사하여 이를 통제할 수 있어야 한다. 그러나 현재 출입국관리법상 보호의 개시 또는 연장 단계에서 집행기관으로부터 독립된 중립적 기관에 의한 통제절차가 마련되어 있지 아니하다. … 따라서 심판대상조항은 적법절차원칙에 위배되어 피보호자의 신체의 자유를 침해한다(헌재 2023.3.23, 2020헌가1 등).
② [O] 범죄행위로 인하여 형사처벌을 받은 공무원에 대하여 신분상 불이익처분을 하는 법률을 제정함에 있어 어느 방법을 선택할 것인가는 원칙적으로 입법자의 재량에 속한다. 일정한 사항이 법정 당연퇴직사유에 해당하는지 여부만이 문제되는 당연퇴직의 성질상 그 절차에서 당사자의 진술권이 반드시 보장되어야 하는 것은 아니고, 심판대상조항이 청구인의 공무담임권 등을 침해하지 아니하는 이상 적법절차원칙에 위반되지 아니한다(헌재 2013.7.25, 2012헌바409).
③ [O] 효율적인 수사와 정보수집의 신속성, 밀행성 등의 필요성을 고려하여 사전에 정보주체인 이용자에게 그 내역을 통지하도록 하는 것이 적절하지 않다면 수사기관 등이 통신자료를 취득한 이후에 수사 등 정보수집의 목적에 방해가 되지 않는 범위 내에서 통신자료의 취득사실을 이용자에게 통지하는 것이 얼마든지 가능하다. 그럼에도 이 사건 법률조항은 통신자료 취득에 대한 사후통지절차를 두지 않아 적법절차원칙에 위배된다. … 이 사건 법률조항이 통신자료 취득에 대한 사후통지절차를 규정하고 있지 않은 것은 적법절차원칙에 위배하여 청구인들의 개인정보자기결정권을 침해한다(헌재 2022.7.21, 2016헌마388 등).
❹ [×] 도로교통법상 범칙금 납부통고는 위반행위에 대한 제재를 신속·간편하게 종결할 수 있게 하는 제도로서, 이에 불복하여 범칙금을 납부하지 아니한 자에게는 재판절차라는 완비된 절차적 보장이 주어진다. 도로교통법 위반사례가 격증하고 있는 현실에서 통고처분에 대한 이의제기 등 행정청 내부 절차를 추가로 둔다면 절차의 중복과 비효율을 초래하고 신속한 사건처리에 저해가 될 우려도 있다. 따라서 이 사건 즉결심판청구 조항에서 의견진술 등의 별도의 절차를 두지 않은 것이 현저히 불합리하여 적법절차원칙에 위배된다고 보기 어렵다(헌재 2014.8.28, 2012헌바433).

12 정답 ①

❶ [×] 어린이집의 투명한 운영을 담보하고 영유아 보호자의 보육기관 선택권을 실질적으로 보장하기 위해서는 보조금을 부정수급하거나 유용한 어린이집의 명단 등을 공표하여야 할 필요성이 있으며, 심판대상조항은 공표대상이나 공표정보, 공표기간 등을 제한적으로 규정하고 공표 전에 의견진술의 기회를 부여하여 공표대상자의 절차적 권리도 보장하고 있다. 나아가 심판대상조항을 통하여 추구하는 영유아의 건강한 성장 도모 및 영유아 보호자들의 보육기관 선택권 보장이라는 공익이 공표대상자의 법 위반사실이 일정기간 외부에 공표되는 불이익보다 크다. 따라서 심판대상조항은 과잉금지원칙을 위반하여 인격권 및 개인정보자기결정권을 침해하지 아니한다(헌재 2022.3.31, 2019헌바520).
② [O] 이 사건 정보수집 등 행위는 청구인 윤○○, 정○○이 과거 야당 후보를 지지하거나 세월호 참사에 대한 정부의 대응을 비판한 의사표시에 관한 정보를 대상으로 한다. 이러한 야당 소속 후보자 지지 혹은 정부 비판은 정치적 견해로서 개인의 인격주체성을 특징짓는 개인정보에 해당하고, 그것이 지지 선언 등의 형식으로 공개적으로 이루어진 것이라고 하더라도 여전히 개인정보자기결정권의 보호범위 내에 속한다. … 국가가 개인의 정치적 견해에 관한 정보를 수집·보유·이용하는 등의 행위는 개인정보자기결정권에 대한 중대한 제한이 되므로 이를 위해서는 법령상의 명확한 근거가 필요함에도 그러한 법령상 근거가 존재하지 않으므로 이 사건 정보수집 등 행위는 법률유보원칙을 위반하여 청구인들의 개인정보자기결정권을 침해한다(헌재 2020.12.23, 2017헌마416).
③ [O] 이 사건 관리조항은 성범죄의 재범을 억제하고 재범이 현실적으로 이루어진 경우 수사의 효율성과 신속성을 높이기 위하여, 법무부장관이 등록대상 성범죄로 벌금형을 선고받은 사람의

등록정보를 최초등록일부터 10년 동안 보존·관리하도록 규정한 것이다. 헌재 2015.7.30, 2014헌마340등 헌법불합치결정에 따라 개정된 성폭력처벌법 제45조 제1항은 선고형에 따라 등록기간을 10년부터 30년까지 달리하여 형사책임의 경중 및 재범의 위험성에 따라 등록기간을 차등화하였고, 또한 신상정보 등록 면제제도를 도입하여 재범의 위험성이 낮아진 경우 신상정보의 등록을 면할 수 있는 수단을 마련하고 있으므로, 이 사건 관리조항은 등록기간을 형사책임의 경중에 따라 세분화하고 일정한 경우 그 기간을 단축할 수 있도록 함으로써 기본권 침해를 최소화하고 있다. 나아가 이 사건 관리조항으로 인하여 그 자체로 신상정보 등록대상자의 일상생활이 방해받는 것은 아닌 반면, 이 사건 관리조항을 통하여 달성하려는 성범죄자의 재범 방지 및 수사의 효율성이라는 공익은 크므로, 이 사건 관리조항은 과잉금지원칙을 위반하여 청구인의 개인정보자기결정권을 침해하지 않는다(헌재 2025.1.23, 2021헌마853).

④ [O] 이 사건 구법 조항이 법원에서 불처분결정된 소년부송치 사건에 대한 수사경력자료의 삭제 및 보존기간에 대하여 규정하지 아니하여 수사경력자료에 기록된 개인정보가 당사자의 사망 시까지 보존되면서 이용되는 것은 당사자의 개인정보자기결정권에 대한 제한에 해당하는바, 이 사건 구법 조항이 과잉금지원칙을 위반하여 개인정보자기결정권을 침해하는지 여부가 문제된다. … 따라서 법원에서 불처분결정된 소년부송치 사건에 대한 수사경력자료의 보존기간과 삭제에 대한 규정을 두지 않은 이 사건 구법 조항은 과잉금지원칙을 위반하여 소년부송치 후 불처분결정을 받은 자의 개인정보자기결정권을 침해한다(헌재 2021.6.24, 2018헌가2).

13   정답 ③

① [O] 피청구인이 청구인들로 하여금 개신교, 천주교, 불교, 원불교 4개 종교의 종교행사 중 하나에 참석하도록 한 것은 그 자체로 종교적 행위의 외적 강제에 해당한다. 이는 피청구인이 위 4개 종교를 승인하고 장려한 것이자, 여타 종교 또는 무종교보다 이러한 4개 종교 중 하나를 가지는 것을 선호한다는 점을 표현한 것이라고 보여질 수 있으므로 국가의 종교에 대한 중립성을 위반하여 특정 종교를 우대하는 것이다. 또한, 이 사건 종교행사 참석조치는 국가가 종교를, 군사력 강화라는 목적을 달성하기 위한 수단으로 전락시키거나, 반대로 종교단체가 군대라는 국가권력에 개입하여 선교행위를 하는 등 영향력을 행사할 수 있는 기회를 제공하므로, 국가와 종교의 밀접한 결합을 초래한다는 점에서 정교분리원칙에 위배된다(헌재 2022.11.24, 2019헌마941).

② [O] 금치처분을 받은 사람은 최장 30일 이내의 기간 동안 공동행사에 참가할 수 없으나, 서신수수, 접견을 통해 외부와 통신할 수 있고, 종교상담을 통해 종교활동을 할 수 있으므로, 이 사건 금치조항 중 제108조 제4호에 관한 부분은 침해의 최소성에도 위반되지 아니한다. 금치처분을 받은 사람은 금치기간 동안 공동행사에 참가하는 방식으로 교정시설 내 수용자들과 교류하거나 종교활동을 할 수 없는 불이익을 받게 되나, 이는 규율의 준수를 통해 수용질서를 유지한다는 공익에 비하여 크다고 할 수 없으므로, 위 조항은 법익의 균형성도 갖추었다(헌재 2016.5.26, 2014헌마45).

❸ [×] 청구인은 심판대상행위가 종교의 자유를 침해한다고 주장한다. 심판대상행위는 '종교가 있는지 여부'와 '있다면 구체적인 종교명이 무엇인지'를 묻는 조사항목들에 응답할 것을 요구하고 있는바, 이는 통계의 기초자료로 활용하기 위한 조사사항 중 하나로서 특정 종교를 믿는다는 이유로 불이익을 주거나 종교적 확신에 반하는 행위를 강요하기 위한 것이 아니다. 결국 청구인의 위 주장은 종교를 포함한 개인정보의 수집·활용 등이 개인정보자기결정권을 침해하는가의 문제로 귀결되므로, 개인정보자기결정권에 대한 침해 여부에 포함시켜 판단하면 충분하다. … 심판대상행위에 의하여 제한되는 사익은 청구인의 개인정보를 피청구인에게 제공하여야 하는 불이익인 반면, 심판대상행위로 달성하려는 공익은 그 조사결과를 정부정책의 수립·평가 또는 경제·사회현상의 연구·분석 등에 활용하여 사회발전에 기여하고자 하는 것으로서 청구인의 사익 제한보다 훨씬 크고 중요하다. 따라서 법익의 균형성도 갖추었다. 심판대상행위가 과잉금지원칙을 위반하여 청구인의 개인정보자기결정권을 침해하였다고 볼 수 없다(헌재 2017.7.27, 2015헌마1094).

④ [O] 양로시설을 설치하고자 하는 경우 일정한 시설기준과 인력기준 등을 갖추어야 하나, 이는 노인들의 안전한 주거공간 보장을 위한 최소한의 기준에 불과하므로 신고의무 부과가 지나치다고 할 수 없다. 종교단체에서 구호활동의 일환으로 운영하는 양로시설이라고 하더라도 신고대상에서 제외하면 관리·감독의 사각지대가 발생할 수 있으며, 일정 규모 이상의 양로시설의 경우 안전사고나 인권침해 피해정도가 커질 수 있으므로, 예외를 인정함이 없이 신고의무를 부과할 필요가 있다. 더욱이 일부 사회복지시설들의 탈법적인 운영을 방지하기 위하여는 강력한 제재를 가할 필요성이 인정되며, 사안의 경중에 따라 벌금형의 선고도 가능하므로 심판대상조항에 의한 처벌이 지나치게 과중하다고 볼 수 없다. 심판대상조항에 의하여 제한되는 사익에 비하여 심판대상조항이 달성하려는 공익은 양로시설에 입소한 노인들의 쾌적하고 안전한 주거환경을 보장하는 것으로 이는 매우 중대하다. 따라서 심판대상조항이 과잉금지원칙에 위배되어 종교의 자유를 침해한다고 볼 수 없다(헌재 2016.6.30, 2015헌바46).

14   정답 ②

① [O] 집회의 목적·내용과 집회의 장소는 일반적으로 밀접한 내적인 연관관계에 있기 때문에, 집회의 장소에 대한 선택이 집회의 성과를 결정짓는 경우가 적지 않다. 집회장소가 바로 집회의 목적과 효과에 대하여 중요한 의미를 가지기 때문에, 누구나 '어떤 장소에서' 자신이 계획한 집회를 할 것인가를 원칙적으로 자유롭게 결정할 수 있어야만 집회의 자유가 비로소 효과적으로 보장되는 것이다. 따라서 집회의 자유는 다른 법익의 보호를 위하여 정당화되지 않는 한, 집회장소를 항의의 대상으로부터 분리시키는 것을 금지한다(헌재 2003.10.30, 2000헌바67 등).

❷ [×] 집회의 자유는 집권세력에 대한 정치적 반대의사를 공동으로 표명하는 효과적인 수단으로서 현대사회에서 언론매체에 접근할 수 없는 소수집단에게 그들의 권익과 주장을 옹호하기 위한 적절한 수단을 제공한다는 점에서, 소수의견을 국정에

반영하는 창구로서 그 중요성을 더해 가고 있다. 이러한 의미에서 집회의 자유는 소수의 보호를 위한 중요한 기본권인 것이다(헌재 2003.10.30, 2000헌바67 등).
③ [O] 집회의 자유에는 집회를 통하여 형성된 의사를 집단적으로 표현하고 이를 통하여 불특정 다수인의 의사에 영향을 줄 자유를 포함한다. … 한편, 우리 헌법상 집회의 자유에 의하여 보호되는 것은 오로지 '평화적' 또는 '비폭력적' 집회에 한정되는 것이므로 집회의 자유를 빙자한 폭력행위나 불법행위 등은 헌법적 보호범위를 벗어난 것인 만큼, 형법, '폭력행위 등 처벌에 관한 법률', 도로교통법 등에 의하여 형사처벌되거나 민사상의 손해배상책임 등에 의하여 제재될 수 있다(헌재 2014.3.27, 2010헌가2 등).
④ [O] 광고도 사상·지식·정보 등을 불특정다수인에게 전파하는 것으로서 언론·출판의 자유에 의한 보호를 받는 대상이 됨은 물론이고, 상업적 광고표현 또한 보호 대상이 된다(헌재 2018.6.28, 2016헌가8 등).

15　　　　　　　　　　　　　　　　　　　　정답 ①

❶ [X] 헌법재판소는 2012.2.23, 2011헌가8 결정에서 심판대상조항과 동일한 내용의 구 개별소비세법 조항에 대하여, 골프장 입장행위에 대한 개별소비세 부과는 담세력에 상응하는 조세부과를 통해 과세의 형평을 도모하기 위한 것으로서 세율이 자의적이라거나 골프장 이용객 수의 과도한 감소를 초래할 정도라고 보이지 아니하며, 사치성이 없다고 볼 수 있는 골프장 입장에 대하여는 개별소비세를 배제할 수 있는 길을 열어놓고 있는 점에 비추어 과잉금지원칙에 위반되어 재산권을 침해하지 않는다고 판단한 바 있다. 위 결정 선고 이후 지속적으로 골프 인구가 늘어나고 골프장이 증설되었으나, 여전히 비용과 이용접근성, 일반 국민의 인식 측면에서 골프장 이용행위가 사치성 소비로서의 성격이 완전히 희석되었다거나 대중적인 소비행위로 자리 잡았다고 보기는 어려우며, 이 사건에서 선례와 달리 판단하여야 할 사정이 없으므로, 심판대상조항은 과잉금지원칙에 반하여 재산권을 침해한다고 볼 수 없다(헌재 2024.8.29, 2021헌바34).
② [O] 이 사건 법률조항으로써 달성하려는 공익은 지방공무원의 금품비위행위를 근절함으로써 공직 기강을 다잡고 그에 대한 국민 신뢰를 회복하여 궁극적으로는 공익실현을 위한 국가기능의 원활한 운영을 도모하기 위한 것으로 매우 중대하고 긴요하다. 반면, 그에 따라 제한되는 사익은 이미 금품비위행위를 저지른 지방공무원에게 그 행위로 말미암은 금품비위액수의 최대 5배 내에서 각종 사정을 참작하여 징계부가금이 부과되는 것으로, 이 사건 법률조항에 의하여 제한되는 사익이 달성하려는 공익에 비해 크다고 볼 수 없다. 이 사건 법률조항은 과잉금지원칙에 위반하여 징계부가금이 부과되는 지방공무원의 재산권을 침해하지 아니한다(헌재 2025.4.10, 2021헌바123등).
③ [O] 이 사건 기탁금귀속조항이 적용된 총장임용후보자선거에서 9명에 이르는 적지 않은 후보자가 후보자로 등록하였고, 이 중 3명의 후보자가 납부한 기탁금 전액 내지 반액을 반환받았다. 기탁금 반환 요건을 완화하면 기본권 제한은 완화되지만, 기탁금 납부 부담 또한 줄게 되어 후보자 난립 방지 및 후보자의 성실성 확보라는 목적은 달성하기 어려울 수 있다. 기탁금 반환 요건을 충족하지 못한 후보자들을 모두 불성실하다고 평할 수 없지만, 이러한 반환 요건을 둔 것은 이를 완화할 경우 우려되는 폐해를 막기 위한 불가피한 선택이자 후보자의 진지성과 성실성을 담보하기 위한 최소한의 제한이다. 따라서 이 사건 기탁금귀속조항은 청구인의 재산권을 침해하지 않는다(헌재 2022.5.26, 2020헌마219).
④ [O] 심판대상조항은 악화된 연금재정을 개선하여 공무원연금제도의 건실한 유지·존속을 도모하고 연금과 보수의 이중수혜를 방지하기 위한 것이다. 퇴직공무원의 적정한 생계 보장이라는 공무원연금제도의 취지에 비추어, 연금 지급을 정지하기 위해서는 '연금을 대체할 만한 소득'이 전제되어야 한다. 지방의회 의원이 받는 의정비 중 의정활동비는 의정활동 경비 보전을 위한 것이므로, 연금을 대체할 만한 소득이 있는지 여부는 월정수당을 기준으로 판단하여야 하는데, 월정수당은 지방자치단체에 따라 편차가 크고 안정성이 낮음에도 불구하고 심판대상조항은 연금을 대체할 만한 적정한 소득이 있다고 할 수 없는 경우에도 일률적으로 연금전액의 지급을 정지하여 지급정지제도의 본질 및 취지와 어긋나는 결과를 초래한다. 심판대상조항과 같이 재취업소득액에 대한 고려 없이 퇴직연금 전액의 지급을 정지할 경우 재취업 유인을 제공하지 못하여 정책목적 달성에 실패할 가능성이 크다. 연금과 보수 중 일부를 감액하는 방식으로 선출직에 취임하여 보수를 받는 것이 생활보장에 더 유리하도록 하는 등 기본권을 덜 제한하면서 입법목적을 달성할 수 있는 다양한 방법이 있다. 따라서 심판대상조항은 과잉금지원칙에 위배되어 재산권을 침해한다(헌재 2022.1.27, 2019헌바161).

16　　　　　　　　　　　　　　　　　　　　정답 ①

❶ [X] 심판대상조항은 측량업무의 정확성과 신뢰성을 담보하여 토지 관련 법률관계의 법적 안정성과 국민의 권익을 보호하려는 것으로 그 입법목적의 정당성이 인정되고, 이를 위해 심판대상조항은 무자격자가 측량업에 종사하는 것을 방지하므로 수단의 적합성 역시 인정된다. … 따라서 심판대상조항은 과잉금지원칙에 위배되지 아니한다(헌재 2020.12.23, 2018헌바458).
② [O] 심판대상조항은 택시를 이용하는 국민을 성범죄 등으로부터 보호하고, 시민들의 택시이용에 대한 불안감을 해소하며, 도로교통에 관한 공공의 안전을 확보하고자 한 것으로, 그 입법목적이 정당하고, 택시운전자격자로 하여금 성폭력 범죄를 저지르지 않도록 경고하는 효과가 있고, 택시운전자격자의 자질을 어느 정도 담보할 수 있으므로, 위와 같은 입법목적을 달성하기 위한 적합한 수단이다. … 따라서 심판대상조항은 과잉금지원칙에 위배되지 아니한다(헌재 2020.5.27, 2018헌바264).
③ [O] 심판대상조항이 '부정 취득하지 않은 운전면허'까지 필요적으로 취소하도록 한 것은, 임의적 취소·정지 사유로 함으로써 구체적 사안의 개별성과 특수성을 고려하여 불법의 정도에 상응하는 제재수단을 선택하도록 하는 등 완화된 수단에 의해서도 입법목적을 같은 정도로 달성하기에 충분하므로, 피해의 최소성 원칙에 위배된다. … 따라서 심판대상조항 중 각

'거짓이나 그 밖의 부정한 수단으로 받은 운전면허를 제외한 운전면허'를 필요적으로 취소하도록 한 부분은, 과잉금지원칙에 반하여 일반적 행동의 자유 또는 직업의 자유를 침해한다(헌재 2020.6.25, 2019헌가9 등).

④ [O] 비약사의 약국 개설이 허용되면, 영리 위주의 의약품 판매로 인해 의약품 오남용 및 국민 건강상의 위험이 증대할 가능성이 높고, 대규모 자본이 약국시장에 유입되어 의약품 유통체계 및 판매질서를 위협할 우려가 있다. 또한 비약사의 약국 개설은, 개설등록 취소나 약사의 자격정지, 부당이득 보험급여 징수 등 행정제재만으로는 예방하기에 미흡하고, 그에 가담한 약사를 형사처벌 대상에서 제외할 특별한 사정이 있다고도 할 수 없다. 약국 개설은 전 국민의 건강과 보건, 나아가 생명과도 직결된다는 점에서, 달성되는 공익보다 제한되는 사익이 더 중하다고 볼 수 없다. 심판대상조항은 과잉금지원칙에 반하여 직업의 자유를 침해하지 않는다(헌재 2020.10.29, 2019헌바249).

④ [O]
> 헌법 제27조 ② 군인 또는 군무원이 아닌 국민은 대한민국의 영역 안에서는 중대한 군사상 기밀·초병·초소·유독음식물공급·포로·군용물에 관한 죄 중 법률이 정한 경우와 비상계엄이 선포된 경우를 제외하고는 군사법원의 재판을 받지 아니한다.

17 정답 ③

① [O] 특허권의 효력 여부에 대한 분쟁은 신속히 확정할 필요가 있는 점, 특허무효심판에 대한 심결은 특허법이 열거하고 있는 무효사유에 대해 특허법이 정한 방법과 절차에 따라 청구인과 특허권자가 다툰 후 심결의 이유를 기재한 서면에 의하여 이루어지는 것이므로, 당사자가 그 심결에 대하여 불복할 것인지를 결정하고 이를 준비하는 데 그리 많은 시간이 필요하지 않은 점, 특허법은 심판장으로 하여금 30일의 제소기간에 부가기간을 정할 수 있도록 하고 있고, 제소기간 도과에 대하여 추후보완이 허용되기도 하는 점 등을 종합하여 보면, 이 사건 제소기간 조항이 정하고 있는 30일의 제소기간이 지나치게 짧아 특허무효심결에 대하여 소송으로 다투고자 하는 당사자의 재판청구권 행사를 불가능하게 하거나 현저히 곤란하게 한다고 할 수 없으므로, 재판청구권을 침해하지 아니한다(헌재 2018.8.30, 2017헌바258).

② [O] 적어도 한번의 재판을 받을 권리, 적어도 하나의 심급을 요구할 권리인 것이며, 그 구체적인 형성은 입법자의 광범위한 입법재량에 맡겨져 있는 것이다. 즉, 심급제도가 몇 개의 심급으로 형성되어야 하는가에 관하여 헌법이 전혀 규정하는 바가 없으므로, 이는 입법자의 광범위한 형성권에 맡겨져 있는 것이며, 모든 구제절차나 법적분쟁에서 반드시 보장되는 것은 아니다(헌재 2005.3.31, 2003헌바34).

❸ [×] 개정 보상법상의 위원회는 국무총리 소속으로 관련분야의 전문가들로 구성되고, 임기가 보장되며, 국무총리의 위원에 대한 지휘·감독권 규정이 없는 등 제3자성 및 독립성이 보장되어 있는 점, 위원회가 보상금 지급심사를 함에 있어서 심의 절차의 공정성·신중성이 충분히 갖추어져 있는 점, … 감안하여 볼 때, 이 사건 재판상 화해조항으로 인하여 청구인들의 동의 과정에 실체법상 무효 또는 취소사유가 있더라도 재심절차 이외에는 더 이상 재판을 청구할 수 있는 길이 막히게 된다고 하더라도, 위 재판상 화해조항이 합리적인 범위를 벗어나 청구인들의 재판청구권을 과도하게 제한하였다고 보기는 어렵다(헌재 2009.4.30, 2006헌마1322).

18 정답 ④

① [O] 입증책임분배에 있어 권리의 존재를 주장하는 당사자가 권리 근거사실에 대하여 입증책임을 부담한다는 것은 일반적으로 받아들여지고 있고, 통상적으로 업무상 재해를 직접 경험한 당사자가 이를 입증하는 것이 용이하다는 점을 감안하면, 이러한 입증책임의 분배가 입법재량을 일탈한 것이라고는 보기 어렵다. … 근로자 측이 현실적으로 부담하는 입증책임이 근로자 측의 보호를 위한 산업재해보상보험제도 자체를 형해화시킬 정도로 과도하다고 보기도 어렵다. 따라서 심판대상조항이 다고 볼 수 없다(헌재 2015.6.25, 2014헌바269).

② [O] 이 사건 설치행위는 수용자의 자살을 방지하여 생명권을 보호하고 교정시설 내의 안전과 질서를 보호하기 위한 것이다. … 교정시설 내 자살사고는 수용자 본인이 생명을 잃는 중대한 결과를 초래할 뿐만 아니라 다른 수용자들에게도 직접적으로 부정적인 영향을 미치고 나아가 교정시설이나 교정정책 전반에 대한 불신을 야기할 수 있다는 점에서 이를 방지할 필요성이 매우 크고, 그에 비해 청구인에게 가해지는 불이익은 채광·통풍이 다소 제한되는 정도에 불과하다. 따라서 이 사건 설치행위는 청구인의 환경권 등 기본권을 침해하지 아니한다(헌재 2014.6.26, 2011헌마150).

③ [O] 심판대상조항은 권리의무관계를 조기에 확정하고 재정운용의 불안정성을 제거하여 연금재정을 합리적으로 운용하기 위한 것으로서 합리적인 이유가 있고, 그 내용이 현저히 불합리하여 헌법상 용인될 수 있는 재량의 범위를 명백히 벗어났다고 볼 수 없으므로, 유족연금수급권자의 인간다운 생활을 할 권리나 재산권을 침해하여 헌법에 위반된다고 볼 수 없다(헌재 2021.4.29, 2019헌바412).

❹ [×] 사후지급금 조항은 육아휴직 급여의 일부인 사후지급금을 육아휴직 종료 후 해당 사업장에 복귀하여 6개월간 계속 근무한 경우에 지급하도록 규정하는바, 이로 인해 육아휴직 종료 후 해당 사업장에 복귀하지 아니하거나 복귀하여 6개월 미만의 기간 동안 근무한 육아휴직 급여수급권자는 사후지급금을 지급받지 못하게 되었다. 따라서 사후지급금 조항은 해당 사업장에 복귀하지 아니한 육아휴직 급여수급권자인 청구인의 인간다운 생활을 할 권리 및 재산권을 제한한다. … 사후지급금 조항은 청구인의 인간다운 생활을 할 권리나 재산권을 침해한다고 볼 수 없다(헌재 2025.4.10, 2021헌마1362).

19 정답 ③

① [O] 헌법 제32조 제1항은 "모든 국민은 근로의 권리를 가진다. 국가는 사회적·경제적 방법으로 근로자의 고용의 증진과 적정임금의 보장에 노력하여야 하며, 법률이 정하는 바에 의하여 최저임금제를 시행하여야 한다."라고 규정하고 있다. 이는 국가의 개입·간섭을 받지 않고 자유로이 근로를 할 자유와, 국가에 대하여 근로의 기회를 제공하는 정책을 수립해 줄 것을 요구할 수 있는 권리 등을 기본적인 내용으로 하고 있고, 이때 근로의 권리는 근로자를 개인의 차원에서 보호하기 위한 권리로서 개인인 근로자가 근로의 권리의 주체가 되는 것이고, 노동조합은 그 주체가 될 수 없는 것으로 이해되고 있다(헌재 2009.2.26, 2007헌바27).

② [O] 근로의 권리가 "일할 자리에 관한 권리"만이 아니라 "일할 환경에 관한 권리"도 함께 내포하고 있는바, 후자는 인간의 존엄성에 대한 침해를 방어하기 위한 자유권적 기본권의 성격도 갖고 있어 건강한 작업환경, 일에 대한 정당한 보수, 합리적인 근로조건의 보장 등을 요구할 수 있는 권리 등을 포함한다고 할 것이므로 외국인 근로자라고 하여 이 부분에까지 기본권 주체성을 부인할 수는 없다(헌재 2007.8.30, 2004헌마670).

❸ [×] 축산업은 가축의 양육 및 출하에 있어 기후 및 계절의 영향을 강하게 받으므로, 근로시간 및 근로내용에 있어 일관성을 담보하기 어렵고, 축산업에 종사하는 근로자의 경우에도 휴가에 관한 규정은 여전히 적용되며, 사용자와 근로자 사이의 근로시간 및 휴일에 관한 사적 합의는 심판대상조항에 의한 제한을 받지 않는다. 현재 우리나라 축산업의 상황을 고려할 때, 축산업 근로자들에게 근로기준법을 전면적으로 적용할 경우, 인건비 상승으로 인한 경제적 부작용이 초래될 위험이 있다. 위 점들을 종합하여 볼 때, 심판대상조항이 입법자가 입법재량의 한계를 일탈하여 인간의 존엄을 보장하기 위한 최소한의 근로조건을 마련하지 않은 것이라고 보기 어려우므로, 심판대상조항은 청구인의 근로의 권리를 침해하지 않는다(헌재 2021.8.31, 2018헌마563).

④ [O] 유급휴가권의 구체적 내용을 형성함에 있어 입법자는 국가적 노동 상황, 경영계(사용자)의 의견, 국민감정, 인정 대상자의 업무와 지위, 기타 여러 가지 사회적·경제적 여건 등을 함께 고려해야 할 것이므로 유급휴가를 어느 범위에서 인정하고, 어느 경우에 제한할 것인지 등에 대하여는 입법자 또는 입법에 의하여 다시 위임을 받은 행정부 등 해당기관의 재량에 맡겨져 있다고 할 것이다. 따라서 이 사건 법률조항이 근로연도 중도퇴직자의 중도퇴직 전 근로에 대해 유급휴가를 보장하지 않음으로써 청구인의 근로의 권리를 침해하는지 여부는 이것이 현저히 불합리하여 헌법상 용인될 수 있는 재량의 범위를 명백히 일탈하고 있는지 여부에 달려있다고 할 수 있다. … 근로연도 중도퇴직자의 중도퇴직 전 근로에 대해 1개월 개근시 1일의 유급휴가를 부여하지 않더라도 이것이 청구인의 근로의 권리를 침해한다고 볼 수 없다(헌재 2015.5.28, 2013헌마619).

20 정답 ③

㉠ [×]
> 헌법 제31조 ② 모든 국민은 그 보호하는 자녀에게 적어도 초등교육과 법률이 정하는 교육을 받게 할 의무를 진다.

㉡ [O] 학교운영지원비는 그 운영상 교원연구비와 같은 교사의 인건비 일부와 학교회계직원의 인건비 일부 등 의무교육과정의 인적기반을 유지하기 위한 비용을 충당하는데 사용되고 있다는 점, 학교회계의 세입상 현재 의무교육기관에서는 국고지원을 받고 있는 입학금, 수업료와 함께 같은 항에 속하여 분류되고 있음에도 불구하고 학교운영지원비에 대해서만 학생과 학부모의 부담으로 남아있다는 점, 학교운영지원비는 기본적으로 학부모의 자율적 협찬금의 외양을 갖고 있음에도 그 조성이나 징수의 자율성이 완전히 보장되지 않아 기본적이고 필수적인 학교 교육에 필요한 비용에 가깝게 운영되고 있다는 점 등을 고려해보면 이 사건 세입조항은 헌법 제31조 제3항에 규정되어 있는 의무교육의 무상원칙에 위배되어 헌법에 위반된다(헌재 2012.8.23, 2010헌바220).

㉢ [O] 헌법 제39조 제1항은 "모든 국민은 법률이 정하는 바에 의하여 국방의 의무를 진다"고 규정하고 있는바, 이러한 국방의 의무는 외부 적대세력의 직·간접적인 침략행위로부터 국가의 독립을 유지하고 영토를 보전하기 위한 의무로서, 헌법에서 이러한 국방의 의무를 국민에게 부과하고 있는 이상 향토예비군설치법에 따라 예비군훈련소집에 응하여 훈련을 받는 것은 국민이 마땅히 하여야 할 의무를 다하는 것일 뿐, 국가나 공익목적을 위하여 특별한 희생을 하는 것이라고 할 수 없다(헌재 2003.6.26, 2002헌마484).

㉣ [×] 헌법상 조세의 효율성과 타당한 사용에 대한 감시는 국회의 주요책무이자 권한으로 규정되어 있어(헌법 제54조, 제61조) 재정지출의 효율성 또는 타당성과 관련된 문제에 대한 국민의 관여는 선거를 통한 간접적이고 보충적인 것에 한정된다. 따라서 헌법상 납세의 의무가 부과되어 있다는 이유만으로 국민에게 자신이 납부한 세금을 국가가 효율적으로 적재적소에 사용하고 있는가를 감시하고, 이에 대하여 이의를 제기하거나, 잘못 사용되고 있는 세금에 대하여 그 사용을 중지할 것을 요구할 수 있는 헌법상 권리가 인정된다고 볼 수 없다(헌재 2006.6.29, 2005헌마165 등).

3회 실전동형모의고사 정답 및 해설

정답

01	③	02	④	03	②	04	①	05	③
06	④	07	④	08	②	09	②	10	③
11	①	12	④	13	④	14	③	15	①
16	①	17	②	18	③	19	②	20	④

01
정답 ③

① [O] 관습헌법이 성립하기 위하여서는 관습이 성립하는 사항이 단지 법률로 정할 사항이 아니라 반드시 헌법에 의하여 규율되어 법률에 대하여 효력상 우위를 가져야 할 만큼 헌법적으로 중요한 기본적 사항이 되어야 한다. 일반적으로 실질적인 헌법사항이라고 함은 널리 국가의 조직에 관한 사항이나 국가기관의 권한 구성에 관한 사항 혹은 개인의 국가권력에 대한 지위를 포함하여 말하는 것이지만, 관습헌법은 이와 같은 일반적인 헌법사항에 해당하는 내용 중에서도 특히 국가의 기본적이고 핵심적인 사항으로서 법률에 의하여 규율하는 것이 적합하지 아니한 사항을 대상으로 한다(헌재 2004.10.21, 2004헌마554 등).

② [O] 헌법 제1조 제2항은 '대한민국의 주권은 국민에게 있고, 모든 권력은 국민으로부터 나온다.'고 규정한다. 이와 같이 국민이 대한민국의 주권자이며, 국민은 최고의 헌법제정권력이기 때문에 성문헌법의 제·개정에 참여할 뿐만 아니라 헌법전에 포함되지 아니한 헌법사항을 필요에 따라 관습의 형태로 직접 형성할 수 있다(헌재 2004.10.21, 2004헌마554 등).

❸ [×] 헌법기관의 소재지, 특히 국가를 대표하는 대통령과 민주주의적 통치원리에 핵심적 역할을 하는 의회의 소재지를 정하는 문제는 국가의 정체성(正體性)을 표현하는 실질적 헌법사항의 하나이다. 여기서 국가의 정체성이란 국가의 정서적 통일의 원천으로서 그 국민의 역사와 경험, 문화와 정치 및 경제, 그 권력구조나 정신적 상징 등이 종합적으로 표출됨으로써 형성되는 국가적 특성이라 할 수 있다(헌재 2004.10.21, 2004헌마554 등).

④ [O] 관습헌법이 성립하기 위하여서는 관습이 성립하는 사항이 단지 법률로 정할 사항이 아니라 반드시 헌법에 의하여 규율되어 법률에 대하여 효력상 우위를 가져야 할 만큼 헌법적으로 중요한 기본적 사항이 되어야 한다. 일반적으로 실질적인 헌법사항이라고 함은 널리 국가의 조직에 관한 사항이나 국가기관의 권한 구성에 관한 사항 혹은 개인의 국가권력에 대한 지위를 포함하여 말하는 것이지만, 관습헌법은 이와 같은 일반적인 헌법사항에 해당하는 내용 중에서도 특히 국가의 기본적이고 핵심적인 사항으로서 법률에 의하여 규율하는 것이 적합하지 아니한 사항을 대상으로 한다(헌재 2004.10.21, 2004헌마554 등).

02
정답 ④

① [O]
> **국적법 제10조 【국적 취득자의 외국 국적 포기 의무】** ① 대한민국 국적을 취득한 외국인으로서 외국 국적을 가지고 있는 자는 대한민국 국적을 취득한 날부터 1년 내에 그 외국 국적을 포기하여야 한다.
> ③ 제1항 또는 제2항을 이행하지 아니한 자는 그 기간이 지난 때에 대한민국 국적을 상실(喪失)한다.
>
> **제11조 【국적의 재취득】** ① 제10조 제3항에 따라 대한민국 국적을 상실한 자가 그 후 1년 내에 그 외국 국적을 포기하면 법무부장관에게 신고함으로써 대한민국 국적을 재취득할 수 있다.

② [O]
> **국적법 제15조 【외국 국적 취득에 따른 국적 상실】** ② 대한민국의 국민으로서 다음 각 호의 어느 하나에 해당하는 자는 그 외국 국적을 취득한 때부터 6개월 내에 법무부장관에게 대한민국 국적을 보유할 의사가 있다는 뜻을 신고하지 아니하면 그 외국 국적을 취득한 때로 소급(遡及)하여 대한민국 국적을 상실한 것으로 본다.
> 1. 외국인과의 혼인으로 그 배우자의 국적을 취득하게 된 자

③ [O] 심판대상조항은 외국인에게 대한민국 국적을 부여하는 '귀화'의 요건을 정한 것인데, '품행', '단정' 등 용어의 사전적 의미가 명백하고, 심판대상조항의 입법취지와 용어의 사전적 의미 및 법원의 일반적인 해석 등을 종합해 보면, '품행이 단정할 것'은 '귀화신청자를 대한민국의 새로운 구성원으로서 받아들이는 데 지장이 없을 만한 품성과 행실을 갖춘 것'을 의미하고, 구체적으로 이는 귀화신청자의 성별, 연령, 직업, 가족, 경력, 전과관계 등 여러 사정을 종합적으로 고려하여 판단될 것임을 예측할 수 있다. 따라서 심판대상조항은 명확성원칙에 위배되지 아니한다(헌재 2016.7.28, 2014헌바421).

❹ [×]
> **국적법 제13조 【대한민국 국적의 선택 절차】** ① 복수국적자로서 제12조 제1항 본문에 규정된 기간 내에 대한민국 국적을 선택하려는 자는 외국 국적을 포기하거나 법무부장관이 정하는 바에 따라 대한민국에서 외국 국적을 행사하지 아니하겠다는 뜻을 서약하고 법무부장관에게 대한민국 국적을 선택한다는 뜻을 신고할 수 있다.
> ② 복수국적자로서 제12조 제1항 본문에 규정된 기간 후에 대한민국 국적을 선택하려는 자는 외국 국적을 포기한 경우에만 법무부장관에게 대한민국 국적을 선택한다는 뜻을 신고할 수 있다. 다만, 제12조 제3항 제1호의 경우에 해당하는 자는 그 경우에 해당하는 때부터 2년 이내에는 제1항에서 정한 방식으로 대한민국 국적을 선택한다는 뜻을 신고할 수 있다.
> ③ 제1항 및 제2항 단서에도 불구하고 출생 당시에 모가 자녀에게 외국 국적을 취득하게 할 목적으로 외국에서 체류 중이었던 사실이 인정되는 자는 외국 국적을 포기한 경우에만 대한민국 국적을 선택한다는 뜻을 신고할 수 있다.

03 정답 ②

㉠ [×] 비록 우리 재판소의 결정에 의하여 구 교육공무원법 제11조 제1항이 위헌으로 선언되었으나, 우리 헌법재판소법 제47조 제2항은 장래효의 원칙을 규정함으로써 위헌법률이 당연히 무효인 것이 아니라 위헌결정으로 장래 효력을 상실하도록 되어 있어 헌법재판소에 의한 위헌확인 시까지는 유효한 신뢰의 근거로 작용할 수 있다. 그러나, 이러한 신뢰이익은 위헌적 법률의 존속에 관한 것에 불과하여 위헌적인 상태를 제거해야 할 법치국가적 공익과 비교형량해 보면 공익이 신뢰이익에 대하여 원칙적인 우위를 차지하기 때문에 합헌적인 법률에 기초한 신뢰이익과 동일한 정도의 보호, 즉 "헌법에서 유래하는 국가의 보호의무"까지는 요청할 수는 없다(헌재 2006.3.30, 2005헌마598).

㉡ [O] 채용시험의 가점에 관한 국가유공자법 개정이 예측가능하고, 채용시험의 가점은 단지 법률이 부여한 기회를 활용한 것으로서 원칙적으로 사적 위험부담의 범위에 속하는 점, … 등을 종합하면, 개정 국가유공자법 시행 직후에 국가유공자로 등록된 사람의 가족에 대하여 경과규정을 두지 않았다는 이유만으로 심판대상조항이 헌법상의 신뢰보호원칙에 위배되어 직업선택의 자유, 공무담임권을 침해하였다고 볼 수 없다(헌재 2015.2.26, 2012헌마400).

㉢ [×] 이 사건 부칙조항이 정한 3년의 유예기간은 법령의 개정으로 인한 상황변화에 적절히 대처하기에 상당한 기간으로 지나치게 짧은 것이라 할 수 없으므로, 이 사건 부칙조항은 신뢰보호원칙에 위배되어 청구인의 직업의 자유를 침해하지 아니한다(헌재 2022.9.29, 2019헌마1352).

㉣ [O] 댐사용권은 공공재인 수자원의 효율적인 이용과 관련되고, 존속기한의 정함이 없으며 취소 또는 변경의 가능성이 내재되어 있는 점, 수자원의 중요성과 대체 불가능성 등을 고려하면 댐사용권의 존속에 대한 청구인의 신뢰이익보다는 다목적댐을 통한 수자원의 합리적 개발·이용이라는 공익적 가치가 매우 크다고 볼 수 있다. 따라서 부담금반환조항이 헌법상 신뢰보호원칙에 반한다고 볼 수 없다(헌재 2022.10.27, 2019헌바44).

㉤ [×] 이 사건 법률조항으로 인하여 침해되는 의료인의 신뢰이익이, 건전한 의료질서를 확립하고 나아가 국민건강상의 위해를 방지한다는 공익에 우선하여 특별히 헌법적으로 보호해야 할 가치나 필요성이 있다고 보기 어렵다. 따라서 이 사건 법률조항은 신뢰보호원칙에 반하지 않는다(헌재 2019.8.29, 2014헌바212 등).

04 정답 ①

❶ [×] "대한민국의 경제질서는 개인과 기업의 경제상의 자유와 창의를 존중함을 기본으로 한다."고 규정한 헌법 제119조 제1항에 비추어 보더라도, 개인의 사적 거래에 대한 공법적 규제는 되도록 사전적·일반적 규제보다는, 사후적·구체적 규제방식을 택하여 국민의 거래자유를 최대한 보장하여야 할 것이다(헌재 2012.8.23, 2010헌가65).

② [O] 우리 헌법의 경제질서 원칙에 비추어 보면, 사회보험방식에 의하여 재원을 조성하여 반대급부로 노후생활을 보장하는 강제저축 프로그램으로서의 국민연금제도는 상호부조의 원리에 입각한 사회연대성에 기초하여 고소득계층에서 저소득층으로, 근로세대에서 노년세대로, 현재세대에서 다음세대로 국민 간에 소득재분배의 기능을 함으로써 오히려 위 사회적 시장경제질서에 부합하는 제도라 할 것이므로, 국민연금제도는 헌법상의 시장경제질서에 위배되지 않는다(헌재 2001.2.22, 99헌마365).

③ [O] 우리 헌법은 헌법 제119조 이하의 경제에 관한 장에서 "균형있는 국민경제의 성장과 안정, 적정한 소득의 분배, 시장의 지배와 경제력남용의 방지, 경제주체간의 조화를 통한 경제의 민주화, 균형있는 지역경제의 육성, 중소기업의 보호육성, 소비자보호 등"의 경제영역에서의 국가목표를 명시적으로 규정함으로써 국가가 경제정책을 통하여 달성하여야 할 "공익"을 구체화하고, 동시에 헌법 제37조 제2항의 기본권제한을 위한 일반법률유보에서의 "공공복리"를 구체화하고 있다(헌재 1996.12.26, 96헌가18).

④ [O] 현행 헌법이 보장하는 소비자보호운동이란 '공정한 가격으로 양질의 상품 또는 용역을 적절한 유통구조를 통해 적절한 시기에 안전하게 구입하거나 사용할 소비자의 제반 권익을 증진할 목적으로 이루어지는 구체적 활동'을 의미하고, 단체를 조직하고 이를 통하여 활동하는 형태, 즉 근로자의 단결권이나 단체행동권에 유사한 활동뿐만 아니라, 하나 또는 그 이상의 소비자가 동일한 목표로 함께 의사를 합치하여 벌이는 운동이면 모두 이에 포함된다 할 것이다(헌재 2011.12.29, 2010헌바54).

05 정답 ③

㉠ [O] 교섭단체에 정책연구위원을 둔다는 국회법 제34조 제1항 규정은 교섭단체를 구성한 정당에게 정책연구위원을 배정한다는 것과 실질적으로 다를 바 없다고 할 것인바, 이 규정은 교섭단체 소속의원과 그렇지 못한 의원을 차별하는 것인 동시에, 교섭단체를 구성한 정당과 그렇지 못한 정당도 차별하고 있다고 할 것이다. 그렇다면 국회의원 20인 이상을 확보하지

못하여 교섭단체를 구성하지 못한 청구인은 이 사건 규정으로 인하여 자신의 기본권을 침해받을 가능성이 있다. … 이 사건 규정이 입법재량을 넘어 비교섭단체인 정당을 불합리하게 차별한다고 볼 수 없다(헌재 2008.3.27, 2004헌마654).

ⓒ [O] 이 사건 결정의 조사대상자를 비롯하여 대부분의 조사대상자는 이미 사망하였을 것이 분명하나, 조사대상자가 사자(死者)인 경우에도 인격적 가치에 대한 중대한 왜곡으로부터 보호되어야 하고, 사자(死者)에 대한 사회적 명예와 평가의 훼손은 사자와의 관계를 통하여 스스로의 인격상을 형성하고 명예를 지켜온 그들 후손의 인격권, 즉 유족의 명예 또는 유족의 사자(死者)에 대한 경애추모의 정을 침해한다고 할 것이다. 따라서 심판대상조항은 조사대상자의 사회적 평가와 아울러 이를 토대로 인격상을 형성하여 온 그 유족들의 인격권을 제한한다(헌재 2013.5.30, 2012헌바19).

ⓒ [X] 국가, 지방자치단체나 그 기관 또는 국가조직의 일부나 공법인은 국민의 기본권을 보호 내지 실현해야 할 '책임'과 '의무'를 지는 주체로서 헌법소원을 청구할 수 없다. 다만, 공법인이나 이에 준하는 지위를 가진 자라 하더라도 공무를 수행하거나 고권적 행위를 하는 경우가 아닌 사경제 주체로서 활동하는 경우나 조직법상 국가로부터 독립한 고유 업무를 수행하는 경우, 그리고 다른 공권력 주체와의 관계에서 지배복종관계가 성립되어 일반 사인처럼 그 지배하에 있는 경우 등에는 기본권 주체가 될 수 있다(헌재 2013.9.26, 2012헌마271).

ⓒ [O] 기본권 주체성의 인정 문제와 기본권 제한의 정도는 별개의 문제이므로 외국인에게 근로의 권리에 대한 기본권 주체성을 인정한다는 것이 곧바로 우리 국민과 동일한 수준의 보장을 한다는 것을 의미하는 것은 아니다(헌재 2016.3.31, 2014헌마367).

06 정답 ④

① [O] 기본권의 충돌이란 상이한 기본권 주체가 하나의 동일한 사건에서 국가에 대해 각각 자신의 기본권 효력을 주장하는 경우를 말한다.

② [O], ③ [O] 심판대상조항은 신탁회사 및 신탁업자가 신탁재산을 고유재산으로 하거나 이에 관하여 권리를 취득하는 것을 제한하고 있다. 이러한 제한 내용은 신탁회사 및 신탁업자가 영업활동의 일환으로 신탁재산을 고유재산으로 하거나 이에 관하여 권리를 취득하고자 하는 것을 제한한다는 측면에서는 헌법 제15조의 직업의 자유에 의하여 보장되는 영업의 자유를, 신탁회사 및 신탁업자가 수탁자와 신탁재산을 고유재산으로 하거나 이에 관하여 권리를 취득하는 것을 내용으로 하는 신탁계약 체결을 제한한다는 측면에서는 헌법 제10조의 일반적 행동자유권에서 도출되는 계약의 자유를 각 제한한다고 볼 수 있다. 이와 같이 하나의 규제로 인해 여러 기본권이 동시에 제약을 받는 기본권 경합의 경우에는 기본권 제한을 주장하는 의도 및 입법자의 객관적 동기 등을 참작하여 사안과 가장 밀접한 관계에 있고 침해의 정도가 큰 주된 기본권을 중심으로 해서 제한의 한계를 따져보아야 할 것이다. 심판대상조항의 주된 취지는 신탁회사 및 신탁업자가 신탁재산을 고유재산으로 하거나 이에 관하여 권리를 취득하는 행위 자체를 제한하고자 하는 것이고, 그러한 내용의 신탁계약 체결이 제한되는 것은 이와 같은 영업의 자유가 제한됨으로 인한 부수적인 결과이다. 따라서 이 사건에서는 영업의 자유가 보다 밀접하고 침해의 정도가 더 큰 기본권이라고 할 것이므로 이를 중심으로 침해 여부를 살펴본다(헌재 2018.3.29, 2016헌바468).

❹ [X] 친양자 입양으로 인해 친생부모와 그 자 사이의 친족관계는 완전히 종료된다는 점에서 이는 친생부모의 기본권에 제한을 초래하게 된다. 즉, 친양자가 될 자의 헌법 제36조 제1항 및 헌법 제10조에 의한 가족생활에서의 기본권을 보장하기 위해 친생부모의 동의를 무시하고 친양자 입양을 성립시키는 경우에는 친생부모의 기본권이 제한되게 되고, 친생부모의 친족관계유지에 대한 기본권을 보장하기 위해 친생부모가 동의하지 않는 이상 무조건 친양자 입양이 성립되지 않는다고 보는 경우에는 친양자가 될 자의 기본권이 제한될 가능성이 발생한다. 결국 친양자 입양은 친생부모의 기본권과 친양자가 될 자의 기본권이 서로 대립·충돌하는 관계라고 볼 수 있다. 그리고 이들 기본권은 공히 가족생활에 대한 기본권으로서 그 서열이나 법익의 형량을 통하여 어느 한쪽의 기본권을 일방적으로 우선시키고 다른 쪽을 후퇴시키는 것은 부적절하다. 이와 같이 기본권이 서로 충돌하는 경우에는 헌법의 통일성을 유지하기 위하여 상충하는 기본권 모두가 최대한 그 기능과 효력을 나타낼 수 있도록 하는 조화로운 방법이 모색되어야 할 것이다(헌재 2012.5.31, 2010헌바87).

07 정답 ④

① [O] 처벌을 원하는 의사표시의 철회 시한을 제1심 판결선고 이후까지로 확대하는 경우, 피고인은 합의 노력을 소홀히 할 가능성이 있으며, 사건 발생일로부터 오랜 기간이 지난 후에 피해자를 상대로 재차 합의를 종용하거나 요구할 가능성도 있으므로, 피해자 보호 측면에서도 폐해가 우려된다. 항소심 단계에서 처벌을 원하는 의사표시가 철회된 사건의 피고인을 제1심 단계에서 처벌을 원하는 의사표시가 철회된 사건의 피고인과 차별하는 데에는 합리적인 이유가 있으므로, 평등원칙에 위배되지 아니한다(헌재 2025.4.10, 2024헌바471).

② [O] 비록 고소하지 않은 범죄피해자는 검찰항고를 제기할 수 없으나 헌법소원심판을 청구함으로써 부당한 불기소처분을 시정받을 기회가 있다. 이처럼 고소하지 않은 범죄피해자에게도 검사의 불기소처분을 다툴 수단이 마련되어 있다는 점에서, 고소하지 않은 범죄피해자가 불기소처분에 대한 검찰 내부 심사제도인 검찰항고를 할 수 없다는 사정만으로 범죄피해자로서 불기소처분으로 인한 불이익을 제거할 기회가 원천적으로 봉쇄되어 있다거나 이 사건 검찰청법 조항이 고소하지 않은 범죄피해자에게 일방적으로 불리하게 작용하여 고소인·고발인과의 사이에서 형평성을 상실하고 있다고 보기는 어렵다. 위 사정을 종합하면 이 사건 검찰청법 조항이 고소인·고발인에게만 검찰항고권을 부여하고 있는 데에는 합리적 이유가 있으므로, 이 사건 검찰청법 조항은 청구인의 평등권을 침해하지 않는다(헌재 2025.2.27, 2023헌마1040).

③ [O] 원판결의 근거가 된 가중처벌규정에 대하여 헌법재판소의 위헌결정이 있었음을 이유로 개시된 재심절차에서, 공소장의 교환적 변경을 통해 위헌결정된 가중처벌규정보다 법정형이 가

벼운 처벌규정으로 적용법조가 변경되어 피고인이 무죄판결을 받지는 않았으나 원판결보다 가벼운 형으로 유죄판결이 확정됨에 따라 원판결에 따른 구금형 집행이 재심판결에서 선고된 형을 초과하게 된 이 사건과 같은 경우, 소송법상 이유로 무죄재판을 받을 수는 없으나 그러한 사유가 없었다면 무죄재판을 받았을 것임이 명백하고 원판결의 형 가운데 재심절차에서 선고된 형을 초과하는 부분의 전부 또는 일부에 대해서는 결과적으로 부당한 구금이 이루어진 것으로 볼 수 있다는 점에서 심판대상조항이 형사보상 대상으로 규정하고 있는 경우들과 본질적으로 다르다고 보기 어렵다. 다만, 무죄재판을 받을 수 없었던 사유가 '적용법조에 대한 공소장의 교환적 변경'이라는 점에 차이가 있다. 그런데 형사사법기관이 피고인을 위한 비상구제절차인 재심절차에 이르러 공소장의 교환적 변경 등을 통해 무죄재판을 피하였다고 하더라도, 피고인이 그러한 형사사법절차 속에서 이미 신체의 자유에 관한 중대한 피해를 입었다면, 피고인 개인으로 하여금 그 피해를 부담하도록 하는 것은 헌법상 형사보상청구권의 취지에 어긋난다. 결과적으로 부당한 구금으로 이미 피고인의 신체의 자유에 관한 중대한 피해가 발생한 이상, 공소장의 교환적 변경을 통하여 무죄재판을 피하였다는 사정은 피고인에 대한 형사보상청구권 인정 여부를 달리할 합리적인 근거가 될 수 없다. 그럼에도 불구하고 심판대상조항이 이 사건에서 문제되는 경우를 형사보상 대상으로 규정하지 아니한 것은 현저히 자의적인 차별로서 평등원칙을 위반하여 청구인들의 평등권을 침해한다(헌재 2022.2.24, 2018헌마998).
- ❹ [×] 이 사건 부칙조항으로 인해 혼인한 남성 등록의무자와 일부 혼인한 여성 등록의무자 간에 등록대상재산의 범위에 차이가 발생하게 되었으므로, 이에 대해서는 엄격한 심사척도를 적용하여 비례성 원칙에 따른 심사를 행하여야 할 것이다. … 이는 성별에 의한 차별금지 및 혼인과 가족생활에서의 양성의 평등을 천명하고 있는 헌법에 정면으로 위배되는 것으로 그 목적의 정당성을 인정할 수 없다. 따라서 이 사건 부칙조항은 평등원칙에 위배된다(헌재 2021.9.30, 2019헌가3).

08 정답 ②

- ㉠ [×] 헌법 제10조로부터 도출되는 일반적 인격권에는 각 개인이 그 삶을 사적으로 형성할 수 있는 자율영역에 대한 보장이 포함되어 있음을 감안할 때, 장래 가족의 구성원이 될 태아의 성별 정보에 대한 접근을 국가로부터 방해받지 않을 부모의 권리는 이와 같은 일반적 인격권에 의하여 보호된다고 보아야 할 것인바, 이 사건 규정은 일반적 인격권으로부터 나오는 부모의 태아 성별 정보에 대한 접근을 방해받지 않을 권리를 제한하고 있다고 할 것이다(헌재 2008.7.31, 2004헌마1010 등).
- ㉡ [×] 생부인 청구인들은 침해되는 기본권으로 양육권 및 가족생활의 자유도 주장하고 있다. 심판대상조항들은 출생신고에 관한 조항으로서 생부인 청구인들이 혼인 외 출생자인 청구인들을 양육하는 것을 직접 제한하지 아니한다(헌재 2023.3.23, 2021헌마975).
- ㉢ [○] 헌법 제36조 제1항은 "혼인과 가족생활은 개인의 존엄과 양성의 평등을 기초로 성립되고 유지되어야 하며, 국가는 이를 보장한다"고 하여 혼인 및 그에 기초하여 성립된 부모와 자녀의 생활공동체인 가족생활이 국가의 특별한 보호를 받는다는 것을 규정하고 있다. 이 헌법규정은 소극적으로는 국가권력의 부당한 침해에 대한 개인의 주관적 방어권으로서 국가권력이 혼인과 가정이란 사적인 영역을 침해하는 것을 금지하면서, 적극적으로는 혼인과 가정을 제3자 등으로부터 보호해야 할 뿐이 아니라 개인의 존엄과 양성의 평등을 바탕으로 성립되고 유지되는 혼인·가족제도를 실현해야 할 국가의 과제를 부과하고 있다(헌재 2000.4.27, 98헌가16 등).
- ㉣ [×] 헌법 제34조 및 제36조가 가족생활을 보호하고 청소년의 복지향상을 위해 노력할 과제를 국가에게 부여하고 있다고 할지라도, 이러한 헌법조항의 해석만으로는 청구인들이 주장하는 바와 같이 양육비 대지급제 등 양육비의 이행을 실효적으로 담보하기 위한 구체적 제도에 대한 입법의무가 곧바로 도출된다고 보기는 어렵다. … 이 사건 심판청구는 헌법소원의 대상이 될 수 없는 진정입법부작위를 심판대상으로 한 것으로서 부적법하다(헌재 2021.12.23, 2019헌마168).
- ㉤ [○] 태어난 즉시 '출생등록될 권리'는 '출생 후 아동이 보호를 받을 수 있을 최대한 빠른 시점'에 아동의 출생과 관련된 기본적인 정보를 국가가 관리할 수 있도록 등록할 권리로서, 아동이 사람으로서 인격을 자유로이 발현하고, 부모와 가족 등의 보호하에 건강한 성장과 발달을 할 수 있도록 최소한의 보호장치를 마련하도록 요구할 수 있는 권리이다. 이는 헌법에 명시되지 아니한 독자적 기본권으로서, 자유로운 인격실현을 보장하는 자유권적 성격과 아동의 건강한 성장과 발달을 보장하는 사회적 기본권의 성격을 함께 지닌다(헌재 2023.3.23, 2021헌마975).

09 정답 ②

- ① [○] 이 사건 법률조항은 수사기관이 직접 물리적 강제력을 행사하여 피의자에게 강제로 지문을 찍도록 하는 것을 허용하는 규정이 아니며 형벌에 의한 불이익을 부과함으로써 심리적·간접적으로 지문채취를 강요하고 있으므로 피의자가 본인의 판단에 따라 수용여부를 결정한다는 점에서 궁극적으로 당사자의 자발적 협조가 필수적임을 전제로 하므로 물리력을 동원하여 강제로 이루어지는 경우와는 질적으로 차이가 있다. 따라서 이 사건 법률조항에 의한 지문채취의 강요는 영장주의에 의하여야 할 강제처분이라 할 수 없다. … 따라서 이 사건 법률조항이 지문채취거부를 처벌할 수 있도록 하는 것이 비록 피의자에게 지문채취를 강요하는 측면이 있다 하더라도 수사의 편의성만을 위하여 영장주의의 본질을 훼손하고 형해화한다고 할 수는 없다(헌재 2004.9.23, 2002헌가17 등).
- ❷ [×] 기지국 수사를 허용하는 통신사실 확인자료 제공요청은 법원의 허가를 받으면, 해당 가입자의 동의나 승낙을 얻지 아니하고도 제3자인 전기통신사업자에게 해당 가입자에 관한 통신사실 확인자료의 제공을 요청할 수 있도록 하는 수사방법으로, 기지국 수사는 통신비밀보호법이 정한 강제처분에 해당되므로 헌법상 영장주의가 적용된다. 헌법상 영장주의의 본질은 강제처분을 함에 있어 중립적인 법관이 구체적 판단을 거쳐야 한다는 점에 있는바, 이 사건 허가조항은 수사기관이 전기통신사업자에게 통신사실 확인자료 제공을 요청함에 있어 관할 지방법원 또는 지원의 허가를 받도록 규정하고 있으므로

헌법상 영장주의에 위배되지 아니한다(헌재 2018.6.28, 2012헌마538 등).
③ [O] 피청구인(대통령)은 행정부 수반의 지위에서 영장주의의 예외에 해당하는 사유가 없음에도 독립된 헌법기관인 선거관리위원회에 대하여 병력을 동원하여 영장 없는 압수·수색을 하도록 지시하였는바, 이는 영장주의를 위반하고 선거관리위원회의 독립성을 침해한 것이다(헌재 2025.4.4, 2024헌나8).
④ [O] 이 사건 법률조항은 앞에서 본바와 같이 급박한 상황에 대처하기 위한 것으로서 그 불가피성과 정당성이 충분히 인정되는 경우이므로, 이 사건 법률조항이 영장 없는 수거를 인정한다고 하더라도 이를 두고 헌법상 영장주의에 위배되는 것으로는 볼 수 없고, 위 구 음반·비디오물및게임물에관한법률 제24조 제4항에서 관계공무원이 당해 게임물 등을 수거한 때에는 그 소유자 또는 점유자에게 수거증을 교부하도록 하고 있고, 동조 제6항에서 수거 등 처분을 하는 관계공무원이나 협회 또는 단체의 임·직원은 그 권한을 표시하는 증표를 지니고 관계인에게 이를 제시하도록 하는 등의 절차적 요건을 규정하고 있으므로, 이 사건 법률조항이 적법절차의 원칙에 위배되는 것으로 보기도 어렵다(헌재 2002.10.31, 2000헌가12).

10   정답 ③

① [O] 교정시설은 다수의 수용자가 밀폐된 공간에서 밀집하여 생활하는 특성상 외부로부터 감염병 전파를 원천적으로 차단하는 것이 무엇보다 중요하다. 변호인 접견장소 제한 행위가 있었던 2020.12.8.부터 2021.1.15.까지는 코로나19의 빠른 확산세로 인하여 수도권 지역에서 '사회적 거리두기 2.5단계'가 실시되었고, 서울동부구치소에서 2020.12. 중순경 집단감염사태가 발생하여 2020.12.31.부터 2021.1.13.까지 '교정시설 사회적 거리두기'가 3단계로 격상되었다. 변호인 접견장소 제한 행위는 위와 같이 코로나19의 심각성이 최고조에 달했을 때 이루어진 국가적 방역조치의 일환으로서 코로나19의 교정시설 내부 확산을 방지하기 위한 한시적 조치였다. 피청구인은 변호인과의 접견 시간이나 횟수는 제한하지 아니하고, 단지 그 접견장소만을 유리벽으로 된 접촉차단시설이 설치된 일반접견실에서 하도록 하였으며, 수용자와 변호인 사이의 접견내용을 녹화하거나 녹음하지도 아니하였다. 그러므로 변호인 접견장소 제한 행위가 침해의 최소성에 위반된다고 볼 수 없다. 청구인은 변호인 접견장소 제한 행위로 인하여 효율적인 재판 준비를 하는 것이 다소 어려울 수 있다. 그러나 변호인 접견장소 제한 행위는 대규모 감염병의 위협으로부터 교정시설 내 수용자 및 교정업무 종사자의 생명과 건강을 보호하기 위한 것으로, 청구인이 제한받는 사익이 이러한 공익에 비하여 크다고 단정하기 어렵다. 따라서 법익의 균형성도 충족하였다. 그러므로 변호인 접견장소 제한 행위는 과잉금지의 원칙에 위반하여 변호인의 조력을 받을 권리를 침해한다고 볼 수 없다(헌재 2025.2.27, 2021헌마368).
② [O] 청구인은 이 사건 변호인 접견신청 거부가 있었을 당시 행정기관인 피청구인에 의해 송환대기실에 구속된 상태였으므로, 헌법 제12조 제4항 본문에 따라 변호인의 조력을 받을 권리가 있다. … 이 사건 변호인 접견신청 거부는 현행법상 아무런 법률상 근거가 없이 청구인의 변호인의 조력을 받을 권리를 제한한 것이므로, 청구인의 변호인의 조력을 받을 권리를 침해한 것이다. 또한 청구인에게 변호인 접견신청을 허용한다고 하여 국가안전보장, 질서유지, 공공복리에 어떠한 장애가 생긴다고 보기는 어렵고, 필요한 최소한의 범위 내에서 접견장소 등을 제한하는 방법을 취한다면 국가안전보장이나 환승구역의 질서유지 등에 별다른 지장을 주지 않으면서도 청구인의 변호인 접견권을 제대로 보장할 수 있다. 따라서 이 사건 변호인 접견신청 거부는 국가안전보장이나 질서유지, 공공복리를 위해 필요한 기본권 제한 조치로 볼 수도 없다(헌재 2018.5.31, 2014헌마346).
❸ [X] 이 사건 서신개봉행위는 교정사고를 미연에 방지하고 교정시설의 안전과 질서 유지를 위한 것이다. 수용자에게 변호인이 보낸 형사소송관련 서신이라는 이유만으로 금지물품 확인 과정 없이 서신이 무분별하게 교정시설 내에 들어오게 된다면, 이를 악용하여 마약·담배 등 금지물품의 반입 등이 이루어질 가능성을 배제하기 어렵다. 금지물품을 확인할 뿐 변호인이 보낸 서신 내용의 열람·지득 등 검열을 하는 것이 아니어서, 이 사건 서신개봉행위로 인하여 미결수용자와 같은 지위에 있는 수형자가 새로운 형사사건 및 형사재판에서 방어권 행사에 불이익이 있었다거나 그 불이익이 예상된다고 보기도 어렵다. … 이 사건 서신개봉행위와 같이 금지물품이 들어 있는지를 확인하기 위하여 서신을 개봉하는 것만으로는 미결수용자와 같은 지위에 있는 수형자가 변호인의 조력을 받을 권리를 침해하지 아니한다(헌재 2021.10.28, 2019헌마973).
④ [O] 불구속 피의자나 피고인의 경우 형사소송법상 특별한 명문의 규정이 없더라도 스스로 선임한 변호인의 조력을 받기 위하여 변호인을 옆에 두고 조언과 상담을 구하는 것은 수사절차의 개시에서부터 재판절차의 종료에 이르기까지 언제나 가능하다(헌재 2004.9.23, 2000헌마138).

11   정답 ①

❶ [X] 변호사 등록료는 일부 입회비로서의 성격을 가진다는 점과 변호사단체는 변호사 직무의 자유로운 수행을 보장하기 위하여 마련된 제도적 장치임을 고려했을 때, 변협이 그 재원의 일부인 등록료를 어느 정도 정할지에 대해서는 충분한 자율성과 재량이 보장된다. … 우리나라의 현재 경제상황과 화폐가치, 변호사 개업 후 얻게 될 사회적 지위 및 수입수준, 법정단체에 가입이 강제되는 유사직역의 입회비 등을 고려했을 때 금 1,000,000원이라는 돈이 신규가입을 제한할 정도로 현저하게 과도한 금액이라고 할 수는 없다. 따라서 심판대상조항들은 과잉금지원칙에 위반하여 청구인의 직업의 자유를 침해하지 않는다(헌재 2019.11.28, 2017헌마759).
② [O] 국민권익위원회 심사보호국은 부패관련 각종 신고를 직접 접수, 분류하고 처리하는 부서로서 업무의 공정성과 투명성을 확보하기 위하여는 소속 공무원들의 재취업을 일정 기간 제한할 필요가 있다. … 따라서 심판대상조항은 과잉금지원칙에 위배되어 청구인의 직업선택의 자유를 침해하지 않는다(헌재 2024.3.28, 2020헌마1527).
③ [O] 청구인들은 출석주의를 완화함으로써 무자격 등기 브로커에 의한 무차별적 등기가 가능하게 되어 전문자격자인 청구인들의 직업에 대한 신뢰가 훼손됨으로써 직업선택의 자유가 침

해된다는 취지의 주장도 하나, 이 사건 규칙조항과 사용자등록 지침조항은 무자격 등기 브로커에 의한 등기신청을 허용하는 규정이 아니다. 무자격 브로커에 의한 등기신청의 대리 등 관련 업무의 취급은 법무사법 제3조 제항에 의해 금지되고, 제74조에 의해 형사처벌 대상이 된다. 이 사건 규칙조항과 사용자등록 지침조항에 의한 사실상의 효과로서 무자격 등기 브로커에 의한 등기가 만연하게 된다거나 그로 인해 청구인들의 직업에 대한 신뢰가 훼손될 수 있다는 것은 막연한 가능성의 주장일 뿐이므로, 그로 인해 청구인들의 직업선택의 자유가 침해될 가능성까지 인정할 수는 없다. 따라서 이 사건 규칙조항과 사용자등록 지침조항이 청구인들의 직업선택의 자유를 침해할 가능성이 있다고 보기 어렵다(헌재 2021.12.23, 2018헌마49).

④ [O] 심판대상조항은 세무사 직무의 공공성과 국민 신뢰의 확보 등을 유지하기 위한 것으로서, 세무사법 위반으로 벌금형을 받은 세무사에 한정하여 등록취소를 하고 있어 입법재량의 범위 내에 있을 뿐 아니라, 벌금형의 집행이 끝나거나 집행을 받지 아니하기로 확정된 후 3년이 지난 때에는 다시 세무사로 등록하여 활동할 수 있는 점 등을 고려하면, 심판대상조항은 세무사인 청구인의 직업선택의 자유를 침해하지 않는다(헌재 2021.10.28, 2020헌바221).

12 정답 ④

① [O] 19세 이상인 자는 심판대상조항으로 인하여 13세 이상 16세 미만인 사람을 성행위의 상대방으로 선택할 수 없으므로, 심판대상조항은 19세 이상인 자의 성적 자기결정권을 제한한다. 또한 심판대상조항은 개인의 성생활이라는 내밀한 사적 생활영역에서의 행위를 제한하므로 헌법 제17조가 보장하는 사생활의 비밀과 자유 역시 제한한다. … 따라서 심판대상조항은 과잉금지원칙에 위반하여 성적 자기결정권 및 사생활의 비밀과 자유를 침해하지 아니한다(헌재 2024.6.27, 2022헌바106 등).

② [O] 본인이나 배우자 등이 소유하고 있는 부동산이나 동산, 유가증권 등 재산의 종류와 그 가액 또는 그 재산의 변동사항 등에 관한 정보는 스스로의 뜻에 따라 삶을 영위해 나가면서 개성을 신장시키기 위한 전제가 되는 사유재산에 관한 정보로서 사적 영역에 관한 것이다. 따라서 국가가 사유재산에 관한 정보를 등록하게 하는 것은 사유재산에 관한 사적 영역의 자유로운 형성과 설계를 제한하는 것이므로, 헌법 제17조가 보장하는 사생활의 비밀과 자유를 제한하는 것이라고 할 것이다. … 이 사건 시행령조항이 청구인의 사생활의 비밀과 자유를 침해한다고 할 수 없다(헌재 2010.10.28, 2009헌마544).

③ [O] 일반적으로 경제적 내지 직업적 활동은 복합적인 사회적 관계를 전제로 하여 다수 주체 간의 상호작용을 통하여 이루어지는 것이고, 특히 변호사의 업무는 다른 어느 직업적 활동보다도 강한 공공성을 내포한다는 점 등을 감안하여 볼 때, 변호사의 업무와 관련된 수임사건의 건수 및 수임액이 변호사의 내밀한 개인적 영역에 속하는 것이라고 보기 어렵고, 따라서 이 사건 법률조항이 청구인들의 사생활의 비밀과 자유를 침해하는 것이라 할 수 없다(헌재 2009.10.29, 2007헌마667).

❹ [×] 심판대상조항은 거짓이나 그 밖의 부정한 방법으로 보조금을 교부받거나 보조금을 유용한 어린이집에 대하여 그 어린이집 대표자 또는 원장의 의사와 관계없이 어린이집의 명칭, 종류, 주소, 대표자 또는 어린이집 원장의 성명 등을 불특정 다수인이 알 수 있도록 하고 있으므로 공표대상자의 개인정보자기결정권을 제한한다. … 심판대상조항은 과잉금지원칙을 위반하여 인격권 및 개인정보자기결정권을 침해하지 아니한다(헌재 2022.3.31, 2019헌바520).

13 정답 ④

① [O] 심판대상조항에 따른 유류분제도는 그 구체적 내용에 비추어 볼 때, 피상속인의 증여나 유증에 의한 자유로운 재산처분을 제한하고, 피상속인으로부터 증여나 유증을 받았다는 이유로 유류분반환청구의 상대방이 되는 자의 재산권을 역시 제한한다. … 패륜적인 상속인의 유류분을 인정하는 것은 일반 국민의 법감정과 상식에 반한다고 할 것이므로, 민법 제1112조 제1호부터 제3호가 유류분상실사유를 별도로 규정하지 아니한 것은 불합리하고 기본권제한입법의 한계를 벗어나 헌법에 위반된다. 또한 상속재산형성에 대한 기여나 상속재산에 대한 기대 등이 거의 인정되지 않는 피상속인의 형제자매에게까지 유류분을 인정하는 민법 제1112조 제4호 역시 불합리하고 기본권제한입법의 한계를 벗어나 헌법에 위반된다(헌재 2024.4.25, 2020헌가4 등).

② [O] 이율에 관한 표준 규범을 정립한다는 입법목적을 효과적으로 달성하기 위해서는 법률이 일정한 이율을 사전에 고지하여 당사자들에게 명확한 행위지침을 제시할 필요성이 있다. 법정이율 고정제와 다른 방식으로 이러한 입법목적을 실현하면서 채무자의 재산권을 덜 제한하는 수단이 명백히 존재한다고 보기 어렵다. 민법 제379조가 민법 제정 이래 현재까지 법정이율을 연 5분으로 고정하고 있다고 하더라도 불합리하게 과도한 이율을 정한 것이라고는 할 수 없다. 따라서 민법 제379조가 과잉금지원칙에 위배되어 채무자의 재산권을 침해한다고 볼 수 없다(헌재 2025.4.10, 2021헌바278등).

③ [O] 가축의 살처분으로 인한 재산권의 제약은 가축의 소유자가 수인해야 하는 사회적 제약의 범위에 속하나, 권리자에게 수인의 한계를 넘어 가혹한 부담이 발생하는 예외적인 경우에는 이를 완화하는 보상규정을 두어야 하고, 그 방법에 관하여는 입법자에게 광범위한 형성의 자유가 부여된다. … 축산계열화사업자가 가축의 소유자라 하여 살처분 보상금을 오직 계약사육농가에만 지급하는 방식은 축산계열화사업자에 대한 재산권의 과도한 부담을 완화하기에 적절한 조정적 보상조치라고 할 수 없다. 따라서 심판대상조항은 조정적 보상조치에 관하여 인정되는 입법형성재량의 한계를 벗어나 가축의 소유자인 축산계열화사업자의 재산권을 침해한다(헌재 2024.5.30, 2021헌가3).

❹ [×] 구성원이 법무법인을 퇴사하는 경우에 한하여 법무법인에 출자하였던 지분에 대한 환급청구권이 발생하므로, 구성원의 채권자가 위 채권을 현금화하기 위해서는 인적 회사로서의 성격이 강한 법무법인의 특성상 구성원의 퇴사를 청구하는 이외에는 다른 방법을 찾기 어렵다. 또한 변호사법은 구성원의 지분을 압류한 채권자는 6월 전에 구성원의 퇴사를 법무법인과 채무자에게 예고하도록 하고, 영업년도말에 한하여 구성원 퇴사의 효력이 발생하도록 규정하고 있어, 구성원의 지분을

압류당한 법무법인으로서는 해당 구성원의 퇴사에 관한 예측가능성을 확보할 수 있고, 미리 다른 구성원의 충원을 준비할 충분한 시간도 부여되어 있는 점 등을 종합하여 보면, 법무법인 구성원의 지분을 압류한 채권자가 영업년도말에 그 구성원을 퇴사시킬 수 있도록 규정한 심판대상조항은 과잉금지원칙에 위반되어 청구인의 재산권을 침해한다고 볼 수 없다(헌재 2025.3.27. 2021헌바4).

14 정답 ③

① [O] 미결수용자의 규율위반행위 등에 대한 제재로서 금치처분과 함께 금치기간 중 신문과 자비구매도서의 열람을 제한하는 것은, 규율위반자에 대해서는 반성을 촉구하고 일반 수용자에 대해서는 규율 위반에 대한 불이익을 경고하여 수용자들의 규율 준수를 유도하며 궁극적으로 수용질서를 확립하기 위한 것이다. 이 사건 신문 및 도서열람제한 조항은 최장 30일의 기간 내에서만 신문이나 도서의 열람을 금지하고 열람을 금지하는 대상에 수용시설 내 비치된 도서는 포함시키지 않고 있으므로 위 조항들이 청구인의 알 권리를 과도하게 제한한다고 보기 어렵다(헌재 2016.4.28. 2012헌마549).

② [O] 신문법 제15조 제3항에서 일간신문의 지배주주가 뉴스통신 법인의 주식 또는 지분의 2분의 1 이상을 취득 또는 소유하지 못하도록 함으로써 이종 미디어 간의 결합을 규제하는 부분은 언론의 다양성을 보장하기 위한 필요한 한도 내의 제한이라고 할 것이어서 신문의 자유를 침해한다고 할 수 없다(헌재 2006.6.29. 2005헌마165).

❸ [X] 청구인들은 고용조항으로 인하여 언론의 자유 이외에 직업수행의 자유도 침해된다고 주장한다. 그런데 고용조항의 입법목적이 인터넷신문의 신뢰성 제고이고, 신문법 규정들은 언론사로서의 인터넷신문의 규율 및 보호를 위한 규정들이다. 따라서 고용조항으로 인하여 청구인들의 직업수행의 자유보다는 언론의 자유가 보다 직접적으로 제한된다고 보이므로 언론의 자유 제한 여부를 중심으로 살펴본다. … 고용조항 및 확인조항은 소규모 인터넷신문이 언론으로서 활동할 수 있는 기회 자체를 원천적으로 봉쇄할 수 있음에 비하여, 인터넷신문의 신뢰도 제고라는 입법목적의 효과는 불확실하다는 점에서 법익의 균형성도 잃고 있다. 따라서 고용조항 및 확인조항은 과잉금지원칙에 위배되어 청구인들의 <u>언론의 자유를 침해한다</u>(헌재 2016.10.27. 2015헌마1206).

④ [O] 이 사건 조례 제5조 제3항은 그 표현의 대상이 되는 학교 구성원의 존엄성을 보호하고, 학생이 민주시민으로서의 올바른 가치관을 형성하도록 하며 인권의식을 함양하게 하기 위한 것으로 그 정당성이 인정되고, 수단의 적합성 역시 인정된다. 차별적 언사나 행동, 혐오적 표현은 개인이나 집단에 대한 혐오·적대감을 담고 있는 것으로, 그 자체로 상대방인 개인이나 소수자의 인간으로서의 존엄성을 침해하고, 특정 집단의 가치를 부정하므로, 이러한 차별·혐오표현이 금지되는 것은 헌법상 인간의 존엄성 보장 측면에서 긴요하다. … 이 사건 조례 제5조 제3항은 과잉금지원칙에 위배되어 학교 구성원인 청구인들의 표현의 자유를 침해하지 아니한다(헌재 2019.11.28. 2017헌마356).

15 정답 ①

㉠ [X] 방송의 자유는 민주주의의 원활한 작동을 위한 기초인바, 국가권력은 물론 정당, 노동조합, 광고주 등 사회의 여러 세력이 법률에 정해진 절차에 의하지 아니하고 방송편성에 개입한다면 국민 의사가 왜곡되고 민주주의에 중대한 위해가 발생하게 된다. 심판대상조항은 방송편성의 자유와 독립을 보장하기 위하여 방송에 개입하여 부당하게 영향력을 행사하는 '간섭'에 이르는 행위만을 금지하고 처벌할 뿐이고, 방송법과 다른 법률들은 방송 보도에 대한 의견 개진 내지 비판의 통로를 충분히 마련하고 있다. 따라서 심판대상조항이 과잉금지원칙에 반하여 표현의 자유를 침해한다고 볼 수 없다(헌재 2021.8.31. 2019헌바439).

㉡ [X] 정당가입권유금지조항은 선거에서 특정정당·특정인을 지지하기 위하여 정당가입을 권유하는 적극적·능동적 의사에 따른 행위만을 금지함으로써 공무원의 정치적 표현의 자유를 최소화하고 있고, 이러한 행위는 단순한 의견개진의 수준을 넘어 선거운동에 해당하므로 입법자는 헌법 제7조 제2항이 정한 공무원의 정치적 중립성 보장을 위해 이를 제한할 수 있다. 그러므로 정당가입권유금지조항은 과잉금지원칙에 반하여 정치적 표현의 자유를 침해하지 아니한다(헌재 2021.8.31. 2018헌바149).

㉢ [O] 심판대상조항은 이러한 명예훼손적 표현을 규제하면서도 '비방할 목적'이라는 초과주관적 구성요건을 추가로 요구하여 그 규제 범위를 최소한도로 하고 있고, 헌법재판소와 대법원은 정부 또는 국가기관의 정책결정이나 업무수행과 관련된 사항에 관하여는 표현의 자유를 최대한 보장함으로써 정보통신망에서의 명예보호가 표현의 자유에 대한 지나친 위축효과로 이어지지 않도록 하고 있다. 또한, 민사상 손해배상 등 명예훼손 구제에 관한 다른 제도들이 형사처벌을 대체하여 인터넷 등 정보통신망에서의 악의적이고 공격적인 명예훼손행위를 방지하기에 충분한 덜 제약적인 수단이라고 보기 어렵다. 그러므로 심판대상조항은 과잉금지원칙을 위반하여 표현의 자유를 침해하지 않는다(헌재 2016.2.25. 2013헌바105).

㉣ [X] 국가공무원법조항 중 '그 밖의 정치단체'에 관한 부분은 어떤 단체에 가입하는가에 관한 집단적 형태의 '표현의 내용'에 근거한 규제이므로, 더욱 규제되는 표현의 개념을 명확하게 규정할 것이 요구된다. 그럼에도 위 조항은 '그 밖의 정치단체'라는 불명확한 개념을 사용하여, 수범자에 대한 위축효과와 법 집행 공무원의 자의적 판단 위험을 야기하고 있다. 위 조항이 명확성원칙에 위배되어 나머지 청구인들의 정치적 표현의 자유, 결사의 자유를 침해하여 헌법에 위반되는 점이 분명한 이상, 과잉금지원칙에 위배되는지 여부에 대하여는 더 나아가 판단하지 않는다(헌재 2020.4.23. 2018헌마551).

㉤ [O] 심판대상조항은 정치적 의사표현이 가장 긴요한 선거운동기간 중에 인터넷언론사 홈페이지 게시판 등 이용자로 하여금 실명확인을 하도록 강제함으로써 익명표현의 자유와 언론의 자유를 제한하고, 모든 익명표현을 규제함으로써 대다수 국민의 개인정보자기결정권도 광범위하게 제한하고 있다는 점에서 이와 같은 불이익은 선거의 공정성 유지라는 공익보다 결코 과소평가될 수 없다. 그러므로 심판대상조항은 과잉금지원칙에 반하여 인터넷언론사 홈페이지 게시판 등 이용자의 익명표현의 자유와 개인정보자기결정권, 인터넷언론사의 언론의 자유를 침해한다(헌재 2021.1.28. 2018헌마456).

16 정답 ①

❶ [O] 심판대상조항은 교통약자의 이동편의를 위한 특별교통수단에 표준휠체어만을 기준으로 휠체어 고정설비의 안전기준을 정하고 있어 표준휠체어를 사용할 수 없는 장애인은 안전기준에 따른 특별교통수단을 이용할 수 없게 된다. 그런데 표준휠체어를 이용할 수 없는 장애인은 장애의 정도가 심하여 특수한 설비가 갖춰진 차량이 아니고서는 사실상 이동이 불가능하다. 그럼에도 불구하고 표준휠체어를 이용할 수 없는 장애인에 대한 고려 없이 표준휠체어만을 기준으로 고정설비의 안전기준을 정하는 것은 불합리하고, 특별교통수단에 장착되는 휠체어 탑승설비 연구·개발사업 등을 추진할 국가의 의무를 제대로 이행한 것이라 보기도 어렵다. … 따라서 심판대상조항은 합리적 이유 없이 표준휠체어를 이용할 수 있는 장애인과 표준휠체어를 이용할 수 없는 장애인을 달리 취급하여 청구인의 평등권을 침해한다(헌재 2023.5.25. 2019헌마1234).

② [X] 수많은 체육시설 중 유독 골프장 부가금 징수 대상 시설의 이용자만을 국민체육진흥계정 조성에 관한 조세 외적 부담을 져야 할 책임이 있는 집단으로 선정한 것에는 합리성이 결여되어 있다. 골프장 부가금 등을 재원으로 하여 조성된 국민체육진흥계정의 설치 목적이 국민체육의 진흥에 관한 사항 전반을 아우르고 있다는 점에 비추어 볼 때, 국민 모두를 대상으로 하는 광범위하고 포괄적인 수준의 효용성을 놓고 부담금의 정당화 요건인 집단적 효용성을 갖추었다고 단정하기도 어렵다. 심판대상조항이 규정하고 있는 골프장 부가금은 일반 국민에 비해 특별히 객관적으로 밀접한 관련성을 가진다고 볼 수 없는 골프장 부가금 징수 대상 시설 이용자들을 대상으로 하는 것으로서 합리적 이유가 없는 차별을 초래하므로, 헌법상 평등원칙에 위배된다(헌재 2019.12.27. 2017헌가21).

③ [X] 청구인은 사후지급금 조항이 육아휴직 종료 후 6개월 이상 계속 근무한 자와 그렇지 아니한 자를 합리적 이유 없이 차별하므로 평등권을 침해한다고 주장한다. 그런데 이러한 주장은 육아휴직 종료 후에도 해당 사업장(이하 '원 직장'이라 한다)과 근로관계를 6개월 이상 유지한 자들에게만 사후지급금을 지급하도록 한 것을 문제 삼는 것으로, 사후지급금 조항이 인간다운 생활을 할 권리 및 재산권을 침해한다는 주장과 다를 바 없다. 따라서 청구인의 평등권 침해 주장은 인간다운 생활을 할 권리 및 재산권 침해 여부에서 함께 살펴보기로 하고, 별도로 판단하지 아니한다(헌재 2025.4.10. 2021헌마1362).

④ [X] 이 사건 법률조항은 6·25전몰군경자녀에게 이 사건 수당을 지급함에 있어 수급권자의 수를 확대할 수 있는 어떠한 예외도 두지 않고 1명에게만 한정하여 지급하도록 하고, 그 1명도 나이가 많은 자를 우선하도록 정하고 있는바, 다음과 같은 이유에서 그 합리성을 인정하기 어렵다. … 따라서 이 사건 법률조항은 나이가 적은 6·25전몰군경자녀의 평등권을 침해한다(헌재 2021.3.25. 2018헌가6).

17 정답 ②

① [O] 변호사의 취업난이 가중되고 있다는 점, 이직을 위해서도 변호사시험 성적이 필요할 수 있다는 점 등을 고려하면, 변호사시험 합격자에게 취업 및 이직에 필요한 상당한 기간 동안 자신의 성적을 활용할 기회를 부여할 필요가 있다. 특례조항에서 정하고 있는 '이 법 시행일부터 6개월 내'라는 기간은 변호사시험 합격자가 취업시장에서 성적 정보에 접근하고 이를 활용하기에 지나치게 짧다. … 특례조항은 과잉금지원칙에 위배되어 청구인의 정보공개청구권을 침해한다(헌재 2019.7.25. 2017헌마1329).

❷ [X] 아동학대행위자 대부분은 피해아동과 평소 밀접한 관계에 있으므로, 행위자를 특정하여 파악할 수 있는 식별정보를 신문, 방송 등 매체를 통해 보도하는 것은 피해아동의 사생활 노출 등 2차 피해로 이어질 가능성이 매우 높다. 식별정보 보도 후에는 2차 피해를 차단하기 어려울 수 있고, 식별정보 보도를 허용할 경우 대중에 알려질 가능성을 두려워하는 피해아동이 신고를 자발적으로 포기하게 만들 우려도 있다. 따라서 아동학대행위자에 대한 식별정보의 보도를 금지하는 것이 과도하다고 보기 어렵다. … 보도금지조항은 언론·출판의 자유와 국민의 알 권리를 침해하지 않는다(헌재 2022.10.27. 2021헌가4).

③ [O] 정치자금의 수입과 지출명세서 등에 대한 사본교부 신청이 허용된다고 하더라도, 검증자료에 해당하는 영수증, 예금통장을 직접 열람함으로써 정치자금 수입·지출의 문제점을 발견할 수 있다는 점에서 이에 대한 접근이 보장되어야 한다. 영수증, 예금통장은 현행법령 하에서 사본교부가 되지 않아 열람을 통해 확인할 수밖에 없음에도 열람 중 필사가 허용되지 않고 열람기간마저 3월간으로 짧아 그 내용을 파악하고 분석하기 쉽지 않다. 또한 열람기간이 공직선거법상의 단기 공소시효조차 완성되지 아니한, 공고일부터 3개월 후에 만료된다는 점에서도 지나치게 짧게 설정되어 있다. … 이 사건 열람기간제한 조항은 과잉금지원칙에 위배되어 청구인의 알 권리를 침해한다(헌재 2021.5.27. 2018헌마1168).

④ [O] 형사소송법은 공판조서 기재의 정확성을 담보하기 위해 작성주체, 방식, 기재요건 등에 관하여 엄격히 규정하고, 피고인 등으로 하여금 재판이 확정되기 전에는 속기록 등의 사본 청구나 공판조서의 열람 또는 등사를 통하여 공판조서의 기재 내용에 대한 이의를 진술할 수 있도록 함으로써 기본권 제한을 최소화하고 있고, 이 사건 규칙조항으로 인한 기본권 제한이 속기록 등의 무용한 보관으로 인한 자원낭비 방지라는 공익보다 결코 크다고 볼 수 없으므로, 피해의 최소성과 함께 법익균형성의 요건도 갖추었다 할 것이어서, 이 사건 규칙조항이 청구인의 알 권리를 침해하였다고 볼 수 없다(헌재 2012.3.29. 2010헌마599).

18 정답 ③

① [O]
> 범죄피해자 보호법 제20조【다른 법령에 따른 급여 등과의 관계】구조피해자나 유족이 해당 구조대상 범죄피해를 원인으로 하여 국가배상법이나 그 밖의 법령에 따른 급여 등을 받을 수 있는 경우에는 대통령령으로 정하는 바에 따라 구조금을 지급하지 아니한다.

② [O] 국가의 주권이 미치지 못하고 국가의 경찰력 등을 행사할 수 없거나 행사하기 어려운 해외에서 발생한 범죄에 대하여는 국가에 그 방지책임이 있다고 보기 어렵고, 상호보증이 있는

외국에서 발생한 범죄피해에 대하여는 국민이 그 외국에서 피해구조를 받을 수 있으며, 국가의 재정에 기반을 두고 있는 구조금에 대한 청구권 행사대상을 우선적으로 대한민국의 영역 안의 범죄피해에 한정하고, 향후 해외에서 발생한 범죄피해의 경우에도 구조를 하는 방향으로 운영하는 것은 입법형성의 재량의 범위 내라고 할 것이다. 따라서 범죄피해자구조청구권의 대상이 되는 범죄피해에 해외에서 발생한 범죄피해의 경우를 포함하고 있지 아니한 것이 현저하게 불합리한 자의적인 차별이라고 볼 수 없어 평등원칙에 위배되지 아니한다(헌재 2011.12.29, 2009헌마354).

❸ [×] 위 법률조항은 제척기간을 범죄피해가 발생한 날부터 5년으로 정하고 있는바, 오늘날 현대사회에서 인터넷의 보급 등 교통·통신수단이 상대적으로 매우 발달하여 여러 정보에 대한 접근이 용이해진 점과 일반 국민의 권리의식이 신장된 점 등에 비추어 보면, 그 5년이라는 기간이 지나치게 단기라든지 불합리하여 범죄피해자의 구조청구권 행사를 현저히 곤란하게 하거나 사실상 불가능하게 하는 것으로는 볼 수 없다. 비록 범죄피해자 보호법 제25조가 그 신청기간을 범죄피해발생일부터 10년으로 확장하였지만, 이 역시 입법재량의 범위 내라고 할 수 있을 뿐이고, 종래 그 기간을 5년으로 정한 것 자체가 불합리하다고 보기는 어렵다고 할 것이다(헌재 2011.12.29, 2009헌마354).

④ [○]
> 범죄피해자 보호법 제25조 【구조금의 지급신청】 ② 제1항에 따른 신청은 해당 구조대상 범죄피해의 발생을 안 날부터 3년이 지나거나 해당 구조대상 범죄피해가 발생한 날부터 10년이 지나면 할 수 없다.

19 정답 ②

① [○] 모든 국민은 인간다운 생활을 할 권리를 가지며 국가는 생활능력 없는 국민을 보호할 의무가 있다는 헌법의 규정은 모든 국가기관을 기속하지만, 그 기속의 의미는 적극적·형성적 활동을 하는 입법부 또는 행정부의 경우와 헌법재판에 의한 사법적 통제기능을 하는 헌법재판소에 있어서 동일하지 아니하다(헌재 1997.5.29, 94헌마33).

❷ [×] 헌법 제34조 제1항의 인간다운 생활을 할 권리는 인간의 존엄에 상응하는 최소한의 물질적인 생활의 유지에 필요한 급부를 요구할 수 있는 권리일 뿐, 사적자치에 의해 규율되는 사인 사이의 법률관계에서 계약갱신을 요구할 수 있는 권리나 보증금을 우선하여 변제받을 수 있는 권리 등은 <u>헌법 제34조 제1항에 의한 보호대상이 아니므로, 청구인의 인간다운 생활을 할 권리를 침해한다고 볼 수 없다</u>(헌재 2014.3.27, 2013헌바198).

③ [○] 인간다운 생활을 할 권리로부터 인간의 존엄에 상응하는 "최소한의 물질적인 생활" 있는 구체적인 권리가 상황에 따라서는 직접 도출될 수 있다고 할 수는 있어도, 직접 그 이상의 급부를 내용으로 하는 구체적인 권리를 발생케 한다고 볼 수는 없다. 이러한 구체적 권리는 국가가 재정형편 등 여러 가지 상황들을 종합적으로 감안하여 법률을 통하여 구체화할 때에 비로소 인정되는 법률적 차원의 권리이다(헌재 2006.11.30, 2005헌바25).

④ [○]
> 헌법 제34조 ④ 국가는 노인과 청소년의 복지향상을 위한 정책을 실시할 의무를 진다.

20 정답 ④

① [○] 입증책임분배에 있어 권리의 존재를 주장하는 당사자가 권리근거사실에 대하여 입증책임을 부담한다는 것은 일반적으로 받아들여지고 있고, 통상적으로 업무상 재해를 직접 경험한 당사자가 이를 입증하는 것이 용이하다는 점을 감안하면, 이러한 입증책임의 분배가 입법재량을 일탈한 것이라고는 보기 어렵다. … 근로자 측이 현실적으로 부담하는 입증책임이 근로자 측의 보호를 위한 산업재해보상보험제도 자체를 형해화시킬 정도로 과도하다고 보기도 어렵다. 따라서 심판대상조항이 사회보장수급권을 침해한다고 볼 수 없다(헌재 2015.6.25, 2014헌바269).

② [○] 이 사건 설치행위는 수용자의 자살을 방지하여 생명권을 보호하고 교정시설 내의 안전과 질서를 보호하기 위한 것이다. … 교정시설 내 자살사고는 수용자 본인이 생명을 잃는 중대한 결과를 초래할 뿐만 아니라 다른 수용자들에게도 직접적으로 부정적인 영향을 미치고 나아가 교정시설이나 교정정책 전반에 대한 불신을 야기할 수 있다는 점에서 이를 방지할 필요성이 매우 크고, 그에 비해 청구인에게 가해지는 불이익은 채광·통풍이 다소 제한되는 정도에 불과하다. 따라서 이 사건 설치행위는 청구인의 환경권 등 기본권을 침해하지 아니한다(헌재 2014.6.26, 2011헌마150).

③ [○] 심판대상조항은 권리의무관계를 조기에 확정하고 재정운용의 불안정성을 제거하여 연금재정을 합리적으로 운용하기 위한 것으로서 합리적인 이유가 있고, 그 내용이 현저히 불합리하여 헌법상 용인될 수 있는 재량의 범위를 명백히 벗어났다고 볼 수 없으므로, 유족연금수급권자의 인간다운 생활을 할 권리나 재산권을 침해하여 헌법에 위반된다고 볼 수 없다(헌재 2021.4.29, 2019헌바412).

❹ [×] 국가가 생활능력 없는 장애인의 인간다운 생활을 보장하기 위한 조치를 취함에 있어서 국가가 실현해야 할 객관적 내용의 최소한도의 보장에도 이르지 못하였다거나 헌법상 용인될 수 있는 재량의 범위를 명백히 일탈하였다고는 보기 어렵고, 또한 장애인가구와 비장애인가구에게 일률적으로 동일한 최저생계비를 적용한 것을 자의적인 것으로 볼 수는 없다. 따라서, 보건복지부장관이 2002년도 최저생계비를 고시함에 있어 장애로 인한 추가지출비용을 반영한 별도의 최저생계비를 결정하지 않은 채 가구별 인원수만을 기준으로 최저생계비를 결정한 것은 생활능력 없는 장애인가구 구성원의 인간의 존엄과 가치 및 행복추구권, 인간다운 생활을 할 권리, 평등권을 침해하였다고 할 수 없다(헌재 2004.10.28, 2002헌마328).

4회 실전동형모의고사 정답 및 해설

정답

01	②	02	②	03	①	04	②	05	④
06	③	07	③	08	①	09	②	10	④
11	②	12	②	13	②	14	①	15	④
16	③	17	②	18	④	19	③	20	④

01
정답 ②

㉠ [×]
> 제헌헌법(1948년) 제52조 대통령이 사고로 인하여 직무를 수행할 수 없을 때에는 부통령이 그 권한을 대행하고 대통령, 부통령 모두 사고로 인하여 그 직무를 수행할 수 없을 때에는 국무총리가 그 권한을 대행한다.

㉡ [○]
> 제3차 개정헌법(1960년) 제31조 입법권은 국회가 행한다. 국회는 민의원과 참의원으로써 구성한다.

㉢ [×]
> 제7차 개정헌법(1972년) 제39조 ① 대통령은 통일주체국민회의에서 토론없이 무기명투표로 선거한다.
> 제47조 대통령의 임기는 6년으로 한다.

㉣ [×]
> 제8차 개정헌법(1980년) 제39조 ① 대통령은 대통령선거인단에서 무기명투표로 선거한다.
> 제45조 대통령의 임기는 7년으로 하며, 중임할 수 없다.

㉤ [○] 현행 헌법은 국군의 정치적 중립성, 범죄피해자구조청구권 등을 명문화하였다.

> 헌법 제5조 ② 국군은 국가의 안전보장과 국토방위의 신성한 의무를 수행함을 사명으로 하며, 그 정치적 중립성은 준수된다.

02
정답 ②

① [○] 사회국가의 원리는 자유민주적 기본질서의 범위내에서 이루어져야 하고, 국민 개인의 자유와 창의를 보완하는 범위내에서 이루어지는 내재적 한계를 지니고 있다 할 것이다. 우리 재판소도 "우리 헌법은 자유민주적 기본질서 및 시장경제질서를 기본으로 하면서 위 질서들에 수반되는 모순을 제거하기 위하여 사회국가원리를 수용하여 실질적인 자유와 평등을 아울러 달성하려는 근본이념을 가지고 있다"라고 판시한 것은 이러한 맥락에서 이루어진 것이다(헌재 2001.9.27, 2000헌마238 등).

❷ [×] 헌법의 기본원리는 헌법의 이념적 기초인 동시에 헌법을 지배하는 지도원리로서 입법이나 정책결정의 방향을 제시하며 공무원을 비롯한 모든 국민·국가기관이 헌법을 존중하고 수호하도록 하는 지침이 되며, 구체적 기본권을 도출하는 근거로 될 수는 없으나 기본권의 해석 및 기본권제한입법의 합헌성 심사에 있어 해석기준의 하나로서 작용한다(헌재 1996.4.25, 92헌바47).

③ [○] 헌법 제10조가 정하고 있는 행복추구권에서 파생되는 자기결정권 내지 일반적 행동자유권은 이성적이고 책임감 있는 사람의 자기 운명에 대한 결정·선택을 존중하되 그에 대한 책임은 스스로 부담함을 전제로 한다. 자기책임의 원리는 이와 같이 자기결정권의 한계논리로서 책임부담의 근거로 기능하는 동시에 자기가 결정하지 않은 것이나 결정할 수 없는 것에 대하여는 책임을 지지 않고 책임부담의 범위도 스스로 결정한 결과 내지 그와 상관관계가 있는 부분에 국한됨을 의미하는 책임의 한정원리로 기능한다(헌재 2013.5.30, 2011헌바360 등).

④ [○] 민주주의 원리는 개인의 자율적 판단능력을 존중하고 사회의 자율적인 의사결정이 궁극적으로 올바른 방향으로 전개될 것이라는 신뢰를 바탕으로 하고 있다. 이 신뢰는 국민들이 공동체의 최종적인 정치적 의사를 책임질 수 있다는, 즉 국민들이 주권자로서의 충분한 능력과 자격을 동등하게 가진다는 규범적 판단에 기초한다(헌재 2014.12.19, 2013헌다1).

03
정답 ①

❶ [×] 청구인은 심판대상조항이 난민인정자인 청구인의 인간다운 생활을 할 권리도 침해한다는 주장을 하고 있으나, 평등권 침해 여부를 판단하는 이상 이에 관하여는 따로 판단하지 아니한다. … 코로나19로 인하여 경제적 타격을 입었다는 점에 있어서는 영주권자, 결혼이민자, 난민인정자간에 차이가 있을 수 없으므로 그 회복을 위한 지원금 수급 대상이 될 자격에 있어서 역시 이들 사이에 차이가 발생한다고 볼 수 없다. 현재까지 인정된 난민인정자의 수를 고려할 때 난민인정자에게 긴급재난지원금

을 지급한다 하여 재정에 큰 어려움이 있다고 할 수 없고, 가족관계 증명이 어렵다는 행정적 이유 역시 난민인정자를 긴급재난지원금의 지급대상에서 제외하여야 할 합리적인 이유가 될 수 없다. 그렇다면 이 사건 처리기준이 긴급재난지원금 지급 대상인 외국인만으로 구성된 가구에 '영주권자 및 결혼이민자'를 포함시키면서 '난민인정자'를 제외한 것은 합리적 이유 없는 차별이라 할 것이므로, 이 사건 처리기준은 난민인정자인 청구인의 평등권을 침해한다(헌재 2024.3.28. 2020헌마1079).

② [O] 헌법 제2조 제2항에서 정한 국가의 재외국민 보호의무에 의하여 재외국민이 거류국에 있는 동안 받게 되는 보호는, 조약 기타 일반적으로 승인된 국제법규와 당해 거류국의 법령에 의하여 누릴 수 있는 모든 분야에서 정당한 대우를 받도록 거류국과의 관계에서 국가가 하는 외교적 보호와 국외 거주 국민에 대하여 정치적인 고려에서 특별히 법률로써 정하여 베푸는 법률·문화·교육 기타 제반영역에서의 지원을 뜻하는 것이다(헌재 2010.7.29. 2009헌가13).

③ [O] 1993.12.31. 이전에 출생한 재외국민 2세와 1994.1.1. 이후 출생한 재외국민 2세는 병역의무의 이행을 연기하고 있다는 점에서 차이가 없고, 3년을 초과하여 국내에 체재한 경우 실질적인 생활의 근거지가 대한민국에 있다고 볼 수 있어 더 이상 특례를 인정해야 할 필요가 없다는 점에서도 동일하다. 1993.12.31. 이전에 출생한 재외국민 2세 중에는 기존 제도가 유지될 것으로 믿고 국내에 생활의 기반을 형성한 경우가 있을 수 있으나, 출생년도를 기준으로 한 특례가 앞으로도 지속될 것이라는 신뢰에 대하여 보호가치가 인정된다고 볼 수 없고, 병역의무의 평등한 이행을 확보하기 위하여 출생년도와 상관없이 모든 재외국민 2세를 동일하게 취급하는 것은 합리적인 이유가 있으므로, 심판대상조항은 청구인들의 평등권을 침해하지 아니한다(헌재 2021.5.27. 2019헌마177 등).

④ [O] 재외선거인은 대의기관을 선출할 권리가 있는 국민으로서 대의기관의 의사결정에 대해 승인할 권리가 있으므로, 국민투표권자에는 재외선거인이 포함된다고 보아야 한다. 또한, 국민투표는 선거와 달리 국민이 직접 국가의 정치에 참여하는 절차이므로, 국민투표권은 대한민국 국민의 자격이 있는 사람에게 반드시 인정되어야 하는 권리이다. 이처럼 국민의 본질적 지위에서 도출되는 국민투표권을 추상적 위험 내지 선거기술상의 사유로 배제하는 것은 헌법이 부여한 참정권을 사실상 박탈한 것과 다름없다. 따라서 국민투표법조항은 재외선거인의 국민투표권을 침해한다(헌재 2014.7.24. 2009헌마256 등).

04 정답 ②

㉠ [X] 심판대상조항은 정치적 의사표현이 활발하게 교환되어야 할 선거기간 중에, 오히려 특정 후보자나 정당이 특정 정책에 대한 찬성이나 반대를 하고 있다는 언급마저도 할 수 없는 범위 내에서만 집회나 모임의 방법으로 정치적 의사를 표현하도록 하여, 평소보다 일반 유권자의 정치적 표현의 자유를 더 제한하고 있다. 선거의 공정이나 평온에 대한 구체적인 위험이 없어, 규제가 불필요하거나 또는 예외적으로 허용하는 것이 가능한 경우에도, 선거기간 중 선거에 영향을 미칠 염려가 있거나 미치게 하기 위한 일반 유권자의 집회나 모임을 전면적으로 금지하고 위반 시 처벌하는 것은 침해의 최소성에 반한다. … 심판대상조항은 집회의 자유, 정치적 표현의 자유를 침해한다(헌재 2022.7.21. 2018헌바164).

㉡ [O] (1) 비방금지 조항의 '비방'은 사회생활에서 존중되는 모든 것에 대하여 정당한 이유 없이 상대방을 깎아내리거나 헐뜯는 것을 의미하는바, 죄형법정주의의 명확성원칙에 위배되지 않는다(헌재 2024.6.27. 2023헌바78).
(2) 비방행위가 허위사실에 해당할 경우에는 허위사실공표금지 조항으로 처벌하면 족하고, 허위가 아닌 사실에 대한 경우 후보자가 되고자 하는 자는 스스로 반박함으로써 유권자들이 그의 능력과 자질 등을 올바르게 판단할 수 있는 자료를 얻을 수 있게 하여야 한다. 비방금지 조항 단서에 위법성 조각사유가 규정되어 있기는 하나, 일단 구성요건에 해당되는 행위를 한 사람은 수사나 형사소추의 위험에 놓이게 되고, 표현의 자유에 대한 위축효과가 발생할 수 있다. … 이를 종합하면, 비방금지 조항은 과잉금지원칙에 위배되어 정치적 표현의 자유를 침해한다(헌재 2024.6.27. 2023헌바78).

㉢ [X] 심판대상조항이 과실범, 고의범 등 범죄의 종류를 불문하고, 침해된 법익의 내용을 불문하며, 형 집행 중에 이뤄지는 재량적 행정처분인 가석방 여부를 고려하지 않고 선거권을 제한한다고 하여 불필요한 제한을 부과한다고 할 수 없다. 1년 이상의 징역형을 선고받은 사람의 선거권을 제한함으로써 형사적·사회적 제재를 부과하고 준법의식을 강화한다는 공익이, 형 집행기간 동안 선거권을 행사하지 못하는 수형자 개인의 불이익보다 작다고 할 수 없다. 따라서 심판대상조항은 과잉금지원칙을 위반하여 청구인의 선거권을 침해하지 아니한다(헌재 2017.5.25. 2016헌마292 등).

㉣ [O] 심판대상조항과 같이 지방공사 상근직원에 대하여 일체의 선거운동을 금지하는 것은, 선거운동의 자유를 중대하게 제한하는 정도에 비하여 선거의 공정성 및 형평성의 확보라는 공익에 기여하는 바가 크지 않으므로, 법익의 균형성을 충족하지 못하는 것이다. … 심판대상조항은 과잉금지원칙을 위반하여 지방공사 상근직원의 선거운동의 자유를 침해한다(헌재 2024.1.25. 2021헌가14).

㉤ [X] 청구인은 심판대상조항들이 중앙회장선거 후보자의 선거운동의 자유를 침해한다고 주장하나, 사법인적인 성격을 지니는 농협중앙회의 중앙회장선거에서 회장을 선출하거나 선거운동을 하는 것은 헌법에 의하여 보호되는 선거권의 범위에 포함되지 아니한다(헌재 2019.7.25. 2018헌바85).

05 정답 ④

① [O] 이러한 헌법원리로부터 도출되는 차별금지의 명령은 헌법 제11조 제1항의 평등원칙과 결합하여 혼인과 가족을 부당한 차별로부터 보호하고자 하는 목적을 지니고 있고, 따라서 특정한 조세 법률조항이 혼인이나 가족생활을 근거로 부부 등 가족이 있는 자를 혼인하지 아니한 자 등에 비하여 차별 취급하는 것이라면 비례의 원칙에 의한 심사에 의하여 정당화되지 않는 한 헌법 제36조 제1항에 위반된다 할 것이다. … 결국 이 사건 법률조항은 과잉금지원칙에 반하여 헌법 제36조 제1항이 정하고 있는 혼인에 따른 차별금지원칙에 위배되고, 혼인의 자유를 침해한다(헌재 2011.11.24. 2009헌바146).

② [O] 입법자는 혼인 및 가족관계가 가지는 고유한 특성, 예컨대 계속적·포괄적 생활공동체, 당사자의 의사와 관계없는 친족 등 신분관계의 형성과 확장가능성, 구성원 상호간의 이타(利他)적 유대관계의 성격이나 상호 신뢰·협력의 중요성, 시대와 사회의 변화에 따른 공동체의 다양성 증진 및 인식·기능의 변화 등을 두루 고려하여, 사회의 기초단위이자 구성원을 보호하고 부양하는 자율적 공동체로서의 가족의 순기능이 더욱 고양될 수 있도록 혼인과 가정을 보호하고, 개인의 존엄과 양성의 평등에 기초한 혼인·가족제도를 실현해야 한다(헌재 2022.10.27, 2018헌바115).

③ [O] 이 사건 부칙조항은 개정 전 공직자윤리법 조항이 혼인관계에서 남성과 여성에 대한 차별적 인식에 기인한 것이라는 반성적 고려에 따라 개정 공직자윤리법 조항이 시행되었음에도 불구하고, 일부 혼인한 여성 등록의무자에게 이미 개정 전 공직자윤리법 조항에 따라 재산등록을 하였다는 이유만으로 남녀차별적인 인식에 기인하였던 종전의 규정을 따를 것을 요구하고 있다. … 이는 성별에 의한 차별금지 및 혼인과 가족생활에서의 양성의 평등을 천명하고 있는 헌법에 정면으로 위배되는 것으로 그 목적의 정당성을 인정할 수 없다. 따라서 이 사건 부칙조항은 평등원칙에 위배된다(헌재 2021.9.30, 2019헌가3).

❹ [×] 이 사건 법률조항은 입양의 당사자가 출석하지 않아도 입양신고를 하여 가족관계를 형성할 수 있는 자유를 보장하면서도, 출석하지 아니한 당사자의 신분증명서를 제시하도록 하여 입양당사자의 신고의사의 진실성을 담보하기 위한 조항이다. … 신분증명서를 부정사용하여 입양신고가 이루어질 경우 형법에 따라 형사처벌되고, 그렇게 이루어진 허위입양은 언제든지 입양무효확인의 소를 통하여 구제받을 수 있다. 비록 출석하지 아니한 당사자의 신분증명서를 요구하는 것이 허위의 입양을 방지하기 위한 완벽한 조치는 아니라고 하더라도 이 사건 법률조항이 원하지 않는 가족관계의 형성을 방지하기에 전적으로 부적합하거나 매우 부족한 수단이라고 볼 수는 없다. 따라서 이 사건 법률조항이 입양당사자의 가족생활의 자유를 침해한다고 보기 어렵다(헌재 2022.11.24, 2019헌바108).

06 정답 ③

㉠ [O] 보험급여제한 조항은 외국인의 경우 보험료의 1회 체납만으로도 별도의 공단 처분 없이 곧바로 그 다음 달부터 보험급여를 제한하도록 규정하고 있으므로, 보험료가 체납되었다는 통지도 실시되지 않는다. … 보험료 체납에도 불구하고 보험급여를 실시할 수 있는 예외를 전혀 인정하지 않는 것은 합리적인 이유 없이 외국인을 내국인등과 달리 취급한 것이다. 따라서 보험급여제한 조항은 청구인들의 평등권을 침해한다(헌재 2023.9.26, 2019헌마1165).

㉡ [O] 보호기간의 상한을 두지 아니함으로써 강제퇴거대상자를 무기한 보호하는 것을 가능하게 하는 것은 보호의 일시적·잠정적 강제조치로서의 한계를 벗어나는 것이라는 점, … 심판대상조항은 침해의 최소성과 법익균형성을 충족하지 못한다. 따라서 심판대상조항은 과잉금지원칙을 위반하여 피보호자의 신체의 자유를 침해한다(헌재 2023.3.23, 2020헌가1 등).

㉢ [O] 청구인은 이 사건 변호인 접견신청 거부 당시 헌법 제12조 제4항 본문에 규정된 "구속" 상태였다. 이 사건 변호인 접견신청 거부는 현행법상 아무런 법률상 근거가 없이 청구인의 변호인의 조력을 받을 권리를 제한한 것이므로, 청구인의 변호인의 조력을 받을 권리를 침해한 것이다(헌재 2018.5.31, 2014헌마346).

㉣ [×] 헌법상 근로의 권리는 '일할 자리에 관한 권리'만이 아니라 '일할 환경에 관한 권리'도 의미하는데, '일할 환경에 관한 권리'는 인간의 존엄성에 대한 침해를 방어하기 위한 권리로서 외국인에게도 인정되며, 건강한 작업환경, 일에 대한 정당한 보수, 합리적인 근로조건의 보장 등을 요구할 수 있는 권리 등을 포함한다. 여기서의 근로조건은 임금과 그 지불방법, 취업시간과 휴식시간 등 근로계약에 의하여 근로자가 근로를 제공하고 임금을 수령하는 데 관한 조건들이고, 이 사건 출국만기보험금은 퇴직금의 성질을 가지고 있어서 그 지급시기에 관한 것은 근로조건의 문제이므로 외국인인 청구인들에게도 기본권 주체성이 인정된다. … 심판대상조항이 청구인들의 근로의 권리를 침해한다고 보기 어렵다(헌재 2016.3.31, 2014헌마367).

㉤ [O] '영주권자 및 결혼이민자'는 한국에서 영주하거나 장기 거주할 목적으로 합법적으로 체류하고 있고, '난민인정자' 역시 우리나라에 합법적으로 체류하면서 취업활동에 제한을 받지 않는다는 점에서 영주권자 및 결혼이민자와 차이가 있다고 보기 어렵다. … 이 사건 처리기준이 긴급재난지원금 지급 대상인 외국인만으로 구성된 가구에 '영주권자 및 결혼이민자'를 포함시키면서 '난민인정자'를 제외한 것은 합리적 이유 없는 차별이라 할 것이므로, 이 사건 처리기준은 난민인정자인 청구인의 평등권을 침해한다(헌재 2024.3.28, 2020헌마1079).

07 정답 ③

① [O] 헌법상의 기본권은 제1차적으로 개인의 자유로운 영역을 공권력의 침해로부터 보호하기 위한 방어적 권리이지만 다른 한편으로 헌법의 기본적인 결단인 객관적인 가치질서를 구체화한 것으로서, 사법(私法)을 포함한 모든 법 영역에 그 영향을 미치는 것이므로 사인간의 사적인 법률관계도 헌법상의 기본권 규정에 적합하게 규율되어야 한다(대판 2010.4.22, 2008다38288).

② [O] 기본권 규정은 그 성질상 사법관계에 직접 적용될 수 있는 예외적인 것을 제외하고는 사법상의 일반원칙을 규정한 민법 제2조, 제103조, 제750조, 제751조 등의 내용을 형성하고 그 해석 기준이 되어 간접적으로 사법관계에 효력을 미치게 된다(대판 2010.4.22, 2008다38288).

❸ [×] 헌법 제11조는 "모든 국민은 법 앞에 평등하다. 누구든지 성별·종교 또는 사회적 신분에 의하여 정치적·경제적·사회적·문화적 생활의 모든 영역에 있어서 차별을 받지 아니한다."라고 규정하여 평등의 원칙을 선언함과 동시에 모든 국민에게 평등권을 보장하고 있다. 따라서 사적 단체를 포함하여 사회공동체 내에서 개인이 성별에 따른 불합리한 차별을 받지 아니하고 자신의 희망과 소양에 따라 다양한 사회적·경제적 활동을 영위하는 것은 그 인격권 실현의 본질적 부분에 해당하므로 평등권이라는 기본권의 침해도 민법 제750조의

일반규정을 통하여 사법상 보호되는 인격적 법익침해의 형태로 구체화되어 논하여질 수 있고, 그 위법성 인정을 위하여 반드시 사인간의 평등권 보호에 관한 별개의 입법이 있어야만 하는 것은 아니다(대판 2011.1.27. 2009다19864).
④ [O] 사적 단체는 사적 자치의 원칙 내지 결사의 자유에 따라 그 단체의 형성과 조직, 운영을 자유롭게 할 수 있으므로, 사적 단체가 그 성격이나 목적에 비추어 그 구성원을 성별에 따라 달리 취급하는 것이 일반적으로 금지된다고 할 수는 없다. 그러나 사적 단체의 구성원에 대한 성별에 따른 차별처우가 사회공동체의 건전한 상식과 법감정에 비추어 볼 때 도저히 용인될 수 있는 한계를 벗어난 경우에는 사회질서에 위반되는 행위로서 위법한 것으로 평가할 수 있고, 위와 같은 한계를 벗어났는지 여부는 사적 단체의 성격이나 목적, 차별처우의 필요성, 차별처우에 의한 법익 침해의 양상 및 정도 등을 종합적으로 고려하여 판단하여야 한다(대판 2011.1.27. 2009다19864).

08 정답 ①

❶ [X] 헌법이 대학의 자율성을 보장하는 이유는 학문의 자유에 대한 보장을 담보하기 위함인데, 강사는 교수에 비하여 임용기간이나 주당 강의시간이 짧고 다른 대학에서 자유롭게 강의할 수 있는 등 대학과의 사용·종속 관계가 약하며, 임무의 내용도 학문의 연구보다는 학생의 교육에 집중되어 있고 학문적 활동의 밀도도 교수에 비하여 낮다. 한편 국립대학의 직원이나 조교는 국가공무원 내지 교육공무원에 해당하는 반면 강사는 대학과 일시적이고 비전속적인 고용관계를 맺고 있고, 국립대학의 학생은 영조물 이용자로서 대학의 정책 방향에 높은 이해관계를 가지는 반면, 강사는 대학의 교육역무를 지원·보조하기 위하여 일시적으로 고용된 사람으로서 대학의 정책방향과 관련하여 선거권 보장의 필요성이 상대적으로 낮다. 이러한 사정을 고려할 때 심판대상조항이 교원, 직원 및 조교, 학생과 강사를 달리 취급한 데에는 합리적 이유가 있으므로, 심판대상조항은 청구인들의 평등권을 침해하지 아니한다(헌재 2023.9.26. 2020헌마553).
② [O] 헌법 제36조 제1항은 혼인과 가족생활에서 양성의 평등대우를 명하고 있으므로 남녀의 성을 근거로 하여 차별하는 것은 원칙적으로 금지되고, 성질상 오로지 남성 또는 여성에게만 특유하게 나타나는 문제의 해결을 위하여 필요한 예외적 경우에만 성차별적 규율이 정당화된다. 과거 전통적으로 남녀의 생활관계가 일정한 형태로 형성되어 왔다는 사실이나 관념에 기인하는 차별, 즉 성역할에 관한 고정관념에 기초한 차별은 허용되지 않는다(헌재 2005.2.3. 2001헌가9 등).
③ [O] 외국인 지역가입자에 대한 보험급여 제한을 내국인등과 달리 실시하는 것 자체는 합리적인 이유가 있는 차별이나, 보험급여제한 조항은 다음과 같은 점에서 합리적인 수준을 현저히 벗어난다. 보험급여제한 조항은 외국인의 경우 보험료의 1회 체납만으로도 별도의 공단 처분 없이 곧바로 그 다음 달부터 보험급여를 제한하도록 규정하고 있으므로, 보험료가 체납되었다는 통지도 실시되지 않는다. … 보험료 체납에도 불구하고 보험급여를 실시할 수 있는 예외를 전혀 인정하지 않는 것은 합리적인 이유 없이 외국인을 내국인등과 달리 취급한 것이다. 따라서 보험급여제한 조항은 청구인들의 평등권을 침해한다(헌재 2023.9.26. 2019헌마1165).
④ [O] 그동안 정치자금법이 여러 차례 개정되어 후원회지정권자의 범위가 지속적으로 확대되어 왔음에도 불구하고, 국회의원선거의 예비후보자 및 그 예비후보자에게 후원금을 기부하고자 하는 자와 광역자치단체장선거의 예비후보자 및 이들 예비후보자에게 후원금을 기부하고자 하는 자를 계속하여 달리 취급하는 것은, 불합리한 차별에 해당하고 입법재량을 현저히 남용하거나 한계를 일탈한 것이다. 따라서 심판대상조항 중 광역자치단체장선거의 예비후보자에 관한 부분은 청구인들 중 광역자치단체장선거의 예비후보자 및 이들 예비후보자에게 후원금을 기부하고자 하는 자의 평등권을 침해한다(헌재 2019.12.27. 2018헌마301 등).

09 정답 ②

① [O] 이 사건 재산등록 조항에 의하여 제한되는 사생활 영역은 재산관계에 한정되고, 그 사항을 알게 되는 자도 등록사항을 심사하는 일부 관계자로 극히 일부이므로 청구인들의 재산사항에 관한 사생활 공개라는 불이익은 그리 크지 않은 반면, 이 사건 재산등록 조항이 달성하려는 공익은 금융감독원의 4급 이상 직원의 비리유혹을 억제하고 업무집행의 투명성을 확보하여 국민의 신뢰를 제고하며 궁극적으로 금융기관의 검사 및 감독이라는 공적 업무에 종사하는 금융감독원 직원의 책임성을 확보하려는 것으로 중대하므로, 이 사건 재산등록 조항으로 인하여 달성하려는 공익과 제한되는 사익 간에 법익균형성도 충족된다. … 따라서 이 사건 재산등록 조항은 청구인들의 사생활의 비밀과 자유를 침해하지 아니한다(헌재 2014.6.26. 2012헌마331).
❷ [X] 사생활 등 조사업 금지조항은 특정인의 소재·연락처 및 사생활 등 조사의 과정에서 자행되는 불법행위를 막고 개인정보 등의 오용·남용으로부터 개인의 사생활의 비밀과 평온을 보호하기 위하여 마련되었다. … 청구인은 '사생활 등 조사업 금지조항'에 의하여 특정인의 소재 및 연락처를 알아내거나 사생활 등을 조사하는 일을 업으로 할 수 없게 됨으로써 직업선택의 자유가 제한되고, '탐정 등 명칭사용 금지조항'에 의하여 탐정명칭을 사용할 수 없게 됨으로써 직업수행의 자유가 제한되므로, 이 사건 금지조항이 청구인의 직업의 자유를 침해하는지 여부가 문제된다(헌재 2018.6.28. 2016헌마473). 사생활의 자유 제한은 쟁점이 아니었다.
③ [O] 이 사건 법률조항으로 인하여 청구인과 같은 성기구 판매자의 직업수행의 자유가 제한받게 된다. 또한, 위헌소원 심판청구에 의하여 확정되는 것은 심판의 대상일 뿐 해당 법률조항이 가지는 규범의 위헌성은 심판대상규범의 법적 효과를 고려하여 모든 헌법적인 관점에서 심사할 수 있고, 성기구의 판매 행위를 제한할 경우 성기구를 사용하려는 소비자는 성기구를 구하는 것이 불가능하거나 매우 어려워 결국 성기구를 이용하여 성적 만족을 얻으려는 사람의 은밀한 내적 영역에 대한 기본권인 사생활의 비밀과 자유가 제한된다고 볼 수 있다. … 따라서 이 사건 법률조항은 과잉금지원칙에 위반하여 청구인의 직업수행의 자유 및 소비자들의 사생활의 비밀과 자유를 침해한다고 할 수 없다(헌재 2013.8.29. 2011헌바176).

④ [O] 공판정에서 진술을 하는 피고인·증인 등도 인간으로서의 존엄과 가치를 가지며(헌법 제10조), 사생활의 비밀과 자유를 침해받지 아니할 권리를 가지고 있으므로(헌법 제17조), 본인이 비밀로 하고자 하는 사적인 사항이 일반에 공개되지 아니하고 자신의 인격적 징표가 타인에 의하여 일방적으로 이용 당하지 아니할 권리가 있다(헌재 1995.12.28, 91헌마114).

10 정답 ④

① [O] 중앙선거관리위원회는 경계 지점으로부터 100미터 이내의 장소에서 옥외집회 또는 시위를 금지하는 대상기관이 아니다.

> 집회 및 시위에 관한 법률 제11조 【옥외집회와 시위의 금지 장소】 누구든지 다음 각 호의 어느 하나에 해당하는 청사 또는 저택의 경계 지점으로부터 100미터 이내의 장소에서는 옥외집회 또는 시위를 하여서는 아니 된다.
> 1. 국회의사당. 다만, 다음 각 목의 어느 하나에 해당하는 경우로서 국회의 기능이나 안녕을 침해할 우려가 없다고 인정되는 때에는 그러하지 아니하다.
>   가. 국회의 활동을 방해할 우려가 없는 경우
>   나. 대규모 집회 또는 시위로 확산될 우려가 없는 경우
> 2. 각급 법원, 헌법재판소. 다만, 다음 각 목의 어느 하나에 해당하는 경우로서 각급 법원, 헌법재판소의 기능이나 안녕을 침해할 우려가 없다고 인정되는 때에는 그러하지 아니하다.
>   가. 법관이나 재판관의 직무상 독립이나 구체적 사건의 재판에 영향을 미칠 우려가 없는 경우
>   나. 대규모 집회 또는 시위로 확산될 우려가 없는 경우
> 3. 대통령 관저(官邸), 국회의장 공관, 대법원장 공관, 헌법재판소장 공관
> 4. 국무총리 공관. 다만, 다음 각 목의 어느 하나에 해당하는 경우로서 국무총리 공관의 기능이나 안녕을 침해할 우려가 없다고 인정되는 때에는 그러하지 아니하다.
>   가. 국무총리를 대상으로 하지 아니하는 경우
>   나. 대규모 집회 또는 시위로 확산될 우려가 없는 경우
> 5. 국내 주재 외국의 외교기관이나 외교사절의 숙소. 다만, 다음 각 목의 어느 하나에 해당하는 경우로서 외교기관 또는 외교사절 숙소의 기능이나 안녕을 침해할 우려가 없다고 인정되는 때에는 그러하지 아니하다.
>   가. 해당 외교기관 또는 외교사절의 숙소를 대상으로 하지 아니하는 경우
>   나. 대규모 집회 또는 시위로 확산될 우려가 없는 경우
>   다. 외교기관의 업무가 없는 휴일에 개최하는 경우

② [O] 집시법이 옥외집회와 옥내집회를 구분하는 이유는, 옥외집회의 경우 외부세계, 즉 다른 기본권의 주체와 직접적으로 접촉할 가능성으로 인하여 옥내집회와 비교할 때 법익충돌의 위험성이 크다는 점에서 집회의 자유의 행사방법과 절차에 관하여 보다 자세하게 규율할 필요가 있기 때문이다. 이는 한편으로는 집회의 자유의 행사를 실질적으로 가능하게 하기 위한 것이고, 다른 한편으로는 집회의 자유와 충돌하는 제3자의 법익을 충분히 보호하기 위한 것이다(헌재 2003.10.30, 2000헌바67 등).

③ [O] 헌법 제21조 제2항은, 집회에 대한 허가제는 집회에 대한 검열제와 마찬가지이므로 이를 절대적으로 금지하겠다는 헌법개정권력자인 국민들의 헌법가치적 합의이며 헌법적 결단이다. 또한 위 조항은 헌법 자체에서 직접 집회의 자유에 대한 제한의 한계를 명시한 것이므로 기본권 제한에 관한 일반적 법률유보조항인 헌법 제37조 제2항에 앞서서, 우선적이고 제1차적인 위헌심사기준이 되어야 한다(헌재 2009.9.24, 2008헌가25).

❹ [×] 집회의 자유를 제한하는 대표적인 공권력의 행사는 집시법에서 규정하는 집회의 금지, 해산과 조건부 허용이다. 집회의 자유에 대한 제한은 다른 중요한 법익의 보호를 위하여 반드시 필요한 경우에 한하여 정당화되는 것이며, 특히 집회의 금지와 해산은 원칙적으로 공공의 안녕질서에 대한 직접적인 위협이 명백하게 존재하는 경우에 한하여 허용될 수 있다. 집회의 금지와 해산은 집회의 자유를 보다 적게 제한하는 다른 수단, 즉 조건을 붙여 집회를 허용하는 가능성을 모두 소진한 후에 비로소 고려될 수 있는 최종적인 수단이다(헌재 2003.10.30, 2000헌바67 등).

11 정답 ②

① [O] 현재 출입국관리법상 보호의 개시 또는 연장 단계에서 집행기관으로부터 독립된 중립적 기관에 의한 통제절차가 마련되어 있지 아니하다. … 심판대상조항에 따른 보호명령을 발령하기 전에 당사자에게 의견을 제출할 수 있는 절차적 기회가 마련되어 있지 아니하다. 따라서 심판대상조항은 적법절차원칙에 위배되어 피보호자의 신체의 자유를 침해한다(헌재 2023.3.23, 2020헌가1 등).

❷ [×] 심판대상조항은 정비예정구역으로 지정되어 있는 상태에서 정비사업이 장기간 방치됨으로써 발생하는 법적 불안정성을 해소하고, 정비예정구역 내 토지등소유자의 재산권 행사를 보장하기 위한 것이다. 아직 정비계획의 수립 및 정비구역 지정이 이루어지지 않고 있는 정비예정구역을 대상으로 하는 점, 경기, 사업성 또는 주민갈등 등 다양한 사유로 인하여 정비예정구역에 대한 정비계획 수립 등이 이루어지지 않을 가능성도 있는 점, 정비예정구역으로 지정되어 있을 뿐인 단계에서부터 토지등소유자의 100분의 30 이상이 정비예정구역 해제를 요구하고 있는 상황이라면 추후 정비사업의 시행이 지연되거나 좌초될 가능성이 큰 점, 토지등소유자에게는 정비계획의 입안을 제안할 수 있는 방법이 있는 점, 정비예정구역 해제를 위해서는 지방도시계획위원회의 심의를 거쳐야 하고, 정비예정구역의 해제는 해제권자의 재량적 행위인 점, 정비예정구역 해제에 관한 위법이 있는 경우 항고소송을 통하여 이를 다툴 수 있는 점 등을 종합적으로 고려하면, 심판대상조항이 적법절차원칙에 위반된다고 볼 수 없다(헌재 2023.6.29, 2020헌바63).

③ [O] 치료감호와 보호관찰은 모두 적법절차원칙의 적용대상인 보안처분이지만 보호관찰은 '시설 외 처분'으로서 '시설 내 처분'인 치료감호보다 경한 처분이고, 독립성과 전문성을 갖춘 치료감호심의위원회로 하여금 치료의 필요성과 재범의 위험성을 판단하도록 한 것은 합리성이 인정된다. 또한 3년의 보호관찰기간 종료 전이라도 6개월마다 치료감호의 종료 여부 심사를 치료감호심의위원회에 신청할 수 있고, 그 신청에 관한 치료감호심의위원회의 기각 결정에 불복하는 경우 행정소송을 제기하여 법관에 의한 재판을 받을 수 있다. 따라서 심

판대상조항은 적법절차원칙에 반하여 청구인의 재판청구권을 침해하지 아니한다(헌재 2023.10.26. 2021헌마839).
④ [O] 이 사건 법률조항에 의한 통신자료 제공요청이 있는 경우 통신자료의 정보주체인 이용자에게는 통신자료 제공요청이 있었다는 점이 사전에 고지되지 아니하며, 전기통신사업자가 수사기관 등에게 통신자료를 제공한 경우에도 이러한 사실이 이용자에게 별도로 통지되지 않는다. 그런데 당사자에 대한 통지는 당사자가 기본권 제한 사실을 확인하고 그 정당성 여부를 다툴 수 있는 전제조건이 된다는 점에서 매우 중요하다. 효율적인 수사와 정보수집의 신속성, 밀행성 등의 필요성을 고려하여 사전에 정보주체인 이용자에게 그 내역을 통지하도록 하는 것이 적절하지 않다면 수사기관 등이 통신자료를 취득한 이후에 수사 등 정보수집의 목적에 방해가 되지 않는 범위 내에서 통신자료의 취득사실을 이용자에게 통지하는 것이 얼마든지 가능하다. 그럼에도 이 사건 법률조항은 통신자료 취득에 대한 사후통지절차를 두지 않아 적법절차원칙에 위배된다(헌재 2022.7.21. 2016헌마388 등).

필요한 최소한도에 그치기 위해 필요한 조치들이지만, 현재 이에 대한 어떠한 입법적 규율도 없다. 따라서 심판대상조항은 과잉금지원칙에 반하여 의료급여기관 개설자의 재산권을 침해한다(헌재 2024.6.27. 2021헌가19).
④ [O] 토지구획정리사업의 시행으로 인하여 생긴 학교교지의 경우, 환지처분의 공고 다음 날에 그 소유권이 국가 또는 지방자치단체에 귀속하도록 한 것은 국가 등이 국민의 교육을 받을 권리를 보장하고자 적기에 적절한 학교교지를 확보하여 교육에 관한 국가의 의무 실현을 위하여 불가피하다. 국가 등은 사업시행자에게 학교교지 취득의 대가를 지급하는 점, 사업계획의 단계에서 학교교지의 위치 및 면적에 대하여 미리 계획되고 협의될 것이 요구된다는 점, 국가 등이 학교교지를 취득함으로써 종전 토지 소유자등이 입은 손실(감보)은 효용이 상승된 환지로 인하여 이미 보상이 되었다는 점 등을 고려하면, 귀속조항이 과잉금지원칙에 위배되어 사업시행자의 재산권을 침해한다고 할 수 없다(헌재 2021.4.29. 2019헌바444 등).

12 정답 ②

① [O] 가축의 살처분으로 인한 재산권의 제약은 가축의 소유자가 수인해야 하는 사회적 제약의 범위에 속하나, 권리자에게 수인의 한계를 넘어 가혹한 부담이 발생하는 예외적인 경우에는 이를 완화하는 보상규정을 두어야 하고, 그 방법에 관하여는 입법자에게 광범위한 형성의 자유가 부여된다. … 축산계열화사업자가 가축의 소유자라 하여 살처분 보상금을 오직 계약사육농가에만 지급하는 방식은 축산계열화사업자에 대한 재산권의 과도한 부담을 완화하기에 적절한 조정적 보상조치라고 할 수 없다. 따라서 심판대상조항은 조정적 보상조치에 관하여 인정되는 입법형성재량의 한계를 벗어나 가축의 소유자인 축산계열화사업자의 재산권을 침해한다(헌재 2024.5.30. 2021헌가3).

❷ [X] 심판대상조항은 이미 형성된 구체적인 재산권을 공익을 위하여 개별적·구체적으로 박탈하거나 제한하는 것으로서 보상을 요하는 헌법 제23조 제3항의 수용·사용 또는 제한을 규정한 것이라고 할 수는 없고, 입법자가 광업권에 관한 권리와 의무를 일반·추상적으로 확정하는, 재산권의 내용과 한계를 정하는 규정인 동시에 공익적 요청에 따른 재산권의 사회적 제약을 구체화하는 규정이라고 보아야 한다(헌법 제23조 제1항 및 제2항)(헌재 2014.2.27. 2010헌바483).

③ [O] 지급보류처분은 잠정적 처분이고, 그 처분 이후 사무장병원에 해당하지 않는다는 사실이 밝혀져서 무죄판결의 확정 등 사정변경이 발생할 수 있으므로, 지급보류처분의 '처분요건'뿐만 아니라 위와 같은 사정변경이 발생할 경우 잠정적인 지급보류상태에서 벗어날 수 있는 '지급보류처분의 취소'에 관하여도 명시적인 규율이 필요하고, 그 '취소사유'는 '처분요건'과 균형이 맞도록 규정되어야 한다. 또한 사정변경사유가 발생할 경우 지급보류처분이 취소될 수 있도록 한다면, 이와 함께 지급보류기간 동안 의료기관의 개설자가 수인해야 했던 재산권 제한상황에 대한 적절하고 상당한 보상으로서의 이자 내지 지연손해금의 비율에 대해서도 규율이 필요하다. 이러한 사항들은 심판대상조항으로 인한 기본권 제한이 입법목적 달성에

13 정답 ②

① [O] 현행법상 공무담임권을 지나치게 제한하지 않으면서 법관(대법원장·대법관·판사)이 정치적 중립성을 준수하고 재판의 독립을 지킬 수 있도록 하는 제도적 장치는 이미 존재한다. 즉, 법관의 정당가입 및 정치운동 관여 금지, 임기 보장, 탄핵제도, 제척·기피·회피제도, 심급제 등을 통해 법관의 정치적 중립과 재판의 독립을 제도적으로 보장하고, 재판의 객관성과 공정성이 유지되도록 하고 있다. 특히 대법원장과 대법관은 국회에서 인사청문 절차를 거치므로, 판사보다 더 엄격한 수준에서 정치적 중립성에 대한 검증이 이루어지고 있다. 가사 과거에 당원 신분을 취득한 경력을 규제할 필요성이 있더라도, 적극적으로 정치적 활동을 하였던 경우에 한하여 법관 임용을 제한할 수 있고, 이에 법원조직법은 관련 규정을 별도로 두고 있다. 그럼에도 불구하고, 심판대상조항과 같이 과거 3년 이내의 모든 당원 경력을 법관 임용 결격사유로 정하는 것은, 입법목적 달성을 위해 합리적인 범위를 넘어 정치적 중립성과 재판 독립에 긴밀한 연관성이 없는 경우까지 과도하게 공직취임의 기회를 제한한다. 따라서 심판대상조항은 과잉금지원칙에 반하여 청구인의 공무담임권을 침해한다(헌재 2024.7.18. 2021헌마460).

❷ [X] 공무담임권의 보호영역에는 공직취임의 기회의 자의적인 배제뿐 아니라, 공무원 신분의 부당한 박탈까지 포함되는 것이라고 할 것이다. 왜냐하면, 후자는 전자보다 당해 국민의 법적 지위에 미치는 영향이 더욱 크다고 할 것이므로, 이를 보호영역에서 배제한다면, 기본권 보호체계에 발생하는 공백을 막기 어려울 것이며, 공무담임권을 규정하고 있는 위 헌법 제25조의 문언으로 보아도 현재 공무를 담임하고 있는 자를 그 공무로부터 배제하는 경우에는 적용되지 않는다고 해석할 수 없기 때문이다(헌재 2003.10.30. 2002헌마684 등).

③ [O] 2011.7.18. 법원조직법 개정으로 판사로 임용되기 위해서는 변호사자격을 요구하되, 판사임용자격에 10년 이상의 법조경력을 요구한 취지(법원조직법 제42조 제2항)는 법원이 국민으로부터 신뢰와 존경을 받을 수 있도록 사법제도의 개혁이 필요하다는 사회적 요청에 부응하여 사법부의 인사제도를 개선할

필요에 따라 판사의 임용자격을 강화하여 충분한 사회적 경험과 연륜을 갖춘 판사가 재판할 수 있도록 하기 위함이다. 검찰청법 제29조 제2호가 검사 임용 시 변호사자격을 요구하고 변호사자격 없는 자들을 위한 별도의 교육후보생 선발시험을 도입하지 않은 이유는 법률가로서의 기본소양 및 자질은 지속적인 교육과정 이수를 통하여 배양하여야 한다는 입법자의 정책적 판단에 의한 것이다. 그런데 별도의 선발시험을 거쳐 국가가 실시하는 교육과정을 거치면 판사 또는 검사로 즉시 임용하는 것은 위와 같은 새로운 법조인 양성제도의 취지에 부합한다고 보기 어렵다. 따라서 임용자격조항이 변호사시험과 별도로 판·검사 교육후보자로 선발하는 시험 및 국가가 실시하는 교육과정을 거쳐 판·검사로 임용되는 별개의 제도를 도입하지 않았다 하여 공무담임권을 침해하였다고 볼 수 없다(헌재 2020.10.29, 2017헌마1128).

④ [O] 범죄행위로 인하여 형사처벌을 받은 공무원에게 그에 상응하는 신분상의 불이익을 과하는 것은 국민전체의 이익을 위해 적절한 수단이 될 수 있고 공무원에게 공무를 위임한 국민의 일반의사에도 부합하는 점, 법원이 범죄의 모든 정황을 고려하여 금고 이상의 형의 집행유예 판결을 하였다면 당해 공무원에 대한 사회적 비난가능성이 결코 적지 아니한 점, 공무원이 범죄행위로 인하여 형사처벌을 받은 경우에는 당해 공무원에 대한 국민의 신뢰가 손상되어 원활한 직무수행에 어려움이 생기고 이는 공직전체에 대한 신뢰를 실추시켜 공공의 이익을 해하는 결과를 초래하게 되는 점 등을 고려하면, 이 사건 법률조항이 과잉금지원칙에 위배되어 공무담임권을 침해한다고 볼 수 없다(헌재 2015.10.21, 2015헌바215).

14 정답 ①

❶ [X] 우리 헌법이 채택하여 온 영장주의는 형사절차와 관련하여 체포·구속·압수·수색의 강제처분을 함에 있어서는 사법권 독립에 의하여 신분이 보장되는 법관이 발부한 영장에 의하지 않으면 아니 된다는 원칙이다. 따라서 헌법상 영장주의의 본질은 체포·구속·압수·수색 등 기본권을 제한하는 강제처분을 함에 있어서는 중립적인 법관의 구체적 판단을 거쳐야 한다는 데에 있다. <u>비상계엄지역에서 군사상 필요가 인정되어 특별한 조치로서 사전영장주의의 예외를 인정하는 경우에도 영장주의의 본질을 침해하는 것은 허용될 수 없으므로, 수사기관의 강제처분이 영장 없이 이루어지는 경우 조속한 시간 내에 법관에 의한 사후심사가 이루어질 수 있는 장치가 마련되어야 한다.</u> 피청구인은 이 사건 포고령을 통하여 '일체의 정치활동', '자유민주주의 체제를 부정하거나, 전복을 기도하는 일체의 행위', '사회혼란을 조장하는 파업, 태업, 집회행위' 등 광범위한 행위를 금지하고 그 위반자에 대해서 영장 없이 체포·구금·압수·수색을 할 수 있도록 하였다. 이는 어떠한 제약 조건도 두지 아니하고 법관의 구체적 판단 없이 체포·구금·압수·수색을 할 수 있도록 하고, 이에 대하여 법관에 의한 사후적 심사장치도 두지 아니한 것이므로, 국가긴급권이 발동되는 상황이라 하더라도 지켜져야 할 영장주의의 본질을 침해하는 것이다(헌재 2025.4.4, 2024헌나8).

② [O] 이 사건 영장청구조항은 수사기관이 긴급체포한 피의자를 사후 영장청구 없이 석방할 수 있도록 규정하고 있다. 피의자를 긴급체포하여 조사한 결과 구금을 계속할 필요가 없다고 판단하여 48시간 이내에 석방하는 경우까지도 수사기관이 반드시 체포영장발부절차를 밟게 한다면, 이는 피의자, 수사기관 및 법원 모두에게 비효율을 초래할 가능성이 있고, 경우에 따라서는 오히려 인권침해적인 상황을 발생시킬 우려도 있다. … 이 사건 영장청구조항은 체포한 때로부터 48시간 이내라 하더라도 피의자를 구속할 필요가 있는 때에는 지체 없이 구속영장을 청구하도록 함으로써 사후영장청구의 시간적 요건을 강화하고 있다. 따라서 이 사건 영장청구조항은 헌법상 영장주의에 위반되지 아니한다(헌재 2021.3.25, 2018헌바212).

③ [O] 이 사건 사실조회행위는 강제력이 개입되지 아니한 임의수사에 해당하므로, 이에 응하여 이루어진 이 사건 정보제공행위에도 영장주의가 적용되지 않는다. 그러므로 이 사건 정보제공행위가 영장주의에 위배되어 청구인들의 개인정보자기결정권을 침해한다고 볼 수 없다(헌재 2018.8.30, 2016헌마483).

④ [O] 심판대상조항은 체포영장을 발부받아 피의자를 체포하는 경우에 필요한 때에는 영장 없이 타인의 주거 등 내에서 피의자 수사를 할 수 있다고 규정함으로써, 앞서 본 바와 같이 별도로 영장을 발부받기 어려운 긴급한 사정이 있는지 여부를 구별하지 아니하고 피의자가 소재할 개연성만 소명되면 영장 없이 타인의 주거 등을 수색할 수 있도록 허용하고 있다. 이는 체포영장이 발부된 피의자가 타인의 주거 등에 소재할 개연성은 소명되나, 수색에 앞서 영장을 발부받기 어려운 긴급한 사정이 인정되지 않는 경우에도 영장 없이 피의자 수색을 할 수 있다는 것이므로, 헌법 제16조의 영장주의 예외 요건을 벗어나는 것으로서 영장주의에 위반된다(헌재 2018.4.26, 2015헌바370 등).

15 정답 ④

① [O] 구 법관징계법 제27조는 법관에 대한 대법원장의 징계처분 취소청구소송을 대법원에 의한 단심재판에 의하도록 규정하고 있는바, 이는 독립적으로 사법권을 행사하는 법관이라는 지위의 특수성과 법관에 대한 징계절차의 특수성을 감안하여 재판의 신속을 도모하기 위한 것으로 그 합리성을 인정할 수 있고, 대법원이 법관에 대한 징계처분 취소청구소송을 단심으로 재판하는 경우에는 사실확정도 대법원의 권한에 속하여 법관에 의한 사실확정의 기회가 박탈되었다고 볼 수 없으므로, 헌법 제27조 제1항의 재판청구권을 침해하지 아니한다(헌재 2012.2.23, 2009헌바34).

② [O] 심판대상조항은 소송지연을 방지함과 동시에 민사소송 등에서의 전자문서 이용을 활성화함으로써 소송당사자의 편의 증진 및 권리 실현에 이바지하고자 하는 것이다. 소송당사자가 전자소송 진행에 대한 동의를 하여야 전자적 송달제도가 사용되는 점, 현대사회에서는 컴퓨터와 휴대전화의 이용이 보편화되었다는 점, 전자송달 간주 조항을 두지 않을 경우 소송당사자의 의지에 따라 재판이 지연될 우려가 있다는 점, 민소전자문서법 등은 소송당사자가 전자적 송달을 받을 수 없는 경우에 대한 규정을 충분히 마련하고 있다는 점 등을 고려하면, 심판대상조항은 입법자의 형성적 재량을 일탈한 것이라고 보기 어려우므로 재판청구권을 침해하지 않는다(헌재 2024.7.18, 2022헌바4).

③ [O] 법원조직법 제54조 제3항 등에서는 사법보좌관의 처분에 대한 이의신청을 허용함으로써 동일 심급 내에서 법관으로부터 다시 재판받을 수 있는 권리를 보장하고 있는데, 이 사건 조항에 의한 소송비용액 확정결정절차의 경우에도 이러한 이의절차에 의하여 법관에 의한 판단을 거치도록 함으로써 법관에 의한 사실확정과 법률해석의 기회를 보장하고 있다. … 따라서 사법보좌관에게 소송비용액 확정결정절차를 처리하도록 한 이 사건 조항이 그 입법재량권을 현저히 불합리하게 또는 자의적으로 행사하였다고 단정할 수 없으므로 헌법 제27조 제1항에 위반된다고 할 수 없다(헌재 2009.2.26. 2007헌바8 등).

❹ [×] 수형자의 재판청구권을 실효적으로 보장하기 위해서는 소송대리인인 변호사와의 접견 시간 및 횟수를 적절하게 보장하는 것이 필수적이다. … 이와 같이 심판대상조항들은 법률전문가인 변호사와의 소송상담의 특수성을 고려하지 않고 소송대리인인 변호사와의 접견을 그 성격이 전혀 다른 일반 접견에 포함시켜 접견 시간 및 횟수를 제한함으로써 청구인의 재판청구권을 침해한다(헌재 2015.11.26. 2012헌마858).

16 정답 ③

① [×] 심판대상조항의 입법목적은 공공성을 지닌 전문직인 변호사에 관한 정보를 널리 공개하여 법률서비스 수요자가 필요한 정보를 얻는 데 도움을 주고, 변호사시험 관리 업무의 공정성과 투명성을 간접적으로 담보하는 데 있다. … 따라서 심판대상조항이 과잉금지원칙에 위배되어 청구인들의 개인정보자기결정권을 침해한다고 볼 수 없다(헌재 2020.3.26. 2018헌마77 등).

② [×] 심판대상조항은 보건당국이 전문성을 가지고 감염병의 성질과 전파정도, 유행상황이나 위험정도, 예방 백신이나 치료제의 개발 여부 등에 따라 정보 수집이 필요한 범위를 판단하여 정보를 요청할 수 있도록 하여 효과적인 방역을 달성할 수 있도록 한다. 또한 정보수집의 목적 및 대상이 제한되어 있고, 관련 규정에서 절차적 통제장치를 마련하여 정보의 남용 가능성을 통제하고 있다. 심판대상조항은 감염병이 유행하고 신속한 방역조치가 필요한 예외적인 상황에서 일시적이고 한시적으로 적용되는 반면, 인적사항에 관한 정보를 이용한 적시적이고 효과적인 방역대책은 국민의 생명과 건강을 보호하고 사회적·경제적인 손실 방지를 위하여 필요한 것인 점에서 그 공익의 혜택 범위와 효과가 광범위하고 중대하다. 따라서 심판대상조항은 과잉금지원칙에 반하여 청구인의 개인정보자기결정권을 침해하지 않는다(헌재 2024.4.25. 2020헌마1028).

❸ [O] 심판대상조항에 따라 청구인과 같이 혼인의사의 합의가 없음을 원인으로 혼인무효판결을 받았으나 혼인무효사유가 한쪽 당사자나 제3자의 범죄행위로 인한 경우에 해당하지 않는 사람에 대해서는 등록부 재작성 신청권이 인정되지 않고, 정정된 등록부가 보존된다. 무효인 혼인의 기록사항 전체에 하나의 선을 긋고, 말소 내용과 사유를 각 해당 사항란에 기재하는 방식의 정정 표시는 청구인의 인격주체성을 식별할 수 있게 하는 개인정보에 해당하고, 이와 같은 정보를 보존하는 심판대상조항은 청구인의 개인정보자기결정권을 제한한다. … 심판대상조항은 과잉금지원칙을 위반하여 청구인의 개인정보자기결정권을 침해하지 않는다(헌재 2024.1.25. 2020헌마65).

④ [×] 주민등록법상 지문날인제도는 신원확인기능의 효율적인 수행을 도모하고, 신원확인의 정확성 내지 완벽성을 제고하기 위하여 17세 이상 모든 국민의 열 손가락 지문정보를 수집하고 이를 보관·전산화하여 이용하는 것이다. 경찰이 범죄수사나 사고피해자의 신원확인 등을 위하여 지문정보를 효율적으로 이용하기 위해서는 사전에 광범위한 지문정보를 보관하여야 할 필요가 있는 점, 한 손가락 지문정보로는 신원확인이 불가능하게 되는 경우가 흔히 발생할 수 있는 점, 다른 여러 신원확인수단 중에서 정확성·간편성·효율성 등의 종합적인 측면에서 지문정보와 비견될 만한 것은 현재에도 찾아보기 어려운 점을 종합하면, 이 사건 법률조항, 이 사건 시행령조항 및 이 사건 보관등행위는 과잉금지원칙에 위반되지 않는다(헌재 2024.4.25. 2020헌마542).

17 정답 ②

① [×] 현행 헌법상 사전검열은 표현의 자유 보호대상이면 예외 없이 금지된다. 건강기능식품의 기능성 광고는 인체의 구조 및 기능에 대하여 보건용도에 유용한 효과를 준다는 기능성 등에 관한 정보를 널리 알려 해당 건강기능식품의 소비를 촉진시키기 위한 상업광고이지만, 헌법 제21조 제1항의 표현의 자유의 보호 대상이 됨과 동시에 같은 조 제2항의 사전검열금지 대상도 된다(헌재 2018.6.28. 2016헌가8 등).

❷ [O] 의료기기법상 의료기기 광고의 심의는 식약처장으로부터 위탁받은 한국의료기기산업협회가 수행하고 있지만, 법상 심의주체는 행정기관인 식약처장이고, 식약처장이 언제든지 그 위탁을 철회할 수 있으며, 심의위원회의 구성에 관하여도 식약처고시를 통해 행정권이 개입하고 지속적으로 영향을 미칠 가능성이 존재하는 이상 그 구성에 자율성이 보장되어 있다고 보기 어렵다. 식약처장이 심의기준 등의 개정을 통해 심의 내용 및 절차에 영향을 줄 수 있고, 심의기관의 장이 매 심의결과를 식약처장에게 보고하여야 하며, 식약처장이 재심의를 요청하면 심의기관은 특별한 사정이 없는 한 이에 따라야 한다는 점에서도 그 심의업무 처리에 있어 독립성 및 자율성이 보장되어 있다고 보기 어렵다. 따라서 이 사건 의료기기 광고 사전심의는 행정권이 주체가 된 사전심사로서 헌법이 금지하는 사전검열에 해당하고, 이러한 사전심의제도를 구성하는 심판대상조항은 헌법 제21조 제2항의 사전검열금지원칙에 위반된다(헌재 2020.8.28. 2017헌가35 등).

③ [×] 심판대상조항은 입법자가 법률로써 직접 집회의 장소적 제한을 규정한 것으로, 행정청이 주체가 되어 집회의 허용 여부를 사전에 결정하는 것이 아니므로 헌법 제21조 제2항의 허가제 금지에 위배되지 않는다. … 심판대상조항은 과잉금지원칙에 위반하여 집회의 자유를 침해한다고 볼 수 없다(헌재 2023.7.20. 2020헌바131).

④ [×] 등록조항은 인터넷신문의 명칭, 발행인과 편집인의 인적사항 등 인터넷신문의 외형적이고 객관적 사항을 제한적으로 등록하도록 하고 있고, 고용조항 및 확인조항은 5인 이상 취재 및 편집 인력을 고용하되, 그 확인을 위해 등록 시 서류를 제출하도록 하고 있다. 이런 조항들은 인터넷신문에 대한 인적 요건의 규제 및 확인에 관한 것으로, 인터넷신문의 내용을 심사·선별하여 사전에 통제하기 위한 규정이 아님이 명백하다.

따라서 등록조항은 사전허가금지원칙에도 위배되지 않는다(헌재 2016.10.27, 2015헌마1206 등).

18 정답 ④

㉠ [×] 심판대상조항은 특수경비원의 도덕성, 준법의식 등을 확보하고, 성실하고 공정한 직무수행을 위한 자질을 담보하여 국민의 신뢰를 제고하기 위한 것이므로, 입법목적의 정당성 및 수단의 적합성이 인정된다. … 따라서 심판대상조항은 과잉금지원칙에 반하여 특수경비원의 직업의 자유를 침해하지 않는다(헌재 2023.6.29, 2021헌마157).

㉡ [○] 택시를 이용하는 국민을 성범죄 등으로부터 보호하고, 여객운송서비스 이용에 대한 불안감을 해소하며, 도로교통에 관한 공공의 안전을 확보하려는 심판대상조항의 입법목적은 정당하고, 또한 해당 범죄를 범한 택시운송사업자의 운전자격의 필요적 취소라는 수단의 적합성도 인정된다. … 따라서 심판대상조항은 과잉금지원칙에 위배되지 않는다(헌재 2018.5.31, 2016헌바14 등).

㉢ [×] 이 사건 법률조항은 아동학대관련범죄전력만으로 그가 장래에 동일한 유형의 범죄를 다시 저지를 것을 당연시하고, 형의 집행이 종료된 때부터 10년이 경과하기 전에는 결코 재범의 위험성이 소멸하지 않는다고 보며, 각 행위의 죄질에 따른 상이한 제재의 필요성을 간과함으로써, 아동학대관련범죄전력자 중 재범의 위험성이 없는 자, 아동학대관련범죄전력이 있지만 10년의 기간 안에 재범의 위험성이 해소될 수 있는 자, 범행의 정도가 가볍고 재범의 위험성이 상대적으로 크지 않은 자에게까지 10년 동안 일률적인 취업제한을 부과하고 있는데, 이는 침해의 최소성 원칙과 법익의 균형성 원칙에 위배된다. 따라서 이 사건 법률조항은 청구인들의 직업선택의 자유를 침해한다(헌재 2018.6.28, 2017헌마130 등).

㉣ [×] 심판대상조항은 가축사육에 따라 배출되는 환경오염물질 등으로 인하여 지역주민의 생활환경이나 상수원의 수질이 오염되는 것을 방지하기 위한 것이다. 가축사육으로 인한 오염물질 배출을 전적으로 차단할 수 있는 기술적 조치가 현재 존재하고 있다고 단정하기는 어려우므로, 가축의 사육 자체를 제한할 필요성이 인정되고, 오염물질의 환경에 대한 영향력의 정도는 가축의 사육이 이루어지는 장소와 관련성이 크므로 장소적 특성을 기준으로 생활환경이나 자연환경에 대한 위해 가능성이 큰 경우에 가축사육의 제한을 허용하는 심판대상조항의 제한은 부득이하다. … 심판대상조항은 과잉금지원칙에 위배되지 아니한다(헌재 2023.12.21, 2020헌바374).

㉤ [○] 지식문화 상품인 간행물에 관한 소비자의 후생이 단순히 저렴한 가격에 상품을 구입함으로써 얻는 경제적 이득에만 한정지는 것은 않고 다양한 관점의 간행물을 선택할 권리 및 간행물을 선택함에 있어 필요한 지식 및 정보를 용이하게 제공받을 권리도 포괄하므로, 이 사건 심판대상조항으로 인하여 전체적인 소비자후생이 제한되는 정도는 크지 않다. 따라서 이 사건 심판대상조항은 과잉금지원칙에 위배되어 청구인의 직업의 자유를 침해한다고 할 수 없다(헌재 2023.7.20, 2020헌마104).

19 정답 ③

① [○] '교비회계의 세입'과 '교비회계의 세출' 항목은 기술적이고 세부적인 특성을 가지고 있어 그와 관련된 사항을 하위법령에서 정하도록 위임할 필요성이 인정되고, 이 사건 위임조항에서 위임하고 있는 '교비회계의 세입' 항목은 등록금이나 기부금, 학교시설 대여료나 이자수익 등과 같이 학생으로부터 징수하는 각종 금원과 학교시설이나 재산으로부터 발생하는 수익 등이 될 것이고, '교비회계의 세출' 항목은 학교의 운영이나 교육과 관련하여 지출하는 비용 등이 됨을 충분히 예측할 수 있다는 점에서, 이 사건 위임조항은 포괄위임금지원칙에 위반되지 아니한다(헌재 2023.8.31, 2021헌바180).

② [○] 청구인은 수능시험을 준비하는 사람들로서 심판대상계획에서 정한 출제 방향과 원칙에 영향을 받을 수밖에 없다. 따라서 수능시험을 준비하면서 무엇을 어떻게 공부하여야 할지에 관하여 스스로 결정할 자유가 심판대상계획에 따라 제한된다. 이는 자신의 교육에 관하여 스스로 결정할 권리, 즉 교육을 통한 자유로운 인격발현권을 제한받는 것으로 볼 수 있다. 청구인들은 심판대상계획으로 인해 교육을 받을 권리가 침해된다고 주장하지만, 심판대상계획이 헌법 제31조 제1항의 한편, 능력에 따라 균등하게 교육을 받을 권리를 직접 제한한다고 보기는 어렵다. … 심판대상계획이 과잉금지원칙에 위배하여 청구인의 자유로운 인격발현권을 침해한다고 볼 수 없다(헌재 2018.2.22, 2017헌마691).

❸ [×] 부모의 자녀교육권은 다른 기본권과는 달리, 기본권의 주체인 부모의 자기결정권이라는 의미에서 보장되는 자유가 아니라, 자녀의 보호와 인격발현을 위하여 부여되는 기본권이다. 다시 말하면, 부모의 자녀교육권은 자녀의 행복이란 관점에서 보장되는 것이며, 자녀의 행복이 부모의 교육에 있어서 그 방향을 결정하는 지침이 된다(헌재 2009.10.29, 2008헌마635).

④ [○] 검정고시 응시자격을 제한하는 것은, 국민의 교육받을 권리 중 그 의사와 능력에 따라 균등하게 교육받을 것을 국가로부터 방해받지 않을 권리, 즉 자유권적 기본권을 제한하는 것이므로, 그 제한에 대하여는 헌법 제37조 제2항의 비례원칙에 의한 심사, 즉 과잉금지원칙에 따른 심사를 받아야 할 것이다(헌재 2012.5.31, 2010헌마139 등).

20 정답 ④

① [○] 정온을 요하는 사업장의 실내소음 규제기준을 마련할 것인지 여부나 소음을 제거·방지할 수 있는 다양한 수단과 방법 중 어떠한 방법을 채택하고 결합할 것인지 여부는 당시의 기술 수준이나 경제적·사회적·지역적 여건 등을 종합적으로 고려하지 않을 수 없으므로, 독서실과 같이 정온을 요하는 사업장의 실내소음 규제기준을 만들어야 할 입법의무가 헌법의 해석상 곧바로 도출된다고 보기도 어렵다(헌재 2017.12.28, 2016헌마45).

② [○] 심판대상조항이 비사업용자동차의 타인광고를 제한하는 것은, 자동차 이용 광고물의 난립을 방지하여 도시미관과 도로 안전 등을 확보함으로써 국민이 안전하고 쾌적한 환경에서 생활할 수 있도록 하기 위한 것이다(헌재 2022.1.27, 2019헌마327).

③ [○] 학교보건법 시행규칙과 관련 고시의 내용을 전체적으로 보면 필요한 경우 학교의 장이 마사토 운동장에 대한 유해중금속 등의 점검을 실시하는 것이 가능하고, 또한 토양환경보전법령에 따른 학교용지의 토양 관리체제, 교육부 산하 법정기관이 발간한 운동장 마감재 조성 지침 상의 권고, 학교장이나 교육감에게 학교 운동장의 유해물질 관리를 의무화하고 있는 각 지방자치단체의 조례 등을 통해 마사토 운동장에 대한 유해중금속 등 유해물질의 관리가 이루어지고 있다. … 심판대상조항에 마사토 운동장에 대한 기준이 도입되지 않았다는 사정만으로 국민의 환경권을 보호하기 위한 국가의 의무가 과소하게 이행되었다고 평가할 수는 없다. 따라서 심판대상조항은 청구인의 환경권을 침해하지 아니한다(헌재 2024.4.25. 2020헌마107).

❹ [×] 동물보호법, '장사 등에 관한 법률', '동물장묘업의 시설설치 및 검사기준' 등 관계규정에서 동물장묘시설의 설치제한 지역을 상세하게 규정하고, 매연, 소음, 분진, 악취 등 오염원 배출을 규제하기 위한 상세한 시설 및 검사기준을 두고 있는 등의 사정을 고려할 때, 심판대상조항에서 동물장묘업 등록에 관하여 '장사 등에 관한 법률' 제17조 외에 다른 지역적 제한 사유를 규정하지 않았다는 사정만으로 청구인들의 환경권을 보호하기 위한 입법자의 의무를 과소하게 이행하였다고 평가할 수는 없다. 따라서 심판대상조항은 청구인들의 환경권을 침해하지 않는다(헌재 2020.3.26. 2017헌마1281).

5회 실전동형모의고사 정답 및 해설

정답

01	①	02	④	03	①	04	②	05	③
06	③	07	④	08	②	09	④	10	③
11	①	12	②	13	②	14	③	15	①
16	③	17	①	18	④	19	③	20	④

01   정답 ①

❶ [×] 정당은 국민의 이익을 위하여 책임 있는 정치적 주장이나 정책을 추진하고 공직선거의 후보자를 추천 또는 지지함으로써 국민의 정치적 의사형성에 참여함을 목적으로 하는 국민의 자발적 조직으로, 그 법적 성격은 일반적으로 사적·정치적 결사 내지는 법인격 없는 사단으로 파악되고 있고, 이러한 정당의 법률관계에 대하여는 정당법의 관계 조문 이외에 일반 사법 규정이 적용되므로, 정당은 공권력 행사의 주체가 될 수 없다(헌재 2007.10.30, 2007헌마1128).

② [O] 헌법 제8조 제4항은 정당해산심판의 사유를 "정당의 목적이나 활동이 민주적 기본질서에 위배될 때"로 규정하고 있는데, 여기서 말하는 민주적 기본질서의 '위배'란, 민주적 기본질서에 대한 단순한 위반이나 저촉을 의미하는 것이 아니라, 민주 사회의 불가결한 요소인 정당의 존립을 제약해야 할 만큼 그 정당의 목적이나 활동이 우리 사회의 민주적 기본질서에 대하여 실질적인 해악을 끼칠 수 있는 구체적 위험성을 초래하는 경우를 가리킨다(헌재 2014.12.19, 2013헌다1).

③ [O]
> **정당법 제48조 【해산된 경우 등의 잔여재산 처분】** ① 정당이 제44조 제1항의 규정에 의하여 등록이 취소되거나 제45조의 규정에 의하여 자진해산한 때에는 그 잔여재산은 당헌이 정하는 바에 따라 처분한다.
> ② 제1항의 규정에 의하여 처분되지 아니한 정당의 잔여재산 및 헌법재판소의 해산결정에 의하여 해산된 정당의 잔여재산은 국고에 귀속한다.

④ [O] (1) 헌법재판소의 해산결정으로 정당이 해산되는 경우에 그 정당 소속 국회의원이 의원직을 상실하는지에 대하여 명문의 규정은 없으나, 정당해산심판제도의 본질은 민주적 기본질서에 위배되는 정당을 정치적 의사형성과정에서 배제함으로써 국민을 보호하는 데에 있는데 해산정당 소속 국회의원의 의원직을 상실시키지 않는 경우 정당해산결정의 실효성을 확보할 수 없게 되므로, 이러한 정당해산제도의 취지 등에 비추어 볼 때 헌법재판소의 정당해산결정이 있는 경우 그 정당 소속 국회의원의 의원직은 당선방식을 불문하고 모두 상실되어야 한다(헌재 2014.12.19, 2013헌다1).

(2) 헌법재판소의 위헌정당 해산결정에 따라 해산된 정당 소속 비례대표 지방의회의원 갑이 공직선거법 제192조 제4항에 따라 지방의회의원직을 상실하는지가 문제 된 사안에서, 공직선거법 제192조 제4항은 소속 정당이 헌법재판소의 정당해산결정에 따라 해산된 경우 비례대표 지방의회의원의 퇴직을 규정하는 조항이라고 할 수 없어 갑이 비례대표 지방의회의원의 지위를 상실하지 않았다(대판 2021.4.29, 2016두39825).

02   정답 ④

① [O] 심판대상조항은 이미 종료된 사실·법률관계가 아니라, 현재 진행 중인 사실관계, 즉 특정경유자동차에 배출가스저감장치를 부착하여 운행하고 있는 소유자에 대하여 심판대상조항의 신설 또는 개정 이후에 '폐차나 수출 등을 위한 자동차등록의 말소'라는 별도의 요건사실이 충족되는 경우에 배출가스저감장치를 반납하도록 한 것으로서 부진정소급입법에 해당하며, 이 조항이 신설되기 전에 이미 배출가스저감장치를 부착하였던 소유자들이 자동차 등록 말소 후 경제적 잔존가치가 있는 장치의 사용 및 처분에 관한 신뢰를 가졌다고 하더라도, 위와 같은 공익의 중요성이 더 크다고 할 것이므로, 이 조항이 신뢰보호원칙을 위반하여 재산권을 침해한다고 보기도 어렵다(헌재 2019.12.27, 2015헌바45).

② [O] 형벌불소급원칙에서 의미하는 '처벌'은 형법에 규정되어 있는 형식적 의미의 형벌 유형에 국한되지 않으며, 범죄행위에 따른 제재의 내용이나 실제적 효과가 형벌적 성격이 강하여 신체의 자유를 박탈하거나 이에 준하는 정도로 신체의 자유를 제한하는 경우에는 형벌불소급원칙이 적용되어야 한다. 노역장유치는 그 실질이 신체의 자유를 박탈하는 것으로서 징역형과 유사한 형벌적 성격을 가지고 있으므로 형벌불소급원칙의 적용대상이 된다. 노역장유치조항은 1억 원 이상의 벌금형을 선고받는 자에 대하여 유치기간의 하한을 중하게 변경시킨 것이므로, 이 조항 시행 전에 행한 범죄행위에 대해서는 범죄행위 당시에 존재하였던 법률을 적용하여야 한다. 그런데 부칙조항은 노역장유치조항의 시행 전에 행해진 범죄행위에 대해서도 공소제기의 시기가 노역장유치조항의 시행 이후이

면 이를 적용하도록 하고 있으므로, 이는 범죄행위 당시 보다 불이익한 법률을 소급 적용하도록 하는 것으로서 헌법상 형벌불소급원칙에 위반된다(헌재 2017.10.26, 2015헌바239).
③ [O] 2009.12.31. 개정된 이 사건 감액조항(공무원이 '직무와 관련 없는 과실로 인한 경우' 및 '소속상관의 정당한 직무상의 명령에 따르다가 과실로 인한 경우'를 제외하고 재직 중의 사유로 금고 이상의 형을 받은 경우, 퇴직급여 등을 감액하도록 규정)을 2010.1.1.부터 적용하도록 규정한 구 공무원연금법 부칙조항은 이미 발생하여 이행기에 도달한 퇴직연금수급권의 내용을 변경함이 없이 이 사건 부칙조항의 시행 이후의 법률관계, 다시 말해 장래에 이행기가 도래하는 퇴직연금수급권의 내용을 변경함에 불과하므로, 진정소급입법에는 해당하지 아니한다. 따라서 소급입법에 의한 재산권 침해는 문제될 여지가 없다(헌재 2016.6.30, 2014헌바365).
❹ [×] 심판대상조항은 진정소급입법에 해당하지만 진정소급입법이라 할지라도 예외적으로 법적 상태가 불확실하고 혼란스러웠거나 하여 보호할 만한 신뢰의 이익이 적은 경우나 신뢰보호의 요청에 우선하는 심히 중대한 공익상의 사유가 소급입법을 정당화하는 경우에는 허용될 수 있다. 1945.8.9.은 일본의 패망이 기정사실화된 시점으로, 그 이후 남한 내에 미군정이 수립되고 일본인의 사유재산에 대한 동결 및 귀속조치가 이루어지기까지 법적 상태는 매우 불확실하고 혼란스러웠으므로 1945.8.9. 이후 조선에 남아 있던 일본인들이 일본의 패망과 미군정의 수립에도 불구하고 그들이 한반도 내에서 소유하거나 관리하던 재산을 자유롭게 거래하거나 처분할 수 있다고 신뢰하였다 하더라도 그러한 신뢰가 헌법적으로 보호할 만한 가치가 있는 신뢰라고 보기 어렵다. 일본인들이 불법적인 한일병합조약을 통하여 조선 내에서 축적한 재산을 1945.8.9. 상태 그대로 일괄 동결시키고 그 산일과 훼손을 방지하여 향후 수립될 대한민국에 이양한다는 공익은, 한반도 내의 사유재산을 자유롭게 처분하고 일본 본토로 철수하고자 하였던 일본인이나, 일본의 패망 직후 일본인으로부터 재산을 매수한 한국인들에 대한 신뢰보호의 요청보다 훨씬 더 중대하다. 심판대상조항은 소급입법금지원칙에 대한 예외로서 헌법 제13조 제2항에 위반되지 아니한다(헌재 2021.1.28, 2018헌바88).

03　정답 ①

㉠ [×]
> 헌법 제41조 ① 국회는 국민의 보통·평등·직접·비밀선거에 의하여 선출된 국회의원으로 구성한다.
> 제67조 ① 대통령은 국민의 보통·평등·직접·비밀선거에 의하여 선출한다.

㉡ [O] 공직선거및선거부정방지법 제37조 제1항은 국민 중 국내에 주민등록이 되어 있는 국민에 대하여 선거권을 인정하고 있을 뿐 국내에 주민등록이 되어 있지 아니한 재외국민에 대하여서는 선거권을 인정할 수 없음을 분명히 하고 있으므로 이른바 부진정입법부작위에 해당한다(헌재 1999.1.28, 97헌마253).
㉢ [×] 심판대상조항의 입법목적에 비추어 보더라도, 구체적인 범죄의 종류나 내용 및 불법성의 정도 등과 관계없이 일률적으로 선거권을 제한하여야 할 필요성이 있다고 보기는 어렵다. 범죄자가 저지른 범죄의 경중을 전혀 고려하지 않고 수형자와 집행유예자 모두의 선거권을 제한하는 것은 침해의 최소성원칙에 어긋난다. 특히 집행유예자는 집행유예 선고가 실효되거나 취소되지 않는 한 교정시설에 구금되지 않고 일반인과 동일한 사회생활을 하고 있으므로, 그들의 선거권을 제한해야 할 필요성이 크지 않다. 따라서 심판대상조항은 청구인들의 선거권을 침해하고, 보통선거원칙에 위반하여 집행유예자와 수형자를 차별취급하는 것이므로 평등원칙에도 어긋난다(헌재 2014.1.28, 2012헌마409 등).
㉣ [O] 선거인명부에 오를 자격이 있는 국내 거주자에 대해서만 부재자신고를 허용함으로써 재외국민과 단기해외체류자 등 국외거주자 전부의 국정선거권을 부인하는 것은 정당한 입법목적을 갖추지 못한 것으로 헌법 제37조 제2항에 위반하여 국외 거주자의 선거권과 평등권을 침해하고 보통선거원칙에도 위반된다(헌재 2007.6.28, 2004헌마644 등).
㉤ [O] 국민투표는 선거와 달리 국민이 직접 국가의 정치에 참여하는 절차이므로, 국민투표권은 대한민국 국민의 자격이 있는 사람에게 반드시 인정되어야 하는 권리이다. 이처럼 국민의 본질적 지위에서 도출되는 국민투표권을 추상적 위험 내지 선거기술상의 사유로 배제하는 것은 헌법이 부여한 참정권을 사실상 박탈한 것과 다름없다. 따라서 국민투표법조항은 재외선거인의 국민투표권을 침해한다(헌재 2014.7.24, 2009헌마256 등).

04　정답 ②

① [O] 보호영역으로서의 '선거운동'의 자유가 문제되는 경우 표현의 자유 및 선거권과 일반적 행동자유권으로서의 행복추구권은 서로 특별관계에 있어 기본권의 내용상 특별성을 갖는 표현의 자유 및 선거권이 우선 적용된다고 할 것이므로, 이하에서는 행복추구권 침해 여부에 관하여 따로 판단하지 아니한다(헌재 2004.4.29, 2002헌마467).
❷ [×] 상하의 위계질서가 있는 기본권끼리 충돌하는 경우에는 상위기본권우선의 원칙에 따라 하위기본권이 제한될 수 있으므로, 흡연권은 혐연권을 침해하지 않는 한에서 인정되어야 한다(헌재 2004.8.26, 2003헌마457).
③ [O] 반론권은 보도기관이 사실에 대한 보도과정에서 타인의 인격권 및 사생활의 비밀과 사유에 대한 중대한 침해가 될 직접적 위험을 초래하게 되는 경우 이러한 법익을 보호하기 위한 적극적 요청에 의하여 마련된 제도인 것이지 언론의 자유를 제한하기 위한 소극적 필요에서 마련된 것은 아니기 때문에 이에 따른 보도기관이 누리는 언론의 자유에 대한 제약의 문제는 결국 피해자의 반론권과 서로 충돌하는 관계에 있는 것으로 보아야 할 것이다(헌재 1991.9.16, 89헌마165).
④ [O] 사인간 기본권 충돌의 경우 입법자에 의한 규제와 개입은 개별 기본권 주체에 대한 기본권 제한의 방식으로 흔하게 나타나며, 노사관계의 경우도 마찬가지이다. 예컨대, 사용자와 근로자는 근로계약 체결단계에서부터 계약상 의무 위반에 이르기까지 근로기준법, 최저임금법 등 노동 관계법령에 의한 국가적 개입을 받고 있으며, 이러한 국가의 개입이 기본권을 침해하는지 여부가 문제될 수는 있으나, 사적 계약관계라는 이유로

국가가 개입할 수 없다고 볼 것은 아니다(헌재 2022.5.26, 2012헌바66).

어떠한 정당한 목적도 찾기 어렵다(헌재 2007.6.28, 2004헌마644등).

05 정답 ③

```
┌─ 목적의 정당성 부정한 판례 ──────────────────
│ 1. 동성동본금혼제도 사건(95헌가6)
│ 2. 혼인빙자간음죄 사건(2008헌바58)
│ 3. 변호사 후방착석요구사건(2016헌마503)
│ 4. 촬영(경찰서조사실)사건(2012헌마652)
│ 5. 노동단체의 정치자금 기부 금지사건(95헌마154)
│ 6. 기초의회의원선거 정당표방 금지사건(2001헌가4)
│ 7. 교원(사립대) 단결권 제한 사건(2015헌가38)
│    cf. 교육공무원 대학교원 – 입법형성권한계 일탈
│ 8. 여성만 배우자 직계존·비속의 재산등록사건(2019헌가3) – 비례의
│    원칙 심사
│ 9. 문화예술인 지원사업 배제 사건(2017헌마416) – 자의금지심사
│ 10. 긴급조치 제1호, 제2호, 제9호 위헌사건(2010헌바70)
│ 11. 재외국민 선거권 제한사건(2004헌마644)
│ [암기팁] 동성빙자(하여) 후방촬영노동(하는) 기초교원 여성문화 긴급
│        재외~!!
└─────────────────────────────────────
```

㉠ [부정] 이 사건 법률조항은 개인의 내밀한 성생활의 영역을 형사처벌의 대상으로 삼음으로써 남성의 성적자기결정권과 사생활의 비밀과 자유라는 기본권을 지나치게 제한하는 것인 반면, 이로 인하여 추구되는 공익은 오늘날 보호의 실효성이 현격히 저하된 음행의 상습없는 부녀들만의 '성행위 동기의 착오의 보호'로서 그것이 침해되는 기본권보다 중대하다고는 볼 수 없으므로, 법익의 균형성도 상실하였다. 결국 이 사건 법률조항은 목적의 정당성, 수단의 적절성 및 피해최소성을 갖추지 못하였고 법익의 균형성도 이루지 못하였으므로, 헌법 제37조 제2항의 과잉금지원칙을 위반하여 남성의 성적자기결정권 및 사생활의 비밀과 자유를 과잉제한하는 것으로 헌법에 위반된다(헌재 2009.11.26, 2008헌바58).

㉡ [인정] 비전문적인 영세경비업체의 난립을 막고 전문경비업체를 양성하며, 경비원의 자질을 높이고 무자격자를 차단하여 불법적인 노사분규 개입을 막고자 하는 입법목적 자체는 정당하다고 보여진다(헌재 2002.4.25, 2001헌마614).

㉢ [부정] 피의자신문에 참여한 변호인이 피의자 옆에 앉는다고 하여 피의자 뒤에 앉는 경우보다 수사를 방해할 가능성이 높아진다거나 수사기밀을 유출할 가능성이 높아진다고 볼 수 없으므로, 이 사건 후방착석요구행위의 목적의 정당성과 수단의 적절성을 인정할 수 없다(헌재 2017.11.30, 2016헌마503).

㉣ [부정] 이 사건 지원배제 지시는 정부에 대한 비판적 견해를 가진 청구인들을 제재하기 위한 목적으로 행한 것인데, 이는 헌법의 근본원리인 국민주권주의와 자유민주적 기본질서에 반하므로, 그 목적의 정당성을 인정할 수 없어 청구인들의 표현의 자유를 침해한다(헌재 2020.12.23, 2017헌마416).

㉤ [부정] 엄연히 대한민국의 국민임에도 불구하고 주민등록법상 주민등록을 할 수 없는 재외국민의 선거권 행사를 전면적으로 부정하고 있는바, 그와 같은 재외국민의 선거권 행사에 대한 전면적인 부정에 관해서는 위에서 살펴본 바와 같이

06 정답 ③

① [O] 범죄와 형벌의 균형은 헌법질서에 기초한 그 시대의 가치체계와 일치되어야 한다. 행위의 불법성에 대한 인식에 일정한 가치합의가 있다고 해도 그 행위에 대한 법적 평가는 헌법의 가치체계를 존중하면서 형벌법규 전반에 걸쳐 일정한 비례관계가 갖추어지지 않으면 안 되는 것이다. 기본법인 형법에 규정되어 있는 구체적인 법정형은 개별적인 보호법익에 대한 통일적인 가치체계를 표현하고 있다고 볼 때, 사회적 상황의 변경으로 인해 특정 범죄에 대한 형량이 더 이상 타당하지 않을 때에는 원칙적으로 법정형에 대한 새로운 검토를 요하나, 특별한 이유로 형을 가중하는 경우에도 형벌의 양은 행위자의 책임의 정도를 초과해서는 안 된다(헌재 2004.12.16, 2003헌가12).

② [O] 법정형의 종류와 범위를 정하는 것이 기본적으로 입법자의 권한에 속하는 것이라고 하더라도, 형벌은 죄질과 책임에 상응하도록 적절한 비례성이 지켜져야 하는바, 군대 내 명령체계유지 및 국가방위라는 이유만으로 가해자와 상관 사이에 명령복종관계가 있는지 여부를 불문하고 전시와 평시를 구분하지 아니한 채 다양한 동기와 행위태양의 범죄를 동일하게 평가하여 사형만을 유일한 법정형으로 규정하고 있는 이 사건 법률조항은, 범죄의 중대성 정도에 비하여 심각하게 불균형적인 과중한 형벌을 규정함으로써 죄질과 그에 따른 행위자의 책임 사이에 비례관계가 준수되지 않아 인간의 존엄과 가치를 존중하고 보호하려는 실질적 법치국가의 이념에 어긋나고, 형벌체계상 정당성을 상실한 것이다(헌재 2007.11.29, 2006헌가13).

❸ [X] 심판대상조항은 예비군대원 본인이 부재중이기만 하면 예비군대원 본인과 세대를 같이한다는 이유만으로 가족 중 성년자가 소집통지서를 전달할 의무를 위반하면 6개월 이하의 징역 또는 500만 원 이하의 벌금이라는 형사처벌을 하고 있는데, 이는 예비군훈련을 위한 소집통지서의 전달이라는 정부의 공적 의무와 책임을 단지 행정사무의 편의를 위하여 개인에게 전가하는 것으로, 이것이 실효적인 예비군훈련 실시를 위한 전제로 그 소집을 담보하고자 하는 것이라도 지나치다고 아니 할 수 없다. 심판대상조항은 국가안보 등에 관한 현실의 변화를 외면한 채 여전히 예비군대원 본인과 세대를 같이 하는 가족 중 성년자에 대하여 단지 소집통지서를 본인에게 전달하지 아니하였다는 이유로 형사처벌을 하고 있는데, 그 필요성과 타당성에 깊은 의문이 들지 않을 수 없다. 심판대상조항은 행정절차적 협력의무에 불과한 소집통지서 전달의무의 위반에 대하여 과태료 등의 행정적 제재가 아닌 형사처벌을 부과하고 있는데, 이는 형벌의 보충성에 반하고, 책임에 비하여 처벌이 지나치게 과도하여 비례원칙에도 위반된다. 위와 같은 사정들에 비추어 보면, 심판대상조항은 책임과 형벌 간의 비례원칙에 위반된다(헌재 2022.5.26, 2019헌가12).

④ [O] 아동학대범죄를 발견하고 신고하여야 할 법적 의무를 지고 있는 초·중등교육법상 교원이 오히려 자신이 보호하는 아동에 대하여 아동학대범죄를 저지르는 행위에 대해서는 높은

비난가능성과 불법성이 인정되는 점, 심판대상조항이 각 죄에 정한 형의 2분의 1을 가중하도록 하고 있다고 하더라도 이는 법정형의 범위를 넓히는 것일 뿐이어서, 법관은 구체적인 행위의 태양, 죄질의 정도와 수법 등을 고려하여 법정형의 범위 내에서 행위자의 책임에 따른 적절한 형벌을 과하는 것이 가능한 점 등을 종합하여 보면, 심판대상조항이 책임과 형벌 간의 비례원칙에 어긋나는 과잉형벌을 규정하였다고 볼 수 없다(헌재 2021.3.25, 2018헌바388).

07 정답 ④

① [O] 유류분제도란, 피상속인이 증여 또는 유증으로 자유로이 재산을 처분하는 것을 제한하여 법정상속인 중 일정한 범위의 근친자에게 법정상속분의 일부가 귀속되도록 법률상 보장하는 민법상 제도를 말한다. 여기서 '유류분'은 법정상속인에게 귀속되는 것이 법률상 보장되는 상속재산의 일정비율을 말하고, '유류분권'은 상속개시 후 일정범위의 법정상속인에게 보장되는 권리로서 상속재산의 일정비율을 확보해 주는 것을 그 내용으로 한다. '유류분반환청구권'은 상속개시 후 확보된 유류분권에 미치지 못하는 부족분이 발생하는 경우 그의 유류분을 침해하는 증여 또는 유증의 상대방(수증자 또는 수유자)에 대해 부족분의 반환을 청구하는 권리로서 유류분권으로부터 파생되어 나오는 권리이다. 유류분제도는 그 구체적 내용에 비추어 볼 때, 피상속인의 증여나 유증에 의한 자유로운 재산 처분을 제한하고, 피상속인으로부터 증여나 유증을 받았다는 이유로 유류분반환청구의 상대방이 되는 자의 재산권을 역시 제한한다(헌재 2024.4.25, 2020헌가4등).

② [O] 민법 제1112조의 경우 유류분권리자와 각 유류분을 획일적으로 정한 부분은 헌법에 위반되지 않지만, 유류분상실사유를 별도로 정하고 있지 않은 부분(제1호부터 제3호)과 피상속인의 형제자매를 유류분권리자에 포함시키는 부분(제4호)은 불합리하고 자의적이어서 헌법 제37조 제2항의 기본권제한의 입법한계를 일탈하여 재산권을 침해하므로 헌법에 위반된다(헌재 2024.4.25, 2020헌가4등).

③ [O] 민법 제1118조의 경우 대습상속에 관한 제1001조 및 제1010조와 공동상속인 중 특별수익자의 상속분에 관한 제1008조를 유류분에 준용하는 부분은 헌법에 위반되지 않지만, 기여분에 관한 제1008조의2를 준용하는 내용을 두지 않아서 결과적으로 기여분과 유류분의 관계를 단절하고 있는 것은 현저히 불합리하고 자의적이어서 헌법 제37조 제2항에 따른 기본권제한의 입법한계를 일탈하여 재산권을 침해하므로 헌법에 위반된다(헌재 2024.4.25, 2020헌가4등).

❹ [×] 형제자매의 유류분을 규정한 민법 제1112조 제4호는 위헌결정을 통하여 재산권에 대한 침해를 제거함으로써 합헌성이 회복될 수 있으므로 단순위헌을 선언한다. 하지만 민법 제1112조 제1호부터 제3호와 기여분에 관한 제1008조의2를 유류분에 준용하는 규정을 두지 아니한 민법 제1118조에 대하여 위헌결정을 선고하여 효력을 상실시키면, 법적 혼란이나 공백 등이 발생할 우려가 있으므로, 위 조항들에 대하여는 2025.12.31.까지 계속적용을 명하는 헌법불합치결정을 선고하기로 한다(헌재 2024.4.25, 2020헌가4등).

08 정답 ②

① [O] 이 사건 관습법이 절가된 가의 재산을 그 가적에 남아 있는 가족에게 우선 승계하도록 하는 것은 가의 재산관리나 제사주재 등 현실적 필요와 민법 시행 이전의 사회상황과 문화를 반영한 것으로 나름대로 합리적 이유가 있었다. 또한 호주가 살아 있을 때 출가한 여성에게 재산의 일부 또는 전부를 분재할 수도 있는 것이어서 이 사건 관습법으로 인하여 출가한 여성이 상속으로부터 완전히 배제되는 것도 아니었다. 헌법 시행 이전에 성립된 평등원칙에 어긋나는 구 관습법이 헌법 제정과 동시에 모두 위헌이 되고 소급하여 실효된다고 볼 수는 없다. 민법의 제정 및 시행으로 이미 폐지된 구 관습법에 대하여 역사적 평가를 넘어 현행 헌법을 기준으로 소급적으로 그 효력을 모두 부인할 경우 이를 기초로 형성된 모든 법률관계가 한꺼번에 뒤집어져 엄청난 혼란을 일으킬 수 있다. 이상과 같은 사정을 종합하여 보면, 민법 시행으로 폐지된 이 사건 관습법이 절가된 가의 유산 귀속순위를 정함에 있어 합리적 이유 없이 출가한 여성을 그 가적에 남아 있는 가족과 차별하여 평등원칙에 위배되었다고 볼 수 없다(헌재 2016.4.28, 2013헌바396).

❷ [×] 이 사건 무효조항은 8촌 이내 혈족 사이의 혼인을 일률적으로 무효로 정함으로써, 당사자가 진정한 의사로 혼인신고를 한 경우에도 일방당사자 또는 제3자의 주장에 의하여 언제든지 혼인신고를 정정할 수 있도록 하고 있어서 이른바 축출이혼의 수단으로 악용될 소지가 있다. 또한 8촌 이내의 혈족을 확인할 수 있는 신분공시제도가 마련되어 있지 아니함에도 이 사건 무효조항이 8촌 이내 혈족 사이의 혼인을 당연무효 사유로 정한 것은, 혼인당사자에게 불측의 손해를 야기함은 물론 그 자녀의 복리를 현저히 저해하므로, 과잉금지원칙에 위반된다(헌재 2022.10.27, 2018헌바115). 이 사건 금혼조항은 합헌, 무효조항은 위헌이다.

③ [O] 심판대상조항에 따르면, 혼인 종료 후 300일 내에 출생한 자녀가 전남편의 친생자가 아님이 명백하고, 전남편이 친생추정을 원하지도 않으며, 생부가 그 자를 인지하려는 경우에도, 그 자녀는 전남편의 친생자로 추정되어 가족관계등록부에 전남편의 친생자로 등록되고, 이는 엄격한 친생부인의 소를 통해서만 번복될 수 있다. 그 결과 심판대상조항은 이혼한 모와 전남편이 새로운 가정을 꾸리는 데 부담이 되고, 자녀와 생부가 진실한 혈연관계를 회복하는 데 장애가 되고 있다. 이와 같이 민법 제정 이후의 사회적·법률적·의학적 사정변경을 전혀 반영하지 아니한 채, 이미 혼인관계가 해소된 이후에 자가 출생하고 생부가 출생한 자를 인지하려는 경우마저도, 아무런 예외 없이 그 자를 전남편의 친생자로 추정함으로써 친생부인의 소를 거치도록 하는 심판대상조항은 입법형성의 한계를 벗어나 모가 가정생활과 신분관계에서 누려야 할 인격권, 혼인과 가족생활에 관한 기본권을 침해한다(헌재 2015.4.30, 2013헌마623,).

④ [O] 이 사건 법률조항은 중혼을 혼인무효사유가 아니라 혼인취소 사유로 정하고 있는데, 혼인 취소의 효력은 기왕에 소급하지 아니하므로 중혼이라 하더라도 법원의 취소판결이 확정되기 전까지는 유효한 법률혼으로 보호받는다. 후혼의 취소가 가혹한 결과가 발생하는 경우에는 구체적 사건에서 법원이 권리남용의 법리 등으로 해결하고 있다. 따라서 중혼 취소청구권의 소멸에 관하여 아무런 규정을 두지 않았다 하더라도, 이 사건

법률조항이 현저히 입법재량의 범위를 일탈하여 후혼배우자의 인격권 및 행복추구권을 침해하지 아니한다(헌재 2014.7.24, 2011헌바275).

09 정답 ④

① [O] 적법절차원칙이란, 국가공권력이 국민에 대하여 불이익한 결정을 하기에 앞서 국민은 자신의 견해를 진술할 기회를 가짐으로써 절차의 진행과 그 결과에 영향을 미칠 수 있어야 한다는 법원리를 말한다. 그런데 이 사건의 경우, 국회의 탄핵소추절차는 국회와 대통령이라는 헌법기관 사이의 문제이고, 국회의 탄핵소추의결에 의하여 사인으로서의 대통령의 기본권이 침해되는 것이 아니라, 국가기관으로서의 대통령의 권한행사가 정지되는 것이다. 따라서 국가기관이 국민과의 관계에서 공권력을 행사함에 있어서 준수해야 할 법원칙으로서 형성된 적법절차의 원칙을 국가기관에 대하여 헌법을 수호하고자 하는 탄핵소추절차에는 직접 적용할 수 없다고 할 것이고, 그 외 달리 탄핵소추절차와 관련하여 피소추인에게 의견진술의 기회를 부여할 것을 요청하는 명문의 규정도 없으므로, 국회의 탄핵소추절차가 적법절차원칙에 위배되었다는 주장은 이유 없다(헌재 2004.5.14, 2004헌나1).

② [O] 이 사건 영창조항이 헌법상 영장주의에 위배된다는 주장도 하나, 헌법 제12조 제3항에서 규정하고 있는 영장주의란 형사절차와 관련하여 체포·구속·압수·수색의 강제처분을 할 때 신분이 보장되는 법관이 발부한 영장에 의하지 않으면 안 된다는 원칙으로(헌재 2015.9.24, 2012헌바302), 형사절차가 아닌 징계절차에도 그대로 적용된다고 볼 수 없다. 따라서 이 사건 영창조항이 헌법상 영장주의에 위반되는지 여부는 더 나아가 판단하지 아니한다. 헌법 제12조 제1항은 " … 법률과 적법한 절차에 의하지 아니하고는 처벌·보안처분 또는 강제노역을 받지 아니한다."라고 규정하여 적법절차원칙을 선언하고 있는데, 이 원칙은 형사소송절차에 국한되지 않고 모든 국가작용 전반에 대하여 적용된다고 할 것이므로, 전투경찰순경의 인신구금을 그 내용으로 하는 영창처분에 있어서도 헌법상 적법절차원칙이 준수될 것이 요청된다(헌재 2016.3.31, 2013헌바190).

③ [O] 적법절차의 원칙은 헌법조항에 규정된 형사절차상의 제한된 범위내에서만 적용되는 것이 아니라 국가작용으로서 기본권 제한과 관련되든 관련되지 않든 모든 입법작용 및 행정작용에도 광범위하게 적용된다고 해석하여야 할 것이고, 나아가 형사소송절차와 관련시켜 적용함에 있어서는 형벌권의 실행절차인 형사소송의 전반을 규율하는 기본원리로 이해하여야 하는 것이다. 더구나 형사소송절차에 있어서 신체의 자유를 제한하는 법률과 관련시켜 적용함에 있어서는 법률에 따른 형벌권의 행사라고 할지라도 신체의 자유의 본질적인 내용을 침해하지 않아야 할 뿐 아니라 비례의 원칙이나 과잉입법금지의 원칙에 반하지 아니하는 한도내에서만 그 적정성과 합헌성이 인정될 수 있음을 특히 강조하고 있는 것으로 해석하여야 할 것이다(헌재 1992.12.24, 92헌가8).

❹ [×] 치료감호심의위원회의 심사대상은 이미 판결에 의하여 확정된 보호감호처분을 집행하는 것에 불과하므로 이를 법관에게 맡길 것인지, 아니면 제3의 기관에 맡길 것인지는 입법 재량의 범위 내에 있으며, 위원회의 결정에 대하여 불복이 있는 경우 행정소송 등 사법심사의 길이 열려 있으므로 법관에 의한 재판을 받을 권리를 침해한다고 할 수 없다. 나아가, 치료감호심의위원회의 구성, 심사절차 및 심사대상에 비추어 볼 때 위원회가 보호감호의 관리 및 집행에 관한 사항을 심사·결정하도록 한 것이 헌법상 적법절차 원칙에 위배된다고 볼 수 없다(헌재 2009.3.26, 2007헌바50).

10 정답 ③

① [O] 헌법 제12조 제3항의 영장주의는 적법절차원칙에서 도출되는 원리로서, 형사절차와 관련하여 체포·구속·압수·수색의 강제처분을 함에 있어서는 사법권독립에 의하여 신분이 보장되는 법관이 발부한 영장에 의하지 않으면 아니 된다는 원칙이다. 따라서 영장주의의 본질은 강제처분을 함에 있어서는 중립적인 법관이 구체적 판단을 거쳐 발부한 영장에 의하여야만 한다는 데에 있다(헌재 2012.5.31, 2010헌마672).

② [O] 도로교통법 제41조 제2항에 규정된 음주측정은 성질상 강제될 수 있는 것이 아니며 궁극적으로 당사자의 자발적 협조가 필수적인 것이므로 이를 두고 법관의 영장을 필요로 하는 강제처분이라 할 수 없다(헌재 1997.3.27, 96헌가11).

❸ [×] 기지국수사는 통신비밀보호법이 정한 강제처분에 해당되므로 헌법상 영장주의가 적용된다. 헌법상 영장주의의 본질은 강제처분을 함에 있어 중립적인 법관이 구체적 판단을 거쳐야 한다는 점에 있는바, 이 사건 허가조항은 수사기관이 전기통신사업자에게 통신사실 확인자료 제공을 요청함에 있어 관할 지방법원 또는 지원의 허가를 받도록 규정하고 있으므로 헌법상 영장주의에 위배되지 아니한다(헌재 2018.6.28, 2012헌마538).

④ [O] 이 사건 법률조항은 수사기관 등이 전기통신사업자에 대하여 통신자료의 제공을 요청할 수 있는 권한을 부여하면서 전기통신사업자는 '그 요청에 따를 수 있다'고 규정하고 있을 뿐, 전기통신사업자에게 수사기관 등의 통신자료 제공요청에 응하거나 협조하여야 할 의무를 부과하지 않으며, 달리 전기통신사업자의 통신자료 제공을 강제할 수 있는 수단을 마련하고 있지 아니하다. 따라서 이 사건 법률조항에 따른 통신자료 제공요청은 강제력이 개입되지 아니한 임의수사에 해당하고 이를 통한 수사기관 등의 통신자료 취득에는 영장주의가 적용되지 아니하는바, 이 사건 법률조항은 헌법상 영장주의에 위배되지 아니한다(헌재 2022.7.21, 2016헌마388).

11 정답 ①

❶ [×] 접견 제한에 따른 변호사의 직업수행의 자유 제한에 대한 심사에서는 변호사 자신의 직업 활동에 가해진 제한의 정도를 살펴보아야 할 뿐 아니라 그로 인해 접견의 상대방인 수용자의 재판청구권이 제한되는 효과도 함께 고려되어야 하나, 소송대리인이 되려는 변호사의 수용자 접견의 주된 목적은 소송대리인 선임 여부를 확정하는 것이고 소송준비와 소송대리 등 소송에 관한 직무활동은 소송대리인 선임 이후에 이루어지는 것이 일반적이므로 소송대리인 선임 여부를 확정하기

위한 단계에서는 접촉차단시설이 설치된 장소에서 접견하더라도 그 접견의 목적을 수행하는데 필요한 의사소통이 심각하게 저해될 것이라고 보기 어렵다. 심판대상조항은 변호사인 청구인의 업무를 원하는 방식으로 자유롭게 수행할 수 있는 자유를 침해한다고 할 수 없다(헌재 2022.2.24, 2018헌마1010).
② [O] '변호인이 되려는 자'의 접견교통권은 피의자 등을 조력하기 위한 핵심적인 부분으로서, 피의자 등이 가지는 헌법상의 기본권인 '변호인이 되려는 자'와의 접견교통권과 표리의 관계에 있다. 따라서 피의자 등이 가지는 '변호인이 되려는 자'의 조력을 받을 권리가 실질적으로 확보되기 위해서는 '변호인이 되려는 자'의 접견교통권 역시 헌법상 기본권으로서 보장되어야 한다(헌재 2019.2.28, 2015헌마1204).
③ [O] 이 사건과 같이 수사서류에 대한 법원의 열람·등사 허용 결정이 있음에도 검사가 열람·등사를 거부하는 경우 수사서류 각각에 대하여 검사가 열람·등사를 거부할 정당한 사유가 있는지를 심사할 필요 없이 그 거부행위 자체로써 청구인들의 기본권을 침해한다(헌재 2010.6.24, 2009헌마257).
④ [O] 이 사건 서신개봉행위를 통하여 교정시설의 안전과 질서유지를 도모하고, 수용자의 교화 및 원활한 사회복귀를 추구하는 공익은 중요하다. 이 사건 서신개봉행위로 인하여 미결수용자가 변호인과 자유롭게 소송관련 서신을 수수함으로써 누릴 수 있는 편익이 일부 제한되었다고 하더라도, 변호인과의 서신 수수 이외에도 형집행법상 변호인과의 접견, 전화통화 등을 통해 변호인의 충분한 조력이 가능한 이상 위와 같은 정도의 사익의 제한이 달성되는 공익에 비하여 중대하다고 보기 어렵다. … 이 사건 서신개봉행위는 과잉금지원칙에 위반되지 아니하므로 청구인의 변호인의 조력을 받을 권리를 침해하지 아니한다(헌재 2021.10.28, 2019헌마973).

12 정답 ②

① [O] 이 사건 재산등록 조항에 의하여 제한되는 사생활 영역은 재산관계에 한정되고, 그 사항을 알게 되는 자도 등록사항을 심사하는 일부 관계자로 극히 일부이므로 청구인들의 재산사항에 관한 사생활 공개라는 불이익은 그리 크지 않은 반면, 이 사건 재산등록 조항이 달성하려는 공익은 금융감독원의 4급 이상 직원의 비리유혹을 억제하고 업무집행의 투명성을 확보하여 국민의 신뢰를 제고하며 궁극적으로 금융기관의 검사 및 감독이라는 공적 업무에 종사하는 금융감독원 직원의 책임성을 확보하려는 것으로 중대하므로, 이 사건 재산등록 조항으로 인하여 달성하려는 공익과 제한되는 사익 간에 법익균형성도 충족된다. … 따라서 이 사건 재산등록 조항은 청구인들의 사생활의 비밀과 자유를 침해하지 아니한다(헌재 2014.6.26, 2012헌마331).
❷ [X] 사생활 등 조사업 금지조항은 특정인의 소재·연락처 및 사생활 등 조사의 과정에서 자행되는 불법행위를 막고 개인정보 등의 오용·남용으로부터 개인의 사생활의 비밀과 평온을 보호하기 위하여 마련되었다. … 청구인은 '사생활 등 조사업 금지조항'에 의하여 특정인의 소재 및 연락처를 알아내거나 사생활 등을 조사하는 일을 업으로 할 수 없게 됨으로써 직업선택의 자유가 제한되고, '탐정 등 명칭사용 금지조항'에 의하여 탐정명칭을 사용할 수 없게 됨으로써 직업수행의 자유가 제한되므로, 이 사건 금지조항이 청구인의 직업의 자유를 침해하는지 여부가 문제된다(헌재 2018.6.28, 2016헌마473). 사생활의 자유 제한은 쟁점이 아니었다.
③ [O] 이 사건 법률조항으로 인하여 청구인과 같은 성기구 판매자의 직업수행의 자유가 제한받게 된다. 또한, 위헌소원 심판청구에 의하여 확정되는 것은 심판의 대상일 뿐 해당 법률조항이 가지는 규범의 위헌성은 심판대상규범의 법적 효과를 고려하여 모든 헌법적인 관점에서 심사할 수 있고, 성기구의 판매 행위를 제한할 경우 성기구를 사용하려는 소비자는 성기구를 구하는 것이 불가능하거나 매우 어려워 결국 성기구를 이용하여 성적 만족을 얻으려는 사람의 은밀한 내적 영역에 대한 기본권인 사생활의 비밀과 자유가 제한된다고 볼 수 있다. … 따라서 이 사건 법률조항은 과잉금지원칙에 위반하여 청구인의 직업수행의 자유 및 소비자들의 사생활의 비밀과 자유를 침해한다고 할 수 없다(헌재 2013.8.29, 2011헌바176).
④ [O] 공판정에서 진술을 하는 피고인·증인 등도 인간으로서의 존엄과 가치를 가지며(헌법 제10조), 사생활의 비밀과 자유를 침해받지 아니할 권리를 가지고 있으므로(헌법 제17조), 본인이 비밀로 하고자 하는 사적인 사항이 일반에 공개되지 아니하고 자신의 인격적 징표가 타인에 의하여 일방적으로 이용당하지 아니할 권리가 있다(헌재 1995.12.28, 91헌마114).

13 정답 ②

① [O] 의무위탁조항은 농협중앙회장선거의 과열과 혼탁을 방지함으로써 선거의 공정성을 담보하기 위하여 선거관리의 위탁 여부를 농협중앙회의 자율에 맡기지 않고 선거의 공정한 관리를 관장하는 중앙선관위에 의무적으로 위탁하도록 한 조항이다. 농협중앙회의 회원조합이 수행하는 사업 내지 업무가 국민경제에서 상당한 비중을 차지하고, 국가나 국민 전체와 관련된 경제적 기능에 있어서 금융기관에 준하는 공공성을 가진다는 점, 중앙선관위가 수탁하여 관리하는 사무는 주로 선거절차에 관한 사무에 해당하는 점 등을 고려하면 의무위탁조항은 과잉금지원칙에 위반되지 않으므로, 농협중앙회 및 회원조합의 결사의 자유를 침해한다고 볼 수 없다(헌재 2023.5.25, 2021헌바136).
❷ [X] 위 상호신용금고법 제37조의3은 임원과 과점주주의 연대변제책임이란 조건 하에서만 금고를 설립할 수 있도록 규정함으로써 사법상의 단체를 자유롭게 결성하고 운영하는 자유를 제한하는 규정이다. … 이 사건 법률조항은 '부실경영의 책임이 없는 임원'과 '금고의 경영에 영향력을 행사하여 부실의 결과를 초래한 자 이외의 과점주주'에 대해서도 연대채무를 부담하게 하는 범위 내에서 헌법에 위반된다(헌재 2002.8.29, 2000헌가5 등).
③ [O] 헌법재판소는 2017.6.29, 2016헌가1 결정에서, 심판대상조항과 실질적 내용이 동일한 구 공공단체등 위탁선거에 관한 법률(이하 '위탁선거법'이라 한다) 조항들은 조합장선거의 과열과 혼탁을 방지함으로써 선거의 공정성을 담보하고자 하는 것으로서 그 입법목적이 정당하고, 후보자가 아닌 사람의 선거운동을 전면 금지하고 이를 위반하면 형사처벌하는 것은 입법목적을 달성하기 위한 적정한 수단이 되며, … 조합장선거의 후보자 및 선거인인 조합원의 결사의 자유 등 기본권을

침해하지 아니하므로 헌법에 위반되지 않는다고 판단하였다(헌재 2024.2.28, 2021헌가16).

④ [O] 중소기업중앙회가 사적 결사체여서 결사의 자유, 단체 내부 구성의 자유의 보호대상이 된다고 하더라도, 공법인적 성격 역시 강하게 가지고 있다. 심판대상조항은 후보자 간의 지나친 경쟁과 과열로 선거의 공정성을 해할 위험이나 선거인들 상호 간의 반목 등 선거 후유증을 초래할 위험을 방지하기 위한 것으로, 선거인 수가 소규모이고 선거인들의 선거에 대한 관심이 매우 높은 점 등에 비추어 보면, 선거운동 기간 동안의 선거운동만으로도 선거에 관한 정보획득, 교환 및 의사결정에 충분하다고 볼 수 있으므로, 예비후보자 제도를 두지 않은 것이 특별히 불합리하다거나 부당하다고 판단하기 어렵다. … 그러므로 심판대상조항은 결사의 자유나 표현의 자유를 침해하지 않는다(헌재 2021.7.15, 2020헌가9).

14   정답 ③

㉠ [X] 주택 임대차관계에서 임차인의 보호가 주거안정의 보장과 관련하여 중요한 공익적 목적이 되는 점을 고려할 때 주택 재산권에 대하여서도 토지 재산권만큼은 아니라도 상당한 정도의 사회적 구속성이 인정된다 할 것이다. … 따라서 입법자는 주택 소유자의 해당 주택에 대한 사용·수익권의 행사 방법과 임대차계약의 내용 및 그 한계를 형성하는 규율을 할 수 있다고 할 것이므로, 주택임대차법상 임차인 보호 규정들이 임대인의 계약의 자유와 재산권을 침해하는지 여부를 심사함에 있어서는 보다 완화된 심사기준을 적용하여야 할 것이다. … 따라서 계약갱신요구 조항, 차임증액한도 조항 및 손해배상 조항은 과잉금지원칙에 반하여 청구인들의 계약의 자유와 재산권을 침해한다고 볼 수 없다(헌재 2024.2.28, 2020헌마1343 등).

㉡ [O] 심판대상조항이 달성하고자 하는 공익은 경제적으로 궁박한 상황에 처한 사회적 약자를 과도한 고금리 사채로부터 보호함으로써 국민경제생활의 안정과 경제정의의 실현에 이바지하는 것인바, 이는 채권자가 입는 불이익보다 훨씬 중대하므로, 심판대상조항은 법익의 균형성에도 반하지 아니한다(헌재 2025.2.27, 2023헌바143).

㉢ [O] 상거래는 일반 민사거래보다 자금의 수요가 많고 자금의 이용으로 발생하는 이익이 더 큰 것이 일반적이어서 상법 제54조가 상사법정이율을 민법 제379조의 민사법정이율보다 다소 높게 규정한 것일 뿐, 법정이율의 필요성과 그 입법취지는 기본적으로 상법 제54조와 민법 제379조가 같다고 볼 수 있다. 따라서 민법 제379조와 마찬가지로 상법 제54조도 과잉금지원칙에 위배되어 채무자의 재산권을 침해한다고 볼 수 없다(헌재 2025.4.10, 2021헌바278등).

㉣ [X] 심판대상조항은 건물을 신축하여 취득한 자가 환산가액 적용을 통하여 양도소득세의 부담을 회피하는 것을 방지하기 위한 것인바 그 입법목적은 정당하고, 해당 납세의무자에게 일정한 금액을 추가로 부과하는 것은 조세회피의 유인을 억제하는 데 기여할 수 있으므로 수단의 적합성도 인정된다. … 따라서 심판대상조항은 과잉금지원칙을 위반하여 재산권을 침해하지 아니한다(헌재 2024.2.28, 2020헌가15).

㉤ [X] 심판대상조항은 10년 이상 재직한 공무원이 재직 중 사망한 경우 퇴직유족연금에 갈음하여 퇴직유족연금일시금을 지급받을 수 있는 선택권을 미성년 자녀인 유족에게 부여하는 내용의 규정이며, 퇴직유족연금일시금을 선택하는 자녀외의 다른 유족의 퇴직유족연금 수급권을 제한하는 내용의 규정이 아니다. … 따라서 심판대상조항에 따라 자녀인 유족이 퇴직연금일시금을 선택함으로써 결과적으로 다른 유족이 자녀의 퇴직연금 수급권을 이전받지 못하게 된다 하여도 이는 단순한 기대이익을 상실한 것에 불과하고, 이로써 재산권을 제한받는다고 할 수 없다. 따라서 심판대상조항에 대하여 청구인이 주장하는 재산권 침해가 있다고 보기 어렵다(헌재 2024.2.28, 2021헌바141).

15   정답 ①

❶ [X] 주 52시간 상한제조항은 연장근로시간에 관한 사용자와 근로자 간의 계약 내용을 제한한다는 측면에서는 사용자와 근로자의 계약의 자유를 제한하고, 근로자를 고용하여 재화나 용역을 제공하는 사용자의 활동을 제한한다는 측면에서는 직업의 자유를 제한한다. … 주 52시간 상한제조항은 과잉금지원칙에 반하여 상시 5명 이상 근로자를 사용하는 사업주인 청구인의 계약의 자유와 직업의 자유, 근로자인 청구인들의 계약의 자유를 침해하지 않는다(헌재 2024.2.28, 2019헌마500).

② [O] 노선을 정하여 여객을 운송하는 시내버스운송사업에서 사업계획 가운데 운행대수 또는 운행횟수의 증감에 관한 사항은 시내버스의 운행거리, 배차간격, 배차시간 등에 영향을 미치는 것으로서, 원활한 운송체계를 확보하고 일반 공중의 교통편의성을 제공하기 위하여 관할관청이 파악해야 하는 필수적인 사항에 해당하고, 이에 이 사건 법률조항은 시내버스운송사업자가 운행대수 또는 운행횟수를 증감하려면 원칙적으로 관할관청으로부터 변경인가를 받도록 하면서도, 국토교통부령이 정하는 경미한 사항의 변경은 관할관청에 대한 신고만으로 사업계획을 변경할 수 있도록 정하고 있는바, 이 사건 법률조항은 직업수행의 자유를 침해하지 아니한다(헌재 2024.1.25, 2020헌마1144).

③ [O] 심판대상조항이 규정하고 있는 단체, 법인이나 개인들은 사업주들의 접근이 비교적 용이하거나, 그 공신력과 신용도를 일정 수준 이상 담보할 수 있거나, 그 직무상 보험사무대행업무의 전문성이 있거나, 이미 상당수의 영세 사업장에서 사실상 보험사무대행업무를 수행하여 와서 보험사무대행기관으로 추가할 현실적 필요성이 있었다는 점에서 보험사무대행기관의 범위에 포함될 나름의 합리적인 이유를 갖고 있다고 볼 수 있다. 반면 개인 공인회계사의 경우는 그 직무와 보험사무대행업무 사이의 관련성이 높다고 보기 어렵고, 사업주들의 접근이 용이하다거나 보험사무대행기관으로 추가해야 할 현실적 필요성이 있다고 보기도 어렵다. … 따라서 심판대상조항은 과잉금지원칙에 위배되어 청구인들의 직업수행의 자유를 침해한다고 볼 수 없다(헌재 2024.2.28, 2020헌마139).

④ [O] 상대보호구역 설정조항과 이 사건 금지조항은, 학생들의 주요 활동공간인 학교주변의 일정 지역 중 최소한의 범위를 교육환경보호구역으로 설정하고, 그 구역 안에서는 학생의 보건·위생, 안전, 학습 등에 지장이 없도록 '청소년 보호법'상 청소년 유해업소인 '복합유통게임제공업'을 금지함으로써 학생들이 건강하고 쾌적한 환경에서 교육받을 수 있게 할 목적을 가

진 것으로서, 상대보호구역 안에서는 지역위원회의 심의를 거쳐 학습과 교육환경에 나쁜 영향을 주지 아니한다고 인정하는 행위 및 시설은 허용될 수 있으므로, 이 조항으로 인하여 교육환경보호구역 안의 토지나 건물의 임차인 내지 '복합유통게임제공업'을 영위하고자 하는 사람이 받게 되는 직업수행의 자유 및 재산권의 제한은 과도한 것이라고 보기 어려우므로, 과잉금지원칙을 위반하여 직업수행의 자유 및 재산권을 침해하지 아니한다(헌재 2024.1.25, 2021헌바231).

16 정답 ③

① [O] 금전채무의 이행을 명하는 판결을 선고할 경우 대통령령으로 정하는 높은 이율로 손해배상액을 산정하도록 규정하고 있는 소송촉진법 제3조 제1항 본문은 그 적용범위를 소송상 청구하는 경우에만 적용하도록 함으로써 소송의 지연과 상소권 남용의 방지, 사실심판결 선고 후의 채무의 신속한 이행이라는 입법목적의 달성을 위하여 필요하고도 불가피한 경우로 제한하고 있으며, 구체적인 법정이율을 대통령령에 위임하여 은행 연체금리 등 경제여건의 변동에 따라 탄력적으로 법정이율을 정하도록 하고 있고, 소송촉진법 제3조 제2항에 따라 채무자의 방어권을 보장하고 채권자와 채무자의 이해를 조정하는 장치를 마련하고 있다. 따라서 소송촉진법 제3조 제1항 본문은 과잉금지원칙에 위배되어 채무자의 재산권과 재판받을 권리를 침해한다고 볼 수 없다(헌재 2025.4.10, 2021헌바278등).

② [O] 입법자가 행정심판을 전심절차가 아니라 종심절차로 규정함으로써 정식재판의 기회를 배제하거나, 어떤 행정심판을 필요적 전심절차로 규정하면서도 그 절차에 사법절차가 준용되지 않는다면 이는 헌법 제107조 제3항, 나아가 재판청구권을 보장하고 있는 헌법 제27조에도 위반된다 할 것이다(헌재 2001.6.28, 2000헌바30).

❸ [X] 직권면직처분을 받은 지방공무원이 그에 대해 불복할 경우 행정소송의 제기에 앞서 반드시 소청심사를 거치도록 규정한 것은 행정기관 내부의 인사행정에 관한 전문성 반영, 행정기관의 자율적 통제, 신속성 추구라는 행정심판의 목적에 부합한다. … 이 사건 필요적 전치조항은 입법형성의 한계를 벗어나 재판청구권을 침해하거나 평등원칙에 위반된다고 볼 수 없다(헌재 2015.3.26, 2013헌바186).

④ [O] 소송비용의 범위가 '형사소송비용 등에 관한 법률'에서 정한 증인·감정인·통역인 또는 번역인과 관련된 비용 등으로 제한되어 있고, 법원이 피고인에게 소송비용 부담을 명하는 재판을 할 때에 피고인의 방어권 남용 여부, 경제력 능력 등을 종합적으로 고려하여 소송비용 부담 여부 및 그 정도를 정하므로, 소송비용 부담의 재판이 확정된 이후에 빈곤 외에 다른 사유를 참작할 여지가 크지 않다. 따라서 집행면제 신청 조항은 피고인의 재판청구권을 침해하지 아니한다(헌재 2021.2.25, 2019헌바64).

17 정답 ①

❶ [X] 이동전화의 이용과 관련하여 필연적으로 발생하는 통신사실 확인자료는 비록 비내용적 정보이지만 여러 정보의 결합과 분석을 통해 정보주체에 관한 정보를 유추해낼 수 있는 민감한 정보인 점, 수사기관의 통신사실 확인자료 제공요청에 대해 법원의 허가를 거치도록 규정하고 있으나 수사의 필요성만을 그 요건으로 하고 있어 제대로 된 통제가 이루어지기 어려운 점, 기지국수사의 허용과 관련하여서는 유괴·납치·성폭력범죄 등 강력범죄나 국가안보를 위협하는 각종 범죄와 같이 피의자나 피해자의 통신사실 확인자료가 반드시 필요한 범죄로 그 대상을 한정하는 방안 또는 다른 방법으로는 범죄수사가 어려운 경우(보충성)를 요건으로 추가하는 방안 등을 검토함으로써 수사에 지장을 초래하지 않으면서도 불특정 다수의 기본권을 덜 침해하는 수단이 존재하는 점을 고려할 때, 이 사건 요청조항은 과잉금지원칙에 반하여 청구인의 개인정보자기결정권과 통신의 자유를 침해한다(헌재 2018.6.28, 2012헌마538).

② [O] 인터넷회선 감청은 검사가 법원의 허가를 받으면, 피의자 및 피내사자에 해당하는 감청대상자나 해당 인터넷회선의 가입자의 동의나 승낙을 얻지 아니하고도, 전기통신사업자의 협조를 통해 해당 인터넷회선을 통해 송·수신되는 전기통신에 대해 감청을 집행함으로써 정보주체의 기본권을 제한할 수 있으므로, 법이 정한 강제처분에 해당한다. 또한 인터넷회선 감청은 서버에 저장된 정보가 아니라, 인터넷상에서 발신되어 수신되기까지의 과정 중에 수집되는 정보, 즉 전송 중인 정보의 수집을 위한 수사이므로, 압수·수색과 구별된다. … 이 사건 법률조항은 과잉금지원칙에 위반하는 것으로 청구인의 기본권을 침해한다(헌재 2018.8.30, 2016헌마263).

③ [O] 심판대상조항은 온라인서비스제공자의 직업의 자유, 구체적으로는 영업수행의 자유를 제한하며, 서비스이용자의 통신의 비밀과 표현의 자유를 제한한다. … 심판대상조항을 통하여 아동음란물의 광범위한 유통·확산을 사전적으로 차단하고 이를 통해 아동음란물이 초래하는 각종 폐해를 방지하며 특히 관련된 아동·청소년의 인권 침해 가능성을 사전적으로 차단할 수 있는바, 이러한 공익이 사적 불이익보다 더 크다. 따라서 심판대상조항은 온라인서비스제공자의 영업수행의 자유, 서비스이용자의 통신의 비밀과 표현의 자유를 침해하지 아니한다(헌재 2018.6.28, 2016헌가15).

④ [O] 이 사건 시정요구는 불법정보 등의 유통을 차단함으로써 정보통신에서의 건전한 문화를 창달하고 정보통신의 올바른 이용환경을 조성하고자 하는 것으로서 그 목적이 정당하다. 보안접속 프로토콜(https)을 사용하는 경우에도 접근을 차단할 수 있도록 서버이름 표시(를 확인하여 불법정보 등을 담고 있는 특정 웹사이트에 대한 접속을 차단하는 것은 수단의 적합성이 인정된다. … 그렇다면 이 사건 시정요구는 청구인들의 통신의 비밀과 자유 및 알 권리를 침해하지 아니한다(헌재 2023.10.26, 2019헌마158 등).

18 정답 ④

① [×] '혼인 무효 사유가 한쪽 당사자나 제3자의 범죄행위로 인한 경우'에 한하여 가족관계등록부 재작성을 허용한 규정에 의하여 혼인 의사의 합의가 없음을 원인으로 혼인 무효 판결을 받은 경우에도 정정된 가족관계등록부가 그대로 보존되도록 하는 심판대상 조항은 과잉금지원칙을 위반하여 청구인의 개인정보자기결정권을 침해하지 않는다(헌재 2024.1.25, 2020헌마65).

② [×] 인터넷언론사는 선거운동기간 중 당해 홈페이지 게시판 등에 정당·후보자에 대한 지지·반대 등의 정보를 게시하는 경우 실명을 확인받는 기술적 조치를 하도록 정한 공직선거법 조항을 비롯하여, 행정안전부장관 및 신용정보업자는 실명인증자료를 관리하고 중앙선거관리위원회가 요구하는 경우 지체 없이 그 자료를 제출해야 하며, 실명확인을 위한 기술적 조치를 하지 아니하거나 실명인증의 표시가 없는 정보를 삭제하지 않는 경우 과태료를 부과하도록 정한 공직선거법 조항은 게시판 등 이용자의 익명표현의 자유 및 개인정보자기결정권과 인터넷언론사의 언론의 자유를 침해한다(헌재 2021.1.28, 2018헌마456).

③ [×] 정보주체의 배우자나 직계혈족이 정보주체의 위임 없이도 정보주체의 가족관계 상세증명서의 교부 청구를 할 수 있도록 하는 '가족관계의 등록 등에 관한 법률' 제14조 제1항 본문 중 '배우자, 직계혈족은 제15조 제1항 제1호에 규정된 가족관계증명서에 대한 상세증명서의 교부를 청구할 수 있다.' 부분은 개인정보자기결정권을 침해하지 않는다(헌재 2022.11.24, 2021헌마130).

❹ [○] 관리조항은 성범죄의 재범을 억제하고 재범이 현실적으로 이루어진 경우 수사의 효율성과 신속성을 높이기 위하여, 법무부장관이 등록대상 성범죄로 벌금형을 선고받은 사람의 등록정보를 최초등록일부터 10년 동안 보존·관리하도록 규정한 것으로, 입법목적의 정당성 및 수단의 적합성이 인정된다. 헌재 2015.7.30, 2014헌마340등 헌법불합치결정에 따라 개정된 성폭력처벌법 제45조 제1항은 선고형에 따라 등록기간을 10년부터 30년까지 달리하여 형사책임의 경중 및 재범의 위험성에 따라 등록기간을 차등화하였다. 개정된 성폭력처벌법은 신상정보등록 면제제도를 도입하여 재범의 위험성이 낮아진 경우 신상정보의 등록을 면할 수 있는 수단을 마련하고 있고, 등록대상 성범죄의 일반적인 재범의 위험성을 인정하는 전제에서 개별 행위자의 장래 위험성을 별도로 고려하지 아니한 입법자의 판단이 자의적이라고 보기 어려울 뿐만 아니라, 관리조항과 동일한 정도의 입법목적을 달성할 수 있는 덜 침해적인 대안이 있다고 보기도 어려워 침해의 최소성이 인정된다. 관리조항으로 인하여 침해되는 사익보다 성범죄자의 재범 방지 및 사회 방위의 공익이 우월하므로, 법익의 균형성도 인정된다. 그렇다면 관리조항은 청구인의 개인정보자기결정권을 침해하지 않는다(헌재 2019.11.28, 2017헌마163).

19 정답 ③

① [×] 헌법 제34조 제1항이 보장하는 인간다운 생활을 할 권리는 사회권적 기본권의 일종으로서 인간의 존엄에 상응하는 최소한의 물질적인 생활의 유지에 필요한 급부를 요구할 수 있는 권리를 의미한다. 그리고 국가가 인간다운 생활을 보장하기 위한 생계급여의 수준을 구체적으로 결정함에 있어서는 국민 전체의 소득수준과 생활수준, 국가의 재정규모와 정책, 국민 각 계층의 상충하는 갖가지 이해관계 등 복잡하고 다양한 요소를 함께 고려하여야 하며, 국가가 행하는 최저생활보장수준이 그 재량의 범위를 명백히 일탈하였는지 여부, 즉 인간다운 생활을 보장하기 위한 객관적인 내용의 최소한을 보장하고 있는지 여부는 특정한 법률에 의한 생계급여만을 가지고 판단하여서는 안 되고, 다른 법령에 의거하여 국가가 최저생활보장을 위하여 지급하는 각종 급여나 각종 부담의 감면 등을 총괄한 수준으로 판단하여야 한다(헌재 2012.2.23, 2009헌바47).

② [×] 헌법 제34조 제1항의 인간다운 생활을 할 권리는 인간의 존엄에 상응하는 최소한의 물질적인 생활의 유지에 필요한 급부를 요구할 수 있는 권리일 뿐, 사적자치에 의해 규율되는 사인 사이의 법률관계에서 계약갱신을 요구할 수 있는 권리나 보증금을 우선하여 변제받을 수 있는 권리 등은 헌법 제34조 제1항에 의한 보호대상이 아니므로, 이 사건 법률조항들이 청구인의 인간다운 생활을 할 권리를 침해한다고 볼 수 없다(헌재 2014.3.27, 2013헌바98).

❸ [○] 장애인의 복지를 향상해야 할 국가의 의무가 다른 다양한 국가과제에 대하여 최우선적인 배려를 요청할 수 없을 뿐 아니라, 나아가 헌법의 규범으로부터는 '장애인을 위한 저상버스의 도입'과 같은 구체적인 국가의 행위의무를 도출할 수 없는 것이다. 국가에게 헌법 제34조에 의하여 장애인의 복지를 위하여 노력을 해야 할 의무가 있다는 것은, 장애인도 인간다운 생활을 누릴 수 있는 정의로운 사회질서를 형성해야 할 국가의 일반적인 의무를 뜻하는 것이지, 장애인을 위하여 저상버스를 도입해야 한다는 구체적 내용의 의무가 헌법으로부터 나오는 것은 아니다(헌재 2002.12.18, 2002헌마52).

④ [×] 다른 법령에 의하여 이러한 생계유지의 보호를 받고 있는 교도소·구치소에 수용 중인 자에 대하여 '국민기초생활 보장법'의 보충급여의 원칙에 따라 중복적인 보장을 피하기 위하여 개별가구에서 제외키로 한 입법자의 판단이, 국가가 최저생활보장에 관한 입법을 전혀 하지 아니하였다든가 그 내용이 현저히 불합리하여 헌법상 용인될 수 있는 재량의 범위를 명백히 일탈한 경우에 해당한다고 볼 수 없으므로, 위 조항이 교도소·구치소에 수용 중인 자들의 인간다운 생활을 할 권리를 침해한다고 볼 수 없다(헌재 2023.8.31, 2021헌마34).

20 정답 ④

① [O] 환경권은 건강하고 쾌적한 생활을 유지하는 조건으로서 양호한 환경을 향유할 권리이고, 생명·신체의 자유를 보호하는 토대를 이루며, 궁극적으로 '삶의 질' 확보를 목표로 하는 권리이다(헌재 2014.6.26, 2011헌마150).

② [O] 환경권을 행사함에 있어 국민은 국가로부터 건강하고 쾌적한 환경을 향유할 수 있는 자유를 침해당하지 않을 권리를 행사할 수 있고, 일정한 경우 국가에 대하여 건강하고 쾌적한 환경에서 생활할 수 있도록 요구할 수 있는 권리가 인정되기도 하는바, 환경권은 그 자체 종합적 기본권으로서의 성격을 지닌다(헌재 2019.12.27, 2018헌마730).

③ [O] '건강하고 쾌적한 환경에서 생활할 권리'를 보장하는 환경권의 보호대상이 되는 환경에는 자연환경뿐만 아니라 인공적 환경과 같은 생활환경도 포함되므로(환경정책기본법 제3조), 일상생활에서 소음을 제거·방지하여 '정온한 환경에서 생활할 권리'는 환경권의 한 내용을 구성한다(헌재 2019.12.27, 2018헌마730).

❹ [×] 헌법 명문상 피청구인이 ○○주식회사 등에게 청구인들 소유 자동차들에 대한 자동차 교체명령을 해야 한다는 구체적인 작위의무가 규정되어 있지 않다. 헌법 제35조 제1항은 환경정책에 관한 국가적 규제와 조정을 뒷받침하는 헌법적 근거로서 대기오염으로 인한 국민건강 및 환경에 대한 위해를 방지하여야 할 국가의 추상적인 의무는 도출될 수 있으나, 이로부터 청구인들이 주장하는 바와 같이 피청구인이 위 주식회사 등에게 자동차교체명령을 하여야 할 구체적이고 특정한 작위의무가 도출된다고는 볼 수 없다. … 따라서 청구인들이 주장하는 바와 같은 공권력 주체의 작위의무가 법령에 구체적으로 규정되어 있다고 볼 수 없다. 결국 피청구인에게 청구인들이 주장하는 바와 같은 내용의 헌법상 작위의무가 있다고 볼 수 없다(헌재 2018.3.29, 2016헌마795).

6회 실전동형모의고사 정답 및 해설

정답

01	④	02	②	03	③	04	④	05	③
06	②	07	④	08	①	09	④	10	②
11	④	12	②	13	④	14	③	15	②
16	④	17	③	18	②	19	②	20	④

01
정답 ④

① [×] 우리 헌법은 전문에서 "3·1운동으로 건립된 대한민국임시정부의 법통"의 계승을 천명하고 있는바, 비록 우리 헌법이 제정되기 전의 일이라 할지라도 국가가 국민의 안전과 생명을 보호하여야 할 가장 기본적인 의무를 수행하지 못한 일제강점기에 일본군위안부로 강제 동원되어 인간의 존엄과 가치가 말살된 상태에서 장기간 비극적인 삶을 영위하였던 피해자들의 훼손된 인간의 존엄과 가치를 회복시켜야 할 의무는 대한민국임시정부의 법통을 계승한 지금의 정부가 국민에 대하여 부담하는 가장 근본적인 보호의무에 속한다고 할 것이다(헌재 2011.8.30, 2006헌마788).

② [×] "헌법 전문에 기재된 3·1정신"은 우리나라 헌법의 연혁적·이념적 기초로서 헌법이나 법률해석에서의 해석기준으로 작용한다고 할 수 있지만, 그에 기하여 곧바로 국민의 개별적 기본권성을 도출해낼 수는 없다(헌재 2001.3.21, 99헌마139).

③ [×] 대한민국 헌법 규정에 비추어 볼 때 일제강점기 일본의 한반도 지배는 규범적인 관점에서 불법적인 강점에 지나지 않고, 일본의 불법적인 지배로 인한 법률관계 중 대한민국의 헌법정신과 양립할 수 없는 것은 그 효력이 배제된다고 보아야 하므로, 일본판결 이유는 일제강점기의 강제동원 자체를 불법이라고 보고 있는 대한민국 헌법의 핵심적 가치와 정면으로 충돌하는 것이어서 이러한 판결 이유가 담긴 일본판결을 그대로 승인하는 결과는 그 자체로 대한민국의 선량한 풍속이나 그 밖의 사회질서에 어긋나는 것임이 분명하므로 우리나라에서 일본판결을 승인하여 효력을 인정할 수 없는데도, 이와 달리 본 원심판결에 법리오해의 위법이 있다(대판 2012.5.24, 2009다22549).

❹ [○] 헌법은 국가유공자 인정에 관하여 명문 규정을 두고 있지 않으나 전문(前文)에서 "3·1운동으로 건립된 대한민국임시정부의 법통을 계승"한다고 선언하고 있다. 이는 대한민국이 일제에 항거한 독립운동가의 공헌과 희생을 바탕으로 이룩된 것임을 선언한 것이고, 그렇다면 국가는 일제로부터 조국의 자주독립을 위하여 공헌한 독립유공자와 그 유족에 대하여는 응분의 예우를 하여야 할 헌법적 의무를 지닌다(헌재 2005.6.30, 2004헌마859).

02
정답 ②

① [○] 개인의 신뢰이익에 대한 보호가치는 ㉠ 법령에 따른 개인의 행위가 국가에 의하여 일정방향으로 유인된 신뢰의 행사인지, ㉡ 아니면 단지 법률이 부여한 기회를 활용한 것으로서 원칙적으로 사적 위험부담의 범위에 속하는 것인지 여부에 따라 달라진다. 만일 법률에 따른 개인의 행위가 단지 법률이 반사적으로 부여하는 기회의 활용을 넘어서 국가에 의하여 일정방향으로 유인된 것이라면 특별히 보호가치가 있는 신뢰이익이 인정될 수 있고, 원칙적으로 개인의 신뢰보호가 국가의 법률개정이익에 우선된다고 볼 여지가 있다(헌재 2002.11.28, 2002헌바45).

❷ [×], ③ [○] 부진정소급입법은 원칙적으로 허용되지만 소급효를 요구하는 공익상의 사유와 신뢰보호의 요청 사이의 교량과정에서 신뢰보호의 관점이 입법자의 형성권에 제한을 가하게 되는데 반하여, 기존의 법에 의하여 형성되어 이미 굳어진 개인의 법적 지위를 사후입법을 통하여 박탈하는 것 등을 내용으로 하는 진정소급입법은 개인의 신뢰보호와 법적 안정성을 내용으로 하는 법치국가원리에 의하여 특단의 사정이 없는 한 헌법적으로 허용되지 아니하는 것이 원칙이고, 다만 일반적으로 국민이 소급입법을 예상할 수 있었거나 법적 상태가 불확실하고 혼란스러워 보호할 만한 신뢰이익이 적은 경우와 소급입법에 의한 당사자의 손실이 없거나 아주 경미한 경우 그리고 신뢰보호의 요청에 우선하는 심히 중대한 공익상의 사유가 소급입법을 정당화하는 경우 등에는 예외적으로 진정소급입법이 허용된다(헌재 1999.7.22, 97헌바76).

④ [○] 신법이 피적용자에게 유리한 경우에는 이른바 시혜적인 소급입법이 가능하지만 이를 입법자의 의무라고는 할 수 없고, 그러한 소급입법을 할 것인지의 여부는 입법재량의 문제로서 그 판단은 일차적으로 입법기관에 맡겨져 있으며, 이와 같은 시혜적 조치를 할 것인가 하는 문제는 국민의 권리를 제한하거나 새로운 의무를 부과하는 경우와는 달리 입법자에게 보다 광범위한 입법형성의 자유가 인정된다고 할 것이다(헌재 1995.12.28, 95헌마196).

03 정답 ③

① [O] 장애인준강간죄의 보호법익의 중요성, 죄질, 행위자 책임의 정도 및 일반예방이라는 형사정책의 측면 등 여러 요소를 고려하여 본다면, 입법자가 형법상 준강간죄나 장애인위계등간음죄(성폭력처벌법 제6조 제5항)의 법정형보다 무거운 '무기 또는 7년 이상의 징역'이라는 비교적 중한 법정형을 정하여, 법관의 작량감경만으로는 집행유예를 선고하지 못하도록 입법적 결단을 내린 것에는 나름대로 수긍할 만한 합리적인 이유가 있는 것이고, 그것이 범죄의 죄질 및 행위자의 책임에 비하여 지나치게 가혹하다고 할 수 없다. 따라서 심판대상조항은 책임과 형벌의 비례원칙에 위배되지 아니한다(헌재 2016.11.24, 2015헌바136).

② [O] 심판대상조항은 종업원 등의 범죄행위에 관하여 비난할 근거가 되는 법인의 의사결정 및 행위구조, 즉 종업원 등이 저지른 행위의 결과에 대한 법인의 독자적인 책임에 관하여 전혀 규정하지 않은 채, 단순히 법인이 고용한 종업원 등이 업무에 관하여 범죄행위를 하였다는 이유만으로 법인에 대하여 형벌을 부과하도록 정하고 있는바, 이는 다른 사람의 범죄에 대하여 그 책임 유무를 묻지 않고 형사처벌하는 것이므로 헌법상 법치국가원리로부터 도출되는 책임주의원칙에 위배된다(헌재 2019.4.11, 2017헌가30).

❸ [X] 고속도로 등은 자동차들이 일반도로에 비하여 고속으로 주행하여 중대한 위험이 발생할 가능성이 높고, 긴급자동차 등이 위험 발생 지역에 접근하기 어려운 특성이 있어 비상시에 이용하기 위하여 갓길이 설치된 것이므로, 갓길이 그 본래의 설치목적에 따라 이용될 수 있도록 갓길 통행 금지의무의 준수를 담보할 필요성이 높다. 행정질서벌의 부과만으로는 갓길 통행을 충분히 억제할 수 없다고 판단하고 형벌이라는 수단을 선택한 입법자의 판단이 명백하게 잘못되었다고 볼 수 없다. … 그러므로 처벌조항은 책임과 형벌 사이의 비례원칙에 위배되지 않는다(헌재 2021.8.31, 2020헌바100).

④ [O] 예비행위란 아직 실행의 착수조차 이르지 아니한 준비단계로서, 실질적인 법익에 대한 침해 또는 위험한 상태의 초래라는 결과가 발생한 기수와는 그 행위태양이 다르고, 법익침해가능성과 위험성도 다르므로, 이에 따른 불법성과 책임의 정도 역시 다르게 평가되어야 한다. 그럼에도 예비행위를 본죄에 준하여 처벌하도록 하고 있는 심판대상조항은 그 불법성과 책임의 정도에 비추어 지나치게 과중한 형벌을 규정하고 있는 것이다. … 따라서 심판대상조항은 구체적 행위의 개별성과 고유성을 고려한 양형판단의 가능성을 배제하는 가혹한 형벌로서 책임과 형벌 사이의 비례성의 원칙에 위배된다(헌재 2019.2.28, 2016헌가13).

04 정답 ④

① [O] 이 사건 규정은 자동차 등을 이용하여 범죄행위를 하기만 하면 그 범죄행위가 얼마나 중한 것인지, 그러한 범죄행위를 행함에 있어 자동차 등이 당해 범죄 행위에 어느 정도로 기여했는지 등에 대한 아무런 고려 없이 무조건 운전면허를 취소하도록 하고 있으므로 이는 구체적 사안의 개별성과 특수성을 고려할 수 있는 여지를 일체 배제하고 그 위법의 정도나 비난의 정도가 극히 미약한 경우까지도 운전면허를 취소할 수밖에 없도록 하는 것으로 최소침해성의 원칙에 위반된다 할 것이다. 한편, 이 사건 규정에 의해 운전면허가 취소되면 2년 동안은 운전면허를 다시 발급 받을 수 없게 되는바, 이는 지나치게 기본권을 제한하는 것으로서 법익균형성원칙에도 위반된다. 그러므로 이 사건 규정은 직업의 자유 내지 일반적 행동자유권을 침해하여 헌법에 위반된다(헌재 2005.11.24, 2004헌가28).

② [O] 이 사건 집회신고에 관한 사무를 처리하는 데 있어서도 적법한 절차에 따라 접수순위를 확정하려는 최선의 노력을 한 후, 집시법 제8조 제2항에 따라 후순위로 접수된 집회의 금지 또는 제한을 통고하였어야 한다. 만일 접수순위를 정하기 어렵다는 현실적인 이유로 중복신고된 모든 옥외집회의 개최가 법률적 근거 없이 불허되는 것이 용인된다면, 집회의 자유를 보장하고 집회의 사전허가를 금지한 헌법 제21조 제1항 및 제2항은 무의미한 규정으로 전락할 위험성이 있다. 결국 이 사건 반려행위는 법률의 근거 없이 청구인들의 집회의 자유를 침해한 것으로서 헌법상 법률유보원칙에 위반된다고 할 것이다(헌재 2008.5.29, 2007헌마712).

③ [O] 위 규정은 음주로 인한 건강위해적 요소로부터 국민의 건강을 보호한다는 입법목적하에 음주전후, 숙취해소 등 음주를 조장하는 내용의 표시를 금지하고 있으나, "음주전후", "숙취해소"라는 표시는 이를 금지할 만큼 음주를 조장하는 내용이라 볼 수 없고, 식품에 숙취해소 작용이 있음에도 불구하고 이러한 표시를 금지하면 숙취해소용 식품에 관한 정확한 정보 및 제품의 제공을 차단함으로써 숙취해소의 기회를 국민으로부터 박탈하게 될 뿐만 아니라, 보다 나은 숙취해소용 식품을 개발하기 위한 연구와 시도를 차단하는 결과를 초래하므로, 위 규정은 숙취해소용 식품의 제조·판매에 관한 영업의 자유 및 광고표현의 자유를 과잉금지원칙에 위반하여 침해하는 것이다(헌재 2000.3.30, 99헌마143).

❹ [X] 입법자는 공익실현을 위하여 기본권을 제한하는 경우에도 입법목적을 실현하기에 적합한 여러 수단 중에서 되도록 국민의 기본권을 가장 존중하고 기본권을 최소로 침해하는 수단을 선택해야 한다. 기본권을 제한하는 규정은 기본권행사의 '방법'에 관한 규정과 기본권행사의 '여부'에 관한 규정으로 구분할 수 있다. 침해의 최소성의 관점에서, 입법자는 그가 의도하는 공익을 달성하기 위하여 우선 기본권을 보다 적게 제한하는 단계인 기본권행사의 '방법'에 관한 규제로써 공익을 실현할 수 있는가를 시도하고 이러한 방법으로는 공익달성이 어렵다고 판단되는 경우에 비로소 그 다음 단계인 기본권행사의 '여부'에 관한 규제를 선택해야 한다(헌재 1998.5.28, 96헌가5).

05 정답 ③

① [O] 공무원연금법상의 각종 급여는 모두 사회보장 수급권으로서의 성격과 아울러 재산권으로서의 성격도 가지고, 그 중 퇴직일시금 및 퇴직수당 수급권은 후불임금 내지 재산권적 성격을 많이 띠고 있는데 비하여, 퇴직연금 수급권은 상대적으로 사회보장적 급여로서의 성격이 강하다. 따라서 퇴직연금 수급자가 퇴직 후에 사업소득이나 근로소득을 얻게 된 경우 입법자는 사회 정책적 측면과 국가의 재정 및 기금의 상황 등 여러 가지

사정을 참작하여 일반적인 재산권에 비하여 폭넓은 재량으로 소득과 연계하여 퇴직연금 지급 정도를 결정할 수 있으므로, 소득심사제에 의하여 퇴직연금 중 일부의 지급을 정지하는 것은 포괄위임금지의 원칙에 위배되는 등 특별한 사정이 없는 한 위헌이라고 볼 수 없다(헌재 2008.2.28, 2005헌마872 등).

② [O] 공무원의 신분이나 직무상 의무와 관련이 없는 범죄의 경우에도 퇴직급여 등을 제한하는 것은, 공무원범죄를 예방하고 공무원이 재직중 성실히 근무하도록 유도하는 입법목적을 달성하는 데 적합한 수단이라고 볼 수 없다. 그리고 특히 과실범의 경우에는 공무원이기 때문에 더 강한 주의의무 내지 결과발생에 대한 가중된 비난가능성이 있다고 보기 어려우므로, 퇴직급여 등의 제한이 공무원으로서의 직무상 의무를 위반하지 않도록 유도 또는 강제하는 수단으로서 작용한다고 보기 어렵다. 입법자로서는 입법목적을 달성함에 반드시 필요한 범죄의 유형과 내용 등으로 그 범위를 한정하여 규정함이 최소침해성의 원칙에 따른 기본권 제한의 적절한 방식이다. 단지 금고 이상의 형을 받았다는 이유만으로 이미 공직에서 퇴출당할 공무원에게 더 나아가 일률적으로 그 생존의 기초가 될 퇴직급여 등까지 반드시 감액하도록 규정한다면 그 법률조항은 침해되는 사익에 비해 지나치게 공익만을 강조한 입법이라고 아니할 수 없다(헌재 2007.3.29, 2005헌바33).

❸ [×] 사회보험방식에 의하여 재원을 조성하여 반대급부로 노후생활을 보장하는 강제저축 프로그램으로서의 국민연금제도는 상호부조의 원리에 입각한 사회연대성에 기초하여 고소득계층에서 저소득층으로, 근로 세대에서 노년 세대로, 현재 세대에서 미래 세대로 국민간의 소득재분배 기능을 함으로써 오히려 위 사회적 시장경제질서에 부합하는 제도라 할 것이므로 국민연금제도가 헌법상의 시장경제질서에 위배된다는 위 주장은 이유 없다 할 것이다(헌재 2001.2.22, 99헌마365).

④ [O] 장해급여제도는 본질적으로 소득재분배를 위한 제도가 아니고, 손해배상 내지 손실보상적 급부인 점에 그 본질이 있는 것으로, 산업재해보상보험이 갖는 두 가지 성격 중 사회보장적 급부로서의 성격은 상대적으로 약하고 재산권적인 보호의 필요성은 보다 강하다고 볼 수 있어 다른 사회보험수급권에 비하여 보다 엄격한 보호가 필요하다(헌재 2009.5.28, 2005헌바20 등).

06 정답 ②

① [O] 헌법은 제정 당시부터 특별히 혼인의 남녀동권을 헌법적 혼인질서의 기초로 선언함으로써 우리 사회 전래의 가부장적인 봉건적 혼인질서를 더 이상 용인하지 않겠다는 헌법적 결단을 표현하였으며, 현행 헌법에 이르러 양성평등과 개인의 존엄은 혼인과 가족제도에 관한 최고의 가치규범으로 확고히 자리잡았다(헌재 2005.2.3, 2001헌가9).

❷ [×] 중혼을 금지하는 것은 일부일처제의 공익적 이익으로부터 비롯된 것이다. 그러나 한편으로 중혼이라 하더라도 유효하게 성립하면 또 하나의 실질적인 부부관계와 친자관계가 발생되고 그러한 신분관계는 비록 중혼이 취소되더라도 완전히 원상회복될 수 없는 한계가 존재하며, 특히 자(子)의 경우에는 그 신분관계를 보호할 사회적 이익도 인정된다. 그러므로 중혼을 무효사유로 볼 것인가, 아니면 취소사유로 볼 것인가, 취소사유로 보는 경우 어떠한 범위 내에서 취소청구권을 인정할 것인가 하는 문제는 중혼의 반사회성·반윤리성과 가족생활의 사실상 보호라는 공익과 사익을 어떻게 규율할 것인가의 문제로서 기본적으로 입법형성의 자유가 넓게 인정되는 영역이다. 따라서 이 사건 법률조항의 위헌 여부는 중혼을 취소사유로 정하면서 그 취소 청구권에 제척기간 또는 권리소멸사유를 규정하지 않은 것이 입법형성의 한계를 벗어나 현저히 부당한 것인지 여부를 심사함으로써 결정해야 할 것이다(헌재 2014.7.24, 2011헌바275).

③ [O] 법적으로 승인되지 아니한 사실혼은 헌법 제36조 제1항의 보호범위에 포함되지 아니한다(헌재 2014.8.28, 2013헌바119).

④ [O] 부모가 자녀의 이름을 지어주는 것은 자녀의 양육과 가족생활을 위하여 필수적인 것이고, 가족생활의 핵심적 요소라 할 수 있으므로, '부모가 자녀의 이름을 지을 자유'는 혼인과 가족생활을 보장하는 헌법 제36조 제1항과 행복추구권을 보장하는 헌법 제10조에 의하여 보호받는다(헌재 2016.7.28, 2015헌마964).

07 정답 ④

㉠ [×] 통신제한조치기간의 연장을 허가함에 있어 총연장기간 또는 총연장횟수의 제한을 두고 그 최소한의 연장기간 동안 범죄혐의를 입증하지 못하는 경우 통신제한조치를 중단하게 한다고 하여도, 여전히 통신제한조치를 해야 할 필요가 있으면 법원에 새로운 통신제한조치의 허가를 청구할 수 있으므로 이로써 수사목적을 달성하는데 충분하다. 또한 법원이 실제 통신제한조치의 기간연장절차의 남용을 통제하는데 한계가 있는 이상 통신제한조치 기간연장에 사법적 통제절차가 있다는 사정만으로는 그 남용으로 인하여 개인의 통신의 비밀이 과도하게 제한되는 것을 막을 수 없다. 그럼에도 통신제한조치기간을 연장함에 있어 법운용자의 남용을 막을 수 있는 최소한의 한계를 설정하지 않은 이 사건 법률조항은 침해의 최소성원칙에 위반한다. 나아가 통신제한조치가 내려진 피의자나 피내사자는 자신이 감청을 당하고 있다는 사실을 모르는 기본권제한의 특성상 방어권을 행사하기 어려운 상태에 있으므로 통신제한조치기간의 연장을 허가함에 있어 총연장기간 또는 총연장횟수의 제한이 없을 경우 수사와 전혀 관계없는 개인의 내밀한 사생활의 비밀이 침해당할 우려도 심히 크기 때문에 기본권 제한의 법익균형성 요건도 갖추지 못하였다. 따라서 이 사건 법률조항은 헌법에 위반된다 할 것이다(헌재 2010.12.28, 2009헌가30).

㉡ [O] 헌법 제18조로 보장되는 기본권인 통신의 자유란 통신수단을 자유로이 이용하여 의사소통할 권리이다. '통신수단의 자유로운 이용'에는 자신의 인적 사항을 누구에게도 밝히지 않는 상태로 통신수단을 이용할 자유, 즉 통신수단의 익명성 보장도 포함된다(헌재 2019.9.26, 2017헌마1209).

㉢ [O] 헌법 제18조는 '모든 국민은 통신의 비밀을 침해받지 아니한다.'라고 규정하여 통신의 비밀보호를 그 핵심내용으로 하는 통신의 자유를 기본권으로 보장하고 있다. 자유로운 의사소통은 통신내용의 비밀을 보장하는 것만으로는 충분하지 아니하고 구체적인 통신관계의 발생으로 야기된 모든 사실관계, 특히 통신관여자의 인적 동일성·통신장소·통신횟수·통신시간 등 통신의 외형을 구성하는 통신이용의 전반적 상황의 비밀까지도 보장한다(헌재 2018.6.28, 2012헌마538).

ⓔ [X] 인터넷회선 감청은 해당 인터넷회선을 통하여 흐르는 모든 정보가 감청 대상이 되므로, 이를 통해 드러나게 되는 개인의 사생활 영역은 전화나 우편물 등을 통하여 교환되는 통신의 범위를 넘는다. 더욱이 오늘날 이메일, 메신저, 전화 등 통신뿐 아니라, 각종 구매, 게시물 등록, 금융서비스 이용 등 생활의 전 영역이 인터넷을 기반으로 이루어지기 때문에, 인터넷회선 감청은 타인과의 관계를 전제로 하는 개인의 사적 영역을 보호하려는 헌법 제18조의 통신의 비밀과 자유 외에 헌법 제17조의 사생활의 비밀과 자유도 제한하게 된다. … 그렇다면 이 사건 법률조항은 과잉금지원칙에 반하여 청구인의 통신 및 사생활의 비밀과 자유를 침해한다(헌재 2018.8.30, 2016헌마263).

08 정답 ①

❶ [X] 심판대상조항은 대통령과 그 가족의 신변 안전 및 주거 평온을 확보하고, 대통령 등이 자유롭게 대통령 관저에 출입할 수 있도록 하며 경우에 따라서는 대통령의 원활한 직무수행을 보장함으로써, 궁극적으로는 대통령의 헌법적 기능 보호를 목적으로 한다. 심판대상조항은 대통령 관저 인근 일대를 광범위하게 집회금지장소로 설정함으로써, 집회가 금지될 필요가 없는 장소까지도 집회금지장소에 포함되게 한다. 대규모 집회 또는 시위로 확산될 우려가 없는 소규모 집회의 경우, 심판대상조항에 의하여 보호되는 법익에 대해 직접적인 위협이 될 가능성은 낮고, 이러한 집회가 대통령 등의 안전이나 대통령 관저 출입과 직접적 관련이 없는 장소에서 열릴 경우에는 위험성은 더욱 낮아진다. 또한, '집회 및 시위에 관한 법률' 및 '대통령 등의 경호에 관한 법률'은 폭력적이고 불법적인 집회에 대처할 수 있는 다양한 수단을 두고 있다. 이러한 점을 종합하면, 심판대상조항은 과잉금지원칙에 위배되어 집회의 자유를 침해한다(헌재 2022.12.22, 2018헌바48 등).

② [O] 피청구인의 이 사건 반려행위는 주무(主務) 행정기관에 의한 행위로서 청구인들의 집회의 자유를 침해하였다고 할 것이므로, 이는 기본권침해 가능성이 있는 공권력의 행사에 해당한다고 할 것이다. 이 사건 피청구인은 청구인 ○○합섬HK지회와 ○○생명인사지원실이 제출한 옥외집회신고서를 폭력사태 발생이 우려된다는 이유로 동시에 접수하였고, 이후 상호 충돌을 피한다는 이유로 두 개의 집회신고를 모두 반려하였는바, … 이 사건 반려행위는 법률의 근거 없이 청구인들의 집회의 자유를 침해한 것으로서 헌법상 법률유보원칙에 위반된다고 할 것이다(헌재 2008.5.29, 2007헌마712).

③ [O] 심판대상조항이 가지는 위헌성은 법관의 독립이나 법원의 재판에 영향을 미칠 가능성이 없거나 낮은 경우에도 과도하게 옥외집회·시위를 금지하는 데 있다. 각급 법원 인근에서의 옥외집회·시위를 금지하고 있는 심판대상조항에는 위헌적 부분과 합헌적 부분이 공존하고 있다. 각급 법원 인근에서의 옥외집회·시위 중 어떤 형태를 예외적으로 허용함으로써 집회의 자유를 필요최소한의 범위에서 제한할 것인지는 입법자의 판단에 맡기는 것이 바람직하다. 입법자로 하여금 법관의 독립이나 법원의 재판에 영향을 미칠 우려가 없는 상황 등 제반 사정을 감안하여 어떤 경우 예외적으로 옥외집회·시위가 허용된다고 할 것인지 정하도록 하는 것이 심판대상조항의 위헌성을 제거하면서도 입법자의 입법재량을 존중하는 방법이다(헌재 2018.7.26, 2018헌바137).

④ [O] 헌법 제21조 제1항은 "모든 국민은 언론·출판의 자유와 집회·결사의 자유를 가진다."고 규정하여 집회의 자유를 표현의 자유로서 언론·출판의 자유와 함께 국민의 기본권으로 보장하고 있다. 집회의 자유에는 집회를 통하여 형성된 의사를 집단적으로 표현하고 이를 통하여 불특정 다수인의 의사에 영향을 줄 자유를 포함한다(헌재 2016.9.29, 2014헌바492).

09 정답 ④

㉠ [O] 청구인은 이 사건 법률조항이 다른 종교단체의 재산과는 달리 불교 전통사찰 소유의 재산만을 압류 금지 재산으로 규정함으로써 청구인의 종교의 자유를 침해한다고 주장한다. 그러나 종교의 자유는 신앙의 자유, 종교적 행위의 자유 및 종교적 집회·결사의 자유를 그 내용으로 하는바, 이 사건 법률조항은 전통사찰 소유의 일정 재산에 대한 압류를 금지할 뿐이므로 그로 인하여 위와 같은 종교의 자유의 내용 중 어떠한 것도 제한되지는 아니한다(헌재 2012.6.27, 2011헌바34).

㉡ [X] 양로시설을 설치하고자 하는 경우 일정한 시설기준과 인력기준 등을 갖추어야 하나, 이는 노인들의 안전한 주거공간 보장을 위한 최소한의 기준에 불과하므로 신고의무 부과가 지나치다고 할 수 없다. 종교단체에서 구호활동의 일환으로 운영하는 양로시설이라고 하더라도 신고대상에서 제외하면 관리·감독의 사각지대가 발생할 수 있으며, 일정 규모 이상의 양로시설의 경우 안전사고나 인권침해 피해정도가 커질 수 있으므로, 예외를 인정함이 없이 신고의무를 부과할 필요가 있다. 더욱이 일부 사회복지시설들의 탈법적인 운영을 방지하기 위하여는 강력한 제재를 가할 필요성이 인정되며, 사안의 경중에 따라 벌금형의 선고도 가능하므로 심판대상조항에 의한 처벌이 지나치게 과중하다고 볼 수 없다. 심판대상조항에 의하여 제한되는 사익에 비하여 심판대상조항이 달성하려는 공익은 양로시설에 입소한 노인들의 쾌적하고 안전한 주거환경을 보장하는 것으로 이는 매우 중대하다. 따라서 심판대상조항이 과잉금지원칙에 위배되어 종교의 자유를 침해한다고 볼 수 없다(헌재 2016.6.30, 2015헌바46).

㉢ [O] 종교활동은 헌법상 종교의 자유와 정교분리의 원칙에 의하여 국가의 간섭으로부터 그 자유가 보장되어 있으므로, 국가기관인 법원은 종교단체 내부관계에 관한 사항에 대하여는 그것이 일반 국민으로서의 권리의무나 법률관계를 규율하는 것이 아닌 이상 원칙적으로 그 실체적인 심리판단을 하지 아니함으로써 당해 종교단체의 자율권을 최대한 보장하여야 한(대판 2015.4.23, 2013다20311).

㉣ [O] 종교적 행위의 자유는 종교상의 의식·예배 등 종교적 행위를 각 개인이 임의로 할 수 있는 등 종교적인 확신에 따라 행동하고 교리에 따라 생활할 수 있는 자유와 소극적으로는 자신의 종교적인 확신에 반하는 행위를 강요당하지 않을 자유 그리고 선교의 자유, 종교교육의 자유 등이 포함된다. 종교적 집회·결사의 자유는 종교적 목적으로 같은 신자들이 집회하거나 종교단체를 결성할 자유를 말한다(헌재 2011.12.29, 2009헌마527).

10 정답 ②

㉠ [×]
> **집회 및 시위에 관한 법률 제11조【옥외집회와 시위의 금지장소】** 누구든지 다음 각 호의 어느 하나에 해당하는 청사 또는 저택의 경계 지점으로부터 100미터 이내의 장소에서는 옥외집회 또는 시위를 하여서는 아니 된다.
> 3. 대통령 관저(官邸), 국회의장 공관, 대법원장 공관, 헌법재판소장 공관
> 4. 국무총리 공관. 다만, 다음 각 목의 어느 하나에 해당하는 경우로서 국무총리 공관의 기능이나 안녕을 침해할 우려가 없다고 인정되는 때에는 그러하지 아니하다.
>   가. 국무총리를 대상으로 하지 아니하는 경우
>   나. 대규모 집회 또는 시위로 확산될 우려가 없는 경우

㉡ [O] 심판대상조항은 각급 법원 인근의 모든 옥외집회를 전면적으로 금지함으로써 상충하는 법익 사이의 조화를 이루려는 노력을 전혀 기울이지 않아, 법익의 균형성 원칙에도 어긋난다. 따라서 심판대상조항은 과잉금지원칙을 위반하여 집회의 자유를 침해한다(헌재 2018.7.26, 2018헌바137).

㉢ [×] 집회의 자유에 의하여 보호되는 것은 단지 '평화적' 또는 '비폭력적' 집회이다. 집회의 자유는 민주국가에서 정신적 대립과 논의의 수단으로서, 평화적 수단을 이용한 의견의 표명은 헌법적으로 보호되지만, 폭력을 사용한 의견의 강요는 헌법적으로 보호되지 않는다(헌재 2003.10.30, 2000헌바67).

㉣ [O] 집회의 자유는 집회에 참가하지 못하게 하는 국가의 강제를 금지할 뿐 아니라, 예컨대 집회장소로의 여행을 방해하거나, 집회장소로부터 귀가하는 것을 방해하거나, 집회참가자에 대한 검문의 방법으로 시간을 지연시킴으로써 집회장소에 접근하는 것을 방해하거나, 국가가 개인의 집회참가행위를 감시하고 그에 관한 정보를 수집함으로써 집회에 참가하고자 하는 자로 하여금 불이익을 두려워하여 미리 집회참가를 포기하도록 집회참가의사를 약화시키는 것 등 집회의 자유행사에 영향을 미치는 모든 조치를 금지한다(헌재 2003.10.30, 2000헌바67).

11 정답 ④

㉠ [O] 사회부조와 같이 국가의 일방적인 급부에 대한 권리는 재산권의 보호대상에서 제외되고, 단지 사회법상의 지위가 자신의 급부에 대한 등가물에 해당하는 경우에 한하여 사법상의 재산권과 유사한 정도로 보호받아야 할 공법상의 권리가 인정된다(헌재 2000.6.29, 99헌마289).

㉡ [O] 헌법 제23조 제3항에서 규정한 "정당한 보상"이란 원칙적으로 피수용재산의 객관적인 재산가치를 완전하게 보상하여야 한다는 완전보상을 뜻하는 것이지만, 공익사업의 시행으로 인한 개발이익은 완전보상의 범위에 포함되는 피수용토지의 객관적 가치 내지 피수용자의 손실이라고는 볼 수 없다(헌재 1990.6.25, 89헌마107).

㉢ [×] 헌법상 보장된 재산권은 원래 사적 유용성 및 그에 대한 원칙적인 처분권을 내포하는 재산가치 있는 구체적인 권리이므로 구체적 권리가 아닌 영리획득의 단순한 기회나 기업활동의 사실적·법적 여건은 기업에게는 중요한 의미를 갖는다고 하더라도 재산권 보장의 대상이 아니다. 각 최저임금 고시 부분은 사용자가 최저임금의 적용을 받는 근로자에게 지급하여야 할 임금의 최저액을 정한 것으로 청구인들이 이로 인하여 계약의 자유와 기업의 자유를 제한 받는 결과 근로자에게 지급하여야 할 임금이 늘어나거나 생산성 저하, 이윤 감소 등 불이익을 겪을 우려가 있거나, 그 밖에 사업상 어려움이 발생할 수 있다고 하더라도 이는 기업활동의 사실적·법적 여건에 관한 것으로 재산권 침해는 문제되지 않는다(헌재 2019.12.27, 2017헌마1366).

㉣ [O] 헌법 제23조 제3항은 정당한 보상을 전제로 하여 재산권의 수용 등에 관한 가능성을 규정하고 있지만, 재산권 수용의 주체를 한정하지 않고 있다. 이는 재산의 수용과 관련하여 그 수용의 주체가 국가 등에 한정되어야 하는지, 아니면 민간기업에게도 허용될 수 있는지 여부에 대하여 헌법이라는 규범적 층위에서는 구체적으로 결정된 내용이 없다는 점을 의미하는 것이다(헌재 2009.9.24, 2007헌바114).

12 정답 ②

㉠ [×] 국가형벌권의 행사는 중대한 법익에 대한 위험이 명백한 경우에 한하여 최후수단으로 선택되어 필요 최소한의 범위에 그쳐야 하는바, 심판대상조항은 전단등 살포를 금지하는 데서 더 나아가 이를 범죄로 규정하면서 징역형 등을 두고 있으며, 그 미수범도 처벌하도록 하고 있어 과도하다고 하지 않을 수 없다. 심판대상조항으로 북한의 적대적 조치가 유의미하게 감소하고 이로써 접경지역 주민의 안전이 확보될 것인지, 나아가 남북 간 평화통일의 분위기가 조성되어 이를 지향하는 국가의 책무 달성에 도움이 될 것인지 단언하기 어려운 반면, 심판대상조항이 초래하는 정치적 표현의 자유에 대한 제한은 매우 중대하다. 그렇다면 심판대상조항은 과잉금지원칙에 위배되어 청구인들의 표현의 자유를 침해한다(헌재 2023.9.26, 2020헌마1724 등).

㉡ [O] '그 밖의 정치단체'는 문언상 '정당'에 준하는 정치단체만을 의미하는 것이 아니고, 단체의 목적이나 활동에 관한 어떠한 제한도 규정하고 있지 않으며, '정치적 중립성'이라는 입법목적 자체가 매우 추상적인 개념이어서, 이로부터 '정치단체'와 '비정치단체'를 구별할 수 있는 기준을 도출할 수 없다. 이 사건 법률조항은 '정치적 목적을 지닌 행위'의 의미를 개별화·유형화 하지 않으며, '그 밖의 정치단체'의 의미가 불명확하므로 이를 예시로 규정하여도 '정치적 목적을 지닌 행위'의 불명확성은 해소되지 않는다. 따라서 위 부분은 명확성원칙에 위배된다.…'그 밖의 정치단체에 가입하는 등 정치적 목적을 지닌 행위'에 관한 부분은 과잉금지원칙에 위배되어 청구인의 정치적 표현의 자유 및 결사의 자유를 침해한다(헌재 2021.11.25, 2019헌마534).

㉢ [×] 심판대상조항은 선거일 전 180일부터 선거일까지라는 장기간 동안 선거와 관련한 정치적 표현의 자유를 광범위하게 제한하고 있다. 화환의 설치는 경제적 차이로 인한 선거 기회 불균형을 야기할 수 있으나, 그러한 우려가 있다고 하더라도 공직선거법상 선거비용 규제 등을 통해서 해결할 수 있다. 또한 공직선거법상 후보자 비방 금지 규정 등을 통해 무분별한 흑색선전 등의 방지도 가능하다. 이러한 점들을 종합하면, 심판대상조항은 목적 달성에 필요한 범위를 넘어 장기간 동안 선거에 영향을 미치게 하기 위한 화환의 설치를 금지하는 것으

로, 과잉금지원칙에 위반되어 정치적 표현의 자유를 침해한다(헌재 2023.6.29. 2023헌가12).
② [×] 심판대상조항에 따른 본인확인조치는 정보통신망의 익명성 등에 따라 발생하는 부작용을 최소화하여 공공기관등의 게시판 이용에 대한 책임성을 확보·강화하고, 게시판 이용자로 하여금 언어폭력, 명예훼손, 불법정보의 유통 등의 행위를 자제하도록 함으로써 건전한 인터넷 문화를 조성하기 위한 것이다. 심판대상조항이 규율하는 게시판은 그 성격상 대체로 공공성이 있는 사항이 논의되는 곳으로서 공공기관등이 아닌 주체가 설치·운영하는 게시판에 비하여 통상 누구나 이용할 수 있는 공간이므로, 공동체 구성원으로서의 책임이 더욱 강하게 요구되는 곳이라고 할 수 있다. … 따라서 심판대상조항은 청구인의 익명표현의 자유를 침해하지 않는다(헌재 2022.12.22. 2019헌마654).
⑩ [×] 개인의 외적 명예에 관한 인격권 보호의 필요성, 일단 훼손되면 완전한 회복이 사실상 불가능하다는 보호법익의 특성, 사회적으로 명예가 중시되나 명예훼손으로 인한 피해는 더 커지고 있는 우리 사회의 특수성, 명예훼손죄의 비범죄화에 관한 국민적 공감대의 부족 등을 종합적으로 고려하면, 공연히 사실을 적시하여 다른 사람의 명예를 훼손하는 행위를 금지하고 위반 시 형사처벌하도록 정하고 있다고 하여 바로 과도한 제한이라 단언하기 어렵다. … 형법 제307조 제1항은 과잉금지원칙에 반하여 표현의 자유를 침해하지 아니한다(헌재 2021.2.25. 2017헌마1113 등).

13 정답 ④

① [○] 6개월 미만 근무한 월급근로자 또한 전직을 위한 시간적 여유를 갖거나 실직으로 인한 경제적 곤란으로부터 보호받아야 할 필요성이 있다. 그럼에도 불구하고 합리적 이유 없이 "월급근로자로서 6개월이 되지 못한 자"를 해고예고제도의 적용대상에서 제외한 이 사건 법률조항은 근무기간이 6개월 미만인 월급근로자의 근로의 권리를 침해하고, 평등원칙에도 위배된다(헌재 2015.12.23. 2014헌바3).
② [○] 이 사건 법률조항에 의하여 자신의 근로의 권리 및 행복추구권이 침해되었다고 주장한다. 그러나 근로의 권리란 인간이 자신의 의사와 능력에 따라 근로관계를 형성하고, 타인의 방해를 받음이 없이 근로관계를 계속 유지하며, 근로의 기회를 얻지 못한 경우에는 국가에 대하여 근로의 기회를 제공하여 줄 것을 요구할 수 있는 권리를 의미하는바, 이 사건 법률조항에 의하여 이러한 근로의 권리가 제한된다고 볼 수는 없고, 행복추구권은 다른 기본권에 대한 보충적 기본권으로서의 성격을 지니므로, 직업선택의 자유라는 우선적으로 적용되는 기본권이 존재하여 그 침해여부를 판단한 이상, 행복추구권 침해 여부를 독자적으로 판단하지 않기로 한다. … 이 사건 법률조항은 헌법상 과잉금지원칙에 위배하여 청구인의 직업선택의 자유를 침해하지 아니한다(헌재 2012.4.24. 2010헌마605).
③ [○] 이 사건 산입조항 및 부칙조항은 근로자들이 실제 지급받는 임금과 최저임금 사이의 괴리를 극복하고, 근로자 간 소득격차 해소에 기여하며, 최저임금 인상으로 인한 사용자의 부담을 완화하고자 한 것이다. 매월 1회 이상 정기적으로 지급하는 상여금 등이나 복리후생비는 그 성질이나 실질적 기능 면에서 기본급과 본질적인 차이가 있다고 보기 어려우므로, 이를 최저임금에 산입하는 것은 그 합리성을 수긍할 수 있다. … 따라서 이 사건 산입조항 및 부칙조항이 입법재량의 범위를 일탈하여 청구인 근로자들의 근로의 권리를 침해한다고 볼 수 없다(헌재 2021.12.23. 2018헌마629 등).
❹ [×] 헌법 제33조 제2항이 직접 '법률이 정하는 자'만이 노동3권을 향유할 수 있다고 규정하고 있어서 '법률이 정하는 자' 이외의 공무원은 노동3권의 주체가 되지 못하므로, 노동3권이 인정됨을 전제로 하는 헌법 제37조 제2항의 과잉금지원칙은 적용이 없는 것으로 보아야 할 것이다(헌재 2008.12.26. 2005헌마971 등).

14 정답 ③

① [○] 헌법 제20조 제1항은 모든 국민은 종교의 자유를 가진다고 규정하여 종교의 자유를 선언하고 있다. 종교의 자유는 일반적으로 신앙의 자유, 종교적 행위의 자유 및 종교적 집회·결사의 자유로 구성된다. 신앙의 자유는 그 자체가 내심의 자유의 핵심이므로 법률로써도 이를 침해할 수 없는 반면, 종교적 행위의 자유와 종교적 집회·결사의 자유는 신앙의 자유와는 달리 절대적 자유가 아니므로 질서유지, 공공복리 등을 위하여 제한할 수 있다(헌재 2023.6.29. 2021헌마171).
② [○] 피청구인이 청구인들로 하여금 개신교, 천주교, 불교, 원불교 4개 종교의 종교행사 중 하나에 참석하도록 한 것은 그 자체로 종교적 행위의 외적 강제에 해당한다. 이는 피청구인이 위 4개 종교를 승인하고 장려한 것이자, 여타 종교 또는 무종교보다 이러한 4개 종교 중 하나를 가지는 것을 선호한다는 점을 표현한 것이라고 보여질 수 있으므로 국가의 종교에 대한 중립성을 위반하여 특정 종교를 우대하는 것이다. 또한, 이 사건 종교행사 참석조치는 국가가 종교를 군사력 강화라는 목적을 달성하기 위한 수단으로 전락시키거나, 반대로 종교단체가 군대라는 국가권력에 개입하여 선교행위를 하는 등 영향력을 행사할 수 있는 기회를 제공하므로, 국가와 종교의 밀접한 결합을 초래한다는 점에서 정교분리원칙에 위배된다(헌재 2022.11.24. 2019헌마941).
❸ [×] 심판대상조항은 양로시설에 입소한 노인들에게 편안하고 쾌적한 주거환경을 제공하도록 국가나 지방자치단체가 관리·감독을 하기 위한 것으로, 이러한 입법목적은 정당하고 신고의무를 위반한 경우 형사제재를 가하는 것은 양로시설 현황을 파악하고 감독하기 위한 것으로 수단의 적절성도 인정된다. 양로시설을 설치하고자 하는 경우 일정한 시설기준과 인력기준 등을 갖추어야 하나, 이는 노인들의 안전한 주거공간 보장을 위한 최소한의 기준에 불과하므로 신고의무 부과가 지나치다고 할 수 없다. 종교단체에서 구호활동의 일환으로 운영하는 양로시설이라고 하더라도 신고대상에서 제외하면 관리·감독의 사각지대가 발생할 수 있으며, 일정 규모 이상의 양로시설의 경우 안전사고나 인권침해 피해정도가 커질 수 있으므로, 예외를 인정함이 없이 신고의무를 부과할 필요가 있다. … 따라서 심판대상조항이 과잉금지원칙에 위배되어 종교의 자유를 침해한다고 볼 수 없다(헌재 2016.6.30. 2015헌바46).

④ [O] ○○구치소에 종교행사 공간이 1개뿐이고, 종교행사는 종교, 수형자와 미결수용자, 성별, 수용동 별로 진행되며, 미결수용자는 공범이나 동일사건 관련자가 있는 경우 이를 분리하여 참석하게 해야 하는 점을 고려하면 피청구인이 미결수용자 대상 종교행사를 4주에 1회 실시했더라도 종교의 자유를 과도하게 제한하였다고 보기 어렵고, 구치소의 인적·물적 여건상 하루에 여러 종교행사를 동시에 하기 어려우며, 개신교의 경우에만 그 교리에 따라 일요일에 종교행사를 허용할 경우 다른 종교와의 형평에 맞지 않고, 공휴일인 일요일에 종교행사를 할 행정적 여건도 마련되어 있지 않다는 점을 고려하면, 이 사건 종교행사 처우는 청구인의 종교의 자유를 침해하지 않는다(헌재 2015.4.30, 2013헌마190).

15   정답 ②

① [X] 이 사건 처벌조항의 입법목적은 국외 위난상황으로부터 국민의 생명·신체나 재산을 보호하고 국외 위난상황으로 인해 국가·사회에 미칠 수 있는 파급 효과를 사전에 예방하는 것이다. 이와 같은 이 사건 처벌조항의 입법목적은 정당하고, 이 사건 처벌조항은 이에 적합한 수단이다. … 그러므로 이 사건 처벌조항은 과잉금지원칙에 반하여 청구인의 거주·이전의 자유를 침해하지 않는다(헌재 2020.2.27, 2016헌마945).
❷ [O] 이 사건 법률조항이 귀화허가 취소권의 행사기간을 제한하지 않았다고 하더라도 침해의 최소성원칙에 위배되지 아니한다. 한편, 귀화허가가 취소되는 경우 국적을 상실하게 됨에 따른 불이익을 받을 수 있으나, 국적 관련 행정의 적법성 확보라는 공익이 훨씬 더 크므로 법익균형성의 원칙에도 위배되지 아니한다. 따라서 이 사건 법률조항은 거주·이전의 자유 및 행복추구권을 침해하지 아니한다(헌재 2015.9.24, 2015헌바26).
③ [X] 심판대상조항은 병역법령에 의할 때 예외적인 경우가 아니면 27세까지만 징집 연기가 가능하다는 점을 고려하여, 병역준비역에 대하여 27세를 초과하지 않는 범위에서만 단기 국외여행을 허가하도록 규정한다. … 이처럼 심판대상조항은 공정하고 효율적인 병역의무의 이행을 확보한다는 입법목적을 해치지 않으면서도 징집 연기가 가능한 범위에서 국외여행의 자유를 최대한 보장하고 있다. 따라서 심판대상조항은 청구인의 거주·이전의 자유를 침해하지 않는다(헌재 2023.2.23, 2019헌마157).
④ [X] 이 사건 법률조항에 의하여 고속도로 또는 자동차전용도로(이하 '고속도로 등'이라 한다)의 통행이 금지되므로, 이륜차를 이용하여 고속도로 등을 통행할 수 있는 자유를 제한당하고 있다. 이는 행복추구권에서 우러나오는 일반적 행동의 자유를 제한하는 것이다. 그러나 이 사건 법률조항이 청구인들의 거주이전의 자유를 제한한다고 보기는 어렵다(헌재 2007.1.17, 2005헌마111 등).

16   정답 ④

① [O] 음주측정요구에 처하여 이에 응하여야 할 것인지 거부해야 할 것인지 고민에 빠질 수는 있겠으나 그러한 고민은 선과 악의 범주에 관한 진지한 윤리적 결정을 위한 고민이라 할 수 없으므로 그 고민 끝에 어쩔 수 없이 음주측정에 응하였다 하여 내면적으로 구축된 인간양심이 왜곡·굴절된다고 할 수 없다. 따라서 이 사건 법률조항을 두고 헌법 제19조에서 보장하는 양심의 자유를 침해하는 것이라고 할 수 없다(헌재 1997.3.27, 96헌가11).
② [O] 이 사건 법률조항은 헌법상 기본의무인 국방의 의무를 구체적으로 형성하는 것이면서 또한 동시에 양심적 병역거부자들의 양심의 자유를 제한하는 것이기도 하다. 이 사건 법률조항으로 인해서 국가의 존립과 안전을 위한 불가결한 헌법적 가치를 담고 있는 국방의 의무와 개인의 인격과 존엄의 기초가 되는 양심의 자유가 상충하게 된다. 이처럼 헌법적 가치가 서로 충돌하는 경우, 입법자는 두 가치를 양립시킬 수 있는 조화점을 최대한 모색해야 하고, 그것이 불가능해 부득이 어느 하나의 헌법적 가치를 후퇴시킬 수밖에 없는 경우에도 그 목적에 비례하는 범위 내에 그쳐야 한다(헌재 2018.6.28, 2011헌바379 등).
③ [O] 자신의 인격권이나 명예권을 보호하기 위하여 대외적으로 해명을 하는 행위는 표현의 자유에 속하는 영역일 뿐 이미 사생활의 자유에 의하여 보호되는 범주를 벗어난 행위이고, 또한, 자신의 태도나 입장을 외부에 설명하거나 해명하는 행위는 진지한 윤리적 결정에 관계된 행위라기보다는 단순한 생각이나 의견, 사상이나 확신 등의 표현행위라고 볼 수 있어, 그 행위가 선거에 영향을 미치게 하기 위한 것이라는 이유로 이를 하지 못하게 된다 하더라도 내면적으로 구축된 인간의 양심이 왜곡 굴절된다고는 할 수 없다는 점에서 양심의 자유의 보호영역에 포괄되지 아니하므로, 위 제93조 제1항은 사생활의 자유나 양심의 자유를 침해하지 아니한다(헌재 2001.8.30, 99헌바92 등).
❹ [X] 취업규칙에서 사용자가 사고나 비위행위 등을 저지른 근로자에게 시말서를 제출하도록 명령할 수 있다고 규정하는 경우, 그 시말서가 단순히 사건의 경위를 보고하는 데 그치지 않고 더 나아가 근로관계에서 발생한 사고 등에 관하여 '자신의 잘못을 반성하고 사죄한다는 내용'이 포함된 사죄문 또는 반성문을 의미하는 것이라면, 이는 헌법이 보장하는 내심의 윤리적 판단에 대한 강제로서 양심의 자유를 침해하는 것이므로, 그러한 취업규칙 규정은 헌법에 위배되어 근로기준법 제96조 제1항에 따라 효력이 없고, 그에 근거한 사용자의 시말서 제출명령은 업무상 정당한 명령으로 볼 수 없다(대판 2010.1.14, 2009두6605).

17   정답 ③

① [O] 선출직 공무원의 공무담임권은 선거를 전제로 하는 대의제의 원리에 의하여 발생하는 것이므로 공직의 취임이나 상실에 관련된 어떠한 법률조항이 대의제의 본질에 반한다면 이는 공무담임권도 침해하는 것이라고 볼 수 있다(헌재 2009.3.26, 2007헌마843).
② [O] 심판대상조항은 공무원 직무수행에 대한 국민의 신뢰 및 직무의 정상적 운영의 확보, 공무원범죄의 예방, 공직사회의 질서 유지를 위한 것으로서 목적이 정당하고, 형법 제129조 제1항의 수뢰죄를 범하여 금고 이상 형의 선고유예를 받은 국가공무원을 공직에서 배제하는 것은 적절한 수단에 해당한다.

… 따라서 심판대상조항은 과잉금지원칙에 반하여 청구인의 공무담임권을 침해하지 아니한다(헌재 2013.7.25, 2012헌바409).

❸ [×] 국가의 안전보장과 국토방위의 의무를 수행하기 위하여 군인은 강인한 체력과 정신력을 바탕으로 한 전투력을 유지할 필요가 있고, 이를 위해 군 조직은 위계질서의 확립과 기강확보가 어느 조직보다 중요시된다. 이러한 군의 특수성을 고려할 때 부사관의 임용연령상한을 제한하는 심판대상조항은 그 입법목적이 정당하고, 부사관보다 상위 계급인 소위의 임용연령상한도 27세로 정해져 있는 점, 연령과 체력의 보편적 상관관계 등을 고려할 때 수단의 적합성도 인정된다. … 따라서 심판대상조항이 과잉금지의 원칙을 위반하여 청구인들의 공무담임권을 침해한다고 볼 수 없다(헌재 2014.9.25, 2011헌마414).

④ [○] 입후보자 사직조항은 교원이 그 신분을 지니는 한 계속적으로 직무에 전념할 수 있도록 하기 위해 선거에 입후보하고자 하는 경우 선거일 전 90일까지 그 직을 그만두도록 하는 것이므로, 입법목적의 정당성과 수단의 적합성이 인정된다. … 과잉금지원칙에 위배하여 공무담임권을 침해한다고 볼 수 없다(헌재 2019.11.28, 2018헌마222).

18 정답 ②

① [○] 비의료인에게 의료에 관한 광고를 허용할 경우에는 비의료인에 의하여 의료에 관한 부정확한 광고가 양산되고, 그에 의하여 일반인들이 올바른 의료선택을 하지 못하게 되며, 무면허 의료행위가 조장·확산될 위험이 있다. 이 사건 법률조항은 이러한 결과를 방지하여 국민의 생명권과 건강권을 보호하고 국민의 보건에 관한 국가의 보호의무를 이행하기 위하여 필요한 최소한도 내의 제한이라고 할 것이므로, 비의료인인 청구인의 표현의 자유, 직업수행의 자유를 침해한다고 볼 수 없다(헌재 2016.9.29, 2015헌바325).

❷ [×] 사전허가금지의 대상은 어디까지나 언론·출판 자유의 내재적 본질인 표현의 내용을 보장하는 것을 말하는 것이지, 언론·출판을 위해 필요한 물적 시설이나 언론기업의 주체인 기업인으로서의 활동까지 포함되는 것으로 볼 수는 없다. 즉, 언론·출판에 대한 허가·검열금지의 취지는 정부가 표현의 내용에 관한 가치판단에 입각해서 특정 표현의 자유로운 공개와 유통을 사전 봉쇄하는 것을 금지하는 데 있으므로, 내용규제 그 자체가 아니거나 내용 규제 효과를 초래하는 것이 아니라면 헌법이 금지하는 "허가"에는 해당되지 않는다(헌재 2016.10.27, 2015헌마1206 등).

③ [○] 고용조항 및 확인조항은 소규모 인터넷신문이 언론으로서 활동할 수 있는 기회 자체를 원천적으로 봉쇄할 수 있음에 비하여, 인터넷신문의 신뢰도 제고라는 입법목적의 효과는 불확실하다는 점에서 법익의 균형성도 잃고 있다. 따라서 고용조항 및 확인조항은 과잉금지원칙에 위배되어 청구인들의 언론의 자유를 침해한다(헌재 2016.10.27, 2015헌마1206 등).

④ [○] 헌법 제21조 제1항에서 보장하고 있는 표현의 자유는 사상 또는 의견의 자유로운 표명(발표의 자유)과 그것을 전파할 자유(전달의 자유)를 의미하는 것으로서, 그러한 의사의 '자유로운' 표명과 전파의 자유에는 자신의 신원을 누구에게도 밝히지 아니한 채 익명 또는 가명으로 자신의 사상이나 견해를 표명하고 전파할 익명표현의 자유도 포함된다(헌재 2012.8.23, 2010헌마47 등).

19 정답 ②

① [○] 재심제도는 확정된 종국판결에 재심사유에 해당하는 중대한 하자가 있는 경우 그 판결의 취소와 이미 종결되었던 사건의 재심판을 구하는 비상의 불복신청방법으로서 그와 같은 중대한 하자가 있는 예외적인 경우에 한하여 법적 안정성을 후퇴시키고 구체적 정의를 실현하기 위하여 마련된 것이다. 따라서 재심은 판결에 대한 불복방법의 하나인 점에서는 상소와 마찬가지라고 할 수 있지만, 상소와는 달리 재심은 확정판결에 대한 불복방법이고 확정판결에 대한 법적 안정성의 요청은 미확정판결에 대한 그것보다 훨씬 크기 때문에 상소보다 더 예외적으로 인정되어야 한다(헌재 2023.6.29, 2020헌바519).

❷ [×] 대립 당사자 간에 발생한 법률적 분쟁에 관하여 사실관계를 확정한 후 법을 해석·적용함으로써 분쟁을 해결한다는 절차적 측면에서 민사소송과 행정소송은 유사하다. 재심기간제한조항이 민사소송과 동일하게 재심제기기간을 30일로 정한 것이 행정소송 당사자의 평등권을 침해하지 않는다(헌재 2023.9.26, 2020헌바258).

③ [○] 대리권의 흠이 있거나 재심을 제기할 판결이 전에 선고한 확정판결에 어긋나는 경우 확정판결에 관여할 계기나 기회를 갖지 못한 당사자에게 확정판결의 효력이 미치도록 하는 것은 현저히 부당하고, 재심을 제기할 판결과 그 전에 선고된 확정판결이 서로 어긋나는 경우에는 상반되는 두 확정판결로 인해 법률관계를 확정할 수 없어 재심청구를 제한하는 것이 오히려 법적 안정성에 기여하기 어려운 경우이다(헌재 2023.9.26, 2020헌바258).

④ [○] 어떤 사유를 재심사유로 정하여 재심을 허용할 것인가, 재심에 있어 제소기간을 둘 것인가 및 어떠한 종류의 소에 대한 확정판결의 재심에 제소기간을 둘 것인가 등은 모두 입법자가 확정판결에 대한 법적 안정성, 재판의 신속·적정성, 법원의 업무부담 등을 고려하여 결정하여야 할 입법정책의 문제이다(헌재 2023.6.29, 2020헌바519).

20 정답 ④

① [×] 헌법 제31조 제1항에서 보장되는 교육의 기회균등권은 '정신적·육체적 능력 이외의 성별·종교·경제력·사회적 신분 등에 의하여 교육을 받을 기회를 차별하지 않고, 즉 합리적 차별사유 없이 교육을 받을 권리를 제한하지 아니함과 동시에 국가가 모든 국민에게 균등한 교육을 받게 하고 특히 경제적 약자가 실질적인 평등교육을 받을 수 있도록 적극적 정책을 실현해야 한다'는 것을 의미하므로, 실질적인 평등교육을 실현해야 할 국가의 적극적인 의무가 인정되지만, 이러한 의무조항으로부터 국민이 직접 실질적 평등교육을 위한 교육비를 청구할 권리가 도출되는 것은 아니다(헌재 2003.11.27, 2003헌바39).

② [×] 부모의 자녀교육권은 다른 기본권과는 달리, 기본권의 주체인 부모의 자기결정권이라는 의미에서 보장되는 자유가 아니라, 자녀의 보호와 인격발현을 위하여 부여되는 기본권이다. 다시 말하면, 부모의 자녀교육권은 자녀의 행복이란 관점에서 보장되는 것이며, 자녀의 행복이 부모의 교육에 있어서 그 방향을 결정하는 지침이 된다(헌재 2009.10.29, 2008헌마635).

③ [×] 이 사건 한자 관련 고시는 한자를 국어과목에서 분리하여 학교 재량에 따라 선택적으로 가르치도록 하고 있으므로, 국어교과의 내용으로 한자를 배우고 일정 시간 이상 필수적으로 한자교육을 받음으로써 교육적 성장과 발전을 통해 자아를 실현하고자 하는 학생들의 자유로운 인격발현권을 제한한다. 또한 학부모는 자녀의 개성과 능력을 고려하여 자녀의 학교교육에 관한 전반적인 계획을 세우고, 자신의 인생관·사회관·교육관에 따라 자녀를 교육시킬 권리가 있는바, 이 사건 한자 관련 고시는 자녀의 올바른 성장과 발전을 위하여 한자교육이 반드시 필요하고 국어과목 시간에 이루어져야 한다고 생각하는 학부모의 자녀교육권도 제한할 수 있다(헌재 2016.11.24, 2012헌마854).

❹ [O] 이 헌법조항에 근거하여 교원의 지위를 정하는 법률을 제정함에 있어서는 교원의 기본권보장 내지 지위보장과 함께 국민의 교육을 받을 권리를 보다 효율적으로 보장하기 위한 규정도 반드시 함께 담겨 있어야 할 것이다. 그러므로 위 헌법조항을 근거로 하여 제정되는 법률에는 교원의 신분보장·경제적·사회적 지위보장 등 교원의 권리에 해당하는 사항 뿐만 아니라 국민의 교육을 받을 권리를 저해할 우려있는 행위의 금지 등 교원의 의무에 관한 사항도 당연히 규정할 수 있는 것이므로 결과적으로 교원의 기본권을 제한하는 사항까지도 규정할 수 있게 되는 것이다(헌재 1991.7.22, 89헌가106).

7회 실전동형모의고사 정답 및 해설

정답

01	③	02	④	03	③	04	④	05	③
06	④	07	②	08	①	09	①	10	③
11	②	12	④	13	④	14	②	15	②
16	②	17	②	18	②	19	①	20	③

01
정답 ③

① [O] 영토에 관한 조항은 1948년 헌법 당시부터 현재까지 동일한 내용으로 계속 유지되고 있다.

② [O] 소위 남북합의서는 남북관계를 "나라와 나라 사이의 관계가 아닌 통일을 지향하는 과정에서 잠정적으로 형성되는 특수관계"임을 전제로 하여 이루어진 합의문서인바, 이는 한민족공동체 내부의 특수관계를 바탕으로 한 당국간의 합의로서 남북당국의 성의있는 이행을 상호 약속하는 일종의 공동성명 또는 신사협정에 준하는 성격을 가짐에 불과하다(헌재 1997.1.16, 92헌바6 등).

❸ [X]
> 영해 및 접속수역법 제1조【영해의 범위】대한민국의 영해는 기선(基線)으로부터 측정하여 그 바깥쪽 12해리의 선까지에 이르는 수역(水域)으로 한다. 다만, 대통령령으로 정하는 바에 따라 일정수역의 경우에는 12해리 이내에서 영해의 범위를 따로 정할 수 있다.

④ [O] 조선인을 부친으로 하여 출생한 자는 남조선과도정부법률 제11호 국적에관한임시조례의 규정에 따라 조선국적을 취득하였다가 제헌헌법의 공포와 동시에 대한민국 국적을 취득하였다 할 것이고, 설사 그가 북한법의 규정에 따라 북한국적을 취득하여 중국 주재 북한대사관으로부터 북한의 해외공민증을 발급받은 자라 하더라도 북한지역 역시 대한민국의 영토에 속하는 한반도의 일부를 이루는 것이어서 대한민국의 주권이 미칠 뿐이고, 대한민국의 주권과 부딪치는 어떠한 국가단체나 주권을 법리상 인정할 수 없는 점에 비추어 볼 때, 그러한 사정은 그가 대한민국 국적을 취득하고 이를 유지함에 있어 아무런 영향을 끼칠 수 없다(대판 1996.11.12, 96누1221).

02
정답 ④

① [X] 청구인은 이적행위조항과 이적표현물 소지조항이 국제법존중주의에 위배된다고 주장한다. 그러나 헌법 제6조 제1항에서 선언하고 있는 국제법존중주의는 국제법과 국내법의 동등한 효력을 인정한다는 취지일 뿐이므로 유엔 자유권위원회가 국가보안법의 폐지나 개정을 권고하였다는 이유만으로 이적행위조항과 이적표현물 소지조항이 국제법존중주의에 위배되는 것은 아니다(헌재 2024.2.28, 2023헌바381).

② [X] 국제노동기구협약 제135호 '기업의 근로자 대표에게 제공되는 보호 및 편의에 관한 협약' 제2조 제1항은 "근로자대표에 대하여 그 지위나 활동을 이유로 불리한 조치를 할 수 없고, 근로자대표가 직무를 신속·능률적으로 수행할 수 있도록 기업으로부터 적절한 편의가 제공되어야 한다."고 정하고 있는데, 노조전임자에 대한 급여 지급 금지에 대한 절충안으로 근로시간 면제 제도가 도입된 이상, 이 사건 노조법 조항들이 위 협약에 배치된다고 보기 어렵다. 따라서 이 사건 노조법조항들은 국제법 존중주의 원칙에 위배되지 않는다(헌재 2014.5.29, 2010헌마606).

③ [X] 자유권규약위원회의 견해가 규약 당사국의 국내법 질서와 충돌할 수 있고, 그 이행을 위해서는 각당사국의 역사적, 사회적, 정치적 상황 등이 충분히 고려될 필요가 있으므로, 우리 입법자가 자유권규약위원회의 견해(Views)의 구체적인 내용에 구속되어 그 모든 내용을 그대로 따라야만 하는 의무를 부담한다고 볼 수는 없다. 나아가 기존에 유죄판결을 받은 양심적 병역거부자에 대해 전과기록 말소 등의 구제조치를 할 것인지에 대하여는 입법자에게 광범위한 입법재량이 부여되어 있다고 보아야 한다. 따라서 우리나라가 자유권규약의 당사국으로서 자유권규약위원회의 견해를 존중하고 고려하여야 한다는 점을 감안하더라도, 피청구인에게 이 사건 견해에 언급된 구제조치를 그대로 이행하는 법률을 제정할 구체적인 입법의무가 발생하였다고 보기는 어려우므로, 이 사건 심판청구는 헌법소원심판의 대상이 될 수 없는 입법부작위를 대상으로 한 것으로서 부적법하다(헌재 2018.7.26, 2011헌마306).

❹ [O] 헌법 제6조 제1항의 국제법 존중주의는 우리나라가 가입한 조약과 일반적으로 승인된 국제법규가 국내법과 같은 효력을 가진다는 것으로서 조약이나 국제법규가 국내법에 우선한다는 것은 아니다(헌재 2001.4.26, 99헌가13).

03 　　　　　　　　　　　　　　　　　　　　　정답 ③

① [✕]
> 헌법 제34조 ② 국가는 사회보장·사회복지의 증진에 노력할 의무를 진다.

② [✕] 사회국가원리를 구현하기 위해서는 국민의 자유와 권리를 일정 부분 제한할 수밖에 없다고 하더라도, 국민의 자유와 권리의 본질적 내용까지도 침해하는 제한은 허용되지 않는다.

❸ [O] 사회국가란 사회정의의 이념을 헌법에 수용한 국가, 사회현상에 대하여 방관적인 국가가 아니라 경제·사회·문화의 모든 영역에서 정의로운 사회질서의 형성을 위하여 사회현상에 관여하고 간섭하고 분배하고 조정하는 국가이며, 궁극적으로는 국민 각자가 실제로 자유를 행사할 수 있는 그 실질적 조건을 마련해 줄 의무가 있는 국가를 의미한다(헌재 2004.10.28, 2002헌마328).

④ [✕] 현대민주주의 국가에 이르러서는 사회국가원리에 입각한 공직제도의 중요성이 특히 강조되고 있는바, 이는 사회적 법치국가이념을 추구하는 자유민주국가에서 공직제도란 사회국가의 실현수단일 뿐 아니라, 그 자체가 사회국가의 대상이며 과제라는 점을 이념적인 기초로 한다(헌재 2003.10.30, 2002헌마684). 모든 공무원들에게 보호가치 있는 이익과 권리를 인정해 주고, 자유의 영역이 확대될 수 있도록 공직자로서의 직무의무를 가능한 선까지 완화하며, 직무환경을 최대한으로 개선해 주고, 공직수행에 상응하는 생활부양을 해 주며, 퇴직 후나 재난·질병에 대처한 사회보장의 혜택을 마련하는 것 등을 그 내용으로 한다(헌재 2007.6.28, 2007헌가3).

04 　　　　　　　　　　　　　　　　　　　　　정답 ④

① [O] 헌법 제117조, 제118조가 제도적으로 보장하고 있는 지방자치의 본질적 내용은 '자치단체의 보장, 자치기능의 보장 및 자치사무의 보장'이라고 할 것이나, 지방자치제도의 보장은 지방자치단체에 의한 자치행정을 일반적으로 보장한다는 것뿐이고 특정자치단체의 존속을 보장한다는 것은 아니므로, 마치 국가가 영토고권을 가지는 것과 마찬가지로, 지방자치단체에게 자신의 관할구역내에 속하는 영토, 영해, 영공을 자유로이 관리하고 관할구역 내의 사람과 물건을 독점적, 배타적으로 지배할 수 있는 권리가 부여되어 있다고 할 수는 없다(헌재 2006.3.30, 2003헌라2).

② [O] 광역지방자치단체가 기초지방자치단체의 자치사무에 대한 감사에 착수하기 위해서는 자치사무에 관하여 특정한 법령위반행위가 확인되었거나 위법행위가 있었으리라는 합리적 의심이 가능한 경우이어야 하고 그 감사대상을 특정하여야 하며, 위법사항을 특정하지 않고 개시하는 감사 또는 법령위반사항을 적발하기 위한 감사는 허용될 수 없다(헌재 2023.3.23, 2020헌라5).

③ [O] 조례에 대한 법률의 위임은 법규명령에 대한 법률의 위임과 같이 반드시 구체적으로 범위를 정할 필요가 없으며, 포괄적으로도 할 수 있다. 이 사건 조례는 지방자치법 제13조 제2항 제1호 자목 및 제5호 나목 등에 근거하여 인천광역시가 소유한 공유재산이자 공공시설인 인천애뜰의 사용 및 관리에 필요한 사항을 규율하기 위하여 제정되었고, 심판대상조항은 잔디마당과 그 경계 내부지의 사용 기준을 정하고 있다. 그렇다면 심판대상조항은 법률의 위임 내지는 법률에 근거하여 규정된 것이라고 할 수 있으므로 법률유보원칙에 위배되지 않는다. … 그렇다면 심판대상조항은 과잉금지원칙에 위배되어 청구인들의 집회의 자유를 침해한다(헌재 2023.9.26, 2019헌마417).

❹ [✕] 조례의 제정권자인 지방의회는 선거를 통해서 그 지역적인 민주적 정당성을 지니고 있는 주민의 대표기관이고 헌법이 지방자치단체에 포괄적인 자치권을 보장하고 있는 취지로 볼 때, 조례에 대한 법률의 위임은 법규명령에 대한 법률의 위임과 같이 반드시 구체적으로 범위를 정하여 할 필요가 없으며 포괄적인 것으로 족하다(헌재 1995.4.20, 92헌마264 등).

05 　　　　　　　　　　　　　　　　　　　　　정답 ③

① [O] 오늘날 법률유보원칙은 단순히 행정작용이 법률에 근거를 두기만 하면 충분한 것이 아니라, 국가공동체와 그 구성원에게 기본적이고도 중요한 의미를 갖는 영역, 특히 국민의 기본권 실현에 관련된 영역에 있어서는 행정에 맡길 것이 아니라 국민의 대표자인 입법자 스스로 그 본질적 사항에 대하여 결정하여야 한다는 요구까지 내포하는 것으로 이해하여야 한다(이른바 의회유보원칙)(헌재 1999.5.27, 98헌바70).

② [O] 개별사건법률은 개별사건에만 적용되는 것이므로 원칙적으로 평등원칙에 위배되는 자의적인 규정이라는 강한 의심을 불러일으킨다. 그러나 개별사건법률금지의 원칙이 법률제정에 있어서 입법자가 평등원칙을 준수할 것을 요구하는 것이기 때문에, 특정규범이 개별사건법률에 해당한다 하여 곧바로 위헌을 뜻하는 것은 아니다. 비록 특정법률 또는 법률조항이 단지 하나의 사건만을 규율하려고 한다 하더라도 이러한 차별적 규율이 합리적인 이유로 정당화될 수 있는 경우에는 합헌적일 수 있다. 따라서 개별사건법률의 위헌 여부는, 그 형식만으로 가려지는 것이 아니라 나아가 평등의 원칙이 추구하는 실질적 내용이 정당한지 아닌지를 따져야 비로소 가려진다(헌재 1996.2.16, 96헌가2 등).

❸ [✕] 헌법 제37조 제2항은 기본권제한에 관한 일반적 법률유보조항이라고 할 수 있는데 법률유보의 원칙은 '법률에 의한 규율'을 요청하는 것이 아니라 '법률에 근거한 규율'을 요청하는 것이기 때문에 기본권의 제한에는 법률의 근거가 필요할 뿐이고 기본권 제한의 형식이 반드시 법률의 형식일 필요는 없는 것이다(헌재 2003.11.27, 2002헌마193).

④ [O] 법규범의 문언은 어느 정도 가치개념을 포함한 일반적, 규범적 개념을 사용하지 않을 수 없는 것이기 때문에 명확성의 원칙이란 기본적으로 최대한이 아닌 최소한의 명확성을 요구하는 것으로서, 법문언이 법관의 보충적인 가치판단을 통해서 그 의미내용을 확인할 수 있고, 그러한 보충적 해석이 해석자의 개인적인 취향에 따라 좌우될 가능성이 없다면 명확성의 원칙에 반한다고 할 수 없다(헌재 2005.12.22, 2004헌바45).

06 정답 ④

㉠ [부정] 심판대상조항은 이른바 '집사 변호사' 등 소송사건과 무관하게 수형자를 접견하는 변호사의 접견권 남용행위를 방지함으로써, 한정된 교정시설 내의 수용질서 및 규율을 유지하고, 수용된 상태에서 소송수행을 해야 하는 수형자들의 변호사접견을 원활하게 실시하기 위한 것으로서, 그 입법목적은 정당하다. 심판대상조항이 변호사의 접견권 남용행위 방지에 실효적인 수단이라고 보기 어려울 뿐 아니라 수형자의 재판청구권 행사에 장애를 초래할 뿐이므로, 심판대상조항은 수단의 적합성이 인정되지 아니한다(헌재 2021.10.28, 2018헌마60).

㉡ [부정] 변호사시험 성적 비공개를 통하여 법학전문대학원 간의 과다경쟁 및 서열화를 방지하고, 교육과정이 충실하게 이행될 수 있도록 하여 다양한 분야의 전문성을 갖춘 양질의 변호사를 양성하기 위한 심판대상조항의 입법목적은 정당하다. 변호사시험 성적의 비공개는 기존 대학의 서열화를 고착시키는 등의 부작용을 낳고 있으므로 수단의 적절성이 인정되지 않는다(헌재 2015.6.25, 2011헌마769).

㉢ [부정] 광고업자에게 대가를 지급하고 광고를 의뢰하는 행위를 일률적으로 금지하는 이 사건 대가수수 광고금지규정은 앞서 본 입법목적인 변호사의 공공성, 공정한 수임질서 유지, 소비자 피해 방지 등을 달성하기 위한 적합한 수단으로 보기 어렵다(헌재 2022.5.26, 2021헌마619).

㉣ [부정] 심판대상조항이 세무사 자격 보유 변호사를 세무조정업무에서 전면적으로 배제시킨 것은 세무조정업무의 전문성 확보 및 부실 세무조정의 방지라는 입법목적을 달성하기 위한 수단으로서 그 적합성을 인정하기 어렵다(헌재 2018.4.26, 2016헌마116).

㉤ [부정] 공무원의 정치적 중립성 및 교육의 정치적 중립성 보장과 관련이 없는 단체의 결성에 관여하거나 이에 가입하는 행위를 금지하는 것은 국가공무원법조항의 입법목적 달성에 기여한다고 볼 수 없으므로, 국가공무원법조항 중 '그 밖의 정치단체'에 관한 부분은 수단의 적합성이 인정되지 않는다(헌재 2020.4.23, 2018헌마551).

07 정답 ②

① [O] 헌법상의 기본권은 제1차적으로 개인의 자유로운 영역을 공권력의 침해로부터 보호하기 위한 방어적 권리이지만 다른 한편으로 헌법의 기본적인 결단인 객관적인 가치질서를 구체화한 것으로서, 사법(私法)을 포함한 모든 법 영역에 그 영향을 미치는 것이므로 사인간의 사적인 법률관계도 헌법상의 기본권 규정에 적합하게 규율되어야 한다(대판 2010.4.22, 2008다38288).

❷ [X] 기본권 규정은 그 성질상 사법관계에 직접 적용될 수 있는 예외적인 것을 제외하고는 사법상의 일반원칙을 규정한 민법 제2조, 제103조, 제750조, 제751조 등의 내용을 형성하고 그 해석 기준이 되어 <u>간접적으로</u> 사법관계에 효력을 미치게 된다(대판 2010.4.22, 2008다38288).

③ [O] 원고는 항공운항의 안전을 위하여 항공기 기장의 턱수염을 전면적으로 금지할 필요가 있다는 취지로 주장하나, 이러한 주장을 뒷받침할 만한 별다른 합리적 이유와 근거도 찾아보기 어렵다. 오히려 원고는 항공기 기장을 포함한 원고 소속 외국인 직원들에게는 수염을 기르는 것을 부분적으로 허용하여 왔고, 다른 항공사들도 운항승무원이 수염을 기르는 것을 전면적으로 금지하고 있지 않다. 아울러 원고가 취업규칙을 개정하여 개별적인 업무의 특성과 필요성을 고려하여, 구체적·개별적으로 수염의 형태를 포함하여 용모와 복장 등을 합리적으로 제한하는 것이 불가능하거나 어려워 보이지 않는다. 그러므로 이 사건 조항은 원고가 보유하는 영업의 자유의 한계를 넘어서 참가인의 일반적 행동자유권을 과도하게 제한하는 것으로서, 참가인 등 근로자의 일반적 행동자유권을 침해한다(대판 2018.9.13, 2017두38560).

④ [O] 종립학교가 특정 종교의 교리를 전파하는 종파적인 종교행사와 종교과목 수업을 실시하면서 참가 거부가 사실상 불가능한 분위기를 조성하는 등 신앙을 갖지 않거나 학교와 다른 신앙을 가진 학생들의 기본권을 고려하지 않은 것은, 학생의 종교에 관한 인격적 법익을 침해하는 위법한 행위이고, 그로 인하여 인격적 법익을 침해받는 학생이 있을 것임이 충분히 예견가능하고 그 침해가 회피가능하므로 과실 역시 인정된다(대판 2010.4.22, 2008다38288).

08 정답 ①

㉠ [X] 헌법 제10조의 행복추구권은 국민이 행복을 추구하기 위하여 필요한 급부를 국가에게 적극적으로 요구할 수 있는 것을 내용으로 하는 것이 아니라, 국민이 행복을 추구하기 위한 활동을 국가권력의 간섭 없이 자유롭게 할 수 있다는 포괄적인 의미의 자유권으로서의 성격을 가진다(헌재 2008.10.30, 2006헌바35).

㉡ [O] 부모의 자녀교육권은 다른 기본권과는 달리, 기본권의 주체인 부모의 자기결정권이라는 의미에서 보장되는 자유가 아니라, 자녀의 보호와 인격발현을 위하여 부여되는 기본권이다. 다시 말하면, 부모의 자녀교육권은 자녀의 행복이란 관점에서 보장되는 것이며, 자녀의 행복이 부모의 교육에 있어서 그 방향을 결정하는 지침이 된다(헌재 2009.10.29, 2008헌마635).

㉢ [X] 일반적 행동자유권은 모든 행위를 할 자유와 행위를 하지 않을 자유로 가치있는 행동만 그 보호영역으로 하는 것은 아닌 것으로, 그 보호영역에는 개인의 생활방식과 취미에 관한 사항도 포함되며, 여기에는 위험한 스포츠를 즐길 권리와 같은 위험한 생활방식으로 살아갈 권리도 포함된다(헌재 2003.10.30, 2002헌마518).

㉣ [O] 법인도 법인의 목적과 사회적 기능에 비추어 볼 때 그 성질에 반하지 않는 범위 내에서 인격권의 한 내용인 사회적 신용이나 명예 등의 주체가 될 수 있고 법인이 이러한 사회적 신용이나 명예 유지 내지 법인격의 자유로운 발현을 위하여 의사결정이나 행동을 어떻게 할 것인지를 자율적으로 결정하는 것도 법인의 인격권의 한 내용을 이룬다고 할 것이다(헌재 2012.8.23, 2009헌가27).

09 정답 ①

❶ [O] 근로자가 사업주의 지배관리 아래 출퇴근하던 중 발생한 사고로 부상 등이 발생한 경우만 업무상 재해로 인정하는 산업재해보상보험법 제37조 제1항 제1호 다목은 평등원칙에 위배된다(헌재 2016.9.29, 2014헌바254).

② [X] 청년할당제는 일정 규모 이상의 기관에만 적용되고, 전문적인 자격이나 능력을 요하는 경우에는 적용을 배제하는 등 상당한 예외를 두고 있다. 더욱이 3년 간 한시적으로만 시행하며, 청년할당제가 추구하는 청년실업해소를 통한 지속적인 경제성장과 사회 안정은 매우 중요한 공익인 반면, 청년할당제가 시행되더라도 현실적으로 35세 이상 미취업자들이 공공기관 취업 기회에서 불이익을 받을 가능성은 크다고 볼 수 없다. 따라서 이 사건 청년할당제가 청구인들의 평등권, 공공기관 취업의 자유를 침해한다고 볼 수 없다(헌재 2014.8.28, 2013헌마553).

③ [X] 단순한 단기체류가 아니라 국내에 거주하는 재외국민, 특히 외국의 영주권을 보유하고 있으나 상당한 기간 국내에서 계속 거주하고 있는 자들은 주민등록법상 재외국민으로 등록·관리될 뿐 '국민인 주민'이라는 점에서는 다른 일반 국민과 실질적으로 동일하므로, 단지 외국의 영주권을 취득한 재외국민이라는 이유로 달리 취급할 아무런 이유가 없어 위와 같은 차별은 청구인들의 평등권을 침해한다(헌재 2018.1.25, 2015헌마1047).

④ [X] 이 사건 법률조항은 헌법이 특별히 양성평등을 요구하는 경우나 관련 기본권에 중대한 제한을 초래하는 경우의 차별취급을 그 내용으로 하고 있다고 보기 어려우며, 징집대상자의 범위 결정에 관하여는 입법자의 광범위한 입법형성권이 인정된다는 점에 비추어 이 사건 법률조항이 평등권을 침해하는지 여부는 완화된 심사기준에 따라 판단하여야 한다(헌재 2010.11.25, 2006헌마328).

10 정답 ③

① [O] 무죄추정의 원칙상 금지되는 '불이익'이란 '범죄사실의 인정 또는 유죄를 전제로 그에 대하여 법률적·사실적 측면에서 유형·무형의 차별취급을 가하는 유죄인정의 효과로서의 불이익'을 뜻하고, 이는 비단 형사절차 내에서의 불이익뿐만 아니라 기타 일반 법생활 영역에서의 기본권 제한과 같은 경우에도 적용된다(헌재 2010.9.2, 2010헌가418).

② [O] 적법절차의 원칙은 헌법조항에 규정된 형사절차상의 제한된 범위내에서만 적용되는 것이 아니라 국가작용으로서 기본권 제한과 관련되든 관련되지 않든 모든 입법작용 및 행정작용에도 광범위하게 적용된다고 해석하여야 할 것이고, 나아가 형사소송절차와 관련시켜 적용함에 있어서는 형벌권의 실행 절차인 형사소송의 전반을 규율하는 기본원리로 이해하여야 하는 것이다(헌재 1992.12.24, 92헌가8).

❸ [X] 심판대상조항이 감염병의심자가 격리 조치를 위반한 경우 이를 형사처벌하도록 규정한 것은, 감염병에 대한 선제적·적극적 예방수단으로서 이루어진 격리 조치의 실효적 이행을 담보하기 위한 것이다. 만일 심판대상조항을 통해 격리 조치의 위반행위를 처벌하지 않고 이를 방치한다면, 감염병의심자가 격리 조치를 준수하지 아니하고 여러 사람들과 접촉함으로써 감염병이 걷잡을 수 없이 급속하게 확산될 우려가 있다. 한편 과태료 등 행정상 징벌이 형벌을 대체할 정도의 위하력을 갖추고 있다고 보기 어렵고, 감염병의심자의 실제 감염 여부 또는 문제된 격리 조치의 구체적 태양에 따른 감염병 전파 여부 등은 사후적으로 알 수 있는 사정에 해당하므로, 형벌이 아닌 과태료 등을 부과하는 방안이나 위와 같은 개별적인 사정에 근거해 가벌대상을 달리 하는 방안 등은 심판대상조항과 동일한 정도로 입법목적을 달성할 수 있는 실효적 대안이라고 볼 수 없다. 심판대상조항의 적용대상인 '감염병의심자'는 관련 조항에 따라 그 범위가 일정하게 제한되어 있고, 심판대상조항을 통해 격리 조치의 이행을 확보함으로써 감염병이 전파되지 않도록 할 공중보건상의 필요가 현저한 점 등을 고려하면 심판대상조항이 그 자체로 과도한 제한이라 보기도 어렵다. 이상의 사정들을 종합하여 보면, 심판대상조항이 과잉금지원칙에 위반되어 신체의 자유를 침해한다고 볼 수 없다(헌재 2025.4.10, 2021헌바329).

④ [O] "모든 국민은 자기의 행위가 아닌 친족의 행위로 인하여 불이익한 처우를 받지 아니한다."고 규정하고 있는 헌법 제13조 제3항은 '친족의 행위와 본인 간에 실질적으로 의미 있는 아무런 관련성을 인정할 수 없음에도 불구하고 오로지 친족이라는 사유 그 자체만으로' 불이익한 처우를 가하는 경우에만 적용된다(헌재 2005.12.22, 2005헌마19).

11 정답 ②

① [O] 변호인의 조력을 받을 권리는 '형사사건'에서의 변호인의 조력을 받을 권리를 의미한다. 따라서 수형자가 형사사건의 변호인이 아닌 민사사건, 행정사건, 헌법소원사건 등에서 변호사와 접견할 경우에는 원칙적으로 헌법상 변호인의 조력을 받을 권리의 주체가 될 수 없다 할 것이다(헌재 2013.9.26, 2011헌마398).

❷ [X] 헌법 제12조 제4항의 "누구든지 체포 또는 구속을 당한 때에는 즉시 변호인의 조력을 받을 권리를 가진다. 다만, 형사피고인이 스스로 변호인을 구할 수 없을 때에는 법률이 정하는 바에 의하여 국가가 변호인을 붙인다."는 규정은, 일반적으로 형사사건에 있어 변호인의 조력을 받을 권리는 피의자나 피고인을 불문하고 보장되나, 그 중 특히 국선변호인의 조력을 받을 권리는 피고인에게만 인정되는 것으로 해석함이 상당하다(헌재 2008.9.25, 2007헌마1126).

③ [O] 변호인의 조력을 받을 권리는 성질상 인간의 권리에 해당되므로 외국인도 주체이다(헌재 2012.8.23, 2008헌마430).

④ [O] 변호인 선임을 위하여 피의자·피고인(이하 '피의자 등'이라 한다)이 가지는 '변호인이 되려는 자'와의 접견교통권은 헌법상 기본권으로 보호되어야 하고, '변호인이 되려는 자'의 접견교통권은 피의자 등이 변호인을 선임하여 그로부터 조력을 받을 권리를 공고히 하기 위한 것으로서, 그것이 보장되지 않으면 피의자 등이 변호인 선임을 통하여 변호인으로부터 충분한 조력을 받는다는 것이 유명무실하게 될 수밖에 없다. 이와 같이 '변호인이 되려는 자'의 접견교통권은 피의자 등을 조력하기 위한 핵심적인 부분으로서, 피의자 등이 가지는 헌법상의 기본권인 '변호인이 되려는 자'와의 접견교통권과 표리의 관계에 있다. 따라서 피의자 등이 가지는 '변호인이 되려는 자'의

조력을 받을 권리가 실질적으로 확보되기 위해서는 '변호인이 되려는 자'의 접견교통권 역시 헌법상 기본권으로서 보장되어야 한다(이하 '변호인'과 '변호인이 되려는 자'를 합하여 '변호인 등'이라 한다)(헌재 2019.2.28, 2015헌마1204).

12 정답 ④

① [×] 이 사건 법률조항은 수도권 내의 과밀억제권역 안에서 법인의 본점의 사업용 부동산, 특히 본점용 건축물을 신축 또는 증축하는 경우에 취득세를 중과세하는 조항이므로, 이 사건 법률조항에 의하여 청구인의 거주·이전의 자유와 영업의 자유가 침해되는지 여부가 문제된다. … 구법과 달리 인구유입과 경제력 집중의 효과가 뚜렷한 건물의 신축, 증축 그리고 부속토지의 취득만을 그 적용대상으로 한정하여 부당하게 중과세할 소지를 제거하였다. 최근 대법원 판결도 구체적인 사건에서 인구유입이나 경제력집중 효과에 관한 판단을 전적으로 배제한 것으로는 보기 어렵다. 따라서 이 사건 법률조항은 거주·이전의 자유와 영업의 자유를 침해하지 아니한다(헌재 2014.7.24, 2012헌바408).
② [×] 심판대상 법조항은 일정금액 이상의 추징금을 납부하지 아니한 자에게 법무부장관이 출국을 금지할 수 있도록 함으로써 헌법 제14조상의 거주·이전의 자유 중 출국의 자유를 제한하고 있다(헌재 2004.10.28, 2003헌가18).
③ [×] 심판대상조항은 병역법령에 의할 때 예외적인 경우가 아니면 27세까지만 징집 연기가 가능하다는 점을 고려하여, 병역준비역에 대하여 27세를 초과하지 않는 범위에서만 단기 국외여행을 허가하도록 규정한다. … 이처럼 심판대상조항은 공정하고 효율적인 병역의무의 이행을 확보한다는 입법목적을 해치지 않으면서도 징집 연기가 가능한 범위에서 국외여행의 자유를 최대한 보장하고 있다. 따라서 심판대상조항은 청구인의 거주·이전의 자유를 침해하지 않는다(헌재 2023.2.23, 2019헌마1157).
❹ [O] 심판대상조항들은 효율적인 공익사업의 수행을 담보하기 위하여 수용된 토지 등의 인도의무를 형사처벌로 강제하고 있으므로 그 목적의 정당성과 수단의 적합성이 인정된다. … 인도의무자의 권리가 절차적으로 보호되고 의견제출 및 불복수단이 마련되어 있는 점 등을 고려할 때, 인도의무의 강제로 인한 부담이 공익사업의 적시 수행이라는 공익의 중요성보다 크다고 볼 수 없어 법익균형성을 상실하였다고 볼 수 없다. … 심판대상조항은 과잉금지원칙에 반하여 재산권, 거주·이전의 자유 및 직업의 자유를 침해한다고 볼 수 없다(헌재 2020.5.27, 2017헌바464 등).

13 정답 ④

① [×] 이 사건 서면사과조항은 가해학생에게 자신의 의사나 신념에 반하여 자신의 행동이 잘못되었다는 윤리적 판단의 형성을 강요하고 이를 서면으로 표명할 것을 강제하므로 양심의 자유를 제한한다. 또한, 사과의 의사를 외부에 표명하도록 강제함으로써 인격의 자유로운 발현을 위한 의사결정이나 행동을 자율적으로 결정할 수 있는 자유도 제한하므로, 인격권 제한도 인정된다. … 서면사과조항이 과잉금지원칙을 위반하여 가해학생의 양심의 자유와 인격권을 침해한다고 보기 어렵다(헌재 2023.2.23, 2019헌바93).
② [×] 반국가단체나 그 구성원 등의 활동을 찬양·고무·선전·동조한 사람을 처벌하도록 정하고 있는 국가보안법 제7조 제1항 중 '찬양·고무·선전 또는 이에 동조한 자'에 관한 부분 및 이적행위를 할 목적으로 문서·도화 기타의 표현물을 제작·소지·운반·반포·취득한 사람을 처벌하도록 정하고 있는 국가보안법 제7조 제5항 중 '제1항 가운데 찬양·고무·선전 또는 이에 동조할 목적으로 제작·소지·운반·반포·취득한 자'에 관한 부분은 죄형법정주의 명확성원칙, 과잉금지원칙, 책임과 형벌의 비례원칙에 위배되지 아니하여, 헌법에 위반되지 아니한다(헌재 2023.9.26, 2017헌바42).
③ [×] '시민적 및 정치적 권리에 관한 국제규약'(이하 '자유권규약'이라 한다)의 조약상 기구인 자유권규약위원회의 견해는 규약을 해석함에 있어 중요한 참고기준이 되고, 규약 당사국은 그 견해를 존중하여야 한다. 특히 우리나라는 자유권규약을 비준함과 동시에, 자유권규약위원회의 개인통보 접수·심리 권한을 인정하는 내용의 선택의정서에 가입하였으므로, 대한민국 국민이 제기한 개인통보에 대한 자유권규약위원회의 견해(Views)를 존중하고, 그 이행을 위하여 가능한 범위에서 충분한 노력을 기울여야 한다. 다만, … 우리 입법자가 자유권규약위원회의 견해(Views)의 구체적인 내용에 구속되어 그 모든 내용을 그대로 따라야만 하는 의무를 부담한다고 볼 수는 없다. 나아가 기존에 유죄판결을 받은 양심적 병역거부자에 대해 전과기록 말소 등의 구제조치를 할 것인지에 대하여는 입법자에게 광범위한 입법재량이 부여되어 있다고 보아야 한다. 따라서 우리나라가 자유권규약의 당사국으로서 자유권규약위원회의 견해를 존중하고 고려하여야 한다는 점을 감안하더라도, 피청구인에게 이 사건 견해에 언급된 구제조치를 그대로 이행하는 법률을 제정할 구체적 입법의무가 발생하였다고 보기는 어려우므로, 이 사건 심판청구는 헌법소원심판의 대상이 될 수 없는 입법부작위를 대상으로 한 것으로서 부적법하다(헌재 2018.7.26, 2011헌마306).
❹ [O] 민간법원에서 약식명령을 받아 확정된 사실을 자진신고 하는 것은, 개인의 인격형성에 관계되는 내심의 가치적·윤리적 판단이 개입될 여지가 없는 단순한 사실관계의 확인에 불과하므로, 헌법 제19조에 의하여 보호되는 양심에 포함되지 아니한다(헌재 2021.8.31, 2020헌마12).

14 정답 ②

㉠ [O] 문화재와 문화적으로 보존가치가 큰 건축물 등의 미관을 유지·관리하기 위해 필요한 지구를 지정하여 그 지정목적에 부합하지 않는 토지이용을 규제하려는 이 사건 법률조항들은, 입법자가 '토지재산권에 관한 권리와 의무를 일반·추상적으로 확정하는' 재산권의 내용과 한계에 관한 규정이자 재산권의 사회적 제약을 구체화하는 규정이다. … 따라서 이 사건 법률조항들로 인하여 부과되는 재산권의 제한 정도는 사회적 제약 범위를 넘지 않고 공익과 사익 간에 적절한 균형이 이루어져 있으므로, 비례의 원칙에 반하지 아니한다(헌재 2012.7.26, 2009헌바328).

ⓒ [O] 이 사건 법률조항에 의한 학교용지부담금은 학교용지 확보를 위한 새로운 재원의 마련이라는 정당한 입법목적을 달성하기 위한 적절한 수단으로서 교육의 기회를 균등하게 보장해야 한다는 공익과 개발사업자의 재산적 이익이라는 사익을 적절히 형량하고 있으므로 이 사건 법률조항은 개발사업자의 재산권을 과도하게 침해하지 아니한다(헌재 2008.9.25, 2007헌가1).

ⓒ [O] 심판대상조항은 국토계획법 제49조에 따른 지구단위계획의 결정이 필요한 주택건설사업에서 주택건설대지면적의 95퍼센트 이상의 사용권원을 확보한 민간사업주체에게 매도청구권을 부여하고 있다. 이는 지구단위계획에 따라 승인받은 주택건설사업을 가능하게 하여 주택의 건설·공급을 촉진함으로써 국민의 주거를 안정화하고 주거환경을 개선하기 위한 것으로서 입법목적의 정당성이 인정되고, 공공필요성의 요건도 갖추었다. … 심판대상조항은 과잉금지원칙에 위배되어 재산권을 침해한다고 할 수 없다(헌재 2023.8.31, 2019헌바221 등).

ⓔ [X] 이 사건 법률조항은 선거범죄를 억제하고 공정한 선거문화를 확립하고자 하는 목적으로 선거범에 대한 제재를 규정한 것인바, 선거범죄를 범하여 형사처벌을 받은 자에게 가할 불이익에 관하여는 기본적으로 입법자가 결정할 것이고, 이 사건 법률조항이 선고형에 따라 제재대상을 정함으로써 사소하고 경미한 선거범과 구체적인 양형사유가 있는 선거범을 제외하고 있는 등의 사정을 종합해 볼 때, 과잉금지원칙을 위반한 재산권 침해라고 할 수 없다(헌재 2011.4.28, 2010헌마232).

ⓜ [O] 비록 오늘날 전통적인 장묘문화에 일부 변화가 생겼다고 하더라도 우리 사회에는 분묘기지권의 기초가 된 매장문화가 여전히 자리 잡고 있고, 분묘를 모시는 자손들에게 분묘의 강제적 이장은 경제적 손실을 넘어 분묘를 매개로 형성된 정서적 애착관계 및 지역적 유대감의 상실로 이어질 수밖에 없으며, 이는 우리의 전통문화에도 배치되므로, 이 사건 관습법을 통해 분묘기지권을 보호해야 할 필요성은 여전히 존재한다. … 따라서 이 사건 관습법은 과잉금지원칙에 위배되어 토지소유자의 재산권을 침해한다고 볼 수 없다(헌재 2020.10.29, 2017헌바208).

15　정답 ②

① [O]
> 형사보상 및 명예회복에 관한 법률 제13조【대리인에 의한 보상청구】보상청구는 대리인을 통하여서도 할 수 있다.

❷ [X] 보상청구는 <u>무죄재판을 한 법원</u>에 대하여 하여야 한다.
> 형사보상 및 명예회복에 관한 법률 제7조【관할법원】보상청구는 무죄재판을 한 법원에 대하여 하여야 한다.

③ [O]
> 헌법 제28조 형사피의자 또는 형사피고인으로서 구금되었던 자가 법률이 정하는 불기소처분을 받거나 무죄판결을 받은 때에는 법률이 정하는 바에 의하여 국가에 정당한 보상을 청구할 수 있다.

④ [O] 형사피고인의 형사보상청구권은 제헌헌법에서 처음으로 규정되었고, 현행 헌법에서 이를 형사피의자까지 확대하였다.

16　정답 ②

① [O]
> 국가배상법 제7조【외국인에 대한 책임】이 법은 외국인이 피해자인 경우에는 해당 국가와 상호 보증이 있을 때에만 적용한다.

❷ [X] 민주화보상법상 보상금 등에는 적극적·소극적 손해에 대한 배상의 성격이 포함되어 있는바, 관련자와 유족이 위원회의 보상금 등 지급결정이 일응 적절한 배상에 해당된다고 판단하여 이에 동의하고 보상금 등을 수령한 경우 보상금 등의 성격과 중첩되는 적극적·소극적 손해에 대한 국가배상청구권의 추가적 행사를 제한하는 것은, 동일한 사실관계와 손해를 바탕으로 이미 적절한 배상을 받았음에도 불구하고 다시 동일한 내용의 손해배상청구를 금지하는 것이므로, 이를 지나치게 과도한 제한으로 볼 수 없다(헌재 2018.8.30, 2014헌바180 등).

비교판례
> 심판대상조항 중 <u>정신적 손해에 관한 부분</u>이 국가배상청구권을 침해하는지 여부를 본다. 앞서 본 바와 같이 <u>민주화보상법상 보상금 등에는 정신적 손해에 대한 배상이 포함되어 있지 않은바</u>, 이처럼 정신적 손해에 대해 적절한 배상이 이루어지지 않은 상태에서 적극적·소극적 손해에 상응하는 배상이 이루어졌다는 사정만으로 정신적 손해에 대한 국가배상청구마저 금지하는 것은, 해당 손해에 대한 적절한 배상이 이루어졌음을 전제로 하여 국가배상청구권 행사를 제한하려 한 민주화보상법의 입법목적에도 부합하지 않으며, 국가의 기본권 보호의무를 규정한 헌법 제10조 제2문의 취지에도 반하는 것으로서, 국가배상청구권에 대한 지나치게 과도한 제한에 해당한다. 따라서 <u>심판대상조항 중 정신적 손해에 관한 부분은 민주화운동 관련자와 유족의 국가배상청구권을 침해한다</u>(헌재 2018.8.30, 2014헌바180 등).

③ [O] 공무원이 직무 수행 중 불법행위로 타인에게 손해를 입힌 경우에 국가나 지방자치단체가 국가배상책임을 부담하는 외에 공무원 개인도 고의 또는 중과실이 있는 경우에는 불법행위로 인한 손해배상책임을 지고, 공무원에게 경과실이 있을 뿐인 경우에는 공무원 개인은 불법행위로 인한 손해배상책임을 부담하지 아니하는데, 여기서 공무원의 중과실이란 공무원에게 통상 요구되는 정도의 상당한 주의를 하지 않더라도 약간의 주의를 한다면 손쉽게 위법·유해한 결과를 예견할 수 있는 경우임에도 만연히 이를 간과함과 같은 거의 고의에 가까운 현저한 주의를 결여한 상태를 의미한다(대판 2011.9.8, 2011다34521).

④ [O] 국가배상법은 법치국가원리에 따라 국가의 공권력 행사는 적법해야 함을 전제로 모든 공무원의 직무행위상 불법행위로 발생한 손해에 대해 국가가 책임지도록 규정한 것이다. 이에 대한 예외는 헌법 제29조 제2항에 따른 국가배상법 제2조 제1항 단서의 경우뿐이다. 이러한 심판대상조항의 의미와 목적을 살펴볼 때 법관과 다른 공무원은 본질적으로 다른 집단이라고 볼 수는 없다(헌재 2021.7.15, 2020헌바1).

17 정답 ②

① [O] 헌법 제32조 제1항은 "모든 국민은 근로의 권리를 가진다. 국가는 사회적·경제적 방법으로 근로자의 고용의 증진과 적정임금의 보장에 노력하여야 하며, 법률이 정하는 바에 의하여 최저임금제를 시행하여야 한다."라고 규정하고 있다. 이는 국가의 개입·간섭을 받지 않고 자유로이 근로를 할 자유와, 국가에 대하여 근로의 기회를 제공하는 정책을 수립해 줄 것을 요구할 수 있는 권리등을 기본적인 내용으로 하고 있고, 이때 근로의 권리는 근로자를 개인의 차원에서 보호하기 위한 권리로서 개인인 근로자가 근로의 권리의 주체가 되는 것이고, 노동조합은 그 주체가 될 수 없는 것으로 이해되고 있다(헌재 2009.2.26, 2007헌바27).

❷ [×] 근로기준법에 마련된 해고예고제도는 근로조건의 핵심적 부분인 해고와 관련된 사항일 뿐만 아니라, 근로자가 갑자기 직장을 잃어 생활이 곤란해지는 것을 막는 데 목적이 있으므로, 근로자의 인간 존엄성을 보장하기 위한 합리적 근로조건에 해당한다. 따라서 근로관계 종료 전 사용자로 하여금 근로자에게 해고예고를 하도록 하는 것은 개별 근로자의 인간 존엄성을 보장하기 위한 최소한의 근로조건 가운데 하나에 해당하므로, 해고예고에 관한 권리는 근로의 권리의 내용에 포함된다(헌재 2015.12.23, 2014헌바3).

③ [O] 노동3권 중 근로자의 단결권은 결사의 자유가 근로의 영역에서 구체화된 것으로서, 근로자의 단결권에 대해서는 헌법 제33조가 우선적으로 적용된다. 근로자의 단결권도 국민의 결사의 자유 속에 포함되나, 헌법이 노동3권과 같은 특별 규정을 두어 별도로 단결권을 보장하는 것은 근로자의 단결에 대해서는 일반 결사의 경우와 다르게 특별한 보장을 해준다는 뜻으로 해석된다. … 따라서 근로자의 단결권이 근로자 단결체로서 사용자와의 관계에서 특별한 보호를 받아야 할 경우에는 헌법 제33조가 우선적으로 적용되지만, 그렇지 않은 통상의 결사 일반에 대한 문제일 경우에는 헌법 제21조 제2항이 적용되므로 노동조합에도 헌법 제21조 제2항의 결사에 대한 허가제금지원칙이 적용된다(헌재 2012.3.29, 2011헌바53).

④ [O] 사인간 기본권 충돌의 경우 입법자에 의한 규제와 개입은 개별 기본권 주체에 대한 기본권 제한의 방식으로 흔하게 나타나며, 노사관계의 경우도 마찬가지이다. 예컨대, 사용자와 근로자는 근로계약 체결단계에서부터 계약상 의무 위반에 이르기까지 근로기준법, 최저임금법 등 노동 관계법령에 의한 국가적 개입을 받고 있으며, 이러한 국가의 개입이 기본권을 침해하는지 여부가 문제될 수는 있으나, 사적 계약관계라는 이유로 국가가 개입할 수 없다고 볼 것은 아니다(헌재 2022.5.26, 2012헌바66).

18 정답 ②

① [O] 범죄 전력이 있음에도 다시 범행한 경우 가중된 행위책임을 인정할 수 있다고 하더라도, 전범을 이유로 아무런 시간적 제한 없이 무제한 후범을 가중처벌하는 예는 찾기 어렵고, 공소시효나 형의 실효를 인정하는 취지에도 부합하지 않는다. 또한 심판대상조항은 과거 위반 전력, 혈중알코올농도 수준 등에 비추어, 보호법익에 미치는 위험 정도가 비교적 낮은 유형의 재범 음주운전행위도 일률적으로 그 법정형의 하한인 2년 이상의 징역 또는 1천만 원 이상의 벌금을 기준으로 처벌하도록 하고 있어 책임과 형벌 사이의 비례성을 인정하기 어렵다. 따라서 심판대상조항은 책임과 형벌 간의 비례원칙에 위반된다(헌재 2021.11.25, 2019헌바446, 2020헌가17, 2021헌바77).

❷ [×] 주거침입강제추행죄의 보호법익의 중요성, 죄질, 행위자의 책임의 정도 및 일반예방이라는 형사정책적 측면 등 여러 요소를 고려하여 본다면, 입법자가 형법상 강제추행죄의 법정형보다 무거운 '무기징역 또는 5년 이상의 징역'이라는 비교적 중한 법정형을 정한 것에는 나름대로 수긍할 만한 합리적인 이유가 있는 것이고, 그것이 범죄의 죄질 및 행위자의 책임에 비하여 지나치게 가혹하다고 할 수 없다(헌재 2015.10.21, 2015헌바66).

비교판례

> 헌법재판소는 주거침입강제추행죄의 법정형을 '무기징역 또는 5년 이상의 징역'으로 정한 규정에 대하여 2006.12.28, 2005헌바85 결정부터 2018.4.26, 2017헌바498 결정에 이르기까지 여러 차례 합헌으로 판단하였고, 동일한 법정형을 규정한 주거침입준강제추행죄에 관한 조항에 대해서도 2020.9.24, 2018헌바171 결정에서 합헌으로 판단하였다. 그런데 심판대상조항은 법정형의 하한을 '징역 5년'으로 정하였던 2020.5.19. 개정 이전의 구 성폭력처벌법 제3조 제1항과 달리 그 하한을 '징역 7년'으로 정함으로써, 주거침입의 기회에 행해진 강제추행 및 준강제추행의 경우에는 다른 법률상 감경사유가 없는 한 법관이 정상참작감경을 하더라도 집행유예를 선고할 수 없도록 하였다. 이에 따라 주거침입의 기회에 행해진 강제추행 또는 준강제추행의 불법과 책임의 정도가 아무리 경미한 경우라고 하더라도, 다른 법률상 감경사유가 없으면 법관이 정상참작감경을 하더라도 일률적으로 징역 3년 6월 이상의 중형에 처할 수밖에 없게 되어, 형벌개별화의 가능성이 극도로 제한된다. 이점에서 법정형의 하한이 5년 이상의 징역이어서 작량감경의 사유가 있는 경우에는 얼마든지 집행유예를 선고할 수 있다는 점을 주요 논거로 하여 합헌결정을 하였던 위의 결정들은 이제는 추종할 수 없게 되었다. 주거침입죄를 범한 사람이 그 기회에 성폭력범죄를 행하는 경우는 전반적으로 불법과 책임이 중하게 평가되고, 강제추행 또는 준강제추행의 행위 중에서도 강간이나 유사강간을 한 경우 못지않게 죄질이 나쁜 경우가 있을 수도 있다. 이에 심판대상조항은 법정형의 '상한'을 무기징역으로 높게 규정함으로써 불법과 책임이 중대한 경우에는 그에 상응하는 형을 선고할 수 있도록 하고 있다. 그럼에도 불구하고 위와 같이 법정형의 '하한'을 일률적으로 높게 책정하여 경미한 강제추행 또는 준강제추행의 경우까지 모두 엄하게 처벌하는 것은 책임주의에 반한다(헌재 2023.2.23, 2021헌가9).

③ [O] 책임과 형벌 간의 비례원칙에 위배되지 아니한다(헌재 2023.6.29, 2019헌바433).

④ [O] 심판대상조항의 법정형인 7년 이하의 징역은 동종의 범행으로 두 번 이상 징역형을 받은 사람이 다시 누범기간 내에 범한 폭력범죄의 불법성과 비난가능성을 무겁게 평가하여 징벌의 강도를 높여 이와 같은 범죄를 예방하여야 한다는 형사정책적 판단에 따른 것으로, 이와 같은 입법자의 입법정책적 결

19 정답 ①

❶ [×] 부모 중 일방이 해외에 근무·체류하는 경우와 부모 모두가 해외에 근무·체류하는 경우는 그 자녀의 국내 체류 및 수학의 선택 가능성에서 현저한 차이가 있고, 제도의 본래 목적에 맞게 부모의 해외근무로 국내 교육과정의 수학 결손이 있는 재외국민에 한정하여 혜택을 부여하는 것에는 합리적 이유가 있다. … 결국 이 사건 전형사항은 청구인을 불합리하게 차별하여 균등하게 교육을 받을 권리를 침해하는 것이라고 볼 수 없다(헌재 2020.3.26, 2019헌마212).

② [○] 헌법 제31조 제1항은 "모든 국민은 능력에 따라 균등하게 교육을 받을 권리를 가진다."라고 규정하고, 같은 조 제6항은 "학교교육 및 평생교육을 포함한 교육제도와 그 운영, 교육재정 및 교원의 지위에 관한 기본적인 사항은 법률로 정한다."라고 규정하고 있다. 그런데 위와 같은 헌법규정만으로는 변호사시험을 준비하는 법학전문대학원 졸업생에 대해 법학전문대학원에서의 보수교육을 시행하도록 하는 내용의 구체적이고 명시적인 입법의무를 입법자에게 부여하고 있다고 볼 수 없고, 그 밖에 다른 헌법조항을 살펴보아도 위와 같은 내용에 대한 명시적인 입법위임을 발견할 수 없다(헌재 2024.1.25, 2021헌마113 등).

③ [○] 2015 개정 교육과정을 이수할 수 없는 2020년 2월 이전 고등학교 졸업자, 검정고시 출신자, 외국 소재 고등학교 졸업자 등의 경우에는 '모집단위별 지원자의 가산점 분포를 고려하여 모집단위 내 수능점수 순위에 상응하는 가산점'을 부여하며 … 이는 2015 개정 교육과정을 따를 수 없는 지원자의 유형별로 동등한 기회를 제공하는 취지로 이해된다. … 2015 개정 교육과정을 이수한 사람들이 대부분 가산점 2점을 받는다면 해당 모집단위에 지원한 다른 교육과정 지원자들도 대부분 가산점 2점을 받게 되는 구조이고, 서로 다른 지원자 집단 사이의 편차와 동일한 지원자 집단 내부의 편차를 동시에 고려하면서도 양 집단에게 부여하는 혜택의 크기를 비례적으로 유지할 수 있는 방법으로 이해된다. … 결국 이 사건 가산점 사항은 청구인을 불합리하게 차별하여 균등하게 교육받을 권리를 침해하는 것이라고 볼 수 없다(헌재 2022.3.31, 2021헌마230).

④ [○] 국가는 국민의 교육을 받을 권리라는 기본권을 보장하고 의무교육을 시행하기 위하여 적기에 적절한 학교교지를 확보하여야 할 의무가 있다는 점 및 이를 고려하여 학교교지에 대하여는 유상으로 취득하도록 규정한 것이라는 점에 비추어 보면, 학교교지의 조성·개발에 소요된 비용 역시 국가 등이 부담하는 것이 상당하다(헌재 2021.4.29, 2019헌바444 등).

20 정답 ③

① [○] 교원노조는 교원을 대표하여 단체교섭권을 행사하는 등 교원의 근로조건에 직접적이고 중대한 영향력을 행사하고, 교원의 근로조건의 대부분은 법령이나 조례 등으로 정해지므로 교원의 근로조건과 직접 관련이 없는 교원이 아닌 사람을 교원노조의 조합원 자격에서 배제하는 것이 단결권의 지나친 제한이라고 볼 수 없고, 교원으로 취업하기를 희망하는 사람들이 '노동조합 및 노동관계조정법'에 따라 노동조합을 설립하거나 그에 가입하는 데에는 아무런 제한이 없으므로 이들의 단결권이 박탈되는 것도 아니다. … 이 사건 법률조항은 청구인들의 단결권을 침해하지 아니한다(헌재 2015.5.28, 2013헌마671 등).

② [○] 사용자가 노동조합의 운영비를 원조하더라도 그 목적과 경위, 원조된 운영비의 내용, 금액, 원조 방법, 원조된 운영비가 노동조합의 총수입에서 차지하는 비율, 원조된 운영비의 관리 방법 및 사용처 등에 따라서 노동조합의 자주성을 저해할 위험이 없는 경우도 존재하고, 이러한 경우에는 운영비 원조 행위를 금지하더라도 노동조합의 자주성을 확보하고자 하는 입법목적의 달성에 아무런 도움이 되지 않는다. 그런데 운영비원조금지조항은 운영비 원조 행위를 금지하면서, 근로자의 후생자금 또는 경제상의 불행 기타 재액의 방지와 구제 등을 위한 기금의 기부와 최소한의 규모의 노동조합사무소의 제공만을 예외적으로 허용하고 있다. 이처럼 운영비원조금지조항이 위 두 가지 예외에 해당하지 않지만 노동조합의 자주성을 저해할 위험이 없는 경우까지도 운영비 원조 행위를 금지하는 것은 입법목적 달성을 위한 적합한 수단이라고 볼 수 없다. … 운영비원조금지조항은 과잉금지원칙을 위반하여 청구인의 단체교섭권을 침해하므로 헌법에 위반된다(헌재 2018.5.31, 2012헌바90).

❸ [×] 교섭창구 단일화 제도는 근로조건의 결정권이 있는 사업 또는 사업장 단위에서 복수 노동조합과 사용자 사이의 교섭절차를 일원화하여 효율적이고 안정적인 교섭체계를 구축하고, 소속 노동조합이 어디든 관계없이 조합원들의 근로조건을 통일하기 위한 것이다. … 과잉금지원칙을 위반하여 청구인들의 단체교섭권을 침해하지 아니하며 단체교섭권의 본질적 내용을 침해하지도 아니한다(헌재 2024.6.27, 2020헌마237등).

④ [○] 심판대상조항은 단체교섭권·단체행동권이 제한되는 근로자의 범위를 구체적으로 제한함이 없이, 단체교섭권·단체행동권의 행사요건 및 한계 등에 관한 기본적 사항조차 법률에서 정하지 아니한 채, 그 허용 여부를 주무관청의 조정결정에 포괄적으로 위임하고 이에 위반할 경우 형사처벌하도록 하고 있는바, 이는 모든 근로자의 단체교섭권·단체행동권을 사실상 전면적으로 부정하는 것으로서 헌법에 규정된 근로3권의 본질적 내용을 침해하는 것이다(헌재 2015.3.26, 2014헌가5).

8회 실전동형모의고사 정답 및 해설

정답

01	④	**02**	③	**03**	③	**04**	①	**05**	②
06	④	**07**	④	**08**	②	**09**	①	**10**	②
11	④	**12**	①	**13**	②	**14**	②	**15**	④
16	③	**17**	④	**18**	④	**19**	①	**20**	④

01   정답 ④

㉠ [O]
> 1948년 헌법(제헌헌법) 제68조 국무원은 대통령과 국무총리 기타의 국무위원으로 조직되는 합의체로서 대통령의 권한에 속한 중요 국책을 의결한다.

㉡ [O]
> 1960년 헌법(제3차 개정헌법) 제55조 대통령의 임기는 5년으로 하고 재선에 의하여 1차에 한하여 중임할 수 있다.

㉢ [×] 제5차 개정헌법에서 국무총리는 국회의 동의를 거치지 않았다.
> 1962년 헌법(제5차 개정헌법) 제84조 ① 국무총리는 대통령이 임명하고, 국무위원은 국무총리의 제청으로 대통령이 임명한다.

㉣ [O]
> 1972년 헌법(제7차 개정헌법) 제39조 ① 대통령은 통일주체국민회의에서 토론없이 무기명투표로 선거한다.
> ② 통일주체국민회의에서 재적대의원 과반수의 찬성을 얻은 자를 대통령당선자로 한다.
> 제40조 ① 통일주체국민회의는 국회의원 정수의 3분의 1에 해당하는 수의 국회의원을 선거한다.
> ② 제1항의 국회의원의 후보자는 대통령이 일괄 추천하며, 후보자 전체에 대한 찬반을 투표에 붙여 재적대의원 과반수의 출석과 출석대의원 과반수의 찬성으로 당선을 결정한다.

㉤ [O]
> 1980년 헌법(제8차 개정헌법) 제99조 ① 국회는 국무총리 또는 국무위원에 대하여 개별적으로 그 해임을 의결할 수 있다. 다만, 국무총리에 대한 해임의결은 국회가 임명동의를 한 후 1년 이내에는 할 수 없다.

02   정답 ③

㉠ [×] 헌법 제8조 제4항은 정당해산심판의 사유를 "정당의 목적이나 활동이 민주적 기본질서에 위배될 때"로 규정하고 있는데, 여기서 말하는 민주적 기본질서의 '위배'란, 민주적 기본질서에 대한 단순한 위반이나 저촉을 의미하는 것이 아니라, 민주 사회의 불가결한 요소인 정당의 존립을 제약해야 할 만큼 그 정당의 목적이나 활동이 우리 사회의 민주적 기본질서에 대하여 실질적인 해악을 끼칠 수 있는 구체적 위험성을 초래하는 경우를 가리킨다(헌재 2014.12.19, 2013헌다1).

㉡ [×] 정당등록에 관한 규정에 의하면 중앙선거관리위원회 위원장은 정당이 정당법에 정한 형식적 요건을 구비한 경우 등록을 수리하여야 하고, 정당법에 명시된 요건이 아닌 다른 사유로 정당등록신청을 거부하는 등으로 정당설립의 자유를 제한할 수 없다(대판 2021.12.30, 2020수5011).

㉢ [O] 준용조항은 '헌법재판의 성질에 반하지 아니하는 한도'에서만 보충적으로 민사소송에 관한 법령을 준용하도록 하고 있다. 헌법재판소가 헌법재판의 성질에 반한다고 판단할 경우에는 그 준용을 배제하도록 함으로써, 일률적으로 민사소송에 관한 법령을 준용함에 따른 문제점을 해소하고 있는 것이다. … 민사소송에 관한 법령의 준용이 배제되어 법률의 공백이 생기는 부분에 대하여는 헌법재판소가 정당해산심판의 성질에 맞는 절차를 창설하여 이를 메울 수밖에 없다. 이와 같이 법률의 공백이 있는 경우 정당해산심판제도의 목적과 취지에 맞는 절차를 창설하여 실체적 진실을 발견하고 이에 근거하여 헌법정신에 맞는 결론을 도출해내는 것은 헌법이 헌법재판소에 부여한 고유한 권한이자 의무이다(헌재 2014.2.27, 2014헌마7).

㉣ [O] 피청구인(대통령)은 이 사건 포고령을 통하여 국회, 지방의회, 정당의 활동 및 일체의 정치활동을 금지하였는바, 이는 국회에 계엄해제요구권을 부여한 헌법 제77조 제5항, 대의민주주의, 권력분립원칙, 정당제도를 규정한 헌법 제8조, 국민주권주의, 자유민주적 기본질서 등을 위반하고, 국회의원의 심의 · 표결권, 지방자치의 본질적 내용 등을 침해한 것이다. 또한 피청구인은 이 사건 포고령을 통하여 광범위한 행위를 금지하고 그 위반자에 대하여 영장 없이 체포 · 구금 · 압수 · 수색을 할 수 있도록 하였는바, 이는 비상계엄하에서 기본권을 제한하기 위한 요건을 정한 헌법 제77조 제3항과 계엄법 제9조 제1항 및 영장주의를 위반하여 국민의 정치적 기본권, 언론 · 출판 · 집회 · 결사의 자유, 정당의 자유, 단체행동권, 직업의 자유, 신체의 자유 등을 침해한 것이다(헌재 2025.4.4, 2024헌나8).

ⓜ [×] 정당의 등록요건으로 "5 이상의 시·도당과 각 시·도당 1,000명 이상의 당원"을 요구하는 구 정당법 제25조 및 제27조는 청구인의 정당설립의 자유를 침해하지 않는다(헌재 2006.3.30, 2004헌마246).

ⓔ [○] 일반 공중에게 개방된 장소인 서울광장을 개별적으로 통행하거나 서울광장에서 여가활동이나 문화활동을 하는 것은 일반적 행동자유권의 내용으로 보장된다(헌재 2011.6.30, 2009헌마406).

03 정답 ③

㉠ [×] 지방공사 상근직원의 선거운동을 금지하고, 이를 위반한 자를 처벌하는 구 공직선거법은 지방공사 상근직원의 선거운동의 자유를 침해한다(헌재 2024.1.25, 2021헌가14).

㉡ [○] 종교단체 내에서의 직무상 행위를 이용하여 그 구성원에 대한 선거운동을 금지하고 이를 위반한 자를 처벌하는 공직선거법 해당 조항은 과잉금지원칙을 위반하여 선거운동 등 정치적 표현의 자유를 침해하지 않는다(헌재 2024.1.25, 2021헌바233).

㉢ [×] 누구든지 선거일 전 180일부터 선거일까지 선거에 영향을 미치게 하기 위하여 화환을 설치하는 행위를 금지하는 것은 정치적 표현의 자유를 침해한다(헌재 2023.6.29, 2023헌가12).

㉣ [×] 일정기간 동안 선거에 영향을 미치게 하기 위한 벽보 게시, 인쇄물 배부·게시를 금지하는 공직선거법 제93조 제1항 본문 중 '인쇄물 살포'에 관한 부분 및 이에 위반한 경우 처벌하는 공직선거법 제255조 제2항 제5호 중 '제93조 제1항 본문의 인쇄물 살포'에 관한 부분(이하 '심판대상조항'이라 한다)은 정치적 표현의 자유를 침해한다(헌재 2023.3.23, 2023헌가4).

㉤ [×] 일반 유권자가 선거운동기간 중 어깨띠, 모양과 색상이 동일한 모자나 옷, 표찰·수기·마스코트·소품, 그 밖의 표시물을 사용하여 선거운동을 할 수 없도록 전면적으로 금지·처벌하는 심판대상 조항은 과잉금지원칙에 반하여 정치적 표현의 자유를 침해하므로 헌법에 위반된다(헌재 2022.7.21, 2017헌가4).

04 정답 ①

㉠ [×] 일반적 행동자유권은 모든 행위를 할 자유와 행위를 하지 않을 자유로 가치있는 행동만 그 보호영역으로 하는 것은 아닌 것으로, 그 보호영역에는 개인의 생활방식과 취미에 관한 사항도 포함되며, 여기에는 위험한 스포츠를 즐길 권리와 같은 위험한 생활방식으로 살아갈 권리도 포함된다(헌재 2003.10.30, 2002헌마518).

㉡ [×] 좌석안전띠를 매지 않을 자유는 헌법 제10조의 행복추구권에서 나오는 일반적 행동자유권의 보호영역에 속한다(헌재 2003.10.30, 2002헌마518).

㉢ [○] 일반적 행동자유권은 가치 있는 행동만 그 보호영역으로 하는 것은 아니다. 그 보호영역에는 개인의 생활방식과 취미에 관한 사항도 포함되며, 여기에는 위험한 스포츠를 즐길 권리와 같은 위험한 생활방식으로 살아갈 권리도 포함된다. 그런데 심판대상조항은 술에 취한 상태로 도로 외의 곳에서 운전하는 것을 금지하고 이에 위반했을 때 처벌하도록 하고 있으므로 일반적 행동의 자유를 제한한다(헌재 2003.10.30, 2002헌마518).

05 정답 ②

① [○] 죄형법정주의는 무엇이 처벌될 행위인가를 국민이 예측가능한 형식으로 정함으로써 개인의 법적 안정성을 보호하고 성문의 형벌법규에 의한 실정법질서를 확립하여 국가형벌권의 자의적인 행사로부터 개인의 자유와 권리를 보장하려는 법치국가형법의 기본원칙이므로 무엇이 범죄이며 그에 대한 형벌이 어떠한 것인가는 반드시 국민의 대표로 구성된 입법부가 법률로 이를 정하여야 한다(헌재 1995.9.28, 93헌바50).

❷ [×] 심판대상조항은 '신고하지 아니한 시위에 대하여 관할경찰관서장이 해산명령을 발한 경우에, 시위 참가자가 해산명령을 받고도 지체 없이 해산하지 아니한 행위'를 구성요건으로 하고 있고, '6개월 이하의 징역 또는 50만 원 이하의 벌금·구류 또는 과료'를 처벌 내용으로 하고 있으므로, 범죄 구성요건과 처벌의 내용을 성문의 법률로 규정하고 있다. 그리고 심판대상조항이 해산명령의 발령 여부를 관할 경찰관서장의 재량에 맡기고 있는 것은 미신고 시위 현장의 다양한 상황에 따라 탄력적·유동적으로 대응할 필요성이 있다는 점을 고려한 것일 뿐, 구성요건의 실질적 내용을 전적으로 관할 경찰관서장에게 위임한 것으로 볼 수 없다. 그러므로 심판대상조항은 죄형법정주의의 법률주의에 위반되지 아니한다(헌재 2016.9.29, 2014헌바492).

③ [○] 처벌법규의 구성요건이 명확하여야 한다고 하여 모든 구성요건을 단순한 서술적 개념으로 규정하여야 하는 것은 아니고, 다소 광범위하여 법관의 보충적인 해석을 필요로 하는 개념을 사용하였다고 하더라도 통상의 해석방법에 의하여 건전한 상식과 통상적인 법감정을 가진 사람이면 당해 처벌법규의 보호법익과 금지된 행위 및 처벌의 종류와 정도를 알 수 있도록 규정하였다면 처벌법규의 명확성에 배치되는 것이 아니다(대판 2014.1.29, 2013도12939).

④ [○] 예시적 입법형식이 법률 명확성의 원칙에 위배되지 않으려면 예시한 구체적인 사례들이 그 자체로 일반조항의 해석을 위한 판단지침을 내포하고 있어야 할 뿐 아니라, 그 일반조항 자체가 그러한 구체적인 예시들을 포괄할 수 있는 의미를 담고 있는 개념이어야 한다(헌재 2014.7.24, 2013헌바169).

06 정답 ④

① [○] 징계부가금은 공무원의 업무질서를 유지하기 위하여 공금의 횡령이라는 공무원의 의무 위반 행위에 대하여 지방자치단체가 사용자의 지위에서 행정 절차를 통해 부과하는 행정적 제재이다. 비록 징계부가금이 제재적 성격을 지니고 있더라도 이를 두고 헌법 제13조 제1항에서 금지하는 국가형벌권 행사로서의 '처벌'에 해당한다고 볼 수 없으므로, 심판대상조항은 이중처벌금지원칙에 위배되지 않는다(헌재 2015.2.26, 2012헌바435).

② [○] 이수명령은 형벌과 본질적 차이가 있는 보안처분에 해당하므로, 동일한 범죄행위에 대하여 형벌과 병과되더라도 이중처벌금지원칙에 위배된다고 할 수 없다(헌재 2016.12.29, 2016헌바153).

③ [○] 전자장치 부착은 과거의 불법에 대한 응보가 아닌 장래의 재범 위험성을 방지하기 위한 보안처분에 해당되므로, 부착명령청구조항은 헌법 제13조 제1항 후단의 이중처벌금지원칙에 위배되지 아니한다(헌재 2015.9.24, 2015헌바35).

❹ [×] 보호감호와 형벌은 비록 다같이 신체의 자유를 박탈하는 수용처분이라는 점에서 집행상 뚜렷한 구분이 되지 않는다고 하더라도 그 본질, 추구하는 목적과 기능이 전혀 다른 별개의 제도이므로 형벌과 보호감호를 서로 병과하여 선고한다 하여 헌법 제13조 제1항에 정한 이중처벌금지의 원칙에 위반되는 것은 아니라 할 것이다(헌재 1989.7.14, 88헌가5).

07   정답 ④

① [○] 우리 헌법이 규정한 형벌불소급의 원칙은 '행위의 가벌성'에 관한 것이기 때문에 소추가능성에만 연관될 뿐이고 가벌성에는 영향을 미치지 않는 공소시효에 관한 규정은 원칙적으로 그 효력범위에 포함되지 않는다(헌재 2021.6.24, 2018헌바457).

② [○] 형벌불소급원칙에서 의미하는 '처벌'은 단지 형법에 규정되어 있는 형식적 의미의 형벌 유형에 국한되지 않는다. 헌법재판소는 일찍이 보안처분인 구 사회보호법상 '보호감호'에 대하여 '상습범 등에 대한 보안처분의 하나로서 신체에 대한 자유의 박탈을 그 내용으로 하는 보호감호처분은 형벌과 같은 차원에서의 적법한 절차와 헌법 제13조 제1항에 정한 죄형법정주의의 원칙에 따라 비로소 과해질 수 있는 것이라 할 수 있고, 따라서 그 요건이 되는 범죄에 관한 한 소급입법에 의한 보호감호처분은 허용될 수 없다.'고 판시하여 '형법이 규정한 형벌' 외의 제재에 대해서도 형벌불소급원칙이 적용될 수 있음을 밝힌 바 있다. 그 후에도 헌법재판소는 '보안처분이라 하더라도 형벌적 성격이 강하여 신체의 자유를 박탈하거나 박탈에 준하는 정도로 신체의 자유를 제한하는 경우에는 형벌불소급원칙이 적용된다.'고 판시하고 있다(헌재 2017.10.26, 2015헌바239).

③ [○] 형벌불소급원칙에서 의미하는 '처벌'은 형법에 규정되어 있는 형식적 의미의 형벌 유형에 국한되지 않으며, 범죄행위에 따른 제재의 내용이나 실제적 효과가 형벌적 성격이 강하여 신체의 자유를 박탈하거나 이에 준하는 정도로 신체의 자유를 제한하는 경우에는 형벌불소급원칙이 적용되어야 한다. 노역장유치는 그 실질이 신체의 자유를 박탈하는 것으로서 징역형과 유사한 형벌적 성격을 가지고 있으므로 형벌불소급원칙의 적용대상이 된다(헌재 2017.10.26, 2015헌바239).

❹ [×] 청소년성보호법이 정하고 있는 취업제한제도로 인해 성범죄자에게 일정한 직종에 종사하지 못하는 제재가 부과되기는 하지만, 위 취업제한제도는 형법이 규정하고 있는 형벌에 해당하지 않으므로, 헌법 제13조 제1항 전단의 형벌불소급원칙이 적용되지 않는다(헌재 2016.3.31, 2013헌마585).

08   정답 ②

㉠ [×] '혼인 무효 사유가 한쪽 당사자나 제3자의 범죄행위로 인한 경우'에 한하여 가족관계등록부 재작성을 허용한 규정에 의하여 혼인 의사의 합의가 없음을 원인으로 혼인 무효 판결을 받은 경우에도 정정된 가족관계등록부가 그대로 보존되도록 하는 심판대상조항은 과잉금지원칙을 위반하여 청구인의 개인정보자기결정권을 침해하지 않는다(헌재 2024.1.25, 2020헌마65).

㉡ [×] 인터넷언론사는 선거운동기간 중 당해 홈페이지 게시판 등에 정당·후보자에 대한 지지·반대 등의 정보를 게시하는 경우 실명을 확인받는 기술적 조치를 하도록 정한 공직선거법 조항을 비롯하여, 행정안전부장관 및 신용정보업자는 실명인증자료를 관리하고 중앙선거관리위원회가 요구하는 경우 지체 없이 그 자료를 제출해야 하며, 실명확인을 위한 기술적 조치를 하지 아니하거나 실명인증의 표시가 없는 정보를 삭제하지 않는 경우 과태료를 부과하도록 정한 공직선거법 조항은 게시판 등 이용자의 익명표현의 자유 및 개인정보자기결정권과 인터넷언론사의 언론의 자유를 침해한다(헌재 2021.1.28, 2018헌마456).

㉢ [○] 야당 소속 후보자 지지 혹은 정부 비판은 정치적 견해로서 개인의 인격주체성을 특징짓는 개인정보에 해당하고, 그것이 지지 선언 등의 형식으로 공개적으로 이루어진 것이라고 하더라도 여전히 개인정보자기결정권의 보호범위 내에 속한다(헌재 2020.12.23, 2017헌마416).

㉣ [○] 관리조항은 성범죄의 재범을 억제하고 재범이 현실적으로 이루어진 경우 수사의 효율성과 신속성을 높이기 위하여, 법무부장관이 등록대상 성범죄로 벌금형을 선고받은 사람의 등록정보를 최초등록일부터 10년 동안 보존·관리하도록 규정한 것으로, 입법목적의 정당성 및 수단의 적합성이 인정된다. 헌재 2015.7.30, 2014헌마340등 헌법불합치결정에 따라 개정된 성폭력처벌법 제45조 제1항은 선고형에 따라 등록기간을 10년부터 30년까지 달리하여 형사책임의 경중 및 재범의 위험성에 따라 등록기간을 차등화하였다. 개정된 성폭력처벌법은 신상정보등록 면제제도를 도입하여 재범의 위험성이 낮아진 경우 신상정보의 등록을 면할 수 있는 수단을 마련하고 있고, 등록대상 성범죄의 일반적인 재범의 위험성을 인정하는 전제에서 개별 행위자의 장래 위험성을 별도로 고려하지 아니한 입법자의 판단이 자의적이라고 보기 어려울 뿐만 아니라, 관리조항과 동일한 정도의 입법목적을 달성할 수 있는 덜 침해적인 대안이 있다고 보기도 어려워 침해의 최소성이 인정된다. 관리조항으로 인하여 침해되는 사익보다 성범죄자의 재범 방지 및 사회 방위의 공익이 우월하므로, 법익의 균형성도 인정된다. 그렇다면 관리조항은 청구인의 개인정보자기결정권을 침해하지 않는다(헌재 2019.11.28, 2017헌마1163).

㉤ [×] 정보주체의 배우자나 직계혈족이 정보주체의 위임 없이도 정보주체의 가족관계 상세증명서의 교부 청구를 할 수 있도록 하는 '가족관계의 등록 등에 관한 법률' 제14조 제1항 본문 중 '배우자, 직계혈족은 제15조 제1항 제1호에 규정된 가족관계증명서에 대한 상세증명서의 교부를 청구할 수 있다.' 부분은 개인정보자기결정권을 침해하지 않는다(헌재 2022.11.24, 2021헌마130).

09 정답 ①

❶ [×] 이 사건 채증규칙(경찰청 예규)은 법률로부터 구체적인 위임을 받아 제정한 것이 아니라, 집회·시위 현장에서 불법행위의 증거자료를 확보하기 위해 행정조직의 내부에서 상급행정기관이 하급행정기관에 대하여 발령한 내부기준으로 행정규칙이다. 청구인들을 포함한 이 사건 집회 참가자는 이 사건 채증규칙에 의해 직접 기본권을 제한받는 것이 아니라, 경찰의 이 사건 촬영행위에 의해 비로소 기본권을 제한받게 된다. 따라서 청구인들의 이 사건 채증규칙에 대한 심판청구는 헌법재판소법 제68조 제1항이 정한 기본권 침해의 직접성 요건을 충족하지 못하였으므로 부적법하다(헌재 2018.8.30, 2014헌마843).

② [○] 경찰의 촬영행위는 개인정보자기결정권의 보호대상이 되는 신체, 특정인의 집회·시위 참가 여부 및 그 일시·장소 등의 개인정보를 정보주체의 동의 없이 수집하였다는 점에서 개인정보자기결정권을 제한할 수 있다(헌재 2018.8.30, 2014헌마843).

③ [○] 근접촬영과 달리 먼 거리에서 집회·시위 현장을 전체적으로 촬영하는 소위 조망촬영이 기본권을 덜 침해하는 방법이라는 주장도 있으나, 최근 기술의 발달로 조망촬영과 근접촬영 사이에 기본권 침해라는 결과에 있어서 차이가 있다고 보기 어려우므로, 경찰이 이러한 집회·시위에 대해 조망촬영이 아닌 근접촬영을 하였다는 이유만으로 헌법에 위반되는 것은 아니다(헌재 2018.8.30, 2014헌마843).

④ [○] 옥외집회·시위에 대한 경찰의 촬영행위는 증거보전의 필요성 및 긴급성, 방법의 상당성이 인정되는 때에는 헌법에 위반된다고 할 수 없으나, 경찰이 옥외집회 및 시위 현장을 촬영하여 수집한 자료의 보관·사용 등은 엄격하게 제한하여, 옥외집회·시위 참가자 등의 기본권 제한을 최소화해야 한다. 옥외집회·시위에 대한 경찰의 촬영행위에 의해 취득한 자료는 '개인정보'의 보호에 관한 일반법인 '개인정보 보호법'이 적용될 수 있다(헌재 2018.8.30, 2014헌마843).

10 정답 ②

㉠ [×] 개인정보 보호법조항이 규정한 '제공받은 목적 외의 용도로 이용'은 제3자가 개인정보처리자로부터 개인정보를 제공받을 당시 예정되어 있었던 해당 개인정보의 이용 목적 외의 모든 용도로 이용하는 것을 의미한다고 해석할 수 있으므로, 죄형법정주의의 명확성원칙에 위반되지 않는다(헌재 2025.4.10, 2019헌바519).

㉡ [○] '전파매개행위'는 사전적 의미로 '둘 사이의 관계를 맺고 전하여 널리 퍼뜨리는 행위'를 지칭하여 상당히 넓은 범위의 행위를 일컫는다. 그러나 입법취지를 고려하면, 심판대상조항이 금지 및 처벌하고자 하는 '전파매개행위'는 타인을 인체면역결핍바이러스에 감염시킬 가능성이 있는 행위에 국한될 것임을 예측할 수 있다(헌재 2023.10.26, 2019헌가30).

㉢ [○] 심판대상조항은 정부의 국세징수권을 보호법익으로 하는 점, 심판대상조항이 명시적으로 요구하고 있는 '체납처분의 집행을 면탈할 목적'은 적어도 체납처분의 집행을 받을 우려가 있는 시점에서야 인정될 수 있는 점 등을 고려한다면, 심판대상조항은 '체납처분의 집행을 받을 우려가 있는 객관적인 상태가 발생한 이후'의 시기에 행해진 행위만을 처벌하는 것임이 명백하다. 심판대상조항은 죄형법정주의의 명확성원칙에 위배되지 않는다(헌재 2023.8.31, 2020헌바498).

㉣ [○] 심판대상조항의 '전시', '사변'은 그 문언 자체로도 그 의미가 명확하고, '전시·사변 등'이라는 예시가 있는 점, 그리고 심판대상조항이 전투근무수당의 지급대상으로 '전투에 종사한 자'를 규정하고 있는 점에 비추어 '국가비상사태'는 위 전시, 사변과 같이 전투가 발생하였거나 발생할 수 있는 수준의 대한민국의 국가적인 비상사태를 의미함을 쉽게 알 수 있다. 심판대상조항 중 '전시·사변 등 국가비상사태' 부분은 명확성원칙에 위반되지 않는다(헌재 2023.8.31, 2020헌바594).

㉤ [×] 직무이용 금지조항 중 '직무상 행위를 이용하여' 부분이 다소 추상적이고 포괄적인 측면이 있기는 하나, 종교단체 내에서 직무상 행위를 이용하는 구체적 행위 태양을 예상하여 열거하는 것은 불가능하거나 현저히 곤란하고, 구체적으로 어떠한 행위가 종교단체 내에서의 직무상 행위를 이용한 것에 해당하는지는 행위자가 종교단체 안에서 차지한 지위에 기하여 취급하는 직무 내용, 직무상 행위를 하는 시기, 장소, 방법 등 여러 사정을 종합적으로 관찰하여 직무와 관련된 것인지 여부 등을 살펴봄으로써 판단할 수 있으므로, 이는 죄형법정주의의 명확성원칙에 위배되지 않는다(헌재 2024.1.25, 2021헌바233).

11 정답 ④

① [○] 청소년보호위원회는 전문가들의 검토 의견을 반영하여 요철식 특수콘돔 및 약물주입 콘돔(이하 '이 사건 성기구'라 한다) 등을 청소년유해물건으로 결정한 것이므로, 특별한 사정이 없는 한 절차적 정당성과 전문성의 측면에서 그 내용이 적정하게 결정되었으리라 신뢰할 수 있다. … 청소년의 건전한 성장과 발달을 위하여 특별한 보호가 제공될 필요가 있다는 점을 고려하면, 개별 청소년의 신체적·정신적 성숙도의 차이, 콘돔의 세부적인 형태나 종류를 고려하지 않고 청소년에 대한 판매를 전면적으로 금지하는 것이 과도한 제한이라 볼 수 없다. 심판대상조항은 과잉금지원칙을 위반하여 성기구 판매자의 직업수행의 자유 및 청소년의 사생활의 비밀과 자유를 침해하지 않는다(헌재 2021.6.24, 2017헌마408).

② [○] 공직자의 공무집행과 직접적인 관련이 없는 개인적인 사생활에 관한 사실이라도 일정한 경우 공적인 관심 사안에 해당할 수 있다. 공직자의 자질·도덕성·청렴성에 관한 사실은 그 내용이 개인적인 사생활에 관한 것이라 할지라도 순수한 사생활의 영역에 있다고 보기 어렵다. 이러한 사실은 공직자 등의 사회적 활동에 대한 비판 내지 평가의 한 자료가 될 수 있고, 업무집행의 내용에 따라서는 업무와 관련이 있을 수도 있으므로, 이에 대한 문제제기 내지 비판은 허용되어야 한다(헌재 2013.12.26, 2009헌마747).

③ [○] 이 사건 법률조항이 공적 관심의 정도가 약한 4급 이상의 공무원들까지 대상으로 삼아 모든 질병명을 아무런 예외 없이 공개토록 한 것은 입법목적 실현에 치중한 나머지 사생활 보호의 헌법적 요청을 현저히 무시한 것이고, 이로 인하여 청구인들을 비롯한 해당 공무원들의 헌법 제17조가 보장하는 기본권인 사

생활의 비밀과 자유를 침해하는 것이다(헌재 2007.5.31, 2005헌마1139).
❹ [×] 심판대상조항으로 인하여 감염인에게는 상대방에게 감염사실을 고지하거나 예방조치를 사용해야 하므로 자유로운 방식의 성행위가 제한되나, 그렇지 않으면 상대방은 감염인과의 성행위로 인하여 완치가 불가능한 바이러스에 감염되어 평생 매일 약을 복용하여야 하는 등 심각한 위험에 처하게 될 수 있다. 이러한 점을 감안하면, 감염인의 사생활의 자유 및 일반적 행동자유권이 제약되는 것에 비하여 국민의 건강 보호라는 공익을 달성하는 것은 더욱 중대하다. 따라서 심판대상조항은 과잉금지원칙을 위반하여 감염인의 사생활의 자유 및 일반적 행동자유권을 침해하지 아니한다(헌재 2023.10.26, 2019헌가30).

12 정답 ①

❶ [×] 인터넷개인방송의 방송자가 비밀번호를 설정하는 등으로 비공개 조치를 취한 후 방송을 송출하는 경우에는, 방송자로부터 허가를 받지 못한 사람은 당해 인터넷개인방송의 당사자가 아닌 '제3자'에 해당하고, 이러한 제3자가 비공개 조치가 된 인터넷개인방송을 비정상적인 방법으로 시청·녹화하는 것은 통신비밀보호법상의 감청에 해당할 수 있다(대판 2022.10.27, 2022도9877).
② [O] 구 통신비밀보호법 제3조 제1항이 공개되지 아니한 타인간의 대화를 녹음 또는 청취하지 못하도록 한 것은, 대화에 원래부터 참여하지 않는 제3자가 그 대화를 하는 타인간의 발언을 녹음 또는 청취해서는 아니 된다는 취지이다. 따라서 대화에 원래부터 참여하지 않는 제3자가 일반 공중이 알 수 있도록 공개되지 아니한 타인간의 발언을 녹음하거나 전자장치 또는 기계적 수단을 이용하여 청취하는 것은 특별한 사정이 없는 한 같은 법 제3조 제1항에 위반된다(대판 2016.5.12, 2013도15616).
③ [O] 이 사건 시정요구는 불법정보 등의 유통을 차단함으로써 정보통신에서의 건전한 문화를 창달하고 정보통신의 올바른 이용환경을 조성하고자 하는 것으로서 그 목적이 정당하다. 보안접속 프로토콜(https)을 사용하는 경우에도 접근을 차단할 수 있도록 서버 이름 표시(이하 'SNI'라 한다)를 확인하여 불법정보 등을 담고 있는 특정 웹사이트에 대한 접속을 차단하는 것은 수단의 적합성이 인정된다. … 그렇다면 이 사건 시정요구는 청구인들의 통신의 비밀과 자유 및 알 권리를 침해하지 아니한다(헌재 2023.10.26, 2019헌마158 등).
④ [O] 헌법 제18조로 보장되는 기본권인 통신의 자유란 통신수단을 자유로이 이용하여 의사소통할 권리이다. '통신수단의 자유로운 이용'에는 자신의 인적 사항을 누구에게도 밝히지 않는 상태로 통신수단을 이용할 자유, 즉 통신수단의 익명성 보장도 포함된다. 심판대상조항은 휴대전화를 통한 문자·전화·모바일 인터넷 등 통신기능을 사용하고자 하는 자에게 반드시 사전에 본인확인 절차를 거치는 데 동의해야만 이를 사용할 수 있도록 하므로, 익명으로 통신하고자 하는 청구인들의 통신의 자유를 제한한다(헌재 2019.9.26, 2017헌마1209).

13 정답 ②

① [O] 신고를 하지 아니하였다는 이유만으로 그 옥외집회 또는 시위를 헌법의 보호 범위를 벗어나 개최가 허용되지 않는 집회 내지 시위라고 단정할 수 없다(헌재 2016.9.29, 2014헌바492).
❷ [×] 어떤 행정법규 위반행위에 대하여, 직접적으로 행정목적과 공익을 침해한 행위로 보아 행정형벌을 과할 것인가, 그리고 행정형벌을 과할 경우 그 법정형의 형종과 형량을 어떻게 정할 것인가는, 기본적으로 입법권자가 제반 사정을 고려하여 결정할 그 입법재량에 속하는 문제이다. 미신고 옥외집회의 주최는 직접적으로 행정목적을 침해하고 나아가 공익을 침해할 고도의 개연성을 띤 행위라고 볼 수 있으므로 이에 대하여 행정형벌을 과하도록 한 구 집시법 제19조 제2항이 집회의 자유를 침해한다고 할 수 없고, 그 법정형이 입법재량의 한계를 벗어난 과중한 처벌이라고 볼 수 없으며, 이로 인하여 신고제가 사실상 허가제화한다고도 볼 수 없다(헌재 2009.5.28, 2007헌바22).
③ [O] 심판대상조항이 미신고 시위를 해산명령의 대상으로 하면서 별도의 해산 요건을 정하고 있지 않더라도, 그 시위로 인하여 타인의 법익이나 공공의 안녕질서에 대한 직접적인 위험이 명백하게 초래된 경우에 한하여 위 조항에 기하여 해산을 명할 수 있고, 이러한 요건을 갖춘 해산명령에 불응하는 경우에만 집시법 제24조 제5호에 의하여 처벌할 수 있다(헌재 2016.9.29, 2014헌바492).
④ [O] 구 집회 및 시위에 관한 법률(2007.5.11. 법률 제8424호로 전부 개정되기 전의 것)에 의하여 보장 및 규제의 대상이 되는 집회란 '특정 또는 불특정 다수인이 공동의 의견을 형성하여 이를 대외적으로 표명할 목적 아래 일시적으로 일정한 장소에 모이는 것'을 말하고, 모이는 장소나 사람의 다과에 제한이 있을 수 없으므로, 2인이 모인 집회도 위 법의 규제 대상이 된다고 보아야 한다(대판 2012.5.24, 2010도11381).

14 정답 ②

① [×] 청구인은 탐정업의 업무영역에 속하지만 위 조항에 의해 금지되지않는 업무를 수행하는 것이 불가능하지 않다. 예를 들어, 청구인은 현재에도 도난·분실 등으로 소재를 알 수 없는 물건 등을 찾아주는 일을 직업으로 삼을 수 있고, 개별 법률이 정한 요건을 갖추어 신용조사업, 경비업, 손해사정사 등 법이 특별히 허용하는 범위에서 탐정업 유사직역에 종사할 수 있다. 따라서 위 조항은 과잉금지원칙을 위반하여 직업선택의 자유를 침해하지 아니한다(헌재 2018.6.28, 2016헌마473).
❷ [O] 심판대상조항이 건설업과 관련 없는 죄로 임원이 형을 선고받은 경우까지도 법인이 건설업을 영위할 수 없도록 하는 것은 입법목적달성을 위한 적합한 수단에 해당하지 아니하고, 이러한 경우까지도 가장 강력한 수단인 필요적 등록말소라는 제재를 가하는 것은 최소침해성 원칙에도 위배된다. 심판대상조항으로 인하여 건설업자인 법인은 등록이 말소되는 중대한 피해를 입게 되는 반면 심판대상조항이 공익 달성에 기여하는 바는 크지 않아 심판대상조항은 법익균형성 원칙에도 위배된다. 따라서 심판대상조항은 과잉금지원칙에 위배되어 청구인의 직업수행의 자유를 침해한다(헌재 2014.4.24, 2013헌바25).

③ [×] 계엄법 제9조 제1항은 계엄사령관의 특별한 조치의 대상을 '체포·구금·압수·수색·거주·이전·언론·출판·집회·결사 또는 단체행동'으로 한정하고 있다. 그런데 피청구인은 이 사건 포고령을 통하여 국회와 지방의회, 정당의 활동과 일체의 정치활동을 금지함으로써 정치적 기본권, 정당의 자유를 제한하였고, 의료현장을 이탈한 모든 의료인으로 하여금 48시간 내에 본업에 복귀하도록 함으로써 직업의 자유도 제한하였다. 따라서 피청구인은 계엄법 제9조 제1항이 규정하지 아니한 헌법상 권리 또는 자유를 제한하였다는 점에서도 위 조항을 위반한 것이다.

이 사건 포고령은 국회, 지방의회 및 정당의 활동을 전면적으로 금지하고, 일체의 정치활동을 금지하며, 모든 언론과 출판이 계엄사령부의 통제를 받도록 하고, 사회혼란을 조장하는 파업, 태업, 집회를 전면적으로 금지하며, 모든 의료인으로 하여금 48시간 내에 본업에 복귀하여 근무하도록 하는 등 국민의 기본권을 광범위하게 제한하는 내용을 담고 있다.

이 사건 포고령 제6항은 "반국가세력 등 체제전복세력을 제외한 선량한 일반 국민들은 일상생활에 불편을 최소화할 수 있도록 조치한다."라고 규정하고 있으나, '선량한 일반 국민'과 '일상생활에 불편'이 의미하는 바가 불분명하여 집행기관이 이를 자의적으로 해석할 위험이 있을 뿐만 아니라, 위 규정을 감안하더라도 이 사건 포고령에 의한 기본권 제한이 위기상황의 직접적인 원인을 제거하는 데 필수불가결한 최소한도 내에서 이루어졌다고 볼 수 없다.

그렇다면 피청구인은 헌법 제77조 제3항 및 계엄법 제9조 제1항을 위반하여 이 사건 포고령을 발령하게 함으로써 국민의 정치적 기본권, 언론·출판·집회·결사의 자유, 정당의 자유, 단체행동권, 직업의 자유, 신체의 자유를 침해하였다(헌재 2025.4.4, 2024헌나8).

④ [×] 변호사 자격 소지자에 대한 세무사 자격 자동부여와 관련된 특혜시비를 없애고 세무사시험에 응시하는 일반 국민과의 형평을 도모함과 동시에 세무분야의 전문성을 제고함으로써 소비자에게 고품질의 세무서비스를 제공하고자 마련된 이 사건 법률조항의 입법목적은 정당하다. 또한 이 사건 법률조항이 변호사에 대한 세무사 자격 자동부여제도를 폐지한 것은 이러한 입법목적을 달성하기 위한 적합한 수단이다. 따라서 이 사건 법률조항이 과잉금지원칙에 반하여 청구인들의 직업선택의 자유를 침해한다고 볼 수 없다(헌재 2021.7.15, 2018헌마279).

② [○] 심판대상조항은 피고인의 정식재판청구에 대한 불이익변경금지원칙 적용에 따른 문제점을 해소하면서 피고인의 정식재판청구권 행사를 보장하기 위해 도입된 것이다. 또한 형사소송법 제457조의2 제2항은 피고인이 정식재판을 청구한 사건에 대하여 약식명령의 형과 동종의 중한 형을 선고하는 경우에는 판결서에 양형의 이유를 적도록 함으로써 법관으로 하여금 양형 판단 시 신중을 기하도록 하고 있다. 이는 피고인의 정식재판청구권 행사가 위축되는 것을 최소화하면서 동시에 피고인이 정식재판청구권 행사를 남용하는 것을 방지하여 사법의 효율성을 도모한 것으로, 심판대상조항이 약식명령에 대하여 피고인만이 정식재판을 청구한 사건에 불이익변경금지원칙을 적용하지 아니하였다는 이유만으로 재판청구권에 관한 합리적인 입법형성권의 범위를 일탈하여 공정한 재판을 받을 권리를 침해한다고 볼 수 없다(헌재 2024.5.30, 2021헌바6 등).

③ [○] '조세범 처벌절차법'에 따른 통고처분은 형벌의 비범죄화 정신에 접근하는 제도로서 형벌적 제재의 불이익을 감면해주는 제도이다. 심판대상조항으로 인해 통고처분을 받은 당사자가 행정쟁송을 제기하는 등으로 적극적·능동적으로 다툴 수는 없지만, 통고받은 벌금상당액을 납부하지 않음으로써 고발, 나아가 형사재판절차로 이행되게 하여, 여기에서 재판절차에 따라 법관에 의한 판단을 받을 수 있으므로, 당사자에게는 정식재판의 절차도 보장되어 있다. '조세범 처벌절차법'에 따른 통고처분에 대하여 형사절차와 별도의 행정쟁송절차를 두는 것은 신속한 사건 처리를 저해할 수 있고, 절차의 중복과 비효율을 초래할 수 있다. 위와 같은 점을 종합하여 보면, '조세범 처벌절차법'에 따른 통고처분에 대하여 행정쟁송을 배제하고 있는 입법적 결단이 현저히 불합리하다고 보기 어렵다. 따라서 심판대상조항이 청구인의 재판청구권을 침해한다고 할 수 없다(헌재 2024.4.25, 2022헌마251).

❹ [×] 제청법원은 심판대상조항이 의료급여기관 개설자의 재판청구권 및 직업수행의 자유를 제한한다는 취지도 위헌제청의 이유로 기재하고 있다. 먼저 심판대상조항은 의료급여비용의 지급 보류처분에 관한 실체법적 근거규정으로서 권리구제절차 내지 소송절차에 관한 규정이 아니므로, 이로 인하여 재판청구권이 침해될 여지는 없다. 그리고 직업수행의 자유 제한 주장은 심판대상조항이 재산권을 제한한다는 주장과 다르지 아니하므로, 이는 재산권 침해 여부 판단에서 함께 살펴보고 별도로 판단하지 아니한다. … 심판대상조항은 과잉금지원칙에 반하여 의료급여기관 개설자의 재산권을 침해한다(헌재 2024.6.27, 2021헌가19).

15 정답 ④

① [○] '침해행위가 있은 날'부터 10년 후에 인지 또는 재판의 확정이 이루어진 경우에도 추가된 공동상속인이 상속분가액지급청구권을 원천적으로 행사할 수 없도록 하는 것은, '가액반환의 방식'이라는 우회적·절충적 형태를 통해서라도 인지된 자의 상속권을 뒤늦게나마 보상해 주겠다는 상속분가액지급청구권의 입법취지에 반하며, 추가된 공동상속인의 권리구제 실효성을 완전히 박탈하는 결과를 초래한다. … 심판대상조항은 입법형성의 한계를 일탈하여 청구인의 재산권과 재판청구권을 침해한다(헌재 2024.6.27, 2021헌마1588).

16 정답 ③

① [○] 헌법 제30조는 "타인의 범죄행위로 인하여 생명·신체에 대한 피해를 받은 국민은 법률이 정하는 바에 의하여 국가로부터 구조를 받을 수 있다."라고 규정하고 있다. 범죄피해자구조청구권이라 함은 타인의 범죄행위로 말미암아 생명을 잃거나 신체상의 피해를 입은 국민이나 그 유족이 가해자로부터 충분한 피해배상을 받지 못한 경우에 국가에 대하여 일정한 보상을 청구할 수 있는 권리이며, 그 법적 성격은 생존권적 기본권으로서의 성격을 가지는 청구권적 기본권이라고 할 것이다(헌재 2011.12.29, 2009헌마354).

② [○] 위 법률조항은 제척기간을 범죄피해가 발생한 날부터 5년으로 정하고 있는바, 오늘날 현대사회에서 인터넷의 보급 등 교통·통신수단이 상대적으로 매우 발달하여 여러 정보에 대한 접근이 용이해진 점과 일반 국민의 권리의식이 신장된 점 등에 비추어 보면, 그 5년이라는 기간이 지나치게 단기라든지 불합리하여 범죄피해자의 구조청구권 행사를 현저히 곤란하게 하거나 사실상 불가능하게 하는 것으로는 볼 수 없다. 비록 범죄피해자 보호법 제25조가 그 신청기간을 범죄피해발생일부터 10년으로 확장하였지만, 이 역시 입법재량의 범위 내라고 할 수 있을 뿐이고, 종래 그 기간을 5년으로 정한 것 자체가 불합리하다고 보기는 어렵다고 할 것이다(헌재 2011.12.29, 2009헌마354).

❸ [×] "범죄피해자"의 배우자에는 사실상 혼인관계를 포함한다.

> 범죄피해자 보호법 제3조 【정의】① 이 법에서 사용하는 용어의 뜻은 다음과 같다.
> 1. "범죄피해자"란 타인의 범죄행위로 피해를 당한 사람과 그 배우자(사실상의 혼인관계를 포함한다), 직계친족 및 형제자매를 말한다.

④ [○]
> 범죄피해자 보호법 제20조 【다른 법령에 따른 급여 등과의 관계】구조피해자나 유족이 해당 구조대상 범죄피해를 원인으로 하여 국가배상법이나 그 밖의 법령에 따른 급여 등을 받을 수 있는 경우에는 대통령령으로 정하는 바에 따라 구조금을 지급하지 아니한다.

17 정답 ④

① [○] 공영방송은 민주주의를 실현하기 위한 필수조건인 다양하고 민주적인 여론을 매개하고, 공적 정보를 제공함으로써 시민의 알 권리를 보장하며, 사회·문화·경제적 약자나 소외계층이 마땅히 누려야 할 문화에 대한 접근기회를 보장하여 인간다운 생활을 할 권리를 실현하는 기능을 수행하므로 우리 헌법상 그 존립가치와 책무가 크다(헌재 2024.5.30, 2023헌마820 등).

② [○] 진폐근로자라 하더라도 노동능력을 상실한 정도의 장해에 이르지 않는 한 재취업을 할 수 있고, 재취업한 사업장의 임금이 최초 진폐진단 시의 평균임금에 증감을 거쳐 산정된 금액보다 더 큰 경우도 얼마든지 상정할 수 있으므로, 재요양 당시의 임금을 기준으로 휴업급여를 산정하도록 한 것이 반드시 진폐근로자에게 불리하다고 단정할 수도 없다. … 이 사건 휴업급여조항은 그 내용이 현저히 불합리하여 헌법상 용인될 수 있는 재량의 범위를 명백히 일탈한 경우에 해당하지 아니하므로, 인간다운 생활을 할 권리를 침해하지 아니한다(헌재 2024.4.25, 2021헌바316).

③ [○] 청구인의 인간다운 생활을 할 권리가 침해되었는지 여부는 그에게 지급되는 재해보상의 실질을 가진 급여를 모두 포함하여도 공무상 부상 또는 질병으로 인해 발생한 소득 공백이 보전되고 있지 않은지 여부를 살펴보아야 한다. 공무상 질병 또는 부상으로 인한 공무원의 병가 및 공무상 질병휴직 기간에는 봉급이 전액 지급되고, 그 휴직기간이 지나면 직무에 복귀할 수도 있으며, 직무 복귀가 불가능하여 퇴직할 경우 장해급여를 지급받을 수도 있다. … 이를 종합하면, 심판대상조항이 현저히 불합리하여 인간다운 생활을 할 권리를 침해할 정도에 이르렀다고 할 수는 없다(헌재 2024.2.28, 2020헌마1587).

❹ [×] 심판대상조항이 유자녀에게 상환의무를 지우고 있는 것은 유자녀에게 대출금이 지급되며, 이는 유자녀의 생활 곤란을 위해 사용될 것임이 예정된 금전이기 때문이다. … 대출을 신청하는 자는 친권자 내지 후견인인 반면, 상환의무를 부담하는 자는 유자녀로서 이러한 이원화구조를 취함에 따라 법정대리인과 유자녀 간의 이해충돌이라는 부작용이 일부 발생할 가능성이 있지만, 이를 이유로 생활자금 대출 사업 전체를 폐지하면, 대출로라도 생활자금의 조달이 필요한 유자녀에게 불이익이 돌아가게 될 수 있다. … 심판대상조항이 청구인의 아동으로서의 인간다운 생활을 할 권리를 아동의 최선의 이익이라는 입법재량의 한계를 일탈하여 침해하였다고 보기 어렵다(헌재 2024.4.25, 2021헌마473).

18 정답 ④

① [○] 국가가 국민의 기본권을 적극적으로 보장하여야 할 의무가 인정된다는 점, 헌법 제35조 제1항이 국가와 국민에게 환경보전을 위하여 노력하여야 할 의무를 부여하고 있는 점, 환경침해는 사인에 의해서 빈번하게 유발되므로 입법자가 그 허용범위에 관해 정할 필요가 있다는 점, 환경피해는 생명·신체의 보호와 같은 중요한 기본권적 법익 침해로 이어질 수 있다는 점 등을 고려할 때, 일정한 경우 국가는 사인인 제3자에 의한 국민의 환경권 침해에 대해서도 적극적으로 기본권 보호조치를 취할 의무를 진다(헌재 2019.12.27, 2018헌마730).

② [○] 동물보호법, '장사 등에 관한 법률', '동물장묘업의 시설설치 및 검사기준' 등 관계규정에서 동물장묘시설의 설치제한 지역을 상세하게 규정하고, 매연, 소음, 분진, 악취 등 오염원 배출을 규제하기 위한 상세한 시설 및 검사기준을 두고 있는 등의 사정을 고려할 때, 심판대상조항에서 동물장묘업 등록에 관하여 '장사 등에 관한 법률' 제17조 외에 다른 지역적 제한 사유를 규정하지 않았다는 사정만으로 청구인들의 환경권을 보호하기 위한 입법자의 의무를 과소하게 이행하였다고 평가할 수는 없다. 따라서 심판대상조항은 청구인들의 환경권을 침해하지 않는다(헌재 2020.3.26, 2017헌마1281).

③ [○] 헌법 제35조 제1항은 국민의 환경권의 보장, 국가와 국민의 환경보전의무를 규정하고 있다. 이는 국가뿐만 아니라 국민도 오염방지와 오염된 환경의 개선에 관한 책임을 부담함을 의미한다(헌재 2012.8.23, 2010헌바167).

❹ [×] 심판대상조항이 마사토 운동장에 대한 유해중금속 등의 예방 및 관리 기준을 규정하지 아니한 것이 청구인의 환경권을 침해하는 것인지 문제된다. 청구인의 평등권, 보건권 침해 주장은 마사토 운동장에 대한 유해중금속 등 관리 기준의 부재를 다투는 것으로서 그 취지가 환경권 침해 주장과 실질적으로 다르지 않으므로, 환경권 침해 여부에 관하여 판단하는 이상 평등권, 보건권 침해 여부에 관하여는 더 나아가 살피지 않기로 한다. … 국가가 국민의 건강하고 쾌적한 환경에서 생활할 권리에 관한 보호의무를 다하지 않았는지를 헌법재판소가 심사할 때에는 국가가 이를 보호하기 위하여 적어도 적절하고 효율적인 최소한의 보호조치를 취하였는가 하는 이른바 '과소보호금지원칙'의 위반 여부를 기준으로 삼아야 한다. … 심판

대상조항에 마사토 운동장에 대한 기준이 도입되지 않았다는 사정만으로 국민의 환경권을 보호하기 위한 국가의 의무가 과소하게 이행되었다고 평가할 수는 없다. 따라서 심판대상조항은 청구인의 환경권을 침해하지 아니한다(헌재 2024.4.25, 2020헌마107).

19 정답 ①

❶ [×] 과잉금지의 원칙을 적용함에 있어서도, 어떠한 직업분야에 관한 자격제도를 만들면서 그 자격요건을 어떻게 설정할 것인가에 관하여는 국가에게 폭넓은 입법재량권이 부여되어 있는 것이므로 다른 방법으로 직업선택의 자유를 제한하는 경우에 비하여 보다 유연하고 탄력적인 심사가 필요하다 할 것이다(헌재 2003.9.25, 2002헌마519).
② [O] '택시운전자격 취소조항'은 택시를 이용하는 국민을 범죄로부터 보호하고, 시민들의 택시이용에 대한 불안감을 해소하며, 도로교통에 관한 공공의 안전을 확보하려는 조항으로서 그 입법목적이 정당하고, 수단의 적합성이 인정된다. 대중교통에서 택시가 차지하는 비중, 교통수단으로서 택시의 특수성, 보복범죄가 야기하는 법익침해의 중대성 및 해당 범죄로 금고 이상의 형의 집행유예를 선고받은 사람에 대한 사회적 비난가능성 등을 고려하면, 택시운전자격 취소조항은 침해의 최소성을 충족하고, 택시운전자격이 취소되더라도 일정기간이 경과하면 다시 자격을 취득할 수 있으므로 법익의 균형성도 충족한다. 따라서 택시운전자격 취소조항이 과잉금지원칙에 반하여 택시운수종사자의 직업선택의 자유를 침해한다고 할 수 없다(헌재 2025.3.27, 2021헌바219).
③ [O] 헌법 제15조에서 보장하는 '직업'이란 생활의 기본적 수요를 충족시키기 위하여 행하는 계속적인 소득활동을 의미하고, 성매매는 그것이 가지는 사회적 유해성과는 별개로 성판매자의 입장에서 생활의 기본적 수요를 충족하기 위한 소득활동에 해당함을 부인할 수 없다 할 것이므로, 심판대상조항은 성판매자의 직업선택의 자유도 제한하고 있다. … 심판대상조항은 개인의 성적 자기결정권, 사생활의 비밀과 자유, 직업선택의 자유를 침해하지 아니한다(헌재 2016.3.31, 2013헌가2).
④ [O] 이러한 직장선택의 자유는 개인이 그 선택한 직업분야에서 구체적인 취업의 기회를 가지거나, 이미 형성된 근로관계를 계속 유지하거나 포기하는 데에 있어 국가의 방해를 받지 않는 자유로운 선택·결정을 보호하는 것을 내용으로 한다. 그러나 이 기본권은 원하는 직장을 제공하여 줄 것을 청구하거나 한번 선택한 직장의 존속보호를 청구할 권리를 보장하지 않으며, 또한 사용자의 처분에 따른 직장 상실로부터 직접 보호하여 줄 것을 청구할 수도 없다. 다만 국가는 이 기본권에서 나오는 객관적 보호의무, 즉 사용자에 의한 해고로부터 근로자를 보호할 의무를 질 뿐이다(헌재 2002.11.28, 2001헌바50).

20 정답 ④

① [O] (1) 심판대상조항의 제척기간을 보다 장기로 규정하더라도 국가재정의 합리적인 운영을 저해한다고 보기 어려운 점 등을 고려하면, 심판대상조항은 과잉금지원칙을 위반하여 비용보상청구권자의 재판청구권 및 재산권을 침해한다(헌재 2023.8.31, 2020헌바252, 재판관 4인).
(2) 형사소송법은 2014.12.30. 비용보상청구권의 제척기간을 '무죄판결이 확정된 사실을 안 날부터 3년, 무죄판결이 확정된 때부터 5년 이내'로 개정하였다. 무죄를 선고받은 비용보상청구권자가 형사소송법이 적용되는지와 군사법원법이 적용되는지는 본질적인 차이가 없는데, 심판대상조항의 제척기간이 형사소송법보다 짧은 것에는 그 차별을 정당화할 합리적인 이유를 찾아보기 어렵다. 군사법원법이 규정하는 비용보상청구권은 군사재판의 특수성이 적용될 영역이 아니기 때문이다. 따라서 심판대상조항은 군사법원법과 형사소송법의 적용을 받는 비용보상청구권자를 자의적으로 다르게 취급하여 평등원칙에 위반된다(헌재 2023.8.31, 2020헌바252, 재판관 4인).
② [O] 금융거래의 비밀보장이 중요한 공익이라는 점은 인정할 수 있으나, 심판대상조항이 정보제공요구를 하게 된 사유나 행위의 태양, 요구한 거래정보의 내용을 고려하지 아니하고 일률적으로 일반 국민들이 거래정보의 제공을 요구하는 것을 금지하고 그 위반 시 형사처벌을 하는 것은 그 공익에 비하여 지나치게 일반 국민의 일반적 행동자유권을 제한하는 것이다. 따라서 심판대상조항은 과잉금지원칙에 반하여 일반적 행동자유권을 침해한다(헌재 2022.2.24, 2020헌가5).
③ [O] 태아의 생명 보호를 위해 국가가 개입하여 규제해야 할 단계는 성별고지가 아니라 낙태행위인데, 심판대상조항은 낙태로 나아갈 의도가 없는 부모까지 규제하여 기본권을 제한하는 과도한 입법으로 침해의 최소성에 반하고, 법익의 균형성도 상실하였다. 따라서 심판대상조항은 과잉금지원칙을 위반하여 부모가 태아의 성별 정보에 대한 접근을 방해받지 않을 권리를 침해한다(헌재 2024.2.28, 2022헌마356 등).
❹ [×] 심판대상조항으로 북한의 적대적 조치가 유의미하게 감소하고 이로써 접경지역 주민의 안전이 확보될 것인지, 나아가 남북간 평화통일의 분위기가 조성되어 이를 지향하는 국가의 책무 달성에 도움이 될 것인지 단언하기 어려운 반면, 심판대상조항이 초래하는 정치적 표현의 자유에 대한 제한은 매우 중대하다. 그렇다면 심판대상조항은 과잉금지원칙에 위배되어 청구인들의 표현의 자유를 침해한다(헌재 2023.9.26, 2020헌마1724 등).

9회 실전동형모의고사 정답 및 해설

정답

01	②	02	①	03	②	04	③	05	③
06	③	07	②	08	①	09	④	10	①
11	②	12	①	13	③	14	①	15	①
16	①	17	②	18	④	19	①	20	①

01   정답 ②

① [O] 법률에 대한 헌법합치적 해석(합헌적 법률해석)에 대한 개념이며, 옳은 지문이다.

❷ [×] 응능부담의 원칙을 상속세의 부과에서 실현하고자 하는 입법목적이 공공복리에 기여하므로 목적정당성을 인정할 수 있으나, 상속포기자를 제외하는 것은 응능부담 원칙의 실현이라는 입법목적 달성에 적절한 수단이 될 수 없어서 방법의 적절성 원칙에 위배되며, "상속개시 전에 피상속인으로부터 상속재산 가액에 가산되는 재산을 증여받고 상속을 포기한 자"를 "상속인"의 범위에 포함시키는 별도의 수단이 존재하는데도 이를 외면하는 것이므로 침해의 최소성 원칙에 위배되고, 상속을 승인한 자가 상속을 포기한 자가 본래 부담하여야 할 상속세액을 부담하게 되는 재산상의 불이익을 받게 되는 반면에 달성되는 공익은 상대적으로 작다고 할 것이어서 법익 균형성 원칙에도 위배되기 때문에, 구 상속세법 제18조 제1항 본문 중 "상속인"의 범위에 "상속개시 전에 피상속인으로부터 상속재산가액에 가산되는 재산을 증여받고 상속을 포기한 자"를 포함하지 않는 것은 상속을 승인한 자의 헌법상 보장되는 재산권을 침해한다(헌재 2008.10.30, 2003헌바10).

③ [O] 법률 또는 법률의 위 조항은 원칙적으로 가능한 범위안에서 합헌적으로 해석함이 마땅하나 그 해석은 법의 문구와 목적에 따른 한계가 있다. 즉, 법률의 조항의 문구가 간직하고 있는 말의 뜻을 넘어서 말의 뜻이 완전히 다른 의미로 변질되지 아니하는 범위 내이어야 한다는 문의적 한계와 입법권자가 그 법률의 제정으로써 추구하고자 하는 입법자의 명백한 의지와 입법의 목적을 헛되게 하는 내용으로 해석할 수 없다는 법목적에 따른 한계가 바로 그것이다. 왜냐하면, 그러한 범위를 벗어난 합헌적 해석은 그것이 바로 실질적 의미에서의 입법작용을 뜻하게 되어 결과적으로 입법권자의 입법권을 침해하는 것이 되기 때문이다(헌재 1989.7.14, 88헌가5 등).

④ [O] 민법 제764조 "명예회복에 적당한 처분"에 사죄광고를 포함시키는 것은 헌법에 위반된다는 것은 의미는, 동조 소정의 처분에 사죄광고가 포함되지 않는다고 하여야 헌법에 위반되지 아니한다는 것으로서, 이는 동조와 같이 불확정개념으로 되어 있거나 다의적인 해석가능성이 있는 조문에 대하여 한정축소해석을 통하여 얻어진 일정한 합의적 의미를 천명한 것이며, 그 의미를 넘어선 확대는 바로 헌법에 위반되어 채택할 수 없다는 뜻이다(헌재 1991.4.1, 89헌마160).

02   정답 ①

㉠ [×] 제4차 개정헌법에 대한 내용이다.

> **제4차 개정헌법(1960년) 부칙** 이 헌법 시행당시의 국회는 단기 4293년 3월 15일에 실시된 대통령, 부통령선거에 관련하여 부정행위를 한 자와 그 부정행위에 항의하는 국민에 대하여 살상 기타의 부정행위를 한 자를 처벌 또는 단기 4293년 4월 26일 이전에 특정지위에 있음을 이용하여 현저한 반민주행위를 한 자의 공민권을 제한하기 위한 특별법을 제정할 수 있으며 단기 4293년 4월 26일 이전에 지위 또는 권력을 이용하여 부정한 방법으로 재산을 축적한 자에 대한 행정상 또는 형사상의 처리를 하기 위하여 특별법을 제정할 수 있다.

㉡ [O] 제5차 개정헌법은 인간의 존엄과 가치 조항을 신설하였다.

> **제5차 개정헌법(1962년) 제8조** 모든 국민은 인간으로서의 존엄과 가치를 가지며, 이를 위하여 국가는 국민의 기본적 인권을 최대한으로 보장할 의무를 진다.

㉢ [×] 제7차 개정헌법에 대한 내용이다. 제5차 개정헌법은 직접선거에 의한 임기 4년의 대통령제를 규정하였다.

> **제5차 개정헌법(1962년) 제64조** ① 대통령은 국민의 보통·평등·직접·비밀선거에 의하여 선출한다. 다만, 대통령이 궐위된 경우에 잔임 기간이 2년미만인 때에는 국회에서 선거한다.
> **제69조** ① 대통령의 임기는 4년으로 한다.
> **제7차 개정헌법(1972년) 제45조** ① 대통령의 임기가 만료되는 때에는 통일주체국민회의는 늦어도 임기만료 30일 전에 후임자를 선거한다.
> **제47조** 대통령의 임기는 6년으로 한다.

② [×] 제7차 개정헌법에 대한 내용이다.

> 제7차 개정헌법(1972년) 제32조 ② 국민의 자유와 권리를 제한하는 법률의 제정은 국가안전보장·질서유지 또는 공공복리를 위하여 필요한 경우에 한한다.

03 정답 ②

① [×]
> 국적법 제3조【인지에 의한 국적 취득】① 대한민국의 국민이 아닌 자(이하 "외국인"이라 한다)로서 대한민국의 국민인 부 또는 모에 의하여 인지(認知)된 자가 다음 각 호의 요건을 모두 갖추면 법무부장관에게 신고함으로써 대한민국 국적을 취득할 수 있다.
> 1. 대한민국의 민법상 미성년일 것
> 2. 출생 당시에 부 또는 모가 대한민국의 국민이었을 것

❷ [O]
> 국적법 제4조【귀화에 의한 국적 취득】① 대한민국 국적을 취득한 사실이 없는 외국인은 법무부장관의 귀화허가(歸化許可)를 받아 대한민국 국적을 취득할 수 있다.
> ③ 제1항에 따라 귀화허가를 받은 사람은 법무부장관 앞에서 국민선서를 하고 귀화증서를 수여받은 때에 대한민국 국적을 취득한다. 다만, 법무부장관은 연령, 신체적·정신적 장애 등으로 국민선서의 의미를 이해할 수 없거나 이해한 것을 표현할 수 없다고 인정되는 사람에게는 국민선서를 면제할 수 있다.

③ [×] 심판대상 시행규칙조항이 규정하는 '가족관계기록사항에 관한 증명서'가 어떠한 서류를 의미하는지 다른 법령에도 명시되어 있지는 않으나 … 이 과정에서 청구인은 이 서류가 무엇을 지칭하는지 알 수 있다. 이러한 사정을 종합하면 심판대상 시행규칙조항은 명확성원칙에 위배되지 않는다 … 심판대상 시행규칙조항은 과잉금지원칙에 위배되어 청구인의 국적이탈의 자유를 침해하지 않는다(헌재 2020.9.24. 2016헌마889).

④ [×]
> 국적법 제10조【국적 취득자의 외국 국적 포기 의무】① 대한민국 국적을 취득한 외국인으로서 외국 국적을 가지고 있는 자는 대한민국 국적을 취득한 날부터 1년 내에 그 외국 국적을 포기하여야 한다.
> ③ 제1항 또는 제2항을 이행하지 아니한 자는 그 기간이 지난 때에 대한민국 국적을 상실(喪失)한다.
> 제11조【국적의 재취득】① 제10조 제3항에 따라 대한민국 국적을 상실한 자가 그 후 1년 내에 그 외국 국적을 포기하면 법무부장관에게 신고함으로써 대한민국 국적을 재취득할 수 있다.

04 정답 ③

① [O]
> 헌법 제123조 ② 국가는 지역간의 균형있는 발전을 위하여 지역경제를 육성할 의무를 진다.

② [O]
> 헌법 제126조 국방상 또는 국민경제상 긴절한 필요로 인하여 법률이 정하는 경우를 제외하고는, 사영기업을 국유 또는 공유로 이전하거나 그 경영을 통제 또는 관리할 수 없다.

❸ [×]
> 헌법 제120조 ① 광물 기타 중요한 지하자원·수산자원·수력과 경제상 이용할 수 있는 자연력은 법률이 정하는 바에 의하여 일정한 기간 그 채취·개발 또는 이용을 특허할 수 있다.

④ [O]
> 헌법 제122조 국가는 국민 모두의 생산 및 생활의 기반이 되는 국토의 효율적이고 균형있는 이용·개발과 보전을 위하여 법률이 정하는 바에 의하여 그에 관한 필요한 제한과 의무를 과할 수 있다.

05 정답 ③

㉠ [부정] 비례대표지방의회의원 당선인이 선거범죄로 인하여 당선무효로 되는 경우 그 소속 정당에 책임을 물어 후보자명부상의 후순위자에게 궐원된 의원의 의석을 승계하지 못하는 엄한 제재를 부과함으로써, 왜곡된 선거인의 의사를 바로잡고 선거범죄를 예방하여 깨끗한 선거풍토를 확립하기 위한 목적에서 비롯된 것이라고 볼 수 있다. 따라서 이는 공공복리를 위한 것이므로, 그 입법목적의 정당성을 인정할 수 있다. 헌법의 기본원리인 대의제 민주주의 원리와 자기책임의 원리에 부합되지 아니하는 것으로서 입법재량의 한계를 벗어난 것이므로 심판대상조항이 입법목적, 즉 선거의 공정성 확보에 기여할 수 있는 적합한 수단이라고 보기 어렵다(헌재 2009.6.25. 2007헌마40).

㉡ [부정] 심판대상조항은 성별을 이유로 한 낙태를 방지함으로써 성비의 불균형을 해소하고 태아의 생명을 보호하기 위해 입법된 것으로 목적의 정당성이 인정된다. 태아의 생명 보호라는 입법목적을 달성하기 위한 수단으로서 적합하지 아니하고, 부모가 태아의 성별 정보에 대한 접근을 방해받지 않을 권리를 필요 이상으로 제약하여 침해의 최소성에 반한다(헌재 2024.2.28. 2022헌마356등).

㉢ [부정] 이 사건 종교행사 참석조치를 통하여 궁극적으로는 군인의 정신적 전력을 강화하고자 하였다고 볼 수 있는바, 일응 그 목적의 정당성을 인정할 여지가 있다. 청구인들의 의사에 반하여 개신교, 불교, 천주교, 원불교 종교행사에 참석하도록 하는 방법으로 군인의 정신전력을 제고하려는 이 사건 종교행사 참석조치는 그 수단의 적합성을 인정할 수 없다(헌재 2022.11.24. 2019헌마941).

㉣ [부정] 운영비원조금지조항은 사용자로부터 노동조합의 자주성을 확보하여 궁극적으로 근로3권의 실질적인 행사를 보장하기 위한 것으로서 그 입법목적이 정당하다. 그런데 운영비원조금지조항은 단서에서 정한 두 가지 예외를 제외한 일체의 운영비 원조 행위를 금지함으로써 노동조합의 자주성을 저해할 위험이 없는 경우까지 금지하고 있으므로, 입법목적 달성을 위한 적합한 수단이라고 볼 수 없다(헌재 2018.5.31. 2012헌바90).

⑤ [긍정] 대한민국을 모욕할 목적으로 국기를 손상, 제거 또는 오욕한 자를 처벌하는 형법 제105조 중 국기에 관한 부분은 과잉금지원칙에 위배되어 표현의 자유를 침해하지 않는다(헌재 2019. 12.27, 2016헌바96).

비교판례

> '국가모독죄' 사건에서 수단의 적합성을 부정하였다. 대한민국 또는 헌법상 국가기관에 대하여 모욕, 비방, 사실 왜곡, 허위사실 유포 또는 기타 방법으로 대한민국의 안전, 이익 또는 위신을 해하거나 해할 우려가 있는 표현이나 행위에 대하여 형사처벌하도록 규정한 구 형법 제104조의2가 표현의 자유를 침해하는지 여부(적극) 입법목적을 진정한 것으로 보더라도, 형사처벌을 통해 국민의 표현행위를 일률적으로 규제함으로써 국가의 안전·이익 또는 위신을 보전할 수 있다고 보기 어렵고, 실질적인 표현의 자유가 보장되지 않는 국가라는 대외적 평가가 오히려 대한민국의 이익이나 위신을 저해할 수 있으므로 수단의 적합성을 인정하기 어렵다(헌재 2015. 10.21, 2013헌가20).

06 정답 ③

① [×] 근로의 권리의 구체적인 내용에 따라, 국가에 대하여 고용증진을 위한 사회적·경제적 정책을 요구할 수 있는 권리는 사회권적 기본권으로서 국민에 대하여만 인정해야 하지만, 자본주의 경제질서하에서 근로자가 기본적 생활수단을 확보하고 인간의 존엄성을 보장받기 위하여 최소한의 근로조건을 요구할 수 있는 권리는 자유권적 기본권의 성격도 아울러 가지므로 이러한 경우 외국인 근로자에게도 그 기본권 주체성을 인정함이 타당하다(헌재 2007.8.30, 2004헌마670).
② [×] 초기배아는 수정이 된 배아라는 점에서 형성 중인 생명의 첫 걸음을 떼었다고 볼 여지가 있기는 하나 아직 모체에 착상되거나 원시선이 나타나지 않은 이상 현재의 자연과학적 인식수준에서 독립된 인간과 배아 간의 개체적 연속성을 확정하기 어렵다고 봄이 일반적이라는 점, 배아의 경우 현재의 과학기술 수준에서 모태 속에서 수용될 때 비로소 독립적인 인간으로의 성장가능성을 기대할 수 있다는 점, 수정 후 착상 전의 배아가 인간으로 인식된다거나 그와 같이 취급하여야 할 필요성이 있다는 사회적 승인이 존재한다고 보기 어려운 점 등을 종합적으로 고려할 때, 기본권 주체성을 인정하기 어렵다(헌재 2010.5.27, 2005헌마346).
❸ [O] 헌법재판소법 제68조 제1항의 헌법소원은 기본권의 주체만 청구할 수 있는데, 단순히 '국민의 권리'가 아니라 '인간의 권리'로 볼 수 있는 기본권에 대해서는 외국인도 기본권의 주체이다. 청구인이 침해받았다고 주장하는 변호인의 조력을 받을 권리는 성질상 인간의 권리에 해당되므로 외국인도 주체이다(헌재 2018.5.31, 2014헌마346).
④ [×] 심판대상조항이나 공권력 작용이 넓은 의미의 국가 조직영역 내에서 공적 과제를 수행하는 주체의 권한 내지 직무영역을 제약하는 성격이 강한 경우에는 그 기본권 주체성이 부정될 것이지만, 그것이 일반 국민으로서 국가에 대하여 가지는 헌법상의 기본권을 제약하는 성격이 강한 경우에는 기본권 주체성을 인정할 수 있다. … 대통령도 국민의 한사람으로서 제한적으로나마 기본권의 주체가 될 수 있는바, 대통령은 소속 정당을 위하여 정당활동을 할 수 있는 사인으로서의 지위와 국민 모두에 대한 봉사자로서 공익실현의 의무가 있는 헌법기관으로서의 지위를 동시에 갖는데 최소한 전자의 지위와 관련하여는 기본권 주체성을 갖는다고 할 수 있다(헌재 2008.1.17, 2007헌마700).

07 정답 ②

① [O] 심판대상조항이 선거운동의 자유를 감안하여 선거운동을 위한 확성장치를 허용할 공익적 필요성이 인정된다고 하더라도 정온한 생활환경이 보장되어야 할 주거지역에서 출근 또는 등교 이전 및 퇴근 또는 하교 이후 시간대에 확성장치의 최고출력 내지 소음을 제한하는 등 사용시간과 사용지역에 따른 수인한도 내에서 확성장치의 최고출력 내지 소음 규제기준에 관한 규정을 두지 아니한 것은, 국민이 건강하고 쾌적하게 생활할 수 있는 양호한 주거환경을 위하여 노력하여야 할 국가의 의무를 부과한 헌법 제35조 제3항에 비추어 보면, 적절하고 효율적인 최소한의 보호조치를 취하지 아니하여 국가의 기본권 보호의무를 과소하게 이행한 것으로서, 청구인의 건강하고 쾌적한 환경에서 생활할 권리를 침해하므로 헌법에 위반된다(헌재 2019.12.27, 2018헌마730).
❷ [×] 태아는 형성 중의 인간으로서 생명을 보유하고 있으므로 국가는 태아를 위하여 각종 보호조치들을 마련해야 할 의무가 있다. 하지만 그와 같은 국가의 기본권 보호의무로부터 태아의 출생 전에, 또한 태아가 살아서 출생할 것인가와는 무관하게, 태아를 위하여 민법상 일반적 권리능력까지도 인정하여야 한다는 헌법적 요청이 도출되지는 않는다(헌재 2008.7.31, 2004헌바81).
③ [O] 국가가 국민의 건강하고 쾌적한 환경에서 생활할 권리에 대한 보호의무를 다하지 않았는지 여부를 헌법재판소가 심사할 때에는 국가가 이를 보호하기 위하여 적어도 적절하고 효율적인 최소한의 보호조치를 취하였는가 하는 이른바 '과소보호금지원칙'의 위반 여부를 기준으로 삼아야 한다(헌재 2019.12.27, 2018헌마730).
④ [O] 국가가 국민의 건강하고 쾌적한 환경에서 생활할 권리를 보호할 의무를 진다고 하더라도, 국가의 기본권 보호의무를 입법자가 어떻게 실현하여야 할 것인가 하는 문제는 원칙적으로 권력분립과 민주주의의 원칙에 따라 국민에 의하여 직접 민주적 정당성을 부여받고 자신의 결정에 대하여 정치적 책임을 지는 입법자의 책임범위에 속한다. 헌법재판소는 단지 제한적으로만 입법자에 의한 보호의무의 이행을 심사할 수 있다(헌재 2020.3.26, 2017헌마1281).

08 정답 ①

❶ [×] 환자가 장차 죽음에 임박한 상태에 이를 경우에 대비하여 미리 의료인 등에게 연명치료 거부 또는 중단에 관한 의사를 밝히는 등의 방법으로 죽음에 임박한 상태에서 인간으로서의 존엄과 가치를 지키기 위하여 연명치료의 거부 또는 중단을 결정할 수 있다 할 것이고, 위 결정은 헌법상 기본권인 자기결정권의 한 내용으로서 보장된다 할 것이다(헌재 2009.11.26, 2008헌마385).

② [O] 헌법 제10조 전문은 "모든 국민은 인간으로서의 존엄과 가치를 가지며, 행복을 추구할 권리를 가진다."고 규정하여 행복추구권을 보장하고, 이러한 행복추구권은 일반적인 행동자유권과 개성의 자유로운 발현권을 포함한다. 언어와 그 언어를 표기하는 방식인 글자는 정신생활의 필수적인 도구이며 타인과의 소통을 위한 가장 기본적인 수단인바, 한자를 의사소통의 수단으로 사용하는 것은 행복추구권에서 파생되는 일반적 행동의 자유 내지 개성의 자유로운 발현의 한 내용이다(헌재 2016.11.24, 2012헌마854).

③ [O] 일반적 행동자유권은 모든 행위를 할 자유와 행위를 하지 않을 자유로 가치있는 행동만 그 보호영역으로 하는 것은 아닌 것으로, 그 보호영역에는 개인의 생활방식과 취미에 관한 사항도 포함되며, 여기에는 위험한 스포츠를 즐길 권리와 같은 위험한 생활방식으로 살아갈 권리도 포함된다. 따라서 좌석안전띠를 매지 않을 자유는 헌법 제10조의 행복추구권에서 나오는 일반적 행동자유권의 보호영역에 속한다(헌재 2003.10.30, 2002헌마518).

④ [O] 자기결정권은 인간의 존엄성을 실현하기 위한 수단으로서 인간이 자신의 생활영역에서 인격의 발현과 삶의 방식에 관한 근본적인 결정을 자율적으로 내릴 수 있는 권리다. … 따라서 자기결정권에는 여성이 그의 존엄한 인격권을 바탕으로 하여 자율적으로 자신의 생활영역을 형성해 나갈 수 있는 권리가 포함되고, 여기에는 임신한 여성이 자신의 신체를 임신상태로 유지하여 출산할 것인지 여부에 대하여 결정할 수 있는 권리가 포함되어 있다(헌재 2019.4.11, 2017헌바127).

09 정답 ④

① [O] 변호사보수산입 조항이 경제력의 차이에 따라 소송제도를 이용하는 기회의 차별을 가져올 수 있으나, 변호사보수의 소송비용 산입은 정당한 권리자의 재판청구권 보장과 합리적이고 적정한 사법제도 운용이라는 중대한 공익을 달성하기 위한 것이라는 점에서 충분히 합리적인 근거가 있다. 따라서 변호사보수산입 조항이 경제력의 차이에 따라 당사자를 합리적 이유 없이 차별취급하여 평등원칙에 위반된다고 볼 수 없다. 이른바 공익소송 등 입증의 부담이 크거나 소송의 승패를 미리 예측하기 어려운 유형의 사건이라고 하더라도 구체적인 사안마다 그 내용과 소송의 경과는 각각 다를 것이므로, 변호사보수산입 조항이 위와 같은 유형의 사건에도 적용되는 것이 상대방의 실효적 권리구제와 합리적이고 적정한 사법제도의 운용에 도움이 되지 않는다고 단정할 수 없고, 공익소송이 다른 민사소송과 본질적으로 다르다고 평가할 수 없으므로, 변호사보수산입 조항이 본질적으로 다른 것을 같게 취급하여 평등원칙에 위반된다고도 할 수 없다(헌재 2025.3.27, 2024헌바126등).

② [O] 도시개발법상 도시개발사업이나 도시정비법상 재개발사업 및 재건축사업, 소규모주택정비법상 가로주택정비사업 및 소규모재건축사업 등은 그 실질이 모두 기존 주택의 재건축에 해당하는데, 이들 개발사업을 시행하는 조합의 조합원은 사업구역 내에 위치한 토지 또는 건물의 소유자 등으로 기존 세대가 사업을 주도하고 기존 세대 대부분이 조합원의 지위에서 분양을 받아 사업시행 이후 그대로 거주한다. 반면 주택법의 적용을 받는 주택건설사업은 사업주체가 택지를 매입하여 신규 주택을 건설하고 공급하는 사업으로, 기존 세대와 무관하게 신규 주택을 건설·공급하게 되므로 사업시행 이후 기존 세대가 이전하고 인구가 새로 유입되는 상황을 예정하고 있다. 이와 같이 기존 세대가 잔류하지 아니하고 인구가 새로 유입되면서 세대가 교체되어 그 구성원에 변동이 생기는 상황이라면 가구 수 자체의 변동이 없더라도 취학 수요가 증가하여 학교시설을 확보할 필요성이 유발된다고 볼 수 있는데, 입법자가 이러한 주택법상 주택건설사업의 실질을 고려하여 주택법상 주택건설사업의 경우 신축된 전체 가구 수를 기준으로 학교용지부담금을 부과할 수 있도록 정한 것은 합리적인 이유가 있다.
또한 주택법상 주택건설사업은 다양한 방식으로 시행되는데, 시행 방식에 따라서는 학교시설을 확보할 필요성이 유발되지 않는 경우도 있을 수 있으나 주택건설사업의 구체적인 시행 방식까지 고려하여 학교용지부담금 부과 제외 대상을 정하는 것은 입법기술상 쉽지 않고 바람직하다고 보기도 어렵다. 학교용지법 제5조 제1항에 따른 학교용지부담금 부과는 재량행위로 해석되는데, 이와 같은 경우에는 심판대상조항이 정한 제외 대상에 해당하지 않더라도 개별 사안에서 학교용지부담금 부과처분이 재량권을 일탈·남용하여 위법한지 여부를 심사함으로써 구체적 타당성을 도모할 수 있다. 그렇다면 심판대상조항은 평등원칙에 위배되지 아니한다(헌재 2025.4.10, 2020헌바363등).

③ [O] 일반적으로 차별이 정당한지 여부에 대해서는 자의성 여부를 심사하지만, 헌법에서 특별히 평등을 요구하고 있는 경우나 차별적 취급으로 인하여 관련 기본권에 대한 중대한 제한을 초래하게 된다면 입법형성권은 축소되어 보다 엄격한 심사척도가 적용된다(헌재 2011.2.24, 2008헌바56).

❹ [X] 이 사건 법률조항은 헌법이 특별히 양성평등을 요구하는 경우나 관련 기본권에 중대한 제한을 초래하는 경우의 차별취급을 그 내용으로 하고 있다고 보기 어려우며, 징집대상자의 범위 결정에 관하여는 입법자의 광범위한 입법형성권이 인정된다는 점에 비추어 이 사건 법률조항이 평등권을 침해하는지 여부는 완화된 심사기준에 따라 판단하여야 한다(헌재 2010.11.25, 2006헌마328).

10 정답 ①

㉠ [X] 법원이 직권으로 발부하는 영장과 수사기관의 청구에 의하여 발부하는 구속영장의 법적 성격은 같지 않다. 즉, 전자는 명령장으로서의 성질을 갖지만 후자는 허가장으로서의 성질을 갖는 것으로 이해되고 있다(헌재 1997.3.27, 96헌바28).

㉡ [O] 영장주의가 행정상 즉시강제에도 적용되는지에 관하여는 논란이 있으나, 행정상 즉시강제는 상대방의 임의이행을 기다릴 시간적 여유가 없을 때 하명 없이 바로 실력을 행사하는 것으로서, 그 본질상 급박성을 요건으로 하고 있어 법관의 영장을 기다려서는 그 목적을 달성할 수 없다고 할 것이므로, 원칙적으로 영장주의가 적용되지 않는다고 보아야 할 것이다(헌재 2002.10.31, 2000헌가12).

㉢ [X] 법무부장관의 출국금지결정은 형사재판에 계속 중인 국민의 출국의 자유를 제한하는 행정처분일 뿐이고, 영장주의가 적용되는 신체에 대하여 직접적으로 물리적 강제력을 수반하는 강제처분이라고 할 수는 없다. 따라서 심판대상조항이 헌법 제12조 제3항의 영장주의에 위배된다고 볼 수 없다(헌재 2015.9.24, 2012헌바302).

② [×] 헌법 제12조 제3항의 영장주의는 법관이 발부한 영장에 의하지 아니하고는 수사에 필요한 강제처분을 하지 못한다는 원칙으로 소변을 받아 제출하도록 한 것은 교도소의 안전과 질서유지를 위한 것으로 수사에 필요한 처분이 아닐 뿐만 아니라 검사대상자들의 협력이 필수적이어서 강제처분이라고 할 수도 없어 영장주의의 원칙이 적용되지 않는다(헌재 2006.7.27, 2005헌마277).

11
정답 ②

① [O] 시험일을 일요일로 정하는 경우 제칠일안식일예수재림교(이하 '재림교'라 한다)를 믿는 청구인의 종교의 자유에 대한 제한은 없을 것이나, 일요일에 종교적 의미를 부여하는 응시자의 종교의 자유를 제한하게 되므로, 종교의 자유 제한 문제는 기본권의 주체만을 달리하여 그대로 존속하게 된다. 또한 대부분의 지방자치단체에서 시험장소 임차 및 인력동원 등의 이유로 일요일 시험실시가 불가하거나 어려워, 현재로서는 일요일에 시험을 시행하는 것도 현실적으로 어려운 상황이다. 이러한 사정을 고려할 때, 연 2회 실시되는 간호조무사 국가시험을 모두 토요일에 실시한다고 하여 그로 인한 기본권 제한이 지나치다고 볼 수 없다. 따라서 이 사건 공고는 과잉금지원칙에 반하여 청구인의 종교의 자유를 침해하지 아니한다(헌재 2023.6.29, 2021헌마171).

❷ [×] 피청구인이 청구인들로 하여금 개신교, 천주교, 불교, 원불교 4개 종교의 종교행사 중 하나에 참석하도록 한 것은 그 자체로 종교적 행위의 외적 강제에 해당한다. 이는 피청구인이 위 4개 종교를 승인하고 장려한 것이자, 여타 종교 또는 무종교보다 이러한 4개 종교 중 하나를 가지는 것을 선호한다는 점을 표현한 것이라고 보여질 수 있으므로 국가의 종교에 대한 중립성을 위반하여 특정 종교를 우대하는 것이다. 또한, 이 사건 종교행사 참석조치는 국가가 종교를, 군사력 강화라는 목적을 달성하기 위한 수단으로 전락시키거나, 반대로 종교단체가 군대라는 국가권력에 개입하여 선교행위를 하는 등 영향력을 행사할 수 있는 기회를 제공하므로, 국가와 종교의 밀접한 결합을 초래한다는 점에서 정교분리원칙에 위배된다(헌재 2022.11.24, 2019헌마941).

③ [O] 종교의 자유에서 종교에 대한 적극적인 우대조치를 요구할 권리가 직접 도출되거나 우대할 국가의 의무가 발생하지 아니한다. 종교시설의 건축행위에만 기반시설부담금을 면제한다면 국가가 종교를 지원하여 종교를 승인하거나 우대하는 것으로 비칠 소지가 있어 헌법 제20조 제2항의 국교금지·정교분리에 위배될 수도 있다고 할 것이므로 종교시설의 건축행위에 대하여 기반시설부담금 부과를 제외하거나 감경하지 아니하였더라도, 종교의 자유를 침해하는 것이 아니다(헌재 2010.2.25, 2007헌바31 등).

④ [O] ○○구치소에 종교행사 공간이 1개뿐이고, 종교행사는 종교, 수형자와 미결수용자, 성별, 수용동 별로 진행되며, 미결수용자는 공범이나 동일사건 관련자가 있는 경우 이를 분리하여 참석하게 해야 하는 점을 고려하면 피청구인이 미결수용자 대상 종교행사를 4주에 1회 실시했더라도 종교의 자유를 과도하게 제한하였다고 보기 어렵고, 구치소의 인적·물적 여건 상 하루에 여러 종교행사를 동시에 하기 어려우며, 개신교의 경우에만 그 교리에 따라 일요일에 종교행사를 허용할 경우 다른 종교와의 형평에 맞지 않고, 공휴일인 일요일에 종교행사를 할 행정적 여건도 마련되어 있지 않다는 점을 고려하면, 이 사건 종교행사 처우는 청구인의 종교의 자유를 침해하지 않는다(헌재 2015.4.30, 2013헌마190).

12
정답 ①

㉠ [×] 이 사건 등록조항에 의하여 신상정보 등록대상자가 되면, 일정한 신상정보의 제출의무를 부담하고, 그러한 신상정보는 국가기관에 의하여 일정기간 등록·보존·관리된다. 그러나 일정한 신상정보의 제출로 인한 불편이 감내할 수 없을 정도로 크다고 할 수 없고, 신상정보가 보존된다는 자체만으로 성범죄자의 사회복귀가 저해되거나 전과자라는 낙인이 찍히는 것은 아니다. 또 등록된 신상정보는 등록대상 성범죄와 관련한 범죄의 예방과 수사라는 한정된 목적 하에 한정된 범위의 사람들에게만 배포될 수 있고, 관련자에게 비밀준수 의무가 부과되는 점 등을 고려할 때, 이 사건 등록조항으로 인하여 제한되는 사익이 당사자로 하여금 감내할 수 없는 정도에 이르렀다고 보기 어렵다. 반면 이 사건 등록조항을 통하여 달성되는 성범죄자의 재범 방지 및 사회 방위의 공익이 매우 중요하고 절실한 것임은 명백하다.
그렇다면 이 사건 등록조항으로 인하여 개인정보의 주체가 입게 되는 불이익이 달성되는 공익에 비하여 결코 크다고 볼 수 없으므로, 이 사건 등록조항은 법익의 균형성도 인정된다. 이 사건 등록조항은 과잉금지원칙을 위반하여 청구인들의 개인정보자기결정권을 침해하지 않는다(헌재 2025.1.23, 2021헌마853등).

㉡ [O] 본인인증 조항은 인터넷게임에 대한 연령 차별적 규제수단들을 실효적으로 보장하고, 인터넷게임 이용자들이 게임물 이용시간을 자발적으로 제한하도록 유도하여 인터넷게임 과몰입 내지 중독을 예방하고자 하는 것으로 그 입법목적에 정당성이 인정되며, 본인인증절차를 거치도록 하는 것은 이러한 목적 달성을 위한 적절한 수단이다. 게임물 관련사업자와 같은 정보통신서비스 제공자가 인터넷 상에서 본인인증 절차 없이 이용자의 실명이나 연령만을 정확하게 확인하는 것은 사실상 불가능하고, 게임산업법 시행령 제8조의3 제3항이 정하고 있는 방법은 신뢰할 수 있는 제3자를 통해서만 본인인증 절차를 거치도록 하고 정보수집의 범위를 최소화하고 있는 것으로 달리 실명과 연령을 정확하게 확인할 수 있으면서 덜 침익적인 수단을 발견하기 어렵다. 또한, 게임물 관련사업자가 본인인증 결과 이외의 정보를 수집하기 위해서는 인터넷게임을 이용하는 사람의 별도의 동의를 받아야 하고, '정보통신망 이용촉진 및 정보보호 등에 관한 법률'에서 동의를 얻어 수집된 정보를 보호하기 위한 장치들을 충분히 마련하고 있으며, 회원가입 시 1회 본인인증 절차를 거치도록 하는 것이 이용자들에게 게임의 이용 여부 자체를 진지하게 고려하게 할 정도로 중대한 장벽이나 제한으로 기능한다거나 게임시장의 성장을 방해한다고 보기도 어려우므로 침해의 최소성에도 위배되지 아니하고, 본인인증 조항을 통하여 달성하고자 하는 게임과몰입 및 중독 방지라는 공익은 매우 중대하므로 법익의 균형성도 갖추었다. 따라서 본인인증 조항은 청구인들의 일반적 행

동의 자유 및 개인정보자기결정권을 침해하지 아니한다(헌재 2015.3.26. 2013헌마517).

ⓒ [O] 출소 후 출소사실을 신고하여야 하는 신고의무 내용에 비추어 보안관찰처분대상자(이하 '대상자'라 한다)의 불편이 크다거나 7일의 신고기간이 지나치게 짧다고 할 수 없다. 보안관찰해당범죄는 민주주의체제의 수호와 사회질서의 유지, 국민의 생존 및 자유에 중대한 영향을 미치는 범죄인 점, 보안관찰법은 대상자를 파악하고 재범의 위험성 등 보안관찰처분의 필요성 유무의 판단 자료를 확보하기 위하여 위와 같은 신고의무를 규정하고 있다는 점 등에 비추어 출소 후 신고의무 위반에 대한 제재수단으로 형벌을 택한 것이 과도하다거나 법정형이 다른 법률들에 비하여 각별히 과중하다고 볼 수도 없다. 따라서 출소후신고조항 및 위반 시 처벌조항은 과잉금지원칙을 위반하여 청구인의 사생활의 비밀과 자유 및 개인정보자기결정권을 침해하지 아니한다(헌재 2021.6.24. 2017헌바479).

🖉 주의할 것은 변동신고조항 및 이를 위반할 경우 처벌하도록 정한 규정은 사생활의 비밀과 자유 및 개인정보자기결정권을 침해를 인정했다는 점이다.

ⓔ [×] 디엔에이법 제3조 제2항은 데이터베이스에 수록되는 디엔에이신원확인정보에 개인식별을 위하여 필요한 사항 외의 정보 또는 인적 사항이 포함되어서는 아니 된다고 규정하여, 개인식별을 위한 최소한의 필요정보만을 수록하도록 하고 있고, 그 외에도 디엔에이법 및 그 시행령에 디엔에이 관련 자료 및 정보의 삭제에 관한 규정과 데이터베이스의 운영에 있어서 개인정보보호에 관한 규정을 두고 있으므로, 이 사건 삭제조항이 디엔에이신원확인정보를 수형인등이 사망할 때까지 데이터베이스에 수록하도록 규정하더라도, 침해의 최소성 원칙에 반한다고 보기 어렵다. 이 사건 삭제조항에 의하여 청구인의 디엔에이신원확인정보를 평생토록 데이터베이스에 수록하더라도, 그로 인하여 청구인이 현실적으로 입게 되는 불이익은 크다고 보기 어려운 반면에, 디엔에이신원확인정보를 장래의 범죄수사 등에 신원확인을 위하여 이용함으로써 달성할 수 있게 되는 공익은 중요하고, 그로 인한 청구인의 불이익에 비하여 더 크다고 보아야 할 것이므로, 법익균형성 원칙에도 위반되지 않는다(헌재 2020.5.27. 2017헌마326).

ⓜ [O] 영유아보육법에 따라 어린이집 설치·운영자에게 지급되는 보조금은 영유아를 건강하고 안전하게 보호·양육하고 영유아의 발달 특성에 맞는 교육을 제공할 수 있도록 그 비용을 국가나 지방자치단체가 지원하는 것이다. 이러한 보조금을 부정수급하거나 유용하는 부패행위는 영유아보육의 질과 직결되어 그로 인한 불이익이 고스란히 영유아들에게 전가되므로 이를 근절할 필요가 크다. 어린이집의 투명한 운영을 담보하고 영유아 보호자의 보육기관 선택권을 실질적으로 보장하기 위해서는 보조금을 부정수급하거나 유용한 어린이집의 명단 등을 공표하여야 할 필요성이 있으며, 심판대상조항은 공표대상이나 공표정보, 공표기간 등을 제한적으로 규정하고 공표 전에 의견진술의 기회를 부여하여 공표대상자의 절차적 권리도 보장하고 있다. 나아가 심판대상조항을 통하여 추구하는 영유아의 건강한 성장 도모 및 영유아 보호자들의 보육기관 선택권 보장이라는 공익이 공표대상자의 법 위반사실이 일정 기간 외부에 공표되는 불이익보다 크다. 따라서 심판대상조항은 과잉금지원칙을 위반하여 인격권 및 개인정보자기결정권을 침해하지 아니한다(헌재 2022.3.31. 2019헌바520).

13 정답 ③

① [O] 광고도 사상·지식·정보 등을 불특정다수인에게 전파하는 것으로서 언론·출판의 자유에 의한 보호를 받는 대상이 됨은 물론이고, 상업적 광고표현 또한 보호 대상이 된다(헌재 2018.6.28. 2016헌가8 등).

② [O] 집회의 자유에는 집회를 통하여 형성된 의사를 집단적으로 표현하고 이를 통하여 불특정 다수인의 의사에 영향을 줄 자유를 포함한다. … 한편, 우리 헌법상 집회의 자유에 의하여 보호되는 것은 오로지 '평화적' 또는 '비폭력적' 집회에 한정되는 것이므로 집회의 자유를 빙자한 폭력행위나 불법행위 등은 헌법적 보호범위를 벗어난 것인 만큼, 형법, '폭력행위 등 처벌에 관한 법률', 도로교통법 등에 의하여 형사처벌되거나 민사상의 손해배상책임 등에 의하여 제재될 수 있다(헌재 2014.3.27. 2010헌가2 등).

❸ [×] 헌법 제21조 제4항은 '언론·출판은 타인의 명예나 권리 또는 공중도덕이나 사회윤리를 침해하여서는 아니 된다.'고 규정하고 있는바, 이는 언론·출판의 자유에 따르는 책임과 의무를 강조하는 동시에 언론·출판의 자유에 대한 제한의 요건을 명시한 규정으로 볼 것이고, 헌법상 표현의 자유의 보호영역 한계를 설정한 것이라고는 볼 수 없다(헌재 2013.6.27. 2012헌바37).

④ [O] 헌법 제21조 제2항의 '허가'는 '행정청이 주체가 되어 집회의 허용 여부를 사전에 결정하는 것'으로서 행정청에 의한 사전허가는 헌법상 금지되지만, 입법자가 법률로써 일반적으로 집회를 제한하는 것은 헌법상 '사전허가금지'에 해당하지 않는다(헌재 2014.4.24. 2011헌가29).

14 정답 ①

㉠ [×] 의료급여수급권은 공공부조의 일종으로서 순수하게 사회정책적 목적에서 주어지는 권리이므로 개인의 노력과 금전적 기여를 통하여 취득되는 재산권의 보호대상에 포함된다고 보기 어려워, 이 사건 시행령조항 및 시행규칙조항이 청구인들의 재산권을 침해한다고 할 수 없다(헌재 2009.9.24. 2007헌마1092).

㉡ [O] 우편물의 수취인인 청구인은 우편물의 지연배달에 따른 손해배상청구권을 갖게 되는바, 이는 헌법이 보장하는 재산권의 내용에 포함되는 권리라 할 것이고, 심판대상조항은 위 손해배상청구권의 범위를 제한하는 것이므로 그에 따른 재산권 제한이 발생한다(헌재 2013.6.27. 2012헌마426).

㉢ [×] 상공회의소의 의결권 또는 회원권은 상공회의소라는 법인의 의사형성에 관한 권리일 뿐 이를 따로 떼어 헌법상 보장되는 재산권이라고 보기 어렵고, 상공회의소의 재산은 법인인 상공회의소의 고유재산이지 회원들이 지분에 따라 반환받을 수 있는 재산이라고 보기 어려워서, 상공업자들의 재산권 제한과도 무관하다(헌재 2006.5.25. 2004헌가1).

㉣ [×] 공제회가 관리·운용하는 기금은 학교안전사고보상공제 사업 등에 필요한 재원을 확보하고, 공제급여에 충당하기 위하여 설치 및 조성되는 것으로서 학교안전법령이 정하는 용도에 사용되는 것일 뿐, 각 공제회에 귀속되어 사적 유용성을 갖는다거나 원칙적 처분권이 있는 재산적 가치라고 보기 어렵고,

공제회가 갖는 기금에 대한 권리는 법에 의하여 정해진 대로 운영할 수 있는 법적 권능에 불과할 뿐 사적 이익을 위해 권리주체에게 귀속될 수 있는 성질의 것이 아니므로, 이는 헌법 제23조 제1항에 의하여 보호되는 공제회의 재산권에 해당되지 않는다(헌재 2015.7.30, 2014헌가7).
ⓜ [×] 사망일시금 제도는 유족연금 또는 반환일시금을 지급받지 못하는 가입자 등의 가족에게 사망으로 소요되는 비용의 일부를 지급함으로써 국민연금제도의 수혜범위를 확대하고자 하는 차원에서 도입되었는데, 국민연금제도가 사회보장에 관한 헌법규정인 제34조 제1항, 제2항, 제5항을 구체화한 제도로서, 국민연금법상 연금수급권 내지 연금수급기대권이 재산권의 보호대상인 사회보장적 급여라고 한다면 사망일시금은 사회보험의 원리에서 다소 벗어난 장제부조적·보상적 성격을 갖는 급여로 사망일시금은 헌법상 재산권에 해당하지 아니하므로, 이 사건 사망일시금 한도 조항이 청구인들의 재산권을 제한한다고 볼 수 없다(헌재 2019.2.28, 2017헌마432).

15 정답 ①

❶ [×] 검사신규임용대상 등을 어떻게 정할 것인지에 관하여는 피청구인에게 재량이 부여되어 있는 점, 지원자가 법학전문대학원 졸업 직후 변호사자격을 취득하였는지 여부는 검사에게 요구되는 자질을 갖추었는지 평가하기 위한 공정하고 유효한 기준이 될 수 있는 점, 법무관 전역예정자는 병역기간 동안 법률사무에 종사하며 법적 능력을 양성할 기회가 있는 점 등을 종합하면, 임용연도에 변호사자격을 취득하여 검사로 즉시 임용될 수 있는 법학전문대학원 졸업예정자와 이에 준하여 볼 수 있는 법무관 전역예정자로 검사신규임용대상을 한정한 것은 공정한 경쟁을 통해 우수한 신규법조인을 검사로 선발하고자 하는 목적과 합리적 연관관계가 인정된다. 그에 비하여, 사회복무요원 소집해제예정 변호사는 법학전문대학원 졸업 직후 변호사자격을 취득하지 못하였고, 병역의무 이행기간 동안 법률사무에 종사한 것도 아니라는 점에서 동일하게 보기 어렵다. … 따라서 이 사건 공고는 사회복무요원 소집해제예정 변호사인 청구인의 공무담임권을 침해하지 않는다(헌재 2021.4.29, 2020헌마999).
② [○] 위 규정은 금고 이상의 선고유예의 판결을 받은 모든 범죄를 포괄하여 규정하고 있을 뿐 아니라, 심지어 오늘날 누구에게나 위험이 상존하는 교통사고 관련 범죄 등 과실범의 경우마저 당연퇴직의 사유에서 제외하지 않고 있으므로 최소침해성의 원칙에 반한다. … 따라서 이 사건 법률조항은 과잉금지원칙에 위배하여 공무담임권을 침해하는 조항이라고 할 것이다(헌재 2003.10.30, 2002헌마684 등).
③ [○] 공무원 공개경쟁채용시험에서 자격증에 따른 가산점을 인정하는 목적은 공무원의 업무상 전문성을 강화하기 위함인바, 세무 영역에서 전문성을 갖춘 것으로 평가되는 자격증(변호사·공인회계사·세무사) 소지자들에게 세무직 국가공무원 공개경쟁 채용시험에서 가산점을 부여하는 것은 그 목적의 정당성이 인정된다. 공인 자격증은 국가나 국가의 위탁을 받은 특수법인이 필기시험과 실기평가 등 소정의 검증절차를 거쳐 일정한 기준에 도달한 사람에게 부여하는 것이므로 자격증의 유무는 해당 분야에서 필요한 능력과 자질을 갖추고 있는지를 판단하는 객관적 기준이 될 수 있다. 변호사는 법률 전반에 관한 영역에서, 공인회계사와 세무사는 각종 세무 관련 영역에서 필요한 행위를 하거나 조력하는 전문가들이므로 그 자격증 소지자들의 선발은 세무행정의 전문성을 제고하는 데 기여하여 수단의 적합성이 인정된다. … 따라서 심판대상조항은 과잉금지원칙에 위반되어 청구인의 공무담임권을 침해하지 아니한다(헌재 2020.6.25, 2017헌마1178).
④ [○] 징계처분에 따른 승진임용 제한기간을 정함에 있어서는 일반적으로 승진임용에 소요되는 기간을 고려하여 적어도 공무원 징계처분의 취지와 효력을 담보할 수 있는 기간이 설정될 필요가 있다. 감봉의 경우 12개월간 승진임용이 제한되는데 이는 종래 18개월이었던 것을 축소한 것이며, 강등·정직(18개월)이나 견책(6개월)과의 균형을 고려하면 과도하게 긴 기간이라고 보기는 어렵다. 비위공무원에 대한 징계를 통해 불이익을 줌으로써 공직기강을 바로 잡고 공무수행에 대한 국민의 신뢰를 유지하고자 하는 공익은 제한되는 사익 이상으로 중요하다. 이 사건 승진조항은 과잉금지원칙을 위반하여 청구인의 공무담임권을 침해하지 않는다(헌재 2022.3.31, 2020헌마211).

16 정답 ①

❶ [×] 법원조직법 및 사법보좌관규칙은 전문성과 능력을 갖춘 사법보좌관을 선발할 수 있도록 객관적인 선발자격 및 절차에 관하여 규정하고 있고, 사법보좌관 후보자로 하여금 일정한 교육을 받도록 하고 있으며, 사법보좌관에 대한 법관의 업무 감독권, 사법보좌관에 대한 제척·기피·회피절차 등 사법보좌관의 공정성과 중립성을 확보할 수 있는 여러 보장 장치를 마련하고 있다. 따라서 사법보좌관이 민사집행법에 따른 집행문 부여명령절차에서의 법원의 사무를 처리할 수 있도록 규정한 심판대상조항이 입법재량권을 벗어난 자의적인 입법이라고 단정할 수 없으므로, 심판대상조항은 법관에 의한 재판을 받을 권리를 침해하지 아니한다(헌재 2025.2.27, 2022헌바92등).
② [○] 헌법은 피고인의 반대신문권을 미국이나 일본과 같이 헌법상의 기본권으로까지 규정하지는 않았으나, 형사소송법은 제161조의2에서 피고인의 반대신문권을 포함한 교호신문권을 명문으로 규정하여 피고인에게 불리한 증거에 대하여 반대신문할 수 있는 권리를 원칙적으로 보장하고 있는바, 이는 헌법 제12조 제1항, 제27조 제1항, 제3항 및 제4항에 의한 공정한 재판을 받을 권리를 구현한 것이다(헌재 1994.4.28, 93헌바26).
③ [○] 청구인의 변호인 김선수가 1994.3.21. 국가보안법위반죄로 구속기소된 청구인의 변론준비를 위하여 같은 달 22. 피청구인에게 한 서울지방검찰청 1994년 형제19005호 사건 수사기록 일체에 대한 열람·등사신청에 대하여 같은 달 26. 국가기밀의 누설이나 증거인멸, 증인협박, 사생활침해의 우려 등 정당한 사유를 밝히지 아니한 채 피청구인이 이를 거부한 것은 청구인의 신속하고 공정한 재판을 받을 권리와 변호인의 조력을 받을 권리를 침해한 것으로서 위헌이라 할 것이다(헌재 1997.11.27, 94헌마60).
④ [○] 모든 국민에게 상고심의 재판을 받을 권리를 보장하는 헌법상의 명문규정을 두지 아니하고 상고의 허용 여부를 법률이 정하는 바에 따르도록 한 우리의 법제하에서는 헌법 제27조에서 규정한 재판을 받을 권리에 상고법원의 구성법관에 의

한, 상고심절차에 의한 재판을 받을 권리까지도 포함된다고 할 수는 없다. 따라서 특별한 사정이 없는 한, 모든 사건에 대하여 획일적으로 상고할 수 있게 하느냐 않느냐의 여부는 입법재량의 문제라고 할 것이므로 소액사건심판법 제3조가 소액사건에 대하여 상고의 이유를 제한하였다고 하여 그것만으로 재판청구권을 침해하였다고 볼 수 없다(대판 2004.8.20, 2003카기33).

17 정답 ②

① [O] 공무원이 범죄행위로 형사처벌을 받은 경우 국민의 신뢰가 손상되고 공직 전체에 대한 신뢰를 실추시켜 공공의 이익을 해하는 결과를 초래하는 것은 그 이후 특별사면 및 복권을 받아 형의 선고의 효력이 상실된 경우에도 마찬가지이다. 또한, 형의 선고의 효력을 상실하게 하는 특별사면 및 복권을 받았다 하더라도 그 대상인 형의 선고의 효력이나 그로 인한 자격 상실 또는 정지의 효력이 장래를 향하여 소멸되는 것에 불과하고, 형사처벌에 이른 범죄사실 자체가 부인되는 것은 아니므로, 공무원 범죄에 대한 제재수단으로서의 실효성을 확보하기 위하여 특별사면 및 복권을 받았다 하더라도 퇴직급여 등을 계속 감액하는 것을 두고 현저히 불합리하다고 평가할 수 없다. 나아가 심판대상조항에 의하여 퇴직급여 등의 감액대상이 되는 경우에도 본인의 기여금 부분은 보장하고 있다. 따라서 심판대상조항은 그 합리적인 이유가 인정되는바, 재산권 및 인간다운 생활을 할 권리를 침해한다고 볼 수 없어 헌법에 위반되지 아니한다(헌재 2020.4.23, 2018헌바402).
❷ [X] 생활이 어려운 국민에게 필요한 급여를 행하여 이들의 최저생활을 보장하기 위해 제정된 '국민기초생활 보장법'은 부양의무자에 의한 부양과 다른 법령에 의한 보호가 이 법에 의한 급여에 우선하여 행하여지도록 하는 보충급여의 원칙을 채택하고 있는바, '형의 집행 및 수용자의 처우에 관한 법률' 및 치료감호법에 의한 구치소·치료감호시설에 수용 중인 자는 당해 법률에 의하여 생계유지의 보호와 의료적 처우를 받고 있으므로 이러한 구치소·치료감호시설에 수용 중인 자에 대하여 '국민기초생활 보장법'에 의한 중복적인 보장을 피하기 위하여 개별가구에서 제외하기로 한 입법자의 판단이 헌법상 용인될 수 있는 재량의 범위를 일탈하여 인간다운 생활을 할 권리와 보건권을 침해한다고 볼 수 없다(헌재 2012.2.23, 2011헌마123).
③ [O] 심판대상조항이 배우자의 재혼을 유족연금수급권 상실사유로 규정한 것은 배우자가 재혼을 통하여 새로운 부양관계를 형성함으로써 재혼 상대방 배우자를 통한 사적 부양이 가능해짐에 따라 더 이상 사망한 공무원의 유족으로서의 보호의 필요성이나 중요성을 인정하기 어렵다고 보았기 때문이다. 이는 한정된 재원의 범위 내에서 부양의 필요성과 중요성 등을 고려하여 유족들을 보다 효과적으로 보호하기 위한 것이므로, 입법재량의 한계를 벗어나 재혼한 배우자의 인간다운 생활을 할 권리와 재산권을 침해하였다고 볼 수 없다(헌재 2022.8.31, 2019헌가31).
④ [O] 국가가 인간다운 생활을 보장하기 위한 헌법적 의무를 다하였는지의 여부가 사법적 심사의 대상이 된 경우에는, 국가가 생계보호에 관한 입법을 전혀 하지 아니하였다든가 그 내용이 현저히 불합리하여 헌법상 용인될 수 있는 재량의 범위를 명백히 일탈한 경우에 한하여 인간다운 생활을 할 권리를 보장한 헌법에 위반된다고 할 수 있다(헌재 1997.5.29, 94헌마33).

18 정답 ④

① [O] 고졸검정고시 공고일 기준 고등학교를 퇴학한 이후 6개월 동안 고졸검정고시의 응시자격을 제한한 심판대상조항은 청구인들의 교육을 받을 권리를 침해한다고 볼 수 없다(헌재 2022.5.26, 2020헌마1512 등).
② [O] 헌법 제31조 제1항에서 보장되는 교육의 기회균등권은 '정신적·육체적 능력 이외의 성별·종교·경제력·사회적 신분 등에 의하여 교육을 받을 기회를 차별하지 않고, 즉 합리적 차별사유 없이 교육을 받을 권리를 제한하지 아니함과 동시에 국가가 모든 국민에게 균등한 교육을 받게 하고 특히 경제적 약자가 실질적인 평등교육을 받을 수 있도록 적극적 정책을 실현해야 한다는 것'을 의미하므로, 실질적인 평등교육을 실현해야 할 국가의 적극적인 의무가 인정되지만, 이러한 의무조항으로부터 국민이 직접 실질적 평등교육을 위한 교육비를 청구할 권리가 도출되는 것은 아니다(헌재 2003.11.27, 2003헌바39).
③ [O] 자녀의 양육과 교육에 있어서 부모의 교육권은 교육의 모든 영역에서 존중되어야 하며, 다만, 학교교육에 관한 한, 국가는 헌법 제31조에 의하여 부모의 교육권으로부터 원칙적으로 독립된 독자적인 교육권한을 부여받음으로써 부모의 교육권과 함께 자녀의 교육을 담당하지만, 학교 밖의 교육영역에서는 원칙적으로 부모의 교육권이 우위를 차지한다(헌재 2000.4.27, 98헌가16).
❹ [X] 사립학교에도 국·공립학교처럼 의무적으로 운영위원회를 두도록 할 것인지, 아니면 임의단체인 기존의 육성회 등으로 하여금 유사한 역할을 계속할 수 있게 하고 법률에서 규정된 운영위원회를 재량사항으로 하여 그 구성을 유도할 것인지의 여부는 입법자의 입법형성영역인 정책문제에 속하고, 그 재량의 한계를 현저하게 벗어나지 않는 한 헌법위반으로 단정할 것은 아니다. 청구인이 위 조항으로 인하여 사립학교의 운영위원회에 참여하지 못하였다고 할지라도 그로 인하여 교육참여권이 침해되었다고 볼 수 없다. 입법자가 국·공립학교와는 달리 사립학교를 설치·경영하는 학교법인 등이 당해학교에 운영위원회를 둘 것인지의 여부를 스스로 결정할 수 있도록 한 것은 사립학교의 특수성과 자주성을 존중하는데 그 목적이 있으므로 결국 위 조항이 국·공립학교의 학부모에 비하여 사립학교의 학부모를 차별취급한 것은 합리적이고 정당한 사유가 있어 평등권을 침해한 것이 아니다(헌재 1999.3.25, 97헌마130).

19 정답 ①

❶ [O] 헌법 제33조 제1항이 "근로자는 근로조건의 향상을 위하여 자주적인 단결권, 단체교섭권, 단체행동권을 가진다"고 규정하여 근로자에게 "단결권, 단체교섭권, 단체행동권"을 기본권으로 보장하는 뜻은 근로자가 사용자와 대등한 지위에서 단

체교섭을 통하여 자율적으로 임금 등 근로조건에 관한 단체협약을 체결할 수 있도록 하기 위한 것이다. 비록 헌법이 위 조항에서 '단체협약체결권'을 명시하여 규정하고 있지 않다고 하더라도 근로조건의 향상을 위한 근로자 및 그 단체의 본질적인 활동의 자유인 '단체교섭권'에는 단체협약체결권이 포함되어 있다고 보아야 한다(헌재 1998.2.27, 94헌바13).

② [×] 심판대상조항은 소방공무원이 그 업무의 성격상 사회공공의 안녕과 질서유지에 미치는 영향력이 크고, 그 책임 및 직무의 중요성, 신분 및 근로조건의 특수성이 인정되므로, 노동조합원으로서의 지위를 가지고 업무를 수행하는 것이 적절하지 아니하다고 보아 노동조합 가입대상에서 제외한 것이다. 또한 소방공무원은 특정직 공무원으로서 '소방공무원법'에 의하여 신분보장이나 대우 등 근로조건의 면에서 일반직공무원에 비하여 두텁게 보호받고 있다. 따라서 심판대상조항이 헌법 제33조 제2항의 입법형성권의 한계를 일탈하여 소방공무원인 청구인의 단결권을 침해한다고 볼 수 없다(헌재 2008.12.26, 2006헌마462).

③ [×] 이 사건 법률조항은 대내외적으로 교원노조의 자주성과 주체성을 확보하여 교원의 실질적 근로조건 향상에 기여한다는 데 그 입법목적이 있는 것으로 그 목적이 정당하고, 교원노조의 조합원을 재직 중인 교원으로 한정하는 것은 이와 같은 목적을 달성하기 위한 적절한 수단이라 할 수 있다. 이 사건 법률조항으로 인하여 교원 노조 및 해직 교원의 단결권 자체가 박탈된다고 할 수는 없는 반면, 교원이 아닌 자가 교원노조의 조합원 자격을 가질 경우 교원노조의 자주성에 대한 침해는 중대할 것이어서 법익의 균형성도 갖추었으므로, 이 사건 법률조항은 청구인들의 단결권을 침해하지 아니한다(헌재 2015.5.28, 2013헌마671).

④ [×] 교원노조를 설립하거나 가입하여 활동할 수 있는 자격을 초·중등교원으로 한정함으로써 교육공무원이 아닌 대학 교원에 대해서는 근로기본권의 핵심인 단결권조차 전면적으로 부정한 측면에 대해서는 그 입법목적의 정당성을 인정하기 어렵고, 수단의 적합성 역시 인정할 수 없다. 설령 일반 근로자 및 초·중등교원과 구별되는 대학 교원의 특수성을 인정하더라도, 대학 교원에게도 단결권을 인정하면서 다만 해당 노동조합이 행사할 수 있는 권리를 다른 노동조합과 달리 강한 제약 아래 두는 방법도 얼마든지 가능하므로, 단결권을 전면적으로 부정하는 것은 필요 최소한의 제한이라고 보기 어렵다. 그러므로 교육공무원인 대학 교원에게 노동조합을 조직하고 가입할 권리인 단결권을 전혀 인정하지 않는 심판대상조항은 입법형성권의 범위를 벗어난 것으로서 헌법에 위반된다(헌재 2018.8.30, 2015헌가38).

20 정답 ①

❶ [×] 재외선거인 등록신청조항이 재외선거인에게 국회의원재·보궐선거의 선거권을 인정하지 않은 것이 나머지 청구인들의 선거권을 침해하거나 보통선거원칙에 위배된다고 볼 수 없다(헌재 2014.7.24, 2009헌마256).

> **관련판례**
>
> 입법자는 재외선거제도를 형성하면서, 잦은 재·보궐선거는 재외국민으로 하여금 상시적인 선거체제에 직면하게 하는 점, 재외 재·보궐선거의 투표율이 높지 않을 것으로 예상되는 점, 재·보궐선거 사유가 확정될 때마다 전 세계 해외 공관을 가동하여야 하는 등 많은 비용과 시간이 소요된다는 점을 종합적으로 고려하여 재외선거인에게 국회의원의 재·보궐선거권을 부여하지 않았다고 할 것이고, 이와 같은 선거제도의 형성이 현저히 불합리하거나 불공정하다고 볼 수 없다. 따라서 재외선거인 등록신청조항은 재외선거인의 선거권을 침해하거나 보통선거원칙에 위배된다고 볼 수 없다.

② [O] 지방의회의원 선거권은 헌법에 명시되어 있으며, 지방자치단체의 장 선거권은 판례가 인정하는 헌법상의 기본권이다.

> **헌법 제118조** ② 지방의회의 조직·권한·의원선거와 지방자치단체의 장의 선임방법 기타 지방자치단체의 조직과 운영에 관한 사항은 법률로 정한다.

주민자치제를 본질로 하는 민주적 지방자치제도가 안정적으로 뿌리내린 현 시점에서 지방자치단체의 장 선거권을 지방의회의원 선거권, 나아가 국회의원 선거권 및 대통령 선거권과 구별하여 하나는 법률상의 권리로, 나머지는 헌법상의 권리로 이원화하는 것은 허용될 수 없다. 그러므로 지방자치단체의 장 선거권 역시 다른 선거권과 마찬가지로 헌법 제24조에 의해 보호되는 기본권으로 인정하여야 한다(헌재 2016.10.27, 2014헌마797).

③ [O] 1년 이상의 징역형을 선고받은 사람의 선거권을 제한함으로써 형사적·사회적 제재를 부과하고 준법의식을 강화한다는 공익이, 형 집행기간 동안 선거권을 행사하지 못하는 수형자 개인의 불이익보다 작다고 할 수 없다. 따라서 심판대상조항은 과잉금지원칙을 위반하여 청구인의 선거권을 침해하지 아니한다(헌재 2017.5.25, 2016헌마292).

④ [O] 보통선거제도는 일정한 연령에 이르지 못한 국민에 대하여 선거권을 제한하는 것을 당연한 전제로 삼고 있고, 헌법은 제24조에서 모든 국민은 '법률이 정하는바'에 의하여 선거권을 가진다고 규정함으로써 선거권 연령의 구분을 입법자에게 위임하고 있으므로, 보통선거에서 선거권 연령을 몇 세로 정할 것인가의 문제는 입법자가 그 나라의 역사, 전통과 문화, 국민의 의식수준, 교육적 요소, 미성년자의 신체적·정신적 자율성, 정치적 사회적 영향 등 여러 가지 사항을 종합하여 결정하는 것으로서, 이는 입법자가 입법목적 달성을 위한 선택의 문제이고 입법자가 선택한 수단이 현저하게 불합리하고 불공정한 것이 아닌 한 재량에 속하는 것인바, 공선법 제15조 제1항이 선거권 연령을 20세 이상으로 제한하고 있는 것은, 입법자가 미성년자의 정신적 신체적 자율성의 불충분 외에도 교육적인 측면에서 예견되는 부작용과 일상생활 여건상 독자적으로 정치적인 판단을 할 수 있는 능력에 대한 의문 등 여러 가지 사정을 고려하여 규정한 것이어서 이를 입법부에게 주어진 합리적인 재량의 범위를 벗어난 것으로 볼 수 없으므로, 위 법 조항은 18~19세 미성년자들에게 보장된 헌법 제11조 제1항의 평등권이나 제41조 제1항의 보통·평등선거의 원칙에 위반하는 것이 아니다(헌재 2001.6.28, 2000헌마111).

10회 실전동형모의고사 정답 및 해설

정답

p.90

01	④	02	①	03	①	04	①	05	③
06	②	07	②	08	④	09	④	10	②
11	②	12	④	13	④	14	②	15	③
16	③	17	④	18	①	19	①	20	③

01
정답 ④

① [O] 현행 헌법은 1987년에 전부개정된 것이다.
② [O] 헌법 제128조 제1항에 대한 옳은 내용이다.

> 헌법 제128조 ① 헌법개정은 국회재적의원 과반수 또는 대통령의 발의로 제안된다.

③ [O] 헌법 제130조 제1항에 대한 옳은 내용이다.

> 헌법 제130조 ① 국회는 헌법개정안이 공고된 날로부터 60일 이내에 의결하여야 하며, 국회의 의결은 재적의원 3분의 2 이상의 찬성을 얻어야 한다.

❹ [X] 국회의원선거권자 과반수의 찬성이 아닌 국회의원선거권자 과반수의 투표와 투표자 과반수의 찬성을 얻어야 한다.

> 헌법 제130조 ② 헌법개정안은 국회가 의결한 후 30일 이내에 국민투표에 붙여 국회의원선거권자 과반수의 투표와 투표자 과반수의 찬성을 얻어야 한다.

02
정답 ①

❶ [X] 헌법의 기본원리는 헌법의 이념적 기초인 동시에 헌법을 지배하는 지도원리로서 입법이나 정책결정의 방향을 제시하며 공무원을 비롯한 모든 국민·국가기관이 헌법을 존중하고 수호하도록 하는 지침이 되며, 구체적 기본권을 도출하는 근거로 될 수는 없으나 기본권의 해석 및 기본권제한입법의 합헌성 심사에 있어 해석기준의 하나로서 작용한다(헌재 1996.4.25, 92헌바47).
② [O] 헌법은 전문과 각 개별조항이 서로 밀접한 관련을 맺으면서 하나의 통일된 가치체계를 이루고 있는 것으로서, 헌법의 제 규정 가운데는 헌법의 근본가치를 보다 추상적으로 선언한 것도 있고, 이를 보다 구체적으로 표현한 것도 있으므로 이념적·논리적으로는 헌법규범상호간의 우열을 인정할 수 있는 것이 사실이다. 그러나 이때 인정되는 헌법규범상호간의 우열은 추상적 가치규범의 구체화에 따른 것으로서 헌법의 통일적 해석에 있어서는 유용할 것이지만, 그것이 헌법의 어느 특정규정이 다른 규정의 효력을 전면적으로 부인할 수 있을 정도의 개별적 헌법규정 상호간에 효력상의 차등을 의미하는 것이라고는 볼 수 없다(헌재 1996.6.13, 94헌바20).
③ [O] 헌법의 해석은 헌법이 담고 추구하는 이상과 이념에 따른 역사적, 사회적 요구를 올바르게 수용하여 헌법적 방향을 제시하는 헌법의 창조적 기능을 수행하여 국민적 욕구와 의식에 알맞는 실질적 국민주권의 실현을 보장하는 것이어야 한다(헌재 1989.9.8, 88헌가6).
④ [O] 헌법재판소의 헌법해석은 헌법이 내포하고 있는 특정한 가치를 탐색·확인하고 이를 규범적으로 관철하는 작업인 점에 비추어, 헌법재판소가 행하는 구체적 규범통제의 심사기준은 원칙적으로 헌법재판을 할 당시에 규범적 효력을 가지는 현행 헌법이다(헌재 2013.3.21, 2010헌바132).

03
정답 ①

㉠ [X] 1948년 제헌헌법은 국민투표를 거치지 않고 확정되었다.
㉡ [O] 1954년 제2차 개정헌법에 대한 옳은 내용이다.
㉢ [X] 1952년 제1차 개정헌법에서 최초로 양원제를 규정하였다.
㉣ [X] 1969년 제6차 개정헌법에서 대통령의 연임을 3기로 한정하였다. 대통령의 임기를 4년으로 하고 1차에 한하여 중임할 수 있도록 규정한 것은 제헌헌법, 제5차 개정헌법이다.
㉤ [X] 헌법소원에 관한 심판이 최초로 규정된 것은 제9차 개정헌법이다.

04
정답 ①

❶ [X] 이 사건 법률조항이 국가정책에 관한 주민투표의 경우에 주민투표소송을 배제함으로써 지방자치단체의 주요결정사항에 관한 주민투표의 경우와 달리 취급하였다 하더라도, 이는 양자 사이의 본질적인 차이를 감안한 것으로서 입법자의 합리적인 입법형성의 영역 내의 것이라 할 것이고, 따라서 자의적인 차별이라고는 보기 어려우므로, 이 사건 법률조항이 청구인들의

평등권을 침해한다고 볼 수 없다(헌재 2009.3.26, 2006헌마99).

② [O] 헌법 제117조 제2항은 지방자치단체의 종류를 법률로 정하도록 규정하고 있을 뿐 지방자치단체의 종류 및 구조를 명시하고 있지 않으므로 이에 관한 사항은 기본적으로 입법자에게 위임된 것으로 볼 수 있다. 헌법상 지방자치제도보장의 핵심영역 내지 본질적 부분이 특정 지방자치단체의 존속을 보장하는 것이 아니며 지방자치단체에 의한 자치행정을 일반적으로 보장하는 것이므로, 현행법에 따른 지방자치단체의 중층구조 또는 지방자치단체로서 특별시·광역시 및 도와 함께 시·군 및 구를 계속하여 존속하도록 할지 여부는 결국 입법자의 입법형성권의 범위에 들어가는 것으로 보아야 한다. 같은 이유로 일정구역에 한하여 당해 지역 내의 지방자치단체인 시·군을 모두 폐지하여 중층구조를 단층화하는 것 역시 입법자의 선택범위에 들어가는 것이다(헌재 2006.4.27, 2005헌마1190).

③ [O] 이 사건 법률조항은 공소 제기된 자로서 구금되었다는 사실 자체에 사회적 비난의 의미를 부여한다거나 그 유죄의 개연성에 근거하여 직무를 정지시키는 것이 아니라, 구금의 효과, 즉 구속되어 있는 자치단체장의 물리적 부재상태로 말미암아 자치단체행정의 원활하고 계속적인 운영에 위험이 발생할 것이 명백하여 이를 미연에 방지하기 위하여 직무를 정지시키는 것이므로, '범죄사실의 인정 또는 유죄의 인정에서 비롯되는 불이익'이라거나 '유죄를 근거로 하는 사회윤리적비난'이라고 볼 수 없다. 따라서 무죄추정의 원칙에 위반되지 않는다(헌재 2011.4.28, 2010헌마474).

④ [O] 이 사건 법률조항은 '금고 이상의 형이 선고되었다.'는 사실 자체에 주민의 신뢰가 훼손되고 자치단체장으로서 직무의 전념성이 해쳐질 것이라는 부정적 의미를 부여한 후, 그러한 판결이 선고되었다는 사실만을 유일한 요건으로 하여, 형이 확정될 때까지의 불확정한 기간 동안 자치단체장으로서의 직무를 정지시키는 불이익을 가하고 있으며, 그와 같이 불이익을 가함에 있어 필요최소한에 그치도록 엄격한 요건을 설정하지도 않았으므로, 무죄추정의 원칙에 위배된다(헌재 2010.9.2, 2010헌마418).

05 정답 ③

㉠ [O] 개인정보자기결정권의 헌법상 근거로는 헌법 제17조의 사생활의 비밀과 자유, 헌법 제10조 제1문의 인간의 존엄과 가치 및 행복추구권에 근거를 둔 일반적 인격권 또는 위 조문들과 동시에 우리 헌법의 자유민주적 기본질서 규정 또는 국민주권원리와 민주주의원리 등을 고려할 수 있으나, 개인정보자기결정권으로 보호하려는 내용을 위 각 기본권들 및 헌법원리들 중 일부에 완전히 포섭시키는 것은 불가능하다고 할 것이므로, 그 헌법적 근거를 굳이 어느 한 두개에 국한시키는 것은 바람직하지 않은 것으로 보이고, 오히려 개인정보자기결정권은 이들을 이념적 기초로 하는 독자적 기본권으로서 헌법에 명시되지 아니한 기본권이라고 보아야 할 것이다(헌재 2005.5.26, 99헌마513등).

㉡ [O] 태어난 즉시 '출생등록될 권리'는 '출생 후 아동이 보호를 받을 수 있는 최대한 빠른 시점'에 아동의 출생과 관련된 기본적인 정보를 국가가 관리할 수 있도록 등록할 권리로서, 아동이 사람으로서 인격을 자유로이 발현하고, 부모와 가족 등의 보호하에 건강한 성장과 발달을 할 수 있도록 최소한의 보호장치를 마련하도록 요구할 수 있는 권리이다. 이는 헌법에 명시되지 아니한 독자적 기본권으로서, 자유로운 인격실현을 보장하는 자유권적 성격과 아동의 건강한 성장과 발달을 보장하는 사회적 기본권의 성격을 함께 지닌다(헌재 2023.3.23, 2021헌마975).

㉢ [O] 사람은 자신의 의사에 반하여 얼굴을 비롯하여 일반적으로 특정인임을 식별할 수 있는 신체적 특징에 관하여 함부로 촬영당하지 아니할 권리를 가지고 있으므로, 촬영허용행위는 헌법 제10조로부터 도출되는 초상권을 포함한 일반적 인격권을 제한한다고 할 것이다(헌재 2014.3.27, 2012헌마652).

㉣ [X] 평화적 생존권은 이를 헌법에 열거되지 아니한 기본권으로서 특별히 새롭게 인정할 필요성이 있다거나 그 권리내용이 비교적 명확하여 구체적 권리로서의 실질에 부합한다고 보기 어려워 헌법상 보장된 기본권이라고 할 수 없다(헌재 2009.5.28, 2007헌마369).

㉤ [O] 자녀의 양육과 교육은 일차적으로 부모의 천부적인 권리인 동시에 부모에게 부과된 의무이기도 하다. '부모의 자녀에 대한 교육권'은 비록 헌법에 명문으로 규정되어 있지는 아니하지만, 이는 모든 인간이 누리는 불가침의 인권으로서 혼인과 가족생활을 보장하는 헌법 제36조 제1항, 행복추구권을 보장하는 헌법 제10조 및 "국민의 자유와 권리는 헌법에 열거되지 아니한 이유로 경시되지 아니한다"고 규정하는 헌법 제37조 제1항에서 나오는 중요한 기본권이다(헌재 2000.4.27, 98헌가16등).

㉥ [O] 장애인의 접근권은 헌법상 인간의 존엄과 가치 및 행복을 추구할 권리를 장애인에게도 동등하게 보장하고, 사회적 약자인 장애인이 인간다운 생활을 하는데 필수적인 전제가 되는 권리로서, 비록 헌법에 명시되지는 않았으나 헌법 규정들로부터 도출되는 기본권으로서의 지위를 가진다(대판 2024.12.19, 2022다289051).

06 정답 ②

① [O] 개인정보보호법조항은 정보주체의 개인정보를 보호하고 개인정보자기결정권을 보장하기 위하여 개인정보처리자로부터 개인정보를 제공받은 자가 정보주체의 동의 또는 다른 법률의 특별한 규정 없이 개인정보를 제공받은 목적 외의 용도로 이용하는 것을 금지하고 있으므로, 목적의 정당성 및 수단의 적합성이 인정된다. 개인정보보호법조항에 따른 일반적 행동자유권의 제한이 그 입법목적 달성을 위하여 필요한 정도를 넘어 과도한 것이라고 보기 어려우므로, 개인정보보호법조항은 침해의 최소성이 인정된다. 개인정보보호법조항으로 인하여 개인정보처리자로부터 개인정보를 제공받은 자가 그 제공 당시 예정되어 있었던 해당 개인정보의 이용 목적으로만 그 개인정보를 이용할 수 있고, 그 외의 용도로는 이용할 수 없게 됨으로써 일반적 행동자유권이 제한되는 정도는 크다고 볼 수 없는 반면, 개인정보보호법조항이 달성하고자 하는 개인정보의 보호 및 개인정보자기결정권의 보장이라는 공익은 매우 중대하므로, 개인정보보호법조항은 법익의 균형성도 갖추었

다. 개인정보보호법조항은 과잉금지원칙에 반하여 일반적 행동자유권을 침해하지 않는다(헌재 2025.4.10, 2019헌바519).
❷ [×] 이륜자동차 등이 일반도로의 모든 차로를 자유로이 통행하는 것을 허용한다면 일반도로의 다른 차량 운전자들에게 심리적 위축 및 불안감을 야기하고, 교통사고 발생 확률을 높여 원활한 교통소통 및 교통 안전성을 저해할 가능성이 상당하므로 일반도로에서 이륜자동차 등이 통행할 수 있는 차로를 오른쪽 차로로 제한할 필요가 있는 점, 도로교통법 관계 법령은 이륜자동차 등이 통행할 수 있는 차로를 제한하면서도 이륜자동차 등 운전자들의 통행의 자유(일반적 행동의 자유)에 대한 제한을 완화하고, 안전한 주행과 원활한 교통 흐름을 확보하기 위한 규정을 두고 있는 점 등을 고려하면 심판대상조항은 이륜자동차 등 운전자의 통행의 자유(일반적 행동의 자유)를 침해하지 아니한다(헌재 2025.4.10, 2020헌마1437등). 지문은 헌법재판소의 반대의견이다.
③ [O] 가사소송의 특성상 당사자 본인의 진술을 직접 들어 적정한 재판을 하여야 하는 공익은, 청구인이 변론기일에 출석하지 아니하고 대리인을 출석시킴으로써 생업 등의 시간을 확보하고자 하는 사익에 비하여 결코 작다고 할 수 없어 법익의 균형성도 인정되므로, 이 사건 법률조항은 가사소송 당사자의 일반적 행동의 자유를 침해하지 아니한다(헌재 2012.10.25, 2011헌마598).
④ [O] 공무원의 기부금품 모집을 금지하는 '기부금품의 모집 및 사용에 관한 법률'은 과잉금지원칙이나 평등원칙에 반하여 공무원인 청구인들의 일반적 행동자유권을 침해하지 않는다(헌재 2019.11.28, 2018헌마579).

07 정답 ②

① [O] 이 사건 심판대상 조항은 국가가 독립유공자와 그 유족에 대한 예우의 일종인 유족보상금 지급에 있어서 자의적으로 의무를 이행함으로써 합리적인 이유 없이 보상금 수급권자의 수를 일률적으로 제한하고, 독립유공자의 선순위 자녀의 자녀인 손자녀가 여러 명인 경우에 그 중 나이가 많은 자와 그렇지 않은 자를 합리적인 이유 없이 차별하고 있으므로 청구인의 평등권을 침해하여 헌법에 위반된다(헌재 2013.10.24, 2011헌마724).
❷ [×] 청구인들은 심판대상조항이 주행속도가 승용자동차와 유사한 수준의 이륜자동차 등에 대하여도 일반도로에서 통행할 수 있는 차로를 제한하는바, 일반도로의 모든 차로를 통행할 수 있는 승용자동차와 이륜자동차 등을 합리적 이유 없이 다르게 취급하여 청구인들의 평등권을 침해한다고 주장한다. 그런데 위 주장은 심판대상조항이 이륜자동차 등이 통행할 수 있는 일반도로의 차로를 일률적으로 제한하여 과잉금지원칙에 위반되므로, 청구인의 통행의 자유(일반적 행동의 자유)를 침해한다는 주장과 그 취지가 다르지 않다. 이는 통행의 자유(일반적 행동의 자유) 침해 여부에 관한 판단에서 함께 살펴보기로 하고 별도로 판단하지 않는다(헌재 2025.4.10, 2020헌마1437등).
③ [O] 이 사건 법률조항은 헌법이 특별히 양성평등을 요구하는 경우나 관련 기본권에 중대한 제한을 초래하는 경우의 차별취급을 그 내용으로 하고 있다고 보기 어려우며, 징집대상자의 범위 결정에 관하여는 입법자의 광범위한 입법형성권이 인정된다는 점에 비추어 이 사건 법률조항이 평등권을 침해하는지 여부는 완화된 심사기준에 따라 판단하여야 한다(헌재 2010.11.25, 2006헌마328).
④ [O] 부담금은 국민의 재산권을 제한하여 일반 국민이 아닌 특별한 의무자집단에 대하여 부과되는 특별한 재정책임이므로, 납부의무자들을 일반 국민들과 달리 취급하여 이들을 불리하게 대우함에 있어서 합리적인 이유가 있어야 하며 자의적인 차별은 납부의무자들의 평등권을 침해한다. 평등원칙의 적용에 있어서 부담금의 문제는 합리성의 문제로서 자의금지원칙에 의한 심사 대상인데, 선별적 부담금의 부과라는 차별이 합리성이 있는지 여부는 그것이 행위 형식의 남용으로서 앞서 본 부담금의 헌법적 정당화 요건을 갖추었는지 여부와 관련이 있다(헌재 2019.12.27, 2017헌가21).

08 정답 ④

① [O] 헌법 제12조 제1항의 적법절차원칙은 형사소송절차에 국한되지 않고 모든 국가작용 전반에 대하여 적용되므로, 전투경찰순경의 인신구금을 내용으로 하는 영창처분에 있어서도 적법절차원칙이 준수되어야 한다(헌재 2016.3.31, 2013헌바190).
② [O] 보안처분은 그 본질, 추구하는 목적 및 기능에 있어 형벌과는 다른 독자적 의의를 가진 사회보호적인 처분이므로 형벌과 보안처분은 서로 병과하여 선고한다고 해서 그것이 헌법 제13조 제1항 후단 소정의 이중처벌금지원칙에 해당되지 아니한다는 것이 헌법재판소의 확립된 견해이고, 보안관찰법상 보안관찰처분 역시 그 본질이 위에서 살펴본 바와 같이 헌법 제12조 제1항에 근거한 보안처분인 이상, 형의 집행종료 후 별도로 보안관찰처분을 명할 수 있다고 규정한 보안관찰처분 근거조항이 헌법 제13조 제1항이 규정한 이중처벌금지원칙에 위반되었다고 할 수 없다(헌재 2015.11.26, 2014헌바475).
③ [O] 헌법재판소는 '보안처분이라 하더라도 형벌적 성격이 강하여 신체의 자유를 박탈하거나 박탈에 준하는 정도로 신체의 자유를 제한하는 경우에는 형벌불소급원칙이 적용된다.'고 판시하고 있다(헌재 2017.10.26, 2015헌바239 등).
❹ [×] 심판대상조항은 노역장 유치가 고액 벌금의 납입을 회피하는 수단으로 이용되는 것을 막고 1일 환형유치액에 대한 형평성을 제고하기 위한 것으로 입법목적이 정당하고, 수단의 적합성도 인정된다. 후단 경합범이라는 이유로 심판대상조항이 정한 노역장 유치기간의 하한을 적용하지 않을 수 있도록 한다면 고액 벌금의 회피수단으로 노역장 유치제도가 악용되는 것을 막고 1일 환형유치액 사이의 불균형을 최소화하고자 하는 이 조항의 입법취지가 몰각될 우려가 있다. 법관은 후단 경합범의 죄에 대하여 판결이 확정된 죄와 동시에 판결할 경우와 형평을 고려하여 형을 선고하고, 이 경우 그 형을 감경할 수 있을 뿐만 아니라 그 형을 면제할 수 있다. 또한 법관은 징역형과 벌금형이 병과된 경우 벌금형에 대하여서만 형을 면제하거나 선고를 유예할 수 있고, 필요한 경우 징역형의 양형과정에서 심판대상조항이 정한 유치기간의 하한을 참작함으로써 구체적 형평을 기할 수 있다. 심판대상조항은 과잉금지원칙에 위반하여 신체의 자유를 침해한다고 볼 수 없다(헌재 2025.2.27, 2024헌가8).

09   정답 ④

㉠ [×] 외국에서 실제로 형의 집행을 받았음에도 불구하고 우리 형법에 의한 처벌 시 이를 전혀 고려하지 않는다면 신체의 자유에 대한 과도한 제한이 될 수 있으므로 그와 같은 사정은 어느 범위에서든 반드시 반영되어야 하고, 이러한 점에서 입법형성권의 범위는 다소 축소될 수 있다. 입법자는 국가형벌권의 실현과 국민의 기본권 보장의 요구를 조화시키기 위하여 형을 필요적으로 감면하거나 외국에서 집행된 형의 전부 또는 일부를 필요적으로 산입하는 등의 방법을 선택하여 청구인의 신체의 자유를 덜 침해할 수 있음에도, 이 사건 법률조항과 같이 우리 형법에 의한 처벌 시 외국에서 받은 형의 집행을 전혀 반영하지 아니할 수도 있도록 한 것은 과잉금지원칙에 위배되어 신체의 자유를 침해한다(헌재 2015.5.28. 2013헌바129).

㉡ [×] 보안처분은 형벌과 달리 행위자의 장래 위험성에 근거하는 것으로 행위시가 아닌 재판시의 재범 위험성 여부에 대한 판단에 따라 결정되므로, 원칙적으로 재판 당시 현행법을 소급적용할 수 있다. 그러나 보안처분의 범주가 넓고 그 모습이 다양한 이상, 보안처분에 속한다는 이유만으로 일률적으로 소급처벌금지원칙이 적용된다거나 그렇지 않다고 단정해서는 안 되고, 보안처분으로 형벌불소급의 원칙이 유명무실하게 되는 것도 허용될 수 없다. 따라서 보안처분이라 하더라도 형벌적 성격이 강하여 신체의 자유를 박탈하거나 박탈에 준하는 정도로 신체의 자유를 제한하는 경우에는 소급처벌금지원칙이 적용된다(헌재 2015.9.24. 2015헌바35).

㉢ [×] 심판대상조항이 출입국관리법에 따라 보호된 사람을 인신보호법에 따라 구제청구를 할 수 있는 피수용자의 범위에서 제외한 것은, 출입국관리법상 보호가 외국인의 강제퇴거사유의 존부 심사 및 강제퇴거명령의 집행확보라는 행정목적을 담보하고 이를 효율적으로 집행하기 위해 행해지는 것으로 신체의 자유 제한 자체를 목적으로 하는 형사절차상의 인신구속 또는 여타의 행정상의 인신구속과는 그 목적이나 성질이 다르다는 점, 출입국관리법이 보호라는 인신구속의 적법성을 담보하기 위한 엄격한 사전절차와 사후적 구제수단을 충분히 마련하고 있는 이상, 인신보호법의 보호범위에 출입국관리법에 따라 보호된 자를 포함시킬 실익이 크지 아니한 점을 고려한 것이며, 여기에는 합리적 이유가 있다. 따라서 심판대상조항은 청구인들의 평등권을 침해하지 아니한다(헌재 2014.8.28. 2012헌마686).

㉣ [O] 강제퇴거명령의 효율적 집행이라는 행정목적 때문에 기간의 제한이 없는 보호를 가능하게 하는 것은 행정의 편의성과 획일성만을 강조한 것으로 피보호자의 신체의 자유를 과도하게 제한하는 것인 점, 강제퇴거명령을 받은 사람을 보호함에 있어 그 기간의 상한을 두고 있는 국제적 기준이나 외국의 입법례에 비추어 볼 때 보호기간의 상한을 정하는 것이 불가능하다고 볼 수 없는 점, 강제퇴거명령의 집행 확보는 심판대상조항에 의한 보호 외에 주거의 제한이나 보고, 신원보증인의 지정, 적정한 보증금의 납부, 감독관 등을 통한 지속적인 관찰 등 다양한 수단으로도 가능한 점, 현행 보호일시해제제도나 보호명령에 대한 이의신청, 보호기간 연장에 대한 법무부장관의 승인제도만으로는 보호기간의 상한을 두지 않은 문제가 보완된다고 보기 어려운 점 등을 고려하면, 심판대상조항은 침해의 최소성과 법익균형성을 충족하지 못한다. 따라서 심판대상조항은 과잉금지원칙을 위반하여 피보호자의 신체의 자유를 침해한다(헌재 2023.3.23. 2020헌가1).

㉤ [×] 변호인 선임을 위하여 피의자·피고인이 가지는 '변호인이 되려는 자'와의 접견교통권은 헌법상 기본권으로 보호되어야 하고, '변호인이 되려는 자'의 접견교통권은 피의자 등이 변호인을 선임하여 그로부터 조력을 받을 권리를 공고히 하기 위한 것으로서, 그것이 보장되지 않으면 피의자 등이 변호인 선임을 통하여 변호인으로부터 충분한 조력을 받는다는 것이 유명무실하게 될 수밖에 없다. 이와 같이 '변호인이 되려는 자'의 접견교통권은 피의자 등을 조력하기 위한 핵심적인 부분으로서, 피의자 등이 가지는 헌법상의 기본권인 '변호인이 되려는 자'와의 접견교통권과 표리의 관계에 있다. 따라서 피의자 등이 가지는 '변호인이 되려는 자'의 조력을 받을 권리가 실질적으로 확보되기 위해서는 '변호인이 되려는 자'의 접견교통권 역시 헌법상 기본권으로서 보장되어야 한다(헌재 2019.2.28. 2015헌마1204).

10   정답 ②

① [O] 소송사건의 대리인인 변호사가 수형자인 의뢰인을 접견하는 경우 변호사의 직업 활동은 변호사 개인의 이익을 넘어 수형자의 재판청구권 보장, 나아가 사법을 통한 권리구제라는 법치국가적 공익을 위한 것이기도 하다. 따라서 이러한 변호사의 직업수행의 자유 제한에 대한 심사에 있어서는 변호사 자신의 직업 활동에 가해진 제한의 정도를 살펴보아야 할 뿐 아니라 그로 인해 접견의 상대방인 수형자의 재판청구권이 제한되는 효과도 함께 고려되어야 하므로, 그 심사의 강도는 일반적인 경우보다 엄격하게 해야 할 것이다(헌재 2021.10.28. 2018헌마60).

❷ [×] 환경영향평가업자는 환경영향평가사를 고용함에 따른 부담이 있을 수 있으나 그에 상응하는 전문적인 노동력을 얻을 수 있는 것이고, 고용의무를 불이행한다고 하여 곧바로 직업을 박탈당하는 수준의 불이익이 있다고 보이지 아니한다. 환경영향평가의 내실화를 통한 환경보전의 공익이 환경영향평가사 고용의무를 부담하는 데 따른 불이익보다 중대하므로, 심판대상조항은 법익의 균형성에 반하지 아니한다. 그러므로 심판대상조항은 과잉금지원칙에 반하여 청구인들의 직업의 자유를 침해하지 아니한다(헌재 2025.3.27. 2022헌마914등).

③ [O] 직업행사의 자유에 대한 제한에 있어서는 직업선택의 자유에 비하여 상대적으로 그 침해의 정도가 작다고 할 것이며, 이에 대하여는 공공복리 등 공익상의 이유로 비교적 넓은 법률상의 규제가 가능하지만, 그 경우에도 헌법 제37조 제2항에서 정한 한계인 '과잉금지의 원칙'은 지켜져야 한다(헌재 2008.2.28. 2006헌마1028).

④ [O] 입식제한조항이 가축의 소유자 등에 대하여 일제 입식 및 출하 의무를 준수하도록 하고 14일 이상의 입식제한기간을 두도록 한 것은, 농장 내 오염원의 유입을 최소화하고 입식 전 청소, 세척 및 소독을 통해 오염원을 제거함으로써 가축전염병의 예방에 기여하기 위한 것으로 수단의 적합성이 인정된다. 일제 입식 및 출하를 준수하기 위하여 해당 농가는 적정 규모의 공간과 관리 시스템을 갖추어야 하는 부담을 진다. 또

한 14일 이상의 입식제한기간을 두는 것은 사육 회전수를 감소시켜 해당 농가에 경영 손실과 경제적 피해를 야기할 수 있다. 그러나 강화된 방역수칙을 통하여 전파력이 강한 전염병에 선제적이고 적극적으로 대응함으로써 국민의 안전과 건강을 확보하여야 할 공익은 입식제한조항으로 인하여 침해되는 사익보다 훨씬 크다고 할 것이므로, 입식제한조항은 법익의 균형성을 충족한다(헌재 2025.1.23, 2021헌마1194).

11 정답 ②

① [O] 헌법 제17조가 보장하는 '사생활의 비밀'은 사생활과 관련된 사사로운 자신만의 영역이 본인의 의사에 반해서 타인에게 알려지지 않도록 할 수 있는 권리로서 국가가 사생활영역을 들여다보는 것에 대한 보호를 제공하는 기본권이라 할 것이고, '사생활의 자유'란 사회공동체의 일반적인 생활규범의 범위 내에서 사생활을 자유롭게 형성해 나가고 그 설계 및 내용에 대해서 외부로부터의 간섭을 받지 아니할 권리로서 국가가 사생활의 자유로운 형성을 방해하거나 금지하는 것에 대한 보호를 의미한다(헌재 2010.10.28, 2009헌마544).
❷ [X] 헌법 제17조가 보호하고자 하는 기본권은 '사생활영역'의 자유로운 형성과 비밀유지라고 할 것이며, 공적인 영역의 활동은 다른 기본권에 의한 보호는 별론으로 하고 사생활의 비밀과 자유가 보호하는 것은 아니라고 할 것이다(헌재 2003.10.30, 2002헌마518).
③ [O] 흡연자들이 자유롭게 흡연할 권리를 흡연권이라고 한다면, 이러한 흡연권은 인간의 존엄과 행복추구권을 규정한 헌법 제10조와 사생활의 자유를 규정한 헌법 제17조에 의하여 뒷받침된다(헌재 2004.8.26, 2003헌마457).
④ [O] 정보화사회로의 이러한 급속한 진전에 직면하여 개인정보 보호의 필요성은 날로 증대하고 있다고 볼 때, 국가권력에 의하여 개인정보자기결정권을 제한함에 있어서는 개인정보의 수집 · 보관 · 이용 등의 주체, 목적, 대상 및 범위 등을 법률에 구체적으로 규정함으로써 그 법률적 근거를 보다 명확히 하는 것이 바람직하다. 그러나 개인정보의 종류와 성격, 정보처리의 방식과 내용 등에 따라 수권법률의 명확성 요구의 정도는 달라진다 할 것이고, 일반적으로 볼 때 개인의 인격에 밀접히 연관된 민감한 정보일수록 규범명확성의 요청은 더 강해진다고 할 수 있다(헌재 2005.7.21, 2003헌마282 등).

12 정답 ④

① [X] 헌법 제14조 제1항은 "모든 국민은 거주 · 이전의 자유를 가진다."고 규정하고 있고, 이러한 거주 · 이전의 자유에는 국내에서의 거주 · 이전의 자유뿐 아니라 국외 이주의 자유, 해외여행의 자유 및 귀국의 자유가 포함된다(헌재 2008.6.26, 2007헌마1366).
② [X] 누구든지 주민등록 여부와 무관하게 거주지를 자유롭게 이전할 수 있으므로 주민등록 여부가 거주 · 이전의 자유와 직접적인 관계가 있다고 보기 어려우며, 영내 기거하는 현역병은 병역법으로 인해 거주 · 이전의 자유를 제한받게 되므로 이 사건 법률조항은 영내 기거 현역병의 거주 · 이전의 자유를 제한하지 않는다(헌재 2011.6.30, 2009헌마59).
③ [X] 형사재판에 계속 중인 사람의 해외도피를 막아 국가 형벌권을 확보함으로써 실체적 진실발견과 사법정의를 실현하고자 하는 심판대상조항은 그 입법목적이 정당하고, 형사재판에 계속 중인 사람의 출국을 일정 기간 동안 금지할 수 있도록 하는 것은 이러한 입법목적을 달성하는 데 기여할 수 있으므로 수단의 적정성도 인정된다. 따라서 심판대상조항은 과잉금지원칙에 위배되어 출국의 자유를 침해하지 아니한다(헌재 2015.9.24, 2012헌바302).
❹ [O] 여권발급 신청인이 북한 고위직 출신의 탈북 인사로서 신변에 대한 위해 우려가 있다는 이유로 신청인의 미국 방문을 위한 여권발급을 거부한 것은 여권법 제8조 제1항 제5호에 정한 사유에 해당한다고 볼 수 없고 거주 · 이전의 자유를 과도하게 제한하는 것으로서 위법하다(대판 2008.1.24, 2007두10846).

13 정답 ④

① [O] 피청구인의 서신개봉행위는 법령상 금지되는 물품을 서신에 동봉하여 반입하는 것을 방지하기 위하여 구 형의 집행 및 수용자의 처우에 관한 법률 제43조 제3항 및 구 형집행법 시행령 제65조 제2항에 근거하여 수용자에게 온 서신의 봉투를 개봉하여 내용물을 확인한 행위로서, 교정시설의 안전과 질서를 유지하고 수용자의 교화 및 사회복귀를 원활하게 하기 위한 것이다. … 개봉하는 발신자나 수용자를 한정하거나 엑스레이 기기 등으로 확인하는 방법 등으로는 금지물품 동봉 여부를 정확하게 확인하기 어려워, 입법목적을 같은 정도로 달성하면서, 소장이 서신을 개봉하여 육안으로 확인하는 것보다 덜 침해적인 수단이 있다고 보기 어렵다. 또한 서신을 개봉하더라도 그 내용에 대한 검열은 원칙적으로 금지된다. 따라서 서신개봉행위는 청구인의 통신의 자유를 침해하지 아니한다(헌재 2021.9.30, 2019헌마919).
② [O] 법원이 실제 통신제한조치의 기간연장절차의 남용을 통제하는데 한계가 있는 이상 통신제한조치 기간연장에 사법적 통제절차가 있다는 사정만으로는 그 남용으로 인하여 개인의 통신의 비밀이 과도하게 제한되는 것을 막을 수 없다. 그럼에도 통신제한조치기간을 연장함에 있어 법운용자의 남용을 막을 수 있는 최소한의 한계를 설정하지 않은 이 사건 법률조항은 침해의 최소성원칙에 위반한다. … 그러므로 이 사건 법률조항은 과잉금지원칙에 위반하여 청구인의 통신의 비밀을 침해하였다고 할 것이다(헌재 2010.12.28, 2009헌가30).
③ [O] 심판대상조항은 휴대전화를 통한 문자 · 전화 · 모바일 인터넷 등 통신기능을 사용하고자 하는 자에게 반드시 사전에 본인확인 절차를 거치는 데 동의해야만 이를 사용할 수 있도록 하므로, 익명으로 통신하고자 하는 청구인들의 통신의 자유를 제한한다. … 통신의 비밀이란 서신 · 우편 · 전신의 통신수단을 통하여 개인 간에 의사나 정보의 전달과 교환(의사소통)이 이루어지는 경우, 통신의 내용과 통신이용의 상황이 개인의 의사에 반하여 공개되지 아니할 자유를 의미한다. 그러나 가입자의 인적사항이라는 정보는 통신의 내용 · 상황과 관계없는 '비 내용적 정보'이며 휴대전화 통신계약 체결 단계에서는 아직 통신수단을 통하여 어떠한 의사소통이 이루어지는 것이

아니므로 통신의 비밀에 대한 제한이 이루어진다고 보기는 어렵다(헌재 2019.9.26, 2017헌마1209).
❹ [×] 이동전화의 이용과 관련하여 필연적으로 발생하는 통신사실 확인자료는 비록 비내용적 정보이지만 여러 정보의 결합과 분석을 통해 정보주체에 관한 정보를 유추해낼 수 있는 민감한 정보인 점, 수사기관의 통신사실 확인자료 제공요청에 대해 법원의 허가를 거치도록 규정하고 있으나 수사의 필요성만을 그 요건으로 하고 있어 제대로 된 통제가 이루어지기 어려운 점, 기지국수사의 허용과 관련하여서는 유괴·납치·성폭력범죄 등 강력범죄나 국가안보를 위협하는 각종 범죄와 같이 피의자나 피해자의 통신사실 확인자료가 반드시 필요한 범죄로 그 대상을 한정하는 방안 또는 다른 방법으로는 범죄수사가 어려운 경우(보충성)를 요건으로 추가하는 방안 등을 검토함으로써 수사에 지장을 초래하지 않으면서도 불특정 다수의 기본권을 덜 침해하는 수단이 존재하는 점을 고려할 때, 이 사건 요청조항은 과잉금지원칙에 반하여 청구인의 개인정보자기결정권과 통신의 자유를 침해한다(헌재 2018.6.28, 2012헌마538).

14   정답 ②

① [O] 금치처분을 받은 사람은 최장 30일 이내의 기간 동안 공동행사에 참가할 수 없으나, 서신수수, 접견을 통해 외부와 통신할 수 있고, 종교상담을 통해 종교활동을 할 수 있으므로, 이 사건 금치조항 중 제108조 제4호에 관한 부분은 침해의 최소성에도 위반되지 아니한다. 금치처분을 받은 사람은 금치기간 동안 공동행사에 참가하는 방식으로 교정시설 내 수용자들과 교류하거나 종교활동을 할 수 없는 불이익을 받게 되나, 이는 규율의 준수를 통해 수용질서를 유지한다는 공익에 비하여 크다고 할 수 없으므로, 위 조항은 법익의 균형성도 갖추었다(헌재 2016.5.26, 2014헌마45).
❷ [×] 헌법 제20조 제1항은 양심의 자유와 별개로 종교의 자유를 따로 보장하고 있고, 이 사건 청구인 등의 대부분은 여호와의 증인 또는 카톨릭 신도로서 자신들의 종교적 신앙에 따라 병역의무를 거부하고 있으므로, 이 사건 법률조항에 의하여 이들의 종교의 자유도 함께 제한된다. 그러나 종교적 신앙에 의한 행위라도 개인의 주관적·윤리적 판단을 동반하는 것인 한 양심의 자유에 포함시켜 고찰할 수 있고, 앞서 보았듯이 양심적 병역거부의 바탕이 되는 양심상의 결정은 종교적 동기뿐만 아니라 윤리적·철학적 또는 이와 유사한 동기로부터 형성될 수 있는 것이므로, 이 사건에서는 양심의 자유를 중심으로 기본권 침해 여부를 판단하기로 한다(헌재 2018.6.28, 2011헌바379).
③ [O] 청구인은 심판대상행위가 종교의자유를 침해한다고 주장한다. 심판대상행위는 '종교가 있는지 여부'와 '있다면 구체적인 종교명이 무엇인지'를 묻는 조사항목들에 응답할 것을 요구하고 있는바, 이는 통계의 기초자료로 활용하기 위한 조사사항 중 하나로서 특정 종교를 믿는다는 이유로 불이익을 주거나 종교적 확신에 반하는 행위를 강요하기 위한 것이 아니다. 결국 청구인의 위 주장은 종교를 포함한 개인정보의 수집·활용 등이 개인정보자기결정권을 침해하는가의 문제로 귀결되므로, 개인정보자기결정권에 대한 침해 여부에 포함시켜 판단하면 충분하다. … 심판대상행위에 의하여 제한되는 사익은 청구인의 개인정보를 피청구인에게 제공하여야 하는 불이익인 반면, 심판대상행위로 달성하려는 공익은 그 조사결과를 정부정책의 수립·평가 또는 경제·사회현상의 연구·분석 등에 활용하여 사회발전에 기여하고자 하는 것으로서 청구인의 사익 제한보다 훨씬 크고 중요하다. 따라서 법익의 균형성도 갖추었다. 심판대상행위가 과잉금지원칙을 위반하여 청구인의 개인정보자기결정권을 침해하였다고 볼 수 없다(헌재 2017.7.27, 2015헌마1094).
④ [O] 양로시설을 설치하고자 하는 경우 일정한 시설기준과 인력기준 등을 갖추어야 하나, 이는 노인들의 안전한 주거공간 보장을 위한 최소한의 기준에 불과하므로 신고의무 부과가 지나치다고 할 수 없다. 종교단체에서 구호활동의 일환으로 운영하는 양로시설이라고 하더라도 신고대상에서 제외하면 관리·감독의 사각지대가 발생할 수 있으며, 일정 규모 이상의 양로시설의 경우 안전사고나 인권침해 피해정도가 커질 수 있으므로, 예외를 인정함이 없이 신고의무를 부과할 필요가 있다. 더욱이 일부 사회복지시설들의 탈법적인 운영을 방지하기 위하여는 강력한 제재를 가할 필요성이 인정되며, 사안의 경중에 따라 벌금형의 선고도 가능하므로 심판대상조항에 의한 처벌이 지나치게 과중하다고 볼 수 없다. 심판대상조항에 의하여 제한되는 사익에 비하여 심판대상조항이 달성하려는 공익은 양로시설에 입소한 노인들의 쾌적하고 안전한 주거환경을 보장하는 것으로 이는 매우 중대하다. 따라서 심판대상조항이 과잉금지원칙에 위배되어 종교의 자유를 침해한다고 볼 수 없다(헌재 2016.6.30, 2015헌바46).

15   정답 ③

㉠ [O] 구 법관징계법 제27조는 법관에 대한 대법원장의 징계처분 취소청구소송을 대법원에 의한 단심재판에 의하도록 규정하고 있는바, 이는 독립적으로 사법권을 행사하는 법관이라는 지위의 특수성과 법관에 대한 징계절차의 특수성을 감안하여 재판의 신속을 도모하기 위한 것으로 그 합리성을 인정할 수 있고, 대법원이 법관에 대한 징계처분 취소청구소송을 단심으로 재판하는 경우에는 사실확정도 대법원의 권한에 속하여 법관에 의한 사실확정의 기회가 박탈되었다고 볼 수 없으므로, 헌법 제27조 제1항의 재판청구권을 침해하지 아니한다(헌재 2012.2.23, 2009헌바34).
㉡ [×] 압수물은 검사의 이익을 위해서뿐만 아니라 이에 대한 증거신청을 통하여 무죄를 입증하고자 하는 피고인의 이익을 위해서도 존재하므로 사건종결 시까지 이를 그대로 보존할 필요성이 있다. 따라서 사건종결 전 일반적 압수물의 폐기를 규정하고 있는 형사소송법 제130조 제2항은 엄격히 해석할 필요가 있으므로, 위 법률조항에서 말하는 '위험발생의 염려가 있는 압수물'이란 사람의 생명, 신체, 건강, 재산에 위해를 줄 수 있는 물건으로서 보관 자체가 대단히 위험하여 종국판결이 선고될 때까지 보관하기 매우 곤란한 압수물을 의미하는 것으로 보아야 하고, 이러한 사유에 해당하지 아니하는 압수물에 대하여는 설사 피압수자의 소유권포기가 있다 하더라도 폐기가 허용되지 아니한다고 해석하여야 한다. 피청구인은 이 사건 압수물을 보관하는 것 자체가 위험하다고 볼 수 없을 뿐만 아니라 이를 보관하는 데 아무런 불편이 없는 물건임이 명백함에도 압수물에 대하여 소유권포기가 있다는 이유로 이를

사건종결 전에 폐기하였는바, 위와 같은 피청구인의 행위는 적법절차의 원칙을 위반하고, 청구인의 공정한 재판을 받을 권리를 침해한 것이다(헌재 2012.12.27, 2011헌마351).

ⓒ [×] 법원에 의한 범죄인인도심사는 국가형벌권의 확정을 목적으로 하는 형사절차와 같은 전형적인 사법절차의 대상에 해당되는 것은 아니며, 법률(범죄인인도법)에 의하여 인정된 특별한 절차라 볼 것이다. 그렇다면 심급제도에 대한 입법재량의 범위와 범죄인인도심사의 법적 성격, 그리고 범죄인인도법에서의 심사절차에 관한 규정 등을 종합할 때, 이 사건 법률조항이 범죄인인도심사를 서울고등법원의 단심제로 하고 있다고 해서 적법절차원칙에서 요구되는 합리성과 정당성을 결여한 것이라 볼 수 없다. 이 사건 법률조항이 적어도 법관과 법률에 의한 한 번의 재판을 보장하고 있고, 그에 대한 상소를 불허한 것이 적법절차원칙이 요구하는 합리성과 정당성을 벗어난 것이 아닌 이상, 그러한 상소 불허 입법이 입법재량의 범위를 벗어난 것으로서 재판청구권을 과잉 제한하는 것이라고 보기는 어렵다(헌재 2003.1.30, 2001헌바95).

ⓔ [×] 피고인 스스로 치료감호를 청구할 수 있는 권리, 법원으로부터 직권으로 치료감호를 선고받을 수 있는 권리는 헌법상 재판청구권의 보호범위에 포함되지 않는다. 공익의 대표자로서 준사법기관적 성격을 가지고 있는 검사에게만 치료감호 청구권한을 부여한 것은, 본질적으로 자유박탈적이고 침익적 처분인 치료감호와 관련하여 재판의 적정성 및 합리성을 기하기 위한 것이므로 적법절차원칙에 반하지 않는다. 그렇다면 이 사건 법률조항들은 재판청구권을 침해하거나 적법절차원칙에 반한다고 보기 어렵다(헌재 2021.1.28, 2019헌가24).

16 정답 ③

① [○] 헌법이 보호하려는 양심은 어떤 일의 옳고 그름을 판단함에 있어서 그렇게 행동하지 아니하고는 자신의 인격적인 존재가치가 허물어지고 말 것이라는 강력하고 진지한 마음의 소리이지, 막연하고 추상적인 개념으로서의 양심이 아니다(헌재 1997.3.27, 96헌가11).

② [○] 내심적 자유, 즉 양심형성의 자유와 양심적 결정의 자유는 내심에 머무르는 한 절대적 자유라고 할 수 있지만, 양심실현의 자유는 타인의 기본권이나 다른 헌법적 질서와 저촉되는 경우 헌법 제37조 제2항에 따라 국가안전보장 질서유지 또는 공공복리를 위하여 법률에 의하여 제한될 수 있는 상대적 자유라고 할 수 있다(헌재 1998.7.16, 96헌바35).

❸ [×] 일반적으로 민주적 다수는 법질서와 사회질서를 그의 정치적 의사와 도덕적 기준에 따라 형성하기 때문에, 그들이 국가의 법질서나 사회의 도덕률과 양심상의 갈등을 일으키는 것은 예외에 속한다. 양심의 자유에서 현실적으로 문제가 되는 것은 국가의 법질서나 사회의 도덕률에서 벗어나려는 소수의 양심이다. 따라서 양심상의 결정이 어떠한 종교관·세계관 또는 그 외의 가치체계에 기초하고 있는가와 관계없이, 모든 내용의 양심상의 결정이 양심의 자유에 의하여 보장된다(헌재 2004.8.26, 2002헌가1).

④ [○] 병역종류조항이 추구하는 공익은 대단히 중요한 것이기는 하나, 병역종류조항에 대체복무제를 도입한다고 하더라도 위와 같은 공익은 충분히 달성할 수 있다고 판단되는 반면, 병역종류조항에 대체복무제가 규정되지 않음으로 인하여 양심적 병역거부자가 감수하여야 하는 불이익은 심대하고, 이들에게 대체복무를 부과하는 것이 오히려 넓은 의미의 국가안보와 공익 실현에 더 도움이 된다는 점을 고려할 때, 병역종류조항은 기본권 제한의 한계를 초과하여 법익의 균형성 요건을 충족하지 못한 것으로 판단된다(헌재 2018.6.28, 2011헌바379 등).

17 정답 ④

ⓐ [○] 헌법 제13조 제2항에서 "모든 국민은 소급입법에 의하여 … 재산권을 박탈당하지 아니한다."라고 하여 소급입법에 의한 재산권의 박탈을 금지하고 있다. 과거의 사실관계 또는 법률관계를 규율하기 위한 소급입법의 태양에는 이미 과거에 완성된 사실·법률관계를 규율의 대상으로 하는 진정소급효의 입법과 이미 과거에 시작하였으나 아직 완성되지 아니하고 진행과정에 있는 사실·법률관계를 규율의 대상으로 하는 부진정소급효의 입법이 있다. 헌법 제13조 제2항이 금하고 있는 소급입법은 전자, 즉 진정소급효를 가지는 법률만을 의미하며, 이에 반하여 후자, 즉 부진정소급효의 입법은 원칙적으로 허용된다(헌재 2003.10.30, 2001헌마700).

ⓑ [×] 살처분은 가축의 전염병이 전파가능성과 위해성이 매우 커서 타인의 생명, 신체나 재산에 중대한 침해를 가할 우려가 있는 경우 이를 막기 위해 취해지는 조치로서, 가축 소유자가 수인해야 하는 사회적 제약의 범위에 속한다(헌재 2014.4.24, 2013헌바110).

ⓒ [○] 댐사용권은 사적유용성 및 그에 대한 원칙적 처분권을 내포하는 재산가치 있는 구체적 권리라고 할 것인바, 헌법 제23조에 의한 재산권 보장의 대상이 된다. 댐사용권변경조항은 이미 형성된 구체적인 재산권을 공익을 위하여 개별적이고 구체적으로 박탈·제한하는 것으로서 보상을 요하는 헌법 제23조 제3항의 수용·사용·제한을 규정한 것이라고 볼 수 없고, 적정한 수자원의 공급 및 수재방지 등 공익적 목적에서 건설되는 다목적댐에 관한 독점적 사용권인 댐사용권의 내용과 한계를 정하는 규정인 동시에 공익적 요청에 따른 재산권의 사회적 제약을 구체화하는 규정이라고 보아야 한다(헌재 2022.10.27, 2019헌바44).

ⓓ [×] 이 사건의 경우 청구인들을 비롯한 구법상의 재생처리신고업자가 소유하는 구체적인 시설, 장비나 채권 등 권리가 국가에 의하여 침해되는 경우가 아니다. 그리고 청구인들의 영업활동은 원칙적으로 자신의 계획과 책임하에 행위하면서 법제도에 의하여 반사적으로 부여되는 기회를 활용한 것에 지나지 않는다 할 것이므로, 청구인들이 주장하는 영업권은 위 헌법조항들이 말하는 재산권의 범위에 속하지 아니한다. 그러므로 이 사건 법률조항으로 인하여 청구인들의 재산권이 침해되었다거나, 소급입법에 의하여 재산권이 박탈되었다고 할 수 없다(헌재 2000.7.20, 99헌마452).

18 정답 ①

❶ [×] 특히, 정치운동 중 특정 정당 또는 특정인을 지지 또는 반대하기 위하여 기부금을 모집 또는 모집하게 하거나, 공공자금을 이용 또는 이용하게 하는 행위는 정치활동에 대한 지지·지원인 동시에 정책적 영향력 행사의 의도 또는 가능성을 내포하고 있는 행위로서, 이러한 행위는 공무원의 정치적 중립성에 정면으로 반하는 행위이다. 따라서 이 사건 기부금모집 금지조항은 위와 같은 입법목적의 달성에 적합한 수단임이 인정된다. 이 사건 기부금모집 금지조항이 과잉금지원칙을 위배하여 정치적 의사표현의 자유를 제한한다고 볼 수 없다(헌재 2012.7.26, 2009헌바298).
② [○] 심판대상조항이 서울교통공사 상근임원의 경선운동을 금지하는 데 더하여 상근직원에게까지 경선운동을 금지하는 것은 당내경선의 형평성과 공정성을 확보한다는 입법목적에 비추어 보았을 때 과도한 제한이라고 볼 수 있다. 이처럼 심판대상조항이 정치적 표현의 자유를 중대하게 제한하는 반면, 당내경선의 형평성과 공정성의 확보라는 공익에 기여하는 바가 크다고 보기 어렵다. 따라서 심판대상조항은 법익의 균형성을 충족하지 못하였다. 심판대상조항은 과잉금지원칙을 위반하여 정치적 표현의 자유를 침해한다(헌재 2021.9.6, 2021헌가24).
③ [○] 헌법 제33조 제2항이 직접 '법률이 정하는 자'만이 노동3권을 향유할 수 있다고 규정하고 있어서 '법률이 정하는 자' 이외의 공무원은 노동3권의 주체가 되지 못하므로, '법률이 정하는 자' 이외의 공무원에 대해서도 노동3권이 인정됨을 전제로 하여 헌법 제37조 제2항의 과잉금지원칙을 적용할 수는 없는 것이다. 한편, 법 제66조 제1항은 근로3권이 보장되는 공무원의 범위를 사실상 노무에 종사하는 공무원에 한정하고 있으나, 이는 헌법 제33조 제2항에 근거한 것이고, 전체국민의 공공복리와 사실상 노무에 공무원의 직무의 내용, 노동조건 등을 고려해 보았을 때 입법자에게 허용된 입법재량권의 범위를 벗어난 것이라 할 수 없다(헌재 2007.8.30, 2003헌바51).
④ [○] 공무원의 정당가입이 허용된다면, 공무원의 정치적 행위가 직무 내의 것인지 직무 외의 것인지 구분하기 어려운 경우가 많고, 설사 공무원이 근무시간 외에 혹은 직무와 관련 없이 정당과 관련한 정치적 표현행위를 한다 하더라도 공무원의 정치적 중립성에 대한 국민의 기대와 신뢰는 유지되기 어렵다(헌재 2020.4.23, 2018헌마551).

19 정답 ①

❶ [×] 4인 이하 사업장에 부당해고제한조항이나 노동위원회 구제절차를 적용되는 근로기준법 조항으로 나열하지 않았다 하여 헌법상 용인될 수 있는 재량의 범위를 벗어난 것이라고 볼 수 없으므로, 심판대상조항은 청구인의 근로의 권리를 침해하지 아니한다(헌재 2019.4.11, 2017헌마820).
② [○] 축산업은 가축의 양육 및 출하에 있어 기후 및 계절의 영향을 강하게 받으므로, 근로시간 및 근로내용에 있어 일관성을 담보하기 어렵고, 축산업에 종사하는 근로자의 경우에도 휴가에 관한 규정은 여전히 적용되며, 사용자와 근로자 사이의 근로시간 및 휴일에 관한 사적 합의는 심판대상조항에 의한 제한을 받지 않는다. 현재 우리나라 축산업의 상황을 고려할 때, 축산업 근로자들에게 근로기준법을 전면적으로 적용할 경우, 인건비 상승으로 인한 경제적 부작용이 초래될 위험이 있다. 위 점들을 종합하여 볼 때, 심판대상조항이 입법자가 입법재량의 한계를 일탈하여 인간의 존엄을 보장하기 위한 최소한의 근로조건을 마련하지 않은 것이라고 보기 어려우므로, 심판대상조항은 청구인의 근로의 권리를 침해하지 않는다(헌재 2021.8.31, 2018헌마563).
③ [○] 심판대상조항이 퇴직급여제도의 설정에 있어 4주간을 평균한 1주간의 소정근로시간을 기준으로 15시간 미만인 근로자를 그 적용대상에서 배제하고 있는 것은 퇴직급여제도의 성격 및 기능에 비추어 사용자의 부담을 경감하기 위한 기준을 설정한 것으로, 이것이 헌법상 용인될 수 있는 입법재량의 범위를 현저히 일탈한 것이라고 볼 수 없으므로, 헌법 제32조 제3항에 위배되는 것으로 볼 수 없다(헌재 2021.11.25, 2015헌바334 등).
④ [○] 해고예고는 본질상 일정기간 이상을 계속하여 사용자에게 고용되어 근로제공을 하는 것을 전제로 하는데, 일용근로자는 계약한 1일 단위의 근로기간이 종료되면 해고의 절차를 거칠 것도 없이 근로관계가 종료되는 것이 원칙이므로, 그 성질상 해고예고의 예외를 인정한 것에 상당한 이유가 있다. … 따라서 심판대상조항이 청구인의 근로의 권리를 침해한다고 보기 어렵다(헌재 2017.5.25, 2016헌마640).

20 정답 ③

① [○] 국가기관이나 지방자치단체 이외의 곳에서 근무하는 청원경찰은 근로조건에 관하여 공무원뿐만 아니라 국가기관이나 지방자치단체에 근무하는 청원경찰에 비해서도 낮은 수준의 법적 보장을 받고 있으므로, 이들에 대해서는 근로3권이 허용되어야 할 필요성이 크다(헌재 2017.9.28, 2015헌마653).
② [○] 심판대상조항의 입법목적이 재직 중인 초·중등교원에 대하여 교원노조를 인정해 줌으로써 교원노조의 자주성과 주체성을 확보한다는 측면에서는 그 정당성을 인정할 수 있을 것이나, 교원노조를 설립하거나 가입하여 활동할 수 있는 자격을 초·중등교원으로 한정함으로써 교육공무원이 아닌 대학 교원에 대해서는 근로기본권의 핵심인 단결권조차 전면적으로 부정한 측면에 대해서는 그 입법목적의 정당성을 인정하기 어렵고, 수단의 적합성 역시 인정할 수 없다(헌재 2018.8.30, 2015헌가38).
❸ [×] 특수경비원 업무의 강한 공공성과 특히 특수경비원은 소총과 권총 등 무기를 휴대한 상태로 근무할 수 있는 특수성 등을 감안할 때, 특수경비원의 신분이 공무원이 아닌 일반근로자라는 점에만 치중하여 특수경비원에게 근로3권 즉 단결권, 단체교섭권, 단체행동권 모두를 인정하여야 한다고 보기는 어렵고, 적어도 특수경비원에 대하여 단결권, 단체교섭권에 대한 제한은 전혀 두지 아니하면서 단체행동권 중 '경비업무의 정상적인 운영을 저해하는 일체의 쟁위행위'만을 금지하는 것은 입법목적 달성에 필요불가결한 최소한의 수단이라고 할 것이어서 침해의 최소성 원칙에 위배되지 아니한다. 이 사건 법률조항으로 인하여 특수경비원의 단체행동권이 제한되는 불이익을 받게 되는 것을 부정할 수는 없으나 국가나 사회의 중추를 이루는 중요시설 운영에 안정을 기함으로써 얻게 되는 국가안전보장, 질서유지, 공공복리 등의 공익이 매우 크다고 할

것이므로, 이 사건 법률조항에 의한 기본권제한은 법익의 균형성 원칙에 위배되지 아니한다. 따라서 이 사건 법률조항은 과잉금지원칙에 위배되지 아니하므로 헌법에 위반되지 아니한다(헌재 2009.10.29, 2007헌마1359).

④ [O] 이 사건 법률조항은 교원의 근로조건에 관하여 정부 등을 상대로 단체교섭 및 단체협약을 체결할 권한을 가진 교원노조를 설립하거나 그에 가입하여 활동할 수 있는 자격을 초·중등학교에 재직 중인 교원으로 한정하고 있으므로, 해직 교원이나 실업·구직 중에 있는 교원 및 이들을 조합원으로 하여 교원노조를 조직·구성하려고 하는 교원노조의 단결권을 제한한다(헌재 2015.5.28, 2013헌마671).

11회 실전동형모의고사 정답 및 해설

정답

01	②	02	①	03	④	04	④	05	③
06	②	07	①	08	④	09	①	10	②
11	②	12	③	13	①	14	④	15	①
16	③	17	③	18	②	19	③	20	②

01 정답 ②

① [O] 제헌헌법 제21조에 대한 옳은 내용이다.

> 제헌헌법(1948년) 제21조 모든 국민은 국가 각기관에 대하여 문서로써 청원을 할 권리가 있다. 청원에 대하여 국가는 심사할 의무를 진다.

❷ [×] 제1차 개정헌법은 양원제 국회를 규정하였다. 후단의 내용은 맞다.

> 제1차 개정헌법(1952년) 제69조 국무위원은 국무총리의 제청에 의하여 대통령이 임면한다.

③ [O] 제5차 개정헌법 제107조 제2항에 대한 옳은 설명이다.

> 제5차 개정헌법(1962년) 제107조 ② 중앙선거관리위원회는 대통령이 임명하는 2인, 국회에서 선출하는 2인과 대법원 판사회의에서 선출하는 5인의 위원으로 구성한다. 위원장은 위원중에서 호선한다.

④ [O] 제8차 개정헌법 제33조에 대한 옳은 설명이다.

> 제8차 개정헌법(1980년) 제33조 모든 국민은 깨끗한 환경에서 생활할 권리를 가지며, 국가와 국민은 환경보전을 위하여 노력하여야 한다.

02 정답 ①

❶ [×] 이 사건 부칙조항이 정한 3년의 유예기간은 법령의 개정으로 인한 상황변화에 적절히 대처하기에 상당한 기간으로 지나치게 짧은 것이라 할 수 없으므로, 이 사건 부칙조항은 신뢰보호원칙에 위배되어 청구인의 직업의 자유를 침해하지 아니한다(헌재 2022.9.29, 2019헌마1352).

② [O] 성인대상 성범죄자에게 일률적으로 10년 동안 의료기관에의 취업제한을 하도록 한 조항에 대한 헌법재판소의 2016.3.31, 2013헌마585등 위헌결정에 따르더라도 재범의 위험성 및 필요성에 상응하는 취업제한 기간을 정하여 부과하는 의료기관 취업제한이 가능함은 예상할 수 있었다고 보아야 하고, 취업제한은 장래의 위험을 방지하기 위한 것으로서, 향후 성인대상 성범죄자에게 의료기관 취업제한이 없을 것이라는 기대는 정당한 신뢰 또는 헌법상 보호가치 있는 신뢰로 보기 어렵다. … 이 사건 부칙조항은 신뢰보호원칙에 위배되지 아니한다(헌재 2023.5.25, 2020헌바45).

③ [O] 출연재산을 변칙적인 탈세나 부의 증식 내지 세습수단으로 악용하는 것을 방지하기 위하여 입법자는 공익법인에 출연한 내국법인 주식 중 증여세과세가액에 산입하지 않는 한도기준을 낮추고, 더 나아가 유예기한 경과 후까지 기준을 초과하여 보유하는 경우에는 가산세를 부과하는 것으로 법을 개정하여 왔으며, 심판대상조항은 기존 입법들의 연장선상에서 그 문제점을 보완한 것이다.
관련 규정의 개정 경과에 비추어 청구인과 같은 공익사업 영위자는 제도의 시행과정에서 발생하는 문제점을 제거하기 위하여 추가적인 법률개정이 필요할 수 있음을 충분히 예상할 수 있었으므로 법률의 존속에 대한 신뢰이익의 보호가치는 크다고 할 수 없는 반면 조세회피나 부의 세습을 방지함으로써 얻게 되는 공익은 막중하므로 심판대상조항은 신뢰보호원칙에 반하지 아니한다(헌재 2023.7.20, 2019헌바223).

④ [O] 수형자가 형법에 규정된 형 집행경과기간 요건을 갖춘 것만으로 가석방을 요구할 권리를 취득하는 것은 아니므로, 10년간 수용되어 있으면 가석방 적격심사 대상자로 선정될 수 있었던 구 형법 제72조 제1항에 대한 청구인의 신뢰를 헌법상 권리로 보호할 필요성이 있다고 할 수 없다. … 그렇다면 죄질이 더 무거운 무기징역형을 선고받은 수형자를 가석방할 수 있는 형 집행 경과기간이 개정 형법 시행 후에 유기징역형을 선고받은 수형자의 경우와 같거나 오히려 더 짧게 되는 불합리한 결과를 방지하고, 사회를 방위하기 위한 이 사건 부칙조항이 신뢰보호원칙에 위배되어 청구인의 신체의 자유를 침해한다고 볼 수 없다(헌재 2013.8.29, 2011헌마408).

03
정답 ④

㉠ [○] 입법자는 경제현실의 역사와 미래에 대한 전망, 목적달성에 소요되는 경제적 사회적 비용, 당해 경제문제에 관한 국민 내지 이해관계인의 인식 등 제반사정을 두루 감안하여 가능한 여러 정책 중 필요하다고 판단되는 경제정책을 선택할 수 있고, 입법자의 그러한 정책판단과 선택은 그것이 독과점규제 지역경제육성 중소기업보호라는 헌법적 요청을 구체화시키고 실현시키는 것인 한, 그리고 그것이 현저히 합리성을 결여한 것이라고 볼 수 없는 한 경제에 관한 국가적 규제 조정권한의 행사로서 존중되어야 하고 사법적 판단에 의해 함부로 대체되어서는 아니된다(헌재 1996.12.26, 96헌가18).

㉡ [○] 이 사건 법률조항들이 규정하는 운송수입금 전액관리제로 인하여 청구인들이 기업경영에 있어서 영리추구라고 하는 사기업 본연의 목적을 포기할 것을 강요받거나 전적으로 사회·경제정책적 목표를 달성하는 방향으로 기업활동의 목표를 전환해야 하는 것도 아니고, 그 기업경영과 관련하여 국가의 광범위한 감독과 통제 또는 관리를 받게 되는 것도 아니며, 더구나 청구인들 소유의 기업에 대한 재산권이 박탈되거나 통제를 받게 되어 그 기업이 사회의 공동재산의 형태로 변형된 것도 아니므로, 이 사건 법률조항들이 헌법 제126조에 위반된다고 볼 수 없다(헌재 2009.9.24, 2008헌바75).

㉢ [×] 어떤 분야의 경제활동을 사인간의 사적 자치에 완전히 맡길 경우 심각한 사회적 폐해가 예상되는데도 국가가 아무런 관여를 하지 않는다면 공정한 경쟁질서가 깨어지고 경제주체간의 부조화가 일어나게 되어 오히려 헌법상의 경제질서에 반하는 결과가 초래될 것이므로, 경제주체간의 부조화를 방지하고 금융시장의 공정성을 확보하기 위하여 마련된 위 법률조항은 우리 헌법의 경제질서에 위배되는 것이라 할 수 없다(헌재 2003.2.27, 2002헌바4).

㉣ [×]
> 헌법 제121조 ① 국가는 농지에 관하여 경자유전의 원칙이 달성될 수 있도록 노력하여야 하며, 농지의 소작제도는 금지된다.
> ② 농업생산성의 제고와 농지의 합리적인 이용을 위하거나 불가피한 사정으로 발생하는 농지의 임대차와 위탁경영은 법률이 정하는 바에 의하여 인정된다.

㉤ [×] 소비자보호운동의 일환으로서, 구매력을 무기로 소비자가 자신의 선호를 시장에 실질적으로 반영하려는 시도인 소비자불매운동은 모든 경우에 있어서 그 정당성이 인정될 수는 없고, 헌법이나 법률의 규정에 비추어 정당하다고 평가되는 범위에 해당하는 경우에만 형사책임이나 민사책임이 면제된다고 할 수 있다(헌재 2011.12.29, 2010헌바54).

04
정답 ④

① [×] 정치자금법은 후원회의 투명한 운영을 위한 상세한 규정을 두고 있어 지방의회의원의 염결성을 확보할 수 있고, 국회의원과 소요되는 정치자금의 차이도 후원 한도를 제한하는 등의 방법으로 규제할 수 있으므로, 후원회 지정 자체를 금지하는 것은 오히려 지방의회의원의 정치자금 모금을 음성화시킬 우려가 있다. 현재 지방의회의원에게 지급되는 의정활동비 등은 의정활동에 전념하기에 충분하지 않고, 지방의회는 유능한 신인정치인의 유입 통로가 되므로, 지방의회의원에게 후원회를 지정할 수 없도록 하는 것은 경제력을 갖추지 못한 사람의 정치입문을 저해할 수도 있다. 따라서 심판대상조항이 국회의원과 달리 지방의회의원을 후원회지정권자에서 제외하고 있는 것은 불합리한 차별로서 청구인들의 평등권을 침해한다(헌재 2022.11.24, 2019헌마528).

② [×] 심판대상조항은 재산권의 청구에 관한 당사자소송 중에서도 피고가 공공단체 그 밖의 권리주체인 경우와 국가인 경우를 다르게 취급한다. 가집행의 선고는 불필요한 상소권의 남용을 억제하고 신속한 권리실행을 하게 함으로써 국민의 재산권과 신속한 재판을 받을 권리를 보장하기 위한 제도이고, 당사자소송 중에는 사실상 같은 법률조항에 의하여 형성된 공법상 법률관계라도 당사자를 달리 하는 경우가 있다. 동일한 성격인 공법상 금전지급 청구소송임에도 피고가 누구인지에 따라 가집행선고를 할 수 있는지 여부가 달라진다면 상대방 소송 당사자인 원고로 하여금 불합리한 차별을 받도록 하는 결과가 된다. 재산권의 청구가 공법상 법률관계를 전제로 한다는 점만으로 국가를 상대로 하는 당사자소송에서 국가를 우대할 합리적인 이유가 있다고 할 수 없고, 집행가능성 여부에 있어서도 국가와 지방자치단체 등이 실질적인 차이가 있다고 보기 어렵다는 점에서, 심판대상조항은 국가가 당사자소송의 피고인 경우 가집행의 선고를 제한하여, 국가가 아닌 공공단체 그 밖의 권리주체가 피고인 경우에 비하여 합리적인 이유 없이 차별하고 있으므로 평등원칙에 반한다(헌재 2022.2.24, 2020헌가12).

③ [×] 심판대상조항이 단일 지역단위 선거구의 지역구국회의원인지 다수 지역단위 선거구의 지역구국회의원인지 여부에 차이를 두지 않고 정치자금법에서 정하지 아니한 방법으로 정치자금을 기부받은 경우 정치자금부정수수죄로 처벌하는 것이 불합리하다고 보기는 어려우므로, 평등원칙에 위반되지 아니한다(헌재 2022.10.27, 2019헌바19).

❹ [○] 퇴직급여법을 적용할 경우 이용자에게는 퇴직금 또는 퇴직연금 지급을 위한 직접적인 비용 부담 외에도 퇴직급여제도 설정 및 운영과 관련한 노무관리 비용과 인력의 부담도 발생한다. 그런데 가사사용인 이용 가정의 경우 일반적인 사업 또는 사업장과 달리 퇴직급여법이 요구하는 사항들을 준수할만한 여건과 능력을 갖추지 못한 경우가 대부분인 것이 현실이다. 이러한 현실을 무시하고 퇴직급여법을 가사사용인의 경우에도 전면 적용한다면 가사사용인 이용자가 감당하기 어려운 경제적·행정적 부담을 가중시키는 부작용을 초래할 우려가 있다. 이를 종합하면 심판대상조항이 가사사용인을 일반 근로자와 달리 퇴직급여법의 적용범위에서 배제하고 있다 하더라도 합리적 이유가 있는 차별로서 평등원칙에 위배되지 아니한다(헌재 2022.10.27, 2019헌바454).

05
정답 ③

① [○] 청구인들은 이 사건 법률조항 중 '국가안전보장에 대한 위해'의 의미가 불분명하여 명확성원칙에 위배된다고 주장한다. 그런데 '국가안전보장'이란 국가의 존립·헌법의 기본질서의 유지 등을 포함하는 개념으로서 결국 국가의 독립, 영토의 보전, 헌법과 법률의 기능, 헌법에 의하여 설치된 국가기관의

유지 등의 의미로 이해될 수 있고(헌재 1992.2.25, 89헌가104; 헌재 2014.9.25, 2011헌바358 참조), 국가안전보장에 대한 '위해'란 국가안전보장에 대하여 위험을 발생시키는 것을 의미하므로, 결국 '국가안전보장에 대한 위해'란 국가의 존립이나 헌법의 기본질서에 위험을 발생시킬 수 있는 경우를 의미한다고 해석될 수 있다. 이 사건 법률조항은 건전한 상식과 통상적인 법감정을 가진 사람이라면 그 취지를 충분히 예측할 수 있다고 할 것인바, 명확성원칙에 위배되지 아니한다(헌재 2022.7.21, 2016헌마388 등).

② [O] 공직선거법 및 관련 법령이 구체적으로 '인터넷언론사'의 범위를 정하고 있고, 중앙선거관리위원회가 설치·운영하는 인터넷선거보도심의위원회가 심의대상인 인터넷언론사를 결정하여 공개하는 점 등을 종합하면 '인터넷언론사'는 불명확하다고 볼 수 없으며, '지지·반대'의 사전적 의미와 심판대상조항의 입법목적, 공직선거법 관련 조항의 규율내용을 종합하면, 건전한 상식과 통상적인 법 감정을 가진 사람이면 자신의 글이 정당·후보자에 대한 '지지·반대'의 정보를 게시하는 행위인지 충분히 알 수 있으므로, 실명확인 조항 중 "인터넷언론사" 및 "지지·반대" 부분은 명확성원칙에 반하지 않는다(헌재 2021.1.28, 2018헌마456 등).

❸ [X] 국가공무원법조항 중 '그 밖의 정치단체'에 관한 부분은 가입 등이 금지되는 '정치단체'가 무엇인지 그 규범 내용이 확정될 수 없을 정도로 불분명하여, 헌법상 그 가입 등이 마땅히 보호받아야 할 단체까지도 수범자인 나머지 청구인들이 가입 등의 행위를 하지 못하게 위축시키고 있고, 법 집행 공무원이 지나치게 넓은 재량을 행사하여 금지되는 '정치단체'와 금지되지 않는 단체를 자의적으로 판단할 위험이 있다. 따라서 국가공무원법조항 중 '그 밖의 정치단체'에 관한 부분은 명확성원칙에 위배되어 나머지 청구인들의 정치적 표현의 자유, 결사의 자유를 침해한다(헌재 2020.4.23, 2018헌마551).

④ [O] 의료법의 입법목적, 의료인의 사명에 관한 의료법상의 여러 규정 및 의료행위의 개념에 관한 대법원 판례 등을 종합적으로 고려해 보면, 심판대상조항 중 '의료행위'는, 의학적 전문지식을 기초로 하는 경험과 기능으로 진찰, 검안, 처방, 투약 또는 외과적 시술을 시행하여 하는 질병의 예방 또는 치료행위 이외에도 의료인이 행하지 아니하면 보건위생상 위해가 생길 우려가 있는 행위로 분명하게 해석된다. 따라서 심판대상조항 중 '의료행위' 부분은 명확성원칙에 위반되지 않는다(헌재 2022.7.21, 2022헌바3).

06 정답 ②

㉠ [O] 신체의 자유를 침해하는 강제처분은 형사절차 이외에 국가권력작용에서도 얼마든지 일어날 수 있고, 그것이 형사절차에 의한 것이 아니라 하더라도 사실상 형사절차에서 이루어진 것과 같이 기본권에 중대한 침해를 초래한다면 이러한 경우에도 그 구속 사유의 충족 여부, 구속 절차의 하자 여부 등에 대하여 중립적인 법관의 판단을 받도록 하는 것이 영장주의의 본질인 것이다. 따라서 형사절차가 아니라 하더라도 실질적으로 수사기관에 의한 인신구속과 동일한 효과를 발생시키는 인신구금은 영장주의의 본질상 그 적용대상이 되어야 한다(헌재 2020.9.24, 2017헌바157 등).

㉡ [O] 이 사건 법률조항에 따른 통신자료 제공요청은 강제력이 개입되지 아니한 임의수사에 해당하고 이를 통한 수사기관 등의 통신자료 취득에는 영장주의가 적용되지 아니한다(헌재 2022.7.21, 2016헌마388).

㉢ [X] 기지국 수사를 허용하는 통신사실 확인자료 제공요청은 법원의 허가를 받으면, 해당 가입자의 동의나 승낙을 얻지 아니하고도 제3자인 전기통신사업자에게 해당 가입자에 관한 통신사실 확인자료의 제공을 요청할 수 있도록 하는 수사방법으로, 통신비밀보호법이 규정하는 강제처분에 해당하므로 헌법상 영장주의가 적용된다. … 이 사건 허가조항은 기지국 수사의 필요성, 실체진실의 발견 및 신속한 범죄수사의 요청, 통신사실 확인자료의 특성, 수사현실 등을 종합적으로 고려하여, 수사기관으로 하여금 법원의 허가를 받아 특정 시간대 특정 기지국에서 발신된 모든 전화번호 등 통신사실 확인자료의 제공을 요청할 수 있도록 하고 있다. 영장주의의 본질이 강제처분을 함에 있어서는 인적·물적 독립을 보장받는 중립적인 법관이 구체적 판단을 거쳐야만 한다는 데에 있음을 고려할 때, 통신비밀보호법이 정하는 방식에 따라 관할 지방법원 또는 지원의 허가를 받도록 하고 있는 이 사건 허가조항은 실질적으로 영장주의를 충족하고 있다 할 것이다. 따라서 이 사건 허가조항은 헌법상 영장주의에 위배되지 아니한다(헌재 2018.6.28, 2012헌마538).

㉣ [O] 심판대상조항은 체포영장을 발부받아 피의자를 체포하는 경우에 필요한 때에는 영장 없이 타인의 주거 등 내에서 피의자 수사를 할 수 있다고 규정함으로써, 앞서 본 바와 같이 별도로 영장을 발부받기 어려운 긴급한 사정이 있는지 여부를 구별하지 아니하고 피의자가 소재할 개연성만 소명되면 영장 없이 타인의 주거 등을 수색할 수 있도록 허용하고 있다. 이는 체포영장이 발부된 피의자가 타인의 주거 등에 소재할 개연성은 소명되나, 수색에 앞서 영장을 발부받기 어려운 긴급한 사정이 인정되지 않는 경우에도 영장 없이 피의자 수색을 할 수 있다는 것이므로, 헌법 제16조의 영장주의 예외 요건을 벗어나는 것으로서 영장주의에 위반된다(헌재 2018.4.26, 2015헌바370).

㉤ [X] 이 사건 영장청구조항은 수사기관이 긴급체포한 피의자를 사후 영장청구 없이 석방할 수 있도록 규정하고 있다. 피의자를 긴급체포하여 조사한 결과 구금을 계속할 필요가 없다고 판단하여 48시간 이내에 석방하는 경우까지도 수사기관이 반드시 체포영장발부절차를 밟게 한다면, 이는 피의자, 수사기관 및 법원 모두에게 비효율을 초래할 가능성이 있고, 경우에 따라서는 오히려 인권침해적인 상황을 발생시킬 우려도 있다. 형사소송법은 긴급체포를 예외적으로만 허용하고 있고 피의자 석방 시 석방의 사유 등을 법원에 통지하도록 하고 있으며 긴급체포된 피의자도 체포적부심사를 청구할 수 있어 긴급체포제도의 남용을 예방하고 있다. 따라서 이 사건 영장청구조항은 헌법상 영장주의에 위반되지 아니한다(헌재 2021.3.25, 2018헌바212).

07 정답 ①

❶ [X] 이 사건 양벌규정의 문언과 관련 규정의 내용, 입법목적 및 확립된 판례를 통한 해석방법 등을 종합하여 보면, 위 조항이 처벌대상으로 규정하고 있는 '행위자'에는 감리업자 이외에 실제

감리업무를 수행한 감리원도 포함된다는 점을 충분히 알 수 있으므로, 이 사건 양벌규정은 죄형법정주의의 명확성원칙에 위배된다고 볼 수 없다(헌재 2023.2.23. 2020헌바314).

② [O] 심판대상조항의 수범자는 유동화전문회사의 임직원이거나 자산유동화거래 업무와 관련된 전문 지식과 경험을 가진 자로 한정될 것인데, 이들은 자산유동화계획의 내용 중 여유자금의 투자에 관한 사항이 무엇인지, 그리고 어떠한 행위가 '자산유동화계획에 의하지 않은 여유자금 투자'인지를 충분히 파악하고 예측할 수 있는 지위에 있다. 따라서 심판대상조항이 수범자의 입장에서 예측가능성 내지 명확성을 결여한 조항이라고 보기 어렵다. 또한 '여유자금'의 사전적 정의와 심판대상조항의 입법목적, 관련 판례 등을 종합적으로 고려하면, 어떠한 행위가 자산유동화계획에 의하지 않은 여유자금 투자로서 처벌되는지에 관한 합리적이고 객관적인 해석기준이 법관의 보충적 해석을 통하여 충분히 마련되어 있다고 판단되므로, 심판대상조항이 죄형법정주의의 명확성원칙에 반한다고 볼 수 없다(헌재 2023.10.26. 2023헌가1).

③ [O] 국세기본법에서 규정하고 있는 납세의무자의 정의 및 납세의무의 성립시기 등에 의하면, 심판대상조항의 '납세의무자'란 면탈하고자 하는 체납처분과 관련된 국세를 납부할 의무가 있는 자를 의미하는 것이고, 그 지위는 과세요건이 충족되어 해당 납세의무가 성립된 때 취득하게 되므로, 심판대상조항은 '납세의무가 성립된 이후'의 시기에 행해진 행위만을 처벌하는 것임이 명백하다. 또한 심판대상조항은 정부의 국세징수권을 보호법익으로 하는 점, 심판대상조항이 명시적으로 요구하고 있는 '체납처분의 집행을 면탈할 목적'은 적어도 체납처분의 집행을 받을 우려가 있는 시점에서야 인정될 수 있는 점 등을 고려한다면, 심판대상조항은 '체납처분의 집행을 받을 우려가 있는 객관적인 상태가 발생한 이후'의 시기에 행해진 행위만을 처벌하는 것임이 명백하다. 심판대상조항은 죄형법정주의의 명확성원칙에 위배되지 않는다(헌재 2023.8.31. 2020헌바498).

④ [O] 종합문화재수리업의 기술능력에 관한 구체적인 사항은 문화재수리업의 시장 현실, 문화재수리 기술 및 관련 정책의 변화 등을 고려하여 그때그때의 상황에 맞게 규율하여야 할 필요가 있으므로 위임의 필요성이 인정된다. 또한, 관련조항 등을 종합하여 보면, 대통령령에 규정될 내용은 종합문화재수리업에 필요한 일정한 기술 및 자격을 갖춘 문화재수리기술자·문화재수리기능자 등의 인원수 내지 수준 등에 관한 사항이 될 것임을 충분히 예측할 수 있다. 따라서 심판대상조항은 죄형법정주의 및 포괄위임금지원칙에 위배되지 아니한다(헌재 2023.6.29. 2020헌바109).

08 정답 ④

① [O] 이 사건 정보수집 등 행위의 대상인 정치적 견해에 관한 정보는 공개된 정보라 하더라도 개인의 인격주체성을 특징짓는 것으로, 개인정보자기결정권의 보호 범위 내에 속하며, 국가가 개인의 정치적 견해에 관한 정보를 수집·보유·이용하는 등의 행위는 개인정보자기결정권에 대한 중대한 제한이 되므로 이를 위해서는 법령상의 명확한 근거가 필요함에도 그러한 법령상 근거가 존재하지 않으므로 이 사건 정보수집 등 행위는 법률유보원칙을 위반하여 청구인들의 개인정보자기결정권을 침해한다(헌재 2020.12.23. 2017헌마416).

② [O] 영유아보육법에 따라 어린이집 설치·운영자에게 지급되는 보조금은 영유아를 건강하고 안전하게 보호·양육하고 영유아의 발달 특성에 맞는 교육을 제공할 수 있도록 그 비용을 국가나 지방자치단체가 지원하는 것이다. 이러한 보조금을 부정수급하거나 유용하는 부패행위는 영유아보육의 질과 직결되어 그로 인한 불이익이 고스란히 영유아들에게 전가되므로 이를 근절할 필요가 크다. 어린이집의 투명한 운영을 담보하고 영유아 보호자의 보육기관 선택권을 실질적으로 보장하기 위해서는 보조금을 부정수급하거나 유용한 어린이집의 명단 등을 공표하여야 할 필요성이 있으며, 심판대상조항은 공표대상이나 공표정보, 공표기간 등을 제한적으로 규정하고 공표 전에 의견진술의 기회를 부여하여 공표대상자의 절차적 권리도 보장하고 있다. 나아가 심판대상조항을 통하여 추구하는 영유아의 건강한 성장 도모 및 영유아 보호자들의 보육기관 선택권 보장이라는 공익이 공표대상자의 법 위반사실이 일정 기간 외부에 공표되는 불이익보다 크다. 따라서 심판대상조항은 과잉금지원칙을 위반하여 인격권 및 개인정보자기결정권을 침해하지 아니한다(헌재 2022.3.31. 2019헌바520).

③ [O] 출소 후 출소사실을 신고하여야 하는 신고의무 내용에 비추어 보안관찰처분대상자(이하 '대상자'라 한다)의 불편이 크다거나 7일의 신고기간이 지나치게 짧다고 할 수 없다. 보안관찰해당범죄는 민주주의체제의 수호와 사회질서의 유지, 국민의 생존 및 자유에 중대한 영향을 미치는 범죄인 점, 보안관찰법은 대상자를 파악하고 재범의 위험성 등 보안관찰처분의 필요성 유무의 판단 자료를 확보하기 위하여 위와 같은 신고의무를 규정하고 있다는 점 등에 비추어 출소 후 신고의무 위반에 대한 제재수단으로 형벌을 택한 것이 과도하다거나 법정형이 다른 법률들에 비하여 각별히 과중하다고 볼 수도 없다. 따라서 출소후신고조항 및 위반 시 처벌조항은 과잉금지원칙을 위반하여 청구인의 사생활의 비밀과 자유 및 개인정보자기결정권을 침해하지 아니한다(헌재 2021.6.24. 2017헌바479).

❹ [X] 어떤 범죄가 행해진 후 시간이 흐를수록 수사의 단서로서나 상습성 판단자료, 양형자료로서의 가치는 감소하므로, 모든 소년부송치 사건의 수사경력자료를 해당 사건의 경중이나 결정 이후 경과한 시간 등에 대한 고려 없이 일률적으로 당사자가 사망할 때까지 보존할 필요가 있다고 보기는 어렵고, 불처분결정된 소년부송치 사건의 수사경력자료가 조회 및 회보되는 경우에도 이를 통해 추구하는 실체적 진실발견과 형사사법의 정의 구현이라는 공익에 비해, 당사자가 입을 수 있는 실질적 또는 심리적 불이익과 그로 인한 재사회화 및 사회복귀의 어려움이 더 크다. 따라서 심판대상조항은 과잉금지원칙을 위반하여 소년부송치 후 불처분결정을 받은 자의 개인정보자기결정권을 침해한다(헌재 2021.6.24. 2018헌가2).

09 정답 ①

❶ [X] 상업광고는 표현의 자유의 보호영역에 속하지만 사상이나 지식에 관한 정치적, 시민적 표현행위와는 차이가 있고, 한편 직업수행의 자유의 보호영역에 속하지만 인격발현과 개성신장에 미치는 효과가 중대한 것은 아니다. 그러므로 상업광고

규제에 관한 비례의 원칙 심사에 있어서 '피해의 최소성' 원칙은 같은 목적을 달성하기 위하여 달리 덜 제약적인 수단이 없을 것인지 혹은 입법목적을 달성하기 위하여 필요한 최소한의 제한인지를 심사하기보다는 '입법목적을 달성하기 위하여 필요한 범위 내의 것인지'를 심사하는 정도로 완화되는 것이 상당하다(헌재 2005.10.27, 2003헌가3).
② [O] 현행 헌법상 사전검열은 표현의 자유 보호대상이면 예외 없이 금지된다. 건강기능식품의 기능성 광고는 인체의 구조 및 기능에 대하여 보건용도에 유용한 효과를 준다는 기능성 등에 관한 정보를 널리 알려 해당 건강기능식품의 소비를 촉진시키기 위한 상업광고이지만, 헌법 제21조 제1항의 표현의 자유의 보호 대상이 됨과 동시에 같은 조 제2항의 사전검열 금지 대상도 된다(헌재 2018.6.28, 2016헌가8).
③ [O] 익명표현은 표현의 자유를 행사하는 하나의 방법으로서 그 자체로 규제되어야 하는 것은 아니고, 부정적 효과가 발생하는 것이 예상되는 경우에 한하여 규제될 필요가 있다(헌재 2021.1.28, 2018헌마456).
④ [O] 선거운동기간 중 정치적 익명표현의 부정적 효과는 익명성 외에도 해당 익명표현의 내용과 함께 정치적 표현행위를 규제하는 관련 제도, 정치적·사회적 상황의 여러 조건들이 아울러 작용하여 발생하므로, 모든 익명표현을 사전적·포괄적으로 규율하는 것은 표현의 자유보다 행정편의와 단속편의를 우선함으로써 익명표현의 자유와 개인정보자기결정권 등을 지나치게 제한한다(헌재 2021.1.28, 2018헌마456).

10 정답 ②

① [O] 심판대상조항은 연합회의 전국적인 단일 조직으로서의 지위를 강화함으로써 운송사업자의 공동이익을 효과적으로 증진시키고 법령에 따른 공익적 기능을 원활하게 수행하게 하여 화물자동차 운송사업의 건전한 발전을 도모하기 위한 것이다. 연합회는 공공재적 성격을 가지는 화물자동차 운송사업의 공익성을 구현한다는 점에서 다른 사법인과 차이가 있다. 전국적인 단일 조직을 갖춘 연합회는 협회가 관련 정보를 교환하고 전국적인 협력을 도모할 수 있는 기반이 된다. 연합회는 공제사업의 실시 주체이므로, 원활한 사업 운영을 위해서는 충분한 규모를 갖출 필요가 있다. 연합회는 법령에 따라 다양한 공익적 기능을 수행하는바, 전국적인 단일 조직을 갖추지 못한다면 업무 수행의 효율성과 신속성 등이 저해될 우려가 있다. 국가나 지방자치단체가 공익적 기능을 직접 수행하거나 별개의 단체를 설립하는 방안은 연합회에의 가입강제 내지 임의탈퇴 불가와 같거나 유사한 효과를 가진다고 보기 어렵다. 따라서 심판대상조항이 과잉금지원칙에 위배되어 결사의 자유를 침해한다고 볼 수 없다(헌재 2022.2.24, 2018헌가8).
❷ [X] 구 집시법의 옥외집회·시위에 관한 일반규정 및 형법에 의한 규제 및 처벌에 의하여 사법의 독립성을 확보할 수 있음에도 불구하고, 이 사건 제2호 부분은 재판에 영향을 미칠 염려가 있거나 미치게 하기 위한 집회·시위를 사전적·전면적으로 금지하고 있을 뿐 아니라, 어떠한 집회·시위가 규제대상에 해당하는지를 판단할 수 있는 아무런 기준도 제시하지 아니함으로써 사실상 재판과 관련된 집단적 의견표명 일체가 불가능하게 되어 집회의 자유를 실질적으로 박탈하는 결과를 초래하므로 최소침해성 원칙에 반한다(헌재 2016.9.29, 2014헌가3).
③ [O] 일반적으로 집회는, 일정한 장소를 전제로 하여 특정 목적을 가진 다수인이 일시적으로 회합하는 것을 말하는 것으로 일컬어지고 있고, 그 공동의 목적은 '내적인 유대 관계'로 족하다. 건전한 상식과 통상적인 법감정을 가진 사람이면 위와 같은 의미에서 구 집시법상 '집회'가 무엇을 의미하는지를 추론할 수 있다고 할 것이므로, 구 집시법상 '집회'의 개념이 불명확하다고 할 수 없다(헌재 2009.5.28, 2007헌바22).
④ [O] 전화·컴퓨터통신은 누구나 손쉽고 저렴하게 이용할 수 있는 매체인 점, 농업협동조합법에서 흑색선전 등을 처벌하는 조항을 두고 있는 점을 고려하면 입법목적 달성을 위하여 위 매체를 이용한 지지 호소까지 금지할 필요성은 인정되지 아니한다. 이 사건 법률조항들이 달성하려는 공익이 결사의 자유 및 표현의 자유 제한을 정당화할 정도로 크다고 보기는 어려우므로, 법익의 균형성도 인정되지 아니한다. 따라서 이 사건 법률조항들은 과잉금지원칙을 위반하여 결사의 자유, 표현의 자유를 침해하여 헌법에 위반된다(헌재 2016.11.24, 2015헌바62).

11 정답 ②

① [O] 주 52시간 상한제조항은 연장근로시간에 관한 사용자와 근로자 간의 계약 내용을 제한한다는 측면에서는 사용자와 근로자의 계약의 자유를 제한하고, 근로자를 고용하여 재화나 용역을 제공하는 사용자의 활동을 제한한다는 측면에서는 직업의 자유를 제한한다. … 주 52시간 상한제조항은 과잉금지원칙에 반하여 상시 5명 이상 근로자를 사용하는 사업주인 청구인의 계약의 자유와 직업의 자유, 근로자인 청구인들의 계약의 자유를 침해하지 않는다(헌재 2024.2.28, 2019헌마500).
❷ [X] 심판대상조항은 적법하게 중개 업무를 영위할 것으로 기대되는 자들로 하여금 부동산중개업을 운영하게 함으로써 부동산거래시장의 전문성 및 공정성과 이에 대한 국민적 신뢰를 확보하기 위한 것인바, 그와 같은 입법목적은 정당하고, 수단의 적합성도 인정된다. … 따라서 심판대상조항은 과잉금지원칙을 위반하여 중개법인의 직업의 자유를 침해하지 않는다(헌재 2024.2.28, 2022헌바109).
③ [O] 심판대상조항이 규정하고 있는 단체, 법인이나 개인들은 사업주들의 접근이 비교적 용이하거나, 그 공신력과 신용도를 일정 수준 이상 담보할 수 있거나, 그 직무상 보험사무대행업무의 전문성이 있거나, 이미 상당수의 영세 사업장에서 사실상 보험사무대행업무를 수행하여 와서 보험사무대행기관으로 추가할 현실적 필요성이 있었다는 점에서 보험사무대행기관의 범위에 포함될 나름의 합리적인 이유를 갖고 있다고 볼 수 있다. 반면 개인 공인회계사의 경우는 그 직무와 보험사무대행업무 사이의 관련성이 높다고 보기 어렵고, 사업주들의 접근이 용이하다거나 보험사무대행기관으로 추가해야 할 현실적 필요성이 있다고 보기도 어렵다. … 따라서 심판대상조항은 과잉금지원칙에 위배되어 청구인들의 직업수행의 자유를 침해한다고 볼 수 없다(헌재 2024.2.28, 2020헌마139).
④ [O] 노선을 정하여 여객을 운송하는 시내버스운송사업에서 사업계획 가운데 운행대수 또는 운행횟수의 증감에 관한 사항은 시내버스의 운행거리, 배차간격, 배차시간 등에 영향을 미치는

것으로서, 원활한 운송체계를 확보하고 일반 공중의 교통편의성을 제공하기 위하여 관할관청이 파악해야 하는 필수적인 사항에 해당하고, 이에 이 사건 법률조항은 시내버스운송사업자가 운행대수 또는 운행횟수를 증감하려면 원칙적으로 관할관청으로부터 변경인가를 받도록 하면서도, 국토교통부령이 정하는 경미한 사항의 변경은 관할관청에 대한 신고만으로 사업계획을 변경할 수 있도록 정하고 있는바, 이 사건 법률조항은 직업수행의 자유를 침해하지 아니한다(헌재 2024.1.25, 2020헌마1144).

12 정답 ③

① [O] 비용보상청구권은 그 보상기준이 법령에 구체적으로 정해져 있어 비용보상청구인은 특별한 증명책임이나 절차적 의무의 부담 없이 객관적 재판 진행상황에 관한 간단한 소명만으로 권리의 행사가 가능하므로 이 사건 법률조항에 규정된 제척기간이 현실적으로 비용보상청구권 행사를 불가능하게 하거나 현저한 곤란을 초래할 정도로 지나치게 짧다고 단정할 수 없다. 따라서 이 사건 법률조항은 과잉금지원칙에 위반되어 청구인의 재판청구권 및 재산권을 침해하지는 않는다(헌재 2015.4.30, 2014헌바408).

② [O]
> 형사소송법 제194조의3 【비용보상의 절차 등】 ② 제1항에 따른 청구는 무죄판결이 확정된 사실을 안 날부터 3년, 무죄판결이 확정된 때부터 5년 이내에 하여야 한다.

❸ [X] 헌법 제28조의 형사보상청구권이 국가의 형사사법작용에 의하여 신체의 자유가 침해된 국민에게 그 구제를 인정하여 국민의 기본권 보호를 강화하는 데 그 목적이 있는 점에 비추어 보면, 외형상·형식상으로 무죄재판이 없다고 하더라도 형사사법절차에 내재하는 불가피한 위험으로 인하여 국민의 신체의 자유에 관하여 피해가 발생하였다면 형사보상청구권을 인정하는 것이 타당하다(헌재 2022.2.24, 2018헌마998).

④ [O] 형사보상은 형사사법절차에 내재하는 불가피한 위험으로 인한 피해에 대한 보상으로서 국가의 위법·부당한 행위를 전제로 하는 국가배상과는 그 취지 자체가 상이하므로 형사보상절차로서 인과관계 있는 모든 손해를 보상하지 않는다고 하여 반드시 부당하다고 할 수는 없다(헌재 2010.10.28, 2008헌마514).

13 정답 ①

❶ [X] 헌법 제32조 제3항은 위와 같은 근로의 권리가 실효적인 것이 될 수 있도록 "근로조건의 기준은 인간의 존엄성을 보장하도록 법률로 정한다."고 하여 근로조건 법정주의를 규정하고 있고, 연차유급휴가는 근로자의 건강하고 문화적인 생활의 실현에 이바지할 수 있도록 여가를 부여하는 데 그 목적이 있는 것으로, 인간의 존엄성을 보장하기 위한 합리적인 근로조건에 해당하므로 연차유급휴가에 관한 권리는 근로의 권리의 내용에 포함된다(헌재 2008.9.25, 2005헌마586).

② [O] 해고예고제도는 근로관계 종료 전 사용자에게 근로자에 대한 해고예고를 하게 하는 것이어서, 근로조건을 이루는 중요한 사항에 해당하고 근로의 권리의 내용에 포함된다(헌재 2017.5.25, 2016헌마640).

③ [O] 헌법 제32조 제3항은 "근로조건의 기준은 인간의 존엄성을 보장하도록 법률로 정한다."라고 규정하고 있다. 근로조건이라 함은 임금과 그 지불방법, 근로시간과 휴식시간, 휴일, 안전시설과 위생시설, 재해보상 등 근로계약에 의하여 근로자가 근로를 제공하고 임금을 수령하는 것에 관한 조건들로서, 근로조건에 관한 기준을 법률로써 정한다는 것은 근로조건에 관하여 법률이 최저한의 제한을 설정한다는 의미이다(헌재 2021.8.31, 2018헌마563).

④ [O] 사회국가원리, 경제에 관한 규제와 조정을 예정하고 있는 헌법 제119조 제2항, 헌법 제10조의 기본권보호의무로부터도 국가에 대한 직접적인 직장존속청구권을 도출할 수 없다. 따라서 결론적으로, 헌법 제15조의 직업의 자유 또는 헌법 제32조의 근로의 권리, 사회국가원리 등에 근거하여 실업방지 및 부당한 해고로부터 근로자를 보호하여야 할 국가의 의무를 도출할 수는 있을 것이나, 국가에 대한 직접적인 직장존속보장청구권을 근로자에게 인정할 헌법상의 근거는 없다(헌재 2002.11.28, 2001헌바50).

14 정답 ④

① [X] 헌법 제8조 제4항은 정당해산심판의 사유를 "정당의 목적이나 활동이 민주적 기본질서에 위배될 때"로 규정하고 있는데, 여기서 말하는 민주적 기본질서의 '위배'란, 민주적 기본질서에 대한 단순한 위반이나 저촉을 의미하는 것이 아니라, 민주 사회의 불가결한 요소인 정당의 존립을 제약해야 할 만큼 그 정당의 목적이나 활동이 우리 사회의 민주적 기본질서에 대하여 실질적인 해악을 끼칠 수 있는 구체적 위험성을 초래하는 경우를 가리킨다(헌재 2014.12.19, 2013헌다1).

② [X] 헌법재판소의 해산결정으로 정당이 해산되는 경우에 그 정당 소속 국회의원이 의원직을 상실하는지에 대하여 명문의 규정은 없으나, 정당해산심판제도의 본질은 민주적 기본질서에 위배되는 정당을 정치적 의사형성과정에서 배제함으로써 국민을 보호하는 데에 있는데 해산정당 소속 국회의원의 의원직을 상실시키지 않는 경우 정당해산결정의 실효성을 확보할 수 없게 되므로, 이러한 정당해산제도의 취지 등에 비추어 볼 때 헌법재판소의 정당해산결정이 있는 경우 그 정당 소속 국회의원의 의원직은 당선 방식을 불문하고 모두 상실되어야 한다(헌재 2014.12.19, 2013헌다1).

③ [X] 정당해산심판절차에는 헌법재판소법과 헌법재판소 심판규칙, 그리고 헌법재판의 성질에 반하지 않는 한도 내에서 민사소송에 관한 법령이 적용된다(헌재 2014.12.19, 2013헌다1).

❹ [O]
> 정당법 제41조 【유사명칭 등의 사용금지】 ② 헌법재판소의 결정에 의하여 해산된 정당의 명칭과 같은 명칭은 정당의 명칭으로 다시 사용하지 못한다.

15   정답 ①

❶ [×] 경찰공무원이 자격정지 이상의 형의 선고유예를 받은 경우 공무원직에서 당연퇴직하도록 규정하고 있는 이 사건 법률조항은 자격정지 이상의 선고유예 판결을 받은 모든 범죄를 포괄하여 규정하고 있을 뿐만 아니라 심지어 오늘날 누구에게나 위험이 상존하는 교통사고 관련범죄 등 과실범의 경우마저 당연퇴직의 사유에서 제외하지 않고 있으므로 최소침해성의 원칙에 반한다. 또한, 오늘날 사회국가 원리에 입각한 공직제도의 중요성이 강조되면서 개개 공무원의 공무담임권 보장의 중요성은 더욱 큰 의미를 가지고 있다. 일단 공무원으로 채용된 공무원을 퇴직시키는 것은 공무원이 장기간 쌓은 지위를 박탈해 버리는 것이므로 같은 입법목적을 위한 것이라고 하여도 당연퇴직 사유를 임용결격사유와 동일하게 취급하는 것은 타당하다고 할 수 없다. 따라서 이 사건 법률조항은 헌법 제25조의 공무담임권을 침해한 위헌 법률이다(헌재 2004.9.23, 2004헌가12).

② [O] 우리 헌법 제7조가 정하고 있는 직업공무원제도는 공무원이 집권세력의 논공행상의 제물이 되는 엽관제도를 지양하며 정권교체에 따른 국가작용의 중단과 혼란을 예방하고 일관성 있는 공무수행의 독자성을 유지하기 위하여 헌법과 법률에 의하여 공무원의 신분이 보장되도록 하는 공직구조에 관한 제도로 공무원의 정치적 중립과 신분보장을 그 중추적 요소로 한다(헌재 2004.11.25, 2002헌바8).

③ [O] 행정조직의 개폐에 관한 문제에 있어 입법자가 광범위한 입법형성권을 가진다 하더라도 행정조직의 개폐로 인해 행해지는 직권면직은 보다 직접적으로 해당 공무원들의 신분에 중대한 위협을 주게 되므로 직제 폐지 후 실시되는 면직절차에 있어서는 보다 엄격한 요건이 필요한데, 이와 관련하여 지방공무원법 제62조는 직제의 폐지로 인해 직권면직이 이루어지는 경우 임용권자는 인사위원회의 의견을 듣도록 하고 있고, 면직기준으로 임용형태·업무실적·직무수행능력·징계처분사실 등을 고려하도록 하고 있으며, 면직기준을 정하거나 면직대상을 결정함에 있어서 반드시 인사위원회의 의결을 거치도록 하고 있는바, 이는 합리적인 면직기준을 구체적으로 정함과 동시에 그 공정성을 담보할 수 있는 절차를 마련하고 있는 것이라 볼 수 있다. 그렇다면 이 사건 규정이 직제가 폐지된 경우 직권면직을 할 수 있도록 규정하고 있다고 하더라도 이것이 직업공무원제도를 위반하고 있다고는 볼 수 없다(헌재 2004.11.25, 2002헌바8).

④ [O] 직업공무원제도는 헌법이 보장하는 제도적 보장 중의 하나임이 분명하므로 입법자는 직업공무원제도에 관하여 '최소한 보장'의 원칙의 한계 안에서 폭넓은 입법형성의 자유를 가진다(헌재 1997.4.24, 95헌바48).

16   정답 ③

① [O] 장애인의 접근권은 헌법상 인간의 존엄과 가치 및 행복을 추구할 권리를 장애인에게도 동등하게 보장하고, 사회적 약자인 장애인이 인간다운 생활을 하는 데 필수적인 전제가 되는 권리로서, 비록 헌법에 명시되지는 않았으나 헌법 규정들로부터 도출되는 기본권으로서의 지위를 가진다(대판 2024.12.19, 2022다289051).

② [O] 장애인의 접근권이 접근에 대한 방해의 금지를 구하는 소극적·방어적인 수준을 넘어 비장애인과 동등한 수준의 접근을 보장할 수 있는 특정 시설과 설비를 설치할 것을 국가나 사인에게 적극적으로 요구할 수 있는 권리로 구체화되기 위해서는 이를 위한 법률이 필요하다 할 것이고, 국가는 제한된 재정 능력과 사회·경제적 발전 수준 등을 고려하여 장애인에 대한 접근권이 적절히 보장되도록 필요한 조치를 취할 의무가 있다(대판 2024.12.19, 2022다289051).

❸ [×] 국회가 법률로 행정청에 특정한 사항을 위임했음에도 불구하고 행정청이 정당한 이유 없이 이를 이행하지 않는다면 권력분립의 원칙과 법치국가 또는 법치행정의 원칙에 위배되는 것으로서 위법함과 동시에 위헌적인 것이 되고, 이는 행정청이 법률에서 대통령령으로 정하도록 위임받은 사항을 전혀 입법하지 않은 경우는 물론 그 법률이 위임한 사항을 불충분하게 규정함으로써 법률이 위임한 행정입법의무를 제대로 이행하지 않은 경우도 마찬가지이다(대판 2024.12.19, 2022다289051).

④ [O] 법률이 행정청에 대하여 행정입법을 할 재량을 부여하였다 하더라도, 그 재량을 부여한 취지와 목적에 비추어 행정청이 행정입법의 권한을 행사하지 아니한 것이 현저하게 합리성을 잃어 사회적 타당성이 없는 경우에는 그 부작위가 객관적 정당성을 상실하였다고 볼 수 있고, 객관적 정당성을 상실하였다고 볼 수 있는 경우에는 특별한 사정이 없으면 국가배상법 제2조 제1항에서 정한 공무원의 과실도 인정된다(대판 2024.12.19, 2022다289051).

17   정답 ③

① [O] 국가인권위원회법 제28조 제1항
② [O] 국가인권위원회법 제30조 제3항
❸ [×] 국가기관, 지방자치단체 또는 구금·보호시설의 업무수행과 관련하여 대한민국 헌법 제10조에서 제22조까지의 규정에서 보장된 인권을 침해당하거나 차별행위를 당한 경우에는 국가인권위원회에 진정할 수 있는데, 국회의 입법 및 법원·헌법재판소의 재판을 제외한다(국가인권위원회법 제30조 제1항 제1호).
④ [O] 국가인권위원회법 제34조

18   정답 ②

㉠ [자의금지원칙] 공무원연금법상 퇴직연금수급과 관련한 재직기간 합산제도는 연금제도의 일환으로서, 공무원연금제도는 기본적으로 사회보장적 급여로서의 성격을 가지고, 입법자가 연금수급권의 구체적 내용을 어떻게 형성할 것인지에 관해서 원칙적으로 광범위한 형성의 자유를 가지고 있는바, 이는 헌법에서 특별히 평등을 요구하고 있는 분야도 아니고, 기본권에 중대한 제한을 초래하는 영역도 아니어서 엄격한 심사가 아닌 완화된 심사척도, 즉 입법재량의 일탈 혹은 남용 여부의 판단에 따른다. … 두 연금체계의 구조 및 다른 급여제도를 전체적으로 고려할 때 상이연금수급자가 장해연금수급자에 비해 불리하다고 단정하기 어렵고 평등원칙에 위배된다고 볼 수 없다(헌재 2019.12.27, 2017헌바169).

ⓒ [비례원칙] 단서조항에 해당하지 않는 교통사고로 중상해를 입은 피해자와 단서조항에 해당하는 교통사고의 중상해 피해자 및 사망사고의 피해자 사이의 차별문제는 교통사고 운전자의 기소 여부에 따라 피해자의 헌법상 보장된 재판절차진술권이 행사될 수 있는지 여부가 결정되어 이는 기본권 행사에 있어서 중대한 제한을 구성하기 때문에 엄격한 심사기준에 의하여 판단한다. … 교통사고로 중상해를 입은 피해자들의 평등권을 침해하는 것이라 할 것이다(헌재 2009.2.26. 2005헌마764 등).

ⓒ [자의금지원칙] 이 사건 법률조항은 헌법이 특별히 양성평등을 요구하는 경우나 관련 기본권에 중대한 제한을 초래하는 경우의 차별취급을 그 내용으로 하고 있다고 보기 어려우며, 징집대상자의 범위 결정에 관하여는 입법자의 광범위한 입법형성권이 인정된다는 점에 비추어 … 이 사건 법률조항이 평등권을 침해하는지 여부는 완화된 심사척도에 따라 자의금지원칙 위반 여부에 의하여 판단하기로 한다. … 결국 이 사건 법률조항이 성별을 기준으로 병역의무자의 범위를 정한 것은 자의금지원칙에 위배하여 평등권을 침해하지 않는다(헌재 2011.6.30. 2010헌마460).

ⓔ [비례원칙] 이 사건 부칙조항으로 인해 혼인한 남성 등록의무자와 일부 혼인한 여성 등록의무자 간에 등록대상재산의 범위에 차이가 발생하게 되었으므로, 이에 대해서는 엄격한 심사척도를 적용하여 비례성 원칙에 따른 심사를 행하여야 할 것이다. … 이는 성별에 의한 차별금지 및 혼인과 가족생활에서의 양성의 평등을 천명하고 있는 헌법에 정면으로 위배되는 것으로 그 목적의 정당성을 인정할 수 없다. 따라서 이 사건 부칙조항은 평등원칙에 위배된다(헌재 2021.9.30. 2019헌가3).

ⓜ [자의금지원칙] 심판대상조항의 경우, 헌법에서 특별히 평등을 요구하거나, 차별적 취급으로 인하여 신체의 자유 등 관련 기본권에 대한 중대한 제한을 초래하는 경우라고 할 수 없다. 심판대상조항에 대한 평등원칙 위반 여부에 대한 심사는 자의금지라는 완화된 기준을 따라야 할 것이다. 심판대상조항이 합리적인 이유 없이 자의적으로 차별하는 규정이라고 할 수 없으므로, 심판대상조항이 형벌체계상의 균형을 상실하여 평등원칙에 위반된다고 할 수 없다(헌재 2013.10.24. 2012헌바278).

19 정답 ③

① [O] 서울교통공사는 공익적인 업무를 수행하기 위한 지방공사이나, 서울특별시와 독립적인 공법인으로서 경영의 자율성이 보장되고, 수행 사업도 국가나 지방자치단체의 독점적 성격을 갖는다고 보기 어려우며, 서울교통공사의 직원의 신분도 지방공무원법이 아닌 지방공기업법과 정관에서 정한 바에 따르는 등, 서울교통공사의 직원이라는 직위가 헌법 제25조가 보장하는 공무담임권의 보호영역인 '공무'의 범위에는 해당하지 않는다(헌재 2021.2.25. 2018헌마174).

② [O] 향토예비군 지휘관이 금고 이상의 형의 선고유예를 받은 경우에는 그 직에서 당연해임하도록 규정하고 있는 이 사건 법률조항은 금고 이상의 선고유예의 판결을 받은 모든 범죄를 포괄하여 규정하고 있을 뿐 아니라, 심지어 오늘날 누구에게나 위험이 상존하는 교통사고 관련 범죄 등 과실범의 경우마저 당연해임의 사유에서 제외하지 않고 있으므로 최소침해성의 원칙에 반한다. … 따라서 이 사건 법률조항은 과잉금지원칙에 위배하여 공무담임권을 침해하는 조항이라고 할 것이다(헌재 2005.12.22. 2004헌마947).

❸ [×] 공무담임권은 공직취임의 기회 균등뿐만 아니라 취임한 뒤 승진할 때에도 균등한 기회 제공을 요구한다. 청구인의 경우 군 복무기간이 승진소요 최저연수에 포함되지 않으므로 공무원으로 근무하다가 군 복무를 한 사람보다 더 오래 재직하여야 승진임용절차가 진행된다. 또 군 복무기간이 경력평정에서도 일부만 산입되므로 경력평정점수도 상대적으로 적게 부여된다. 이는 승진임용절차 개시 및 승진임용점수 산정과 관련된 법적 불이익에 해당하므로, 승진경쟁인원 증가에 따라 승진 가능성이 낮아지는 사실상의 불이익 문제나 단순한 내부 승진인사 문제와 달리 공무담임권의 제한에 해당한다. 승진소요 최저연수에 공무원 임용 전 병역의무 이행기간을 포함시키지 않았다 하여 청구인의 승진임용기회에 과도한 제한을 가한다고 보기는 어려우므로, 승진기간조항은 공무담임권을 침해하지 않는다(헌재 2018.7.26. 2017헌마183).

④ [O] 심판대상조항은 아동과 관련이 없는 직무를 포함하여 모든 일반직공무원 및 부사관에 임용될 수 없도록 하므로, 제한의 범위가 지나치게 넓고 포괄적이다. 또한, 심판대상조항은 영구적으로 임용을 제한하고, 결격사유가 해소될 수 있는 어떠한 가능성도 인정하지 않는다. 아동에 대한 성희롱 등의 성적 학대행위로 형을 선고받은 경우라고 하여도 범죄의 종류, 죄질 등은 다양하므로, 개별 범죄의 비난가능성 및 재범 위험성 등을 고려하여 상당한 기간 동안 임용을 제한하는 덜 침해적인 방법으로도 입법목적을 충분히 달성할 수 있다. 따라서 심판대상조항은 과잉금지원칙에 위배되어 청구인의 공무담임권을 침해한다(헌재 2022.11.24. 2020헌마1181).

20 정답 ②

① [O] '침해행위가 있은 날'부터 10년 후에 인지 또는 재판의 확정이 이루어진 경우에도 추가된 공동상속인이 상속분가액지급청구권을 원천적으로 행사할 수 없도록 하는 것은, '가액반환의 방식'이라는 우회적·절충적 형태를 통해서라도 인지된 자의 상속권을 뒤늦게나마 보상해 주겠다는 상속분가액지급청구권의 입법취지에 반하며, 추가된 공동상속인의 권리구제 실효성을 완전히 박탈하는 결과를 초래한다. … 심판대상조항은 입법형성의 한계를 일탈하여 청구인의 재산권과 재판청구권을 침해한다(헌재 2024.6.27. 2021헌마1588).

❷ [×] 항고의 기각 또는 인용 여부와는 무관하게 공탁된 항고보증금을 반환받을 수 있다면 항고권 남용을 방지하는 효과를 기대하기 어려우므로, 항고가 기각된 때 항고보증금을 돌려주지 아니하는 것은 입법목적 달성을 위하여 적합한 수단이다. 심판대상조항으로 인하여 제한되는 사익은 항고가 기각될 경우 항고보증금의 반환을 요구하지 못하는 것으로서 경제적 불이익을 감수하고 항고를 제기하여야 한다는 것임에 비해, 무익한 항고권의 남용으로 경매절차가 현저히 지연되는 것을 방지하고 절차를 촉진시킴으로써 일반 채권자의 권리행사 등을 보호하려는 공익은 훨씬 중대한 것이므로 심판대상조항은 법익의 균형성도 갖추었다. 따라서 심판대상조항은 과잉금지원칙에 위배되어 소유자인 항고인의 재판청구권을 침해하지 아니한다(헌재 2025.1.23. 2021헌바100).

③ [O] 변호사보수산입 조항과 이에 근거한 보수 규칙은 소송유형 또는 구체적인 사건의 내용과 그 경과 등을 고려하여 법원이 소송비용에 산입되는 변호사보수를 감액하거나 증액할 수 있도록 함으로써 구체적 소송비용의 상환범위를 합리적으로 제한하고 있으므로, 변호사보수산입 조항으로 위와 같은 유형의 소송 당사자의 재판을 받을 권리가 어느 정도 제한된다고 하더라도 그것이 변호사보수산입 조항으로 달성하고자 하는 실효적인 권리구제와 사법제도의 적정하고 합리적인 운영이라는 공익에 비하여 더 크다고 보기 어렵다. 따라서 변호사보수산입 조항은 패소한 당사자의 재판을 받을 권리를 침해하지 아니한다(헌재 2025.3.27. 2024헌바126등).

④ [O] 심판대상조항은 기피신청이 소송의 지연을 목적으로 함이 명백한 경우에는 그러한 신청을 받은 법원 또는 법관이 스스로 신속하게 신청을 기각할 수 있도록 하는 간이기각제도에 관하여 정하고 있는데, 이는 소송절차의 지연을 목적으로 한 기피신청의 남용을 방지하여 형사소송절차의 신속성의 실현이라는 공익을 달성하기 위한 것이다. … 간이기각제도는 형사소송절차의 신속성이라는 공익을 달성하는 데 필요하고 적절한 방법으로써 즉시항고에 의한 불복도 가능하므로, 심판대상조항은 공정한 재판을 받을 권리를 침해하지 아니한다(헌재 2021.2.25. 2019헌바551).

12회 실전동형모의고사 정답 및 해설

정답

01	③	02	①	03	④	04	①	05	③
06	②	07	②	08	④	09	②	10	③
11	④	12	③	13	③	14	④	15	②
16	②	17	②	18	③	19	②	20	①

01
정답 ③

① [×] 해당 지문은 현행 헌법의 내용으로 감사원은 제3공화국 헌법 때 처음 생긴 것이다.

> 현행 헌법 제97조 국가의 세입·세출의 결산, 국가 및 법률이 정한 단체의 회계검사와 행정기관 및 공무원의 직무에 관한 감찰을 하기 위하여 대통령 소속하에 감사원을 둔다.

② [×] 해당 지문은 제헌헌법의 내용으로, 제2차 개정헌법 때 국무총리제도는 폐지되었다.

> 제헌헌법(1948년) 제52조 대통령이 사고로 인하여 직무를 수행할 수 없을 때에는 부통령이 그 권한을 대행하고 대통령, 부통령 모두 사고로 인하여 그 직무를 수행할 수 없을 때에는 국무총리가 그 권한을 대행한다.

❸ [○]
> 제5차 개정헌법(1962년) 제36조 ③ 국회의원 후보가 되려 하는 자는 소속정당의 추천을 받아야 한다.
> 제64조 ③ 대통령후보가 되려 하는 자는 소속정당의 추천을 받아야 한다.

④ [×] 국회는 해임건의권이 아닌 의결권이 있었다.

> 제8차 개정헌법(1980년) 제99조 ① 국회는 국무총리 또는 국무위원에 대하여 개별적으로 그 해임을 의결할 수 있다. 다만, 국무총리에 대한 해임의결은 국회가 임명동의를 한 후 1년 이내에는 할 수 없다.

02
정답 ①

❶ [×] 복수국적자의 주된 생활근거지나 대한민국에서의 체류 또는 거주 경험 등 구체적 사정에 따라서는 사회통념상 심판대상 법률조항이 정하는 기간 내에 국적이탈 신고를 할 것으로 기대하기 어려운 사유가 인정될 여지가 있다. 주무관청이 구체적 심사를 통하여, 주된 생활근거를 국내에 두고 상당한 기간 대한민국 국적자로서의 혜택을 누리다가 병역의무를 이행하여야 할 시기에 근접하여 국적을 이탈하려는 복수국적자를 배제하고 병역의무 이행의 공평성이 훼손되지 않는다고 볼 수 있는 경우에만 예외적으로 국적선택 기간이 경과한 후에도 국적이탈을 허가하는 방식으로 제도를 운용한다면, 병역의무 이행의 공평성이 훼손될 수 있다는 우려는 불식될 수 있다. 심판대상 법률조항의 존재로 인하여 복수국적을 유지하게 됨으로써 대상자가 겪어야 하는 실질적 불이익은 구체적 사정에 따라 상당히 클 수 있다. 국가에 따라서는 복수국적자가 공직 또는 국가안보와 직결되는 업무나 다른 국적국과 이익충돌 여지가 있는 업무를 담당하는 것이 제한될 가능성이 있다. 현실적으로 이러한 제한이 존재하는 경우, 특정 직업의 선택이나 업무 담당이 제한되는 데 따르는 사익 침해를 가볍게 볼 수 없다. 심판대상 법률조항은 과잉금지원칙에 위배되어 청구인의 국적이탈의 자유를 침해한다(헌재 2020.9.24, 2016헌마889).

② [○]
> 국적법 제10조 【국적 취득자의 외국 국적 포기 의무】 ① 대한민국 국적을 취득한 외국인으로서 외국 국적을 가지고 있는 자는 대한민국 국적을 취득한 날부터 1년 내에 그 외국 국적을 포기하여야 한다.
> ② 제1항에도 불구하고 다음 각 호의 어느 하나에 해당하는 자는 대한민국 국적을 취득한 날부터 1년 내에 외국 국적을 포기하거나 법무부장관이 정하는 바에 따라 대한민국에서 외국 국적을 행사하지 아니하겠다는 뜻을 법무부장관에게 서약하여야 한다.

③ [○]
> 국적법 제11조 【국적의 재취득】 ① 제10조 제3항에 따라 대한민국 국적을 상실한 자가 그 후 1년 내에 그 외국 국적을 포기하면 법무부장관에게 신고함으로써 대한민국 국적을 재취득할 수 있다.

④ [○]
> 국적법 제11조의2 【복수국적자의 법적 지위 등】 ③ 중앙행정기관의 장이 복수국적자를 외국인과 동일하게 처우하는 내용으로 법령을 제정 또는 개정하려는 경우에는 미리 법무부장관과 협의하여야 한다.

03 정답 ④

① [O] 집행명령의 경우 법률의 구체적·개별적 위임 여부 등이 문제되지 않고, 다만 상위법의 집행과 무관한 독자적인 내용을 정할 수 없다는 한계가 있다. 심판대상조항은 청구인이 방송법 제67조 제2항에 따라 수신료 징수업무를 위탁하는 경우, 수탁자가 수신료를 징수할 때 고유업무와 관련된 고지행위와 결합하여 이를 행하지 않도록 하는 수신료 징수업무의 구체적인 시행방법을 규정하고 있을 뿐이라는 점에서, 방송법 제65조 및 제67조 제2항의 집행과 무관한 새로운 법률사항을 정한 것이라고 보기 어렵고, 집행명령의 한계를 일탈하였다고 볼 수도 없다. 따라서 심판대상조항은 법률유보원칙에 위배된다고 볼 수 없다(헌재 2024.5.30, 2023헌마820 등).

② [O] 법치국가원리의 한 표현인 명확성의 원칙은 기본적으로 모든 기본권제한 입법에 대하여 요구되지만 … 민사법규는 행위규범의 측면이 강조되는 형벌법규와는 달리 기본적으로는 재판법규의 측면이 훨씬 강조되므로, 사회현실에 나타나는 여러 가지 현상에 관하여 일반적으로 흠결 없이 적용될 수 있도록 보다 추상적인 표현을 사용하는 것이 상대적으로 더 가능하다고 본다(헌재 2007.10.25, 2005헌바96).

③ [O] 새로운 법령에 의한 신뢰이익의 침해는 새로운 법령이 과거의 사실 또는 법률관계에 소급적용되는 경우에 한하여 문제되는 것은 아니고, 과거에 발생하였지만 완성되지 않고 진행중인 사실 또는 법률관계 등을 새로운 법령이 규율함으로써 종전에 시행되던 법령의 존속에 대한 신뢰이익을 침해하게 되는 경우에도 신뢰보호의 원칙이 적용될 수 있다(대판 2006.11.16, 2003두12899).

❹ [X] 헌법 제31조 제6항은 "학교교육 및 평생교육을 포함한 교육제도와 그 운영, 교육재정 및 교원의 지위에 관한 기본적인 사항은 법률로 정한다."라고 하여 교육제도 법정주의를 규정하고 있는바, 교육제도 법정주의는 소극적으로는 교육의 영역에서 본질적이고 중요한 결정은 입법자에게 유보되어야 한다는 의회유보의 원칙을 규정한 것이지만, 한편 적극적으로는 헌법이 국가에 학교제도를 통한 교육을 시행하도록 위임하고 있다는 점에서 학교제도에 관한 포괄적인 국가의 규율권한을 부여한 것이기도 하다(헌재 2012.11.29, 2011헌마827).

04 정답 ①

㉠ [O] 심판대상조항은 신체의 장애로 인하여 자신이 기표할 수 없는 선거인의 선거권을 실질적으로 보장하고, 투표보조인이 장애인의 선거권 행사에 부당한 영향력을 미치는 것을 방지하여 선거의 공정성을 확보하기 위한 것이므로, 입법목적의 정당성이 인정된다. 또한 심판대상조항이 투표보조인이 가족이 아닌 경우 반드시 2인을 동반하도록 한 것은 위와 같은 목적을 달성하기 위한 적절한 수단이므로, 수단의 적합성도 인정된다. 중앙선거관리위원회는 실무상 선거인이 투표보조인 2인을 동반하지 않은 경우 투표사무원 중에 추가로 투표보조인으로 선정하여 투표를 보조할 수 있도록 함으로써 선거권 행사를 지원하고 있으며, 공직선거법은 처벌규정을 통해 투표보조인이 비밀유지의무를 준수하도록 강제하고 있다. 따라서 심판대상조항은 침해의 최소성원칙에 반하지 않는다. 심판대상조항이 달성하고자 하는 공익은 중증장애인의 실질적인 선거권 보장과 선거의 공정성 확보로서 매우 중요한 반면, 심판대상조항으로 인해 청구인이 받는 불이익은 투표보조인이 가족이 아닌 경우 2인을 동반해야 하므로, 투표보조인이 1인인 경우에 비하여 투표의 비밀이 더 유지되기 어렵고, 투표보조인을 추가로 섭외해야 한다는 불편에 불과하므로, 심판대상조항은 법익의 균형성원칙에 반하지 않는다. 그러므로 심판대상조항은 비밀선거의 원칙에 대한 예외를 두고 있지만 필요하고 불가피한 예외적인 경우에 한하고 있으므로, 과잉금지원칙에 반하여 청구인의 선거권을 침해하지 않는다(헌재 2020.5.27, 2017헌마867).

㉡ [O] 선거운동을 어느 정도 규제하는 것에 불가피한 측면이 있더라도, 그 제한의 정도는 정치·사회적 발전단계와 국민의식의 성숙도 등을 종합하여 합리적으로 결정해야 한다. 오늘날, 일부 미흡한 측면이 있더라도 공정한 선거제도가 확립되고 국민의 정치의식이 높아지고 있으며, 입법자도 선거운동의 자유를 최대한 보장할 필요가 있다는 반성적 고려 하에 2020.12.29. 공직선거법 개정을 통해 선거과열 등 부작용을 초래할 위험성이 적은 선거운동 방법에 대한 선거운동기간 규제를 완화한 상황이다. 그럼에도 심판대상조항은 입법목적을 달성하는 데 지장이 없는 선거운동방법, 즉 돈이 들지 않는 방법으로서 '후보자 간 경제력 차이에 따른 불균형 문제'나 '사회·경제적 손실을 초래할 위험성'이 낮은, 개별적으로 대면하여 말로 지지를 호소하는 선거운동까지 금지하고 처벌함으로써, 과잉금지원칙에 반하여 선거운동 등 정치적 표현의 자유를 과도하게 제한하고 있다. 결국 이 사건 선거운동기간조항 중 선거운동기간 전에 개별적으로 대면하여 말로 하는 선거운동에 관한 부분, 이 사건 처벌조항 중 '그 밖의 방법'에 관한 부분 가운데 개별적으로 대면하여 말로 하는 선거운동을 한 자에 관한 부분은 과잉금지원칙에 반하여 선거운동 등 정치적 표현의 자유를 침해한다(헌재 2022.2.24, 2018헌바146).

㉢ [X] 소선거구 다수대표제는 다수의 사표가 발생할 수 있다는 문제점이 제기됨에도 불구하고 정치의 책임성과 안정성을 강화하고 인물 검증을 통해 당선자를 선출하는 등 장점을 가지며, 선거의 대표성이나 평등선거의 원칙 측면에서도 다른 선거제도와 비교하여 반드시 열등하다고 단정할 수 없다. 또한 비례대표선거제도를 통하여 소선거구 다수대표제를 채택함에 따라 발생하는 정당의 득표비율과 의석비율간의 차이를 보완하고 있다. 그리고 유권자들의 후보들에 대한 각기 다른 지지는 자연스러운 것이고, 선거제도상 모든 후보자들을 당선시키는 것은 불가능하므로 사표의 발생은 불가피한 측면이 있다. 이러한 점들을 고려하면, 선거권자들에게 성별, 재산 등에 의한 제한 없이 모두 투표참여의 기회를 부여하고(보통선거), 선거권자 1인의 투표를 1표로 계산하며(평등선거), 선거결과가 선거권자에 의해 직접 결정되고(직접선거), 투표의 비밀이 보장되며(비밀선거), 자유로운 투표를 보장함으로써(자유선거) 헌법상의 선거원칙은 모두 구현되는 것이므로, 이에 더하여 국회의원선거에서 사표를 줄이기 위해 소선거구 다수대표제를 배제하고 다른 선거제도를 채택할 것까지 요구할 수는 없다. 따라서 심판대상조항이 청구인의 평등권과 선거권을 침해한다고 할 수 없다(헌재 2016.5.26, 2012헌마374).

㉣ [X] 토론회조항은 지방자치단체장선거에서 각급선거방송토론위원회가 초청대상 후보자 대담·토론회를 개최할 때의 그 초청자격을 제한하고 있는데, 이러한 제한을 두지 않는다면 대담·토

론회는 후보자들의 정견발표회 수준에 그치게 되고 실질적인 정책의 비교나 심층적인 정책의 토론이 이루어진다거나 후보자들 간의 자질과 정치적인 능력의 비교가 불가능해질 수 있으므로, 대담·토론회의 장점을 극대화하여 실질적인 정책 비교 및 후보의 자질 검증의 기회를 마련할 필요가 있다. 이 사건 토론회조항은 전체 국민을 대상으로 한 선거를 통하여 이미 국민의 일정한 지지가 검증되었다고 볼 수 있는 정당의 추천을 받은 사람, 지난 선거에서 일정 수 이상의 득표를 함으로써 해당 지역의 선거구 내 주민들의 일정한 지지가 검증되었다고 볼 수 있는 사람, 위와 같은 요건을 갖추지는 못하였지만 여론조사를 통하여 해당 지역 유권자들의 관심과 지지가 어느 정도 확보되고, 그러한 사실이 확인될 수 있는 사람을 대상으로 하고 있는바, 그 요건이 자의적이라고 볼 수 없다. 이 사건 토론회조항은 선거운동의 기회균등원칙과 관련한 평등권을 침해하지 않는다(헌재 2019.9.26, 2018헌마128).

05 정답 ③

① [×] 이 사건 조약은 그 명칭이 "협정"으로 되어 있어 국회의 관여없이 체결되는 행정협정처럼 보이기도 하나 우리나라의 입장에서 볼 때에는 외국군대의 지위에 관한 것이고, 국가에게 재정적 부담을 지우는 내용과 근로자의 지위, 미군에 대한 형사재판권, 민사청구권 등 입법사항을 포함하고 있으므로 국회의 동의를 요하는 조약으로 취급되어야 하는 것이다(헌재 1999.4.29, 97헌가14).

② [×] 이 사건 파견결정은 그 성격상 국방 및 외교에 관련된 고도의 정치적 결단을 요하는 문제로서, 헌법과 법률이 정한 절차를 지켜 이루어진 것이 명백하므로, 대통령과 국회의 판단은 존중되어야 하고 우리 재판소가 사법적 기준만으로 이를 심판하는 것은 자제되어야 한다(헌재 2004.4.29, 2003헌마814).

❸ [O] 이 사건 법률조항에서 규정하고 있는 부정수표 발행행위는 지급제시될 때에 지급거절될 것을 예견하면서도 수표를 발행하여 지급거절에 이르게 하는 것으로 그 보호법익은 수표거래의 공정성이며 결코 '계약상 의무의 이행불능만을 이유로 구금'되는 것이 아니므로 국제법 존중주의에 입각한다 하더라도 국제연합 인권규약 제11조의 명문에 정면으로 배치되는 것이 아니다(헌재 2001.4.26, 99헌가13).

④ [×]
> 헌법 제6조 ① 헌법에 의하여 체결·공포된 조약과 일반적으로 승인된 국제법규는 국내법과 같은 효력을 가진다.

06 정답 ②

① [O] 이 사건 법률조항은 선장의 범죄행위에 관하여 비난할 근거가 되는 선박소유자의 의사결정 및 행위구조, 즉 선장이 저지른 행위의 결과에 대한 선박소유자의 독자적인 책임에 관하여 전혀 규정하지 않은 채, 단순히 선박소유자가 고용한 선장이 업무에 관하여 범죄행위를 하였다는 이유만으로 선박소유자에 대하여 형사처벌을 과하고 있는바, 이는 다른 사람의 범죄에 대하여 그 책임 유무를 묻지 않고 형벌을 부과하는 것으로서, 법치국가의 원리 및 죄형법정주의로부터 도출되는 책임주의원칙에 반한다(헌재 2013.9.26, 2013헌가15).

❷ [×] 이 사건 법률조항이 직상 수급인의 임금지급의무 불이행을 처벌하도록 한 것은 직상 수급인 자신의 의무 불이행에 대한 책임을 묻는 것이고, 직상 수급인이 건설업 등록이 되어 있지 않아 건설공사를 위한 자금력 등이 확인되지 않는 자에게 건설공사를 하도급하는 위법행위를 함으로써 하수급인의 임금지급의무 불이행에 관한 추상적 위험을 야기한 잘못에 대하여, 실제로 하수급인이 임금지급의무를 이행하지 아니하여 그러한 위험이 현실화되었을 때 그 책임을 묻는 것이다. 따라서 이 사건 법률조항은 자기책임원칙에 위배된다고 볼 수 없다(헌재 2014.4.24, 2013헌가12).

③ [O] 각 중앙관서의 장이 경쟁의 공정한 집행 또는 계약의 적정한 이행을 해칠 염려가 있는 자 등에 대하여 2년 이내의 범위에서 대통령령이 정하는 바에 따라 입찰참가자격을 제한하도록 한 구 '국가를 당사자로 하는 계약에 관한 법률' 제27조 제1항은 부정당업자는 제재처분의 사유가 되는 행위의 책임을 자신에게 돌릴 수 없다는 점 등을 증명하여 제재처분에서 벗어날 수 있으므로, 심판대상조항은 자기책임원칙에 위배되지 아니한다(헌재 2016.6.30, 2015헌바125).

④ [O] 국민건강보험법 제52조 제1항은, 요양기관이 사위 기타 부당한 방법으로 보험급여비용을 받은 경우에만 징수책임을 지며, 또 요양기관과 아무런 관련 없이 피용자 개인의 잘못으로 보험급여비용을 받아 그 전액을 환수하는 것이 가혹한 경우라면 금액의 전부 혹은 일부가 '사위 기타 부당한 방법'에 해당하지 않는다고 하여 징수를 면할 수 있는 여지를 남겨 놓고 있고, 요양기관이 그 피용자를 관리·감독할 주의의무를 다하였다고 하더라도, 보험급여비용이 요양기관에게 일단 귀속되었고 그 요양기관이 사위 기타 부당한 방법으로 보험급여비용을 지급받은 이상 부당이득반환의무가 있다는 것이므로 책임주의원칙에 어긋난다고 볼 수 없다(헌재 2011.6.30, 2010헌바375).

07 정답 ②

① [O] 근로의 권리 중 인간의 존엄성 보장에 필요한 최소한의 근로조건을 요구할 수 있는 '일할 환경에 관한 권리' 역시 외국인에게 보장되고(헌재 2007.8.30, 2004헌마670), 고용허가를 받아 우리 사회에서 정당한 노동인력으로서 지위를 부여받은 외국인들의 직장선택의 자유도 인간의 권리로서 보장된다(헌재 2011.9.29, 2007헌마1083등).

❷ [×] 청구인은 등록이 취소된 이후에도 '등록정당'에 준하는 '권리능력 없는 사단'으로서의 실질을 유지하고 있다고 볼 수 있으므로 이 사건 헌법소원의 청구인능력을 인정할 수 있다. 또한, 정당설립의 자유는 그 성질상 등록된 정당에게만 인정되는 기본권이 아니라 청구인과 같이 등록정당은 아니지만 권리능력 없는 사단의 실체를 가지고 있는 정당에게도 인정되는 기본권이라고 할 수 있고, 청구인이 등록정당으로서의 지위를 갖추지 못한 것은 결국 이 사건 법률조항 및 같은 내용의 현행 정당법(제17조, 제18조)의 정당등록요건규정 때문이고, 장래에도 이 사건 법률조항과 같은 내용의 현행 정당법 규정에 따라 기본권제한이 반복될 위험이 있으므로, 심판청구의 이익을 인정할 수 있다(헌재 2006.3.30, 2004헌마246).

③ [O] 헌법 제31조 제4항이 규정하는 교육의 자주성 및 대학의 자율성은 헌법 제22조 제1항이 보장하는 학문의 자유의 확실한 보장을 위해 꼭 필요한 것으로서 대학에 부여된 헌법상 기본권인 대학의 자율권이므로, 국립대학인 청구인도 이러한 대학의 자율권의 주체로서 헌법소원심판의 청구인능력이 인정된다(헌재 2015.12.23, 2014헌마1149).

④ [O] 초기배아는 수정이 된 배아라는 점에서 형성 중인 생명의 첫 걸음을 떼었다고 볼 여지가 있기는 하나 아직 모체에 착상되거나 원시선이 나타나지 않은 이상 현재의 자연과학적 인식 수준에서 독립된 인간과 배아 간의 개체적 연속성을 확정하기 어렵다고 봄이 일반적이라는 점, 배아의 경우 현재의 과학기술 수준에서 모태 속에서 수용될 때 비로소 독립적인 인간으로의 성장가능성을 기대할 수 있다는 점, 수정 후 착상 전의 배아가 인간으로 인식된다거나 그와 같이 취급하여야 할 필요성이 있다는 사회적 승인이 존재한다고 보기 어려운 점 등을 종합적으로 고려할 때, 기본권 주체성을 인정하기 어렵다(헌재 2010.5.27, 2005헌마346).

08 정답 ④

① [O] 고등학교 평준화정책에 따른 학교 강제배정제도가 위헌이 아니라고 하더라도 여전히 종립학교(종교단체가 설립한 사립학교)가 가지는 종교교육의 자유 및 운영의 자유와 학생들이 가지는 소극적 종교행위의 자유 및 소극적 신앙고백의 자유 사이에 충돌이 생기게 되는데, 이와 같이 하나의 법률관계를 둘러싸고 두 기본권이 충돌하는 경우에는 구체적인 사안에서의 사정을 종합적으로 고려한 이익형량과 함께 양 기본권 사이의 실제적인 조화를 꾀하는 해석 등을 통하여 이를 해결하여야 하고, 그 결과에 따라 정해지는 양 기본권 행사의 한계 등을 감안하여 그 행위의 최종적인 위법성 여부를 판단하여야 한다(대판 2010.4.22, 2008다38288).

② [O] 상하의 위계질서가 있는 기본권끼리 충돌하는 경우에는 상위기본권우선의 원칙에 따라 하위기본권이 제한될 수 있으므로, 흡연권은 혐연권을 침해하지 않는 한에서 인정되어야 한다(헌재 2004.8.26, 2003헌마457).

③ [O] 표현의 자유와 인격권의 우열은 쉽게 단정할 성질의 것이 아니다(헌재 2021.7.15, 2021헌마88). '사인의 사생활의 비밀과 자유 또는 인격권'과 '사인의 표현의 자유'라는 서로 다른 주체의 기본권이 충돌하는 경우에는 헌법의 통일성을 유지하기 위하여 상충하는 기본권 모두가 최대한 그 기능과 효력을 나타낼 수 있도록 하는 조화로운 방법이 모색되어야 하므로, 과잉금지의 원칙에 따라 이 사건 법률조항의 입법 목적을 달성하기 위하여 마련된 수단이 표현의 자유를 제한하는 정도와 사생활의 비밀과 자유 또는 인격권을 보호하는 정도 사이에 적정한 비례를 유지하여야 한다(헌재 2020.11.26, 2016헌마275·606).

❹ [X] 개인적 단결권과 집단적 단결권이 충돌하는 경우 기본권의 서열이론이나 법익형량의 원리에 입각하여 어느 기본권이 더 상위기본권이라고 단정할 수는 없다. … 따라서 이러한 경우 헌법의 통일성을 유지하기 위하여 상충하는 기본권 모두가 최대한으로 그 기능과 효력을 발휘할 수 있도록 조화로운 방법을 모색하되, 법익형량의 원리, 입법에 의한 선택적 재량 등을 종합적으로 참작하여 심사하여야 한다(헌재 2005.11.24, 2002헌바95 등).

09 정답 ②

① [X] 보험료하한 조항이 보험급여와 보험료 납부의 상관관계를 고려하고, 외국인의 보험료 납부의무 회피를 위한 출국 등의 제도적 남용 행태를 막기 위하여 외국인 지역가입자가 납부해야 할 월별 보험료의 하한을 내국인등 지역가입자가 부담하는 보험료 하한(보험료가 부과되는 연도의 전전년도 평균 보수월액보험료의 1천분의 60 이상 1천분의 65 미만의 범위에서 보건복지부장관이 정하여 고시하는 금액)보다 높게 정한 것은 합리적인 이유가 있는 차별이다(헌재 2023.9.26, 2019헌마1165).

❷ [O] 심판대상조항에 따라 동물약국에서 수의사 등의 처방전 없이는 판매할 수 없는 동물용의약품이 더욱 늘어나게 되었으므로, 심판대상조항이 동물약국 개설자인 청구인들의 직업수행의 자유를 침해하는지 여부를 살펴본다. … 심판대상조항이 동물약국 개설자인 청구인들의 직업수행의 자유를 침해하는지 여부를 판단하는 이상 평등권 침해 여부에 관하여는 따로 판단하지 아니한다. … 심판대상조항이 동물약국 개설자에 대한 과도한 제약이라고 보기 어려워, 동물약국 개설자인 청구인들의 직업수행의 자유를 침해하지 아니한다(헌재 2023.6.29, 2021헌마99).

③ [X] 대립 당사자 간에 발생한 법률적 분쟁에 관하여 사실관계를 확정한 후 법을 해석·적용함으로써 분쟁을 해결한다는 절차적 측면에서 민사소송과 행정소송은 유사하다. 재심기간제한조항이 민사소송과 동일하게 재심제기기간을 30일로 정한 것이 행정소송 당사자의 평등권을 침해하지 않는다(헌재 2023.9.26, 2020헌바258).

④ [X] 정부는 집합제한 조치로 인한 부담을 완화하기 위하여 다양한 지원을 하였고, '소상공인 보호 및 지원에 관한 법률'이 2021년 개정되어 집합제한 조치로 인한 손실을 보상하는 규정이 신설되었다. … 따라서 심판대상조항의 개정 배경과 보상 대상인 조치의 특성에 비추어 영업상 손실이 발생할 것으로 쉽게 예측할 수 있는 감염병환자 방문 시설의 폐쇄 등과 달리, 집합제한 또는 금지 조치로 인한 영업상 손실을 보상하는 규정을 입법자가 미리 마련하지 않았다고 하여 곧바로 평등권을 침해하는 것이라고 할 수 없다(헌재 2023.6.29, 2020헌마1669).

10 정답 ③

① [O] 심판대상조항의 적용대상인 '감염병의심자'는 관련 조항에 따라 그 범위가 일정하게 제한되어 있고, 심판대상조항을 통해 격리 조치의 이행을 확보함으로써 감염병이 전파되지 않도록 할 공중보건상의 필요가 현저한 점 등을 고려하면 심판대상조항이 그 자체로 과도한 제한이라 보기도 어렵다. 이상의 사정들을 종합하여 보면, 심판대상조항이 과잉금지원칙에 위반되어 신체의 자유를 침해한다고 볼 수 없다(헌재 2025.4.10, 2021헌바329).

② [O] 심판대상조항은 강제퇴거대상자를 대한민국 밖으로 송환할 수 있을 때까지 보호시설에 인치·수용하여 강제퇴거명령을 효율적으로 집행할 수 있도록 함으로써 외국인의 출입국과 체류를 적절하게 통제하고 조정하여 국가의 안전과 질서를 도모하고자 하는 것으로, 입법목적의 정당성과 수단의 적합성은 인정된다. 그러나 보호기간의 상한을 두지 아니함으로써 강제퇴거대상자를 무기한 보호하는 것을 가능하게 하는 것은 보호의 일시적·잠정적 강제조치로서의 한계를 벗어나는 것이라는 점, 보호기간의 상한을 법에 명시함으로써 보호기간의 비합리적인 장기화 내지 불확실성에서 야기되는 피해를 방지할 수 있어야 하는데, 단지 강제퇴거명령의 효율적 집행이라는 행정목적 때문에 기간의 제한이 없는 보호를 가능하게 하는 것은 행정의 편의성과 획일성만을 강조한 것으로 피보호자의 신체의 자유를 과도하게 제한하는 것인 점, … 등을 고려하면, 심판대상조항은 침해의 최소성과 법익균형성을 충족하지 못한다. 따라서 심판대상조항은 과잉금지원칙을 위반하여 피보호자의 신체의 자유를 침해한다(헌재 2023.3.23, 2020헌가1 등).
❸ [×] 치료감호기간 조항은 정신성적 장애인이 치료감호시설에 수용될 수 있는 기간의 상한을 정함으로써 치료의 필요성 및 재범의 위험성에 따라 탄력적으로 치료감호를 집행하는 동시에, 정신성적 장애인의 기본권이 과도하게 제한되는 것을 방지하기 위한 것이다. 정신성적 장애는 그 증상이나 정도, 치료의 방법 등에 따라 치료의 종료 시기가 달라질 수 있으므로 이를 일률적으로 예측하기 어렵고, 그에 따른 재범의 위험성 소멸시기를 예측하는 것도 어려우므로 정신성적 장애인에 대한 치료감호는 그 본질상 집행단계에서 기간을 확정할 수밖에 없다. … 따라서 치료감호기간 조항은 과잉금지원칙을 위반하여 청구인의 신체의 자유를 침해하지 않는다(헌재 2017.4.27, 2016헌바452).
④ [O] 진술거부권은 형사절차에서만 보장되는 것은 아니고 행정절차이거나 국회에서의 질문 등 어디에서나 그 진술이 자기에게 형사상 불리한 경우에는 묵비권을 가지고 이를 강요받지 아니할 국민의 기본권으로 보장된다(헌재 1990.8.27, 89헌가118).

11 정답 ④

① [×] 행정입법의 경우에도 "부진정 입법부작위"를 대상으로 헌법소원을 제기하려면 그 입법부작위를 헌법소원의 대상으로 삼을 수는 없고, 결함이 있는 당해 입법규정 그 자체를 대상으로 하여 그것이 평등의 원칙에 위배된다는 등 헌법위반을 내세워 적극적인 헌법소원을 제기하여야 하며, 이 경우에는 법령에 의하여 직접 기본권이 침해되는 경우라고 볼 수 있으므로 헌법재판소법 제69조 제1항 소정의 청구기간을 준수하여야 한다(헌재 2009.7.14, 2009헌마349).
② [×] 삼권분립의 원칙, 법치행정의 원칙을 당연한 전제로 하고 있는 우리 헌법하에서 행정권의 행정입법 등 법집행의무는 헌법적 의무라고 보아야 할 것이다. 그런데 이는 행정입법의 제정이 법률의 집행에 필수불가결한 경우로서 행정입법을 제정하지 아니하는 것이 곧 행정권에 의한 입법권 침해의 결과를 초래하는 경우를 말하는 것이므로, 만일 하위 행정입법의 제정 없이 상위 법령의 규정만으로도 집행이 이루어질 수 있는 경우라면 하위 행정입법을 하여야 할 헌법적 작위의무는 인정되지 아니한다(헌재 2005.12.22, 2004헌마66).
③ [×] 한편 법률이 군법무관의 보수를 판사, 검사의 예에 의하도록 규정하면서 그 구체적 내용을 시행령에 위임하고 있다면, 이는 군법무관의 보수의 내용을 법률로써 일차적으로 형성한 것이고, 따라서 상당한 수준의 보수청구권이 인정되는 것이라 해석함이 상당하다. 그러므로 이 사건에서 대통령이 법률의 명시적 위임에도 불구하고 지금까지 해당 시행령을 제정하지 않아 그러한 보수청구권이 보장되지 않고 있다면 그러한 입법부작위는 정당한 이유 없이 청구인들의 재산권을 침해하는 것으로써 헌법에 위반된다(헌재 2004.2.26, 2001헌바718).
❹ [O] 진정입법부작위에 대한 헌법소원심판청구는 헌법에서 기본권 보장을 위해 법률에 명시적으로 입법위임을 하였음에도 불구하고 입법자가 이를 이행하지 않고 있는 경우이거나, 헌법 해석상 특정인의 기본권을 보호하기 위한 국가의 입법의무가 발생하였음이 명백함에도 불구하고 입법자가 아무런 입법조치를 취하지 않고 있는 경우에 한하여 허용된다(헌재 2003.5.15, 2000헌마192등).

12 정답 ③

① [O] 주방용오물분쇄기를 사용하지 못하면 음식물 찌꺼기 등을 음식물류 폐기물로 분리 배출하여야 하므로 그 처리에 다소 불편을 겪을 수는 있으나, 심판대상조항이 음식물 찌꺼기 등의 배출 또는 처리 자체를 금지하는 것은 아니다. 뿐만 아니라 국가의 기본권 보호의무란 사인인 제3자에 의한 생명이나 신체에 대한 침해로부터 이를 보호하여야 할 국가의 의무를 말하는 것으로, 이 사건처럼 국가가 직접 주방용오물분쇄기의 사용을 금지하여 개인의 기본권을 제한하는 경우에는 국가의 기본권 보호의무 위반 여부가 문제되지 않는다(헌재 2018.6.28, 2016헌마1151).
② [O] 심판대상조항이 선거운동의 자유를 감안하여 선거운동을 위한 확성장치를 허용할 공익적 필요성이 인정된다고 하더라도 정온한 생활환경이 보장되어야 할 주거지역에서 출근 또는 등교 이전 및 퇴근 또는 하교 이후 시간대에 확성장치의 최고출력 내지 소음을 제한하는 등 사용시간과 사용지역에 따른 수인한도 내에서 확성장치의 최고출력 내지 소음 규제기준에 관한 규정을 두지 아니한 것은, 국민이 건강하고 쾌적하게 생활할 수 있는 양호한 주거환경을 위하여 노력하여야 할 국가의 의무를 부과한 헌법 제35조 제3항에 비추어 보면, 적절하고 효율적인 최소한의 보호조치를 취하지 아니하여 국가의 기본권 보호의무를 과소하게 이행한 것으로서, 청구인의 건강하고 쾌적한 환경에서 생활할 권리를 침해하므로 헌법에 위반된다(헌재 2019.12.27, 2018헌마730).
❸ [×] 국가가 국민의 건강하고 쾌적한 환경에서 생활할 권리에 대한 보호의무를 다하지 않았는지 여부를 헌법재판소가 심사할 때에는 국가가 이를 보호하기 위하여 적어도 적절하고 효율적인 최소한의 보호조치를 취하였는가 하는 이른바 '과소보호금지원칙'의 위반 여부를 기준으로 삼아야 한다.(헌재 2019.12.27, 2018헌마730).
④ [O] 생명의 발달단계와 자기결정권의 행사를 고려한 법적 보호 수단 및 정도 국가에게 태아의 생명을 보호할 의무가 있다고 하더라도 생명의 연속적 발전과정에 대하여 생명이라는 공통요소만을 이유로 하여 언제나 동일한 법적 효과를 부여하여야

하는 것은 아니다. 동일한 생명이라 할지라도 법질서가 생명의 발전과정을 일정한 단계들로 구분하고 그 각 단계에 상이한 법적 효과를 부여하는 것이 불가능하지 않다(헌재 2019.4.11, 2017헌바127).

13 정답 ③

㉠ [O] 이 사건 변호인 접견신청 거부는 현행법상 아무런 법률상 근거가 없이 청구인의 변호인의 조력을 받을 권리를 제한한 것이므로, 청구인의 변호인의 조력을 받을 권리를 침해한 것이다. 또한 청구인에게 변호인 접견신청을 허용한다고 하여 국가안전보장, 질서유지, 공공복리에 어떠한 장애가 생긴다고 보기는 어렵고, 필요한 최소한의 범위 내에서 접견 장소 등을 제한하는 방법을 취한다면 국가안전보장이나 환승구역의 질서유지 등에 별다른 지장을 주지 않으면서도 청구인의 변호인 접견권을 제대로 보장할 수 있다. 따라서 이 사건 변호인 접견신청 거부는 국가안전보장이나 질서유지, 공공복리를 위해 필요한 기본권 제한 조치로 볼 수도 없다(헌재 2018.5.31, 2014헌마346).

㉡ [O] 피의자 및 피고인이 가지는 변호인의 조력을 받을 권리가 실질적으로 확보되기 위해서는, 피의자 및 피고인에 대한 변호인의 조력할 권리의 핵심적인 부분은 헌법상 기본권으로서 보호되어야 한다(헌재 2019.2.28, 2015헌마1204).

㉢ [O] '변호인이 되려는 자'의 접견교통권은 피의자 등을 조력하기 위한 핵심적인 부분으로서, 피의자 등이 가지는 헌법상의 기본권인 '변호인이 되려는 자'와의 접견교통권과 표리의 관계에 있다. 따라서 피의자 등이 가지는 '변호인이 되려는 자'의 조력을 받을 권리가 실질적으로 확보되기 위해서는 '변호인이 되려는 자'의 접견교통권 역시 헌법상 기본권으로서 보장되어야 한다(헌재 2019.2.28, 2015헌마1204).

㉣ [×] '변호인이 되려는 자'의 접견교통권은 피의자 등을 조력하기 위한 핵심적인 권리로서, 피의자 등이 가지는 '변호인이 되려는 자'의 조력을 받을 권리가 실질적으로 확보되기 위하여 이 역시 헌법상 기본권으로서 보장되어야 한다(헌재 2019.2.28, 2015헌마1204).

14 정답 ④

① [O] 심판대상조항은 정보주체의 배우자나 직계혈족이 스스로의 정당한 법적 이익을 지키기 위하여 정보주체 본인의 위임 없이도 가족관계 상세증명서를 간편하게 발급받을 수 있게 해주는 것이므로, 상세증명서 추가 기재 자녀의 입장에서 보아도 자신의 개인정보가 공개되는 것을 중대한 불이익이라고 평가하기는 어렵다. … 심판대상조항은 과잉금지원칙에 위배되어 청구인의 개인정보자기결정권을 침해하지 아니한다(헌재 2022.11.24, 2021헌마130).

② [O] 청구인들은 심판대상인 이 사건 시행령조항 및 경찰청장의 보관 등 행위에 의하여 침해되는 기본권으로서 인간의 존엄과 가치, 행복추구권, 인격권, 사생활의 비밀과 자유 등을 들고 있으나, 위 기본권들은 모두 개인정보자기결정권의 헌법적 근거로 거론되는 것들로서 청구인들의 개인정보에 대한 수집·보관·전산화·이용이 문제되는 이 사건에서 그 보호영역이 개인정보자기결정권의 보호영역과 중첩되는 범위에서만 관련되어 있다고 할 수 있으므로, 특별한 사정이 없는 이상 개인정보자기결정권에 대한 침해 여부를 판단함으로써 위 기본권들의 침해 여부에 대한 판단이 함께 이루어지는 것으로 볼 수 있어 그 침해 여부를 별도로 다룰 필요는 없다고 보인다(헌재 2005.5.26, 99헌마513).

③ [O] 심판대상조항이 이동통신서비스 가입 시 본인확인절차를 거치도록 함으로써 타인 또는 허무인의 이름을 사용한 휴대전화인 이른바 대포폰이 보이스피싱 등 범죄의 범행도구로 이용되는 것을 막고, 개인정보를 도용하여 타인의 명의로 가입한 다음 휴대전화 소액결제나 서비스요금을 그 명의인에게 전가하는 등 명의도용범죄의 피해를 막고자 하는 입법목적은 정당하고, 이를 위하여 본인확인절차를 거치게 한 것은 적합한 수단이다. … 따라서 심판대상조항은 청구인들의 개인정보자기결정권 및 통신의 자유를 침해하지 않는다(헌재 2019.9.26, 2017헌마1209).

❹ [×] 효율적인 수사와 정보수집의 신속성, 밀행성 등의 필요성을 고려하여 사전에 정보주체인 이용자에게 그 내역을 통지하도록 하는 것이 적절하지 않다면 수사기관 등이 통신자료를 취득한 이후에 수사 등 정보수집의 목적에 방해가 되지 않는 범위 내에서 통신자료의 취득사실을 이용자에게 통지하는 것이 얼마든지 가능하다. … 따라서 이 사건 법률조항이 통신자료 취득에 대한 사후통지절차를 규정하고 있지 않은 것은 적법절차원칙에 위배하여 청구인들의 개인정보자기결정권을 침해한다(헌재 2022.7.21, 2016헌마388 등).

15 정답 ②

① [O] 헌법에서 법령에 검사의 징계처분 등에 대한 소청을 심사·결정하기 위한 소청심사위원회를 설치해야 한다는 입법위임을 하고 있지 않음은 명백하다. 헌법 제7조 제2항에서 공무원의 신분은 법률이 정하는 바에 의하여 보장된다고 규정함으로써 직업공무원제도에 따른 공무원 신분 법정주의를 천명하고 있을 뿐 징계처분 등을 받은 검사에 대하여 행정소송제도 외 추가적으로 소청절차를 마련해야 한다는 입법의무를 도출하기 어렵고, 헌법 제11조 제1항의 평등원칙이 검사의 징계처분 등에 대한 구제절차를 다른 공무원과 완전히 동일하게 규율할 것을 명하는 것으로 보기도 어렵다(헌재 2021.6.22, 2021헌마569).

❷ [×] 행정조직의 개폐에 관한 문제에 있어 입법자가 광범위한 입법형성권을 가진다 하더라도 행정조직의 개폐로 인해 행해지는 직권면직은 보다 직접적으로 해당 공무원들의 신분에 중대한 위협을 주게 되므로 직제 폐지 후 실시되는 면직절차에 있어서는 보다 엄격한 요건이 필요한데, 이와 관련하여 지방공무원법 제62조는 직제의 폐지로 인해 직권면직이 이루어지는 경우 임용권자는 인사위원회의 의견을 듣도록 하고 있고, 면직기준으로 임용형태·업무실적·직무수행능력·징계처분 사실 등을 고려하도록 하고 있으며, 면직기준을 정하거나 면직대상을 결정함에 있어서 반드시 인사위원회의 의결을 거치도록 하고 있는바, 이는 합리적인 면직기준을 구체적으로 정함과 동시에 그 공정성을 담보할 수 있는 절차를 마련하고 있

는 것이라 볼 수 있다. 그렇다면 이 사건 규정이 직제가 폐지된 경우 직권면직을 할 수 있도록 규정하고 있다고 하더라도 이것이 직업공무원제도를 위반하고 있다고는 볼 수 없다(헌재 2004.11.25, 2002헌바8).

③ [○] 국가공무원법 제69조 중 제33조 제1항 제5호 부분은 공무원이 금고 이상의 형의 선고유예를 받은 경우에는 공무원직에서 당연히 퇴직하는 것으로 규정하고 있다. 그런데 같은 금고 이상의 형의 선고유예를 받은 경우라고 하여도 범죄의 종류, 내용이 지극히 다양한 것이므로 그에 따라 국민의 공직에 대한 신뢰 등에 미치는 영향도 큰 차이가 있는 것이다. 따라서 입법자로서는 국민의 공직에 대한 신뢰보호를 위하여 해당 공무원이 반드시 퇴직하여야 할 범죄의 유형, 내용 등으로 그 당연퇴직의 사유 및 범위를 가급적 한정하여 규정하였어야 할 것이다. 그런데 위 규정은 금고 이상의 선고유예의 판결을 받은 모든 범죄를 포괄하여 규정하고 있을 뿐 아니라, 심지어 오늘날 누구에게나 위험이 상존하는 교통사고 관련 범죄 등 과실범의 경우마저 당연퇴직의 사유에서 제외하지 않고 있으므로 최소침해성의 원칙에 반한다. 따라서 이 사건 법률조항은 과잉금지원칙에 위배하여 공무담임권을 침해하는 조항이라고 할 것이다(헌재 2003.10.30, 2002헌마684).

④ [○] 관련 자격증 소지자에게 세무직 국가공무원 공개경쟁채용시험에서 일정한 가산점을 부여하는 제도는 가산 대상 자격증을 소지하지 아니한 사람들에 대하여는 공직으로의 진입에 장애를 초래하여 공무담임권을 제한하는 측면이 있지만, 전문적 업무 능력을 갖춘 사람을 우대하여 직업공무원제도의 능력주의를 구현하는 측면이 있으므로 과잉금지원칙 위반 여부를 심사할 때 이를 고려할 필요가 있다(헌재 2020.6.25, 2017헌마1178).

16   정답 ②

① [○] 심판대상조항에 따르면, 혼인 종료 후 300일 내에 출생한 자녀가 전남편의 친생자가 아님이 명백하고, 전남편이 친생추정을 원하지도 않으며, 생부가 그 자를 인지하려는 경우에도, 그 자녀는 전남편의 친생자로 추정되어 가족관계등록부에 전남편의 친생자로 등록되고, 이는 엄격한 친생부인의 소를 통해서만 번복될 수 있다. 그 결과 심판대상조항은 이혼한 모와 전남편이 새로운 가정을 꾸리는 데 부담이 되고, 자녀와 생부가 진실한 혈연관계를 회복하는 데 장애가 되고 있다. 이와 같이 민법 제정 이후의 사회적·법률적·의학적 사정변경을 전혀 반영하지 아니한 채, 이미 혼인관계가 해소된 이후에 자가 출생하고 생부가 출생한 자를 인지하려는 경우마저도, 아무런 예외 없이 그 자를 전남편의 친생자로 추정함으로써 친생부인의 소를 거치도록 하는 심판대상조항은 입법형성의 한계를 벗어나 모가 가정생활과 신분관계에서 누려야 할 인격권, 혼인과 가족생활에 관한 기본권을 침해한다(헌재 2015.4.30, 2013헌마623).

❷ [×] 민법은 유언이나 기여분 제도를 통하여 피상속인의 의사나 피상속인에 대한 부양의무 이행 여부 등을 구체적인 상속분 산정에서 고려할 수 있는 장치를 이미 마련하고 있는 점들을 고려하면, 심판대상조항이 피상속인에 대한 부양의무를 이행하지 않은 직계존속의 경우를 상속결격사유로 규정하지 않았다고 하더라도 이것이 입법형성권의 한계를 일탈하여 다른 상속인인 청구인의 재산권을 침해한다고 보기 어렵다(헌재 2018.2.22, 2017헌바59).

③ [○] 헌법 제36조 제1항은 혼인과 가족에 관련되는 공법 및 사법의 모든 영역에 영향을 미치는 헌법원리 내지 원칙규범으로서의 성격도 가지는데, 이는 적극적으로는 적절한 조치를 통해서 혼인과 가족을 지원하고 제삼자에 의한 침해 앞에서 혼인과 가족을 보호해야 할 국가의 과제를 포함하며, 소극적으로는 불이익을 야기하는 제한조치를 통해서 혼인과 가족을 차별하는 것을 금지해야 할 국가의 의무를 포함한다(헌재 2002.8.29, 2001헌바82).

④ [○] 이 사건 법률조항은 중혼을 혼인무효사유가 아니라 혼인취소사유로 정하고 있는데, 혼인 취소의 효력은 기왕에 소급하지 아니하므로 중혼이라 하더라도 법원의 취소판결이 확정되기 전까지는 유효한 법률혼으로 보호받는다. 후혼의 취소가 가혹한 결과가 발생하는 경우에는 구체적 사건에서 법원이 권리남용의 법리 등으로 해결하고 있다. 따라서 중혼 취소청구권의 소멸에 관하여 아무런 규정을 두지 않았다 하더라도, 이 사건 법률조항이 현저히 입법재량의 범위를 일탈하여 후혼배우자의 인격권 및 행복추구권을 침해하지 아니한다(헌재 2014.7.24, 2011헌바275).

17   정답 ②

① [×] 국가형벌권의 행사는 중대한 법익에 대한 위험이 명백한 경우에 한하여 최후수단으로 선택되어 필요 최소한의 범위에 그쳐야 하는바, 심판대상조항은 전단등 살포를 금지하는 데서 더 나아가 이를 범죄로 규정하면서 징역형 등을 두고 있으며, 그 미수범도 처벌하도록 하고 있어 과도하다고 하지 않을 수 없다. 심판대상조항으로 북한의 적대적 조치가 유의미하게 감소하고 이로써 접경지역 주민의 안전이 확보될 것인지, 나아가 남북 간 평화통일의 분위기가 조성되어 이를 지향하는 국가의 책무 달성에 도움이 될 것인지 단언하기 어려운 반면, 심판대상조항이 초래하는 정치적 표현의 자유에 대한 제한은 매우 중대하다. 그렇다면 심판대상조항은 과잉금지원칙에 위배되어 청구인들의 표현의 자유를 침해한다(헌재 2023.9.26, 2020헌마1724 등).

❷ [○] '그 밖의 정치단체'는 문언상 '정당'에 준하는 정치단체만을 의미하는 것이 아니고, 단체의 목적이나 활동에 관한 어떠한 제한도 규정하고 있지 않으며, '정치적 중립성'이라는 입법목적 자체가 매우 추상적인 개념이어서, 이로부터 '정치단체'와 '비정치단체'를 구별할 수 있는 기준을 도출할 수 없다. 이 사건 법률조항은 '정치적 목적을 지닌 행위'의 의미를 개별화·유형화 하지 않으며, '그 밖의 정치단체'의 의미가 불명확하므로 이를 예시로 규정하여도 '정치적 목적을 지닌 행위'의 불명확성은 해소되지 않는다. 따라서 위 부분은 명확성원칙에 위배된다. … '그 밖의 정치단체에 가입하는 등 정치적 목적을 지닌 행위'에 관한 부분은 과잉금지원칙에 위배되어 청구인의 정치적 표현의 자유 및 결사의 자유를 침해한다(헌재 2021.11.25, 2019헌마534).

③ [×] 심판대상조항은 선거일 전 180일부터 선거일까지라는 장기간 동안 선거와 관련한 정치적 표현의 자유를 광범위하게 제한하고 있다. 화환의 설치는 경제적 차이로 인한 선거 기회 불

균형을 야기할 수 있으나, 그러한 우려가 있다고 하더라도 공직선거법상 선거비용 규제 등을 통해서 해결할 수 있다. 또한 공직선거법상 후보자 비방 금지 규정 등을 통해 무분별한 흑색선전 등의 방지도 가능하다. 이러한 점들을 종합하면, 심판대상조항은 목적 달성에 필요한 범위를 넘어 장기간 동안 선거에 영향을 미치게 하기 위한 화환의 설치를 금지하는 것으로, 과잉금지원칙에 위반되어 정치적 표현의 자유를 침해한다(헌재 2023.6.29, 2023헌가12).

④ [×] 개인의 외적 명예에 관한 인격권 보호의 필요성, 일단 훼손되면 완전한 회복이 사실상 불가능하다는 보호법익의 특성, 사회적으로 명예가 중시되나 명예훼손으로 인한 피해는 더 커지고 있는 우리 사회의 특수성, 명예훼손죄의 비범죄화에 관한 국민적 공감대의 부족 등을 종합적으로 고려하면, 공연히 사실을 적시하여 다른 사람의 명예를 훼손하는 행위를 금지하고 위반 시 형사처벌하도록 정하고 있다고 하여 바로 과도한 제한이라 단언하기 어렵다. … 형법 제307조 제1항은 과잉금지원칙에 반하여 표현의 자유를 침해하지 아니한다(헌재 2021.2.25, 2017헌마1113 등).

18 정답 ③

㉠ [×] 주택 임대차관계에서 임차인의 보호가 주거안정의 보장과 관련하여 중요한 공익적 목적이 되는 점을 고려할 때 주택 재산권에 대하여서도 토지 재산권만큼은 아니라도 상당한 정도의 사회적 구속성이 인정된다 할 것이다. … 따라서 입법자는 주택 소유자의 해당 주택에 대한 사용·수익권의 행사 방법과 임대차계약의 내용 및 그 한계를 형성하는 규율을 할 수 있다고 할 것이므로, 주택임대차법상 임차인 보호 규정들이 임대인의 계약의 자유와 재산권을 침해하는지 여부를 심사함에 있어서는 보다 완화된 심사기준을 적용하여야 할 것이다. … 따라서 계약갱신요구 조항, 차임증액한도 조항 및 손해배상조항은 과잉금지원칙에 반하여 청구인들의 계약의 자유와 재산권을 침해한다고 볼 수 없다(헌재 2024.2.28, 2020헌마1343 등).

㉡ [○] 임대사업자가 종전 규정에 의한 세제혜택 또는 집값 상승으로 인한 이익 취득이라는 기대를 가졌다 하더라도 이는 당시의 법제도에 대한 단순한 기대이익에 불과하다. 또한 등록말소조항은 단기민간임대주택과 아파트 장기일반민간임대주택의 임대의무기간이 종료한 날 그 등록이 말소되도록 할 뿐, 여기에 더하여 종전 임대사업자가 이미 받은 세제혜택 등을 박탈하는 내용을 담고 있지 아니하다. 따라서 등록말소조항으로 인해 청구인들의 재산권이 제한된다고 볼 수 없다. … 임대사업자의 직업의 자유가 제한된다(헌재 2024.2.28, 2020헌마1482).

㉢ [○] 매각허가결정에 대한 소유자의 항고가 기각되면 공탁한 항고보증금을 돌려 줄 것을 요구하지 못하므로, 청구인의 재산권이라 할 수 있는 공탁물회수청구권이 제한된다. 그러나 심판대상조항은 재산권 제한 그 자체를 목적으로 한다기보다는 항고권 행사를 남용하지 못하도록 하기 위하여 경제적인 부담을 가하는 것이다. 따라서 항고권 행사를 자유롭게 할 수 없다는 측면에서 심판대상조항과 가장 밀접하고 제한의 정도가 큰 주된 기본권은 재판청구권이라 할 것이므로, 재판청구

권 침해 여부를 중심으로 판단하기로 한다(헌재 2025.1.23, 2021헌바100).

㉣ [×] 심판대상조항은 건물을 신축하여 취득한 자가 환산가액 적용을 통하여 양도소득세의 부담을 회피하는 것을 방지하기 위한 것인바 그 입법목적은 정당하고, 해당 납세의무자에게 일정한 금액을 추가로 부과하는 것은 조세회피의 유인을 억제하는 데 기여할 수 있으므로 수단의 적합성도 인정된다. … 따라서 심판대상조항은 과잉금지원칙을 위반하여 재산권을 침해하지 아니한다(헌재 2024.2.28, 2020헌가15).

㉤ [×] 심판대상조항은 10년 이상 재직한 공무원이 재직 중 사망한 경우 퇴직유족연금에 갈음하여 퇴직유족연금일시금을 지급받을 수 있는 선택권을 미성년 자녀인 유족에게 부여하는 내용의 규정이며, 퇴직유족연금일시금을 선택하는 자녀외의 다른 유족의 퇴직유족연금 수급권을 제한하는 내용의 규정이 아니다. … 따라서 심판대상조항에 따라 자녀인 유족이 퇴직연금일시금을 선택함으로써 결과적으로 다른 유족이 자녀의 퇴직연금 수급권을 이전받지 못하게 된다 하여도 이는 단순한 기대이익을 상실한 것에 불과하고, 이로써 재산권을 제한받는다고 할 수 없다. 따라서 심판대상조항에 대하여 청구인이 주장하는 재산권 침해가 있다고 보기 어렵다(헌재 2024.2.28, 2021헌바141).

19 정답 ②

① [○] 6개월 미만 근무한 월급근로자 또한 전직을 위한 시간적 여유를 갖거나 실직으로 인한 경제적 곤란으로부터 보호받아야 할 필요성이 있다. 그럼에도 불구하고 합리적 이유 없이 "월급근로자로서 6개월이 되지 못한 자"를 해고예고제도의 적용 대상에서 제외한 이 사건 법률조항은 근무기간이 6개월 미만인 월급근로자의 근로의 권리를 침해하고, 평등원칙에도 위배된다(헌재 2015.12.23, 2014헌바3).

❷ [×] 이 사건 법률조항에 의하여 자신의 근로의 권리 및 행복추구권이 침해되었다고 주장한다. 근로의 권리란 인간이 자신의 의사와 능력에 따라 근로관계를 형성하고, 타인의 방해를 받음이 없이 근로관계를 계속 유지하며, 근로의 기회를 얻지 못한 경우에는 국가에 대하여 근로의 기회를 제공하여 줄 것을 요구할 수 있는 권리를 의미하는바, 이 사건 법률조항에 의하여 이러한 근로의 권리가 제한된다고 볼 수는 없고, 행복추구권은 다른 기본권에 대한 보충적 기본권으로서의 성격을 지니므로, 직업선택의 자유라는 우선적으로 적용되는 기본권이 존재하여 그 침해여부를 판단한 이상, 행복추구권 침해 여부를 독자적으로 판단하지 않기로 한다. 이 사건 법률조항에 의하여 자신의 공무담임권 및 직업선택의 자유가 침해되었다고 주장하나, 청구인은 지방의회의원으로 당선되어 이를 유지하기 위해 지방공사 직원의 직을 그만두었고, 지방의회의원의 임기 동안 지방공사 직원의 직을 가질 수 없게 되었으므로, 이 사건 법률조항에 의하여 제한받게 된 청구인의 기본권은 지방자치단체의 구성원으로서 그 직무를 담당할 수 있는 권리인 공무담임권이 아니라 직업을 선택하거나 유지할 수 있는 자유이다. … 따라서 이 사건 법률조항은 헌법상 과잉금지원칙에 위배하여 청구인의 직업선택의 자유를 침해하지 아니한다(헌재 2012.4.24, 2010헌마605).

③ [○] 이 사건 산입조항 및 부칙조항은 근로자들이 실제 지급받는 임금과 최저임금 사이의 괴리를 극복하고, 근로자 간 소득격차 해소에 기여하며, 최저임금 인상으로 인한 사용자의 부담을 완화하고자 한 것이다. 매월 1회 이상 정기적으로 지급하는 상여금 등이나 복리후생비는 그 성질이나 실질적 기능 면에서 기본급과 본질적인 차이가 있다고 보기 어려우므로, 이를 최저임금에 산입하는 것은 그 합리성을 수긍할 수 있다. … 따라서 이 사건 산입조항 및 부칙조항이 입법재량의 범위를 일탈하여 청구인 근로자들의 근로의 권리를 침해한다고 볼 수 없다(헌재 2021.12.23, 2018헌마629 등).

④ [○] 헌법 제33조 제2항이 직접 '법률이 정하는 자'만이 노동3권을 향유할 수 있다고 규정하고 있어서 '법률이 정하는 자' 이외의 공무원은 노동3권의 주체가 되지 못하므로, 노동3권이 인정됨을 전제로 하는 헌법 제37조 제2항의 과잉금지원칙은 적용이 없는 것으로 보아야 할 것이다(헌재 2008.12.26, 2005헌마971 등).

20   정답 ①

❶ [×] 헌법 제35조 제1항은 환경정책에 관한 국가적 규제와 조정을 뒷받침하는 헌법적 근거로서 대기오염으로 인한 국민건강 및 환경에 대한 위해를 방지하여야 할 국가의 추상적인 의무는 도출될 수 있으나, 이로부터 청구인들이 주장하는 바와 같이 피청구인이 위 주식회사 등에게 자동차교체명령을 하여야 할 구체적이고 특정한 작위의무가 도출된다고 볼 수 없다(헌재 2018.3.29, 2016헌마795).

② [○] 환경권을 행사함에 있어서 국민은 국가로부터 건강하고 쾌적한 환경을 향유할 수 있는 자유를 침해당하지 않을 권리를 행사할 수 있고, 일정한 경우 국가에 대하여 건강하고 쾌적한 환경에서 생활할 수 있도록 요구할 수 있는 권리가 인정되기도 하는바, 환경권은 그 자체 종합적 기본권으로서의 성격을 지닌다(헌재 2020.3.26, 2017헌마1281).

③ [○] 헌법 제35조 제1항, 제2항만으로는 헌법이 독서실과 같이 정온을 요하는 사업장의 실내소음 규제기준을 마련하여야 할 구체적이고 명시적인 입법의무를 부과하였다고 볼 수 없고, 다른 헌법조항을 살펴보아도 위와 같은 사항에 대한 명시적인 입법위임은 존재하지 아니한다. 환경권의 내용과 행사는 법률에 의해 구체적으로 정해지므로(헌법 제35조 제2항), 입법자는 환경권의 구체적인 실현에 있어 광범위한 형성의 자유를 가진다(헌재 2017.12.28, 2016헌마45).

④ [○] '건강하고 쾌적한 환경에서 생활할 권리'를 보장하는 환경권의 보호대상이 되는 환경에는 자연환경뿐만 아니라 인공적 환경과 같은 생활환경도 포함된다. 환경권을 구체화한 입법이라 할 환경정책기본법 제3조에서도 환경을 자연환경과 생활환경으로 분류하면서, 생활환경에 대기, 물, 토양, 폐기물, 소음·진동, 악취 등 사람의 일상생활과 관계되는 환경을 포함시키고 있다. 그러므로 일상생활에서 악취, 오염된 공기 등을 제거·방지하여 쾌적한 환경에서 생활할 권리는 환경권의 한 내용을 구성한다(헌재 2020.3.26, 2017헌마1281).

빠른 정답

1회 실전동형모의고사　　　　　　　　　　　　　　　　　　　　　　p.8

01	④	02	①	03	④	04	②	05	①
06	②	07	②	08	④	09	②	10	③
11	③	12	①	13	④	14	④	15	①
16	②	17	③	18	③	19	②	20	②

2회 실전동형모의고사　　　　　　　　　　　　　　　　　　　　　　p.16

01	④	02	②	03	③	04	③	05	④
06	②	07	④	08	②	09	③	10	④
11	④	12	①	13	③	14	②	15	①
16	①	17	③	18	④	19	③	20	③

3회 실전동형모의고사　　　　　　　　　　　　　　　　　　　　　　p.24

01	③	02	④	03	②	04	①	05	③
06	④	07	④	08	②	09	②	10	③
11	①	12	④	13	④	14	③	15	①
16	①	17	②	18	③	19	②	20	④

4회 실전동형모의고사　　　　　　　　　　　　　　　　　　　　　　p.32

01	②	02	②	03	①	04	②	05	④
06	③	07	③	08	①	09	②	10	④
11	②	12	②	13	②	14	①	15	④
16	③	17	②	18	④	19	③	20	④

5회 실전동형모의고사　　p.42

01	①	02	④	03	①	04	②	05	③
06	③	07	④	08	②	09	④	10	③
11	①	12	②	13	②	14	③	15	①
16	③	17	①	18	④	19	③	20	④

6회 실전동형모의고사　　p.52

01	④	02	②	03	③	04	④	05	③
06	②	07	④	08	①	09	④	10	②
11	④	12	②	13	④	14	③	15	②
16	④	17	③	18	②	19	②	20	④

7회 실전동형모의고사　　p.62

01	③	02	④	03	③	04	④	05	③
06	④	07	②	08	①	09	①	10	③
11	②	12	④	13	④	14	②	15	②
16	②	17	②	18	②	19	①	20	③

8회 실전동형모의고사　　p.72

01	④	02	③	03	③	04	①	05	②
06	④	07	④	08	②	09	①	10	②
11	④	12	①	13	②	14	②	15	④
16	③	17	④	18	④	19	①	20	④

9회 실전동형모의고사　　　　　　　　　　　　　　p.82

01	②	02	①	03	②	04	③	05	③
06	③	07	②	08	①	09	④	10	①
11	②	12	①	13	③	14	①	15	①
16	①	17	②	18	④	19	①	20	①

10회 실전동형모의고사　　　　　　　　　　　　　　p.90

01	④	02	①	03	①	04	①	05	③
06	②	07	②	08	④	09	④	10	②
11	②	12	④	13	④	14	②	15	③
16	③	17	④	18	①	19	①	20	③

11회 실전동형모의고사　　　　　　　　　　　　　　p.100

01	②	02	①	03	④	04	④	05	③
06	②	07	①	08	④	09	①	10	②
11	②	12	③	13	①	14	④	15	①
16	③	17	③	18	②	19	③	20	②

12회 실전동형모의고사　　　　　　　　　　　　　　p.110

01	③	02	①	03	④	04	①	05	③
06	②	07	②	08	④	09	②	10	③
11	④	12	③	13	③	14	④	15	②
16	②	17	②	18	③	19	②	20	①